王新生 常原生 主编

雅物抒风

晋祠博物馆馆藏扇面折扇研究

YA WU SHU FENG

[上册]

山西出版传媒集团
山西人民出版社

图书在版编目（CIP）数据

雅物抒风：晋祠博物馆馆藏扇面折扇研究 / 王新生，常原生主编.—太原：山西人民出版社，2019.9
ISBN 978-7-203-10848-1

Ⅰ.①雅… Ⅱ.①王… ②常… Ⅲ.①扇—研究—中国—古代 Ⅳ.①K875.24

中国版本图书馆CIP数据核字（2019）第093822号

雅物抒风：晋祠博物馆馆藏扇面折扇研究

主　　编：	王新生　常原生
责任编辑：	魏　红
复　　审：	刘小玲
终　　审：	秦继华
装帧设计：	华胜文化
出 版 者：	山西出版传媒集团·山西人民出版社
地　　址：	太原市建设南路21号
邮　　编：	030012
发行营销：	0351-4922220　4955996　4956039　4922127（传真）
天猫官网：	http://sxrmcbs.tmall.com　电话：0351-4922159
E —mail：	sxskcb@163.com　发行部
	sxskcb@126.com　总编室
网　　址：	www.sxskcb.com
经 销 者：	山西出版传媒集团·山西人民出版社
承 印 厂：	山西臣功印业有限公司
开　　本：	889mm×1194mm　1／16
印　　张：	46.75
字　　数：	800千字
印　　数：	1-1350册
版　　次：	2019年9月　第1版
印　　次：	2019年9月　第1次印刷
书　　号：	ISBN 978-7-203-10848-1
定　　价：	800.00元（上下册）

如有印装质量问题请与本社联系调换

《雅物抒风——晋祠博物馆馆藏扇面折扇研究》
编 委 会

主　编：王新生　常原生

副主编：连颖俊　阴世国　申军锋

编　委：连颖俊　郝教信　陈　风　崔助林
　　　　李星元　姚　远　李　娜　左正华
　　　　牛慧彪　王志强　谢　强　田立勤
　　　　李秀红　赵玉仙　田瑞媛　李明芳
　　　　魏　涛　苏　慧

摄　影：韩宏斌

序（一）

扇子，又叫作箑或翣，这本是人类发明的一种摇动生风以避炎暑的工具，然而在中国却有特殊的意义。第一，它是圣人智慧的体现。如《说文》说："尧时生于庖厨，扇暑而凉。"崔豹的《古今注·舆服》又说："五明扇，舜所作也。既受尧禅，广开视听，求贤人以自辅，故作五明扇。"说法虽不一，但在古人的心目中，这种"方不中矩，圆不中规"的物件，在盛暑酷热之中，竟能"随皓腕以徐转，发惠风之微寒"，确是一项伟大的发明，非圣人孰能为之？第二，它不只是一种取凉的工具，更主要的是一种有品位的艺术品，与古代文人雅士的生活联系在一起。如提起扇子，人们就会很自然地想起"羽扇纶巾"的诸葛亮，"秋风纨扇"的唐伯虎，以及戏曲舞台上冬天都执扇摇晃的风雅之士。

扇子具有艺术品的性质，形式多样，有羽扇、绢扇、团扇、折扇、葵扇、泥金扇、黑纸扇、檀香扇等等。材质则有竹、木、纸、骨、玳瑁、翡翠等等不一。而文人的扇面书画诗文，更是一道最具有民族特色的艺术风景线。文人题扇始于何时，今已难以考证准确的时代。但最迟在汉代应该已出现了。张衡《扇赋》曰："采兹竹以成扇，乃画象而造仪。惟规上而矩下，和采烂以杂施。"这说的是画扇施彩，不一定是文人的雅趣。画扇施彩在马王堆出土的文物中就已见到，这应该是非常早的。而文人题扇，今见最早的是班婕妤的诗，其曰："新裂齐纨素，鲜洁如霜雪。裁成合欢扇，团团似明月。出入君怀袖，动摇微风发。常恐秋节至，凉飙夺炎热。弃捐箧笥中，恩情中道绝。"到南北朝时，扇面题诗写字作画似乎已经普遍。《晋书·王羲之传》载：王羲之"尝在蕺山见一老姥，持六角竹扇卖之。羲之书其扇，各为五字，姥初有愠色。因谓姥曰：'但言是王右军书，以求百钱邪。'姥如其言，人竞买之。他日，姥又持扇来，羲之笑而不答。"关于羲之题扇故事传播甚广，影响甚大。宋人撰《会稽志》言：绍兴戒珠寺南有题扇桥，"盖买扇老姥所居"。王羲之有"书圣"之称，他题扇的举措显然会对扇面书画艺术起到推波助澜的作用。而且也有人仿效为之。如宋何薳《春渚纪闻·东坡事实》载：

> 先生临钱塘日，有陈訢负绫绢钱二万不偿者，公呼至询之，云："某家以制扇为业，适父死，而又自今春已来，连雨天寒，所制不售，非固负之也。"公熟视久之，曰："姑取汝所制扇来，吾当为汝发市也。"须臾扇至，公取白团夹绢二十扇，就判笔作行草及枯木竹石，顷刻而尽。即以付之曰："出外速偿所负也。"其人抱扇泣谢而出。始逾府门，而好事者争以千钱取一扇，所持立尽，后至而不得者，至懊恨不胜而去。

从王羲之为老姥题扇，到苏东坡题扇"发市"，都说明题扇作为一种艺术形式在当时已经很流行。手持书画折扇不仅可增风雅，而且题扇也成为文人表达自己情怀的一种艺术方式。如唐朝的皇甫冉在为朋友送别时，送给朋友一把竹扇，并题诗说："竟将为别赠，宁与合欢同。"以此来表示人虽分离，心却在一起。明朱谋垔《画史会要》卷四记载了一个从良妓女林奴儿的故事，更是有趣：

> 林奴儿，号秋香，风流姿色冠于一时，学画于史廷直、王元父二人，笔力清润。从良后，有旧知欲求一见，因画柳枝于扇，头写二十八字以拒之，云："昔日章台舞细腰，任君攀折嫩枝条。从今写入丹青里，不许东风再动摇。"

以柳自喻，表达自己不再任人蹂躏的心志，妙趣盎然。《宋史》中记载：宋太宗"尝草书纨扇，作古诗，赐诸将，意多比讽。"（《王继升传》）这反映了古代的一种风习。又有妙者，前人本已作画于扇，后人再继而题诗，或自作画自题诗，这种融绘画、书法、诗文于一体的复合性艺术更能体现文人的雅趣。如黄庭坚《题郭熙山水扇》云："郭熙虽老眼犹明，便面江山取意成。一段风烟且千里，解如明月逐人行。"张舜民自作山水而自题扇诗云："忽忽南迁不记年，二妃祠外橘洲前。眼昏笔战谁能画，无奈霜纨似月圆。"其中都有作者自己的影子，其心灵世界便在扇面的诗书画中呈现出来。

由文人扇面题诗、写字、作画的盛行，继而发展，出现了与扇子实物脱离，而仅取其形的书画艺术。这种脱离实物的扇面艺术，应该在宋代就盛行了。宋郭若虚《图画见闻志》卷二云："僧楚安，蜀人，善画山水，点缀甚细。每画一扇，上安姑苏台或滕王阁，千山万水尽在目前。今蜀中扇面印板，是其遗范。"楚安是唐末人，其所画的应该就是扇面。又记有"徽宗皇帝诗联扇面御书"。今传世的又有北宋徐熙《豆花蜻蜓图》扇面等。到明清以降，此风更盛。文人雅士为了使尺幅更具艺术性，便裁成折扇形、团扇形种种款式，作书作画，然后再装裱于纸上或镜框中。或于扇上作书作画以赠友人，表面上是扇，但它的价值意义并不在扇，而在于上面的书画。这种作风，大大拓展了扇面艺术的发展空间。因而宋以后的扇面书画成为了一种纯粹的艺术品，文人于其上或题字抒情，或抄录旧作和前人的诗文词赋，或任意点缀山水草木。但无论如何，这是对中国书画艺术宝库的极大丰富。

  对扇面书画艺术做专门的搜集、整理，不仅有利于对此种艺术作系统性、专门性的研究，而且对于中国书画艺术史的研究也会有推进作用。但长期以来，做这种工作的人并不多。这可能与资料掌握有关。在这方面晋祠博物馆有着得天独厚的条件。晋祠是一处蜚声中外的风景名胜区。其殿宇、楼阁、亭榭、桥梁、雕塑、清泉、古木、戏台等为世所称，被国务院公布为第一批全国重点文物保护单位，而且其所保存的陶瓷器、青铜器、木器、竹器、玉器、刺绣、书画等文物，也堪称稀世珍宝。其中有清代至民国书画折扇、扇面200余件，几乎件件都是精品。博物馆同仁现将其编辑成册，并作了适当的注释说明，付梓刊布，嘉惠艺林，实可圈可点。其对于扇面艺术发展的推进是不言而喻的。在此书将面世之际，聊赘数语，姑以示敬意。

刘毓庆
己亥三月于太原东山椿楸园

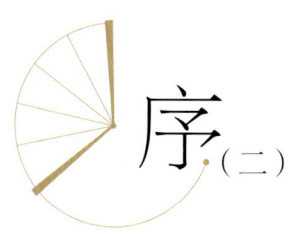

序（二）

　　林语堂《生活的艺术》谈及生活的艺术化和艺术的生活化时指出，扇子本为实用之物，加上了扇面书画，就变成了"美用合一"的产物。素称"袖中雅物"的折扇，既为雅物，是因为它已经从纯实用的功能中剥离出来，而具有着艺术的美感和文化的内涵。它集合了扇骨、扇面、扇坠、扇套、扇盒、扇箍等等物质上的元素，再借助扇面书画和扇骨雕刻所带来的精神上的愉悦，呈现一种物质和精神交融的综合之美。

　　扇面的书法与绘画是中国画门类中的一种，早于折扇扇面画七八百年，唐代张彦远的《历代名画记》载有曹操的主簿杨修与魏太祖"画扇误点成蝇"的故事，《晋书·王羲之传》有一则王羲之为老妇题扇的佳话。当然，那时的扇子当属于纨扇一类。折扇扇面，咫尺之间，蕴含大千世界。自古有"求扇一页，胜画三尺"之说，唐张彦远《历代名画记》中载：梁萧贲"曾于扇上画山水，咫尺内万里可知"。一把好的扇子，没有相应的书法绘画相搭配，是不完整的，也不完美，也缺少了一种享受诗情画意的乐趣。

　　一纸扇面，无论是寥寥数笔的花鸟竹石，还是亭台楼阁的全景工笔，细细品味，可以领略其精神、气韵、造诣、趣味及意境；观察其布局、构图、笔触，可以体味其流派特点和作画风格。纵观历代扇面绘画大致有四种形式：

一、寄情于山水

在中国的文化传统中，自然与人息息相关。明山秀水不仅仅是美丽的自然景致，更是人们修身养性、寄托理想的精神家园。明清后的中国画派纷繁，立意、用笔各有不同，烟江草树，幽谷溪泉，或空寂旷远，或葱郁深邃，所描所绘都是人们心中的世外桃源。

二、娱心于花鸟

红花绿叶有意，禽鸟草虫含情，花鸟画在尺幅墨色之间曲尽生命之美。观赏之余，令人市井之心稍去，田园之意渐萌。明清时期，花鸟画突破了宋代院体的写生模式，水墨写意、没骨花卉等技法的创新，给这一方天地带来了新的动感与活力。

三、随性于容影

在文人画的美学思想中，图写人物当以精神气质为首，外形的真实与否反在其次。明清以来，人物、肖像在一段时间的沉寂之后，纷纷突破前人成规，从民间绘画和西洋绘画中汲取营养，形成了新的艺术潮流。陈洪绶的人物风格奇古，个性张扬。"海上三任"则将人物审美引向世俗，开启了近现代人物画的新风。

四、咏志于诗文

文人墨客以吟诗作赋的方式表达自己对生活的感悟，书法不仅是其载体，也是艺术化了的诗章。勾、提、点、捺，飞白、顿挫之间写出了形意之美，也张扬了书写者的个性与激情。馆阁体代表着庄重与规范，行、草书体现了唯美与自由，碑学隶法与金石篆体的流行则意味着寻求突破的探索与尝试。

书画扇集实用、工艺与艺术于一体。上至帝王仕宦，下至庶民百姓，都可拥有不同水平的书画扇，是欣赏层面最为广泛的艺术品之一。中国扇子历史悠久，从实用品、礼仪物演变为艺术品，经历了漫长的过程。宋代团扇书画和明清的折扇书画堪称书画扇巅峰。著名书画家几乎都创作书画折扇，此风气一直盛行到清末。

扇面从布局、构图、笔触、意境方面分析有五种情形：

一、随纸施技

勾线描形多用干笔，点染着色宜用水积。巧妙利用扇面纸质、纸性的特点作画，得到独特的艺术效果。

二、随形布势

扇面上宽下窄、狭长而弯曲，这种特定的幅式要求在构图上做相应安排。

三、随心造境

近观细瞧，非有情趣而不能引人，非有意境而不能入胜。以较少的笔墨表达情趣，以精妙的描绘刻画幽深的意境。

四、题材取舍

为体现扇子的实用性，多选择令人望而生凉、观则神爽的题材和物象。画面多出现青山绿水，夏雨秋风，飞瀑流溪，雪野月空，或荷香送爽，或佳色傲霜。一般都是色调清淡，构图疏朗，与暑热浮躁形成反差，给人以精神和心理上的慰藉。

五、笔墨技巧

首先要擒得住笔，勾描过程中执笔略低些，手腕放松些，根据设计好的构图和造型，并注意到扇面折痕的避让。控制好笔中的水分和墨色的浓度。掌握运用笔、墨、水、色的勾线、点染技巧。

扇面作品三个要素：绘画、款识和印章。首先是绘画，一张扇面画，绘画是主体，款识和印章是附属。

一、绘画（书法）

首先要看作品的题材和立意。文人画所绘人物，多是隐士高人，或吟咏诗句，或品茗饮酒，或泛舟渔钓，或策杖访友，或焚香抚琴，或啸歌山泉，观之如同师友；山水多是奇峰大川，或青山叠嶂，或绿树含烟，或洞泉泻玉，或楼观隐然，或村居渔渡，或浅渚野水，观之可居可游；花鸟多是梅兰竹菊，松鹤柳蝉，君子之风，观之可敬可亲。文人雅士们绘制这样的作品，实际上是寄托了自己内心的志向和胸怀。而对于久居都市的人们来说，展扇观赏这样题材的作品，自然心境舒畅，萧然若出世外。反之，如果是选题不佳、立意不高的作品，就很难能产生共鸣了。

二、款识

作品的款识，也叫落款。款识有长款和穷款之分。所谓长款是指文字较长、内容很多的款识，除了画家的名号、创作时间和地点、受赠人名字，还包括画家的记录、评述、诗词等。穷款则只是写上作者的名号或纪年，最少的仅落一个字而已。

款识是一门很有学问的艺术，要有良好的书法基础，还要有文学教养。款识中的画家名号能让观画者穿过题字对景生情、感悟哲理，领会作者的胸怀。

三、印章

印章，最初只是作为一种信物，到了宋代，人们开始把印钤在画上，但也只是作为一种验证之用。到了元代，由于文人水墨画的崛起，印章逐渐成为绘画的一个组成部分。由于水墨画上只有黑白两色的浓淡变化，鲜红的印记能够起到平衡画面构图和烘托画面氛围的作用。

印章主要有三大类，第一类是姓名章，它表明画家的名字、别号，是画家最常用的。名字和别号通常是朱白各一枚，白文章刻姓名，朱文章刻别号（也有例外的情况）；第二类是斋馆章，是表示画家的书房住处、创作地点；第三类是闲章，大都是刻吉语、名言、诗句等，内容包罗万象。还有的是肖形章，如十二生肖、佛像等，也属于闲章的范畴。

综上三个方面，一幅优秀的扇面绘画作品，应该是诗、书、画、印俱佳，相互补充、烘托，有机地融为一体。

扇面是中国丰富多样艺术中的一个特殊的类别。在扇面上书写作画，是中国乃至世界艺术史上的一个独特的现象。《晋书》中所记"但言是王右军书，以求百钱可邪"的故事，就表明了文人与扇子结下了不解之缘，所谓的"怀袖雅物"可以成为扇子与书画结缘的核心内容。汉唐时期，以竹木为骨架，糊以薄质丝绸的纨扇，因绘有丹青重彩而显富丽古雅，成为中国古典艺术重要形制的见证。宋画中的团扇作品遗存至今，从中可见绘画大家的风采，是宋代艺术的重要组成部分。此后，随着造纸业的兴盛，折扇大量登场，沿至明清两代，几乎所有的文人书画家都有在扇面上写书作画的典型经历，从而成为了扇面艺术发展的全盛时期。

国人历来都有这种习性，一件实用品总要给它艺术化，扇面画就是这样经过明清书画家的匠心经营，从而逐步确定了其作为一种独特的艺术品种而广泛普及、流传下来，继而也逐步形成了扇面画独立的审美体系。及至清代、民国，扇面画都是书画家乐于染翰和文人雅士乐于把玩、收藏的艺术品。

扇子作为纳凉、挡尘、遮阳以及礼仪的实用工具，因书画而有独特的魅力，因其魅力而代代相传。扇面产业在民间，有了职业画商和扇庄，经营书画成扇，玩扇、藏扇也蔚然成风。1924年始创于京城的书画扇面会，开启了扇面艺术面向公众展览的历史。

常原生

二零一八年冬月于玉河宅第

开页必读

——扇史

历史是什么？大家都知道，也似乎很好回答：就是已经过去的一切。但是，当我们回顾和描述某一事物时，就不那么容易了，因为你会发现，叙述历史就是在模糊的、不完整的、丢失的和忘却的记忆之中，进行着回忆和叙述，而真正的过去已然过去。现在我们依凭古人留下的一字一文、蛛丝马迹，尽量地去探索、去发现、去重温那些过去的事情。

扇子的历史就是这样一种过去。

扇子有人说它是礼仪之物，有人说它是自然科学的产物，有人说它是传统文化的延续，有人说它是文人雅士的玩赏之物，更有人说它是具有美学价值的精美工艺品。无论哪一种说法，一个事物都有其起始、发展和形成的过程，扇子也不例外。

扇子的历史就是时间的过程与空间的占有，具有一定的客观真实性。

一、扇子从文字上说与"翣""箑""扇"有着密切的关联。

翣（shà），会意。字从羽，从妾。"妾"指"侍妾"，引申指"旁立""伴随"。"羽"指"羽扇"。"羽"和"妾"联合起来表示"总是像侍妾那样立在主人两旁的羽毛扇"。值得说明的是，作为棺羽饰的"翣"的原型，其实就是棺主人生前使用的翣。这是因为古人视死如生，死者生前的生活用品基本上都会被明器化、缩微化，从而顺利带入地下世界，继续享用。《说文》曰："翣，棺羽饰也。天子八，诸侯六，大夫四，士二。下花。从羽，妾声。"《周礼·女御》曰："后之丧，持翣。"这时候表现的都是礼仪、仪仗之物。又《宋史·仪卫志》说："古者扇翣，皆编次雉羽或尾为之，故于文从羽。"帝王出行时由侍者擎持，以遮风蔽日，称之为"翣"。《周礼》载："雉尾扇……周制以为王后夫人之车服。舆车有翣，即绢雉羽为扇翣，以障翳风尘也。"在《春秋繁露》中有这样的记载："以龙致雨，以扇逐暑。"汉代以后，翣开始作扇风之用。

箑（shà），从竹，疌声。崔豹《古今注·舆服》："五明扇，舜所作也。既受尧禅，广开视听，求贤人以自辅，故作五明扇焉。"为箑之始也。扬雄《方言》曰"扇，自关而东谓之箑，自关而西谓之扇。"许慎《说文解字》与《康熙字典》均曰：箑，扇也，是本义。

扇，会意。从户从翅省。户，单扇门；从翅，像鸟的翅膀，可以张合。本义：门扇。《说文》扇，扉也。门两旁如羽翼也。

其实"翣""箑""扇"，是一个衍变过程，扇子早期很多是由羽毛制成，所以名"翣"，除了纳凉，主要用于仪仗，这在旧时一直沿用，不过最早的翣还只是贵族所用。而发展到"箑"，开始以竹木为原料，直至今日。仅少数羽扇，所以从"翣"到"箑"是个重大革新，也使扇子步入寻常百姓家。"扇"取代"箑"，则是和民俗有关，"扇"字，"从户，扉也"，也许是开合门板与扇扇成风原理相近，加之主流语音影响，而且扇既作名词，又作动词，于是"扇"逐渐替代了"翣""箑"。

二、扇子可归纳为两大类：一类是平扇，有团扇、葵扇、麦草扇、玉版扇等，不能折叠。另一类是折扇，可自如敞开收叠。

扇（扇子），大致分为五个系列：

1. 便面

古代用以遮面的扇状物，扇的一种。《汉书·张敞传》中，出现"便面"一词，为"时罢朝会，过走马章台街，使御吏驱，自以便面拊马。"颜师古注云："面所以障面，盖扇之类，不欲见人，以此自障面，则得其便，故曰便面。"亦曰屏面。

便面最早以细竹篾为材，后材料多变，有布、锦、丝、绢等。当时的帝王将相、平民百姓都使用便面。四川出土的汉画像石《伏羲女娲交尾图》中，伏羲大帝便一手托日，一手执便面。魏晋时期，便面成为风雅之士的挚爱，在魏晋壁画中，男子连吃饭时也手持便面。宋时已不多见，逐渐被折扇所取代。

便面出现于先秦，盛行于秦汉、三国，衰落于两晋末、南北朝初。

在后人的一些书籍、诗歌中均有记载，如宋杨万里《诚斋荆溪集序》："自此，每过午，吏散庭空，即携一便面。步后园，登古城。"金党怀英《上皇书扇后》诗："便面团圞字点鸦，天风吹堕委尘沙。"清孔尚任《桃花扇·寄扇》："便面小，血心肠一万条；手帕儿包，头绳儿绕，抵过锦字书多少。"

2. 团扇

是一种圆形或近似圆形有柄的扇子。最早出现在商代，《宋史·仪卫志》说："皆编次雉羽或尾为之。"是用五光十色的羽毛制成，称之为"障扇"，作为帝王外出巡视时遮阳挡风避沙之用。西汉以后，一轮明月形的扇称之为"团扇"或"纨扇"。古代多用于宫廷，固有"宫扇"之谓。扇在古代也是男女定情之物，也叫"合欢扇"，开始用来取凉。团扇出风缓软，不入腠理。东汉时，大都改羽毛为丝、绢、绫罗织品，以便点缀绣画。以后团扇有长圆、葵花、梅花、六角、扁圆之形，亦有木、竹、骨等材之柄，还有扇坠、流苏、玉器之饰。

团扇大量出现于秦汉，盛行繁荣于隋唐、两宋，明清以后逐步衰落，近现代以来逐渐成为具有美学价值的精美工艺品。

清王廷鼎《杖扇新录》载：近世通用素绢，两面绷之，或泥金、瓷青、湖色，有月圆、腰圆、六角诸式，皆倩名人书画，柄用梅烙、湘妃、棕竹，亦有洋漆、象牙之类。

赞颂团扇的诗词、歌赋很多，普遍认为咏扇的第一首诗应当是汉班婕妤所作的《团扇诗》（又名《怨歌行》《怨歌》）"新裂齐纨素，鲜洁如霜雪。裁为合欢扇，团团似明月。出入君怀袖，动摇微风发。常恐秋节至，凉飙夺炎热。弃捐箧笥中，恩情中道绝。"团扇深得闺阁喜爱，古代诗词中多有反映，如唐王建的《宫中调笑·团扇》诗："团扇、团扇，美人病来遮面。"唐刘禹锡《相和歌辞·团扇郎》诗："团扇复团扇，奉君清暑殿，秋风入庭树，从此不相见。上有乘鸾女，苍苍虫网遍。明年入怀袖，别是机中练。"唐王昌龄《长信秋》诗五首之三："奉帚平明金殿开，暂将团扇共徘徊。玉颜不及寒鸦色，犹带昭阳日影来。"借团扇传达出少女种种情态或愁思，可见扇子的功能已大为扩展。

3. 尘尾扇

"尘"是领队的大鹿，魏晋以来崇尚清谈，手执尘尾有"领袖群伦"的含义。"尘尾扇"传由梁简文帝萧纲创始，近似于尘尾的简化，固定式样似在纨扇上加鹿尾毛两小撮便是。

尘尾扇起始于秦汉，盛行于南北朝、隋唐，宋代以后逐步衰落。

东晋顾恺之画《洛神赋》图，洛神与曹植相对，洛神手持扇子，扇上缀着两片羽毛，便是尘尾扇。

4. 羽扇

鸟羽所制的扇。

在殷商时期出现了一种"翟扇"，是用雄雉绚丽斑斓的长尾制成，文献中有"羽扇之制，起自殷高宗"，故有"羽扇"之说。扇此时成了帝王威仪的象征。

羽扇作为团扇的始祖，它的历史已有3000多年了。三国、两晋时盛行于军旅之中，南北朝、隋唐、宋在士大夫、文人墨客和民间被普遍使用，元朝以后逐步被团扇、折扇取代而衰落。

羽扇前期本由鸟类半翅作成，后改用八羽、十羽排列，且加长手柄，柄尾或穿丝缕，或坠流苏。羽扇所用之羽不同，品类高下殊异。

5. 折扇

是一种用竹木或象牙做扇骨，韧纸或绫绢做扇面的能折叠的扇子。用时须打开，成半规形，聚头散尾。

折扇称谓很多，常见的有"撒扇""纸扇""掐扇""折叠扇""聚头扇""聚骨扇""旋风扇"等。折扇源于何时，就目前有四种来源说。①源于东晋说，其主要证据是《晋书》卷二十九《文苑·袁宏》中，谢安取扇赠袁宏，袁宏答道："辄当奉扬仁风，慰彼黎庶。"后来折扇又有"仁风"的雅称，所以有人认为此处谢安所赠即为折扇。②源于南北朝说，其证据是《南齐书·刘祥传》载："司徒褚渊入朝，以腰扇鄣日"，元人胡三省《通鉴注》云："腰扇佩之于腰，今谓之折叠扇"。清钱泳《履园丛话》卷三《考索·扇》中亦主此见。③源于唐五代（高丽传入）说，明方以智《物理小识》卷八《器用·宫扇》："折叠扇贡于东夷"，永乐间盛行。《中国风俗辞典》则认为"折扇"起源于五代时期。《扇子趣话》中写"唐宋时，刚刚产生的折扇制作还很粗糙，很难普及。""到了五代时期有了折扇"。④日本传入说，北宋郭若虚《图画见闻志》卷六《高丽国》云："彼（高丽国）使人每至中国，或用折叠扇为私觌物（私人礼品），其扇用鸦青纸为之，上画本国豪贵，杂以妇人鞍马，或临水为金砂滩，暨莲荷花木水禽之类，点缀精巧，又以银泥为云气月色之状，极可爱，谓之倭扇，本出于倭国也。"

无论哪种来源说，出现的早晚，折扇都是中国历史文化的重要组成部分。时至今日，它已成为扇子的主流形式。

折扇的雏形应在南北朝时期，宋金时主要在上流社会流行，明代中期以后才在社会上广泛流行，清代是折扇大发展的时期，已成为文人官员身份地位和品位的象征。

折扇易于携带，又有舒合之妙，成为文人雅士掌中物。折扇扇面呈半圆弧形，上宽下窄向四处呈辐射状，因而在构图章法笔墨形象上都别具风韵，北宋始在折扇上题诗作画。明清以来，文化人都喜欢在扇上舞文弄墨，使扇面书画艺术在中国大放异彩，题材广泛，风格多样。书画扇面虽幅不盈尺，花鸟虫鱼、山水仕女、人物故事、千姿百态，成为中国绘画中的一个艺术门类。扇骨有用象牙、玳瑁、檀香等名贵材料制成，扇面则分洒金、混金、搋金、涂香数种，有的还请能工巧匠在扇骨的面上精雕细刻，成为一件珍贵艺术品，一扇之价，值以百金。

常原生
戊戌孟春于玉河宅第

目录 MULU

001	《青羊庵诗》草书扇面	傅 山
004	《大云寺赞公房四首》楷书扇面	祁世长
007	《五言自题诗》楷书扇面	陈廷敬
010	《宣和书谱·空鲙帖》行楷扇面	祁韵士
013	《感时势自应》行楷扇面	梧 塗
015	《白云倚青山图》山水团扇	杨深秀
018	《苏轼笔记》行书团扇	张 穆
022	《仙娥峰下作》行书扇面	张 穆
024	《刘子新论》行草团扇	丁惟禔
026	《〈鹤林玉露〉选》楷书扇面	卫既齐
028	《王勃辞赋》行书团扇	王庆祺
030	《争座位帖》行草扇面	毛树棠
032	《忆旧游寄谯郡元参军》行书团扇	冯志沂
036	《临赵松雪书》行书团扇	冯文蔚
039	《莲菱瓜果图》团扇	西峰华
042	《墨菊图》团扇	许佳清
044	《山水图》扇面	何道生
046	《节〈玄秘塔碑〉》楷书团扇	刘笃敬
049	《自题诗四首》行草扇面	李嘉美
051	《黄庭坚论书》楷书团扇	李兆勤
053	《节〈玉台新咏〉〈八马铭〉》行隶团扇	云 漾 伯寓栋
055	《成都帖》草书扇面	陈嵩涛
058	《自题诗》楷书团扇	吴 琠
061	《俚言四首》行楷团扇	陆荣昉

063	《西山·秋日》行书扇面	陆元鏸
065	《山水图》扇面	宋葆淳
067	《五言诗〈鹫峰与友苍〉》行书扇面	张应澂
069	《山水图》扇面	张道渥
072	《隆中对》行书团扇	张维彬
075	《〈七启〉赋文》楷书扇面	张书绅
077	《王铎信札》行草扇面	张 瑾
079	《五言诗》草书扇面	张圣训
081	《石鼓歌》楷书团扇	左廷麟 杨 笃
085	《兰亭十三跋》行楷团扇	杨天霖
089	《师馀鼎铭》金文团扇	杨 瑸
092	《格言联璧》行书扇面	周天麟
094	《秋菊花卉图》团扇	金耐青
097	《广陵春色图》扇面	爱止铨
099	《上元应制诗》草书扇面	贺桂芳
101	《月季鲦鱼图》扇面	贺晋人
103	《虬干梅花图》扇面	贺隆锡
105	《重午龙舟图》扇面	贺隆锡
108	《墨色花卉图》扇面	贺晋人
110	《乾厓秃木图》扇面	贺晋人
112	《乐毅论》楷书团扇	俞 恒
116	《山水图》扇面	郭椿寿
118	《赵孝传》行草扇面	赵 及
120	《历史典故》行书扇面	赵 铨
122	《七言律诗》行书扇面	徐继畬
124	《五言诗》行书扇面	贾董侣
126	《翠柳栖燕图》扇面	祝 潜
128	《梅花图》扇面	温忠翰
130	《云山墨戏图》扇面	温忠翰
132	《幽梦影》行书团扇	窦文藻
135	《庶子泉铭等》行、篆、隶体团扇	何绍基
138	《夜合花图》扇面	蔡 馨
140	《草堂十志图题记》行书扇面	蒙寿孳
142	《节〈真迹日录〉》行书扇面	林必瑞
144	《节录〈容斋四笔〉》行书扇面	子 晋
146	《东篱佳色图》折扇（正面）	吴笠仙
148	《达摩憩息图》折扇（背面）	王 震
152	《紫藤仕女图》折扇（正面）	仲光勋
154	《画诀》行书折扇（背面）	邹玉宾
156	《松遮清梵图》折扇（正面）	张 恺

158	《待漏院记》《郑燮诗词》楷书折扇（背面）	王锡光　杨兆奎
161	《寻梅归来图》折扇	卢　桢
165	《花鸟图》折扇（正面）	徐　桢
167	《仿苏米行书》折扇（背面）	陈　璛
169	《溪山望云图》折扇（正面）	杨伯润
171	《庐山山南行》行书折扇（背面）	文　莹
174	《景福殿赋》行楷折扇	张仁黼
176	《墨梅图》折扇（正面）	张瑞玑
178	《金陵绝句》行书折扇（背面）	张瑞玑
180	《自题七言诗》行书折扇	徐　沅
183	《西山萧寺图》折扇（正面）	桂诗成
185	《自题诗三首》行书折扇（背面）	方　旭
188	《墨兰图》折扇（正面）	陈衡恪
190	《自题诗》行草折扇（背面）	陈师曾
193	《枯木竹石图》折扇（正面）	汪　昉
195	《书谱》草书折扇（背面）	庄　诰
197	《负柴归村图》折扇（正面）	张　震
199	《护花幡赋》行书折扇（背面）	程　贤
202	《篱落菊艳图》折扇（正面）	李汉青
204	《秋声赋》楷书折扇（背面）	顾　鹿
208	《秋林读书图》折扇（正面）	顾　韶
210	《力命表—木笔花》楷书折扇（背面）	翁同福等
215	《山水梅花图》折扇（正面）	公　亮
217	《华山碑》隶书折扇（背面）	程洪钧
219	《钟鼎图》折扇（正面）	王葆恒
222	《西狭颂》隶书折扇（背面）	王葆恒
224	《溪山雨意图》折扇（正面）	王舜田
226	《李广苏建传》篆书折扇（背面）	黄山寿
229	《扶桑蓝菊图》折扇（正面）	郑为章
231	《仿米画题》行书折扇（背面）	许应奎
233	《春色桃花图》折扇	武曾保
236	《野峰溪桥》折扇（正面）	陶同禄
238	《南城咏古》行书折扇（背面）	孙元成
240	《远山秀岭图》折扇（正面）	张之万
242	《眠食帖》行书折扇（背面）	李鸿藻
244	《隐逸访客图》折扇（正面）	洪汝源
246	《送程刘二侍御尊独孤判官》行书折扇（背面）	瞿鸿禨
248	《荆十三娘图》折扇（正面）	沈　梓
250	《和陶移居》楷书折扇（背面）	王仁达
252	《葡萄图》折扇	溥　翰

254	《山水图》折扇（正面）	俞　云
256	《曹全碑》隶书折扇（背面）	云　文
258	《春望桃花图》折扇（正面）	张寿龄
260	《倪宽赞帖》行书折扇（背面）	张寿龄
263	《花卉图》折扇（正面）	杨葆益
266	《论〈寒具〉说》行书折扇（背面）	袁祚廙
269	《青山春柳图》折扇	杨立阜
273	《松梅图》折扇（正面）	汤　涤
275	《自题诗》行草折扇（背面）	郑诵先
278	《墨色梅花图》折扇（正面）	吕　咸
280	《张迁碑》隶书折扇（背面）	吕　咸
283	《山水图》折扇（正面）	吕　复
286	《七律》行楷折扇（背面）	章士钊
288	《梅花图》折扇（正面）	李　孺
290	《非草书》行书折扇（背面）	陈宝琛
293	《竹石图》折扇（正面）	陈汉第
295	《小窗幽记》行书折扇（背面）	项藻馨
299	《山水图》折扇（正面）	余绍宋
301	《缙云寺诗》行书折扇（背面）	江　庸
304	《芸窗清供图》折扇（正面）	汪承业
306	《秋月帖等》行书折扇（背面）	袁希濂
309	《山野垂钓图》折扇（正面）	房续尧
311	《和樊山冬兴》楷书折扇（背面）	傅岳棻
314	《神爵纪瑞图》折扇（正面）	张海若
316	《梅村诗二首》隶书折扇（背面）	张海若
318	《梅花竹石图》折扇	翟宣颖
320	《溪山渔隐图》折扇（正面）	郑遗孙
322	《鲁峻碑》隶书折扇（背面）	高野侯
324	《春野草堂图》折扇（正面）	萧　愻
326	《陶征士诔（并序）》行书折扇（背面）	丁佛言
329	《春暖戏鸭图》折扇（正面）	无　名
331	《张迁碑》隶书折扇（背面）	平国恩
333	《菊花红叶图》折扇（正面）	吴　煦
336	《自题诗》楷书折扇（背面）	王其康
338	《远山松石图》折扇（正面）	黄石斜
340	《东方画赞》楷书折扇（背面）	宝　熙
343	《花卉鸡戏图》折扇（正面）	侯汝承
345	《和陶饮酒诗》行书折扇（背面）	萧方骐

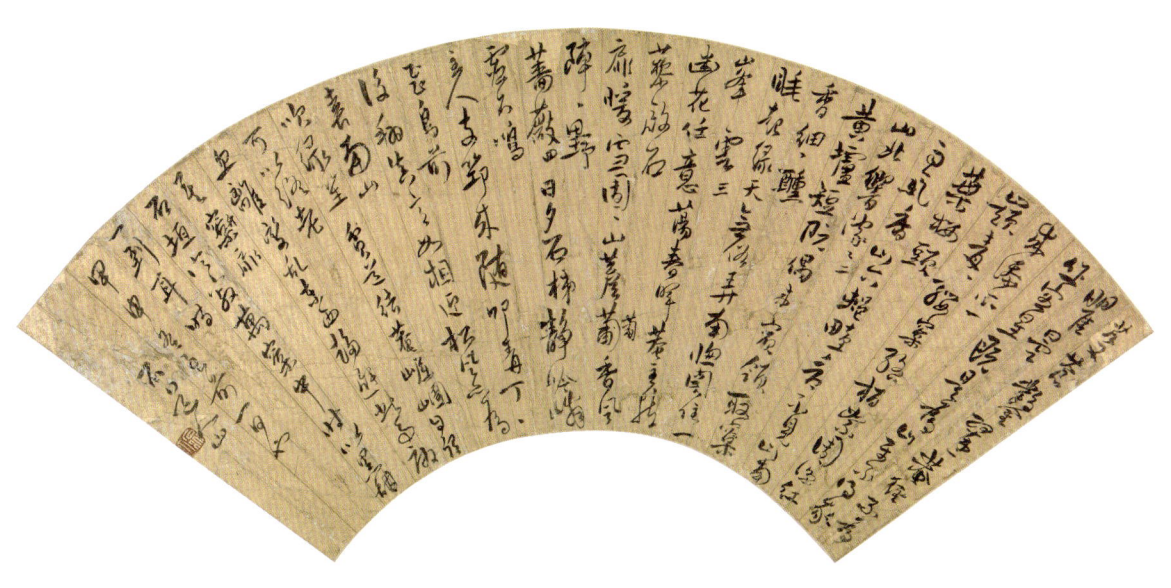

《青羊庵诗》草书扇面

[明末清初] 傅 山　纸本（泥金）　纵20.6厘米　横59.6厘米　公元1644年

傅山（1607—1684）：初名鼎臣，字青竹、青主，别号甚多，尤以"朱衣道人"著名。山西太原人。清代著名学者、思想家、医学家、文学家、书画家。傅山的书法在17世纪的中国书坛独树一帜，真、草、篆、隶兼精，开创了清代碑学先河。他喜以篆籀笔法作书，重骨力，并总结出"宁拙毋巧，宁丑毋媚，宁支离毋轻滑，宁真率毋安排"的"书法创作原则"。他的画作也达到了很高的艺术境界，所画山水、梅、兰、竹等均极精妙，被列入"逸品"。他的字和画均表现出超逸的品格和崇高的气节。著作颇多，可惜大都散佚，流传下来的有《霜红龛集》《两汉书姓名韵》《傅青主女科》等。

傅山是著名的道家学者，哲学、医学、内丹、儒学、佛学、诗歌、书法、绘画、金石、武术、考据等无所不通。他被认为是明末清初保持民族气节的典范人物。傅青主与顾炎武、黄宗羲、王夫之、李颙、颜元一起被梁启超称为"清初六大师"。

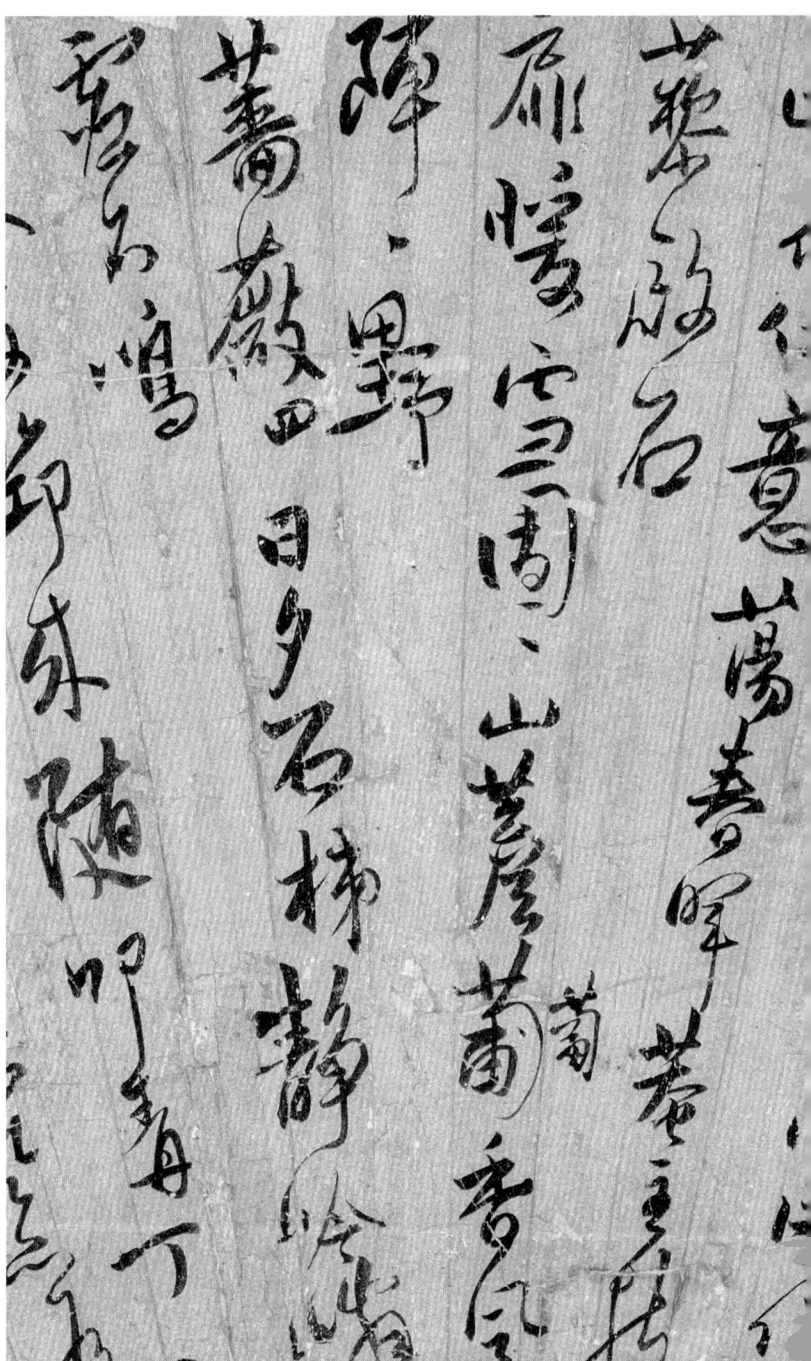

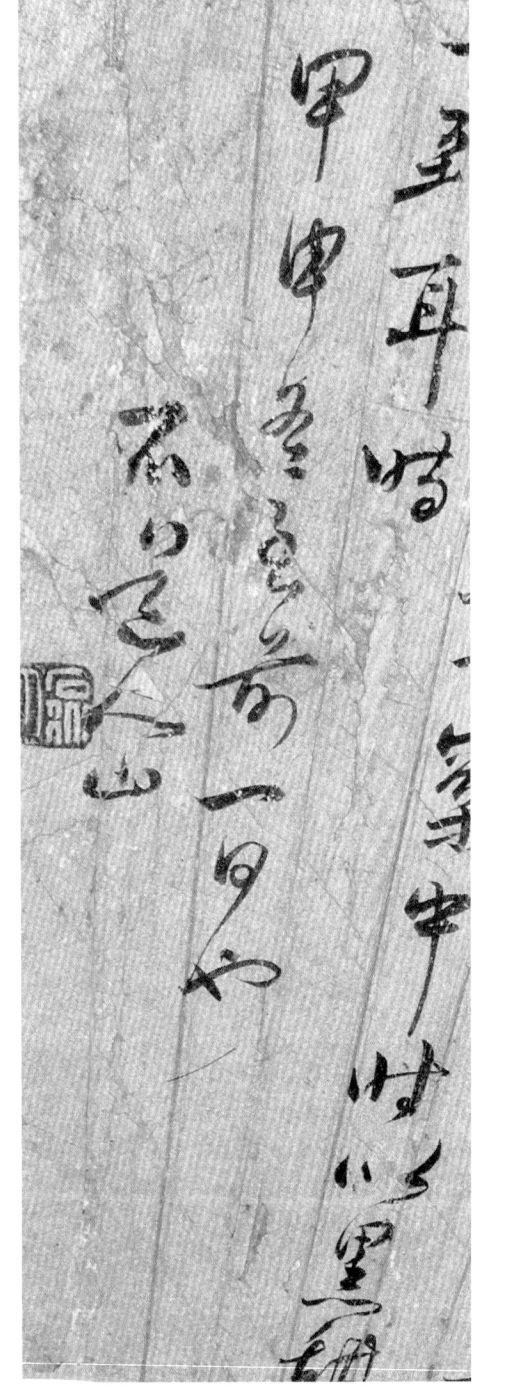

傅山在他的著作和书面题款上,也经常署名为公之它、公他,又号石头、石道人、石老人、啬庐、随厉、六持、丹崖子、丹崖翁、浊堂老人、青羊庵主、不夜庵老人、傅侨山、松侨老人、朱衣道人、酒道人、酒肉道人,或径称居士、傅道士、傅道人、傅子,又称老蘖禅、还阳真人、真山、侨黄真山、五峰道人、龙池闻道下士、观化翁、观花翁、橘翁、大笑下士、西北之西北老人等。

题释：第一首"芟苍凿翠一庵经,不为瞿昙作客星。既是为山平不得,我来添尔一峰青。一。"第二首"缨松络柏絮团凉,红叶楼头雨气香。山下村屯看不见,山南山北响淙淙。二。"第三首"黄栌短阮偶来宾,领取松香细细熏。睡起绿天无俗弄,南窗关住一峰云。三。"第四首"幽花烂漫斗春晖,庵主扶藜启石扉。暖雪团团山葡萄,香风阵阵野蔷薇。四。"自题"日夕石梯静,吟□虚下鸣。主人支筇来,随叩青丁丁。飞鸟前后翔,真意如相迎。松风亦为喜,南山吹绿笙。贫道结庵崛围,自谓可以终老,忽离变乱,东西趋避,□事□□竹扉石垣冷寂,万松中时以黑□一到耳。"

款署：时甲申冬至前一日也。石道人,山。

钤印：石道人（白）。

附：

"青羊庵"：庵位于崛嵎山多福寺南,青峰塔西半山腰中,是先生崇祯辛巳年间亲手构建的。因先生属羊,起名"青羊庵"。此处松柏遍野,松林葱茂,松风阵阵,有七棵粗大的老松分布左右,因先生在此写作时,常一盏孤灯相伴,长夜不灭,故又名"不夜庵"。

青羊庵附近的多福寺,是傅山经常漫步的地方。寺中有个"红叶洞",也有称"霜红龛"。相传傅山也经常到此读书写作。特别是到了冬天,山上太冷,傅山就住到了这里。霜红龛,是傅山起的名字。霜红指每到深秋,崛嵎山黄栌转红,红叶满山,景色绮丽,表示历经风霜之意。龛是指供奉神位、佛像的小阁子,指傅山曾在这里借住过。傅山酷爱傲视霜雪的红叶,把自己的主要著作命名为《霜红龛集》。

《青羊庵》绝句四首：是傅山描写当时写作环境的精妙之作,也可以说是他毕生追求的精神写照。"幽花烂漫斗春晖,庵主扶藜启石扉",在那山花烂漫的春时,先生拨开荆棘,沿着无人行走的石蹬,一步步向上攀登；"缨松络柏絮团凉,红叶楼头雨气香",在那白云穿绕松柏、绿枝颤摆的凉爽的雨季,先生站在红叶楼头,尽情地感受着生命的蓬勃；"一缕沉烟萦白牖,先生正著养生书",在那山风陪伴、青烟缭绕的小庵里,先生正奋笔疾书,为民生疾苦,倾尽心智；"既是为山平不得,我来添尔一峰青",在那国难当头、人民饱受外族侵略的时刻,先生既然为"山",怎么能自甘平庸？正如先生的诗云,"一峰青插半天看",傅山先生就是崛嵎山上一青峰。他的思想、学术、著作、诗章,也是一座座高峰,永远令我们仰慕不已,攀登不已。

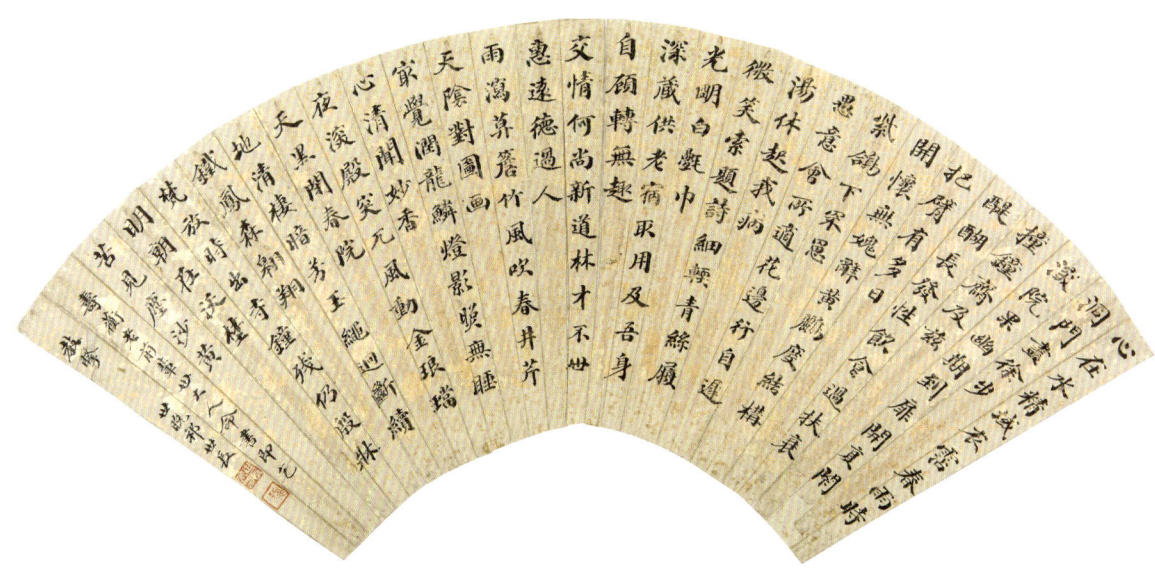

《大云寺赞公房四首》楷书扇面

[清] 祁世长　　　　纸本(洒金笺)　纵18厘米　横51厘米

祁世长（1825—1892）：山西寿阳人，字子禾、念慈，一字子和，号敏斋，室名思复堂，谥号"文恪"。

年十三时，侍父江苏学政任，幕客俞正燮、张穆、苗夔诸人，博学通儒，尤笃守宋儒义理之说。咸丰十年（1860）进士，授编修，数任乡试、会试主考官，督学直隶、安徽、浙江，历官侍讲学士、礼部左侍郎、吏部右侍郎、内阁学士、左都御史、工部尚书兼管顺天府尹。光绪中，先后督顺天、浙江学政，两次主持会试。光绪十年（1884）勘察山东河工，主张疏浚海口以泄盛涨，修防民垫以保大堤。著有《思复堂集》《翰林书法要决》《祁文瑞公年谱》等。《清史》记载："世长清操自励，累世官卿贰，家如寒素，时以称焉。"曾任徐世昌之师。

父祁寯藻，宗法颜、柳和苏东坡，劲穆淳雅。

题释：此扇面内容为杜甫《大云寺赞公房四首》中的前三首。其一"心在水精域，衣沾春雨时。洞门尽徐步，深院果幽期。到扉开复闭，撞钟斋及兹。醍醐长发性，饮食过扶衰。把臂有多日，开怀无愧辞。黄鹂度结构，紫鸽下罘罳。愚意会所适，花边行自迟。汤休起我病，微笑索题诗。"其二"细软青丝履，光明白氎巾。深藏供老宿，取用及吾身。自顾转无趣，交情何尚新。道林才不世，惠远德过人。雨泻暮檐竹，风吹青井芹。天阴对图画，最觉润龙鳞。灯影照无睡，心清闻妙香。夜深殿突兀，风动金银铎。"其三"天黑闭春院，地清栖暗芳。玉绳回断续，铁凤森翱翔。梵放时出寺，钟残仍殷床。明朝在沃野，苦见尘沙黄。"个别字与原诗不符。

款署：寿蘅老前辈，世大人命书即乞教□，世晚祁世长。

钤印：世长小印（白）、念慈（朱）。

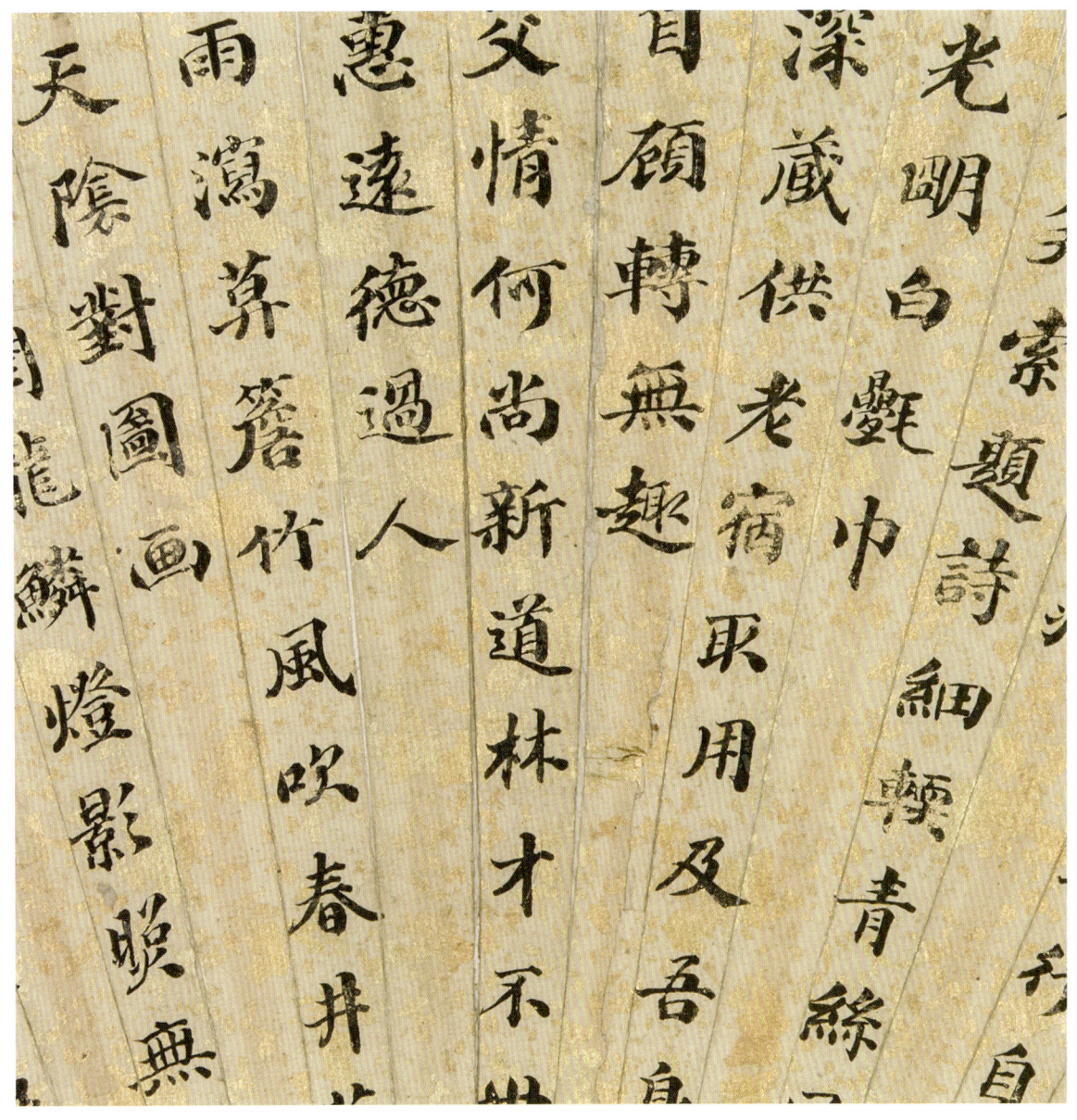

附：

《大云寺赞公房四首》：这组诗作于至德二年（757）。至德二年正月，安禄山被其子安庆绪所杀，张良娣与宦官李辅国谮杀肃宗之子倓，史思明围攻太原不能。二月，肃宗到凤翔。四月，以郭子仪为天下兵马副元帅，率兵进到长安附近。杜甫冒险从城西金光门逃出长安，穿过对峙的两军到凤翔（今陕西宝鸡）投奔肃宗，五月十六日被肃宗授为左拾遗，故世称"杜拾遗"。不料杜甫很快因营救房琯触怒肃宗，被贬到华州（今华县），负责祭祀、礼乐、学校、选举、医筮、考课等事。到华州后，杜甫心情十分苦闷和烦恼。他常游西溪畔，以排忧遣闷。其间写诗抒发对仕途失意、世态炎凉、奸佞进谗的感叹和愤懑。

杜甫：（712—770）字子美，自称少陵野老。举进士不第，曾任检校工部员外郎，故世称杜工部。是唐代最伟大的现实主义诗人，宋以后被尊为"诗圣"，与李白并称"李杜"。其诗大胆揭露当时的社会矛盾，对穷苦人民寄予深切同情。许多优秀作品，内容深刻，显示了唐代由盛转衰的历史过程，因此被称为"诗史"。在艺术上，善于运用各种诗歌形式，尤长于律诗，语言精炼，具有高度的表达能力。存诗1400多首，有《杜工部集》。

洒金笺：是指在宣纸制作工艺中，整张纸上涂上黄蜡（或白蜡），再用热熨斗烫平。这种纸光泽度好，光滑挺括，不蛀不腐，色泽经久不变。如涂彩色粉，即是"彩色粉笺"。再在纸面上用胶粉施以细金银粉或金银箔，使彩色粉蜡笺上呈金银粉或金银箔的光彩，称"洒金银五色蜡笺"。这种纸就被称为"洒金笺"。洒金笺有一种"漂霞"之感，其上款款而出的笔墨塑造出诗意般的古淡雅逸，顿生清远意幽的意境。

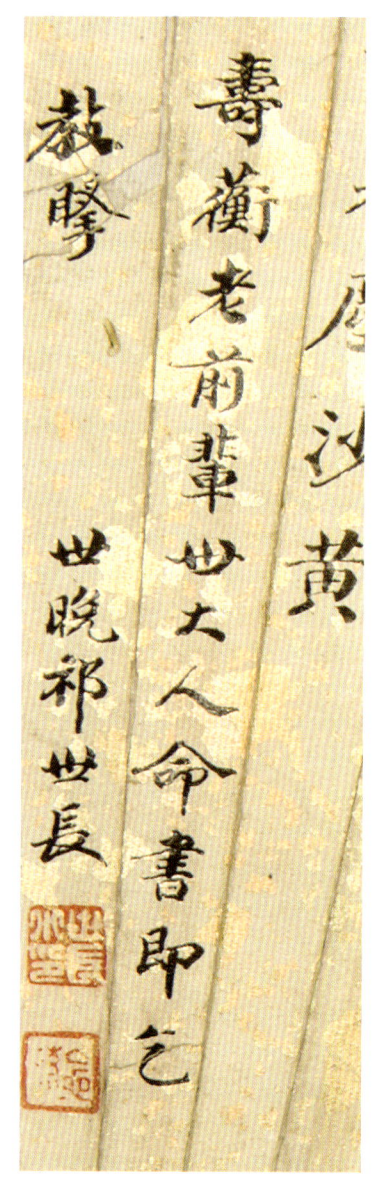

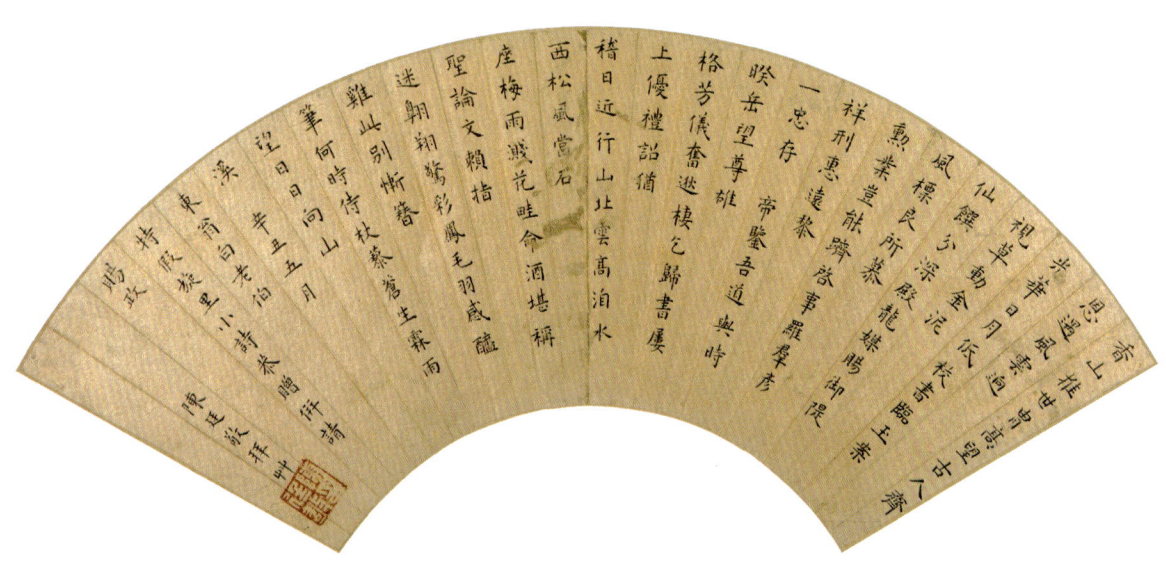

《五言自题诗》楷书扇面

[清] 陈廷敬　　纸本（泥金笺）　纵16.5厘米　横52.1厘米　公元1661年

陈廷敬（1638—1712）：字子端，号说岩，晚号午亭，清代泽州（山西晋城市阳城县）人。顺治十五年（1658）进士，后改为庶吉士。初名敬，因同科考取有同名者，故由朝廷给他加上"廷"字，改为廷敬。陈廷敬先后担任大清康熙帝师、吏部尚书、文渊阁大学士、《康熙字典》总修官等职。历任经筵讲官（康熙帝的老师），工部、户部、刑部、吏部尚书。陈廷敬工诗文，器识高远，文辞博雅，有五十卷《午亭文编》收入《四库全书》，其中诗歌二十卷，还有《午亭山人第二集》三卷等作品。

康熙四十九年（1710），陈廷敬以耳朵有病要求去官休养，康熙应允。不久，由于大学士张玉书去世，康熙手下无得力人手，又召他入阁管事。两年后因病辞世，朝廷授予他"文贞"谥号。

陈廷敬辅佐康熙长达半个多世纪，成为一代重臣。难得的是，在风云变幻的康熙政坛，陈廷敬善始善终，死后尤获殊荣，被康熙帝赞扬为："宽大老成，几近完人。"

陈廷敬是清初学者型书法家。诗文、书法皆极精工，所作古文为汪琬所赏，诗亦为王士禛所奇。又是清初帖学功底极深的代表，更是一个善于融会贯通、博采众长的书家。

题释：香山推世胄，高望古人齐。思遇风云迥，光华日月低。校书临玉案，视草动金泥。仙馔分深殿，龙媒赐御隄。风标良所慕，勋业岂能跻。启事罗群彦，祥刑惠远黎。一忠存帝鉴，吾道与时睽，岳望尊雄格，芳仪奋逊栖。乞归书屡上，优礼诏犹稽。日近行山北，云高泊水西。松风当石座，梅雨溅花畦。命酒堪称圣，论文赖指迷。翱翔惊彩凤，毛羽感醯鸡。此别惭箸笔，何时侍杖藜。苍生霖雨望，日日向山溪。

款署：辛丑五月，东翁白老伯特假旋里小诗，恭赠拜请赐政。陈廷敬拜草。

钤印：陈廷敬印（白）。

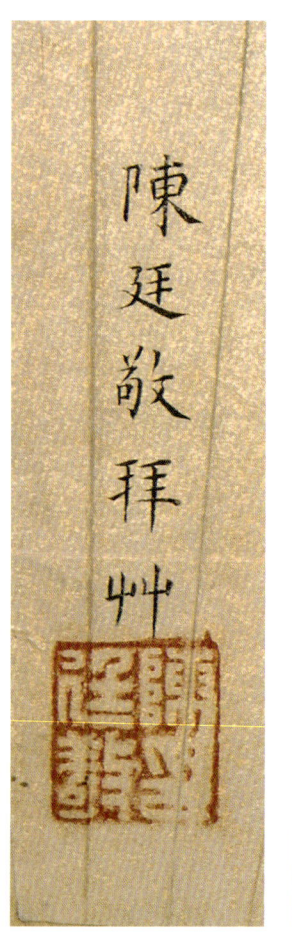

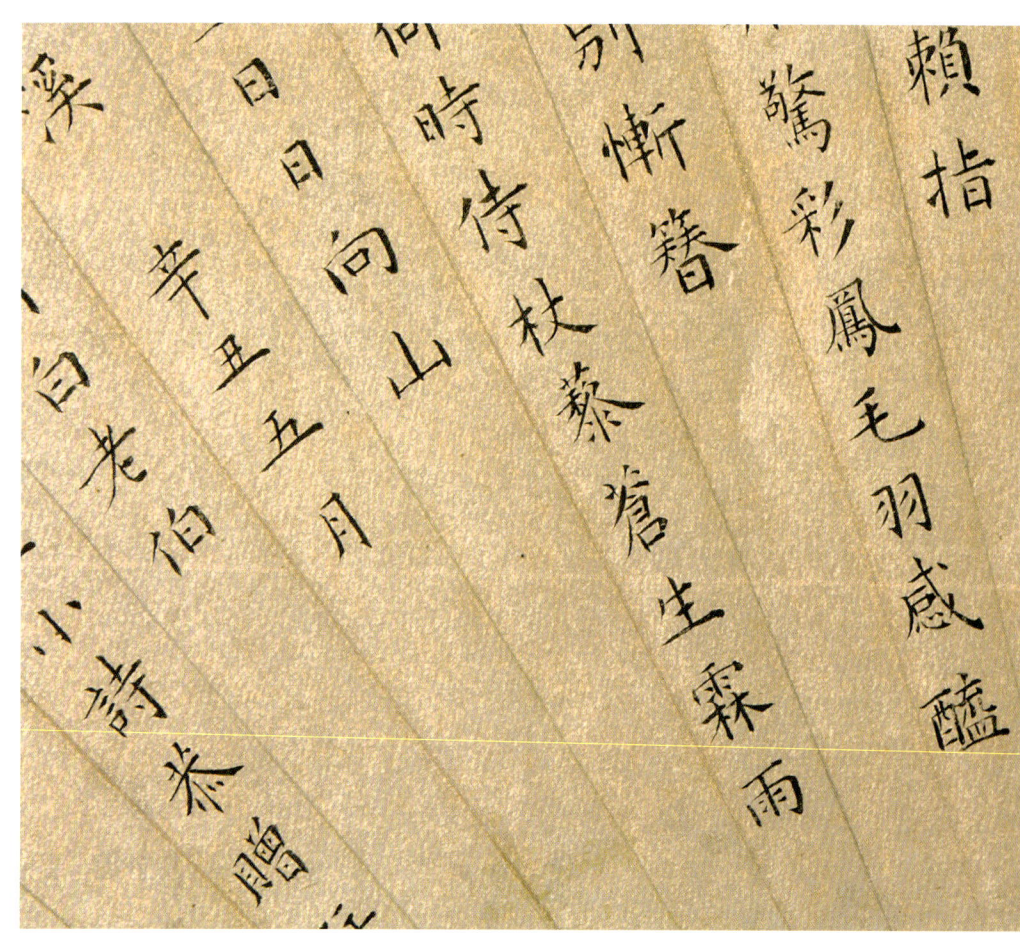

附：

泥金笺：是唐代发明的各式金花纸品之一，又称"冷金笺"，即将整幅纸面全部涂上金箔粉。泥金笺要经过反复加工，纸性偏熟，不易作画，一般用于书写文字。

具体操作方法是：选上好的纸料，先上胶矾一道，然后将金箔粉轻轻堆在一起，再借助一吹筒，以气吹金箔粉，以不见纸色为度，再隔纸将金箔粉压熨平整，最后盖青矾水一道即成。泥金的技术最早见于战国，当时人们就已掌握了将金银打成薄片，再研磨成粉，用作绘画材料的技术，用于油漆工艺、佛像金装、建筑彩绘、服饰，并将纺织品上的洒金技术用到对纸张的加工上，产生了金花纸。由于其价值高，只限于宫廷和士大夫所用。泥金笺的大量生产和应用是在明代的天启至崇祯年间，当时的泥金笺分赤金和青金（又称灰金或淡金）两品。纸上所施金箔粉成色足赤，厚实匀整，色泽黄暗，韵调沉稳。制成扇面依然亮润如新，丝毫不减金碧辉煌之美。

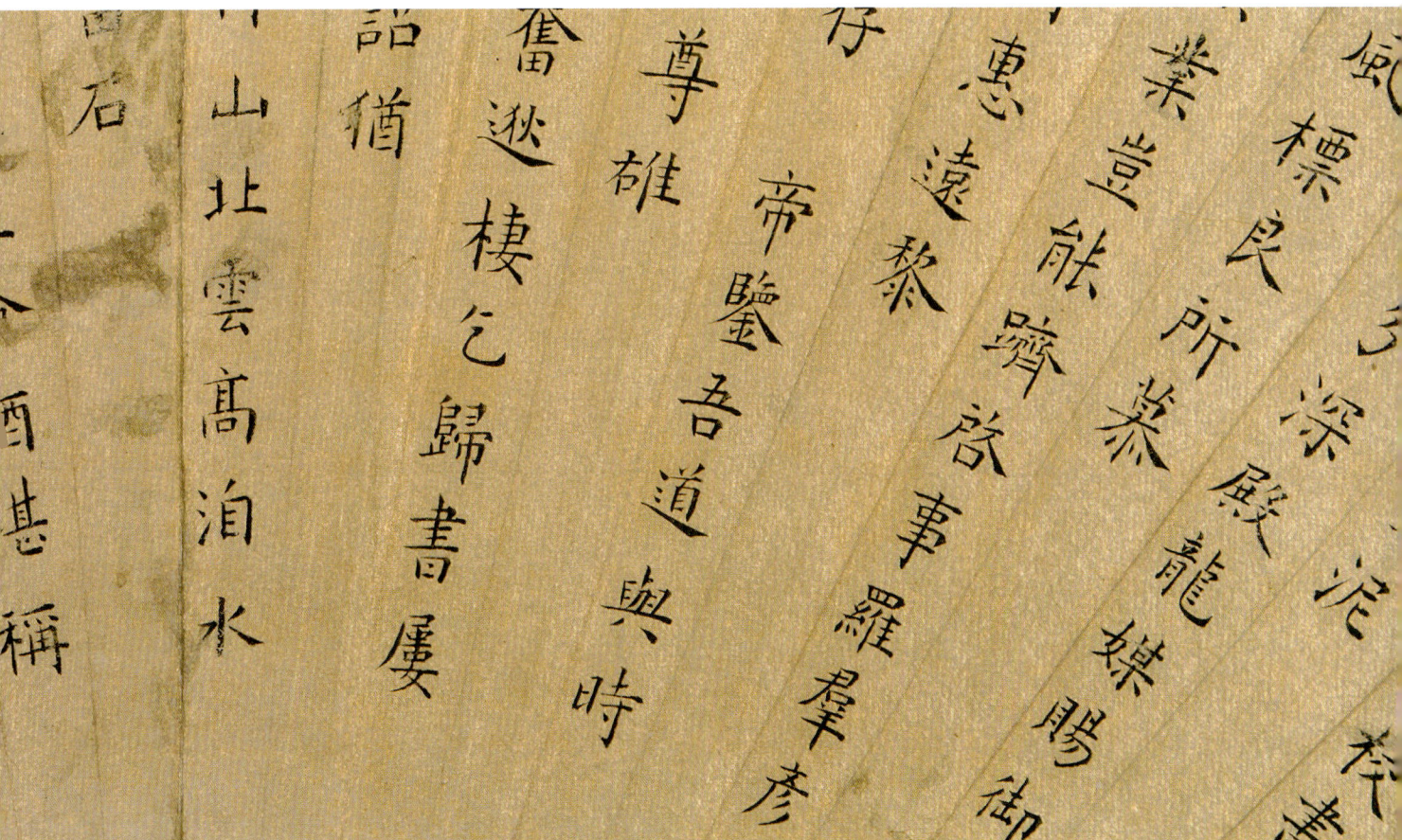

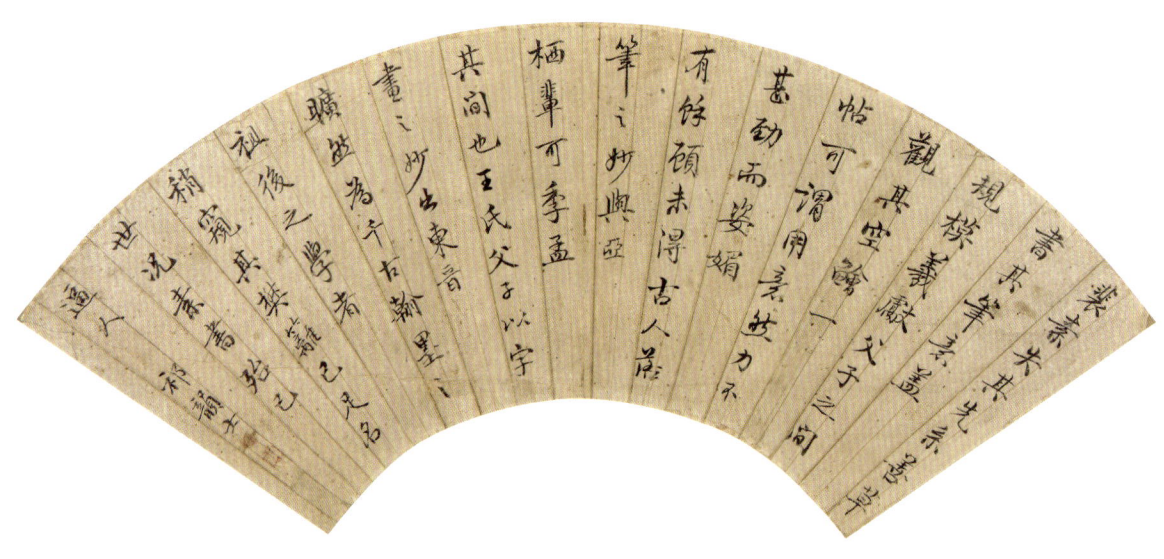

《宣和书谱·空鲙帖》行楷扇面

[清] 祁韵士　　　　纸本（净皮宣）　纵16厘米　横48.5厘米

祁韵士（1751—1815）：字鹤皋，又字谐庭，别号筠禄，晚年又号访山。山西寿阳平舒人。清代西北地志学家，西北史地研究的开创者和奠基人，著名诗人、散文家和教育家。

祁韵士自幼喜攻史地，博览疆域、山川、形势之书。乾隆四十三（1778）进士，考取第二十一名，授翰林院庶吉士，派习清书（即满文）。师事褚廷璋、德保、阿桂等著名的汉、满学者。曾与清代诗人李銮宣同窗学习。李氏书楼藏书丰富，多为善本，祁公常去阅读，不仅精通史学，还学习了满文和蒙古文。

祁韵士累迁至户部郎中，充宝泉局监督。因交接时并未盘点，前任早已亏空。嘉庆十年（1805）因宝泉局亏铜一案，被发戍新疆。七月十七日抵伊犁，得到伊犁将军松筠重用。令其编写《新疆识略》，增纂《西陲总统事略》。戍期三年释还，于嘉庆十四年（1809）三月八日返归故里。不久，受两江松筠总督之邀，"襄理幕务"。嘉庆十九年（1814）又应陕甘总督那彦成和大学士阿桂孙之聘，赴兰州兰山书院任主讲。64岁时，由甘肃回到保定，主讲莲池书院，并兼任莲花书院山长。

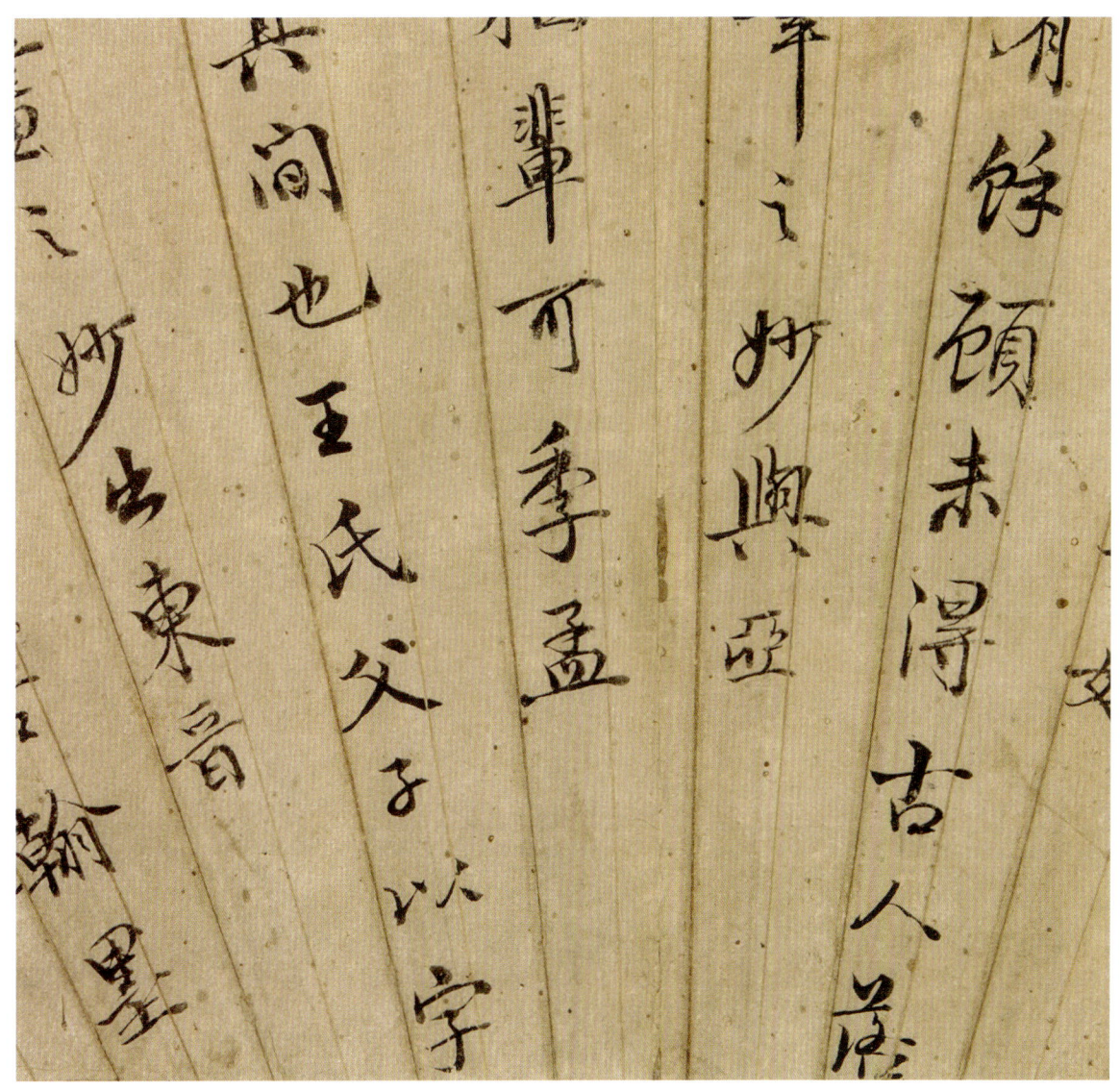

于嘉庆二十年（1815）三月二十五日在书院病殁。一生著作丰富，有《皇朝藩部要略》《万里行程记》《西陲竹枝词》《已庚编》《鹤皋年谱》等。

题释：裴素，失其先系，宝历登第。善草书，其笔意盖规模王氏羲献父子之间。观其《空鲙》一帖，可谓用意，然力不甚劲而姿媚有馀，顾未得古人落笔之妙，与亚栖辈可季孟其间也。王氏父子以字画之妙出东晋，旷然为千古翰墨之祖。后之学者稍窥其藩篱已足名世，况素书殆已逼人。

款署：祁韵士。

钤印：印迹不清。

附：

《宣和书谱》：是北宋徽宗宣和二年（1120）由内臣奉命主持编撰的宫廷所藏书法作品著录。全书20卷，著录宣和时御府所藏历代法书墨迹，其中历代帝王书1卷，正书4卷，行书6卷，草书8卷，八分书1卷。自篆书以下各有叙论，阐述各书种的源流及其变革，论说所录书法家的标准和道理所在，终以制诏、诰命、补牒附录。各卷有分目，共立传197名书家。次为御府所藏法帖，凡1240余件（一说1344件），依次为书家小传、评论，最后列御府所藏作品目录。体例完善，评论精当，资料丰富。

净皮（檀皮宣纸）：宣纸的一种。宣纸里檀皮（青檀树的皮）含量达到60％以上的称"净皮宣"。檀皮是宣纸的专用原料。用青檀皮制造出来的宣纸，吸附性强，不易变形，抗老化，防虫蛀，寿命长。纸张具有薄、轻、软、韧、细、白的六大特点。有助于书画家在创作时，达到浓淡多变、增加吸墨性的特殊作用。故宣纸素有"纸寿千年、墨韵万变"之盛誉。檀皮比例越高的纸，越能经受反复揉搓，体现丰富的墨迹层次和润墨效果。

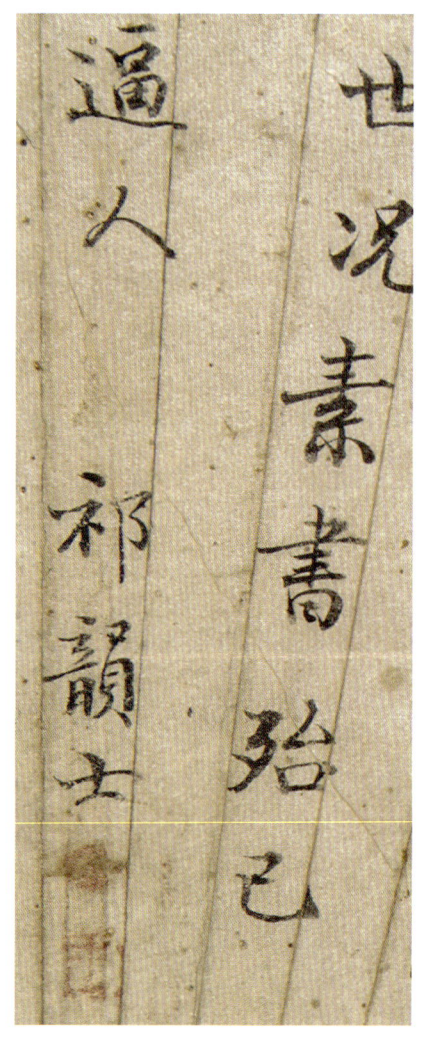

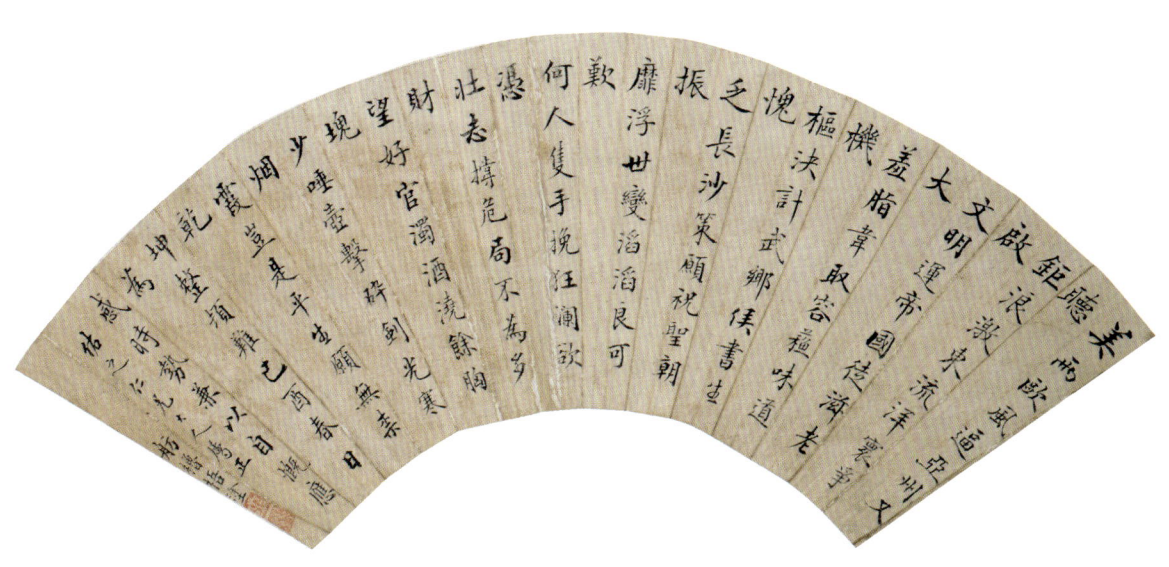

《感时势自应》行楷扇面

[清] 梧 塗　　纸本　纵15.2厘米　横48.5厘米　公元1885年

梧塗：生卒年不详。"舫橹"应为其号。

题释：美雨欧风逼亚州（洲），又听钜浪激东流。洋寰争启文明运，帝国徒滋老大羞。脂韦取容苏味道，机枢决计武乡侯。书生愧乏长沙策，愿祝圣朝振靡浮。世变滔滔良可叹，何人只手挽狂澜。欲凭壮志撑危局，不为多财望好官。浊酒浇余胸块少，唾壶击碎剑光寒。烟霞岂是平生愿，无奈乾坤整顿难。

款署：己酉春日，为感时势兼以自慨，应佑之仁兄大人属正，舫橹梧涂。

钤印：梧印（白）、"□□"。

附：

佑之：即吴保龄，光绪六年（1880）进士。翰林院庶吉士、京畿及湖广四道监察御史，1910年任潼川府知府。

為蟄頓難己酉春無

感時勢兼以自愧應

佑之仁兄大人屬正

舫禪梧塗

《白云倚青山图》山水团扇

[清] 杨深秀　　绢本　设色　纵24.5厘米　横24.5厘米

杨深秀（1849—1898）：字漪邨或仪村，本名毓秀，号耸耸子。山西闻喜人，清末维新变法人士。光绪进士。精通中西数学。授刑部主事，累迁郎中，后授山东道监察御史，立志"以澄清天下为己任"。1898年3月，与宋伯鲁等在北京成立关学会，主张变法，又列名保国会。6月上疏请定国是，弹劾礼部尚书总理各国事务衙门大臣许应骙阻挠新政事。维新派湖南巡抚陈宝箴被人挟制时，他上疏辩护。戊戌政变中，不避艰危，援引古义，请慈禧撤帘归政，遂遇害，为"戊戌六君子"之一。遗著有《雪虚声堂诗钞》《杨漪邨侍御奏稿》《闻喜县新志》。

董采光題盈
有曰白雲青
山見青山白
雲父吾甚奇
之浚乃知語
出佛經也偕
范青大兄
大人世印
可□ 楊深秀
屋存

画意：此扇面画为青绿山水，用白粉勾勒流云的轮廓，青绿敷染山头外；山间的苔点以"米家点"画出，两棵古松以浓淡不同的墨色勾勒，后以赭青色晕染。画面由白云、山径、古松、房舍、人物及群山构成，极富山水画的趣味。

层叠的青山远近相连，白云在山谷间萦绕。山脚下，白云掩挟着几户人家。面对如此宁静的画面，令人心旷神怡。画面构景，犹如远眺青山；白云薄雾，于山谷间冉冉上升；松下挂杖隐者，拭目横览。画幅虽不大，然而天地宽阔，设色典雅，又注重笔墨，亦是佳作。

题释：董香光题画有曰：白云青山儿，青山白云父。吾甚奇之，后乃知语出佛经也。

款署：似范青大兄大人共印可之。杨深秀肙存。

钤印：无印。

附：

董香光：即董其昌（1555—1636），字玄宰，号思白、香光居士，上海松江人。董其昌出身贫寒之家，但在仕途上春风得意，青云直上。1589年，34岁的董其昌举进士，开始了他几十年的仕途生涯，当过编修、讲官，后来官至南京礼部尚书、太子太保等职。他对政治异常敏感，一有风波，他就坚决辞官归乡，几次反复起用。

董其昌才思敏捷，通禅理，精鉴藏，工诗文，擅书画及理论。是晚明最杰出、有影响的书画家。擅长山水，注重传统技法，追求平淡天真，讲究笔致墨韵，墨色层次分明，拙中带秀，清隽雅逸。《画史绘要》评价道："董其昌山水树石，烟云流润，神气俱足，而出于儒雅之笔，风流蕴藉，为本朝第一。"董的绘画对明末清初的画坛影响很大，并波及到近代。

"白云青山"：语出宋释慧晖的《颂古十九首》诗。释慧晖，宋朝著名的文学家。本姓骆，青州人。十八出家于乐安寺。天监十三年而卒，年七十三。

董香光所题"白云青山儿，青山白云父"，两句顺序倒置，全诗应是："青山白云父，白云青山儿，白云终日倚，青山总不知。"此诗是对生命的领悟。很多事物的关系都跟青山白云的关系相似，像是男与女、师父与徒弟，彼此互相依赖。但白云不应被青山打扰，青山也不应被白云打扰，两者都是相当独立的，这是人们应有的生活和修行的方式。

范青：生卒年不详。字筠坚，上海人。约清世祖顺治十七年前后在世。范青工诗词，著有《筠溪集》七卷、《澹秋容轩词》一卷。

"肙"：非通用字。"肙"的字形是反写的"身"字。本意指转身，也指归依。《说文解字》注："肙，归也，"徐锴曰："古人所谓反身修道。故曰归也。"《同文举要》：肙，归附也。

《苏轼笔记》行书团扇

[清] 张 穆　　绢本 纵25.4厘米 横23.4厘米

张穆（1808—1849）：初名瀛暹，字诵风，一字石舟（石州），号殷斋，山西平定人，近代的爱国思想家、地理学家、编辑大家、藏书家、诗人和书法家。鸦片战争中，他曾抱着爱国热情，上书言事，奔走呼号，联络在京友人，通过纪念顾炎武的活动，振奋人心。此后，他本着扬国威、抵御沙俄侵略的目的，致力于西北边疆地理和蒙古史的研究。

他的代表作《蒙古游牧记》《历代沿革地图》《昆仑异同考》《俄罗斯事补辑》《唐两京城坊考》《连筠簃丛书》等，研究价值很高。

张穆书法端秀劲逸，自成一体。其藏书1000余种，其中地方志有120多种，集部、史部丰富。

眉山矮道士李伯祥好為詩詩格不甚高往往作奇語如夜過脩竹寺醉打老僧門之句皆可愛也余幼時嘗見余歎曰郎君貴人也不知其何以知之

嘗遊忠州自鯁觀堅上馬絕雪賈清瞽目人題山詩云仙舍必於仙古畫古人畫如耙兔畫廃虎名色欵耶妙名隨東坡記

橫艾作噩小暑後一日靖陽亭長樸

可惜天不假年，45 岁中道而殁。清人程春海在《送张石州归里》诗中言："逸是凌参塘，清昉微水镜。朱邸筵不赴，书窟卧以啄。"

题释：题释分三段，均出自苏轼之语。其一："仆为吴兴，有《游飞英寺》，诗云：'微雨止还作，小窗幽更妍。盆山不见日，草木自苍然。'非至吴越，不见此景也。"其二："眉山矮道士李伯祥好为诗，诗格不甚高，往往作奇语，如：'夜过修竹寺，醉打老僧门'之句，皆可爱也。余幼时尝见，余叹曰郎君贵人也，不知其何以知之。"其三："昔游忠州白鹤观，壁上高绝处有小诗，不知何人题也。诗云：'仙人未必皆仙去，还在人间人不知。手把白氅从两鹿，相逢聊问姓名谁？'东坡记。"

款署：横艾作噩小暑后一日，靖阳亭长穆。

钤印：张穆（朱）、廉友（白）。

附：

题释一：苏轼历尽风霜，凡所经历，有感即发，留下了数万言的随笔小品，自然也是宋人笔记中的上乘之作。东坡笔记，后人辑为《东坡志林》和《仇池笔记》，两本集子分门别类，编为《萍踪纪游》《感旧书怀》《韵事琐谈》《文房鳞爪》《人物随笔》《纵横杂谈》《梦幻怪异》等。笔记中关于湖州的，至少有两则：一则便是此题释，见《萍踪纪游》之七。

题释二：摘《题李伯祥诗》。李伯祥，眉山（今四川）人。宋代道士。

"夜过修竹寺，醉打老僧门"取自《诗话总龟》前集卷一四引《百斛明珠》。苏轼 7 岁多，不仅自己能写些简单的诗，还能简单地品评别人的诗。当时眉山有位矮道士李伯祥，很喜欢写诗，苏轼读了他的诗后，便在《题李伯祥诗》中说："矮道士李伯祥喜欢作诗，但诗的格调不甚高，可又往往有奇语。如'夜过修竹寺，醉打老僧门'之句，皆可爱。"

题释三：诗出自宋代《白鹤观题壁》，作者不详。东坡题跋，记白鹤观诗，"昔游忠州白鹤观，壁上高绝处有小诗，不知何人题也。""白鹤观"在河南嵩山。据北京故宫馆藏的明·傅梅《嵩书》卷一《宫观》载：白鹤观，嵩山二十八观之一，在太室上，西去绝顶四五里。背负三峰，左右皆绝壁，空南一面，下瞰远山如屏，幽邃平阔，实太室之奥也。

苏轼：（1037—1101），字子瞻，又字和仲，号东坡居士，世称苏东坡、苏仙。汉族，北宋眉州眉山（今四川省眉山市）人，祖籍河北栾城，北宋著名文学家、书法家、画家。

嘉祐二年（1057），苏轼进士及第。宋神宗时曾在凤翔、杭州、密州、徐州、湖州等地任职。元丰三年（1080），因"乌台诗案"受诬陷被贬黄州任团练副使。宋哲宗即位后，曾任翰林学士、侍读学士、礼部尚书等职，并出知杭州、颍州、扬州、定州等地，晚年因新党执政被贬惠州、儋州。宋徽宗时获大赦北还，途中于常州病逝。宋高宗时追赠太师，谥号"文忠"。

苏轼是宋代文学最高成就的代表，并在诗、词、散文、书、画等方面取得了很高的成就。其诗题材广阔，清新豪健，善用夸张比喻，独具风格，与黄庭坚并称"苏黄"。词开豪放一派，与辛弃疾同是豪放派代表，并称"苏辛"。其散文豪放自如，与欧阳修并称"欧苏"，为"唐宋八大家"之一。苏轼亦善书，为"宋四家"之一。擅长文人画，尤擅画墨竹、怪石、枯木等。有《东坡七集》《东坡易传》《东坡乐府》等传世。

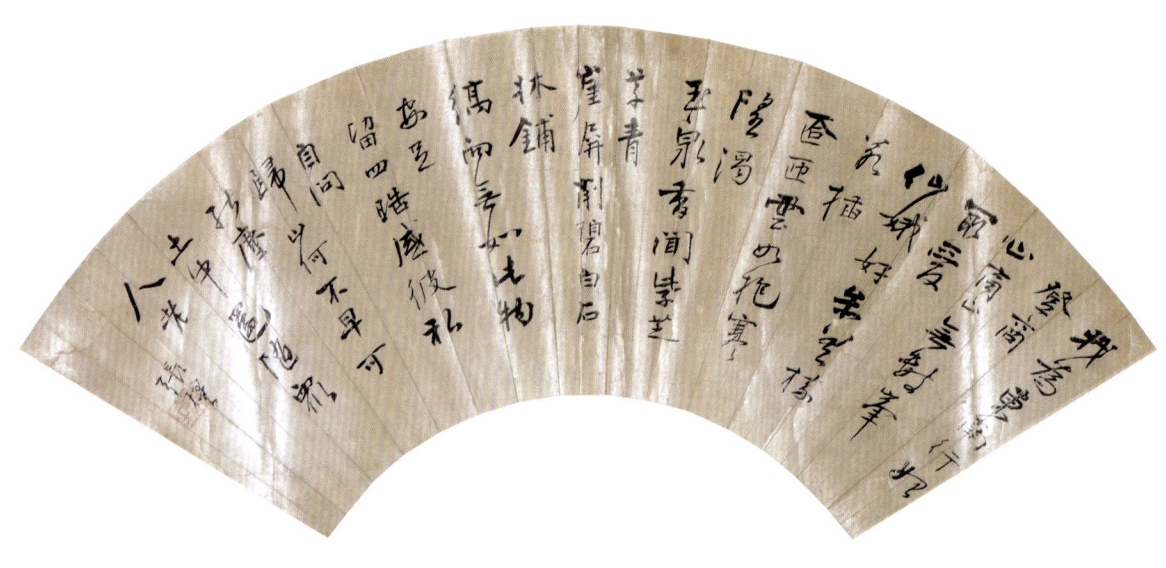

《仙娥峰下作》行书扇面

[清] 张 穆 纸本 纵16厘米 横50厘米

张穆：见018页。

题释："我为东南行，始登商山道。商山无数峰，最爱仙娥好。参差树若插，匼匝云如抱。寒望渴玉泉（渴望寒玉泉），香闻紫芝草。青崖屏削碧，白石床铺缟。向无如此物，安足留四皓。感彼私自问，归山何不早。可能尘土中，还随众人老。"此诗出自唐白居易《仙娥峰下作》。

款署：张穆。

钤印：穆（朱）。

附：

仙娥峰：在商州（今商洛市）城西北十里许。仙娥峰亦称仙娥湖。这里南北两岸峻峰壁立，江流逼仄，林木森森，溪水清澈，景色十分幽美。唐时这里设有驿站。

白居易（772—846）：字乐天，号香山居士，河南新郑（今郑州新郑）人，我国唐代伟大的现实主义诗人，中国文学史上负有盛名且影响深远的诗人和文学家，他的诗歌题材广泛，形式多样，语言平易通俗，有"诗魔"和"诗王"之称。官至翰林学士、左赞善大夫。有《白氏长庆集》传世，代表诗作有《长恨歌》《卖炭翁》《琵琶行》等。

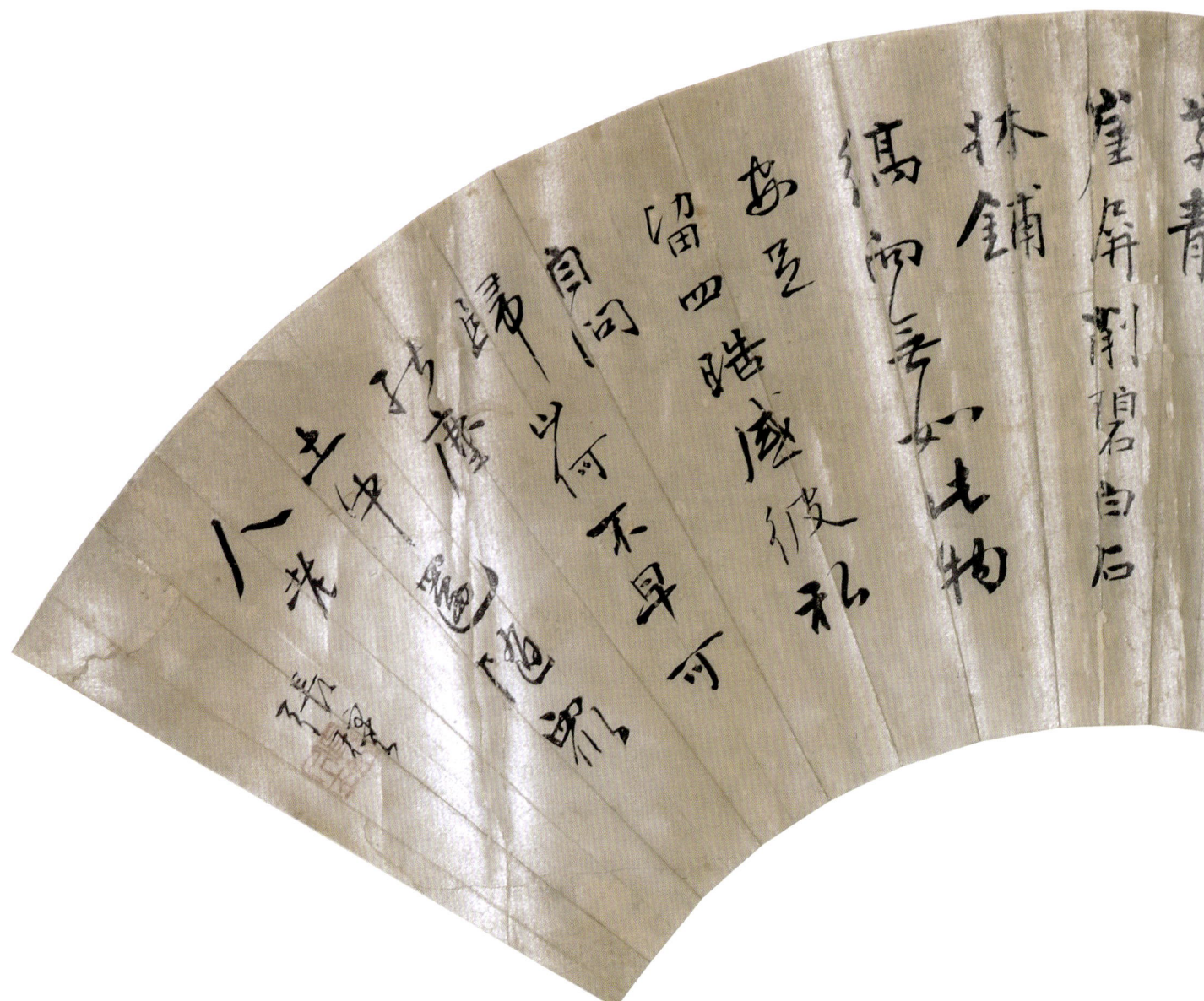

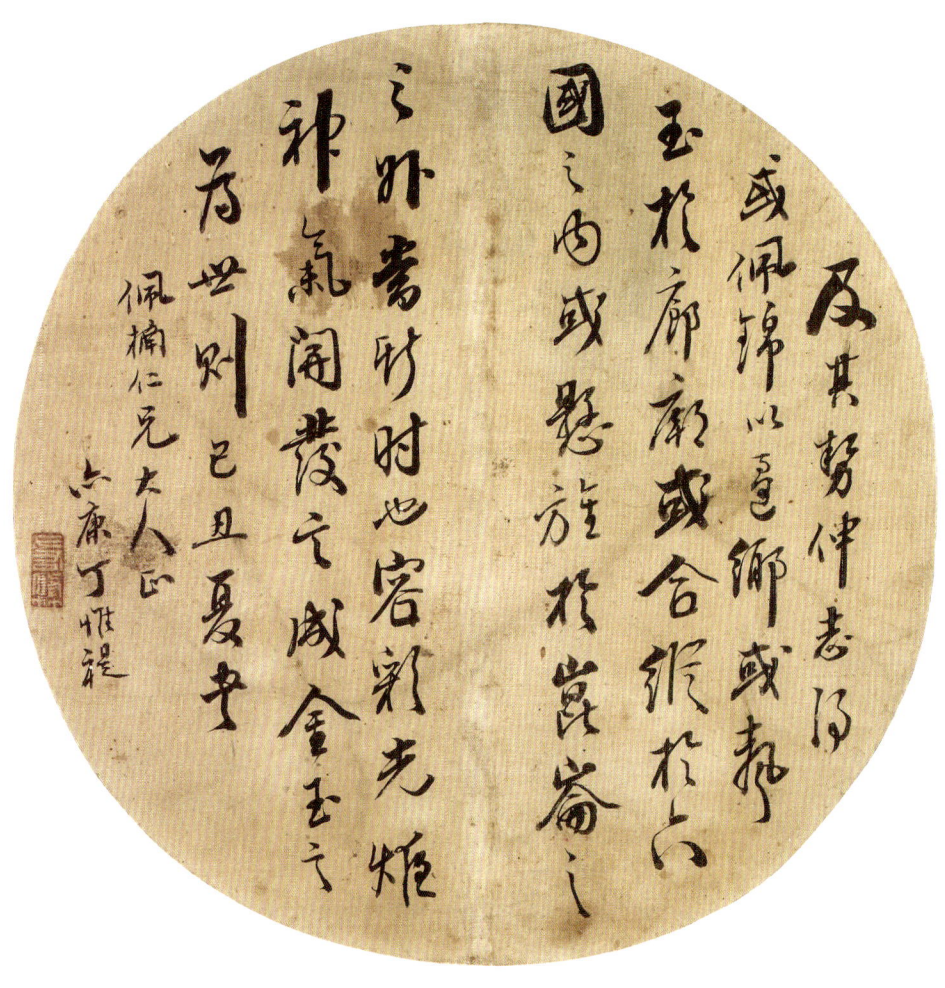

《刘子新论》行草团扇

[清] 丁惟禔　　绢本　纵25.1厘米　横25.3厘米　公元1889年

丁惟禔（1862—1895）：字伯平，号静簃、亦康，山东日照人。己丑科翰林院庶吉士，光绪十五年（1889）二甲五名进士，散馆授编修。光绪十九年（1893）任陕西主考官。

题释："及其势，伸志得，或佩锦以还乡，或声玉于廊庙，或合纵于六国之内，或悬旌于昆仑之外，当斯时也，容彩光矩，神气开发，言成金玉，之为世则。"摘自《刘子新论·通塞篇》二十三，个别字有出入与增减。

款署：己丑夏书，佩楠仁兄大人正。亦康丁惟禔。

钤印：□右修竹（白）。

附：

《刘子新论》：又名《刘子》，北齐刘昼所作。其内容政治上主张儒法兼用，君以民为心，法因时而变，要善于发现并合理使用人才；哲学上提倡名实并秀、言理兼得，认为祸与福、利与害可以互相转化。美学上肯定美感的同性，美与丑的相对性，主张内容重于形式，重视美的实用性；在道德修养方面，宣扬清心寡欲，不竞不争，重视学习，讲求诚信，忠贞不贰，爱惜时间，戒骄戒满。不少观点虽杂取前人，但亦多有发挥。

刘昼（514—565）：北齐文学家。字孔昭，渤海阜城（今河北省阜城县）人。河清（年号）初，举秀才，应试不第。著作有《六和赋》《高才不遇传》《金箱璧言》《刘子新论》）十卷。

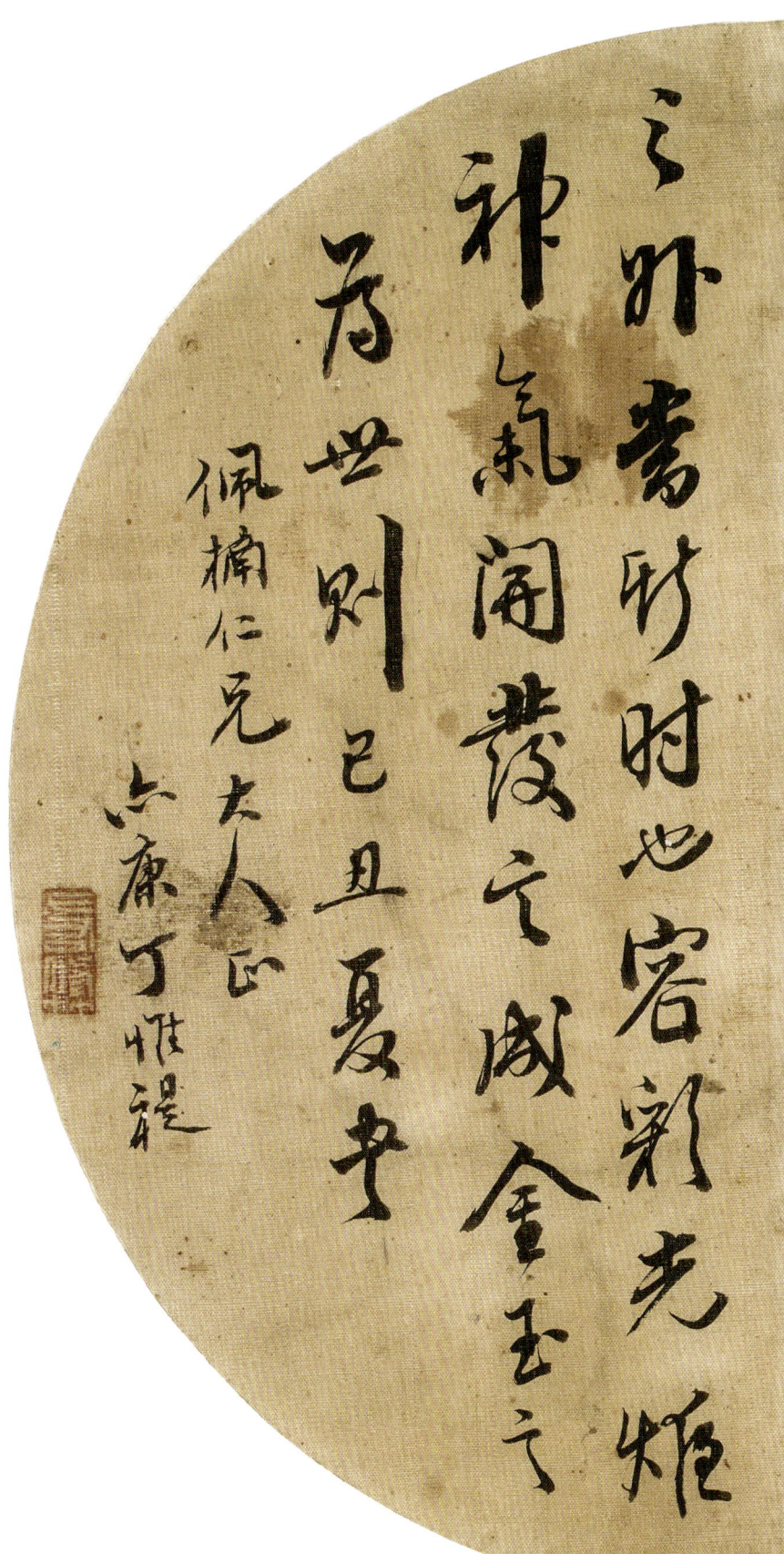

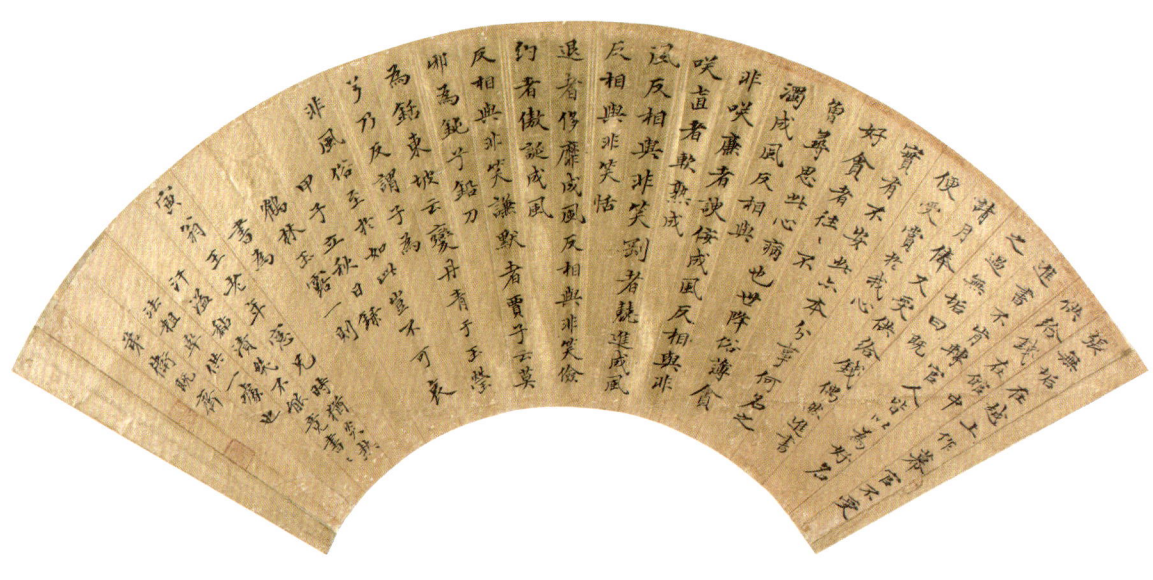

《〈鹤林玉露〉选》楷书扇面

[清] 卫既齐

纸本（泥金笺） 纵17厘米 横52.3厘米
公元1684年

卫既齐（1645—1701）：字伯严，山西猗氏人，清朝大臣。康熙初年进士。历官山东布政使、顺天府尹、贵州巡抚。屡上疏言时政，以清廉直言著称。革弊政，兴学校，平庶狱，所官各地多有声誉。晚年先后承修永定河、督培高家堰工程。康熙四十年卒于工地。

著作有《四书心悟》二十卷、《小学家训》四卷、《道德经解》二卷等。

题释：张无垢在越上作幕官，不受供给钱；在馆中进书，不肯转官，人皆以为好名之过。无垢曰："既请月俸，又受供给钱，偶然进书便受赏，于我心实有不安，此亦本分事，何名之好！贪者往往不曾寻思，此心病也。世降俗薄，贪浊成风，反相与非笑廉者。谀佞成风，反相与非笑直者。软熟成风，反相与非笑刚者。竞进成风，反相与非笑恬退者。侈靡成风，反相与非笑俭约者。傲诞成风，反相与非笑谦默者。"贾子云："莫邪为钝兮，铅刀为铦。"东坡云："变丹青于玉莹兮，乃反谓子为非。"风俗至于如此，岂不可哀！"此段文字取自《鹤林玉露·乙编·卷一》。

款署：甲子立秋日，录《鹤林玉露》一则，书为寅翁王老年窗兄。时犹炎热，汗溢黏渍，几不能竟书，书法粗率，供一噱也。弟卫既齐。

钤印：印迹不清。

附：

《鹤林玉露》：文言轶事小说。宋代罗大经撰。书名取自杜甫《赠虞十五司马》诗"爽气金天豁，清淡玉露繁"之意。此书对南宋偏安江左（在江南那个狭小的地方，苟且偷安）深为不满，对秦桧乞和误国多有抨击，对百姓疾苦表示同情，其中有不少记载，可与史乘参证，补缺订误。更为重要的是，对文学流派、文艺思想、作品风格，作过中肯而又有益的评论。

此书分甲、乙、丙3编，共18卷。半数以上评述前代及宋代诗文，记述宋代文人轶事，有文学史料价值。

罗大经（1196—1242）：字景纶，号儒林，又号鹤林，自号无垢居士，南宋吉水（今江西吉水县）人。

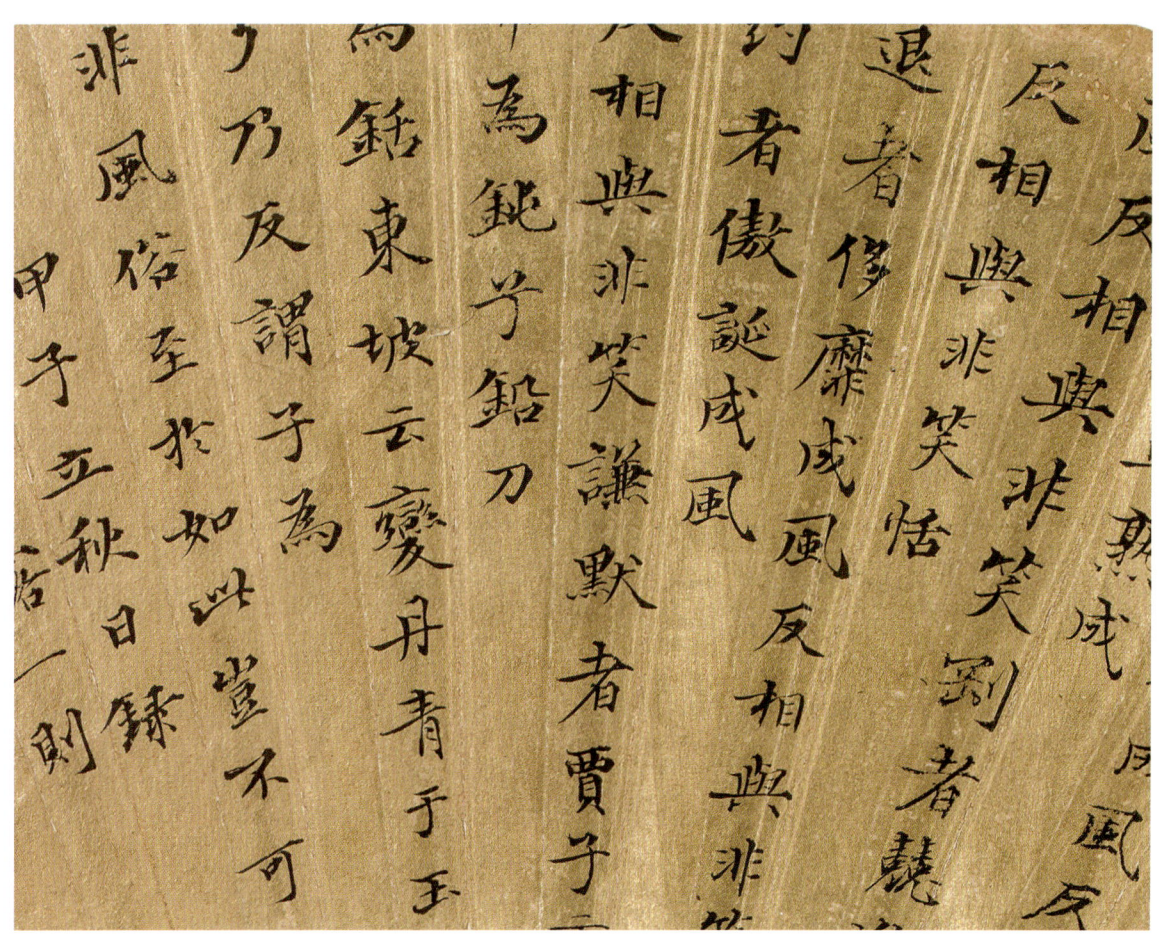

 《王勃辞赋》行书团扇

[清] 王庆祺　　绢本（洒金）　纵26.2厘米　横25.9厘米

王庆祺：生卒年不详。清顺天（北京）人，翰林侍读。据《李鸿藻年谱》载："因之宵小乘机诱惑引导，遂至日惟嬉戏游宴，耽溺男宠，日渐羸瘠，未及再祺，即以不起。""与王同卧起""耽溺男宠"。王庆祺曾和同治帝同看秘戏图，"两人阅之，津津有味，旁有人亦不觉"。这个王庆祺，"顺天人，生长京师，世家子，美丰仪，工度曲，擅诣媚之术。初直南书房，帝爱之。至以五品官加二品衔，毓庆宫行走。宠冠同侪，无与伦比"。

题释：若夫金台妙境，玉署仙居，酌丹墀之晓暇，候青禁之宵余，骤冲情于月道，飞峻赏于烟墟，指山楹而思逸，怀水镜而神虚。既而仰瞻颓峤，傍窥黛壑。复嶂烟回，攒溪雾错。伟所用之兼济，想神功之可规。作叠巘于盘龙，宪飞泉于挂鹤。覆篑而紫岩磴，浮芥而环洲崿，采拳石于瑶滨，褰纤珠于绮薄。萍徙楚江之蒂，花转昆墟之萼。岫蕴玉而鸿惊，浦怀珠而星落。

此文为唐朝王勃辞赋集《九成宫东台山池赋》中的前一部分。这篇赋是王勃所作大量干谒文章之一，写给东台（门下省）侍郎，即宰相张文瓘。当时在仕途等方面有求于人而写文章自荐，蔚然成风，王勃亦不能免俗。赋的主要意思，一是赞颂张文瓘；二是赞美九成宫所在地风光；三是宣泄了隐居避世的情绪。

九成宫：故址在今陕西省麟游县县城（一作在县西），距今西安市约160公里，隋建唐修，因山有九重，唐改名为九成宫（唐也曾作万年宫，仁寿宫），为避暑胜地。

东台山池：东台机构所在地的山池（山林池沼或山中的水池）。唐高宗时改门下省为东台。

款署：桂山大兄法家鉴正，仲莲王庆祺。

钤印：庆祺（白）、仲莲（朱）。

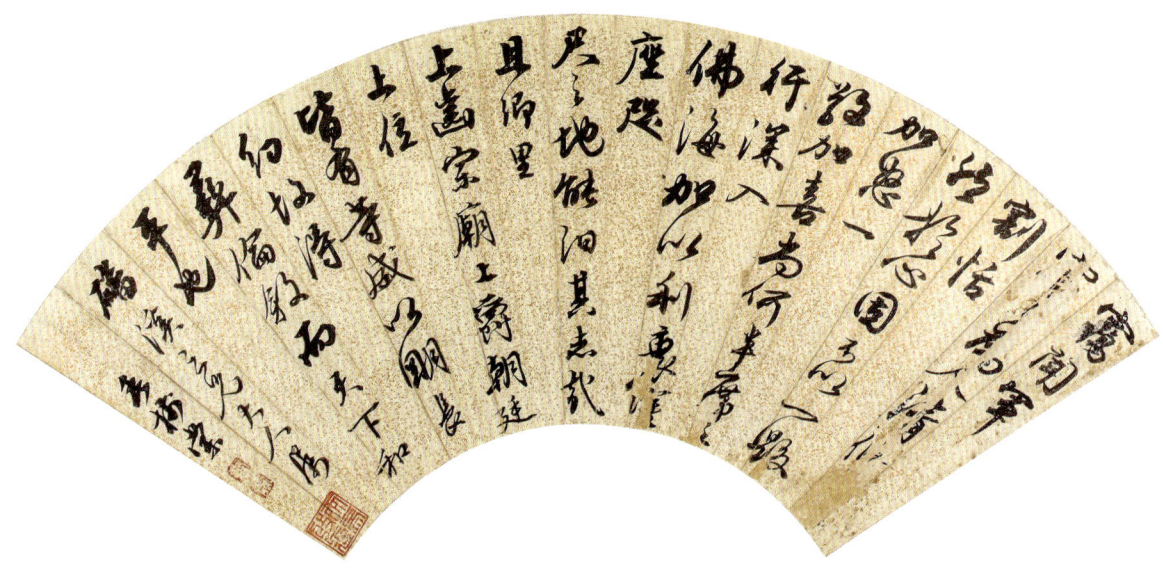

《争座位帖》行草扇面

[清] 毛树棠　　　纸本（洒金）　纵17.5厘米　横51厘米

毛树棠（1779—1845）：字荫南，号苻村，河南武陟木栾店人。嘉庆二十二年（1817）进士，改翰林院庶吉士，散馆，授编修。官至内学士，户部侍郎，礼部右侍郎，总督仓场侍郎，尽心经营，革除弊端。毛树棠"学以宋儒为宗"，工书，清中期著名书法家。有《临醴泉铭》，著《瓯钵罗室书画过目考》。

道光六年（1826），在京都毛树棠为儿子毛昶熙书写抄录《续小儿语》共35开，详细论述做人之道。毛昶熙，道光二十五年（1845）进士，光绪年间翰林院掌院学士，兵部尚书，总理各国事务大臣。毛树棠与其子可谓清朝两代重臣。

题释："窃闻：军容之为人，清修□割，恬然于心，固不以一毁加怒，一敬加喜。尚何半席之行，深入佛海，加以利衰，□座咫尺之地，能泊其志哉。且乡里上齿，宗庙上爵，朝廷上位，皆有等威，以明长幼。故得彝伦叙而天下和平也。"此题释取自颜真卿的行草书稿《争座位帖》中的一部分，前后句子与原文有所不同，也有删减，但其意未变。附原文以校勘，"真卿窃闻：军容之为人，清修梵行，深入佛海。况乎收东京有殄贼之业，守陕城有戴天之功，朝野之人所共仰，岂独有分于仆射哉？加以利衰涂割，恬然于心，固不以一毁加怒，一敬加喜。尚何半席之座，咫尺之地，能泊其志哉？且乡里上齿，宗庙上爵，朝廷上位，皆有等威，以明长幼，故得彝伦叙而天下和平也。"

款署：磻溪三兄大人属。毛树棠。

钤印：荫（白）、南（朱）。

附：

《争座位帖》：亦称《论座帖》《与郭仆射书》，为颜真卿 56 岁时行草书精品，唐代宗广德二年（764）十一月，颜真卿写给仆射郭英义的书信手稿。因郭英义为了献媚宦官鱼朝恩，在菩提寺行及兴道之会，两次把鱼朝恩排于尚书之前，抬高宦官的座次。此稿系颜真卿因不满权奸的骄横跋扈而奋笔直书，通篇刚烈之气跃然纸上。许多字与行还写得豪宕尽兴，姿态飞动，虎虎有生气，显示了他刚强耿直而朴实敦厚的性格。宋代米芾在《书史》中说："此帖在颜最为杰思，想其忠义奋发，顿挫郁屈，意不在字，天真罄露在于此书。"此帖本是一篇草稿，作者凝思于词句间，本不着意于笔墨，却写得满纸郁勃之气横溢，成为书法史上的名作，入行草最佳范本之列，后世将此帖与《兰亭序》合称"双璧"；与《祭侄文稿》《祭伯父文稿》合称"平原三稿"，在书史上占有重要地位。也是历代书法中最接近"人心本田""书为心迹"的行草书巨卷。真可谓"书无成法，篇不定格，章段跌宕，构造天成"，是我国行草书之"壮阔史诗，巨制交响"。

颜真卿（709—784）：字清臣，琅琊临沂（今山东临沂）人，唐代著名政治家、书法家。

开元二十二年（734）中进士，登甲科，曾 4 次被任命为监察御史，迁殿中侍御史。因受到当时的权臣杨国忠排斥，被贬黜到平原郡任太守，人称"颜平原"。肃宗时至凤翔授宪部尚书，迁御史大夫。代宗时官至吏部尚书、太子太师，封鲁郡公，人称"颜鲁公"。兴元元年（784），遭宰相卢杞陷害，被遣往叛将李希烈部晓谕，凛然拒贼，终被缢杀。

颜真卿创立"颜体"楷书，与赵孟頫、柳公权、欧阳询并称为"楷书四大家"。又与柳公权并称"颜柳"。

《忆旧游寄谯郡元参军》行书团扇
[清] 冯志沂

绢本（洒金）　纵26.5厘米　横26.5厘米
公元1849年

冯志沂（1814—1867）：清藏书家。字鲁川，山西代州（今代县）人。道光间进士。志沂尝从梅曾亮游，古文得其家法；兼工书画和诗文，与张穆、朱琦、曾国藩等相唱和，曾亮赠诗有"吟安一字脱口难，百转千缫丝在腹"语。曾接受曾国藩学术指点，被认为是"湘乡学派"的弟子。由刑部主事升任郎中，持论不肯唯阿。咸丰十一年（1861），再以刑部郎简放庐州知府，以清静为治。以围剿捻军有功，加封道衔，同治间官凤颍六泗道、安徽按察使，卒于任上。其书室"微尚斋"藏有图书数千卷，和山西籍藏书家张穆关系甚笃，当代史学家邓之诚曾发现张穆致冯氏手札19通，多为相互借书、校书及学术沟通之事。冯志沂咸丰十一年（1861）写有《竹楼藏书记》。

著有《微尚斋遗文》《微尚斋诗集续集》。

题释：本团扇内容分三部分。一部分是李白《忆旧游寄谯郡元参军》诗；一部分是冯志沂的题跋文。一部分是补空。《忆旧游寄谯郡元参军》诗："忆昔洛阳董糟丘，为余天津桥南造酒楼。黄金白璧买歌笑，一醉累月轻王侯。海内贤豪青云客，就中与君心莫逆。回山转海不作难，倾情倒意无所惜。我向淮南攀桂枝，君留洛北愁梦思。不忍别，还相随。相随迢迢访仙城，三十六曲水回萦。一溪初入千花明，万壑度尽松风声。银鞍金络到平地，汉东太守来相迎。紫阳之真人，邀我吹玉笙。餐霞楼上动仙乐，嘈然宛似鸾凤鸣。袖长管催欲轻举，汉东太守醉起舞。手持锦袍覆我身，我醉横眠枕其股。当筵意气凌九霄，星离雨散不终朝，分飞楚关山水遥。余既还山寻故巢，君亦归家渡渭桥。君家严君勇貔虎，作尹并州遏戎虏。五月相呼渡太行，摧轮不道羊肠苦。行来北凉岁月深，感君贵义轻黄金。琼杯绮食青玉案，使我醉饱无归心。时时出向城西曲，晋祠流水如碧玉。浮舟弄水箫鼓鸣，微波龙鳞莎草绿。兴来携妓恣经过，其若杨花似雪何！红妆欲醉宜斜日，百尺清潭写翠娥。翠娥婵娟初月辉，美人更唱舞罗衣。清风吹歌入空去，歌曲自绕行云飞。此时行乐难再遇，西游因献长杨赋。北阙青云不可期，东山白首还归去。渭桥南头一遇君，酂台之北又离群。问余别恨今多少，落花春暮争纷纷。言亦不可尽，情亦不可及。呼儿长跪缄此辞，寄君千里遥相忆。"冯志沂的题跋文是："山谷书太白此诗卷子，去年于子贞同年所一见之，石州手摹鸠工于慈仁寺顾祠刻石，将置之吾晋会馆中。戊申五月廿八月亭林生日，同人设祭饮福毕就庑下观石。石州邀余过其家时，午晴热甚各据一榻，酣卧梦中，闻雷雨声及醒，则红日满东墙矣。石州出纨扇属录此诗，未半而酒至，移席院中，招何君颐船共饮，兴尽欲返，街鼓初动，月明未来携扇归，灯下补作之，明日有子贞之约，当携往就，两君正也。志沂并识。"补空截取《小黄门谯敏碑》中的一段，"商时度世，引己倍权 韬光韫玉，以远悔咎。己酉六月临谯黄门碑十六字补空。"

钤印：志（朱）；沂（朱）。

附：

《忆旧游寄谯郡元参军》：是唐代伟大诗人李白的诗作。这首诗详细叙述了作者自己和谯郡元参军元演历次聚散的经过，以与元演的离合为经纬，共分四段。第一段追忆诗人在洛阳时的放诞生活及与元演的第一番聚散，第二段追忆偕元演同游汉东郡与汉东太守及道士胡紫阳游乐事，第三段追忆诗人在并州受元演及其父亲热情款待的情况，第四段写诗人长安失意时与元演又一度相逢。这是了解李白生平和思想的重要作品之一。全诗兼有李诗纵横奔放、深沉含蓄的特点，层次分明，结构严谨，写法极富变化，艺术水平较高。

李白（701—762）：字太白，号青莲居士，是屈原之后最具个性特色、最伟大的浪漫主义诗

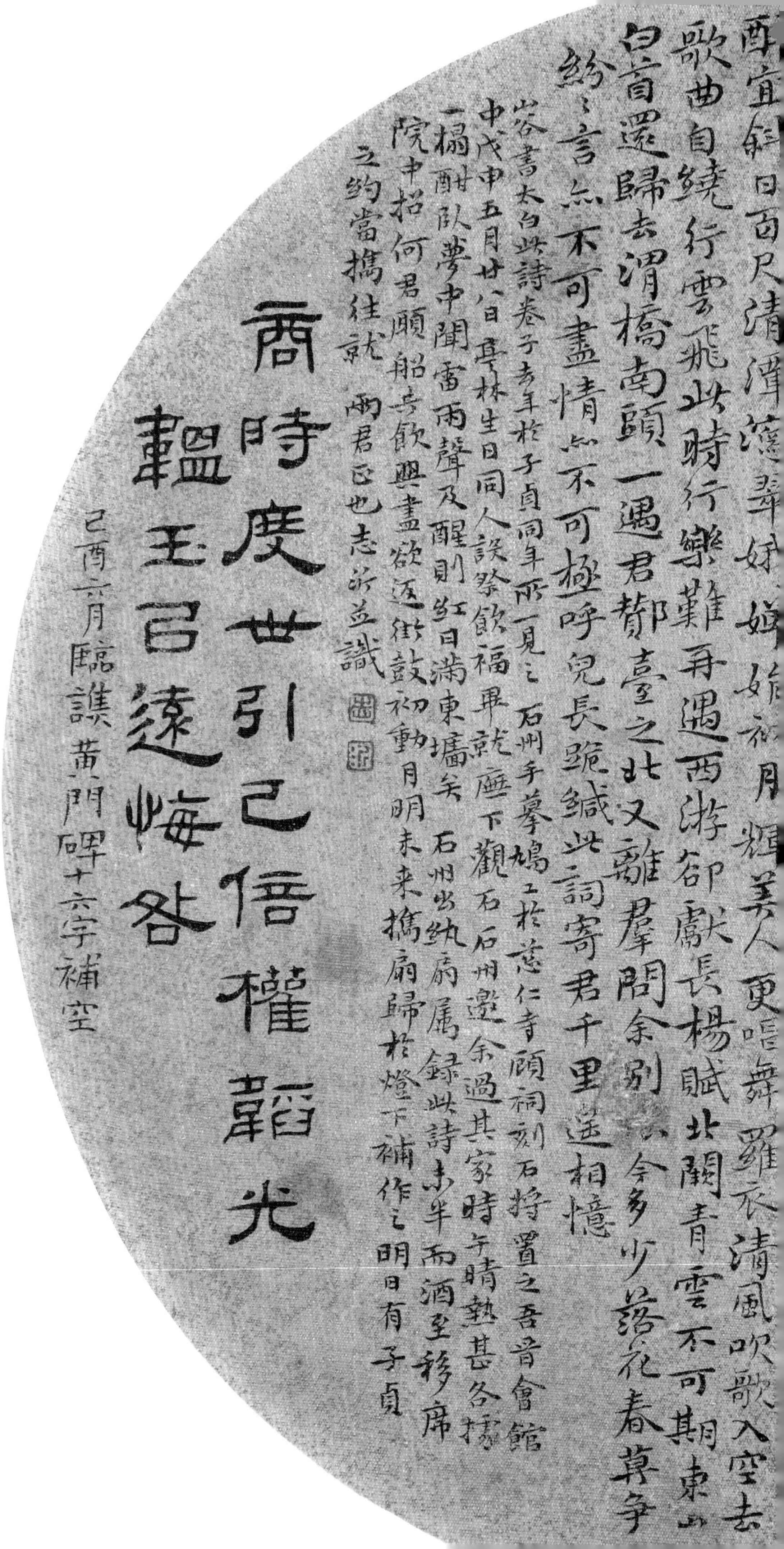

西宜斜日百尺清渭瀘聲好嬌初月輝美人更唱舞羅衣清風吹歌入空去
歌曲自繞行雲飛燕此時行樂難再遇西游卻獻長楊賦北闕青雲不可期東山
但酒還歸去渭橋南頭一遇君酇臺之北又離羣問餘別恨多少落花春莫爭
紛紛言忘不可盡情知不可極呼兒長跪緘此詞寄君千里遙相憶

容書太白興詩卷子貞同年所見之 石州手摹鳩工於慈仁寺顧祠刻置之吾晋會館
中戊申五月廿八日喜林生日同人談饗飲福畢就廳下觀石石州遷余過其家時寧晴熱甚各擁
一楊醉臥夢中聞雷雨聲及醒則紅日滿東墻矣石州出執扇屬錄此詩少年兩酒至移席
院中招何君順船共飲興盡欲逐街鼓初動月明未來擁扇歸於燈下補作之明日有子貞
之約當攜往就兩君正也志於益識

酒時度世引己倍權韜光
醞王吕遠悔咎

己酉六月臨譙黃門碑十六字補空

人。有"诗仙"之美誉,与杜甫并称"李杜"。其诗以抒情为主,表现出蔑视权贵的傲岸精神。对人民疾苦表示同情,又善于描绘自然景色,表达对祖国山河的热爱。诗风雄奇豪放,想象丰富,语言流转自然,音律和谐多变,善于从民间文艺和神话传说中吸取营养和素材,构成特有的瑰丽绚烂的色彩,达到盛唐诗歌艺术的巅峰。存世诗文千余篇,有《李太白集》30卷。

《小黄门谯敏碑》:宋人认为这篇碑文是蔡邕所作,其结论可以成立。谯敏逝世阶段,蔡邕的处境比较安定,相继撰写了一系列碑文,完全有可能撰写《小黄门谯敏碑》。谯敏和蔡邕是故里相邻,具有撰写碑文的地缘优势。谯敏具有良好的文化素养,蔡邕在刊刻石经过程中可能与他有过交往。《小黄门谯敏碑》应收入蔡邕文集,它对研究蔡邕写作,审视汉代为宦官所撰的碑文,均具有重要价值。

蔡邕(133—192):字伯喈。陈留郡圉(今河南省开封市)人。东汉时期著名文学家、书法家,著名才女蔡文姬之父。因官至左中郎将,后人称他为"蔡中郎"。

最初拒征召之命,后为司徒桥玄所征辟,出任河平长。征召为郎中,参与续写《东观汉记》。迁任议郎,参与刻印《熹平石经》。因直言被宦官诬陷,流放朔方。后几经周折,避难江南十二年。董卓掌权时,强召蔡邕。蔡邕被迫前往,被署任为祭酒,深得董卓敬重。被举为高第,三日之内,历任侍御史、治书御史、尚书。又出任巴郡太守,被留为侍中。后拜左中郎将,随献帝迁都长安,封高阳乡侯。董卓被诛杀后,蔡邕因在王允座上感叹而被下狱,不久便死于狱中,时年六十岁。

蔡邕精通音律,才华横溢,师事著名学者胡广。蔡邕除通经史、善辞赋外,书法精于篆、隶。尤以隶书造诣最深,名望最高,有"蔡邕书骨气洞达,爽爽有神力"的评价。创"飞白"书体,对后世影响甚大。唐张怀瓘《书断》评蔡邕飞白书"妙有绝伦,动合神功"。他生平喜藏书,多至万余卷,晚年将所藏之书载数车悉数赠给王粲,还有四千卷。《隋书·经籍志》著录有集20卷,早佚,明人张溥辑有《蔡中郎集》,严可均《全后汉文》对其著作也多有收录。

江湖渺渺何許歸奧法无邊匊
闌散辭水調令我意照徘莫
笑盆池只尺移得風煙萬頃
來傍小窻前稀踈滋江翠将
地向人妍華峯頭花十丈荷
如臨那知此中佳趣別是一壺
天倒挽碧筒醺酒醉卧綠雲
深靄雲影自田夢中呼一葉
散髮看書晛臨趙松雪書
小山大兄大人雅屬 惰盦馮文蔚

《临赵松雪书》行书团扇

[清] 冯文蔚　　绢本　径25.2厘米

冯文蔚（1814—1896）：字联堂，莲堂，莲塘，号修庵。浙江乌程（今湖州）人。光绪元年中举。清光绪二年（1876），冯文蔚参加礼部会试，钦赐一甲第三名进士及第，授翰林院编修。光绪五年，冯文蔚任国史馆协修。同年，出任顺天乡试同考官。光绪八年出任河南学政。光绪十一年，冯文蔚任文渊阁校理。光绪十三年升任左春坊左赞善。光绪十四年，冯文蔚兼署国子监司业，任左春坊左中允、翰林院撰文、会典馆协修。光绪十五年，冯文蔚任司经局洗马，四品顶戴，升任日讲起居、翰林院侍讲。光绪十八年，冯文蔚丁母忧。服阙。后升为侍读。光绪二十年，冯文蔚出任江南乡试主考官，累迁，充任侍读学士。冯文蔚官至内阁学士兼礼部侍郎衔。工书法，笔意风流倜傥。

题释：此段诗文取自元朝诗人张雨的《水调歌头·盆荷》。"江河渺何许，归兴浩无边。忽闻数声水调，令我意悠然。莫笑盆池只尺，移得风烟万顷，来傍小窗前。稀流滋红翠，特地向人妍。华峰头，花十丈，藕如船。那知此中佳趣，别是一壶天，倒挽碧筒酾，酒醉卧绿云深处，云影自田田，梦中呼一叶，散发看书眠。"题释文字与张雨《水调歌头·盆荷》诗文中的文字有个别不同。

款署：临赵松雪书，小山大兄大人雅属。修盒（庵）冯文蔚。

钤印：冯文蔚（白）。

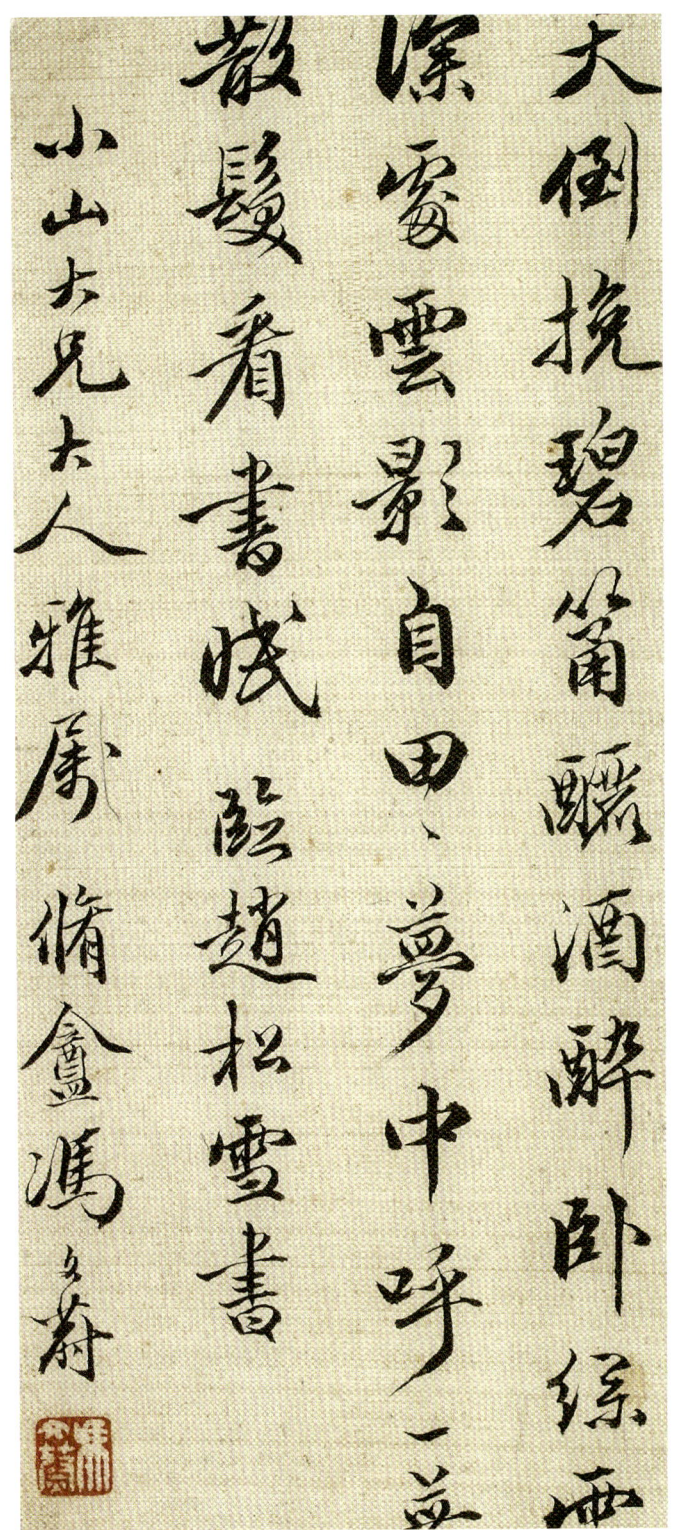

江湖渺何许归與法无边匆
阅数声水调今我意照独莫
笑盆池只尺移得凤烟萝须
来伤小窗前稀詠潇江□□朱

附：

张雨（1283—1350）：元代诗文家，号句曲外史，道名嗣真，道号贞居子。曾从虞集受学，博学多闻，善谈名理。诗文、书法、绘画，清新流丽，有晋唐遗意。年二十弃家为道士，居茅山。张雨工书画，初学赵孟頫，后学怀素、张旭。字体楷草结合，俊爽清丽，自成一格。

张雨也是南宋风雅词派的继承者，晚年尤为杨维桢推重，称其诗"俊逸淡瞻"。明顾起纶《国雅品》列其诗为仙品。清王士禛《香草笔记》称其拗体绝句"颇有坡谷遗风"。张雨亦善词，是一统期词坛宗师仇远的弟子，"一代正声""婉约词宗"张翥的同窗，崇尚白石，颇得瘦劲骚雅之旨而又不失清丽。张雨词最突出的成就还在咏物，大多写得雅丽精工、婉约缠绵，深得南宋词法，代表作当推《水调歌头·盆荷》。这首词托物咏怀，格调超迈，意境浑成，起伏抑扬，语言修辞既高古雅正又生动传神。这样的词，在词情和意境上已超出白石，逼近东坡了。

赵松雪：即赵孟頫（1254—1322），字子昂，号松雪道人，又号水精宫道人等。

《莲菱瓜果图》团扇

[清] 西峰华　　绢本 设色 纵25.7厘米 横26厘米

西峰华：生平不详。

画意：在此扇面中，西峰华描绘了莲蓬、荸荠、葡萄、苹果、莲藕。其中莲蓬、葡萄、苹果绘制得硕大而又新鲜，画家用细长的墨线勾勒其轮廓，浓墨点于表皮以显示其质地。莲藕用湿润的红色彩墨晕染，而苹果的叶子则用墨点点染，墨线勾勒。在构图上，莲蓬、葡萄与苹果错落有致，平衡了画面。整体用笔简洁而老到，施以没骨法，用不均匀的色彩表现物体的质感和光亮感，富有情趣，水墨和颜料掌握得恰到好处。

款署：抚瓯香馆真本以应，颂南尊兄大人雅属，西峰华。

钤印：西峰（白）、华（朱）。

附：

瓯香馆：为恽寿平的斋号。坐落在江苏武进（今常州）白云渡的意园附近，瓯香馆雕梁画栋，古朴典雅。恽南田（1633—1690），名格，字惟大，后改字寿平，以字行。南田是他的号。作为明末清初著名的书画家，他开创了没骨花卉画的独特画风，是常州画派的开山祖师。他以没骨法画花卉、禽兽、草虫，自谓继承徐崇嗣没骨画法。创作态度严谨，认为"惟能极似，才能传神"。他画法不同一般，"点染粉笔带脂，点后复以染笔足之"，创造了一种笔法透逸、设色明净、格调清雅的"恽体"花卉画风，而成为一代宗匠。清康熙二十九年（1690），卒于白云渡瓯香馆，终年58岁。

颂南：即陈庆镛（1795—1858），字乾翔、笙叔，号颂南，泉州西门外塔后村（今属丰泽区北峰镇人）。清道光十二年（1832）进士，官至监察御史，是清末著名的抗英官员，主张改革政治、军事以匡国振民。在道光二十三年（1843）上奏《申明弄赏疏》，极力反对起用在鸦片战争中丧权辱国而被革职的大臣琦善、奕山、牛鉴、文蔚等人，谏书流传，读者咋舌，声震天下，与朱琦、苏廷魁并称为"天下三大鲠直御史"。他又是一位精研汉学和金石学的学问渊博的学者，著有《籀经堂集》《三家诗考》《说文辞》《古籀考》等。卒赠光禄寺卿，钦赐祭葬，进祀贤祠。

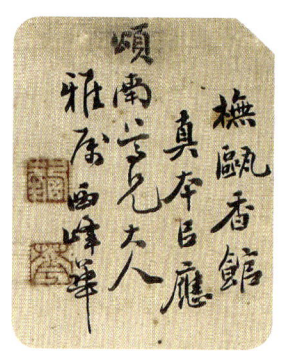

《墨菊图》团扇

[清] 许佳清　绢本　水墨　纵25厘米　横26厘米

许佳清：生平不详。

画意：扇面绘菊花三朵，叶繁而疏，交叉呼应，突出主题。花朵采用淡墨而枝叶用墨较重，落款题字使整个画面有呼应平衡感。画面虽小，意趣无穷。

菊花有许多不同的名称，如黄花、秋菊、家菊、龄草、日精、女华、寿客、延年、隐逸花、重阳花等等。有史以来，菊花都是许多文人雅士的最爱。菊花象征不畏严寒，凌寒傲霜，坚守晚节，代表高风亮节的君子风范！菊花也可以寄托温柔婉约的情感。自古以来，画家、诗人无不以菊花为题材，吟诗作画蔚成风气。

款署：墨陶潜，仿六如居士笔，以应尧章一兄大人雅属，□许佳清画于晕石仙馆之南窗。

钤印：印迹不清。

附：

陶潜：即陶渊明（352或365—427）字元亮，私谥"靖节"，世称靖节先生。浔阳柴桑人。东晋末至南朝宋初伟大的诗人、辞赋家。田园诗派创始人。被称为"古今隐逸诗人之宗"。

六如居士：即唐寅（1470—1524）字伯虎，后改字子畏，号六如居士、桃花庵主、鲁国唐生、逃禅仙吏等，明朝著名画家、书法家、诗人。其花鸟画长于水墨写意，洒脱秀逸。

《山水图》扇面

[清] 何道生 | 纸本 设色 纵15.2厘米 横49厘米 公元1800年

何道生（1766—1806）：字立之，号兰士，山西灵石人。乾隆五十二年（1787）进士。历任工部主事、员外郎、郎中，迁御史。出知江西九江知府，以病告归。居官廉敏，政声大著。后为甘肃宁夏知府，卒于任。何道生常与法式善、张问陶、杨芳灿等清代文学家等唱和，诸人皆敛手避之。文酒宴集之作，尤多传诵。其诗疏爽雄健，出入昌黎、剑南之间，著有《双藤书屋诗集》十二卷。

画意：远山与水相连，小桥轻舟，坡石疏树山舍，宁静而淡远。何道生三十五岁所作。

款署：嘉庆庚申秋月，道生为竹虚词兄写。

钤印：何道生印（白）。

竹虛詞兄寫
嘉慶庚申秋月道生為

《节〈玄秘塔碑〉》楷书团扇

[清] 刘笃敬　　绢本（一半洒金）　径24.5厘米　公元1894年

刘笃敬（1848—1920）：字缉臣，号筱渠，太平县（今山西襄汾）人。1867年丁卯科优贡，1875年太原乡试中乙亥科举人。

清末新兴工业的开创者，光绪三十三年（1907）任山西商会会长，深受著名维新派人物杨至深的影响。为了振兴山西商业，抗争洋货入侵中国市场，他远赴日本、欧美考察，了解观察日、美市场现状及其发展趋势，学习掌握资本主义商品竞争的规律和策略。回来后，他本着"中学为本，西学为用"的商战思路，一方面，在山西商人中大声疾呼，动员山西商人高举变革大旗，锐意革新，与洋商、洋货展开竞争；另一方面，对刘家在晋、陕、甘、豫开设的300多家商号全面进行改造，一是采用西方企业管理方式，改善原有商号的经营管理；二是针对当时的市场需求，大胆投资创办新兴工业。

喜欢收藏古书、字画、金石碑帖。在南高村建有藏书楼一座，内藏图书、钟鼎彝器、名人字画等。他曾著有《金石录》，可惜已散失。

题释：摘自《玄秘塔碑》，节录其中一段。"初母张夫人梦梵僧谓曰：当生贵子。即出囊中舍利使吞之。在诞，所梦僧白昼入其室。摩其顶曰：必当大（弘）法教。言讫而灭。既成人，高颡深目，大颐方口，长六尺五寸，其音如钟。"

款署：甲午夏五临，为祓臣世兄大人雅属。刘笃敬。

钤印：笃敬（白）、筱渠（朱）。

附：

《玄秘塔碑》：全称《唐故左街僧录内供奉三教谈论引驾大德安国寺上座赐紫大达法师玄秘塔碑铭并序》，简称《大达法师玄秘塔碑》，唐裴休撰文，柳公权书并篆额。因体势劲媚，骨力遒劲，结构严谨，字体清秀，有"柳骨"之称。由刻玉册官邵建和及弟邵建初镌。碑额篆字排三行，每行四字。碑正文楷书28行，满行54字，总1302字。《玄秘塔碑》立于唐会昌元年（841）十二月，现藏陕西西安碑林，虽历经千年，碑文仍清晰完好。

裴休（791—864）：唐代名相。字公美，河南济源人，祖籍河东闻喜（今山西运城闻喜）。官至吏部尚书，封河东县子，赠太尉。在唐宪宗时，任兵部侍郎兼领诸道盐铁史，后晋升为中书侍郎和宰相，改革漕运积弊，制止藩镇专横，颇有政绩。博学多能，工于诗画，擅长书法，以欧、柳为宗。寺刹多请其题额，河南鲁山亦多题铭。晚年遭贬任荆南节度使，潜心研究佛家经学。为晚唐著名书家。

柳公权（778—865）：字诚悬，别号柳少师、柳学士、柳尚书。京兆华原（今陕西铜川耀州区）人。唐代著名书法家、诗人，兵部尚书柳公绰之弟。

柳公权29岁时进士及第，早年曾任秘书省校书郎，并入李听幕府。共历仕七朝，官至太子少师，封河东郡公，以太子太保致仕，故世称"柳少师"。

柳公权书法以楷书著称，与颜真卿齐名，人称"颜柳"，又与欧阳询、颜真卿、赵孟頫并称"楷书四大家"。他的书法初学王羲之，后来遍观唐代名家书法，吸取了颜真卿、欧阳询之长，融会新意，自创独树一帜的"柳体"，以骨力劲健见长，后世有"颜筋柳骨"的美誉。传世碑刻有《金刚经刻石》《玄秘塔碑》《冯宿碑》等，行草书有《伏审》《十六日》《辱向帖》等，另有墨迹《蒙诏帖》《王献之送梨帖跋》。柳公权亦工诗，《全唐诗》存其诗5首，《全唐诗外编》存诗一首。

咸通六年（865），柳公权去世，追赠太子太师。

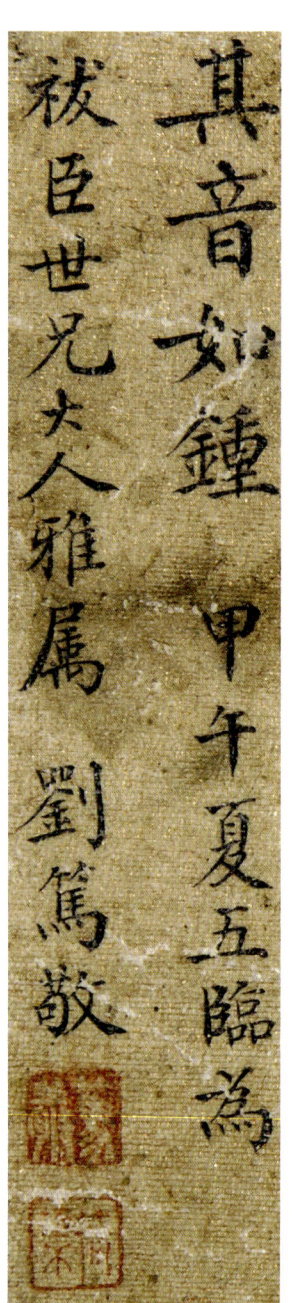

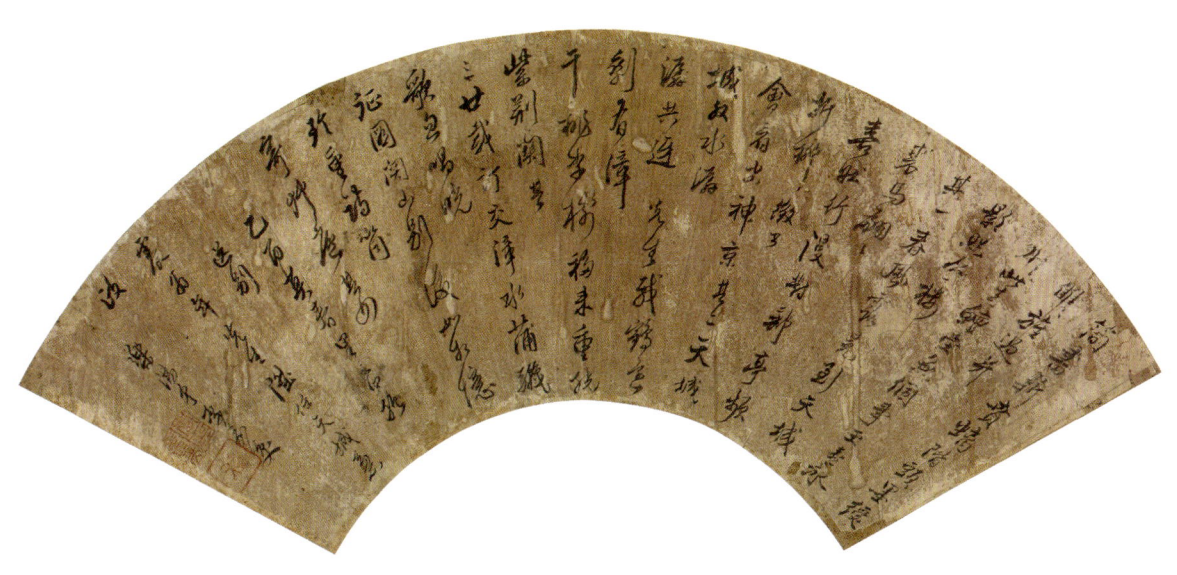

《自题诗四首》行草扇面

[清] 李嘉美　　纸本（洒金）　纵16.5厘米　横52厘米　公元1705年

李嘉美：生卒年不详。字温又，长子（今山西长子县）人，康熙戊午举人。家贫力学，著作甚富，为一邑儒林之冠。任霍州学正，课士论文无虚日。以老疾归，人皆高其文行。

题释：自题诗四首送友人。第一首"简书新贲螭阶头，墨绶双旌过并州。此去鳣堂无个事，玉台冰影照层楼。其一。"第二首"春风露冕到天城，裘马翩翩喜壮行。漫对邮亭频折柳，微书会看空神京。其二。"第三首"天城城外水潺潺，共迓光生载鹤还。剩有漳干桃李树，移来重绕紫金关。其三。"第四首"廿载订交漳水蒲，酾歌忽唱晓征图。关山别后如相忆，珍重诗简寄草庐。其四。"

款署：乙酉暮春里□□□送别震翁年先生升任天城葱政。乐阳弟李嘉美。

钤印：李嘉美印（白）、□□（朱）。

附：

乐阳：据嘉庆《长子县志》载，南北朝，元魏析长子、寄氏地，置乐阳县。按：寄氏即汉猗氏。至北齐而废。后周虽分郡为潞州，隋改为上党郡，置上党县为郡治，即今长治县。复置寄氏县，寻复称长子，仍其旧焉。今长子实有寄氏地。

《隋书》：卷三十载，上党旧置上党郡，开皇初郡废。大业初复置郡，废壶关入焉。有羊头山、抱犊山。长子后齐废。开皇九年置，曰寄氏县。十八年改为长子。旧有屯留、乐阳二县，后齐废。

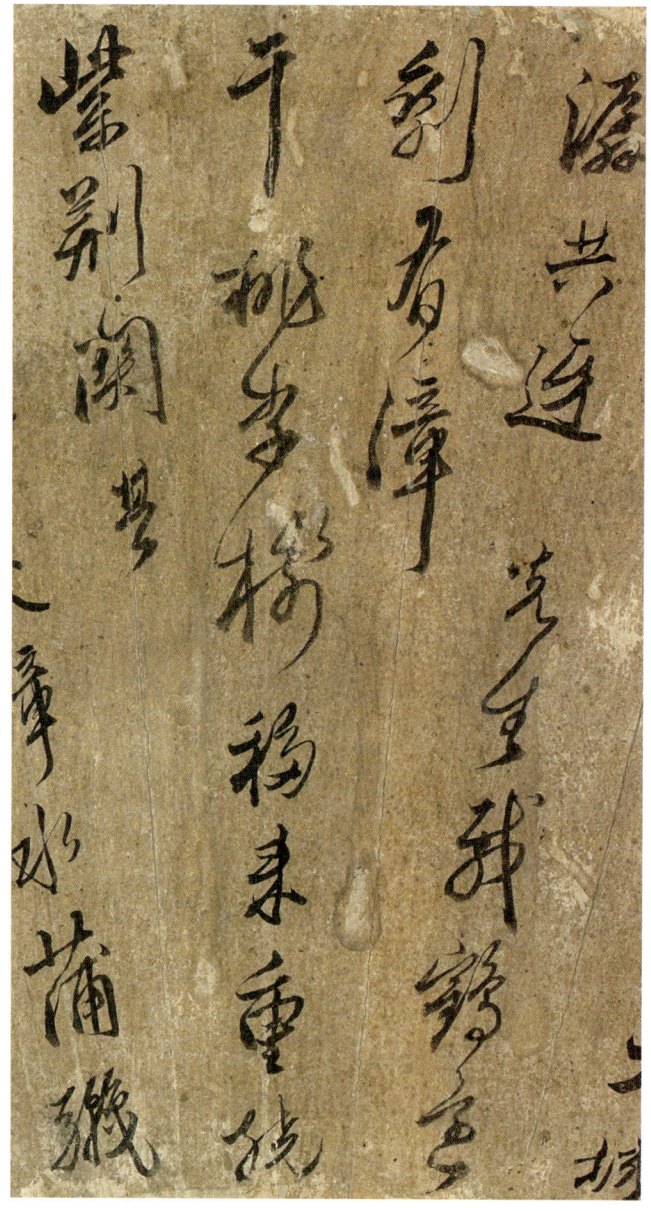

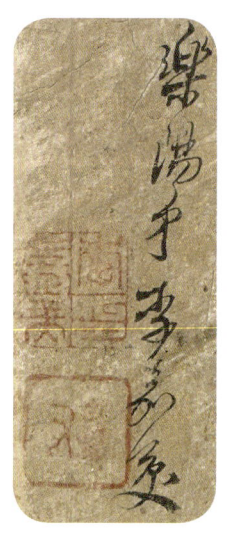

[扇面书法图]

《黄庭坚论书》楷书团扇

[清] 李兆勤　　绢本（洒金）　纵24.7厘米　横24.6厘米　公元1891年

李兆勤：生平不详。

题释：扇面题释分为两部分，"建中靖国元年甲子（原题：十二月）。观此诗卷，笔意痴钝，用笔多不到。亦自喜中年来书字稍进耳。"此段是黄庭坚五十七岁时所著《跋旧书诗卷》中的一段。"凡学书欲先学用笔。用笔之法欲双钩回腕，掌虚指实，以无名指倚笔，则有力。古人学书不尽临摹，张古人书于壁间，观之入神，则下笔时随人意。"这一段则是黄庭坚在《跋与张载熙书卷后》文中的一则。

款署：瑶章仁兄大人属正，辛卯书奉，瀛生弟李兆勤。

钤印：印迹不清。

附：

黄庭坚（1045—1105）：字鲁直，号山谷道人，晚号涪翁，洪州分宁（今江西修水县）人，北宋著名文学家、书法家，为盛极一时的江西诗派开山之祖，与杜甫、陈师道和陈与义素有"一祖三宗"（黄庭坚为其中一宗）之称。与张耒、晁补之、秦观都游学于苏轼门下，合称为"苏门四学士"。生前与苏轼齐名，世称"苏黄"。

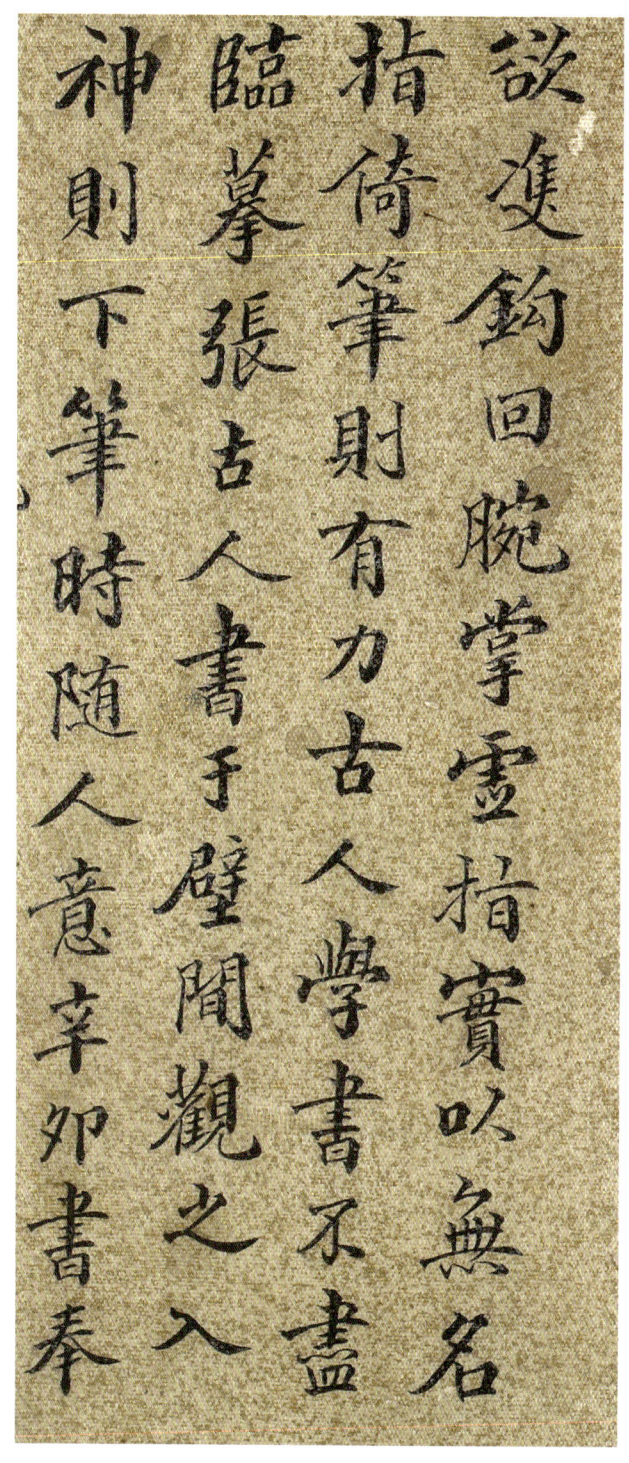

《节〈玉台新咏〉〈八马铭〉》行隶团扇

[清] 云 漾 伯寓栋　　　　　　　　　　绢本 纵24.8厘米 横25.5厘米

云漾：生平不详。

伯寓栋：生平不详。

题释：

一、"凌云概日，由余之所未窥；万户千门，张衡之所曾赋。周王璧台之上，汉帝金屋之中，玉树以珊瑚为枝。"原文为"夫凌云概日，由余之所未窥；千门万户，张衡之所曾赋。周王璧台之上，汉帝金屋之中，玉树以珊瑚为枝，珠帘以玳瑁为匣……"此文摘自徐陵《玉台新咏》。徐陵（507—583）字孝穆，东海郯（今山东郯城）人，徐摛之子。南朝梁陈间的诗人，文学家。《玉台新咏》

是徐陵在梁中叶时选编的一部诗歌总集。文体为骈文。

二、"汉将军飞，率精卒万余人，大破贼首张郃于八濛。"原碑为"汉将军飞，率精卒万人，大破贼首张郃于八濛，立马勒铭。"此碑称为《立马铭》或《八濛山铭》（八濛摩崖）。传说张飞打败曹操手下名将张郃之后，以丈八蛇矛在八濛山石壁上凿22字。碑文为隶书四行，每列六字，阴刻。即后世传诵的"八濛摩崖"。由于年代久远，遗迹已壁裂字毁。清光绪年间，有人根据拓本重铭石上，民间叫"桓侯碑"。现已移至锦屏山上的碑林，镶嵌在山崖上，供游人品读追忆。

款署：

一、尧章仁兄大人法政，弟雲漾。

二、以应垚章仁兄大人雅嘱，伯寓栋。

钤印： 无。

注： 垚 yáo 古同"尧"。

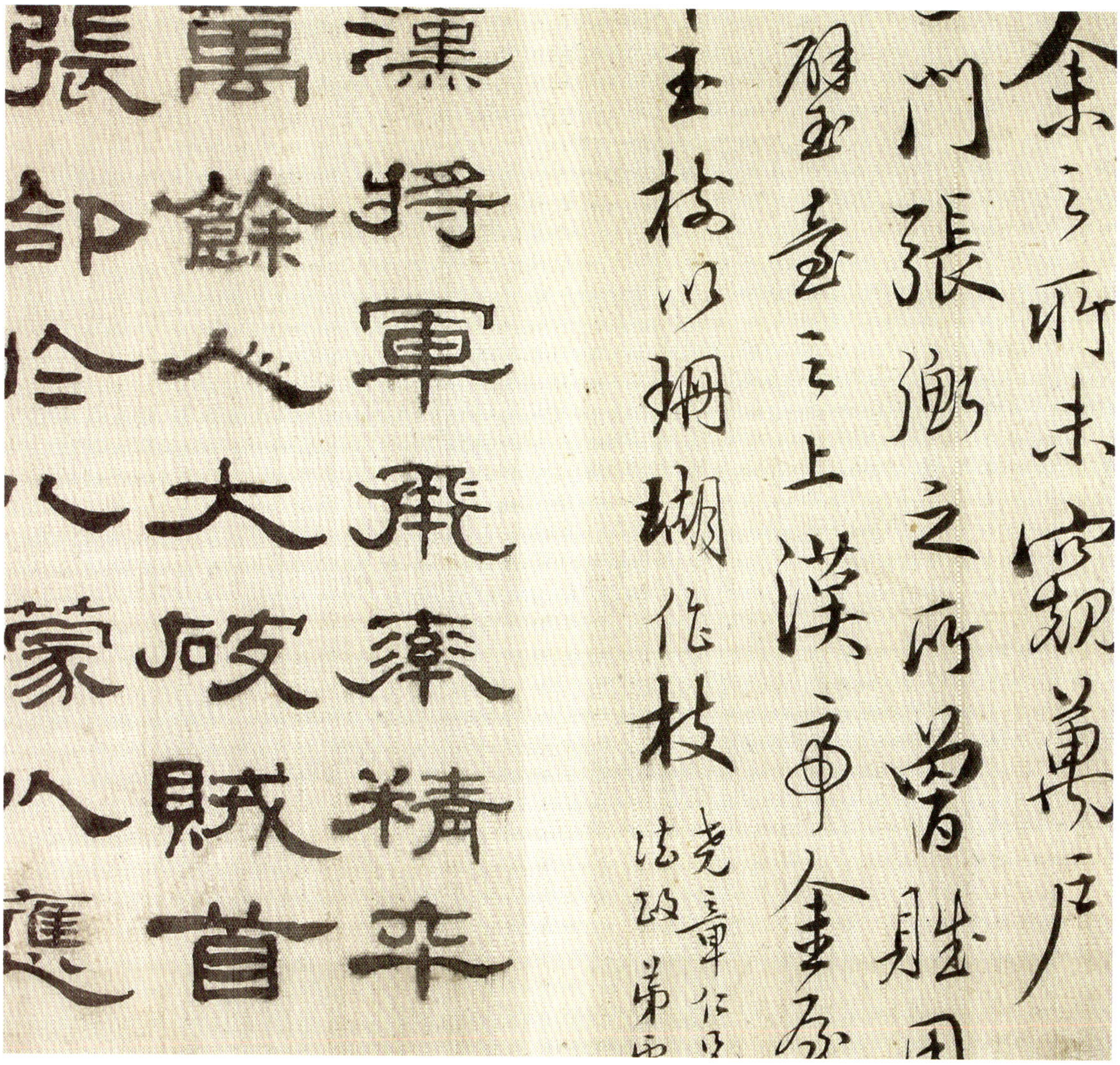

《成都帖》草书扇面

[清] 陈嵩涛　　纸本（洒金）　纵17.3厘米　横51.3厘米

陈嵩涛：生平不详。

题释："往在都，见诸葛显，曾具问蜀中事，云成成都城池、门屋、楼观，皆是秦时司马错所修，为令人远想慨然。尔不信一一示，为欲广异闻。"此段文字取自王羲之草书代表作之一《十七帖》中的《成都帖》，其意是"过去我在京都，见到诸葛显，细问四川的事。他说成都城池、门屋楼观都是秦时候司马错所修建的，令人远远想往，是不是真的？请您来信告诉，为的是增长我的见闻。"

款署：书为，照雄二兄大人正之，弟陈嵩涛。

钤印：陈嵩涛印（白）、涛（朱）、雨亭考藏（朱）。

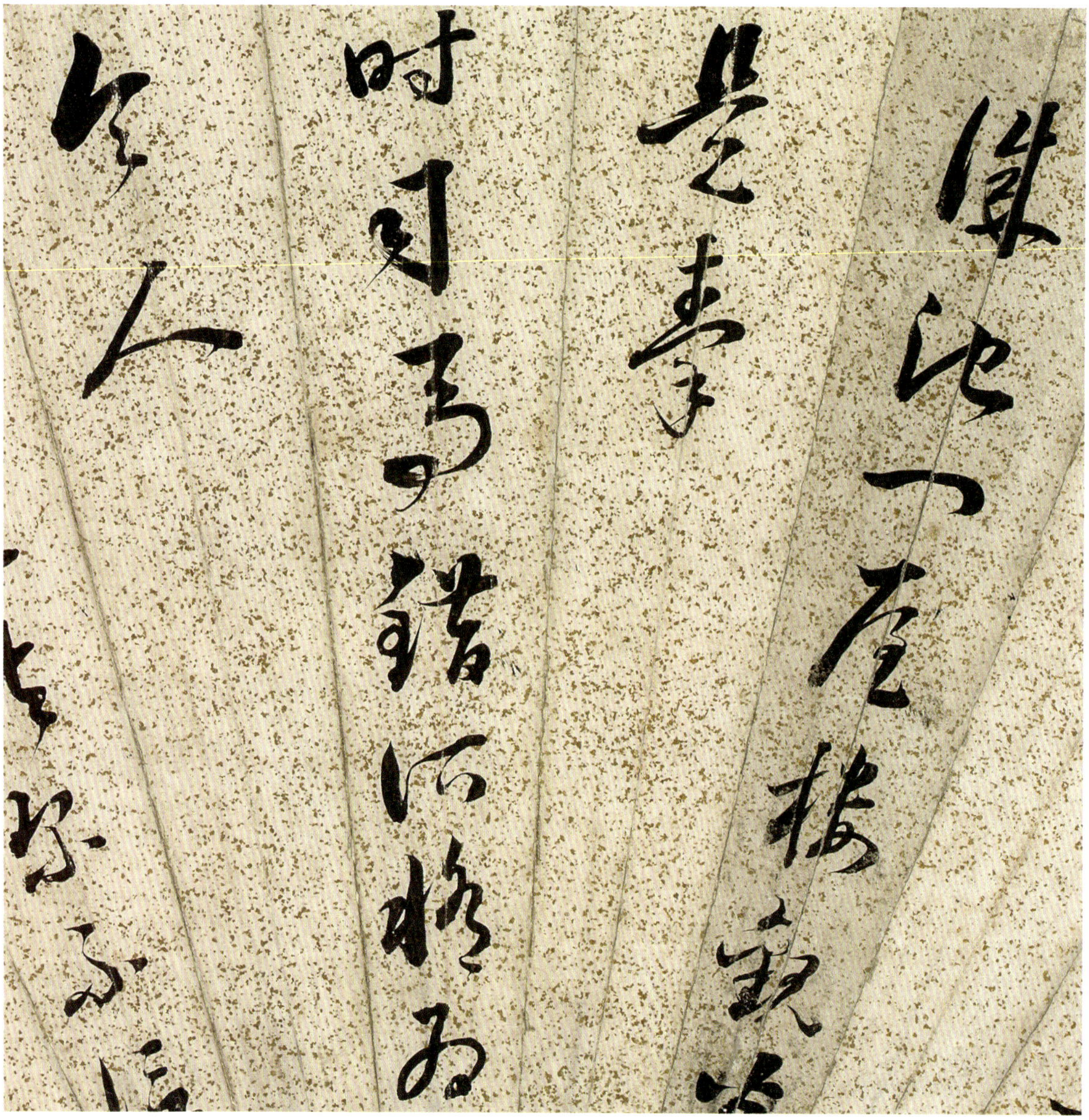

觉池一层接取时时勤拂拭莫使惹尘埃

附：

王羲之（321—379，一作 303—361）：字逸少。东晋著名书法家。琅琊临沂（今山东临沂）人。初任秘书郎，后任宁远将军、江州刺史、右军将军、会稽内史等，世称王右军。后因与扬州刺史王述不和，辞官定居会稽山阴（今绍兴）。王羲之出身于建康乌衣巷显赫的王家，是王导之侄。曾与谢安共登冶城，"悠然遐想，有高世之志"。早年从卫夫人学书法，后来改变初学，草书学张芝，正书学钟繇。博采众长，备精诸体，一改汉魏以来质朴的书风，独创妍美流便的新体。王羲之的正书、行书为古今之冠，人赞其笔势"飘若浮云，矫若惊龙"。王羲之为历代学书法者所崇尚，被奉为"书圣"。其作品真迹无存，传世者均为后人摹本。行书以《兰亭序》、草书以《初月帖》《十七帖》、正书以《黄庭经》《乐毅论》为代表作。

《十七帖》：是王羲之草书代表作品。因卷首由"十七"开头得名。原墨迹早佚，现传世《十七帖》是刻本。在最早记录王羲之书法的唐张彦远《法书要录》卷十《右军书记》中，《十七帖》便列为压卷第一帖：《十七帖》长一丈二尺，即贞观中内本也。一百七行，九百四十三字，是炬赫著名帖也。

《十七帖》内容多言蜀中风情人物，是王羲之写给益州刺史周抚的信札。周抚是东晋中兴名将击坊之字，在蜀中三十余年，王羲之尝有意游蜀登岷山而未果。帖中可见羲之对四川人物、历史的浓厚兴趣。书写时间从永和三年到升平五年（347—361），时间长达14年，是研究王羲之生平和书法发展的重要资料。《十七帖》共二十九帖。《右军书记》录文共有二十三帖。

《十七帖》被历代奉为草书典范，有临习草书"不二法门"之称。

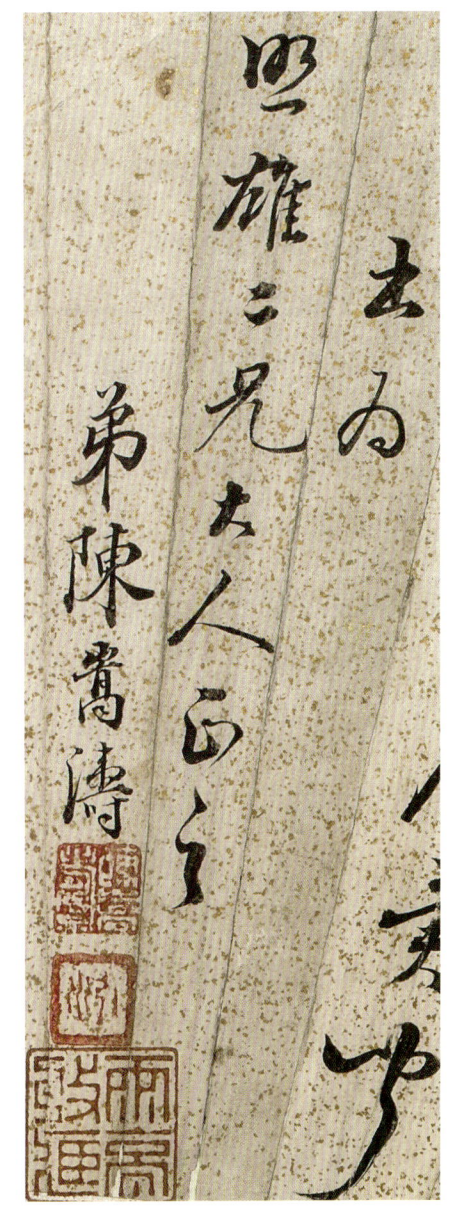

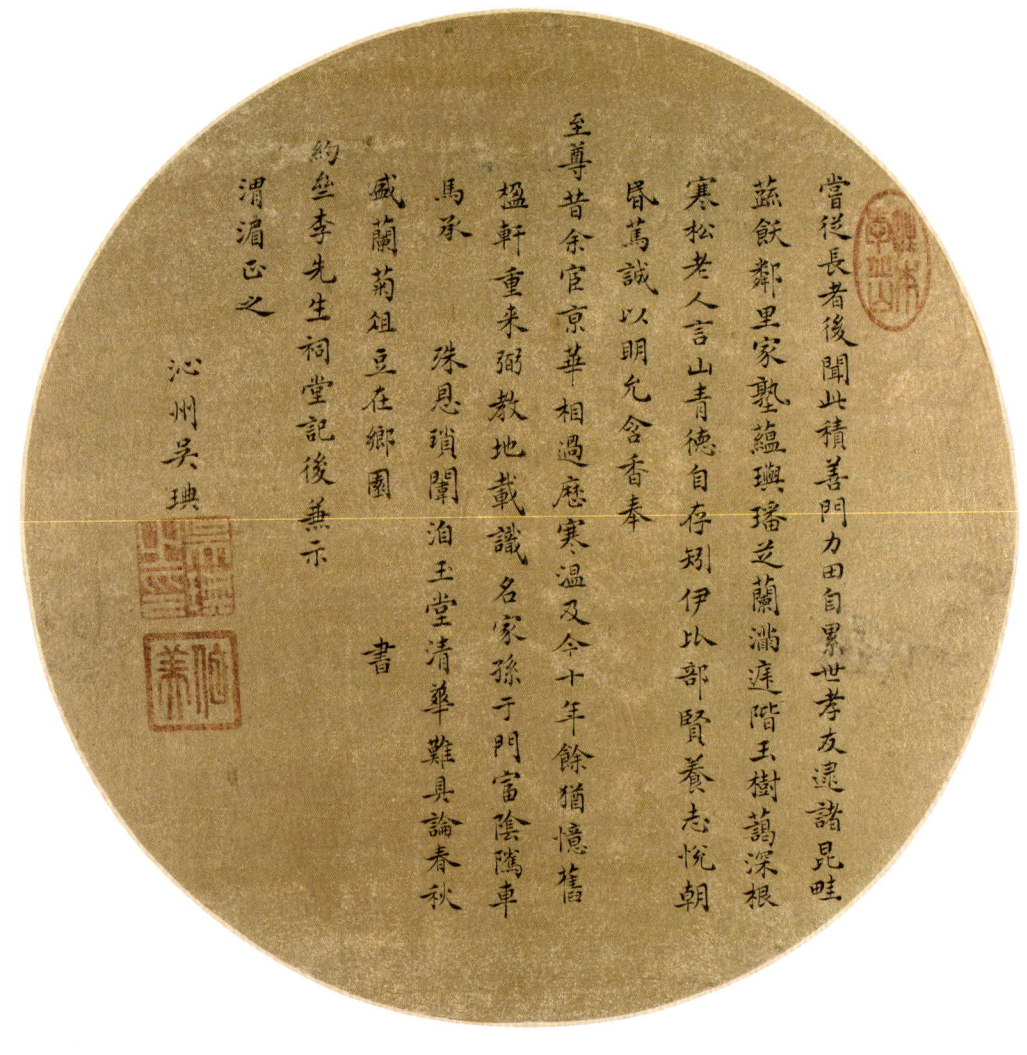

《自题诗》楷书团扇

[清] 吴琠　　纸本 纵31.2厘米 横31.5厘米

吴琠（1637—1705）：字伯美，山西沁州（今长治市沁县）人，在良好的学习环境中成长，受到严格的家庭教育。10岁即能做诗，15岁应童子试，23岁中进士，任河南确山知县，康熙十三年（1674），升为吏部主事。康熙二十年，擢为右通政，累迁左副都御史。二十八年，迁兵部侍郎，旋即授湖广巡抚。三十五年召为左都御史，三十六年典会试，后擢为刑部尚书。三十七年拜保和殿大学士，兼刑部。三十九年，复典会试。

吴琠一生为官，仕途坦荡。他之所以能从一个知县跃为吏部主事，后复累迁到左都御史、保和殿大学士兼刑部，就是由于他忠于清廷，本领超人，功绩卓著，为清朝康熙年间一代良相。

吴琠善诗，一生中写诗数百首，他的书法也很有名。有羲之之风，米氏之骨，落顿之间又可见欧、颜、柳之法，潇洒俊逸，如行云流水。

康熙皇帝亲书"思诚堂"匾额赠予吴琠作为堂名。

题释： 尝从长者后，闻此积善门，力田自累世，孝友逮诸昆。畦蔬饫邻里，家塾蕴玙璠，芝兰满庭阶，玉树蔼深根。寒松老人言，山青德自存。矧伊比部贤，养志悦朝昏，笃诚以明允，含香奉至尊。昔余宦京华，相过历寒温，及今十年余，犹忆旧楹轩，重来弼教地，载识名家孙，于门富阴隲，车马承殊恩，琐闱泊玉堂，清华难具论，春秋盛兰菊，俎豆在乡园。

款署： 书约叟李先生祠堂记后，兼示，谓湄正之，沁州吴琠。

钤印： 性本爱丘山（朱）、吴琠之印（白）、伯美（朱）。

附：

钤印"性本爱丘山"取自陶渊明《归园田居》诗"少无适俗韵，性本爱丘山。"陶渊明《归园田居》为五首一组，这组诗生动地描写了诗人归隐后的生活和感受，抒发了作者的乡居乐趣及对田园生活的热爱。使得这组诗成为杰出的田园诗章。吴琠借此抒发自己热爱自然，依恋往日的山林，希望有一天能够归耕田园的美好愿望。

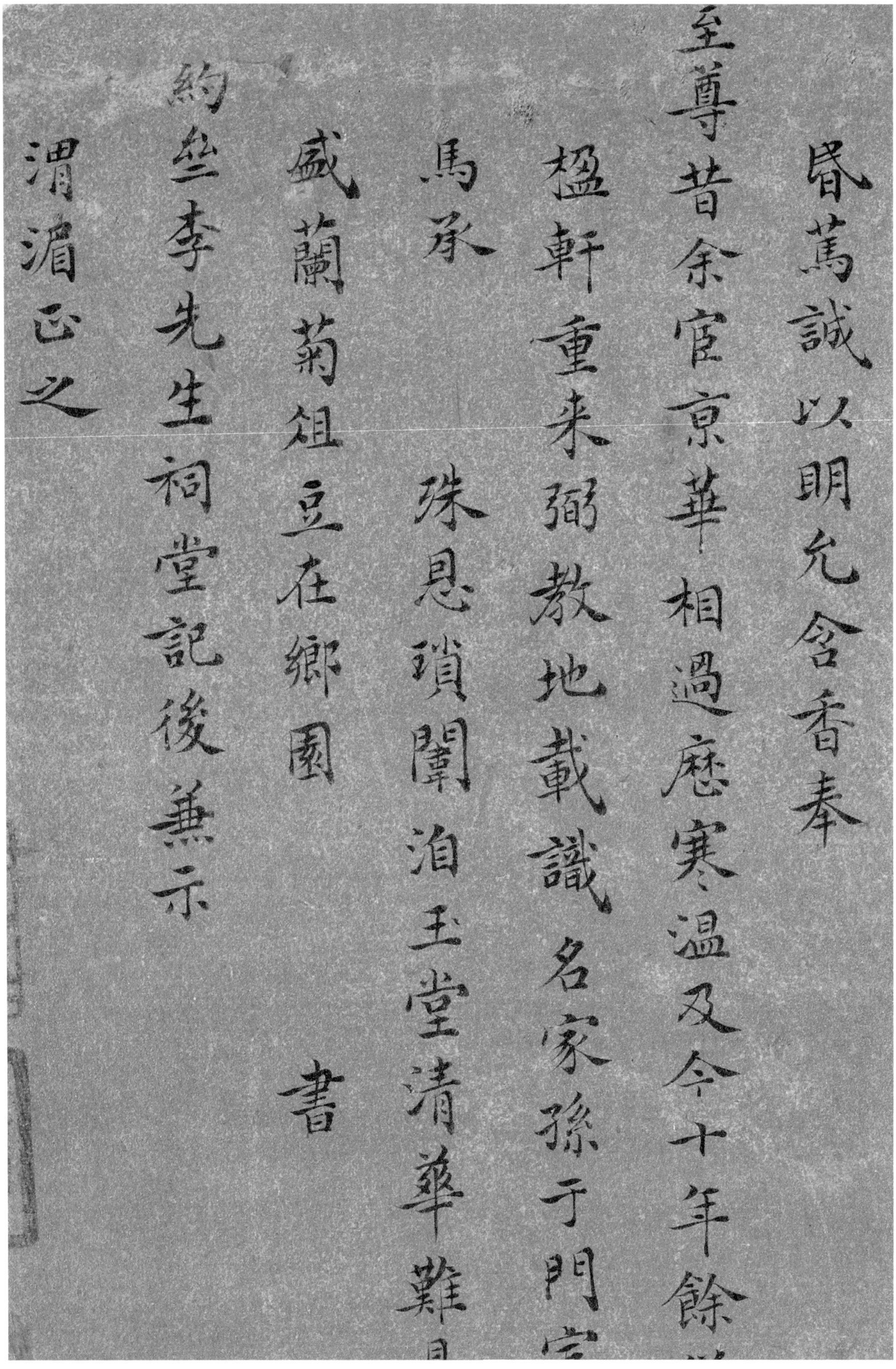

昏萬誠以明允含香奉
至尊昔余官京華相過庶寒溫及今十年餘□
楹軒重來彌教地載識名家孫于門□
馬厈　珠思瑣闥泊玉堂清華難□
盛蘭菊俎豆在鄉園　書
約丝李先生祠堂記後蕪示
渭湄正之

《俚言四首》行楷团扇

[清] 陆荣昉　　绢本　纵22.3厘米　横24.3厘米

陆荣昉：生平不详。

题释：忆昔髫年共咏诗，七年分手最相思。那堪异地初逢日，便是歌骊送别时。
　　　三晋云山去路遥，羡君慷慨放征轺。壮游万里经沧海，此后诗囊句更豪。
　　　北地犹闻羽檄驰，凌烟功业在人为。班生独抱封侯骨，铭勒燕然会有时。
　　　人生聚散总前缘，会少离多恨易牵。他日但能重把袂，乘轩戴笠总欣然。

款署：俚言四首应同生大兄之属，聊以赠别，不足言诗也。璿甫弟陆荣昉。

钤印：璿甫（朱）。

憶昔髫年共詠詩七年分手最相思
那堪異地初逢日便是歌驪送別時
三晉雲山去路遙羨君慷慨放征舠
壯遊萬里經滄海此後詩囊句更豪
北地猶聞羽檄馳凌烟功業在人為
班生獨抱封侯骨銘勒燕然會有時
人生聚散總前緣會少離多恨易牽
他日但能重把袂乘軒戴笠總欣然

便言四首應
同生大兄之屬聊以贈別不旦言詩也
瑨甫弟陸榮昉

《西山·秋日》行书扇面

[清] 陆元鏸 纸本 纵16.5厘米 横49厘米 公元1881年

陆元鏸：生卒年不详。在清嘉庆年间曾撰写《介休县志》（今山西介休）14卷，于嘉庆二十四年（1819）刻本影印，称之为《嘉庆介休县志》。

题释：扇面题两首诗。一首是南宋刘克庄的《西山》诗："绝顶遥知有隐君，餐芝种术鹿（麇）为群。多应午灶茶烟起，山下看来是白云。"这首诗写隐士过着餐芝种术、与麋鹿为群的隔绝尘寰的生活，正是诗人对当时政治、社会状况无力改变后产生退避的反映。另一首是北宋秦观的《秋日》诗，"月团新碾瀹花瓷，饮罢呼儿课楚词。风定小轩无落叶，青虫相对吐秋丝。"诗中描写诗人的闲逸雅趣，品茶课儿，已经够雅了。而遗忘世事，在风停树静之时观赏小虫对吐秋丝，更表现出诗人胸襟的恬淡。

款署：宋人句。辛巳初秋，朔日书。寸园陆元鏸。

钤印：鏸（朱）、寸园（白）。

附：

刘克庄（1187—1269）：初名灼，字潜夫，号后村居士，莆田（今福建）人。初为靖安主簿，后长期游幕于江、浙、闽、广等地。淳祐六年，赐同进士出身，官至龙图阁学士。诗属豪放派，作品数量丰富，内容开阔，多言谈时政，反映民生。词受辛弃疾影响，多豪放之作，散文化、议论化倾向也较突出。景定三年（1262）授权工部尚书，升兼侍读。景定五年（1264）因眼疾离职。第二年去世，谥文定。

著有《后村长短句》。刘克庄是最早的《千家诗》编选者，他的《分门纂类唐宋时贤千家诗选》曾作为《四库全书》未收书，编入《宛委别藏》。

胡适先生在其所著的《白话文学史》说过，刘"有悲壮的感情，高尚的见解，伟大的才气"。林希逸《后村先生刘公行状》说当时人"言诗者宗焉，言文者宗焉，言四六者宗焉"，在南宋后期号称一代文宗。

秦观（1049—1100）：字少游，一字太虚，北宋高邮（今江苏高邮市）人，号淮海居士，别号邗沟居士。北宋文学家、词人，被尊为婉约派一代词宗。宋神宗元丰八年（1085）进士。曾任太学博士（即国立大学的教官）、秘书省正字、国史院编修官。政治上倾向旧党，哲宗时"新党"执政，被贬为监处州酒税，徙郴州，编管横州，又徙雷州，至藤州而卒。他与黄庭坚、晁补之、张耒号称为"苏门四学士"，颇得苏轼赏识。秦观生性豪爽，洒脱不拘。他15岁丧父，自幼研习经史兵书。著有《鹊桥仙》《淮海集》《淮海居士长短句》。

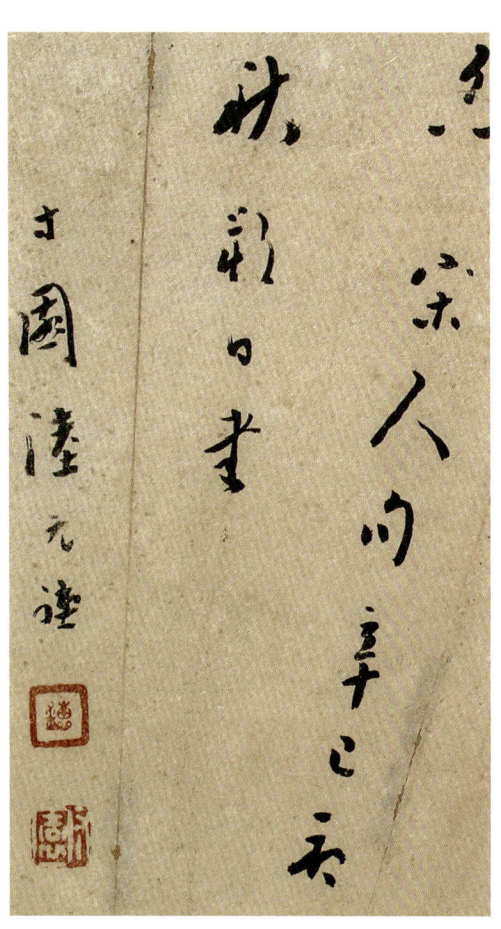

《山水图》扇面

[清] 宋葆淳 | 纸本 设色 纵18.3厘米 横54.1厘米 公元1787年

宋葆淳（1748—？）：字帅初，号芝山，晚号倦陬，山西安邑（今山西夏县）人。乾隆五十一年（1786）举人。官隰州学正。性傲岸，游迹半天下。长于金石考据，善鉴别，隶、行、楷，皆能品评。工画山水。苍秀嫣润，机趣横溢，惟率略处，当舍其短而取其长。与著名藏书家鲍廷博、厉鹗等人交往颇密，曾家藏有元代郭畀《日记》手稿本真迹四册，被奉为"海内尤物"，曾借予厉鹗、鲍廷博等人观看。他继承了父亲宋鉴图书数千卷。藏书印有"宋葆淳印""之山""宋氏帅初""倦陬""葆淳"等。后客死于浙江，年七十余。

画意：高山远岭丛树相间，山泉深溪直泻平冈，境界清幽，自然严谨。此画为宋葆淳39岁所作。

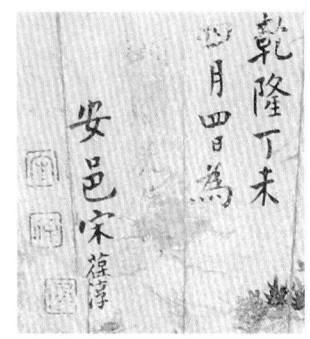

款署：乾隆丁未四月四日，为□□先生□，安邑宋葆淳。

钤印：宋、葆、淳（朱）。

《五言诗〈鹫峰与友苍〉》行书扇面

[清] 张应澂　　　　　纸本（洒金笺）　纵17.1厘米　横52.2厘米

张应澂：生平不详。

题释："偶来寻古寺，雨后得余清。漠漠人烟外，冷然一磬鸣。禅床随处厝，秋草就阶平。只恐深山去，白云隔几程。"题释取自《五律四首诗卷》中的第三首《鹫峰寺与友苍上人》。1979年4月台湾出版的《拟山园选集》五律卷，原题为"鹫峰与友苍"。《中国书法全集》第六二卷《王铎二》中收入王铎在崇祯十四年（1641）所书"柏香帖·思松涧书舍柬友诗四首"的拓本，其中也有这首诗，题为"鹫峰题与友苍僧一首"，并注明"辛巳怀州东湖书舍书己卯作"，可见此诗是王铎己卯年的旧作。

《五律四首诗卷》是王铎书风转型期的一部重要作品。

款署：张应澂。

钤印：鲁湄氏（白）。

人煙外冷 漠漠芳郊雨後 浮嵐餘清

《山水图》扇面

[清] 张道渥　　纸本 设色 纵17.1厘米 横51.7厘米

张道渥（1757—1829）：字水屋、封紫，号竹畦，又自号张风子、骑驴公子，山西平阳府浮山县（今山西临汾市）人。乾隆二十二年十月十二日生，道光九年五月初一日卒。以贡生捐纳，由广西河池知州，仕至直隶蔚州知州，曾任通州分司。善绘山水，惟性不羁，人呼为"张疯子"，与汤贻汾、张问陶同名于时。所画山水秀润奇郁，或繁益繁，或简益简，繁简相宜。著有《水屋剩稿》。

画意：构图左密右疏，左繁右简。左侧松树竹林茅屋，右侧一叶小舟泛波水上，是张道渥繁简相宜山水画特点的体现。

款署：此间大可逊暑，为沃臣孝廉画之。水屋老人笔。

钤印：印迹不清。

071

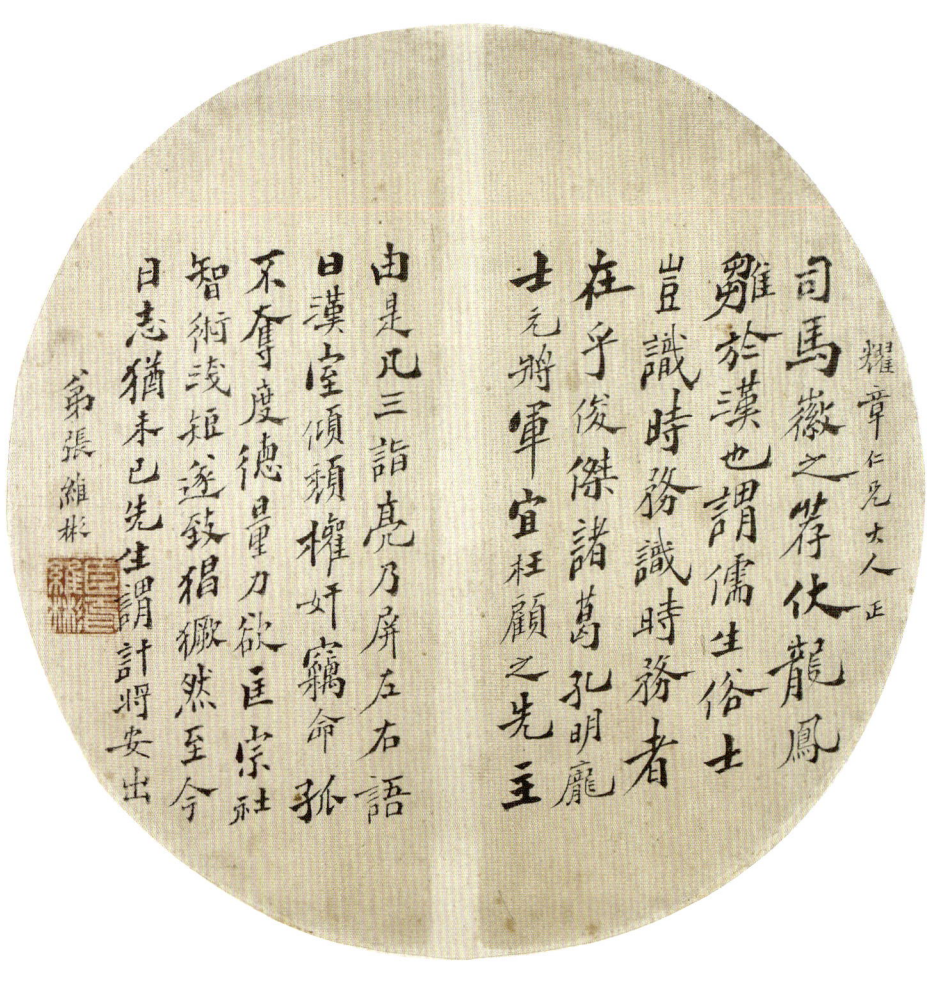

《隆中对》行书团扇

[清] 张维彬　　绢本　纵24厘米　横24.4厘米

张维彬：生平不详。

题释："司马徽之荐伏龙、凤雏于汉也，谓：'儒生俗士，岂识时务，识时务者在乎俊杰。'诸葛孔明、庞士元，将军宜枉顾之。先主由是凡三诣，亮乃屏左右，语曰：'汉室倾颓，权奸窃命，孤不度德量力，欲匡宗社，智术浅短，遂致猖獗，然至今日志犹未已，'先生谓：'计将安出？'"此段文字摘取司马光《隆中对》全文的第三段。大意是：刘备在荆州访襄阳司马徽。司马徽力荐诸葛亮、庞统，三顾茅庐后诸葛亮便以军师中郎将伴随刘备。题释与原文有文字出入，句子有删减。

款署：耀章仁兄大人正，弟张维彬。

钤印：臣维彬印（白）。

司马徽之荐伏龙凤
雏於汉也谓儒生俗
岂识时务识时务者
在乎俊傑诸葛孔明
士元将军宜枉顾之先
由是凡三诣亮乃屏左右
曰汉室倾颓权奸窃命
不夺度德量力欲匡扶
智术浅短遂致猖獗然至

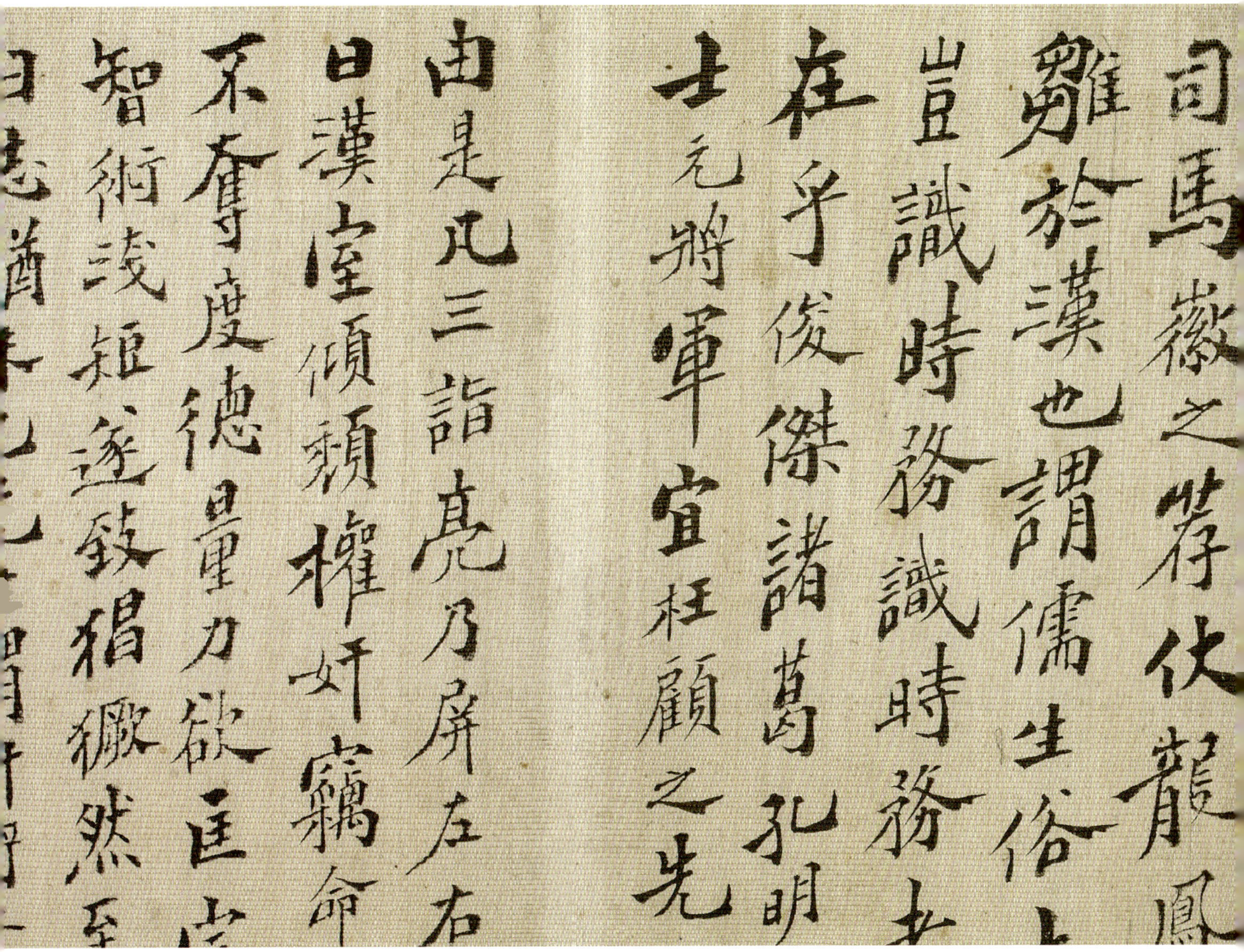

附：

司马徽（？—208年）：字德操，颍川阳翟（今河南禹州）人。东汉末年名士，精通经学。有"水镜先生"之称。司马徽为人清雅，有知人之明，向刘备推荐诸葛亮、庞统。其才华始终未得施展，一生湮没不彰。

《隆中对》原文：

亮躬耕陇亩，好为《梁父吟》。身长八尺，每自比于管仲、乐毅，时人莫之许也。惟博陵崔州平、颍川徐庶元直与亮友善，谓为信然。

时先主屯新野。徐庶见先主，先主器之，谓先主曰："诸葛孔明者，卧龙也，将军岂愿见之乎？"先主曰："君与俱来。"庶曰："此人可就见，不可屈致也。将军宜枉驾顾之。"

由是先主遂诣亮，凡三往，乃见。因屏人曰："汉室倾颓，奸臣窃命，主上蒙尘。孤不度德量力，欲信大义于天下；而智术浅短，遂用猖蹶，至于今日。然志犹未已，君谓计将安出？"

亮答曰："自董卓已来，豪杰并起，跨州连郡者不可胜数。曹操比于袁绍，则名微而众寡。然操遂能克绍，以弱为强者，非惟天时，抑亦人谋也。今操已拥百万之众，挟天子而令诸侯，此诚不可与争锋。孙权据有江东，已历三世，国险而民附，贤能为之用，此可以为援而不可图也。荆州北据汉、沔，利尽南海，东连吴会，西通巴蜀，此用武之国，而其主不能守，此殆天所以资将军，将军岂有意乎？益州险塞，沃野千里，天府之土，高祖因之以成帝业。刘璋暗弱，张鲁在北，民殷国富而不知存恤，智能之士思得明君。将军既帝室之胄，信义著于四海，总揽英雄，思贤如渴，若跨有荆、益，保其岩阻，西和诸戎，南抚夷越，外结好孙权，内修政理；天下有变，则命一上将将荆州之军以向宛、洛，将军身率益州之众出于秦川，百姓孰敢不箪食壶浆，以迎将军者乎？诚如是，则霸业可成，汉室可兴矣。"

先主曰："善！"于是与亮情好日密。

关羽、张飞等不悦，先主解之曰："孤之有孔明，犹鱼之有水也。愿诸君勿复言。"羽、飞乃止。

《〈七启〉赋文》楷书扇面

[清] 张书绅　　纸本（洒金笺）　纵18厘米　横52.5厘米　公元1762年

张书绅：生卒年不详，约清高宗乾隆初前后在世。字南薰，号子声，山西人。著有《新说西游记》一百回，《中国通俗小说书目》传于世。

题释："世有圣宰，翼帝伯世。同量乾坤，等耀日月，元化参神，与灵合契。惠泽播于黎苗，威灵振于无外。超隆平于殷周，踵羲皇而齐泰。显朝惟清，王道遐均，民望如草，我泽如春。河滨无洗耳之士，乔岳无巢居之民。是以俊乂来仕，观国之光，举不遗才，进各异方。赞典礼于辟雍，讲文德于明堂，正流俗之华说，综孔氏之旧章。散乐移风，国富民康。神应休臻，屡获嘉祥。甘露纷而晨降，景星霄而舒光。龙游神渊，凤鸣高冈。"此段节录曹植的《七启》赋。《七启》赋文假托一个"镜机子"，对另一个"玄微子"的对话，论述饮食、容饰、羽猎、宫馆、声色、友朋、王道等七个方面。此段赋文以招隐求贤、辅君济世为主旨。大约作于曹操建安十五年发布《求贤令》后。令文有"今天下得无有被褐怀玉而钓于渭滨者乎？"规摹汉代枚乘《七发》大赋体制，假设镜机子与隐者玄微子问答联缀成文，批评"耽虚好静""飞遁离俗""隐居大荒"的行

为,最后以赞颂"圣宰"(即曹操)之"翼帝霸世""举不遗才""国富民康"、建"霸道之至隆"的功绩,说服玄微子"从子而归",表达了"君子不遁俗而遗名,智士不背世而灭勋"的积极用世、建功立业的政治态度和理想抱负。

主人公乃镜机子与玄微子,取名有特定的含义,玄微子代表道家,全文乃两人的对话。全文辞藻精美,为少见之名篇。

扇面文字与原《七启》赋文个别字不同并有删减。

款署:岁次壬午荷月上浣录为,仲舒二兄大人雅属。子声张书绅。

钤印:子声(白)。

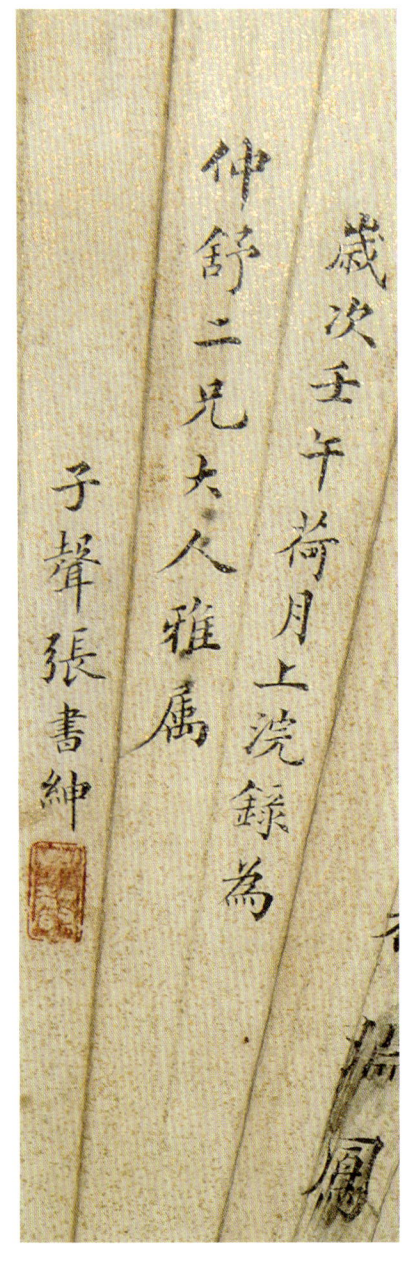

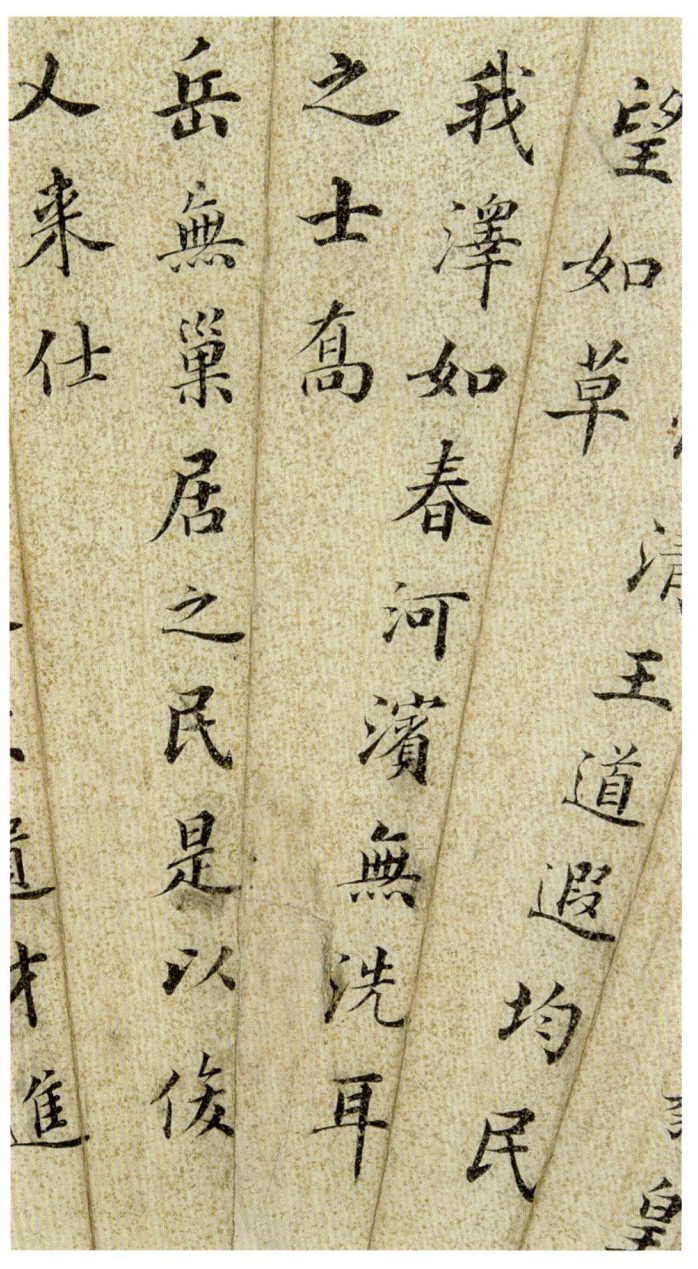

《王铎信札》行草扇面

[清] 张 瑾　　纸本 纵18.7厘米 横55厘米

张瑾：生卒年不详。字去瑕，江南江都人。康熙二年举人。

题释："足下命仆作书，仆书不入晋堂，安敢言。室之窥欤。书画诗文千载事，得失难言。虞仲翔谓：有一人知己可不憾。于戏矧书之蚓形，粟尾如塚。犹是雕虫云尔。"此话出自王铎信札（善本《书札文牍》），原文为"足下命仆作书，仆书不入晋堂，安敢言。室之窥欤？书画诗文千载事，得失难言。虞仲翔谓：有一人知己可不憾。矧书之蚓形，粟尾如椽，但是雕虫云尔。"个别字有所改变或增减。

王铎，字觉斯、觉之，号嵩樵、十樵、痴庵、东皋长、烟潭渔叟等，河南孟津人。明天启二年进士，授翰林编修，累官经筵讲官，礼部尚书。清兵入关，至南明福王朱由崧任东阁大学士。顺治三年仕清，官至礼部尚书。博学好古，工诗文、书画。其书法与董其昌并称。

款署：孟津语书此，文宾先生，张瑾。

钤印：字迹不清。

 《五言诗》草书扇面

[清] 张圣训　　纸本　纵18.2厘米　横53.3厘米　公元1867年

张圣训：生卒年不详。山西介休人，工诗，多写五言诗，本邑诗家。《游狐岐剩水》《有道阡》都是写本地风情的诗。

题释：亭子初成日，柳花正落时。莺声寻绿倒，树影过青迟。此亦无聊尔，何妨寄兴为。城中沽酒至，栏畔握深卮。

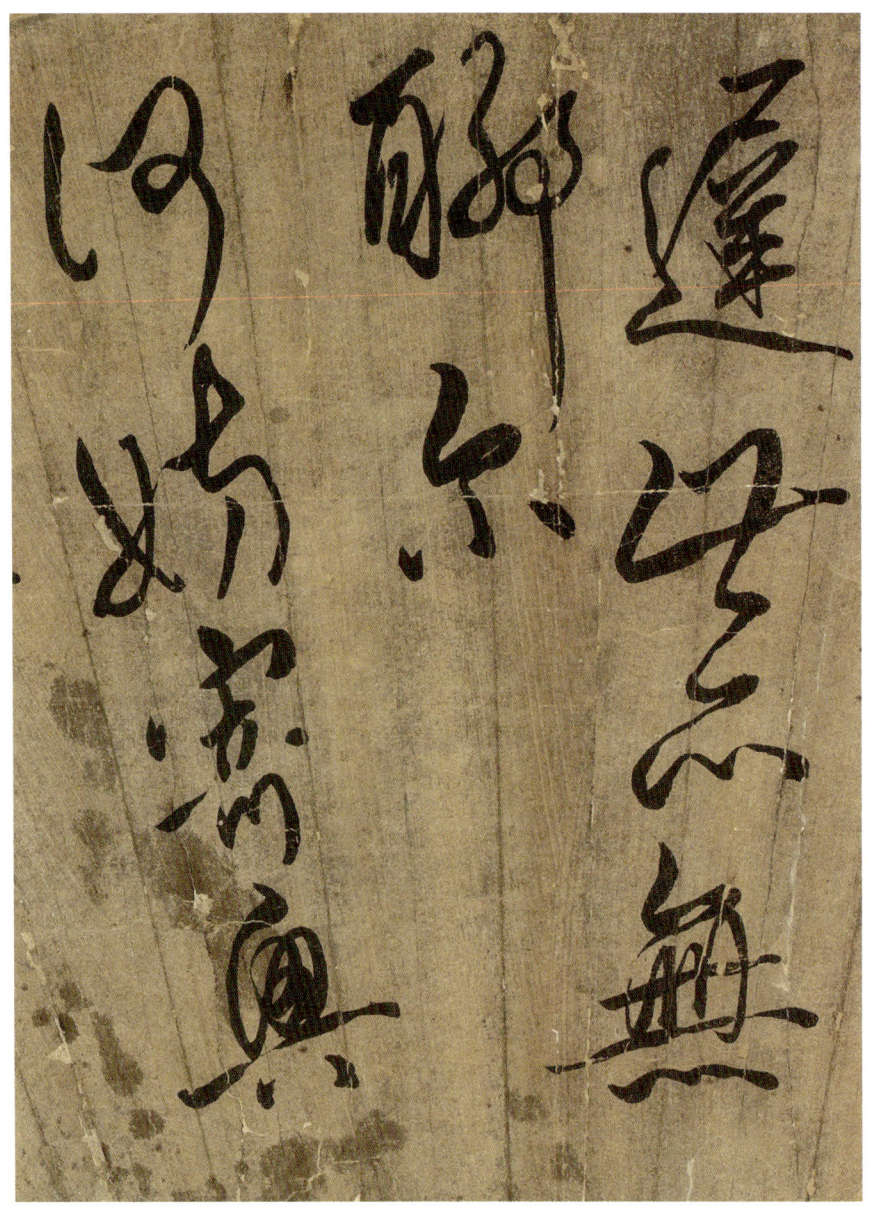

款署：丁卯夏日。

钤印：张圣训印（白）。

《石鼓歌》楷书团扇

[清] 左廷麟　杨 笃　　绢本　径25.5厘米　公元1867年

左廷麟：生平不详。

杨笃（1834—1894）：字巩同，一字雅利，别署琴如，号秋湄，别号北屈，或署虹麋道人、吕香真逸、晚号东渎老人，山西乡宁县人。

近代有名的方志名家。前半生致力仕途，后半生倾注于地方志事业。在人生失意、宦途维艰时，将注意力集中到著书立说上来。他以浑厚的文学功底，深湛的金石、文字功力进行考订，究讹补缺。同治九年，受知县之约撰修了《西宁新志》，不受毛奇龄、戴震、章学城等名家的成规束缚，自成体例。在该志的地理篇中，他纠正了郦道元《水经注》中的错误；在人物志中，补充了金元

石鼓文出入雅頌書法純質為周宣王時史籀筆之疑都元敬楊用脩王元美諸人辨之詳矣古人有以為秦物者已非又有以為宇文周物者尤可笑歐公寂歸博雅乃於疑之後人譏駁有來矣

蓮洲大兄大正拍秋湄楊篤

时代的欠缺，成为杨笃跻身方志界名流的经典之作。他一生之中主撰了《山西通志》（光绪）《蔚州志》《代州志》《西宁新志》《繁峙县志》《壶关县续志》《长子县志》《潞城县志》《黎城县志》《屯留县志》《天镇县志》《长治县志》，襄修了《五台县志》共计十三部，创造了我国历史上个人修志数量最多的纪录。《山西通志》成为当时通志中的佼佼者，受到张之洞、梁启超等的高度评价。

杨笃也是当时极负盛名的诗人、杂家兼书法家。虽然杨笃的诗歌较其所修志书文字量要少得多，但无论从思想性，还是艺术性来看，他的诗歌在同时代的文坛中有着不容忽视的地位。他以七言古诗和七言律诗的形式，以现实主义的创作方法，写下了不少为民请命、切中时弊的好诗。杨笃擅"三礼"、通经史、精金石、工书法，在地理、目录、诸子、算术、篆录、声韵等学术研究上均有较深的造诣。他一生除方志外，著述很多，可惜大多未行于世。杨笃虽然是一个受封建文化熏陶的旧文人，也是一个奋发有为的学者，尤其是他在方志编纂上丰富了山西的方志，做出了不可估量的贡献。"满屋图书横古墨，虚堂神鬼伴孤灯"是他自己真实的写照。

题释：

一、"羲之俗书趁姿媚，数纸尚可博白鹅。继周八代争战罢，无人收拾理则那。方今太平日无事，柄任儒术崇丘轲。安能以此上（论）列，愿借辨口如悬河。"此段节录韩愈《石鼓歌》诗后十句中的八句，全诗共66句。

二、"石鼓文出入雅颂，书法纯质，为周宣王时史籀笔亡，疑都元敬杨用修、王元美诸人辨之详矣。古人有以为秦物者已非，又有以为宇文周物者尤可笑。欧公最号博雅，乃亦疑之，后人讥驳有来矣。"此段文字取自《钦定日下旧闻考》卷六十九。

款署：

一、丁卯秋日节石鼓歌一则，于随城之古育才馆，以应莲洲大兄法家属即希正之。左廷麟。

二、莲洲大兄大人正指，秋湄杨笃。

钤印： 印迹不清。

附：

《石鼓歌》：这首诗作于元和六年（811），表达了诗人对古代文物的珍视与保护之情。诗中所写的石鼓文，是我国最早的石刻文字，为我国珍贵的古代文物。诗人以他特有的敏感，看到我国古代文学和历史学的重要意义，奔走呼号，希望朝廷予以重视。诗中还对朝中重臣和"陋儒"们进行了无情的嘲讽。这八句叙述朝廷不纳诗人建议，叹惜石鼓文物的废除。希望在尊崇儒学的时代，能把石鼓移置太学。全诗章法整齐，辞严义密，音韵铿锵。

韩愈（768—824）：字退之，河南河阳（今河南省孟州市）人，汉族，自称"郡望昌黎"，世称"韩昌黎""昌黎先生"。唐代杰出的文学家、思想家、哲学家。

羲之俗書趁姿媚　數紙尚可博白鵝繼周
八代爭戰罷無人收拾理則那方今太平
日無事柄任儒術崇邱軻安能以此上
列頗借辨口如懸河　左廷麟

《钦定日下旧闻考》：共一百六十卷，此书是在清朱彝尊《日下旧闻》的基础上删繁补缺、援古证今、逐一考据而成，是迄今所见清代官修的规模最大、编辑时间最长、内容最丰富、考据最翔实的史志文献资料集。始修于乾隆三十八年（1773），成书于乾隆四十七年（1782）。全书分为18门，依次为：星土、世纪、形胜、国朝宫室、宫室、京城总记、皇城、城市、官署、国朝苑囿、郊坰、京畿（京畿附编）、户版、风俗、物产、边障、存疑及杂缀。本书参阅古籍近2000种，收集保存了大量有关北京史志、尤其是清代顺、康、雍、乾四朝，中央机关及顺天府、宫室、苑囿、寺庙、园林、山水、古迹诸方面的建置、沿革及现状的原始资料，具有很高的历史和学术价值。

朱彝尊（1629—1707）：清代词人、学者、藏书家。字锡鬯，号竹垞，又号醹舫、驱芳，晚号小长芦钓鱼师，又号金风亭长。汉族，秀水（今浙江嘉兴市）人。

康熙十八年（1679）举博学鸿词科，除检讨。二十二年（1683）入值南书房。曾参加纂修《明史》。

博通经史，诗与王士祯称南北两大宗（"南朱北王"）。作词风格清丽，为"浙西词派"的创始人，与陈维崧并称"朱陈"；精于金石文史，购藏古籍图书不遗余力，为清初著名藏书家之一。

著有《曝书亭集》80卷，《日下旧闻》42卷，《经义考》300卷，选《明诗综》100卷，《词综》36卷（汪森增补）。所辑成的《词综》是中国词学方面的重要选本。

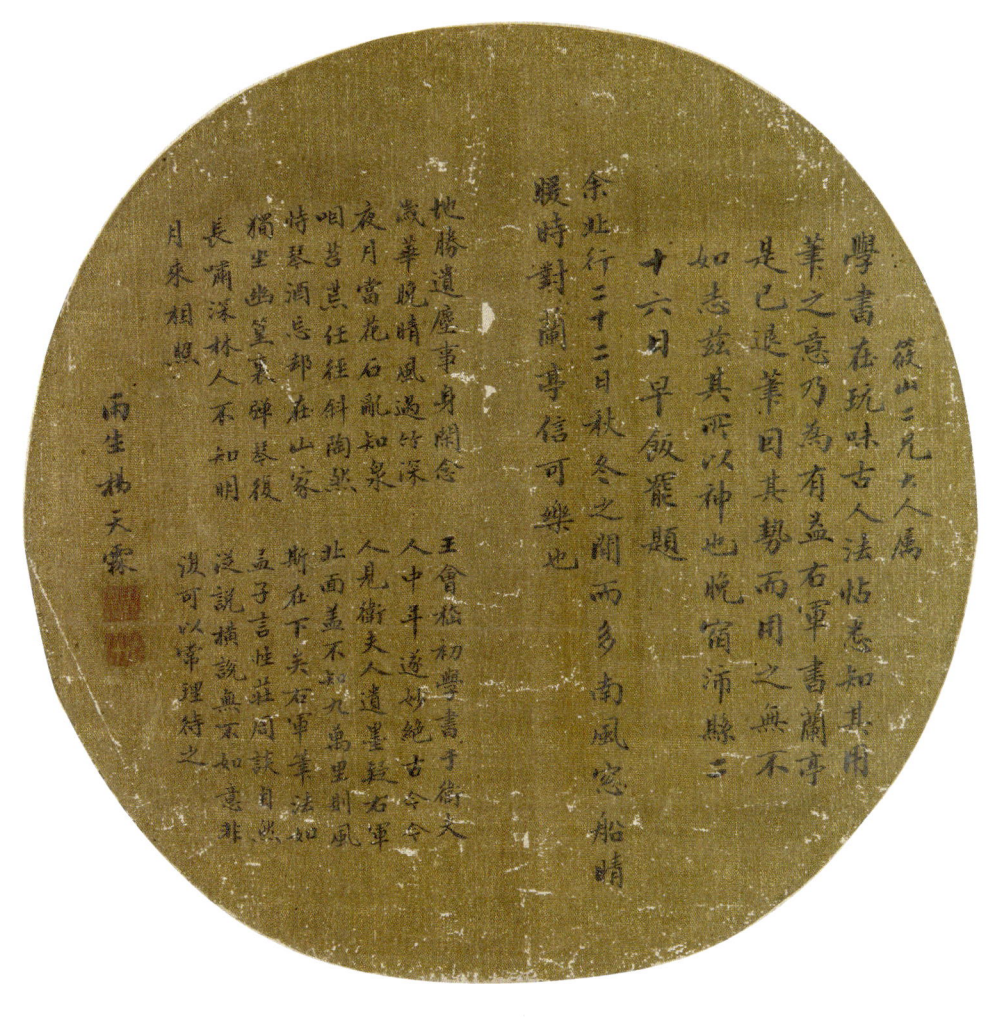

《兰亭十三跋》行楷团扇

[清] 杨天霖　　　绢本（泥金）　纵25.2厘米　横26厘米

杨天霖（1852—1900）：字雨生，清万泉县（今山西万荣县）人。光绪二年（1876）举人，任景山官学汉教习，补国子监学正，八年（1882）充顺天乡试对读官。十二年（1886）成进士，补翰林院编修，国史馆协修，武英殿纂修。其书法秀劲，片纸只字，人多于书肆购之。1894年爆发了甲午中日战争。由于清政府腐败，以李鸿章为代表的洋务派官僚买办妥协投降，导致军事失败，急于乞和。时任翰林院编修的杨天霖，代表民意，反对乞和，四次上奏章题，第一次上奏章题《献刍言》，第二次上奏章题《去病根》，后又两次上奏，进一步揭露和抨击李鸿章一伙"协谋病国"的行径，恳请皇上惩前毖后，思患预防，察机而决。

中日甲午战争后，帝国主义列强相互勾结，加强对中国的侵夺和瓜分。清政府对内残酷统治，对外屈膝投降，激起国变。当时义和团运动兴起，提出"扶清灭洋"的口号，进入北京、天津，反对洋人，烧毁教堂。帝国主义列强以"保护使馆"为借口，组织八国联军进攻北京。慈禧太后携带光绪皇帝，仓皇离宫，逃亡陕西。这时的杨天霖寓居东四牌楼，闻日兵占据皇城，两宫出走，炮声彻宵，便大哭曰："吾受国大恩，今两宫蒙尘，小臣无力报国家，死有余辜"。遂忧劳成疾，忽然而逝，时年49岁。

杨天霖寓京20余年，不喜交接权贵。虽入仕林，依然寒士。惟以文章声望交结，其门庭求书问字之车络绎不绝。生平著作兵燹一空。

题释：内容分四段。第一段与第二段摘取南宋赵孟頫《兰亭十三跋》中的第六跋和第十二跋；第三段是唐代李商隐和王维的诗；第四段是北宋著名文学家、书法家黄庭坚的《题绛本法帖》的书法名句。《兰亭十三跋》第六跋："学书在玩味古人法帖，悉知其用笔之意，乃为有益。右军书《兰亭》是已退笔，因其势而用之，无不如志，兹其所以神也。晚宿沛县，二十六日早饭罢题。"《兰亭十三跋》第十二跋："余北行二十二日，秋冬之间而多南风，窗船晴暖，时对《兰亭》，信可乐也。"原文是"余北行三十二日"有一字之差。最后一句"七日书"。未在题释中体现。唐代李商隐《春宵自遣》诗："地胜遗尘事，身闲念岁华。晚晴风过竹，深夜月当花。石乱知泉咽，苔荒任径斜。陶然恃琴酒，忘却在山家。"唐代王维《竹里馆》诗："独坐幽篁里，弹琴复长啸。深林人不知，明月来相照。"最后是北宋黄庭坚《题绛本法帖》书法名句："王会稽初学书于卫夫人，中年遂妙绝古今，今人见卫夫人遗墨，疑右军北面，盖不知九万里则风斯在下矣。右军笔法，如孟子言性，庄周谈自然，纵说横说，无不如意，非复可以常理待之。"其中"疑右军北面"，原文为"疑右军不当北面"，缺两字。

款署：筱山二兄大人属，雨生杨天霖。

钤印：臣杨天霖（白）、□□（白）。

附：

《兰亭十三跋》：该跋是赵孟頫57岁时，奉召赴京的乘船途中书于《兰亭序帖》后的跋文。因途中寂寞，故写了十三跋之多。题跋内容很多，其中，"书法以用笔为上，而结字亦须用工，盖结字因时相传，用笔千古不易"乃赵孟頫论书名言。《兰亭帖十三跋》是小行书，因多次写成，故字形大小不一，但书风统一，用笔较含蓄，骨肉匀净，结体雅洁严谨。因旅途船中闲暇无事，书写不激不厉，遒丽洒脱、风神俊逸。

赵孟頫（1254—1322）：字子昂，号松雪道人、水精宫道人、鸥波，中年曾署孟俯。浙江吴兴（今浙江湖州）人。南宋末至元初著名书法家、画家、诗人，宋太祖赵匡胤十一世孙、秦王赵德芳

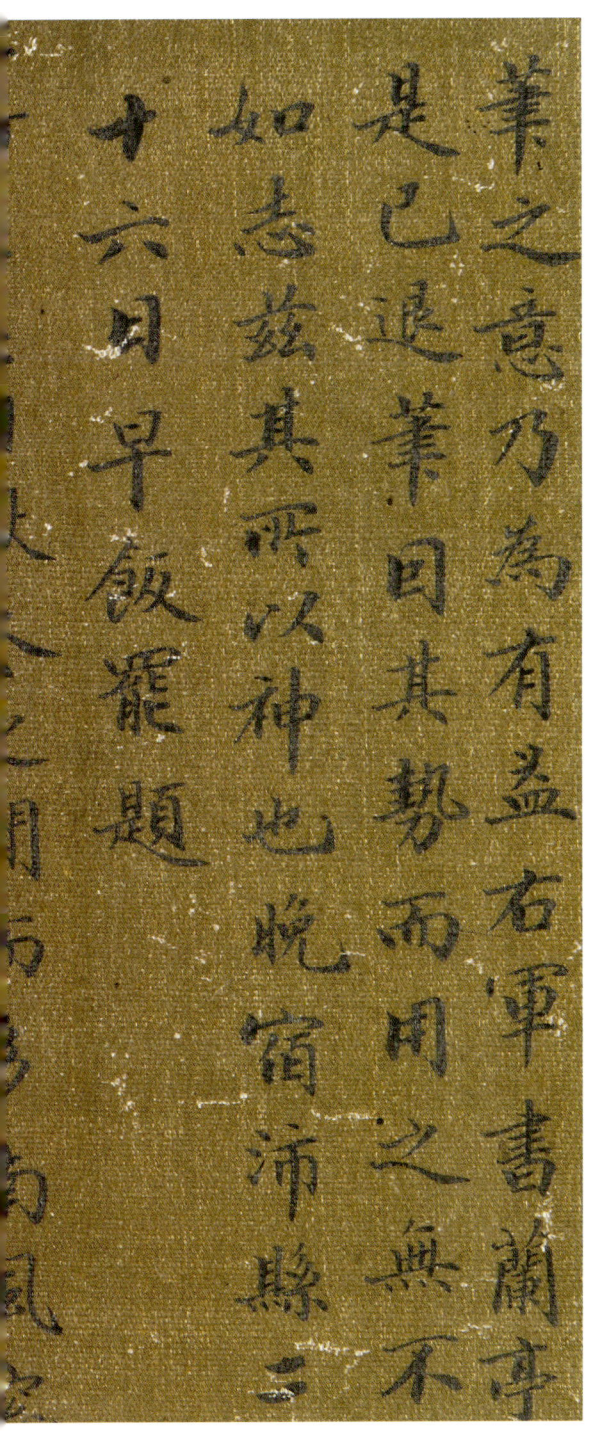

嫡派子孙，其父赵与訔曾任南宋户部侍郎兼知临安府浙西安抚使。赵孟頫博学多才，能诗善文，懂经济，工书法，精绘艺，擅金石，通律吕，解鉴赏。特别是书法和绘画成就最高，开创元代新画风，被称为"元人冠冕"。他亦善篆、隶、真、行、草书，尤以楷、行书著称于世。其书风遒媚、秀逸，结体严整、笔法圆熟，创"赵体"书，与欧阳询、颜真卿、柳公权并称"楷书四大家"。著有《松雪斋文集》等。辛后追赠江浙中书省平章政事、魏国公，谥号"文敏"，故称"赵文敏"。

《春宵自遣》：晚唐著名诗人李商隐的五言诗，全诗共四句，是写于会昌元年（841）的一首抒情诗。虽然作者写得很质朴，但还是可以透过字里行间看出作者对再次出山充满了希望。

李商隐（约812或813—约858）：字义山，号玉溪生、樊南生、樊南子，晚唐著名诗人。祖籍怀州河内（今河南沁阳市），祖辈迁至荥阳（今河南郑州）。擅长骈文写作，诗作文学价值很高，和杜牧合称"小李杜"，与温庭筠合称为"温李"，因诗文与同时期的段成式、温庭筠风格相近，且三人都在家族里排行第十六，故并称为"三十六体"。其诗构思新奇，风格浓丽，尤其是一些爱情诗写得缠绵悱恻，为人传诵。但过于隐晦迷离，难于解释，至有"诗家总爱西昆好，独恨无人作郑笺"之说。因处于牛李党争的夹缝之中，一生很不得志。死后葬于家乡沁阳（今沁阳与博爱县交界之处）。据《新唐书》有《樊南甲集》二十卷，《樊南乙集》二十卷，《玉溪生诗》三卷，《赋》一卷，《文》一卷，部分作品已佚。

《竹里馆》：唐代著名诗人王维晚年隐居蓝田辋川时创作的一首五言绝句，属闲情偶寄，遣词造句简朴清丽，清静安详，是诗人生活态度的绝佳表述。

王维：（701—761，一说699—761）唐朝河东蒲州（今山西运城）人，祖籍山西祁县，著名诗人、画家，

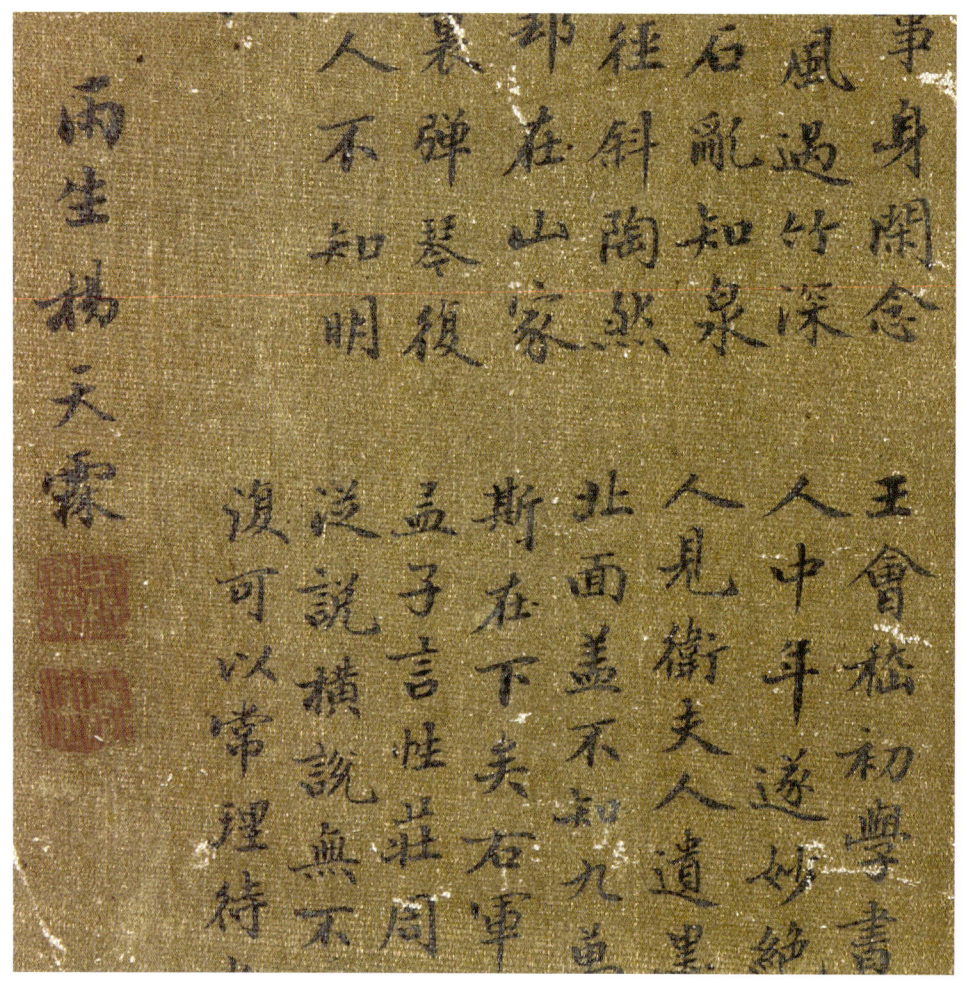

字摩诘,号摩诘居士。开元十九年(731)状元及第。历官右拾遗、监察御史、河西节度使。唐玄宗天宝年间,拜吏部郎中、给事中。安禄山攻陷长安时,王维被迫受伪职。长安收复后,被责授太子中允。唐肃宗乾元年间任尚书右丞,世称"王右丞"。

王维参禅悟理,学庄信道,精通诗、书、画、音乐等,以诗名盛于开元、天宝间,尤长五言,多咏山水田园,与孟浩然合称"王孟",有"诗佛"之称。书画也极其精妙,后人推其为南宗山水画之祖。苏轼评价其说:"味摩诘之诗,诗中有画;观摩诘之画,画中有诗。"存诗400余首,代表诗作有《相思》《山居秋暝》等。著作有《王右丞集》《画学秘诀》。

黄庭坚(1045—1105):字鲁直,号山谷道人,晚号涪翁,洪州分宁(今江西修水县)人,北宋著名文学家、书法家,为盛极一时的江西诗派开山之祖,与杜甫、陈师道和陈与义有"一祖三宗"(黄庭坚为其中一宗)之称。与张耒、晁补之、秦观都游学于苏轼门下,合称为"苏门四学士"。生前与苏轼齐名,世称"苏黄"。著有《山谷词》,黄庭坚书法亦能独树一格,为"宋四家"之一。

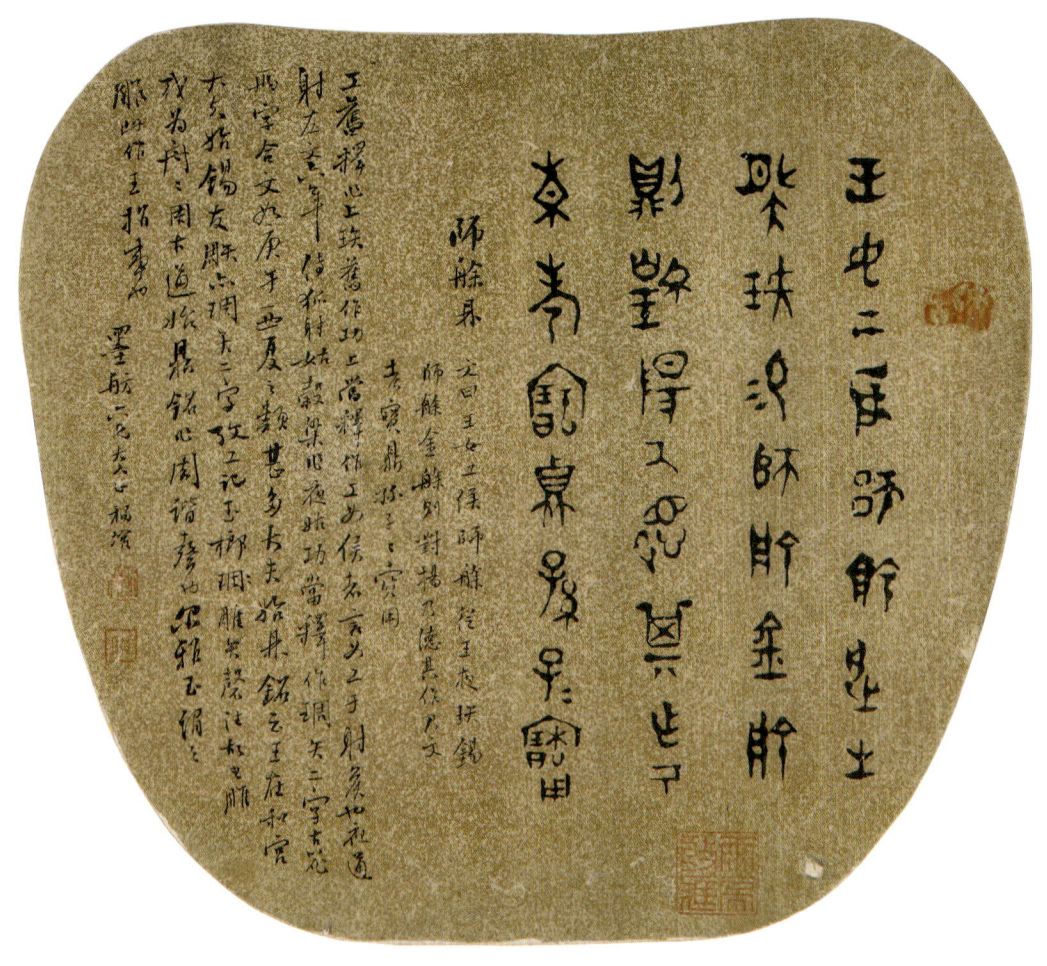

《师艅鼎铭》金文团扇

[清] 杨璸　　绢本（洒金）　纵22.5厘米　横25.6厘米

杨璸：生卒年不详。青岛即墨人，即墨杨氏之后，是杨氏十一世杨和鼎之三子。杨璸之子杨士钿和杨士绍先后领乡荐、折桂枝。杨士绍乾隆十年成进士，出仕山西介休县令。杨士钿于乾隆十二年举人。即墨杨氏家族共出过13名举人、4名进士、1名知府、1名通判、12名县令。

题释：分三段，第一段为"师艅鼎"铭文："王如上侯，师艅从，王夜功（玞），锡（赐）师艅金，艅则对阳乃（厥）德，其作乃（厥）文考宝鼎，孙（孙）子子宝用。"缺一"孙"字。第二段是铭文的译文（略）。第三段是铭文的释文："工旧释作上玞旧作工上，当释作工女侯者，言女工于射侯也，夜通射左文六年传狐射姑谷梁作夜姑功当释作琱矢二字，古花两字合，文如庚午西

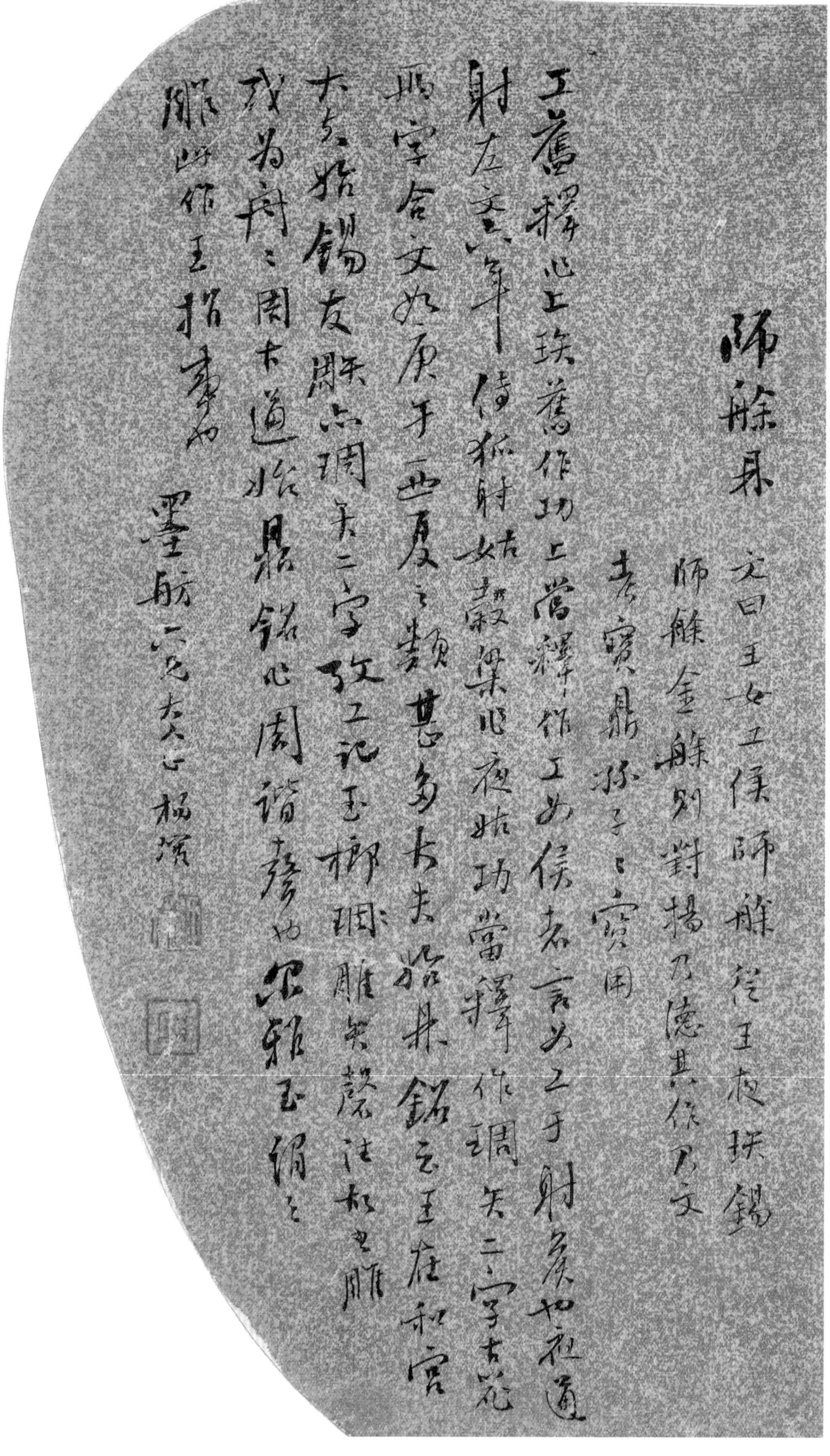

師艅鼎

文曰王女工侯師艅從王夜玨錫
師艅金艅對揚乃德其復用文
考寶鼎艅子孫寶用

工舊釋此瑛舊作功工營釋作工曰侯玄言乃工于射庚也祖道
射左篆此年信狐射姑女轂桀此夜姑功當釋作調矢二字古花
瑞宇合文此庚于西夏二顏甚多夫始鼎銘之王在和宮
大多始錫友斷此調矢二字玫工此玉榔珊雕其彀注和也雕
戎為舟二周末道此鼎銘此周諧彥也孔雖玉絹之
雕此作玉招寿如

墨舫○○大○楊滄

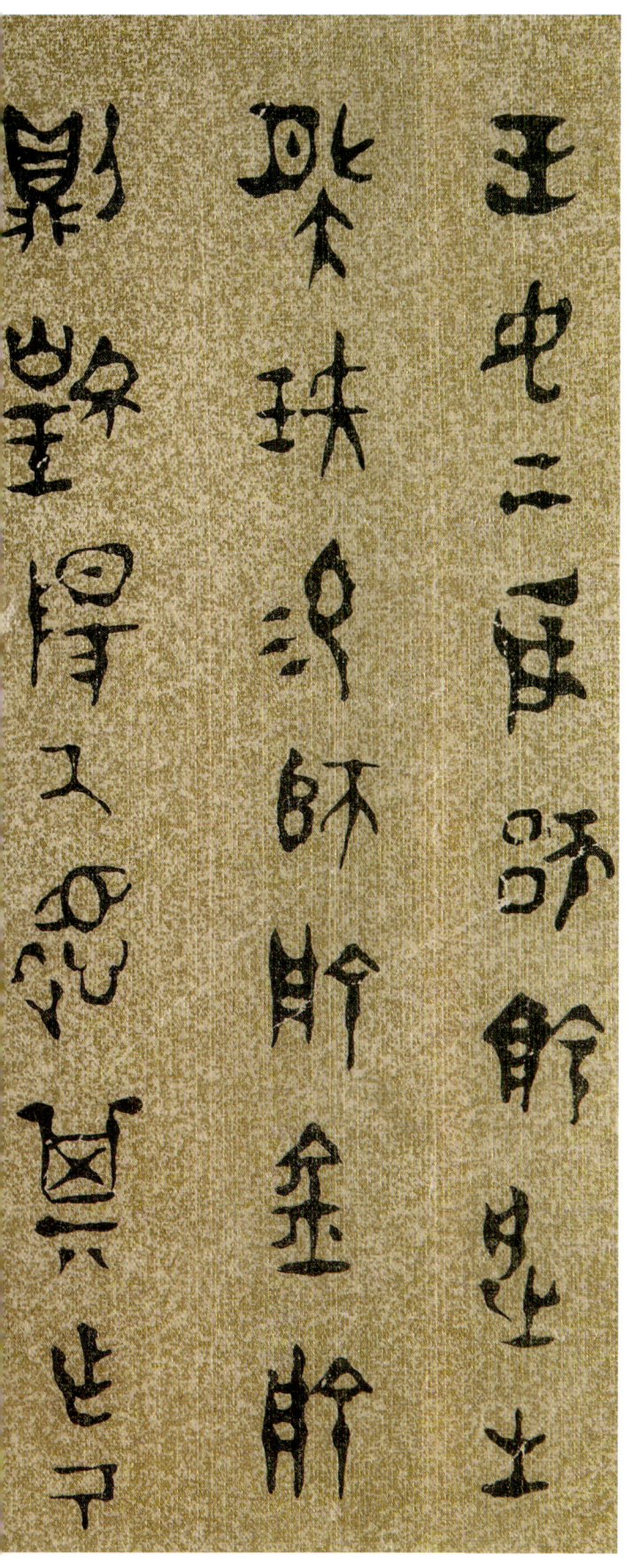

夏之类甚多，大夫始丹铭云，王在和宫大夫始锡，友朕亦瑂矢二字，考工记玉榔瑂矢磬法，故书雕或为舟，舟周下通始鼎铭作周谐声也，尔雅玉绢之雕此作王指事也。"

款署：墨舫六兄大人正，杨瑸。

钤印：印迹不清。

附：

师艅鼎：时代西周。据《重修宣和博古图》卷六载：右高六寸七分，深六寸五分，口径六寸三分，腹径三寸八分，容二升六合，重三斤六两。铭三十二字。曰"汝上侯"者，上侯犹上公，以言其官。曰"师艅"，以言其人。

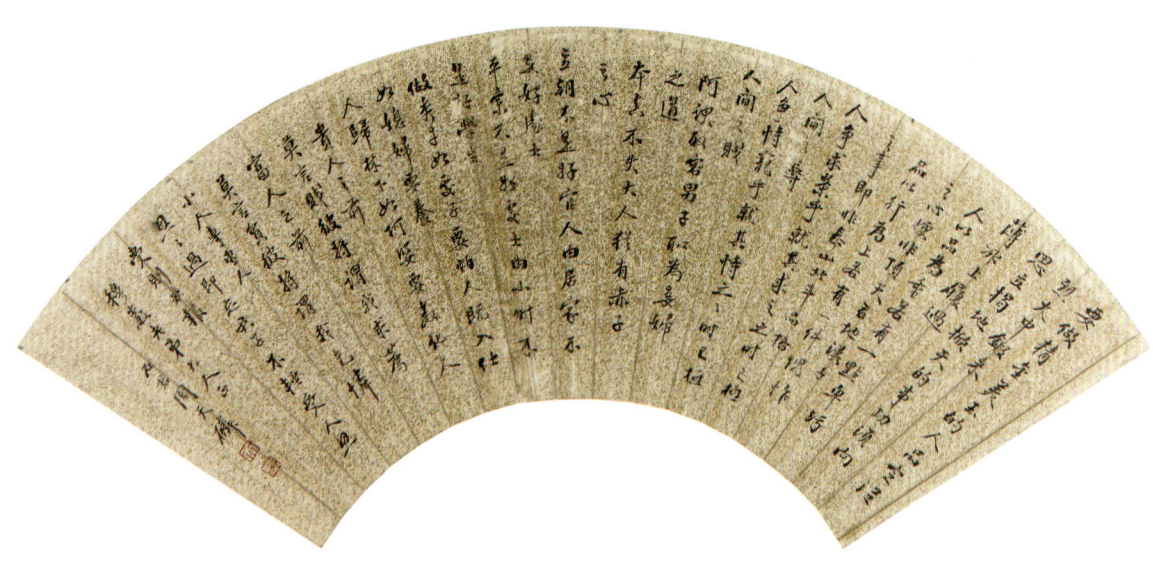

《格言联璧》行书扇面

[清] 周天麟　　纸本（洒金）　纵15.8厘米　横49.6厘米

周天麟：生卒时间不详。字石君，丹徒（今江苏镇江）人。光绪十年（1884）历任浙江平阳（任职时间不足一年）、山西泽州知府。光绪二十一年（1895）有《水流云在诗钞》十卷刊。妻萧恒贞亦善诗词。

题释：分两部分，第一部分为题释的第一段，即"要做精金美玉的人品，定从烈火中锻来；思立揭地掀天的事功，须向薄冰上履过。"出自明代语录体著作《菜根谭》的"修省"篇。第二部分分为五段，其一"人以品为重，若有一点卑污之心，便非顶天立地汉子。品以行为上，若有一件愧怍之事，即非泰山北斗风格。"其二"人争求荣乎，就其求之之时，已极人间之辱；人争恃宠乎，就其恃之之时，已极人间之贱。"其三"阿谀取容，男子耻为妾妇之道。本真不失大人犹有赤子之心。立朝不是好官人，由居家不是好处士；平素不是好处士，由小时不是好学生。"此段与原文有删节，部分字不同。其四"做秀才如处子，要怕人，既入仕如媳妇，要养人，归林下如阿婆，要教化人。贵人之前莫言贱，彼将谓我求荐；富人之前莫言贫，彼将谓我乞怜。"

其五"小人专望人恩,恩过即忘。君子不轻受人恩,受则必报。"这五段文字均出自清金缨所著《格言联璧》中的"敦品类"。

款署：穆岩老弟大人正,石君周天麟。

钤印：天、麟(白)。

附：

《菜根谭》：是明代的一部语录体著作。著者洪应明,字自诚,号还初道人,籍贯不详。他早年热衷于仕途功名,晚年归隐山林,洗心礼佛。万历三十年(1602)前后曾居住在南京秦淮河一带,潜心著述。《菜根谭》是洪应明备尝人世艰辛,编著的一部论述修养、人生、处世、出世的语录集,通篇感悟人生,体验生命,劝勉世人。

《格言联璧》：清金缨著。此书集先贤警策身心之语句,垂后人之良范,条分缕析,情给理明。主要内容包括学问类、存养类、持躬类、摄生(附)、敦品类、处事类、接物类、齐家类、从政类、惠吉类、悖凶类。所谓是成己成人之宝筏,希圣希贤之阶梯也。

金缨：生平不详。字兰生,清代学者,浙江山阴人。出生在一个颇为富有的书香人家。

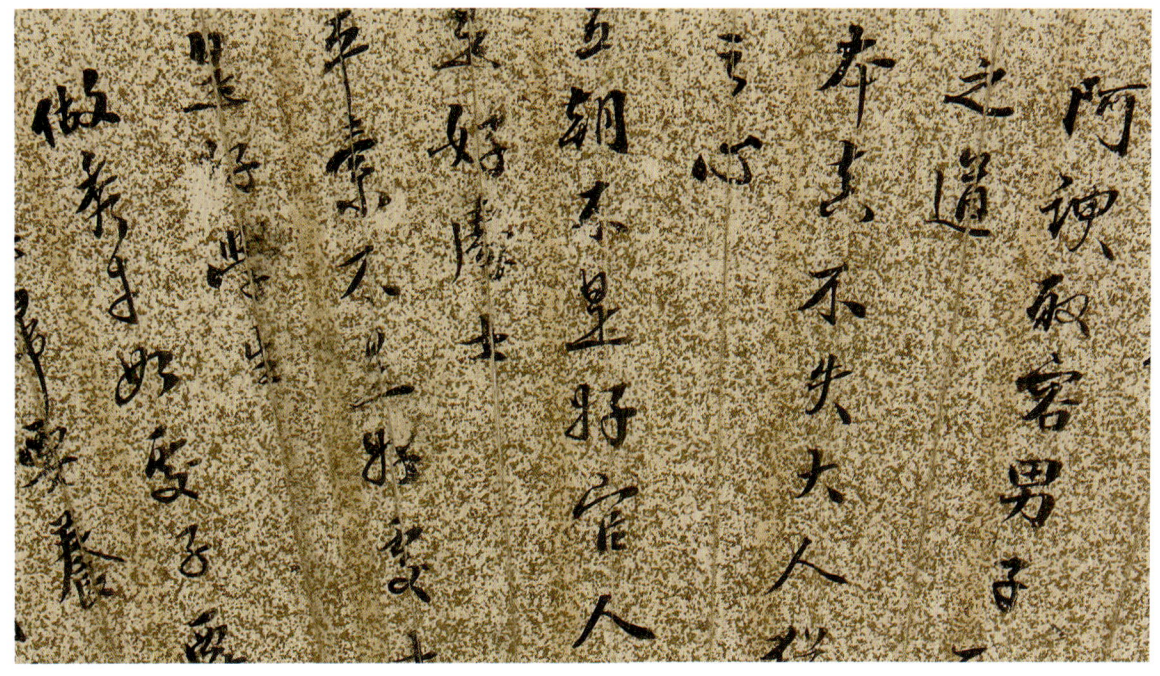

《秋菊花卉图》团扇

[清] 金耐青　　绢本　设色　径25厘米

金耐青：生卒年不详，原名金鼎，字耐青，河北大兴人。工书，精刻印，善画花卉山水，属海上墨林。清光绪十年（1884）在上海与好友吴友如主办《点石斋画报》，名噪一时。内容以时事画为主，笔法细腻，对清廷的腐朽统治、外国资本主义的侵略以及人民的疾苦和反抗都有所反映。是研究风俗民情的重要参考资料。

画意：画面构图繁而有序，上下均以盛开的菊花布置，其间饰以花蕾。有趣的是，下部菊花绘一蝈蝈，增加一些童趣。所画均以线条描绘，施色分明，画风工整，构图繁复。

款署：锦棠仁兄大人正之，北平耐青。

钤印：金鼎画印（白）。

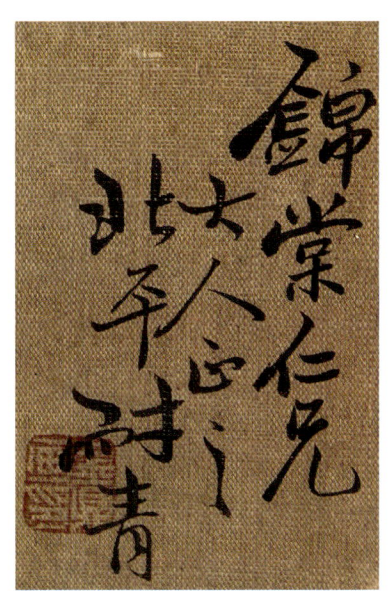

附：

《点石斋画报》：由吴友如主笔，英国人美查开办的"点石斋书局"印行，创刊于光绪十年五月（时年，金耐青八十高龄），每月出3册，每册8页，封面用彩色纸，随《申报》附送，每12册为一辑。其他作者有张志瀛、田子琳、金蟾香、何明甫、符艮心、周暮桥（苏州人，月份牌年画画家）、金耐青、戴子谦、马子明、顾月洲、贾醒卿、吴子美、李焕尧、沈梅波、王剑、管劬安、何元俊、金庸伯等，他们大部分来自苏州年画界。画报大多以桃花坞木刻，内容大致分为六类：①帝国主义的侵略和中国军民的反抗；②清末统治者的腐败；③民间疾苦；④上海市民生活百态；⑤民间传说故事；⑥世界大事、域外风情。全部作品约4000余幅。继之而起的还有《飞影阁画报》《飞影阁画册》《新世界画册》等。

《广陵春色图》扇面

[清] 爱止铨　　纸本（泥金）　设色　纵16.2厘米　横49.3厘米

爱止铨：生平不详。

画意：此扇面构图简洁、清丽，设色明亮素雅，画法工整细腻，取法中国传统花鸟画。在表现技法上，以细腻的笔触刻画出花瓣、叶片的质感。

这是一幅工笔重彩花卉图。花卉明艳娇丽，清雅动人，润色多彩饱满，极尽优雅。叶片正反明晰、浓淡有别；叶茎每笔到位，细腻有致，可见作者的功力，加之泥金扇纸，更显作品雍容华贵。

题释：广陵春色图。

款署：爱止铨画于容安室。

钤印：爱（朱）。

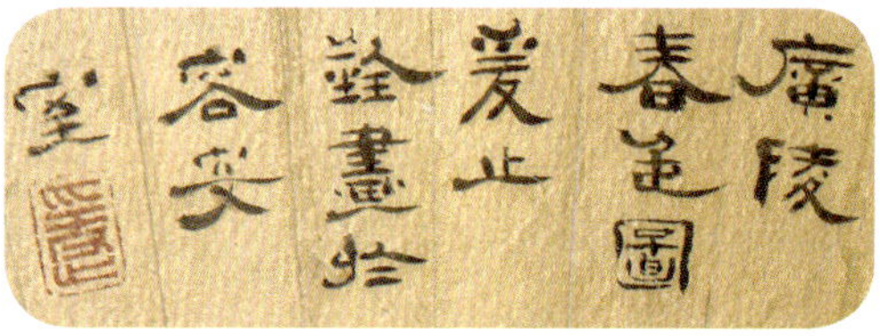
廣陵春色圖
麦止銓畫於容安室

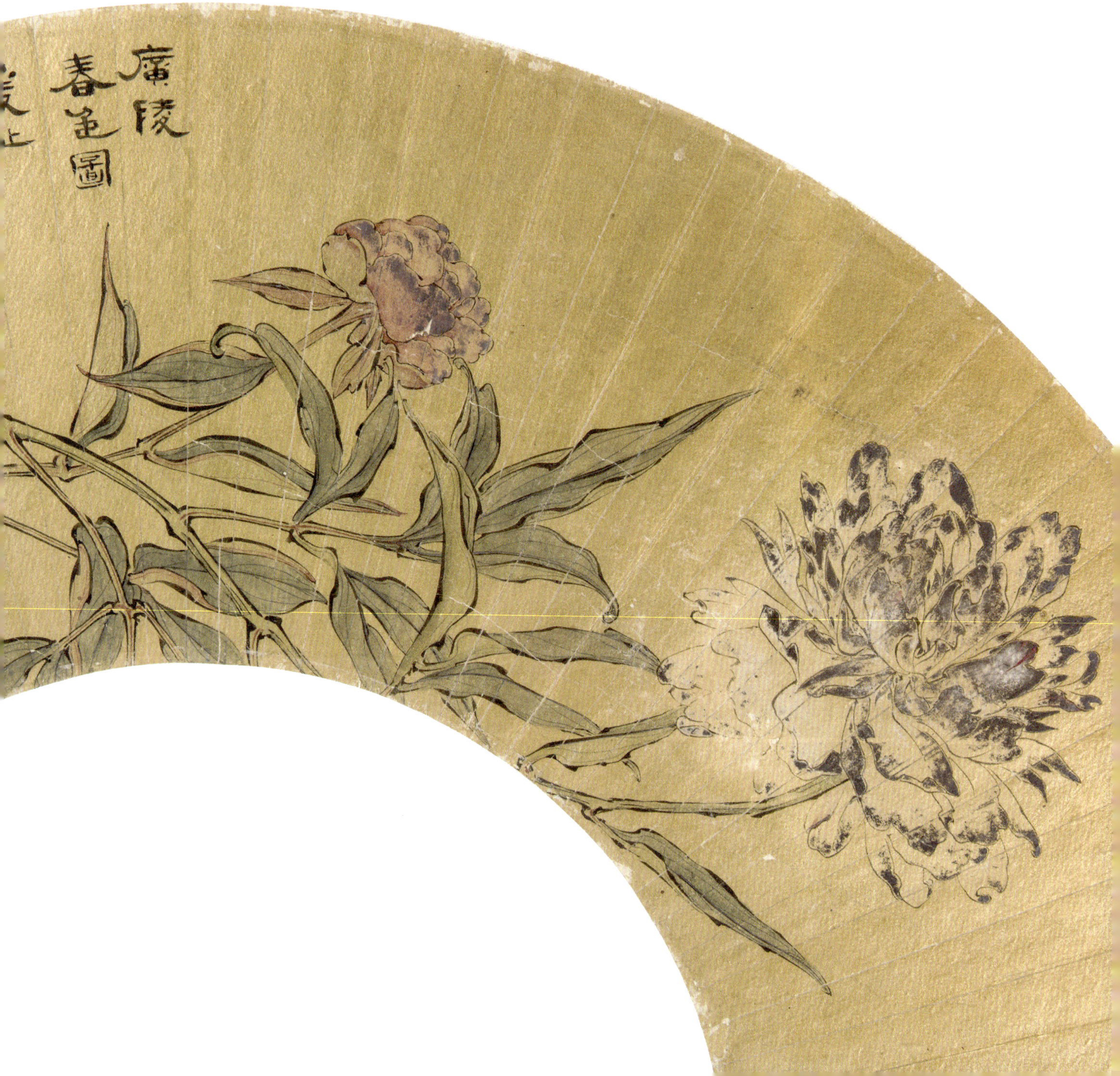
廣陵春色圖

《上元应制诗》草书扇面

[清] 贺桂芳　　　纸本（泥金）　纵16厘米　横50厘米

贺桂芳：生平不详。

题释："雪消华月满仙台，万烛当楼宝扇开。双凤云中扶辇下，六鳌海上驾山来。镐京春酒沾周宴，汾水秋风陋汉才。一曲升平人尽乐，君王又进紫霞杯。"此诗取自王珪（王硅）《上元应制》诗。其意思是：白雪消融，皎洁的月光照射在楼台上，万枝蜡烛当楼点燃，皇帝御座两边的宫扇分开，如双凤护驾；皇上的车驾光临，像六鳌驮山，群臣齐来朝贺。如周武王镐京大宴宾客，群臣享受皇恩；像汉武帝汾水作《秋风辞》，群臣赋诗愧不如汉代俊才。一曲升平的乐曲使人畅快，再次举杯向君王敬贺。

款署：贺桂芳。

钤印：贺桂芳印（白）、月生（朱）。

注：钤印为后贴。

附：

王珪（1019—1085）：字禹玉，北宋名相，著名文学家。祖籍成都华阳，幼时随叔父迁居舒州（今安徽省潜山县）。写有很多反映宫廷生活的诗。

王珪历仕三朝，典内外制18年，朝廷大典册，多出其手。从执政至宰相，凡16年，少所建明，时称"三旨相公"。原有文集百卷，已佚。《四库全书》辑有《华阳集》40卷。旋卒于位，赠太师，谥文恭。

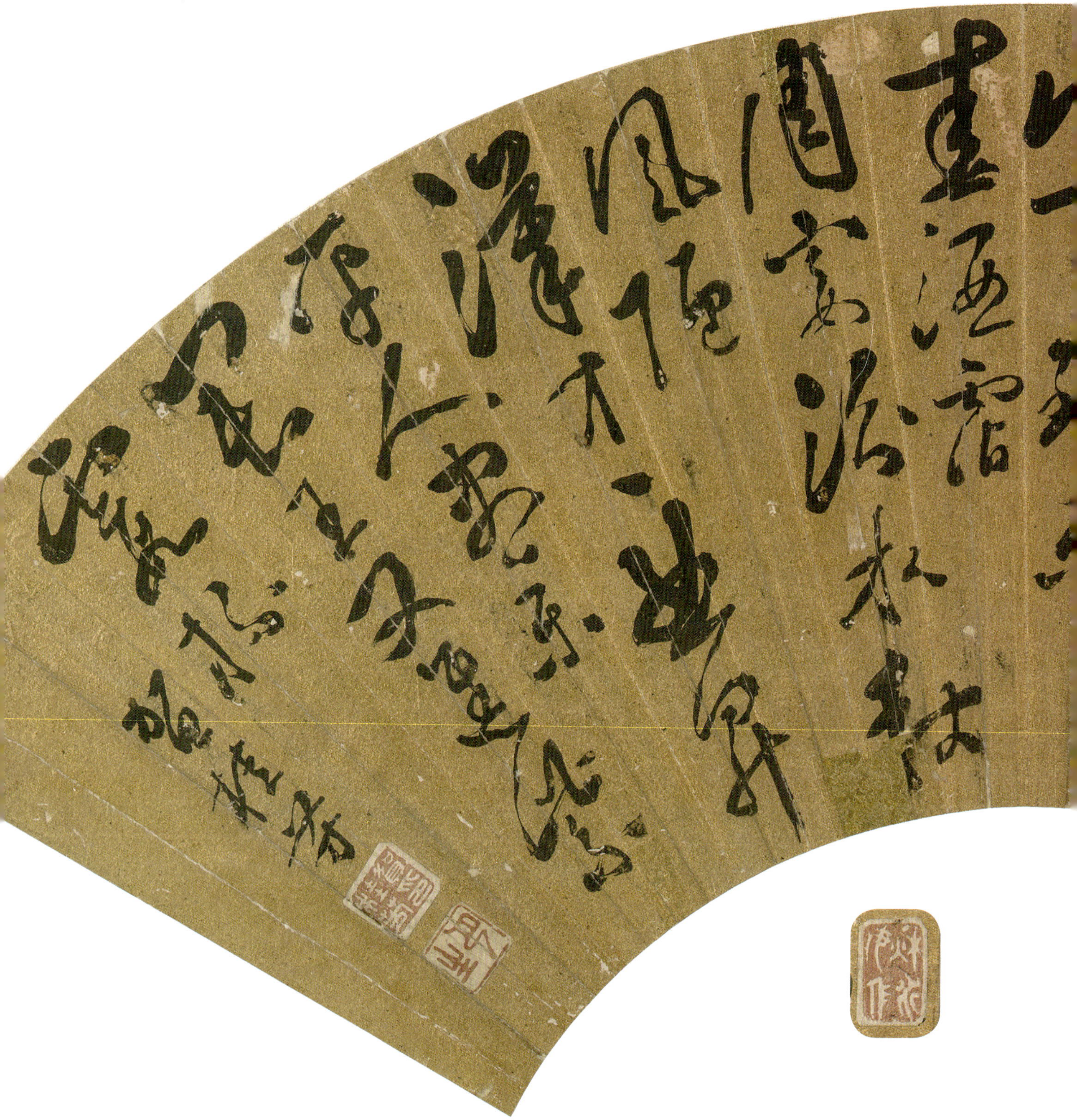

 **《月季鲦鱼图》扇面**

[清] 贺晋人　　纸本 设色 纵17.4厘米 横50.5厘米

贺晋人即贺隆锡：生卒年不详，字康侯，号晋人。曲沃人（今山西曲沃）。清朝著名画家。侨居江宁上新河。官至湖北宣恩县知县，擢同知。

晋人善画山水、人物、兰竹、兼工诗词小楷。诗词行楷，无一不妙，收藏古代名人手迹也极为丰富。他对传统绘画技法有所体会，无一笔不从古人出，尤工山水兰竹。与王绂、汪溥两家笔意极相似。家多收藏，善鉴别。

画意：此画构图简洁，一条鱼，一枝月季，两花一蕾。花枝从鱼鳃入口中出。月季设色，鲦鱼水墨；设色淡雅，用墨自如，豪放中呈现秀雅。法随意转，形中见神，意态生动。该画与余省（1692—1767）的稻蟹、鳜鱼十分相似。

题释：四季长春活泼俱，花间又画鲦花鱼。画师寄语持筹客，日计何如月计余。

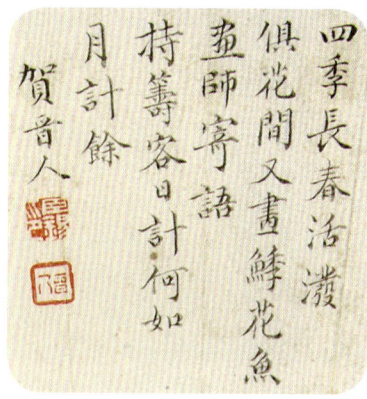

款署：贺晋人。

钤印：臣锡印（白）、晋人（朱）。

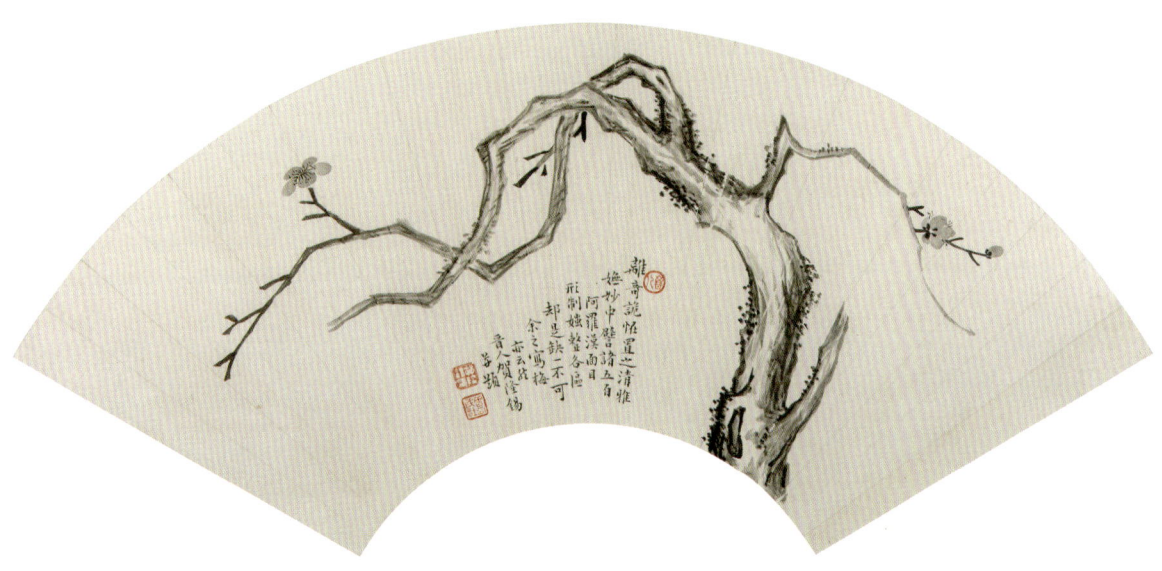

《虬干梅花图》扇面

[清] 贺隆锡　　纸本　水墨　纵17.5厘米　横50.5厘米

画意：此画为老梅一株，树干苍老粗壮，有新枝疏花绽放，置之清雅。老树新花缺一不可。

梅花又名"五福花"是中国传统名花。她象征着快乐、幸福、长寿、顺利、和平。梅花清雅俊逸。冰肌玉骨，凌寒留香，它那坚贞不渝、高洁谦虚的品格，激励人们立志奋发。在严寒中，梅开百花之先，独天下而春，因此梅又常被民间作为传春报喜的吉祥象征。自古以来，人们都赞美她不与百花争春的刚毅性格，象征高洁、坚强的人。

题释：离奇诡怪，置之清雅，妩妙中譬诸五百阿罗汉面目，形制娖整，各区却是缺一不可。余之写梅亦云然。

款署：晋人贺隆锡并题。

钤印：晋人（朱）、贺隆锡印（白）、曾□民社（朱）。

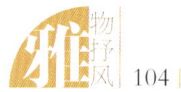

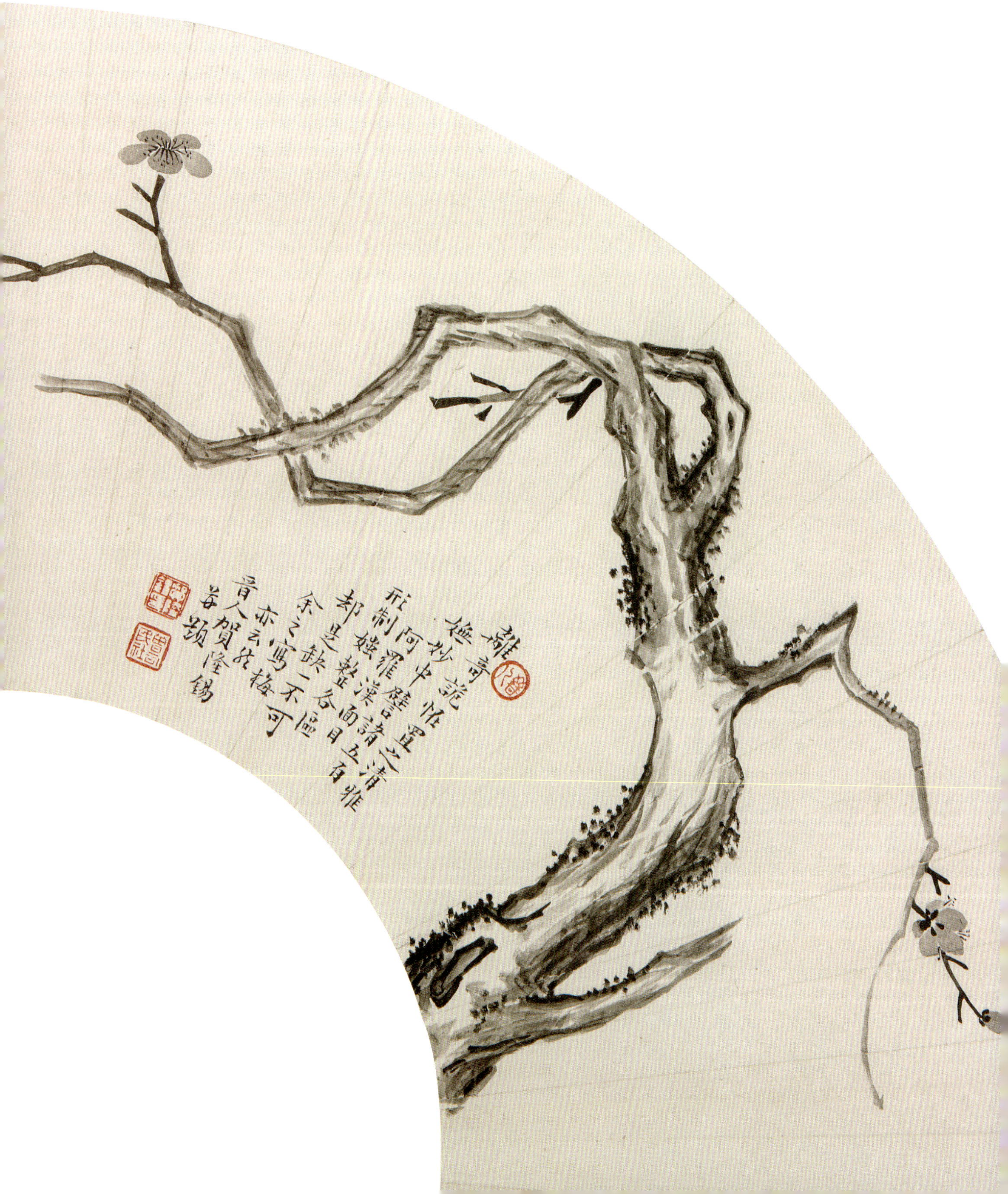
雄奇詭怪置之清雅
娬妙中譬諸五百
形制阿羅漢諸面目
却是娬整各區
余之寫缺一不可
亦云梅
音人賀隆錫
苔題

《重午龙舟图》扇面

[清] 贺隆锡 | 纸本 设色 纵17厘米 横54厘米 公元1806年

画意：端午日，贺隆锡在自己的江东别墅中，看到的是山峦滴翠，两岸树木葱茏，数座水中山舍，一艘龙舟划桨远离……

款署：嘉庆丙寅重午江东别业即景之作，晋人。

钤印：晋人（朱）。

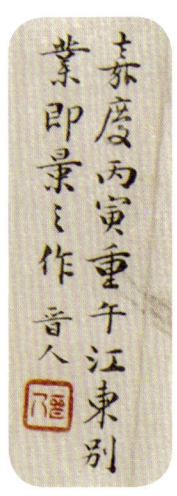

107

《墨色花卉图》扇面

[清] 贺晋人　　纸本　水墨　纵17厘米　横52厘米　公元1807年

画意： 此画构图简洁，风格秀雅。花蕊用浓淡水墨画成，枝叶采用没骨画法。下有菊花、兰草点缀，有远近之感。

款署： 丁卯暮秋，偶写所见，贺晋人。

钤印： 贺隆锡印（白）、宁龙矣号晋人（朱）。

《乾厓秃木图》扇面

[清] 贺晋人　　纸本　水墨　纵16.5厘米　横50厘米

画意：此图采用写意手法，描绘了远山近景。夸张的山石中，一株苍老的松枝伸出，山间云气环绕，山涧泉水流出，一老者倚杖而立，眺望远方。

款署：乾厓秃木，气怯冰霜。某实神游其间久之。楮笔身心悉与俱矣。晋人。

钤印：晋人（朱）。

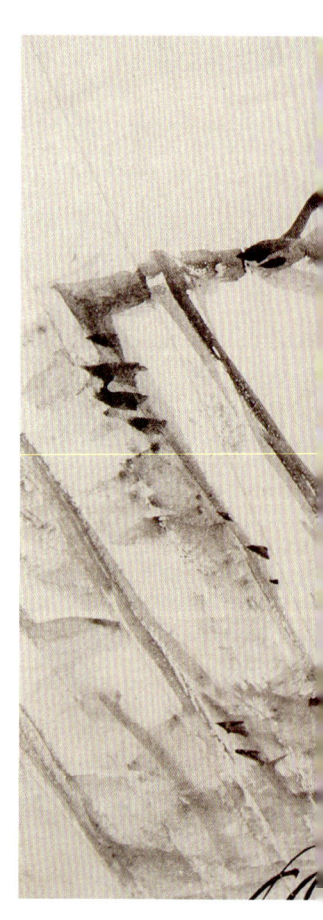

乾厓秃木氣怯冰霜其實神游其間久之楮筆身心悉与俱矣 晉人

[团扇书法图]

《乐毅论》楷书团扇

[清] 俞 恒　绢本　纵24.8厘米　横25.6厘米　公元1875年

俞恒：生卒年不详。光绪二十七年（1901），因山西高平"教案"赔款，百姓怨声载道。郭士基等领导高平民众抗捐，形成声势浩大、轰轰烈烈的抗捐斗争。山西巡抚派兵镇压，郭士基被捕，送潞安府监狱。潞安府知府俞恒审讯……光绪二十九年，俞恒调补山西知府。

题释：夫求古贤之意，宜以大者远者先之，必迂回而难通，然后已焉可也，今乐氏之趣或者其未尽乎，而多劣之。是使前贤失指于将来不亦惜哉，观乐生遗燕惠王书，其殆庶乎机，合乎道以终始者与，其喻昭王曰：伊尹放大（太）甲而不疑，大（太）甲受放而不怨，是存大业于至公，而以天下为心者也，夫欲极道之量，务以天下为心者，必致其主于盛隆，合其趣于先王，夫求古賢之意宜以大者遠者先之必通然後已焉可也今樂氏之趣或者其未盡乎而多劣之是使前賢失指於將來不亦惜哉觀樂生遺燕惠王書其殆庶乎機合乎道以終始者與其喻昭王曰伊尹放大甲而不疑大甲受放而不怨是存大業於至公而以天下為心者也夫欲極道之量務以天下為心者必致其主於盛隆合其趣於先王苟君臣同符斯時也樂生之志千載一遇也亦將行千載一隆之道豈其局跡當時止於兼并而已哉夫兼并者非樂生之所屑彊燕而廢道人非樂生之所求也不求小成斯意兼乎並世而已矣則舉齊之事所以運其機而動四海也夫討齊以明燕主之義此兵不興於利矣圍城而害不加於百姓此仁心著於天下矣舉國不謀其功除暴不以威力此至德全於天下矣邁全德以率列國則幾於湯武之事矣樂生方恢大綱以縱二城牧民明信以待其弊使即墨莒人顧仇其上願釋干戈賴我猶親善守之智無所施然則求仁得仁即墨大夫之義也任窮則從微子適周之道也開彌廣之路以待田單之徒長容善之風以申齊士之志使夫忠者遂節通者義著昭之東海屬之華裔我澤如春下應如草道光宇宙賢者託心鄰國傾慕四海延頸為

苟君臣同符，斯大业定矣。于斯时也，乐生之志，千载一遇也，亦将行千载一隆之道，岂其局迹当时，止于兼并而已哉，夫兼并者非乐生之所屑，强燕而废道，又非乐生之所求也。不屑苟得则心无近事，不求小成，斯意兼天下者也。则举齐之事，所以运其机而动四海也，讨齐以明燕主之义，此兵不兴于为利矣。围城而害不加于百姓，此仁心着于遐迩矣，举国不谋其功，除暴不以威力，此至德令于天下矣；迈至德以率列国，则几于汤武之事矣，乐生方恢大纲，以纵二城，牧民明信，以待其弊，使即墨莒人，顾仇其上，愿释干戈，赖我犹亲，善守之智，无所之施，然则求仁得仁，即墨大夫之义也，任穷则从，微子适周之道也，开弥广之路，以待田单之徒，长容善之风，以申齐士之志。使夫忠者遂节，通者义著，昭之东海，属之华裔。我泽如春，下应如草，道光宇宙，贤者托心，邻国倾慕，四海延颈。（题释取自三国时期魏夏侯玄撰写的《乐毅论》，有全篇的三分之二。）

款署：颂南仁兄大人方家正字，为乙亥孟秋仲山弟俞恒。

钤印：印迹不清。

附：

《乐毅论》：是三国时期魏夏侯玄撰写的一篇文章，文中论述战国时代燕国名将乐毅征讨各国之事。传王羲之抄写这篇文章，是为其子官奴书。有人考证说，官奴是王献之。这一书迹，在南朝曾被论及。梁武帝在与陶弘景讨论内府所藏的这篇书迹时说："逸少迹无甚极细书，《乐毅论》乃微粗健，恐非真迹"，陶弘景表示赞同，曰："《乐毅论》愚心近甚疑是摹而不敢轻言，今旨以为非真，窃自信颇涉有悟。"那么，梁朝内府的藏本，宜是摹本而非真迹。

在陈、隋之际释智永却视《乐毅论》为王羲之正书第一。据他说："梁世模出，天下珍之。自萧、阮之流，莫不临学。陈天嘉（650—565）中，人得以献文帝，帝赐始兴王，王作牧境中，即以见示。吾昔闻其妙，今睹其真，阅玩良久，匪朝伊夕。始兴薨后，仍属废帝。废帝既殁，又属余杭公主，公主以帝王所重，恒加宝爱，陈世诸王，皆求不得。及天下一统，四海同文，处处追寻，累载方得。"

唐朝初年，《乐毅论》入于内府，曾经褚遂良检校鉴定，认定为真迹。褚氏著录内府所收王羲之书迹，为《右军书目》，列《乐毅论》为王氏正书第一，并注明"四十四行，书付官奴"。唐太宗最为宝重的书迹是《兰亭序》与《乐毅论》。唐内府收藏的《乐毅论》，最初摹拓分赐大臣是在贞观年间。褚遂良《榻本（乐毅论）记》曰：贞观十三年（639）四月九日，命直弘文馆冯承素摹拓，分赐长孙无忌、房玄龄、高士廉、侯君集、魏徵、杨师道六人，"于是在外乃有六本"。摹本的传播范围，限于皇亲国戚或近侍大臣而已，世人罕见其貌。

《乐毅论》四十四行，褚遂良《晋右军王羲之书目》列为第一。梁陶弘景说："右军名迹，合有数首：《黄庭经》《曹娥碑》《乐毅论》是也。"真迹早已不存。一说真迹战乱时为咸阳老妪投于灶火；一说唐太宗所收右军书皆有真迹，惟此帖只有石刻。现存世刻本有多种，以《秘阁本》和《越州石氏本》最佳。

夏侯玄（209—254）：字太初（一作泰初）。沛国谯（今安徽亳州）人。三国时期曹魏玄学家、文学家、官员，夏侯尚之子、夏侯霸之侄。魏文帝时世袭爵位，明帝时任散骑黄门侍郎，因与外戚毛曾同座时面露不悦，而被魏明帝曹叡贬为羽林监。景初三年（239），曹芳继位，拜夏侯玄为散骑常侍、中护军。后任征西将军，与曹爽策划了失败的骆谷之役，大失人心。正始十年（249），曹爽被杀，夏侯玄被剥夺兵权，他拒绝夏侯霸逃往蜀汉的建议，受诏入朝任大鸿胪、太常等职。嘉平六年（254）二月，中书令李丰与外戚张缉密谋杀司马师，夏侯玄代替他为大将军，张缉为骠骑将军。但密谋泄露，夏侯玄被司马师杀害，夷灭三族。临死时，仍然面不改色，从容受刑，时年46岁。

夏侯玄少时有名望，仪表出众，时人目之以为"朗朗如日月之入怀"。在政治上，提出了"审官择人""除重官""改服制"等制度，司马懿认为"皆大善"。他博学多识，才华出众，尤其精通玄学，被誉为"四聪"之一，与何晏等人开创了魏晋玄学的先河，是早期的玄学领袖。

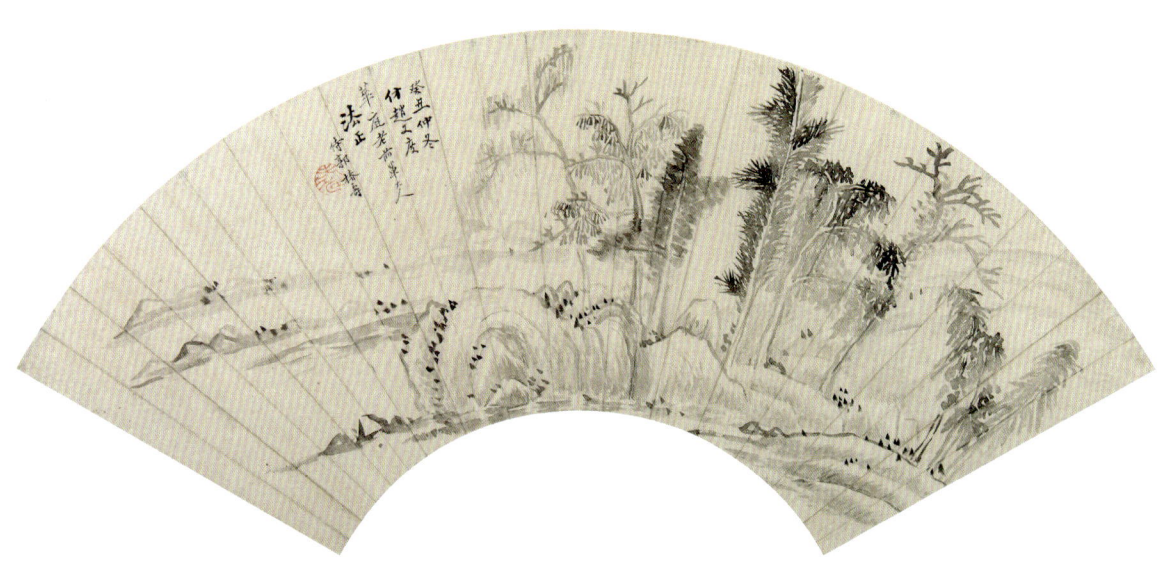

《山水图》扇面

[清] 郭椿寿　　纸本　水墨　纵17.5厘米　横53厘米　公元1853年

郭椿寿：生卒年不详，字毓麓，号静山，山西安邑（今山西夏县）人。清朝官员。道光十七年（1837）拔贡，主讲河东书院。道光二十三年（1843）中癸卯科乡试解元，道光二十七年（1847）考中张之万榜二甲第四十一名进士，选翰林院庶吉士，散馆后授翰林院编修。

咸丰四年（1854），文宗命翰林缮录《贞观政要》，椿寿充任总校，纠正数十事上呈，获嘉奖。任广东雷州知府期间，因平反前任所判冤案得罪上级，调任廉州知府。咸丰七年（1857）春，天地会反清农民军李文彩（李七）部攻打廉州属地灵山县，均被廖达章率领的官军击退。九月，廉州知府郭椿寿坐镇灵山县城督剿，并派遣廖参将等扼守南乡各要冲，防备李文彩从南乡而来。李文彩部在南乡与廖达章部初战，李文彩诈败，暗中绕道横州校椅圩，从丰塘奔袭灵山县城。事前，廖达章曾派人禀知郭椿寿要严加防范。郭将重兵布于外围，城内疏于防备，致李文彩奔袭得手。十一月十三日晚，李文彩部在城北城墙下架起云梯一举攻陷灵山城。郭椿寿微服缒城出逃，回到府城后，闭门痛哭三日，人称"哭府"。不久被撤职。因积劳病卒。光绪《安邑县续志》有传。

画意：近物远景相间，笔墨浓、浅、淡，染出山峦向背。树木立体感强，层次繁复，风格细润，勾勒出一幅草木茂盛的意境。

款署：癸丑仲冬，仿赵文度，华庭老前辈大人法正，侍郭椿寿。

钤印：寿（朱）。

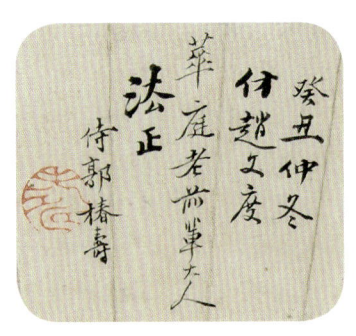

附：

赵文度：即赵左（1573—1644），左一作佐，字文度。活跃于明代后期。万历、崇祯时华亭（今上海松江）人。

赵左，为诸生时，诗文出众，曾赴北京，以一首秋草诗一鸣惊人，人呼为"赵秋草"。后得顾正谊赏识，让他与宋懋晋向好友宋旭学画，此后画名渐显。山水师法董源，兼学黄公望、倪瓒。画云山以己意出之，有似米（芾）非米之妙。善用干笔焦墨而又长于烘染，后受董其昌的画风影响，形成笔墨灵秀、设色雅致的风格。他与弟子沈士充、朱轩、叶有年、陈廉、李肇亨等，被人们称为"苏松派"。论画主张取势布景，交错而不繁乱。因一生穷困，曾为董其昌代笔。所著《大愚庵遗集》已失传，散落的诗文由其子收集成一集存世。

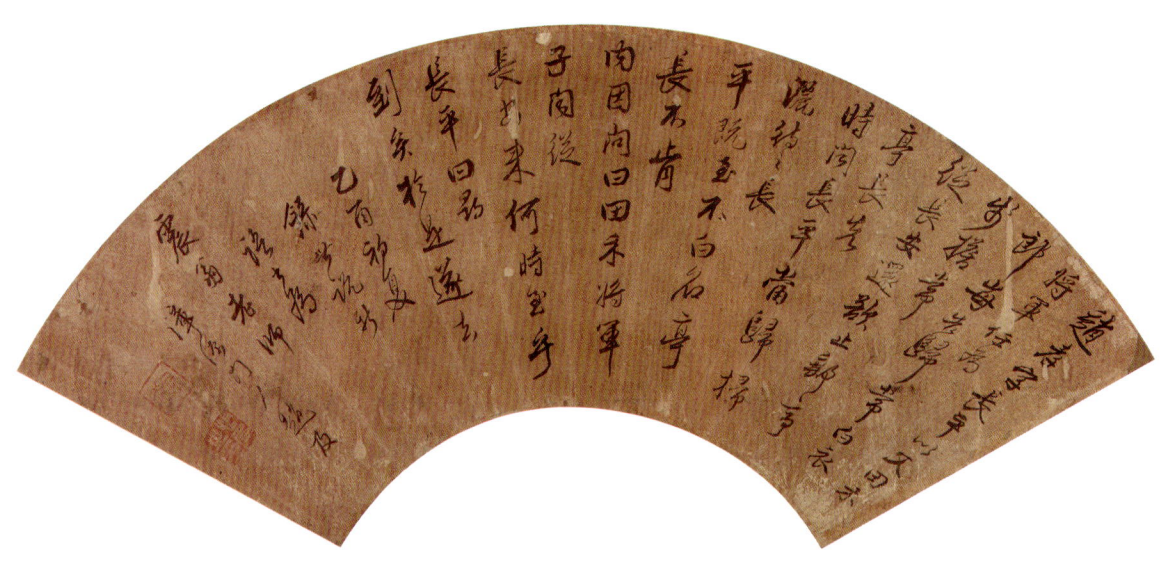

《赵孝传》行草扇面

[清] 赵 及　　　　纸本（洒金）　纵16.5厘米　横55厘米　公元1885年

赵及：生卒年不详。据嘉庆《长子县志》载，"赵及字蓝虹，岁贡生。善行草书，妍妙婉丽，深窥二王之秘，片楮只字，人争宝之。"为长子漳源（今山西沁县）人。曾写诗《漳源泻碧》赞美家乡的美景，诗曰："策马西游客共随，一弘清冽自何时。峰连鹿谷天孙迥，源发灵湫帝女知。淡月光分夜影静，寒泉波激雨声悲。偷闲池畔忘归去，高啸名山度日迟。"故自称"漳源门人"。

题释："赵孝，字长平，以文田禾将军任为郎。每告归，常白衣步担。常从长安还，欲止邮亭。亭长先时闻长平当归，扫洒待之。孝既至，不白名，亭长不肯内，因问曰：'田禾将军，子当从长安来，何时至乎？'孝曰：'寻到矣。'于是遂去。"此段文字出自《后汉书》卷三十九《赵孝传》。题释与原文在文字上有所不同，其意未变。在刘义庆等人所著《世说新语》中也被摘录其中。

款署：乙酉初夏，录世说新语。书为震翁老师，漳源门人赵及。

钤印：□□（朱）、赵及之印（白）。

附：

《世说新语》：是南朝宋刘义庆等人所著。《世说新语》又名《世语》，内容主要是记录魏晋名士的逸闻轶事和玄言清谈，也可以说是一部记录魏晋风流的故事集，是中国魏晋南北朝时期"笔记小说"的代表作，是我国最早的一部文言志人小说集。

全书原八卷，刘峻注本分为十卷，今传本上、中、下三卷，分为德行、言语、政事、文学、方正、雅量等三十六门，共一千多则，记述自汉末到刘宋时名士贵族的趣闻轶事，主要是人物评论、清谈玄言和机智应对的故事。

《世说新语》是研究魏晋史的重要史料。其中对魏晋名士的种种活动如清谈、品题，种种性格特征如栖逸、任诞、简傲，种种人生追求和嗜好，都有生动的描写。通过这些人物形象，可以让后人了解那个时代上层社会的风尚。

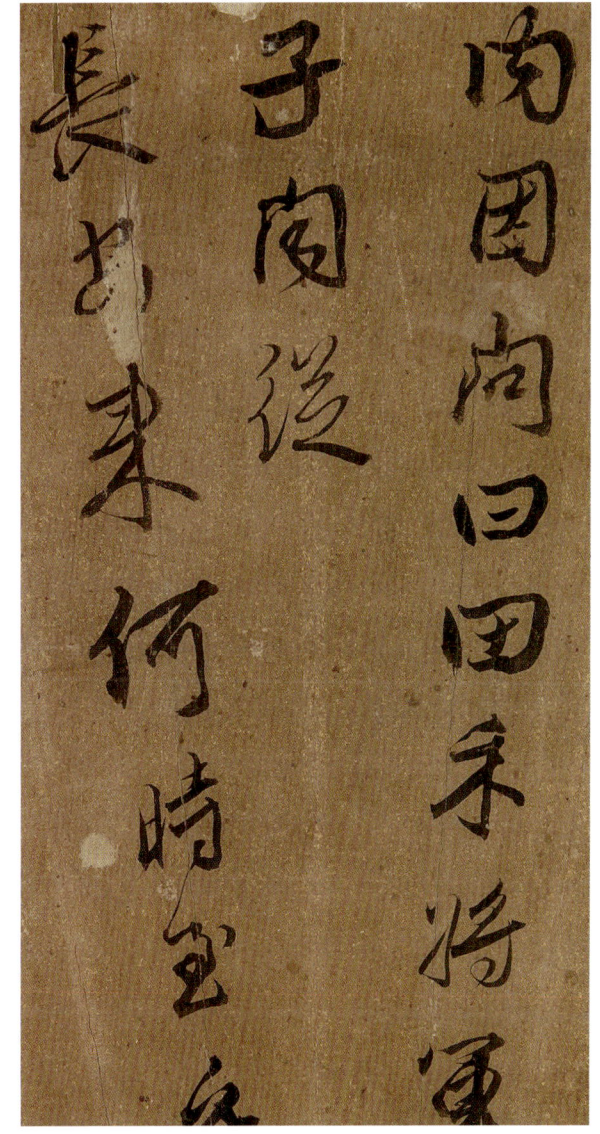

《历史典故》行书扇面

[清] 赵 铨　　纸本 纵17厘米 横52.2厘米

赵铨：生平不详。

题释：今早起又阅二册，毕竟长大者殊自铮铮，其短者不免力屈耳。长安中风尘蹩蹩足下，独窥雅道，日与昔人古处，锐于饥渴，左提右挚，行当狎主。葵丘仆以邾莒从事焉，不敢不勉。但恨仆瓮天蠡海，其何以自策也。执鞭弭以仰沫于坛坫之下，临为。

款署：震翁霍夫子政字，门生赵铨。

钤印：赵铨之印（白）、山公（朱）。

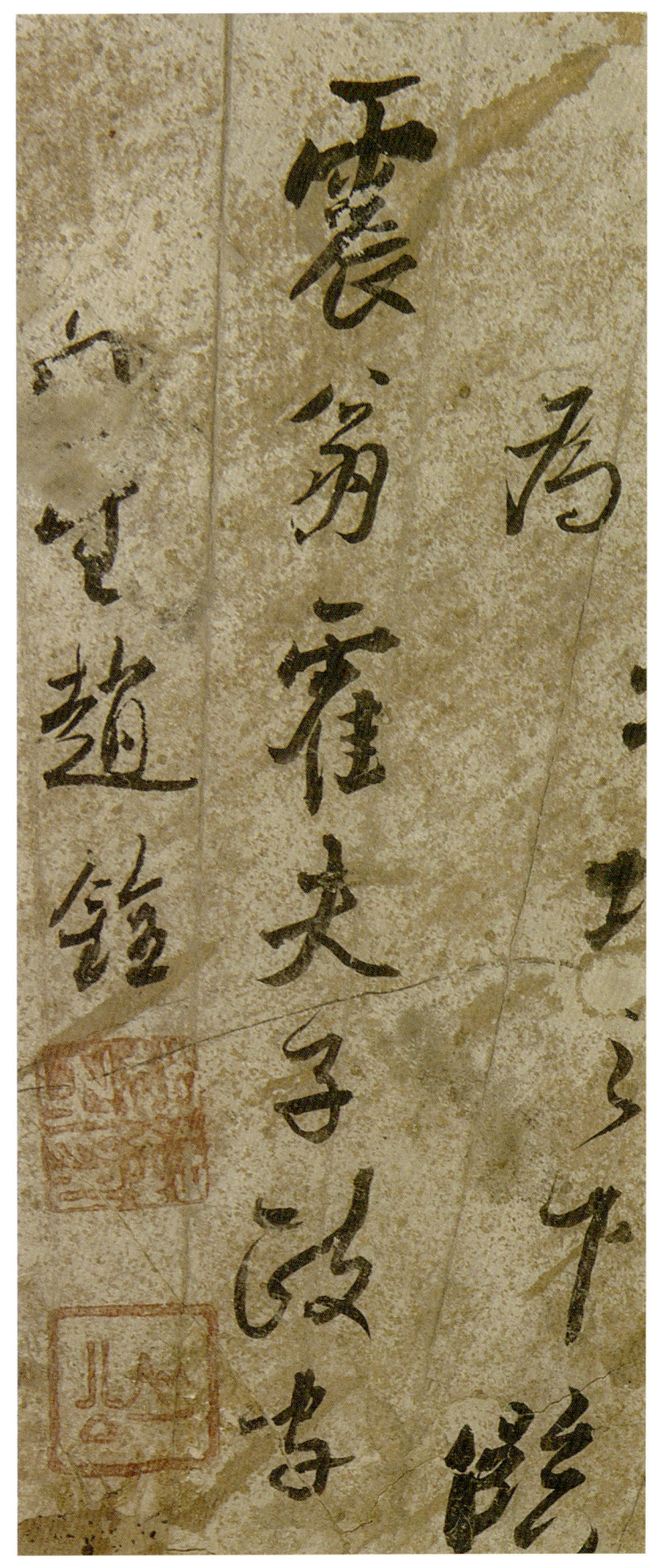

《七言律诗》行书扇面

[清] 徐继畬　　绢本　纵18厘米　横52厘米

徐继畬（1795—1873）：晚清名臣、学者，《纽约时报》称其为东方伽利略。字松龛、健男，别号牧田，书斋名退密斋，山西代州五台县人。道光六年进士，历任广西、福建巡抚、闽浙总督、总理衙门大臣、首任总管同文馆事务大臣。徐继畬是中国近代放眼看世界的伟大先驱之一，又是近代著名的地理学家，在文学、历史、书法等方面也有一定的成就。

1826年中进士，1842年任福建布政使，道光皇帝召见，命他办理厦门、福州两口的通商事宜。从此，他多方接触欧美人士，了解近代世界的政治、经济、历史、地理等知识。从1844年到1848年，他用5年时间完成了《瀛寰志略》。1865年，他被召进京，担任总理各国事务衙门大臣兼同文馆总管。1867年10月21日，他接受了美国政府赠送的华盛顿画像。1869年，他告老还乡。他著有《瀛寰志略》《古诗源评注》《退密斋时文》《退密斋时文补编》等。

徐继畬的开放思想及实践活动，给中国近代留下深刻启示和借鉴，那就是打破坚冰，唤醒国人，发展先进生产力，实现强国富民的伟大目标。

鸦片战争爆发后，徐继畬的言行，表明他是这个时期禁烟派、抵抗派的代表人物，与林则徐一样，捍卫了国家的主权与尊严。

徐继畬首次把整个世界描述为"大海所环绕的陆地"，《瀛寰志略》的命名标志着中国人对世界地理空间的认识，从传统"畿服"理论到近代地理学的转变，并在很大程度上推进了中国政治思想、外交政策等领域的近代化进程。

《瀛寰志略》特立独行地放弃以"夷"来指称西方各国，构建了从传统观念的"天下"到近代意义的"世界"的认知体系，为中国近代民族主义的转型提供了最初的思想基石。

题释："正月楼船过大江，海风吹雨洒船窗。云消虹蜺（霓）横山阁，潮落鼋鼍避石矼。阙下谏书谁第一？济南名士旧无双。湖阴暑退多鱼鸟，应胜愁吟对怒泷。"录写元朝诗人虞集的《送韩伯高佥宪浙西》七言律诗。

款署：徐继畬。

钤印：松龛氏（朱）。

附：虞集（1272—1348）：字伯生，号道园，世称邵庵先生。元代著名学者、诗人。少承家学，尝从吴澄游。成宗大德初，荐授大都路儒学教授，李国子助教、博士。仁宗时，迁集贤修撰，除翰林待制。文宗即位，累除奎章阁侍书学士。领修《经世大典》，著有《道园学古录》《道园遗稿》。虞集素负文名，与揭傒斯、柳贯、黄溍并称"元儒四家"。诗与揭傒斯、范梈、杨载齐名，人称"元诗四家"。

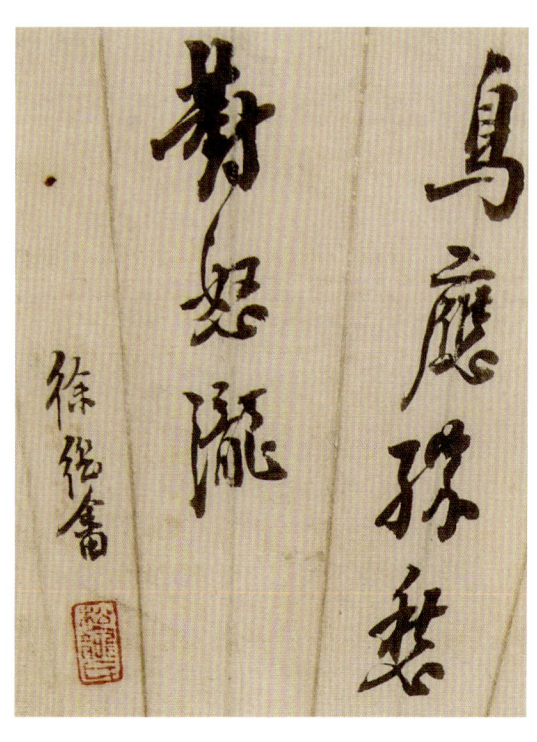

《五言诗》行书扇面

[清] 贾董侣　　纸本　纵16.6厘米　横52厘米

贾董侣：生卒年不详。据清嘉庆《长子县志》卷八载："贾董侣字文圃。己丑之变，其父复真避难伤足，呕命董侣逃去。侣不肯，负其父抵西山石穴中，历七昼夜，粮尽，拾小干枣，敲河冰水奉父。父命分啖，曰有。视之，乃小石子也。顺治甲午（1654）科中乡榜，任洪洞教谕，升玉林卫（今内蒙古和林格尔县）教授。"

题释：□屋人迹少，□午掩柴门。曲槛通□□，□林半是村。惜春随蝶戏，消恨倩花翻。五剧嚣尘味，休传到野园。

款署：南庄近作似，震翁霍世兄笑正，贾董侣。

钤印：无。

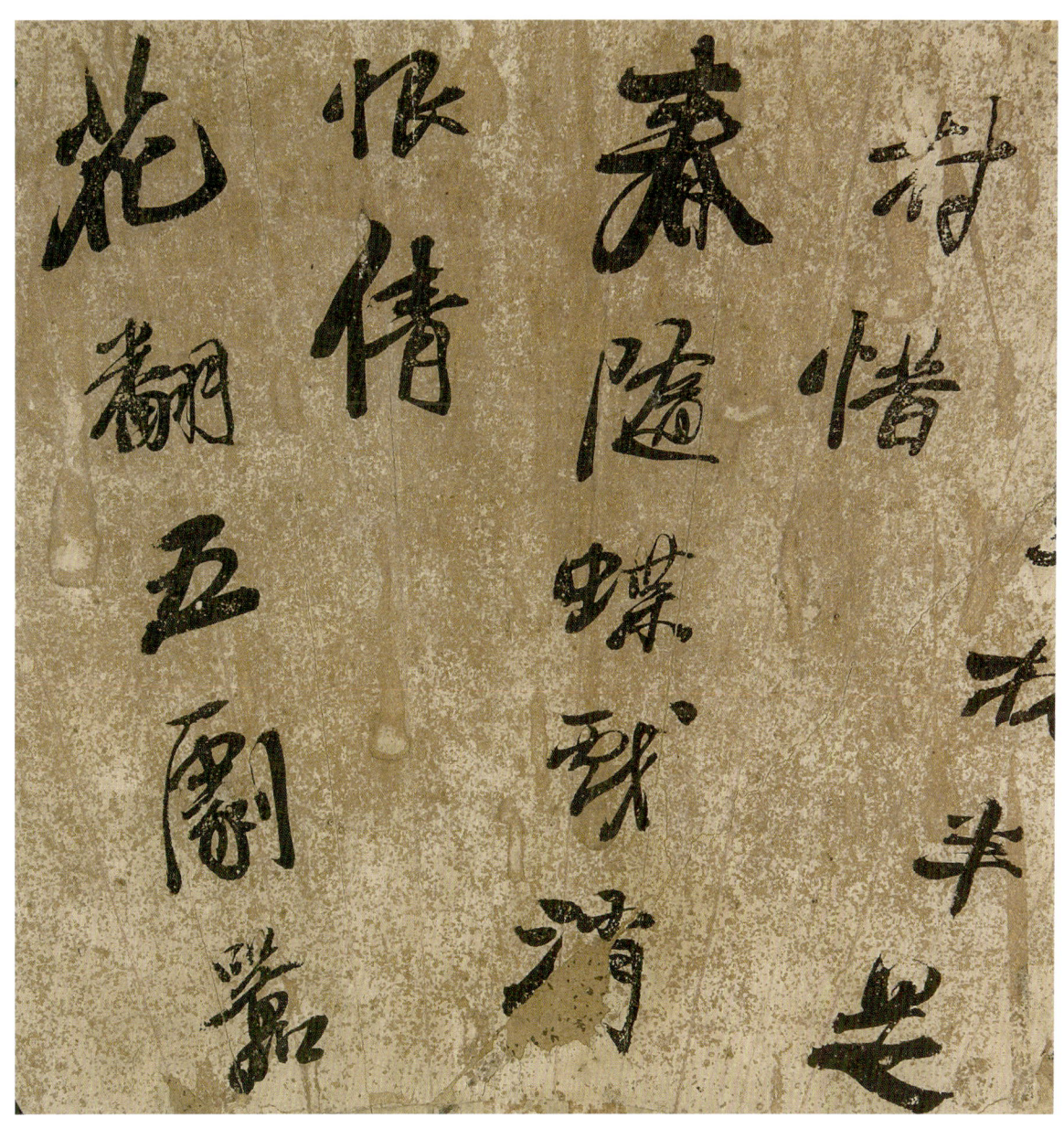

《翠柳栖燕图》扇面

[清] 祝 潜　　纸本 设色 纵17厘米 横50.1厘米

祝潜（1631—1702）：原名祝翼铭，字兼山、缄三，号野亭长、初阳山人、梧冈老人、硕果老人。浙江海宁人。少以孝名，为当时桐乡名士张杨园所看重。家贫鳏居，工篆刻，善诗词，工六书，凡秦汉金石之文无不精辨。其篆刻古秀圆劲，章法混成。有《初阳印谱》，朱彝尊为之跋。又有《初阳砚谱》等。

画意：画家绘柳二枝，竖平、高低交叉，柳叶柔媚；柳枝上栖有两只燕子，一只低首俯颈，一只以啄理羽。这是典型的平面绘画，用色均为平涂，不强调远近虚实的变化，十分神奇的是燕子的刻画，没有变化，但姿态生动，意趣横生。此扇面传达的是一种心灵感悟。

款署：厚荖大兄嘱，梧冈老人。

钤印：鸣（朱）。

附：

厚荸：指马光澜，生卒年不详，字厚荸（庵），浙江会稽人。嘉庆丁丑进士。曾任刑部候补主事，后官至山东盐运使。"荸"古同"庵"，小草屋。

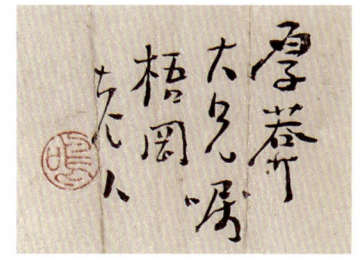

《梅花图》扇面

[清] 温忠翰 绢本 设色 纵18.5厘米 横54厘米 公元1876年

温忠翰（1835—？）：字味秋，斋名红叶庵。山西太谷县敦坊村人。清朝政治人物，清同治元年（1862）壬戌科徐郙榜进士第三人。

温忠翰出身官宦世家。他的祖父温承惠，历官直隶巡抚、总督，太子少保。他的父亲温启封，嘉庆年间顺天府乡试考取举人，官至刑部郎中。温忠翰兄弟几人也都在朝为官。温忠翰个性醇厚、谨慎，年少时已经因才华而享盛名。咸丰八年，参加顺天乡试，考中举人。

温忠翰进士及第后，授翰林院编修。同治六年，出任湖南学政。官至湖北按察使，转任詹事府赞善，又改任中允。

光绪元年，温忠翰任四川乡试副考官。历任司经局洗马，成为浙江温州处州道道台。在浙江时，有个叫柏耐的美国人在温州恣意横行。温州人起诉他，美国人不出庭。温忠翰就聘请英国律师哈华当庭辩论，柏耐终于服罪。在清朝聘请、使用律师是自温忠翰开始的。温忠翰与杜石竹为莫逆之交，二人以道德相互期望、许诺。光绪六年，出任湖南学政。光绪九年，晋升陕西按察使。光绪十一年，温忠翰调任湖北按察使。光绪十二年，回归故里。

温忠翰以德行名世，孝友当先，行文酣畅淋漓，情理交融，他善抚琴，精六法，善文章，曾与周少白结社"琴画会"。温氏父子收藏颇富，主要以元明为主。著有《名翰赏心集》《古诗欣赏集》《红叶庵诗文集》等。

画意：两株老梅发出新枝，或花朵，或花蕾。下面的老梅新枝采用墨色晕染，上部的新枝施以淡彩，上下搭配平衡，也有远近之感。体现了凝重、朗润、含蓄、静谧的艺术特征。

款署：拟煮石山农大意，奉琴轩二兄大雅之属，味秋温忠翰。呵冻作时丙子仲冬八日。

钤印：味秋（朱）。

附：

煮石山农：即王冕（1287—1359）字元章，一字元肃，号煮石山农。别号很多，有竹斋生、会稽山农、会稽外史、梅花屋主、九里先生、江南古客、江南野人、山阴野人、浮萍轩子、竹冠草人、梅叟、饭牛翁、食中翁、煮石道者、闲散大夫、老龙、老村等。诸暨（今浙江）人。元代著名画家、诗人、书法家。

王冕自幼好学，白天放牛，窃入学舍听诸生读书，暮乃返，忘其牛，间壁秦老怒挞之，已而复然。后从会稽学者韩性学习，终成通儒。但屡应试不第，遂将举业文章付之一炬。行事异于常人，时戴高帽，身披绿蓑衣，足穿木齿屐，手提木制剑，引吭高歌，往返于市中。以后遂下东吴，入淮楚，历览名山大川。游大都，老友秘书卿泰不华欲荐以官职，力辞不就，南回故乡。隐居会稽九里山，种梅千枝，筑茅庐三间，题为"梅花屋"，自号梅花屋主，以卖画为生。制小舟名之曰"浮萍轩"，放于鉴湖之阿，听其所止。又广栽梅竹，弹琴赋诗，饮酒长啸。

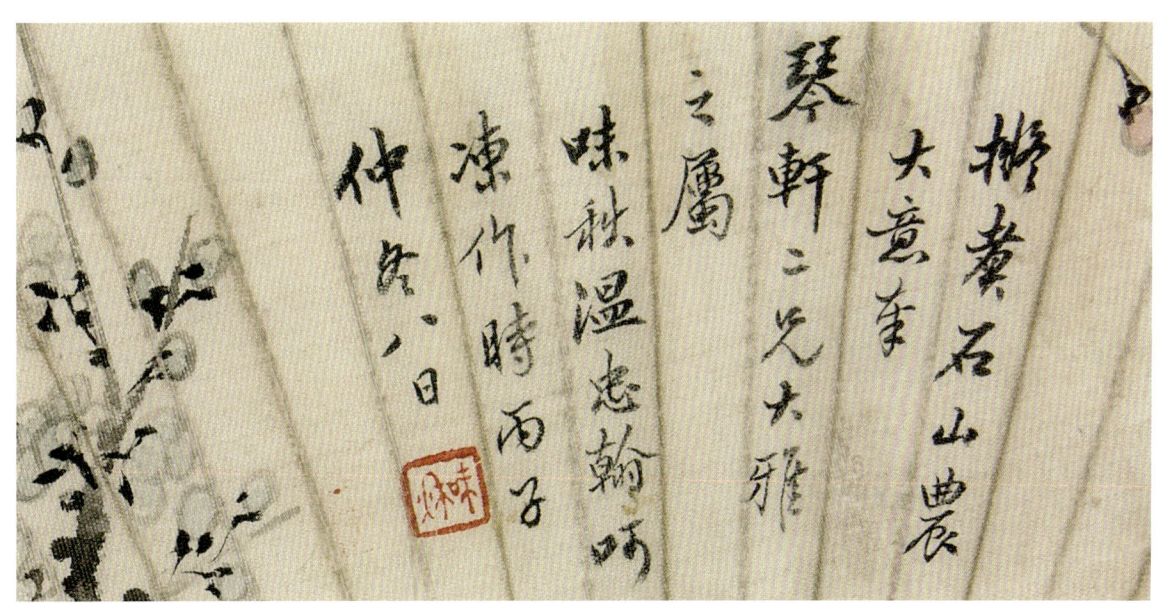

《云山墨戏图》扇面

[清] 温忠翰　　纸本　水墨　纵17.5厘米　横53厘米　公元1877年

温忠翰：见128页。

画意：扇面远山缥缈，近山朦胧，小桥流水，舟荡水中，树丛中屋顶渐露，凸显"平淡天真之妙"。此画多采用侧锋、写意笔法，增添潇洒妍美的意境。

题释：米海岳云山墨戏潇洒淋漓，有平淡天真之妙。高尚书小变真格，仍不失米家宗派。

款署：丁丑冬日略拟其意，奉笏东太世叔大人雅属，味秋温忠翰作于都门寓斋。

钤印：味秋（朱）。

附：

米海岳：即米芾（1051—1107）字元章，别称米襄阳、米南宫、米海岳。又称襄阳漫士、海岳外史、鹿门居士。北宋书法家、画家，宋四家之一。曾任校书郎、书画博士、礼部员外郎。祖籍山西，迁居湖北襄阳，后定居润州（今江苏镇江）。书画自成一家，枯木竹石，山水画独具风格。书法上颇有造诣，擅篆、隶、楷、行、草等书体，长于临摹古人书法，能达到乱真程度。

米芾个性怪异，举止颠狂，遇石称"兄"，膜拜不已，因而人称"米颠"。宋徽宗诏为书画学博士。

《幽梦影》行书团扇

[清] 窦文藻　　绢本　径26厘米

窦文藻：生卒年不详。字笠生，临汾（山西临汾）人。为当地文化名人，曾撰写《临汾县志续篇》。

题释：主要出自清张潮《幽梦影》一书，个别句子出自窦文藻自己之语。"人须求可入诗，物须求可入画；春者，天之本怀；秋者，天之别调；艺花可以邀蝶，叠石可以邀云，栽松可以邀风，酿酒可以邀我，选诗可以邀谤。蝶为才子化身，花是美人小照。当为花中萱草，勿为鸟中杜鹃。律己宜带秋气，处世宜带春气。一月之计种蕉，一岁之计种竹，十年之计种柳，百年之计种松，千年之计种德。有工夫读书谓之福，有力量济人谓之福，有学问著述谓之福。"最后一句出自清《格言联璧》一书。

款署：为硕甫仁四兄大人雅属。笠生窦文藻。

钤印：文藻之印（白）。

附：

《幽梦影》：清代文学家张潮著的随笔体格言小品文集。主要着眼于以优雅的心胸、眼光去发现美的事物。书中没有强烈的、尖锐的批评，只有不失风度的冷嘲热讽。表现形式温和，为《幽梦影》作序的石庞说此书"以风流为道学，寓教化于诙谐"。

明代后期到清代前期，是格言小品的黄金时代，产生了像屠隆的《婆罗馆清言》、陈继儒的《小窗幽记》、吕坤的《呻吟语》、洪应明的《菜根谭》等一大批优秀之作。作品采用简洁的格言、警句、语录，表现哲理思考或生活情趣，在经传、史鉴、诗文之外别立一体。

《幽梦影》浸透了传统中国文人的生活观，展示了中产阶级的知识品味和中国文人的生活态度。让人们发现琐碎生活竟然如此不凡，月亮、石头、树木、云霞、蝴蝶或花鸟，经过作者静观、内省的体悟之后，成了足以流传的生命学问。

张潮所生年代，正值中国传统学术总结之时，他的体验和学问，是以中国学问为底，收束到个人性情中再放出来的个人风格的生命哲学。

张潮（1650—？）：字山来，号心斋，别署心斋居士，安徽歙县人。出身名门，其父曾视学山东。这样的家庭，决定了他少年起便学习四书、五经，走科举之路。由于禀赋聪颖，十五岁，他的文章即受到褒奖，得补博士弟子员。但后来却连试不中，最终，仅获个岁贡生的资格和翰林孔目九品官。

张潮一生好游历，喜交友。他到过很多地方，其中与江苏如皋、扬州因缘尤深。如皋有他的别业，在扬州著书立说，创造了他自己人生的辉煌。当时名流黄周星、冒辟疆、曹溶、张竹坡、尤侗、吴绮、吴嘉纪、孔尚任、杜浚等都曾与他往来。

张潮的著作，有《心斋聊复集》《花影词》《笔歌》《幽梦影》等，编辑评定《昭代丛书》《檀几丛书》《虞初新志》，《幽梦影》约在30岁动笔，前后历15年，方才完稿。

张潮也是清代刻书家，曾刻印《檀几从书》《昭代从书》（山帙、水帙、花帙、鸟帙、鱼帙、酒帙、书帙、御帙、数帙）等。

《格言联璧》：一书是集先贤警策身心之语句，条分缕析，为后人之良范。主要内容包括学问类、存养类、持躬类、摄生（附）类、敦品类、处事类、接物类、齐家类、从政类、惠吉类、悖凶类。所谓是成己成人之宝筏，希圣希贤之阶梯也。该书刊行之后，民间有异本流布，传本各异。

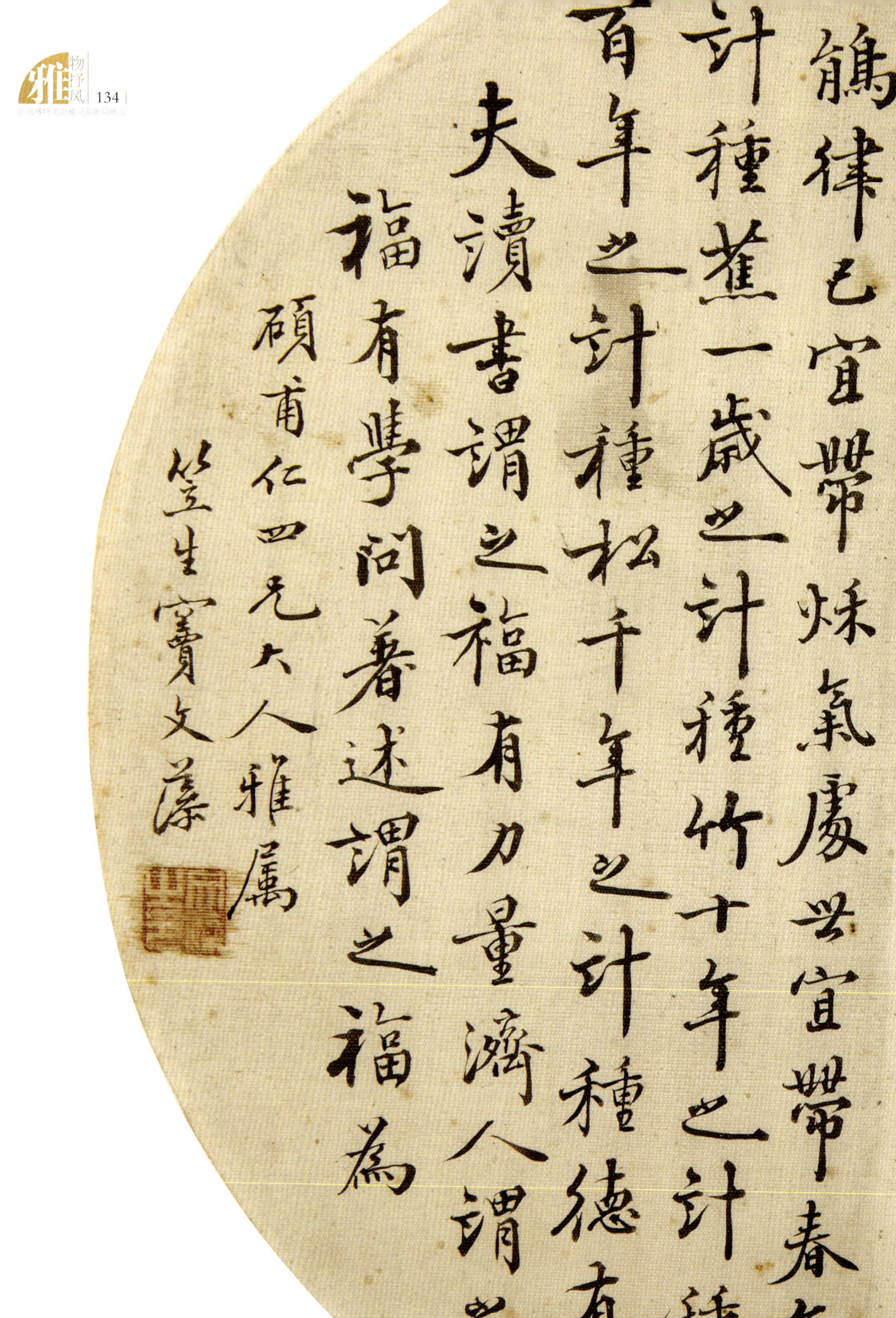

鹃律已宜带殊气侯当宜带春气一岁之计种榖十年之计种木百年之计种松千年之计种德有夫读书谓之福有学问著述谓之福有刀量济人谓之福有篲文藻

硕甫仁兄大人雅属
笠生实宝文藻

《瘗子泉铭等》行、篆、隶体团扇

[清] 何绍基　　　　　　　　绢本　径26.5厘米

何绍基（1799—1873）：晚清诗人、画家、书法家。字子贞，号东洲，别号东洲居士，晚号蝯叟。湖南道州（今道县）人。道光十六年进士。通经史，精金石碑版。书法初学颜真卿，又融汉魏，自成一家，尤长草书。著有《惜道味斋经说》《东洲草堂诗·文钞》《说文段注驳正》等。

题释：扇面题释分若干内容。其一出自宋苏轼之语，苏轼喜欢喝茶，用水必用雨水，认为有益身体。故曰"时雨降，多置器广庭中，所得甘滑不可名"。其二"瘗子泉铭"，是唐李阳冰撰并书：庆历五年，余自河北都转运使贬滁阳，屡至阳冰刻石处，未尝不裴回其下。瘗子泉昔为流溪，今为山僧填为平地，起屋于其上。问其泉，则指一大井示余，曰"此瘗子泉也"。可不惜哉。其三是文人雅士对《庶子泉铭》是否有拓本提出疑问，"少温（李阳冰）篆此铭，不知世间尚有拓本否？记得《小畜集》中有跋。"其四出自南朝梁陶弘景《瘗鹤铭》文，选其中两句"相此胎禽，事惟仿佛"。其五是儒雅书者对获得《瘗鹤铭》拓字的珍惜，"鹤铭，无字不妙。故昔人得数字皆珍之。今得者，往往三四十字，外而又矜获鹤寿等谓之考奇可矣，非古人□鹤铭意也。"其六取自《列朝诗集》，明代乌斯道的《古诗四首》诗"鹰鹯与鹭鹅，生同被毛羽"中的"鹭鹅"。其七是清程春海仿鹭鹅二字的古义，"程春海师考写此二字仿其遗意"。其八出自东汉一枚"尚方作竟"规矩镜的铭文，"尚方作竟（镜）真大好，上有仙人不知老，渴饮玉泉饥食枣，浮游天下敖四海，寿如金石为国保"取其中一句"尚方作竟真大好"。

款署：夕未居士漫笔。

钤印：何绍基印（白）。

附：

李阳冰：字少温、仲温，赵郡（今河北赵县）人。唐代著名文学家、书法家。李白从叔。肃宗乾元年间（758—759），任缙云县令。上元二年（761），迁当涂县令。代宗大历初（766），擢任集贤院学士。建中初年（780），领国子丞，官至将作少监。阳冰善词章，"秀句满江园"；工篆书，"笔法妙天下"。论者以"虫蚀鸟迹语其形，风行雨集语其势，太阿龙泉语其利，崇高华岳语其峻"，赞其书法，谓"唐三百年，以篆称者，唯公独步"。

李阳冰是当涂历史上最著名的县令之一，历来被列为当涂第一位名宦。李阳冰生前对大诗人李白的诗文和处境极为爱慕和同情。李白晚年居住当涂，与李阳冰在当涂任县令密切相关。李阳冰亦因为李白辑成了最早的诗文集《草堂集》十卷，并为之作《序》而闻名于诗坛。

陶弘景（456—536）：字通明，自号华阳陶隐、华阳隐居、华阳陶隐居，晚称华阳真逸、华阳真人，卒谥贞白先生。南朝梁时丹阳秣陵（今江苏南京）人，中国南朝齐、梁时期的道教"茅山派"代表人物之一，思想家、医药家、炼丹家、书法家、文学家。梁武帝经常以书信询问他朝中的大事，因此人称"山中宰相"。

他的思想脱胎于老庄哲学和葛洪的神仙道教，杂有儒家和佛教观点，对历算、地理、医药、化学等都有一定研究。曾整理古代的《神农百草经》，并增收魏晋间名医所用新药，成《本草经集注》，并首创沿用至今的药物分类方法。另著有《真诰》《真灵位业图》《陶氏效验方》《陶隐居本草》《药总诀》等。

《瘗鹤铭》：是古人为葬鹤而撰写的一篇铭文，大字正书原刻于江苏镇江焦山西麓栈道摩崖之上，临江绝壁，被尊奉为"大字之祖"，是中国书法史上具有坐标意义的传世名迹。著名摩崖刻石，存90余字。

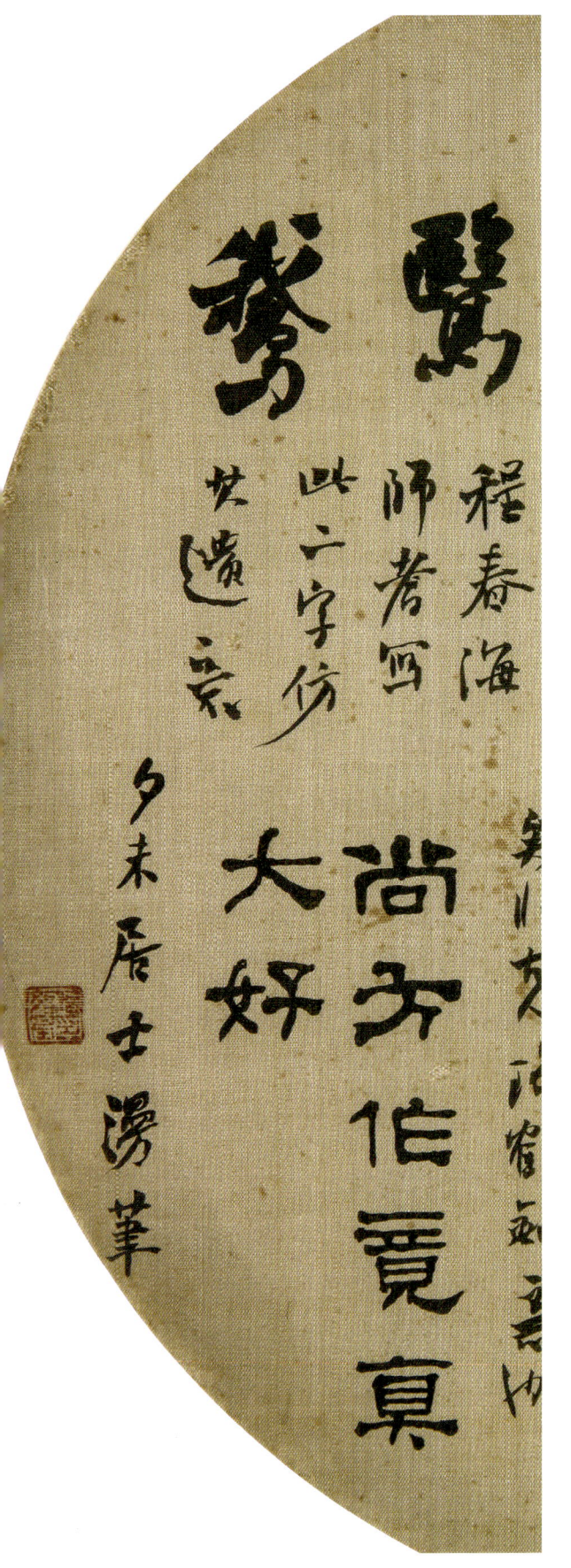

约六朝时，陶弘景在华亭得到一只仙鹤，仙鹤随他四处云游，想不到在朱方（镇江古名）竟然仙逝而去。鹤的死让隐士震惊，便用玄黄的丝绸包裹了鹤的遗骸，葬在焦山（江苏镇江）下，并在葬鹤的土丘旁写下了一百多字的《瘗鹤铭》进行凭吊。成文之后，陶弘景雇佣工匠将全文刻在焦山摩崖石壁上。

《瘗鹤铭》中，唐以后始有著录，后遭雷击崩落长江中，北宋熙宁年间，修建运河，工人江中捞出一块断石，正是史书上记载坠落江中的《瘗鹤铭》的一部分。一百年后南宋淳熙间，运河重修，疏掏工人又打捞出四块。正好是失传很久的《瘗鹤铭》。到了明洪武年间，这五块断石复又坠江。康熙年间，镇江知府陈鹏年不惜花巨资募船民打捞，终于在距焦山下游三里处捞了出来，乾隆二十二年嵌于焦山定慧寺壁间。1960年合五石为一，砌入壁间。刻石年代众说不一，点画灵动，字形开张。北宋书法大家黄山谷，于此刻石得力独多，变态后形成山谷书"中宫内敛，横竖画向四周开张"呈"辐射式"风貌。山谷并有"大字无过瘗鹤铭"之句，历代评价极高。明王世贞评："此铭古拙奇峭，雄伟飞逸，固书家之雄。"铭字连笔圆润，落笔超逸，神采脱俗。

程春海：即程恩泽（1785—1837），字云芬，号春海。安徽歙县人。清代学者、官员。师从凌廷堪，工篆刻、书法，对金石、书画考订尤精。医算，无不涉及。清嘉庆九年（1804）中举，十六年（1811）成进士，改庶吉士，授翰林院编修。历官贵州学政、侍读学士、内阁学士、户部侍郎。熟通六艺，善考据，工诗，是宋诗运动之提倡者，与阮元并为嘉庆、道光间儒林之首。曾任四川、广东主考官。卒于任上。著有《国策地名考》和《程侍郎遗集》等。

《夜合花图》扇面

[清] 蔡 馨　　纸本 设色 纵18厘米 横53.5厘米

蔡馨：生卒年不详。字士兰，号梅溪，云南晋宁人，清乾隆辛未（1751）年进士，历官姚安府教授。其诗多为咏颂晋宁乡土之作。

画意：两枝夜合花舒展绽放。黄色的夜合花隐藏在枝条中。画面洁净却有些繁复。画法采用没骨法，色彩简单，晕染平淡。

题释：寒绿便娟着雨秾，忆从海上托芳踪。蛛丝莫为牵愁至，夜合阶前香正浓。

款署：庚寅三月履中仁兄大人雅正，德民蔡馨画。

钤印：德民（朱）。

附：

夜合花：别名夜香木兰，木兰科、木兰属常绿灌木或小乔木，全株各部无毛。树皮呈灰色，小枝为绿色且平滑。椭圆形革质叶，托叶痕达叶柄顶端。花夜间极香，花梗向下弯垂，先端长，渐尖，基部楔形，上面深绿色，有光泽，稍起波皱，边缘稍反卷，内种皮褐色，腹面顶端具侧孔，腹沟不明显，基部尖。花期为夏季，果期为秋季。花朵纯白，入夜香气更浓郁。为华南久经栽培的著名庭园观赏植物，具有一定的药用及观赏价值。

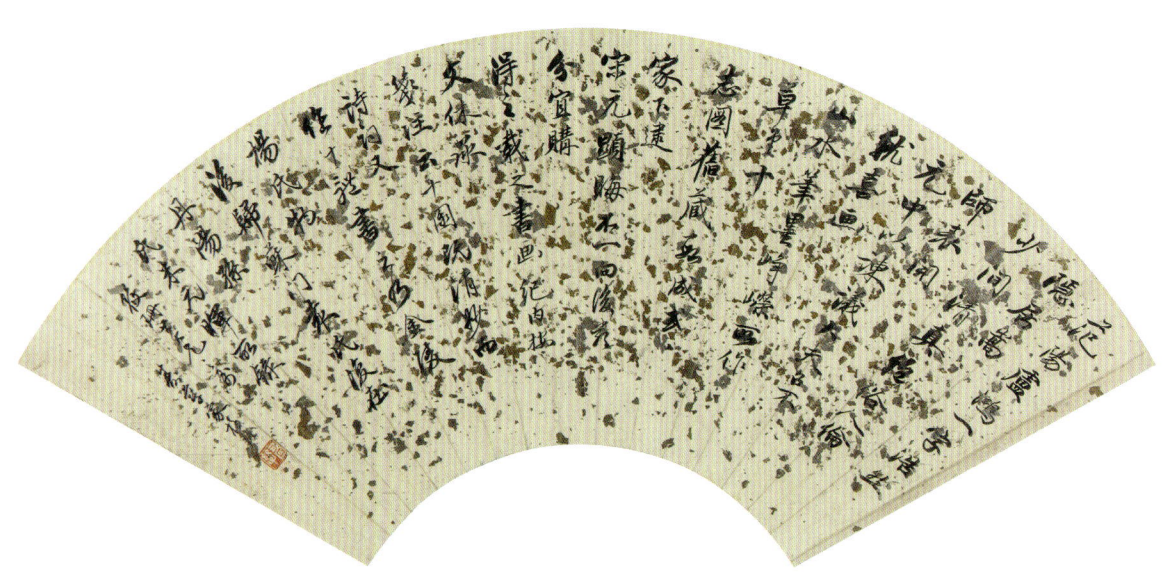

《草堂十志图题记》行书扇面

[清] 蒙寿挚　　纸本（洒金）　纵18.6厘米　横52厘米

蒙寿挚：生平不详。

题释：是据《草堂十志图》题记所作。全文"范阳卢鸿，一字浩然。隐居嵩少间清真，绝俗人伦师表，开元中以谏议大夫召，不就。喜画山水，笔墨峥嵘，所作草堂十志图，旧藏段成武家，下逮宋元显晦不一，向后□分宜购得之载之书画纪内按文休承笺，注云十□既清妙而诗词又作十体书之及，金陵杨氏物，后归苏门袁氏，复在丹阳孙氏米元辉所录。"

款署：筱珊□大兄之属。寿挚蒙□□。

钤印：寿挚（白）。

附：

筱珊：即缪荃孙（1844—1919），字炎之、筱珊，晚号艺风老人，江苏江阴人。藏书家、校勘家、教育家、目录学家、史学家、方志学家、金石家。我国文化教育科技界尊称他为中国近代图书馆的鼻祖。清光绪年间进士。缪荃孙幼承家学，11岁修毕五经。17岁时太平军进江阴，侍继母避兵淮安，丽正书院肄业，习文字学、训诂学和音韵学。21岁举家迁居成都，习文史，考订文字。24岁应四川乡试中举。33岁时会试中进士，授翰林院编修。此后事编撰校勘十余年。

先后任南菁书院山长，掌泺源书院、南京钟山书院山长兼掌常州龙城书院和江楚编译局总纂。1902年，钟山书院改为江南高等学堂，任学堂监督。癸卯新学制实施后，废古江宁府学，两江总督府拟在江宁"先办一大师范学堂，以为学务全局之纲领"，1902年出任江宁大师范学堂总稽查，负责筹建江南最高学府三江师范学堂，并与徐乃昌、柳诒徵等七教席赴东洋考察学务，学堂遂仿日本东京大学，在南京国子监旧址筑校，以后更名两江师范及复建南京高师，为南京大学近代校史之开端。1907年受聘筹建江南图书馆（今南京图书馆），出任总办。1909年受聘创办北京京师图书馆（今国家图书馆），任正监督。1914年任清史总纂。1919年在上海逝世。

著有《艺风堂藏书记》《艺风堂金石文字目》《艺风堂文集》等。

卢鸿：又名鸿一，字浩然，一作灏然，生卒年月不详，幽州范阳（今河北涿县）人，后迁到洛阳，隐居嵩山。学问渊博，精通籀、篆、楷、隶多种书法，善于描绘山、水、石、树，意境清气袭人，得平远之趣。

开元六年（718）玄宗召为谏议大夫，不就。卢鸿回山后，广开门户，召聚五百弟子讲学，直到去世。他为人清高，曾将自己的居室命名为"宁极"。期间作《草堂十志图》，有摹本流传。

《草堂十志图》：又称"嵩山十景"，主要是反映作者清闲自得的隐居生活，包括草堂、倒景台、樾馆、云锦淙、期仙磴、涤烦矶、洞玄室、金壁潭、幂翠亭等十景。画风与王维相近，与王维的《辋川图》一样，名传后世，表现了卢鸿在绘画艺术上的精深造诣。但可惜的是，原作久已失传，唯能见到李公麟的《草堂十志图》临本。使观者能领略到原作的风貌，成为历代画家所重视和临摹的名画。

《草堂十志图》中的小楷题记颇为精彩，每景各题一段，或仿虞、或仿褚、或仿颜，无不神形兼备，耐人品味。即便是李公麟临本，也不失为研究宋以前小楷笔法之珍贵资料。

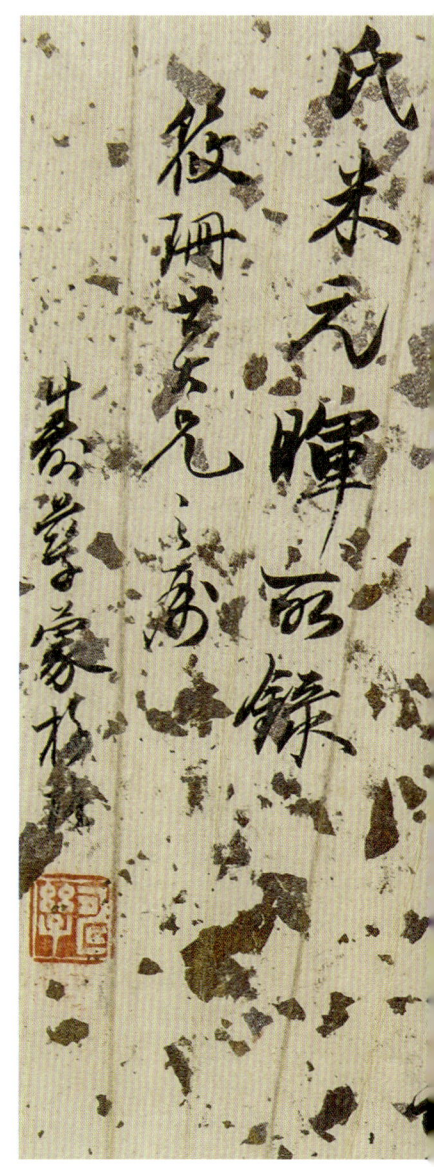

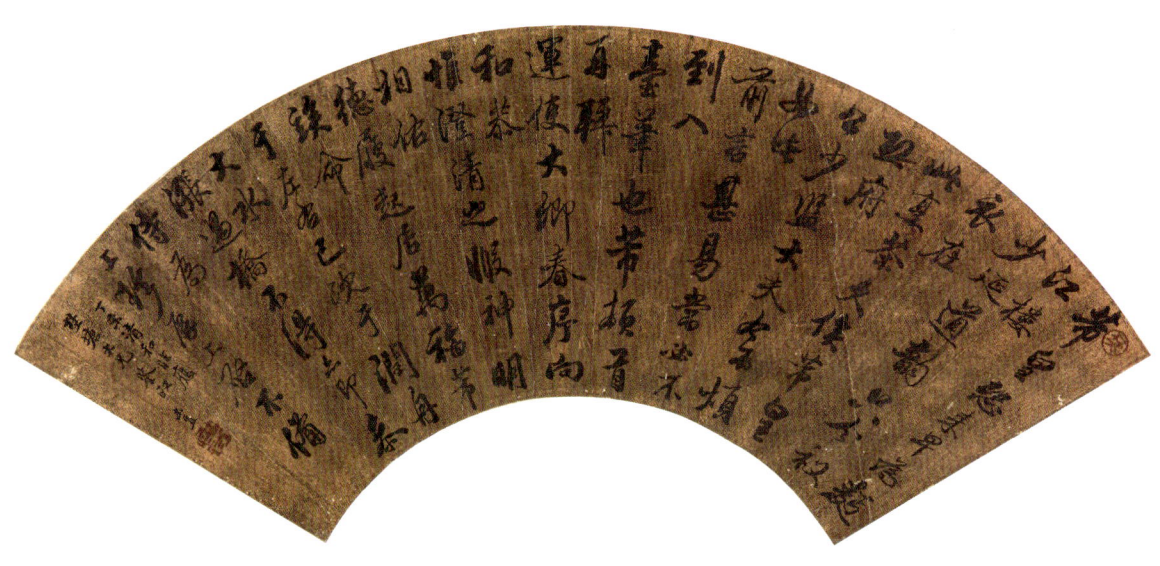

《节〈真迹日录〉》行书扇面

[清] 林必瑞　　纸本（泥金）　纵16.3厘米　横51厘米　公元1847年

林必瑞：生卒年不详。字研香，擅画墨竹，家藏石砚，皆吕不翁所铭而墨香镌之也。端溪大石砚铭云："砚琢荷叶墨写竹，荷不染兮竹不俗。愿君结此清净缘，日磨三升月千幅。"又刊一印云："四五百竿竹，二三千卷书。"足见其风趣。

题释：内容分二部分，第一部分摘自明张丑的《真迹日录》："芾皇恐来早为面江楼，少延道韵只衩衣，在此烹茶久俟。芾皇恐府公少监大夫，有不烦如此，前言甚易，当必不到入台笔也。"第二部分取自宋刘次庄的《临江帖》"芾顿首再拜，运使大卿。春序向和，恭惟澄清之暇，神明相佑，德履起居万福。芾俟命于左右，已次于润舟，大水涨过桥，不得亦即参侍，为工珍厚。上启不备。"个别字有不同，也有删减。

款署：丁未清和临，应野塘大兄鉴政。本□研香。

钤印：研香（白）。

附：

《真迹日录》：记书画名迹之流传、题跋。所录范围始自三国锺繇，终于明代仇英。正录并附见者共140余家，其中著录法书49件，名画150件。对于作者生平间有考证，此书内容丰富、系统，引用文献亦多，成为收藏鉴赏家辨别书画真伪的参考书，影响很大。

张丑：明书画收藏家、藏书家、书画鉴定家、文学家。原名张谦德，一作广德，字叔益。后改名丑，字青甫，号米庵，别号亭亭山人。昆山（今江苏昆山）人，善鉴藏，知书画，万历四十四年（1616）著《清河书画舫》十二卷，对"鉴定之学"作了较为深入的叙述，指出了各种鉴赏的方法，应该先看精神、气质，再看有无皇家收藏记载，有无名人题跋；要买纸画，不要买绢画，因为"纸寿千年"。

著有《清河书画表》《真迹日录》《南阳法书表》《南阳名画表》《法书名画见闻表》《论墨》《名山藏广记》《校订太史公史记》等。文学作品有《瓶花谱》《焚香略》等。

刘次庄：生卒年不详。字中叟，晚号戏鱼翁，北宋潭州长沙（今属湖南）人，卜筑于吟水滨之戏鱼堂。神宗熙宁七年（1074）赐同进士出身。工正、行、草，最妙小楷，原出王大令（献之）、褚河南（遂良），能兼采群书为一家。临摹古帖，最得其真。凡草圣不可读者，以小楷译之。张舜民评其谓："如红莲新折，润之以风雨。"有《戏鱼堂法帖》十卷，并自为释文（《舆地纪胜》卷三四）。

《临江帖》：宋元祐七年（1092），刘次庄以吕和卿旧藏《淳化阁帖》，重摹于临江（今江西清江），共十卷，名曰《临江戏鱼堂帖》又称《临江帖》《清江帖》《戏鱼堂帖》。此帖除去卷尾淳化篆题而增刻释文，刻工精致，且帖石石质坚硬，几可乱真。此帖宋刻本久佚，存世旧拓本中可称上品者亦稀若星凤。

今所见《临江帖》的底本，是在《淳化阁帖》与《郁冈齐帖》的基础上，兼采其他诸帖汇刻而成，尾题"元祐四年四月，刘次缠摹于戏鱼堂上石"。此系瓜皮拓旧本，存八卷。虽托名宋拓，但刊刻质量上乘，纸墨均佳。亦《淳化阁帖》最善本谱系中十分珍贵的一支。又历经明清以来著名藏家解缙、詹景凤、钱福、倪元镇、王鉴及吴眉孙等人递藏，流传有绪，是《临江帖》旧拓本中难得一见之精品。

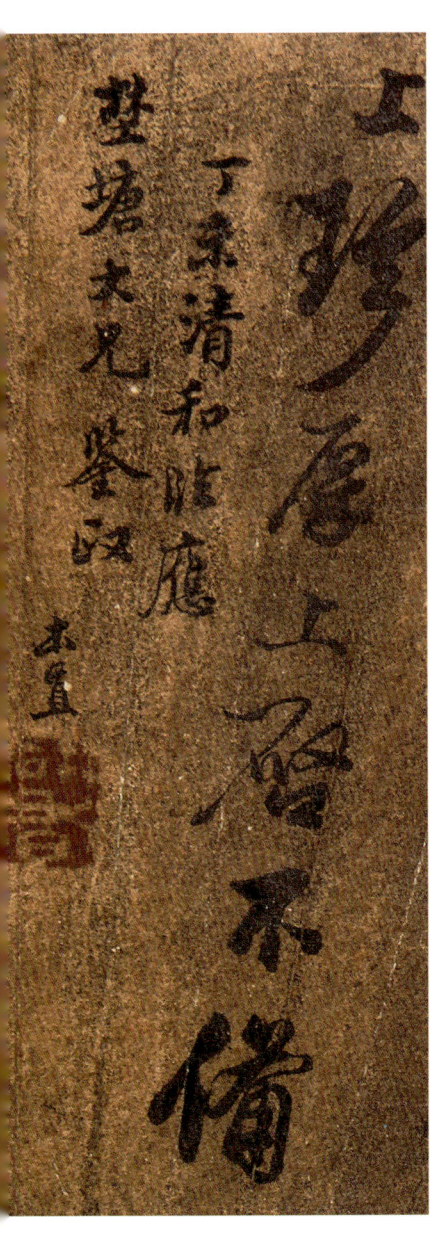

《节录〈容斋四笔〉》行书扇面

[清] 子 晋　　　　绢本　纵16.3厘米　横53.4厘米

子晋：生平不详。

题释：摘自南宋洪迈所著《容斋随笔》之《四笔》第八卷中的段落，"希白作字，自有江左风味，故长沙法帖比淳化待诏所摹为胜。世俗不察，争购阁本，误矣。逸少卷为尤妙。庚辰七夕，合浦官舍借观。"个别字有删减或不同。

款署：维永二兄。□封□□□。

钤印：子晋（朱）、雨亭考藏（朱）。

附：

洪迈（1123—1202）：南宋饶州鄱阳（今江西上饶市鄱阳）人，字景卢，号容斋，又号野处。洪皓第三子。官至翰林院学士、资政大夫、端明殿学士，宰执（副相）、封魏郡开国公、光禄大夫。

卒年八十,谥"文敏"。配张氏,兵部侍郎张渊道女,继配陈氏,均封和国夫人。南宋著名文学家。著有《容斋随笔》。

《容斋随笔》:是全书的总名,分为《容斋随笔》16卷、《容斋续笔》16卷、《容斋三笔》16卷、《容斋四笔》16卷、《容斋五笔》10卷。《容斋随笔》先后用了18年的精力,《容斋续笔》用了13年,《容斋三笔》5年,《容斋四笔》不到1年;洪迈没有说《容斋五笔》写了多少年,因为还没有按原计划写完16卷,只写到10卷便去世了。他为《容斋四笔》写序是宋宁宗庆元三年(1197)九月,应当是他写作《容斋五笔》的时间。《容斋随笔》共5集74卷。

《容斋随笔》是关于历史、文学、哲学、艺术等方面的笔记,以考证、议论、记事为中心内容。既有宋代的典章制度,更有三代以来的一些历史事实、政治风云和文坛趣话,资料丰富,格调高雅,议论精彩,考证确切,被《四库全书总目提要》推为南宋笔记小说之冠。

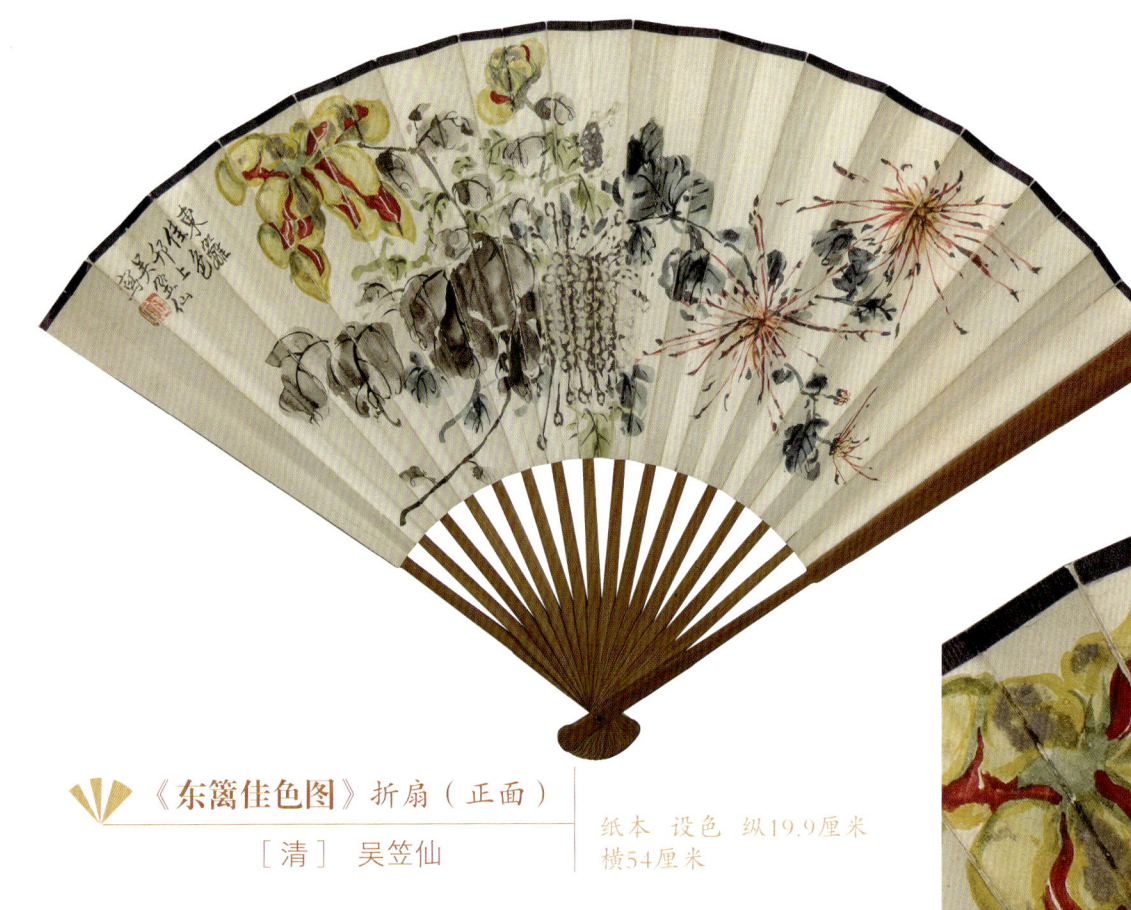

《东篱佳色图》折扇（正面）

[清] 吴笠仙

纸本 设色 纵19.9厘米 横54厘米

吴笠仙（1869—1938）：名树本，以字行，号餐英阁主人、秋圃老农、东篱野叟。扬州人。工诗画及篆刻，尤长于绘画，人物、山水、花鸟皆精。中年后专攻画菊，曾亲植菊花百余株，朝夕观察，精心揣摩，着意写生，创立了工笔与写意相结合的画法，在画坛上独树一帜，奠定了扬州"吴氏菊派"的基础。

画意：此扇面描绘了各种不同的菊花，工笔与写意相结合。以写意为主，用色浓重。吴笠仙在中年以后多以"东篱野叟"自居，创立了"吴氏菊派"。

题释：东篱佳色。

款署：邗上，吴笠仙写。

钤印：印迹不清。

東籬佳色 邗上吳璽仙寫

《达摩憩息图》折扇（背面）
［清］王 震   纸本 设色 纵19.9厘米 横54厘米

王震（1867—1938）：字一亭，号白龙山人、梅花馆主、海云楼主等，法名觉器。浙江吴兴人（今湖州市），生于上海青浦。清末民国时期上海著名海派书画家、实业家、杰出慈善家、社会活动家与宗教界名士。曾两次任上海总商会主席。加入同盟会，资助辛亥革命和二次革命，任中国国民党上海分部部长。上海光复后，历任军政府交通部长、商务总长、中华银行董事。后任南京国民政府中央救灾准备金保委会委员长。曾任中国佛教协会执行委员兼常委，上海佛学书局董事长，致力于慈善事业。1932年任全国艺术家协会理事。1937年日军侵占上海后，坚决不任伪职，表现出高贵的民族精神。1938年11月病逝。重庆国民政府明令褒扬公葬。蒋介石题送挽联："当飘摇风雨之中弥征劲节，待整顿乾坤而后重吊斯人。"著有题画诗两卷。对海派书画艺术的繁荣和对外交流做出了积极的贡献。

王震的作品具有近代人文主义意识。早年学画得徐小仓指点，后师从任伯年，画艺大进，继承任派风格。晚年与金石派大师吴昌硕亦师亦友，趋向阔笔写意，设色浓艳，笔墨酣畅，气

势雄阔而不失写实本色。构图讲究,诗书画印,浑然一体。在清末民国初上海画派中的影响仅次于吴昌硕。吴昌硕赠诗曰:"天惊地怪生一亭,笔铸生铁墨寒雨。"

画意:画风自然而有趣,尤其是人物脸部的表情十分细腻。王震一生信佛行善,乐善好施,热心社会公益事业,经常以巨资捐赠、赈灾、济贫。与太虚法师、印光法师、圆瑛法师、常惺法师均交往密切,互磋经典。晚年时最喜画人物及佛像。所画达摩、观音神态庄严,面目慈祥。题诗则多取自佛经,劝人修身、积德。50岁后,每日画佛一帧,信仰真挚。

题释:佛即是心,心即是佛。获无量寿,不染一物。

149

款署：白龙山人王震写。

钤印：一亭（朱）。

扇骨：扇骨材质为玉竹，扇骨为十六档，长33厘米，大骨面为阴刻。扇肩在大骨的偏下方呈庙门肩，扇面上口封裱紫色绫绢。扇头为马牙琴式头。扇钉为牛角钉。纹饰雕刻《五老图》和《秋江晚渡》。刀法层次丰富，形象逼真。款识：一、"五老图，时在丙寅（1926），仿南田老人翁笔法。"二、"秋江晚渡，叔衡先生指正，祥宣刊。"

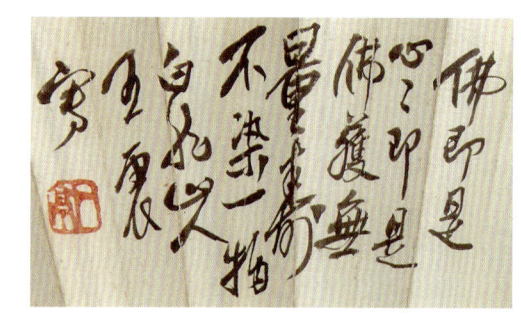

附：

《五老图》：指北宋名臣杜衍、毕世长、朱贯、王涣、冯平。据南宋《齐东野语》对五个老人记载："至和五老则杜衍'丞相，祁国公，八十'；王涣'礼部侍郎，九十'；毕世长'司农卿，九十四'；朱贯'兵部郎中，八十八'；冯平'驾部郎中，八十八'……前辈耆年硕德，闲居里舍，放纵诗酒之乐，风流雅韵，一时歆美。后世想慕，绘而为图，传之好事，盖不可一二数也。"时称"睢阳五老会"。当时名人欧阳修、范仲淹等18人曾依韵和诗，时人绘成《睢阳五老图》，钱明逸为之作序。其中宋元明清数十人为之题赞，可谓流传有序。现存的《睢阳五老图》藏于美国国家博物馆。《五老图》还有多种说法。

"南田老人"：即恽寿平（1633—1690）字寿平，号南田，江苏常州人，原名格，后又有正叔、寿道人、云溪外史、白云外史、园客、东园生、草衣生、抱瓮客、瓯香散人、南国遗民、衡山樵者、青蓑钓隐、东野道人、天际真人、芙蓉小隐、雪衣居士等等别号，擅花卉、山水及行书，著有《南田画跋》。

"秋江晚渡"：是古时候文人墨客对镇远古城杨柳湾码头的情景描写。杨柳湾码头位于镇远古城上北门码头与城门洞之间，因一位张姓有胡子的老头在此渡船50余年，又称"张胡子码头"。张老头每天戴着斗笠，从早到晚都在船上渡船和生活，每天天黑才收工，此情此景，当地人称为"春江晚渡"或"秋江晚渡"。现为"卫城垣码头驿站"或"秋江晚渡驿站"，距城门洞150米，临舞阳河，与镇远古城标志性建筑镇江阁隔江相望。

《紫藤仕女图》折扇（正面）

［清］ 仲光勋　　　纸本　设色　纵18厘米　横49.2厘米　公元1907年

仲光勋（1883—1930）：字小某、小梅，号栀兰外史、绮石室主。仲氏为濮院名门，世居北横街。其祖辈、父辈皆有画名，至光勋时，家道中落，生活清贫。光勋幼承家学，素受熏陶，在潘雅声的指导下画艺益进。学人物仕女，亦善花卉翎毛。仕女画宗费晓楼，笔法秀润，设色淡雅，人物文雅可爱。四十岁后，多画花卉，偶作人物，故花卉青出于蓝，名在师上。有恽南田风，清隽秀逸，变化灵动，色彩丰富，可追任伯年、朱梦庐。他蛰居濮川，名噪一时，苏沪杭各大笺扇庄曾代为收件。乐于提携后学，桃李甚众，声誉籍籍。仲光煦、岳石尘、夏贞叔均为仲光勋弟子。"

画意：此画构图严谨，画中写仕女赏花的情景，坐者凝神观花，站立者手持团扇，双眼注视石中鲜花，神态清丽。两位仕女形象纤细俊秀，用笔轻柔流畅，敷色清雅，创造了清代后期仕女画的典型风格。人物的造型、神态活灵活现，富有生活情趣。设色素净，虽有红、绿、黑等重色，却更添清丽，是一幅意境醇美的仕女佳作。符合仲光勋笔法秀润，设色淡雅，人物文雅可爱的特点。

仕女画：以中国封建社会中上层妇女生活为题材。明清是仕女画的发展时期，清代仕女画尤为盛行。但历朝风格各不相同，如顺治仕女的衣带飘然，康熙仕女的妙笔传神，乾隆仕女的精细写实，无不具有独特的时代特色。

款署：略师晓楼先生画法，时丁未蒲夏写，为吉裳仁兄大人法家正之，小某弟仲光勋。

钤印：小梅（朱）。

附：

"吉裳"：即黄卓元（1853—？），字吉裳，贵州清镇人。清同治八年（1869）举人，十三年（1874）进士，授翰林院编修、詹事府正詹士、内阁学士兼礼部侍郎、国史馆功臣纂修官、文渊阁校理，功德显赫，工书。

《画诀》行书折扇（背面）

[清] 邹玉宾　　纸本（洒金笺）　纵18厘米　横49.2厘米　公元1907年

邹玉宾：生卒年不详。字凤威，一字慕飞。晚号琴剑山人，又号江山风月闲人。世居江西泰和。清初迁徙湖北夏口。弱冠之时琴诗书画和篆刻十分喜欢，尤长于书与墨兰。生平游历山水，搜奇访古，识海内名人。

题释：扇面文字取自明董其昌《画禅室随笔》卷二·画诀："画家以古人为师，已自上乘。进此，尝以天地为师。每朝起，看云气变幻，绝近画中山。山行时，见奇树，须四面取之。树有左看不入画，而右看入画者，前后亦尔。看得熟，自然传神。传神（者）必以形。形与心手相凑而相忘，神之所托也。"最后一句未体现在扇面的文字中。

款署：丁未夏，吉裳仁兄大人雅正，凤威邹玉宾。

钤印：凤威（朱）。

附：

《画禅室随笔》：为杂记体的书画小品文，所论终于禅说，而发端于论书。卷一包括《论用笔》《评法书》《跋自书》《评古帖》。在论述书道的同时对历代书家和法书名帖有所点评。卷二包括《画诀》《画源》《题自画》《评旧画》。此卷是本书的重点，董其昌的重要绘画理论和美学思想都在这一卷中得到了充分的体现。全书四卷，卷三、卷四和书画无关。

扇骨：扇骨材质为玉竹，长31.1厘米。扇肩在大骨的偏下方呈庙门肩。扇头为花瓶头。扇钉为牛角钉，钉面呈扁圆拱面。檀木薄片贴附于花瓶头两侧。平地留青阳刻："名高北斗星辰上，诗在千山烟雨中。"留款："丙戌作，子贞刊。"剔地阳刻，古朴拙雅，特色鲜明。

"名高北斗星辰上，诗在千山烟雨中"是清代梁同书拟就的一副集句联。上联取自宋王廷圭诗，下联取自南宋著名词人张孝祥诗句。

扇骨为十六档。扇面上口封裱金黄色绫绢。

《松遮清梵图》折扇（正面）

[清] 张 恺   纸本 水墨 纵17.5厘米 横51.5厘米

张恺：生卒年不详。号乐斋，吴县（今江苏苏州）人，清后期宫廷画家，曾总管"如意馆"。创作题材广泛，人物、山水、花卉、翎毛皆能。绘画技法全面，既能对景写生，又能逼真临摹前代作品；既能绘笔致工整、设色浓重艳丽的题材，又能以洒脱的运笔直接施墨涂抹，表现清逸淡雅的兰、竹。凭借全面的艺术修养，一直被皇室所重用。光绪七年被封为"五品顶戴"。时称"如意馆"派画家。

画意：层峦叠嶂布满画面，山壑间一处寺院隐现林中。山峦采用线钩涂墨，色淡而显远。古松笔法工整，运笔洒脱，设色浓重，而显近景。画法符合张恺的特点和风格。

题释：底事僧家住好山，松遮云映翠微环。一声清梵无寻处，缥缈前岩万壑间。

款署：张恺谨题。

钤印：臣（白）、恺（朱）。

附：

"如意馆"：1692年康熙皇帝初步设想设立如意馆，主要为研究陈列西方的科技成果。建成后成为清朝以绘画供奉于皇室的一个服务性机构。也汇集了全国各地的绘画大师、书法家和瓷器大师，进入如意馆也成为画艺被肯定的一个重要标志。康雍乾三朝隶属皇帝管理，同治、光绪朝隶属内务府造办处。康熙年间，如意馆涌现出的画师主要有郎世宁、禹之鼎、焦秉贞、戴恒、邹文玉、唐岱、贺金昆、宋三吉、焦国俞等。

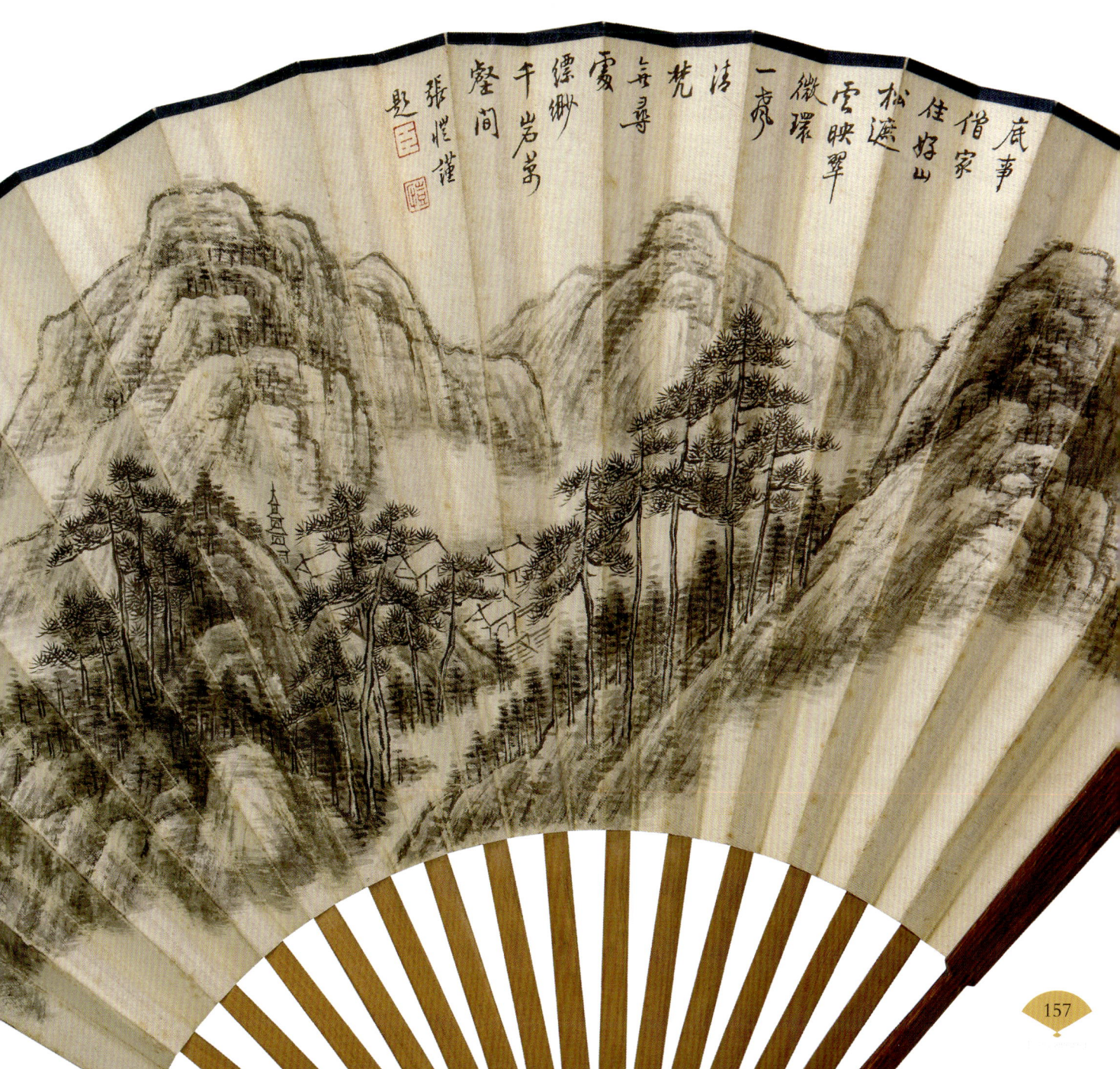

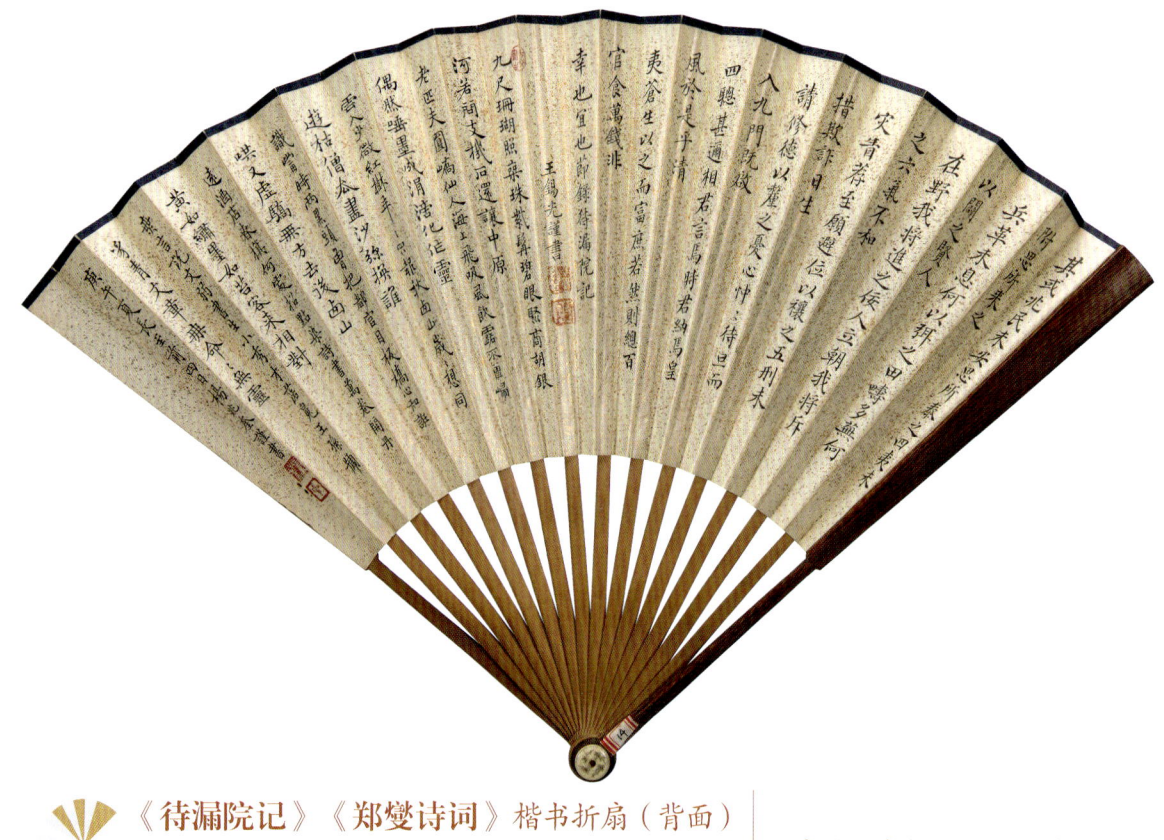

《待漏院记》《郑燮诗词》楷书折扇（背面）
[民国] 王锡光 杨兆奎

纸本（洒金） 纵17.5厘米
横51.5厘米 公元1930年

王锡光（1900—1958）：字国华，云南省鹤庆县草海镇姜官屯村人，1924年考入东陆大学（今云南大学），毕业后出任云龙县石门盐场场长，继而考入云南省第一期县长训练班，结业后于1938至1939年任龙陵县县长，1939至1941年任永平县县长，后在省财政厅任职，新中国成立前夕出任云龙县县长、保安第二旅秘书，1949年12月参加云南起义，1951年西南革命大学学习，毕业后分配到玉溪一中任教，1957年错划为"右派"，1958年因病去世，1979年9月平反。

题释一：截取《待漏院记》第三段，个别字与原文有不同。"其或兆民未安，思所泰之；四夷未附，思所来之。兵革未息，何以弭之；田畴多芜，何以辟之。贤人在野，我将进之；佞人（臣）立朝，我将斥之。六气不和，灾眚荐至，愿避位以禳之；五刑未措，欺诈日生，请修德以厘之。忧心忡忡，待旦而入，九门既启，四聪甚迩。相君言焉，时君纳焉。皇风于是乎清夷，苍生以之而富庶。若然，则总百官，食万钱，非幸也，宜也。节录《待漏院记》。"

款署一：王锡光谨书。

钤印一：印迹不清。

附：

《待漏院记》：写于宋太宗端拱二年（989），作者王禹偁当时36岁。此前五年左右的仕宦生涯中，他基本担任地方州县官职。在唐宋两代的政治结构中，宰相占有非常重要的地位。宋时文人当政，宰相权力尤重。王禹偁有感于宰相人选在朝政中所起的举足轻重的作用，写了这篇很有时代特色的文章。文章以宰相待漏之时的不同思想状态，将宰相分为贤相、奸相、庸相三个类型，褒贬之意非常鲜明，反映了作者对现实政治的忧虑。

《待漏院记》：不仅在结构上具有对称美，语言成就更为突出。以四字句为基本句式，明快平易而朗朗上口；某些段落灵活押韵并自由换韵，充满节奏美、韵律美；以"之"字收尾的一系列句式，既整齐匀称，又有纡徐之致。范仲淹《岳阳楼记》的构思、布局乃至句式，都可看到《待漏院记》的影子。

杨兆奎：生平不详。

题释二：郑燮六首古诗词。第一首"九尺珊瑚照乘珠，紫髯碧眼聚商胡。银河若问支机石，还让中原老匹夫。"第二首"圆桥仙人海上飞，吸风饮露不曾归。偶然唾墨成涓滴，化作灵云入少微。"第三首"红树年年只报秋，卤（西）山岁岁想同游。枯僧去尽沙弥换，谁识当时两黑头。"个别字不同。第四首"曾把都官目板桥，心知诳哄又虚骄。无方去后卤（西）山远，酒店春旗何处招。"个别字不同。第五首"点染诗书万卷开，丹黄如秀墨如苔。客来相对无言说，

文弱书生小秀才。"第六首"落魄王孙号豸青，文章无命命无灵。西风吹冷平津阁，何处重寻孔雀屏？"题释中缺后两句。

款署二：庚午夏长至前四日杨兆奎谨书。

钤印二：杨兆奎印（白）、□□（朱）。

附：

郑燮（1693—1765）：字克柔，号板桥，江苏同化人，清乾隆元年（1736）进士。工诗词、善书画。擅画花卉木石，尤长兰竹。兰叶之妙以焦墨挥毫，藉草书中之中竖，长撇运之，多不乱，少不疏，脱尽时习，秀劲绝伦。书亦别致，隶、楷参半，自称六分半书。间亦以画法行之。印章笔力古朴。为人疏放不羁，以进士选县令，日事诗酒，及调潍县，因岁饥为民请赈，忤大吏，罢归，居扬州，声誉大振。恣情山水，与骚人、野衲作醉乡游。题写兰花瘦石于酒廊、僧壁，随手题句，观者叹绝。著有板桥全集，手书刻之。所作卖画润格，传颂一时。为"扬州八怪"之一。

扇骨：扇骨材质为棕竹，长 30.6 厘米，扇肩呈庙门肩。扇头为菱角圆头，在扇头两侧镶嵌象牙薄片，薄片刻有线条式花朵 4 朵，外围刻有一周阴线，烫钉、扇钉为牛角钉。扇骨为十六档。扇面上口封裱深青色绫绢。

《寻梅归来图》折扇

[清] 卢 桢　　纸本 设色 纵19厘米 横50.4厘米 公元1908年

卢桢：生平不详。

画意：此画以陆游《城南寻梅》诗为题，景致、人物均含有诗作内涵，吸收了清代画家华岩之长。构图采用了兼工带写的小写意手法。老枝梅花，纷纷朵朵，姿态丰富而富有情趣。在画法上，细节描写精微，笔墨运用生动。人物形象有所夸张，线条似马和之的"兰叶描"，简练柔劲，不仅形似而更重精神，不仅个性鲜明，而且富有意境。

题释：内容取自陆游《城南寻梅得句四首》第二首，"暗淡江天雪欲飞，竹篱数掩傍苔矶。清愁满眼无人说，折得梅花作伴归。"最后一句缺"得"字。

款署：时在戊申秋九月，仿新罗山人笔意，小长芦花隐施禛客鸳湖印庐作。

钤印：卢桢（白）。

附：

陆游（1125—1210）：字务观，号放翁，汉族，越州山阴（今绍兴）人，南宋文学家、史学家、爱国诗人。

陆游生逢北宋灭亡之际，少年时深受家庭爱国思想的熏陶。宋高宗时，曾参加礼部考试，受到秦桧排斥，仕途不畅。宋孝宗即位后，赐其进士，历任福州宁德县主簿、敕令所删定官、隆兴府通判等职，因坚持抗金，屡遭主和派排斥。乾道七年（1171），应四川宣抚使王炎之邀，投身军旅，任职于南郑幕府。次年，幕府解散，陆游奉诏入蜀，与范成大相知。宋光宗继位后，升为礼部郎中兼实录院检讨官，不久即因"嘲咏风月"罢官归居故里。嘉泰二年（1202），宋宁宗诏陆游入京，主持编修孝宗、光宗《两朝实录》和《三朝史》，官至宝章阁待制。书成后，陆游长期蛰居山阴，留绝笔《示儿》。

陆游一生笔耕不辍，诗词文俱有很高成就，其诗语言平易晓畅、章法整饬谨严，兼具李白的雄奇奔放与杜甫的沉郁悲凉，饱含爱国热情，对后世影响深远。

扇骨： 扇骨材质为玉竹，长 31.5 厘米。扇肩呈溜肩。扇头为挑蹬方头。扇钉为牛角钉，钉面呈圆状，微拱。扇骨为十六档。扇面上口以扇纸对折封裱。

《花鸟图》折扇（正面）

[清] 徐 桢　　纸本 设色 纵18.7厘米 横49.5厘米 公元1907年

徐桢（1841—1915）：字克生，江苏吴江人。善花卉、翎毛，为王秋言（礼）入室弟子。与徐祥并称二徐。擅画花鸟，笔墨劲健，风神飘逸，间作山水，稍嫌清疏，未能入妙。

画意：此扇面为写意花鸟画。构图的虚实对比与顾盼呼应，体现了人与自然生物的审美关系，具有较强的抒情性。

在中国画中，凡以花卉、花鸟、鱼虫等为描绘对象的画，称之为花鸟画，画法有工笔、写意、兼工带写三种。工笔花鸟画先用浓、淡墨勾勒形象，再深浅分层次着色；写意花鸟画即用简练概括的手法描写对象；介于工笔和写意之间的就称为兼工带写，形态逼真。

款署：吉裳仁兄大人雅属，丁未春二月，背拟陈叔平画意，克生徐桢。

钤印：徐桢印（白）。

附：

陈叔平：字子康，高宗陈顼第二十子也。至德元年（756），立为湘东王。

南朝陈（557—589）：又称陈朝、南陈，是中国历史上南北朝时期南朝最后一个朝代，由陈霸先代梁所建立，以建康（今南京）为首都，国号陈。这也是中国历史上唯一一个以皇帝姓氏为国号的政权。陈朝建立时已经出现南朝转弱、北朝转强的局面，陈朝刚建立时面临北方政权的入侵，形势十分危急。陈朝开国皇帝陈霸先带领军队一举击败敌军，形势有所好转。亡国君为陈后主陈叔宝，陈最后被隋文帝所灭。历五帝，共33年。六朝的首都建康为重要的文化、政治、宗教中心，吸引东南亚、印度的商人及僧侣前来。由于陈朝王室及贵族赞助艺术创作，因此绘画、书法、音乐、诗作极为兴盛。

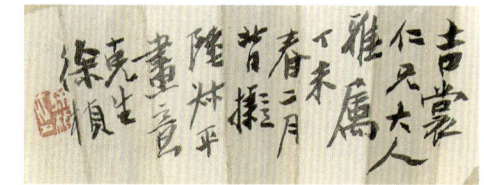

《仿苏米行书》折扇（背面）

[清] 陈 璃　　纸本　纵18.7厘米　横49.5厘米

陈璃（1827—1906）：字鹿笙，又作六笙、鹿生，号澹园，晚称老鹿，室名随所遇斋。广西贵县(今贵港市)人。清咸丰十一年(1861)廪贡。同治四年(1865)以军功简任浙江杭嘉湖道。曾知处州、台州、嘉兴、杭州等府，擢湖南岳常澧道，署衡永郴桂道，转任长宝盐法道，升湖南按察使，历山西、四川按察使。官至四川布政使，护理四川总督印信。

著有《随所遇斋诗集》，存《澹园吟草》一卷。政事之暇，不废文翰，工书法，兼画墨梅。曾临写曹魏钟繇至明代董其昌诸名家之作，由张逸田刻石为《樵古斋法帖》，置杭州西湖烟雨楼，有"为湖山润色"之誉。晚年寓居杭州时，为西泠印社第一批社员。

题释：

一、"柳十九仲矩自共城来，持太官米作饭食我，且具言百泉之奇胜，劝我卜邻，此心飘然已在太行之麓矣。"原文为苏东坡53岁所作诗文《书赠柳仲矩》。全文是："柳十九仲矩自共城来，持太官米作饭食我，且言百泉之奇胜，劝我卜邻，此心飘然已在太行之麓矣，元祐三年九月十七日。"

二、"七年乌帽抗黄尘，画锦归来世又新。若过夷山下看。人间不太敌精神。"原诗为米芾的一首七律，但在第三句缺一字"武"。原诗是："七年乌帽抗黄尘，画锦归来世又新。若过武夷山下看，人间不太敌精神。"

款署：仿苏米，吉裳世兄大人属，陈璃时年八十。

钤印：璃印（白）、六笙（朱）。

扇骨：扇骨材质为玉竹，长31.2厘米。扇肩在大骨的偏下方，呈庙门肩。扇头为古方头。扇钉为牛角钉。平地(底)。扇骨为十六档。扇面上口封裱浅黄色绫绢。

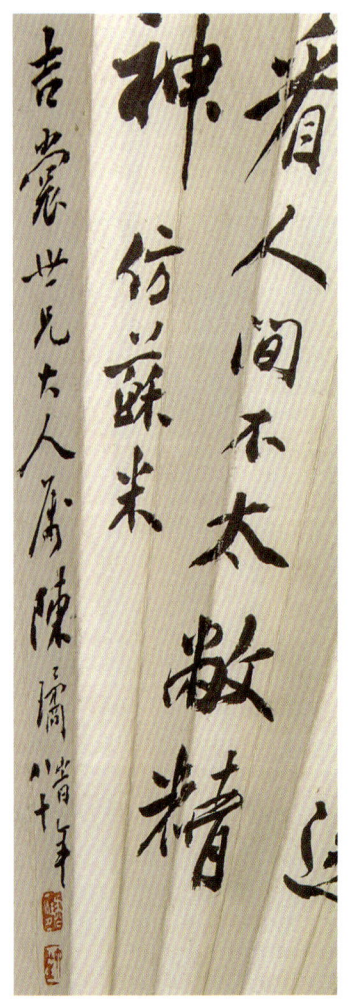

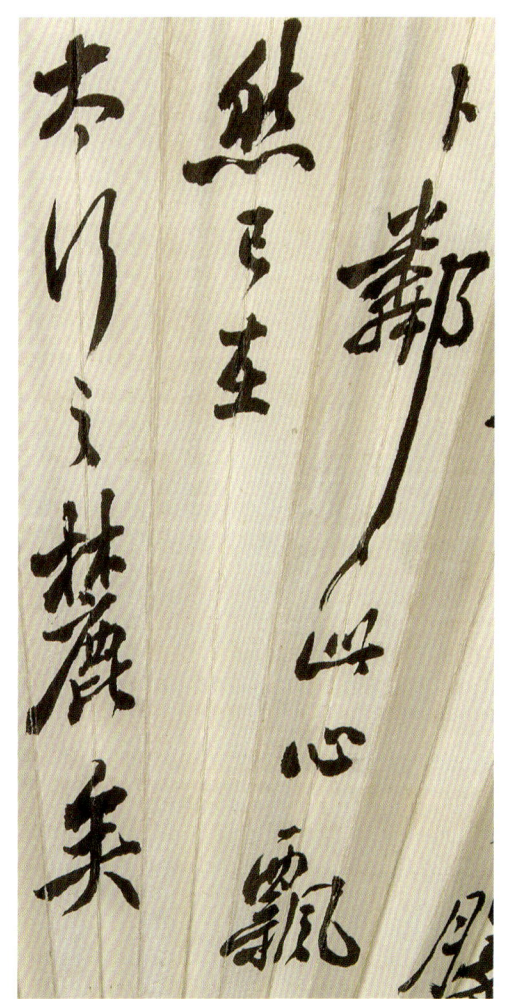

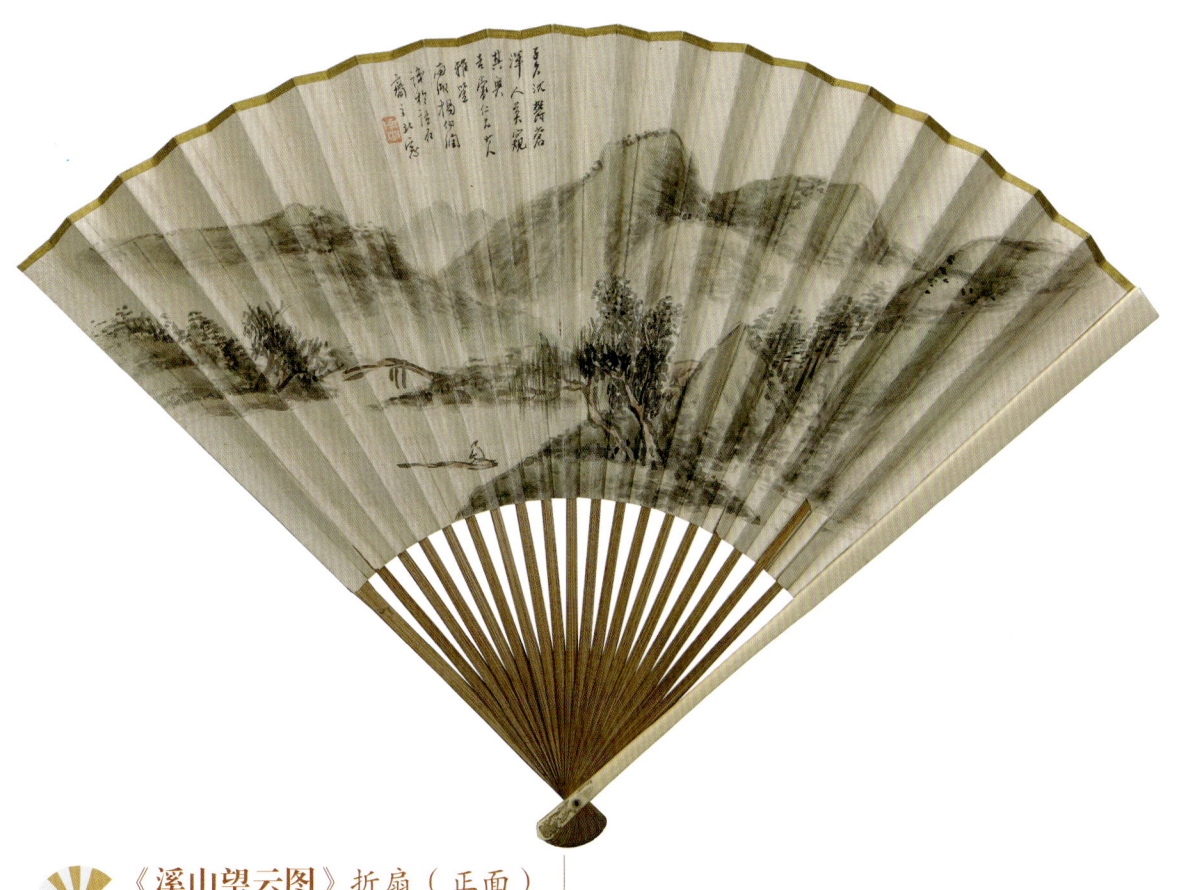

《溪山望云图》折扇（正面）

[清] 杨伯润　　　纸本　设色　纵18.3厘米　横49.5厘米

杨伯润（1837—1911）：清代书画家，海上画派名家之一。字佩夫、佩甫，号茶禅，别号茶禅居士、南湖、南湖外史，室名南湖草堂、语石斋。浙江嘉兴人。工诗，善书画。书近颜、米，骨秀天成，尤工行草。山水多摹董其昌。咸丰时，在上海鬻画养母。其画四十以后始立门户，喜用长锋紫须，点缀烟树，故出笔锋锐，气韵清邈。曾任豫园书画善会会长。著《南湖草堂集》《语石齐画》。王韬在《瀛壖杂志》中云："佩甫于今杨补之，画专山水重当时。"其作品由杭州锦翰书画院收藏。

画意：画面峰峦耸秀，小桥连接两岸，一高士坐于小舟之上，仰首畅望，神思邈然。近景松柳挺立，杂树青青，几间屋舍掩映在树木、山石之后，一派清幽的景色。画中树木枝叶疏秀，山峦肃穆，似有几分秋意，益显明朗清澈。

画作笔法洒脱率意，未拘泥于造型细节，而笔锋干湿得宜，浓淡相生，浅绛的青赭二色散发出淡雅的气韵。

题释：子久沉郁苍浑，人莫窥其奥。

款署：吉裳仁兄大人雅鉴。南湖杨伯润识于语石斋之北窗。

钤印：南湖（白）。

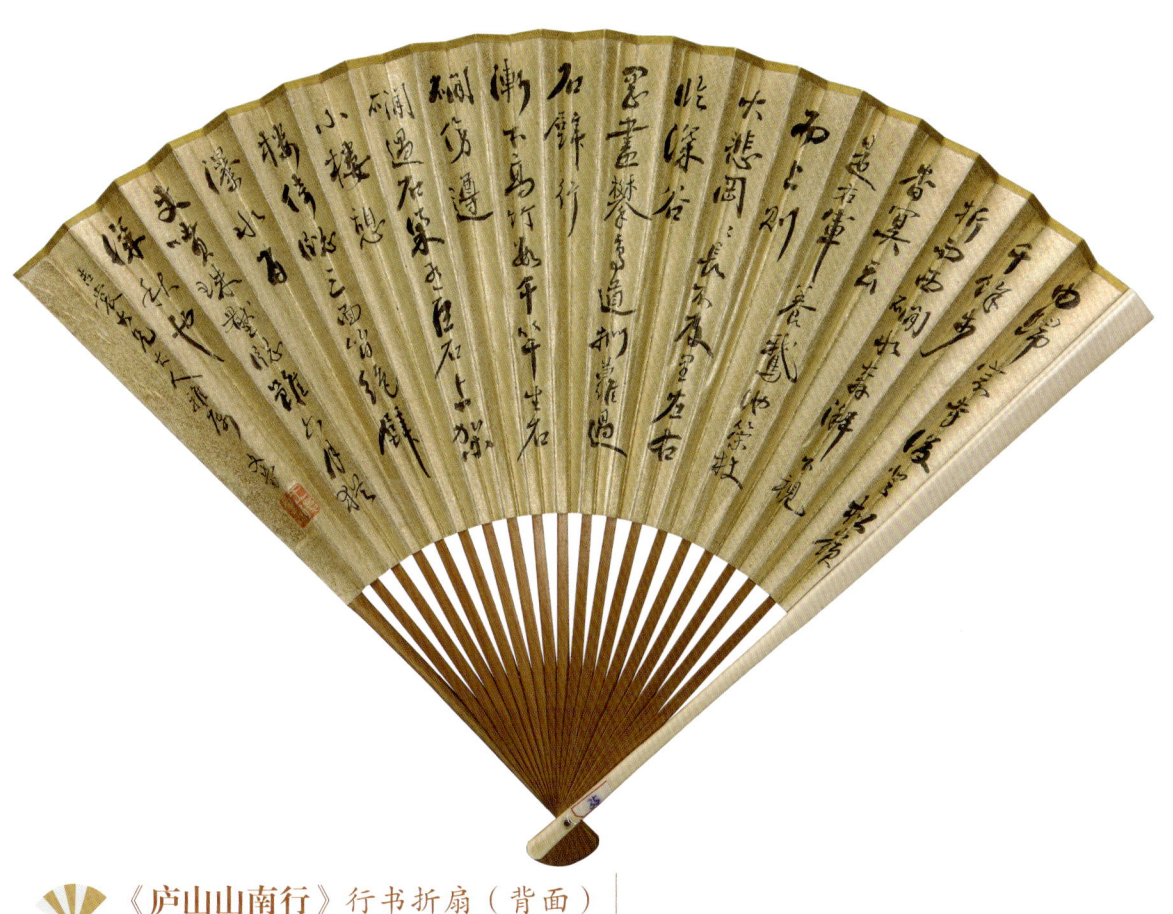

《庐山山南行》行书折扇（背面）

[清] 文 莹　　　纸本（洒金）　纵18.3厘米　横49.5厘米

文莹：生平不详。

题释：这是一篇庐山脚下的"归宗寺"到"玉帘泉"，再到"简寂观"的游记。写得十分详细，与原文相比，在字数上有删减。"由归宗寺后灯松岭千余步，折而西，涧水奔湃，下视杳冥，云是右军养鹅池。策杖而上，则大悲冈，冈长不及里，左右临深谷。冈尽，攀鸟道，扪萝过石壁。行渐下，高竹数千竿生石涧。旁遵涧过右梁，有巨石，上架小楼，憩楼倚窗，三面皆绝壁，瀑水百丈，喷珠压窗，虽六月犹深秋也，"接原文"故名玉帘泉。北三里为简寂观，是陆修静生平养道之处。"

款署：吉裳大兄大人雅属。文莹。

钤印：王俊卢□（白）。

附：

"归宗寺"：原为王羲之所建别墅，王羲之离任江州（今江西九江），将别墅赠给一西域僧人为寺，后称归宗寺。由东晋至清，历经1600余年，时盛时毁。据《归宗志》载："唐智常禅师修葺，宋嘉祐间周伯详增修，兵毁。明洪武僧道溟、怀瓒、慧清继修。万历间，释果清重修，肃皇太后施藏经于寺。清顺治间重修。康熙年间，高僧迦陵自沈阳来，修佛殿三座，禅堂、客堂、斋堂数十楹，增置产业。雍正四年（1726）十二月初八，奉上谕追赠其为国师，并赐予谥号，交内阁撰拟，其语录著入藏经。八年，颁赐"慈遍庐峰"匾额，建仁庙行宫于右军洗墨池北。乾隆五年（1740），赐藏经八柜于毗卢殿，上建藏经阁。四十六年（1781），拨给库款修理，寺

宇每年由藩库濠租项下支领银二十四两，为香火之资。本寺坐山横亘，周围约十余里。咸丰三年（1853）兵毁，同治三年（1864），僧荆壁重修大殿、护法堂，又与僧玲珑、空谷共修弥勒殿。"

寺原址前有一棵千年古樟（古樟还在），樟树上挂着重约800斤的铜钟，收藏在县博物馆，寺庙在在"文化大革命"中被毁。六十年代末，寺址上改建成了学校，开始是星子共大分校，后改为星子农中，现为私立庐山白鹿外国语学校。

"玉帘泉"：玉帘泉瀑布，位于江西省庐山山南的归宗、轮峰、石镜峰之间的兜律峰下，又称紫霄瀑、喷雪泉，临泉仰望，但见泉水自崖顶喷薄而下，悬空40余丈，斜挂如帘，如雨、如丝，随风飘扬，坠潭无声，极为奇妙。潭下冷风习习，虽夏日也寒气逼人。有人认为，庐山名瀑不下数十，此为第一，溪泉从石镜峰上淙淙流下，到一处陡崖，百米多高，突然如素练般飘落，飞入一处深潭，潭水宛如一块温润的墨玉。潭水和瀑水自然天成，交相辉映。

"简寂观"：道观。在江西省九江市庐山南部的金鸡峰下。据道经与史书记载，简寂观由南朝宋孝武帝大明五年（461）著名道士陆修静创建，为修道、传教、整理道经、编撰道教斋式仪范之所。南朝时为庐山最大的道观，时除正殿外，尚有礼斗石、道藏阁、听松亭、放生池、捣药臼、六朝松等建筑及名胜。为庐山历史上著名的道教宫观。

扇骨：大骨材质为象牙，小骨为玉竹，长31.7厘米。扇肩呈溜肩。扇头为直茄式头。扇钉为牛角钉，钉面呈圆状且微拱。扇骨二十档。扇面上口封裱金黄色绫绢，有经纬络。

《景福殿赋》行楷折扇

[清] 张仁黼　　纸本（泥金）　纵17.3厘米　横49厘米

张仁黼（1848—1908）：原名世恩。字少玉、劭予，号孟藻。河南固始人，清末大臣。光绪二年进士，选庶吉士，授编修，工书法，入值上书房。出督湖北学政，以朱子《小学》《近思录》训士。任江西主考官、四川主考官、湖北学政、大理寺卿、顺天府尹。再迁兵部侍郎，典试江西，历学部、法部。

题释：摘自何晏《景福殿赋》的第二段的后部分，第三段的前部分。"乃命有司，礼仪是具。审量日力，详度费务。鸠经始之吏（黎）民，辑农功之暇豫。因东师之献捷，就海孽之贿赂。立景福之秘殿，备皇居之制度。尔乃丰层覆覆之耽耽，建高基之堂堂。罗疏柱之汨越，肃坻鄂之锵锵。飞桷翼以轩翥，反宇撅以高骧。流羽毛之葳蕤，垂环玭之琳琅。"个别字有出入。

款署：子通仁六哥大人教我，如弟张仁黼。

钤印：仁（白）、黼（朱）。

附：

《景福殿赋》：曹魏时期何晏所写的一篇赋文。据记载：魏明帝想要去东巡，害怕夏天天气热，于是在许昌建了一座宫殿，命名为"景福"。殿建成后，何平叔（晏）作赋记之。当时许昌宫殿的建筑规模甚为可观，有清宴、永宁、安昌、临圃、承光诸殿群，其中安昌殿10间，永宁殿7间，承光殿七间。

何晏（？—249）：字平叔。南阳宛（今河南南阳）人。三国时期魏国玄学家、大臣。东汉大将军何进之孙（《魏略》认为他可能是何进弟何苗之孙）。其父早逝，曹操纳其母尹氏为妾，何晏因而被收养，为曹操所宠爱。少年时以才知名。喜好老庄之言，娶曹操女金乡公主。平叔为散骑常侍，迁尚书主选。后曹爽反，被斩于东市。

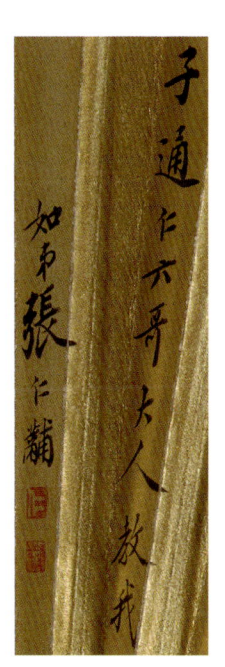

扇骨：扇骨材质为棕竹，长30厘米。扇肩呈溜肩。扇头为排茄头。扇钉为牛角钉（缺失）。扇骨十八档。扇面上口封裱淡黄色绫绢。

扇骨的大骨与小骨均采用螳螂腿（蚂蚱腿）款式。螳螂腿扇骨最大的特点是轻便适手。

《墨梅图》折扇（正面）

[清] 张瑞玑 纸本 水墨 纵17厘米 横48.1厘米 公元1924年

张瑞玑（1871—1936）：字衡玉，别号穈窟野人，赵城县（今山西洪洞县）人。少年读书聪敏过人，弱冠中秀才，22岁中举人，28岁任山西平河书院山长，清光绪癸卯进士，历任猗氏、韩城、潼关、兴平、麟游、大荔、眉县、户县、临潼、长安、咸宁十二任知县，被誉为"清末良吏第一"。仰慕孙中山革命言行，加入同盟会。辛亥革命成功后被推为陕西省民政厅长，1912年后历任山西省财政司长、民政长、国会参议员、陕西省划界专员等职。袁世凯窃居大总统的阴谋暴露后，张瑞玑接连发表两封公开书，揭露袁世凯威逼孙中山辞退大总统职位、阴谋窃取国家最高权力的丑恶嘴脸，两信迅速传遍全国，成为后来讨伐袁世凯的战斗檄文。民国十二年，曹锟贿选总统，张瑞玑断然拒绝接受贿金，辞职寄居西安，寄情诗酒书画。自号为"酒皇"，辟建"谁园"，自撰《谁园集》。

工书法。初出鲁公，又能熔裁诸家之长，劲逸飞动，不落俗套。然又自论其书不如画，画不如诗，诗不如人。藏书甚富，有"十万卷藏书楼"之说。

画意：这是一幅水墨画，画的是一枝残梅。枯干上伸出数枝嫩条，枝条上绽满梅花。梅枝横斜而出，枝条简疏。枝节交叉处梅花竞相吐蕊开放，表现了梅花的清绝韵致。笔墨精练蕴藉，主干以淡墨挥洒，浓墨点苔，苍老古拙。分枝以中锋勾撇，挺拔坚韧。

题释：水边篱落月黄昏，雪有精神月有魂。东皇枉费吹嘘力，到底孤寒不受恩。

款署：子惠六兄一粲，甲子仲夏，糪窟野人张玑并题。

钤印：张五（白）。

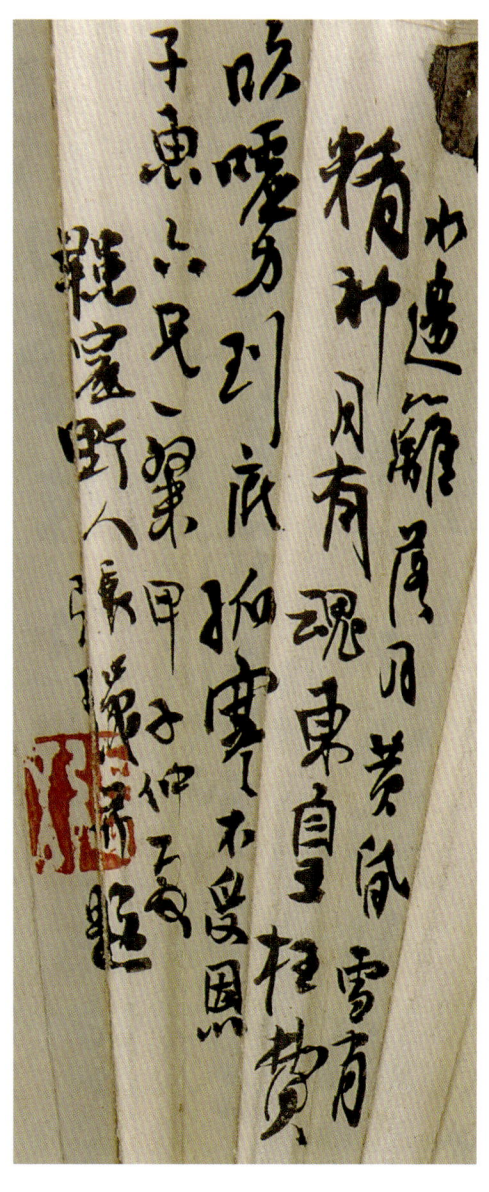

《金陵绝句》 行书折扇（背面）

[清] 张瑞玑　　　　纸本　纵17厘米　横48.1厘米　公元1924年

张瑞玑：见上页。

题释：摘自张瑞玑作品《金陵绝句八首》"落日苍凉孙楚楼，碧栏杆外大江流，穷途我被青莲笑，换酒曾无紫绮裘。""一城风雨与阑珊，六代莺花只等闲。除却僧寮酒楼外，三分水竹二分山。""灯火花船箫鼓楼，南朝子弟尽风流。神州那有陆沉事，莫向新亭作楚囚。""依旧青山画不如，临风把酒最愁予。蒋家红雪无寻处，还问南朝江令居。""功臣异代（各）风流，遗像居然配莫愁。吹醒英雄儿女梦，野风铃语胜棋楼。""乱山插影入孤汀，元武湖边野草青。劫后楼台遗础在，断碑草没陶公亭。""钟山云气郁成堆，城外斜风吹雨来。第二泉声品茶罢，闲寻石子雨花台。"

款署：甲子仲夏，录旧作《金陵绝句八首》之七，应子慧六兄属即正。羯窟野人张玑。

钤印：张瑞玑印（白）。

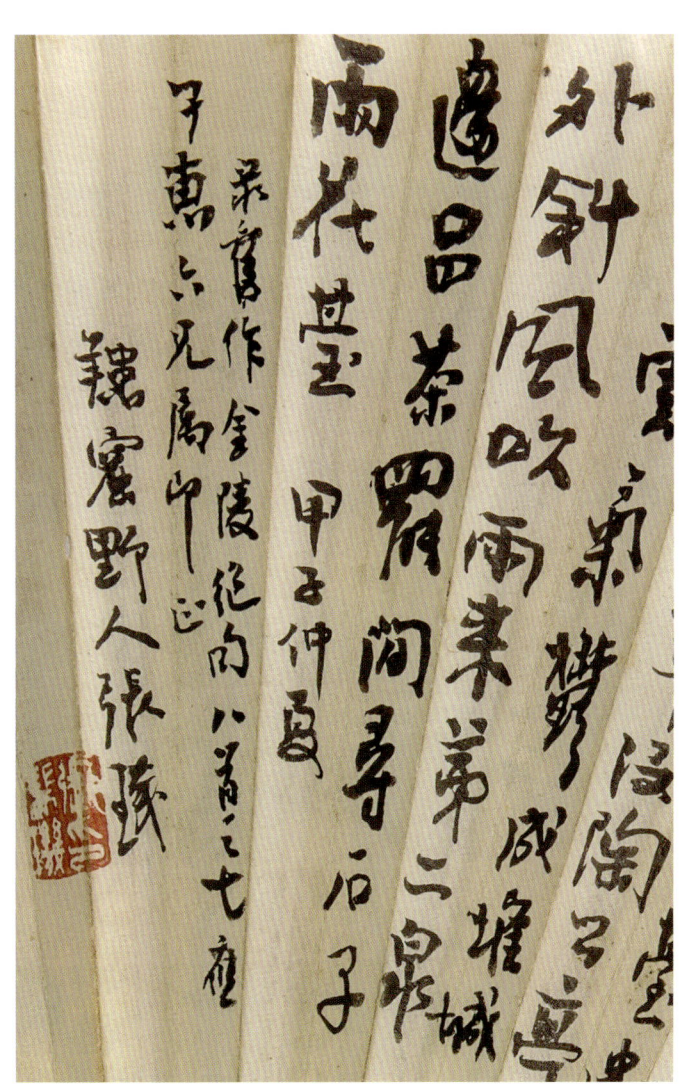

扇骨：扇骨材质为桧木，长 29.4 厘米。扇肩呈溜肩。扇头为古圆头。扇钉为牛角钉，钉面呈圆状，微拱。扇骨为十六档。扇面上口封裱浅黄色绫绢。

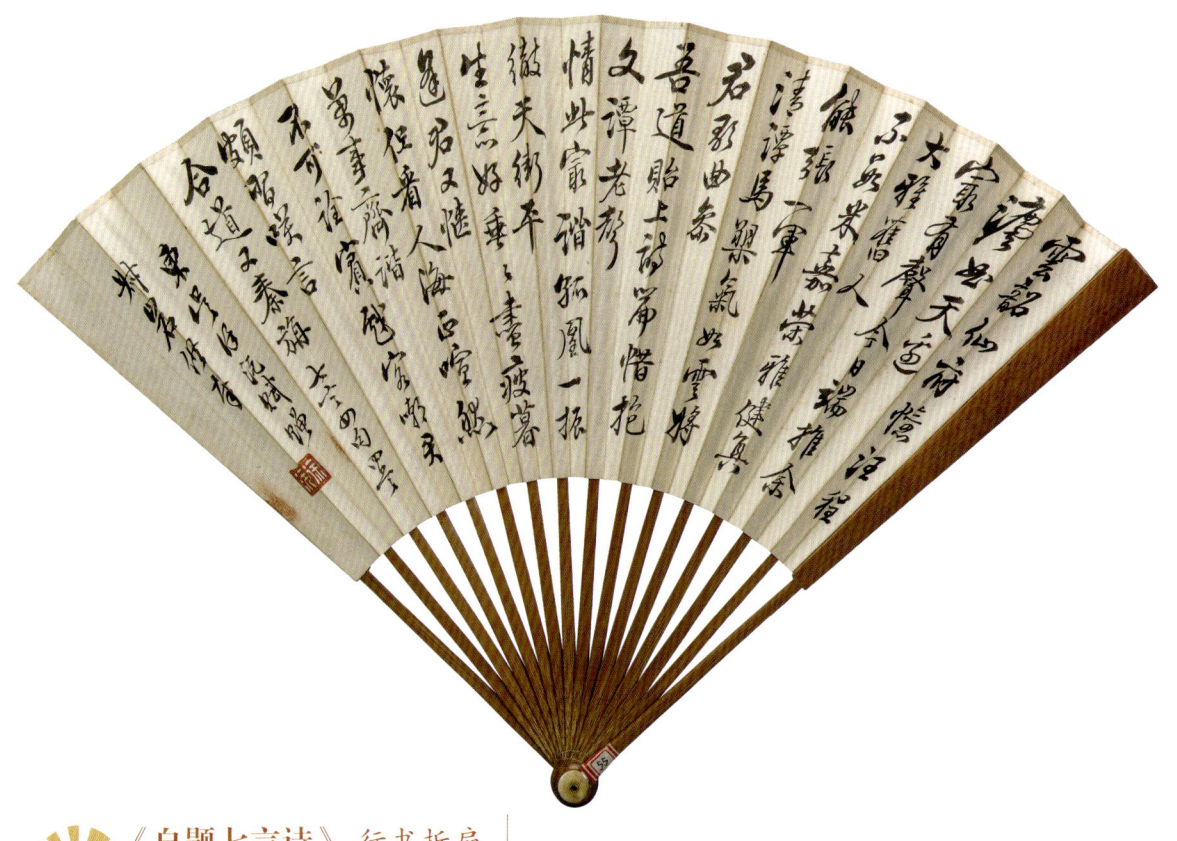

《自题七言诗》 行书折扇

[清] 徐沅　　纸本　纵18.2厘米　横49.2厘米

徐沅（1880—?）：字芷生，号姜盦，江苏吴县人。清朝及中华民国官员。光绪二十九年（1903）癸卯经济特科进士。曾任山东聊城县知事。1911年，任天津海关监督。中华民国成立后，任天津海关监督兼外交部直隶交涉员。著有《珊村语业》《珊村笔记》《云到闲房笔记》《云到闲房杂钞》《斗南老人诗集》。

题释：自题诗四首，其一"云韶仙府忆汪程，法曲天边最有声。今日端推余大雅，旧人不数米嘉荣。"其二"雅健真能张一军，清潭马槊气如云。将君歌曲参吾道，贻上诗篇惜抱文。"其三"谭老声情此最谐，孤凰一振彻天街。平生意好垂垂尽，疲暮逢君又惬怀。"其四"但看人海正喧然，万事齐谐不可诠。宾戏客嘲君颇习，笑言合道又秦旃。"

款署：七言四句四首。东吴徐沅赋赠。叔岩供奉。

钤印：徐沅（白）。

扇骨：扇骨材质为玉竹，长 31 厘米。扇肩呈直肩。扇头为菱角圆头。在扇头两侧镶嵌象牙薄片，然后烫钉，扇钉为牛角钉。扇骨为十六档。扇面上口封裱浅黄色绫绢。

大骨一侧刻《问童子图》，苍松下一老者问路童子，形象生动而富有情趣，题释为"松下问童子"，款署是"祥生刊"。另一侧刻"拜石为兄图"，一童子在石前作揖，题释有"且来拜石作吾兄，仿南田不了翁笔法。"两侧刀法均采用线条阴刻。

附：

"松下问童子"：出自唐贾岛诗作《寻隐者不遇》，全诗为"松下问童子，言师采药去。只在此山中，云深不知处。"

"祥生"：即庞仲经（1895—1953）字祥生，号鹿门山樵。吴江同里人。擅刻竹。

"拜石为兄"：是米芾的著名轶事。《宋史·本传》有记。明陈洪绶画有《米芾拜石图》，影响至深。

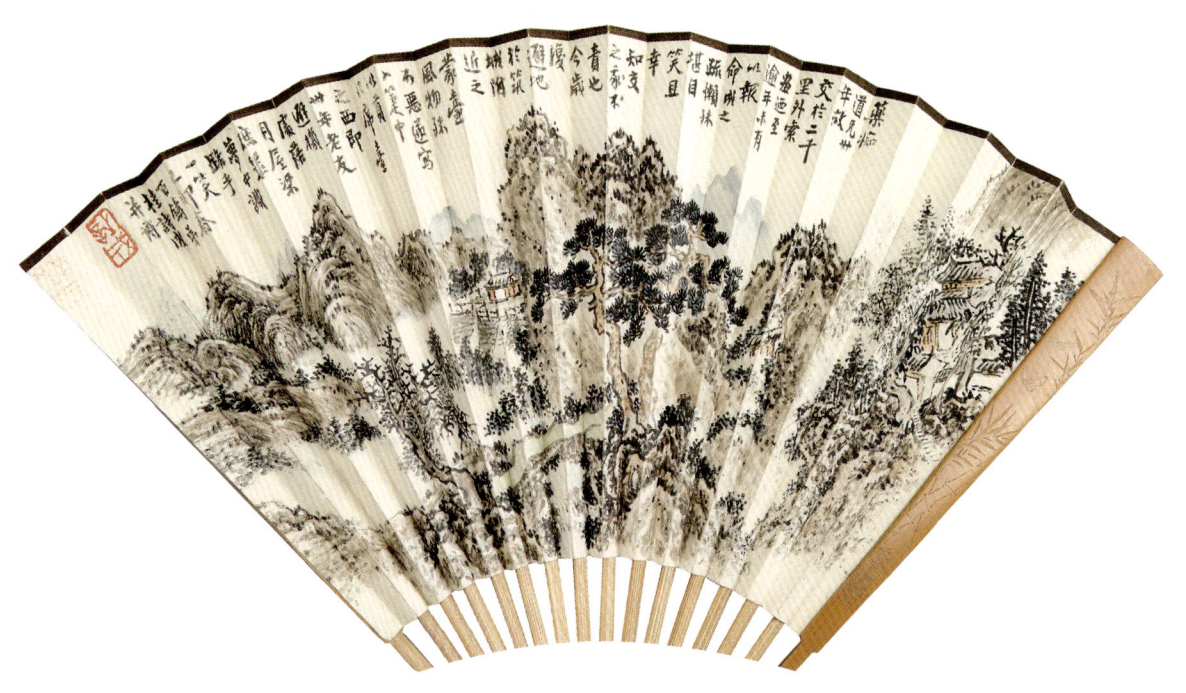

《西山萧寺图》折扇（正面）

[清] 桂诗成　　纸本　设色　纵19厘米　横51厘米　公元1939年

桂诗成（1878—1968）：字百铸，贵阳人。书香门第，天资颖敏，文章精深隽秀，为时所称。光绪二十九年（1903），中癸卯科乡试亚元，光绪三十二年（1906），保送廷试，分任学部主事、普通教育司佥事，与社会教育司科长周树人（鲁迅）交往甚厚，《鲁迅日记》中曾有记载。后回贵州，历任省长公署教育科长、省议会选举筹备处处长、黔军总司令部秘书长、独山县长等职。

桂诗成喜作诗，其诗隽永、清新，读之如春风拂面，政务余暇，还在县境各地考史索古。文学、艺术造诣精深。文宗秦汉，诗宗盛唐，词宗两宋，书法宗汉魏。画自幼受其伯父桂光廷传以密法，笔法严谨。后在京师，与当代画家陈师曾、姚华、陈书丁、王梦白等朝夕探讨，其艺更进。晚年画作多为水墨山水画，用枯笔、皴擦、点苔之法，深具韵致。同时对戏剧、古琴等均有较深研究。

中华人民共和国成立后曾任贵州省文史馆副馆长、省文物审查委员会委员等职。留有《百蕙堂诗集》《百蕙堂词曲数编》《百蕙堂题画诗词集》《百铸回忆录》等。

画意：以高山大岭为主体，周围群山环护，林木密植，屋舍掩映。云雾绕岭，树木丰茂，远山如影，层次分明，风格清新。此画是一幅赠送友人之作。画中以两株粗壮茂盛的参天巨松压轴，寓意常青不老。

用墨色的浓淡来拉开画面景物的空间距离。从画面的局部看，墨色的变化微妙，色调丰富。干笔皴擦，湿笔点染，皴染兼长，苔点更显示出其个性。笔墨表现得气厚力沉，有莽苍之气，功力深邃。

题释：药痴道兄卅年故交，于二千里外索画，乃至逾年未有以报命成之。疏懒殊堪自笑，且幸知交之我不责也。今岁复避地于筑城附近之蒙台，风物殊，不恶，遂写小篚中，以贡几席。台之西即卅年老友避机处，落月屋梁庶□梦中，识路乎？一笑。

款署：己卯春，百铸弟桂诗成并识。

钤印：诗成（朱）。

《自题诗三首》行书折扇（背面）

[清] 方 旭　　　　　　　纸本（洒金）　纵19厘米　横51厘米

方旭（1851—1936）：字鹤斋，安徽桐城人。清末进士，光绪三十年（1904）任夔州府代理知府，次年离任。能诗、善书、工画，蜀中"五老七贤"之一。

方旭在任夔州府代理知府时，正是清廷废科举、兴学堂的时候。他创立了夔州府第一所官立中学堂——夔府中学堂，并办师范传习所。他认为"学堂为今日第一要务，舍此更无自救之策"（《州县学堂谋始》）。辛亥革命后定居成都，他曾在自家门前悬挂一副质朴无华的木质门联，上书："油油不忍去，鹿鹿无所长。"反映了方旭温厚、谦逊的精神风貌。与张大千、齐白石、黄宾虹等有书画诗文交流。著有《鹤斋诗存》。

题释：内容为三首诗，第一首"□客桥边久别车，往来如蚁市声哗。幽人不来日过午，消尽卢仝七碗茶。"第二首"市人闹处成孤坐，游客丛中怅独行。泛爱不妨到鱼鸟，慰情难得是月声。"第三首"小院春寒锁绿苔，临窗移坐清风来。有时又恨风无力，翳日浮云扫不开。"

款署：药痴仁兄两正。八十七翁方旭。

钤印：华胥黎（白）。

扇骨：扇骨材质为玉竹，长32厘米。扇肩呈庙门肩。扇头为挑蹬方头。扇钉为牛角钉（缺）。扇骨为十六档。扇面上口封裱赭色绫绢。

大骨一侧刻《蝶竹图》，两只飞蝶翩跹于风竹之中，阴刻。一侧刻文字"绿树村边合，清泉石上流。"取自孟浩然的"绿树村边合，青山郭外斜"和王维的"明月松间照，清泉石上流"诗句。款署"郑午昌主□"。阴刻。钤印"之仁氏"阳刻。

附：

郑午昌（1894—1952）：名昶，号弱龛，别署且以居士、丝鬓散人，嵊县三合乡（今浙江嵊州）人。早年毕业于杭州府学堂，中华书局美术部主任，首创汉文正楷字模。历任中华书局美术部主任、文史编辑，上海美专、杭州国立艺专、新华艺专、苏州美专等校国画系教授。与张大千、王个簃等组织或参与蜜蜂画社、中国画会、寒之友社等艺术团体，十余年如一日。后与画友汤定之、张善孖、符铁年、谢公展、王师子、谢玉岑（谢逝世后由王启之补）、张大千、陆丹林等结为九社。著作之余，兼任上海美专、中国艺专、

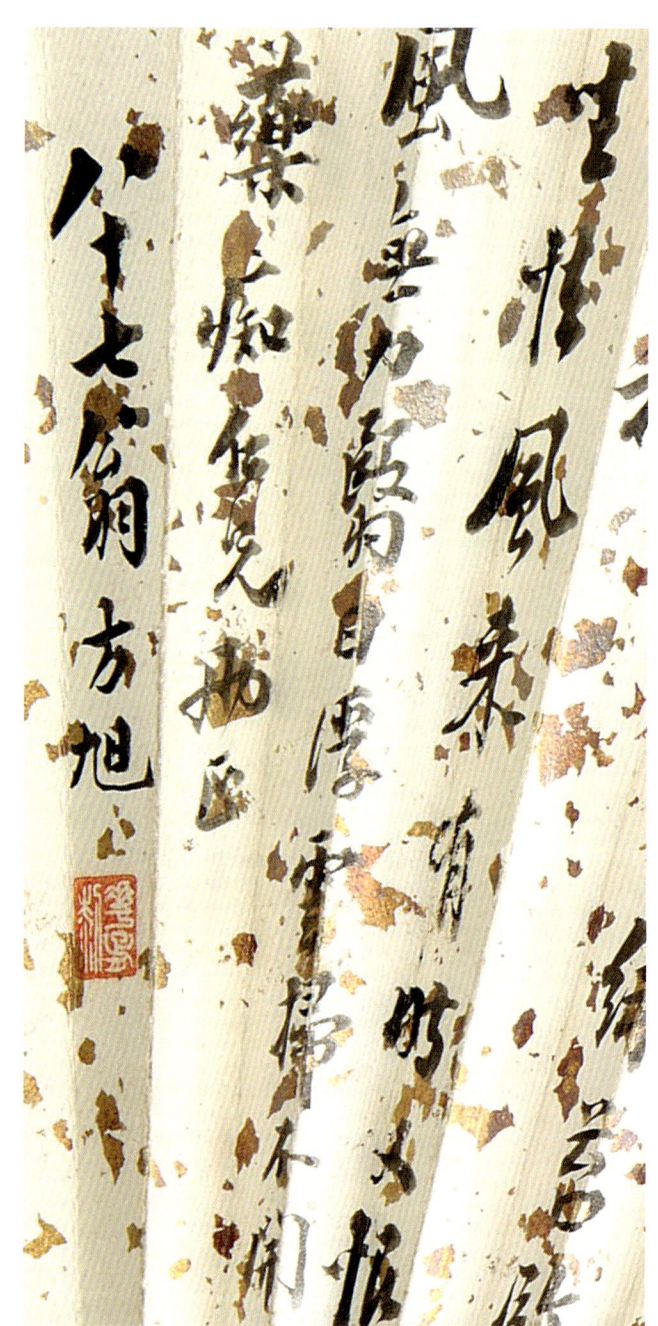

国立艺专等教授，又以鹿胎仙馆名义，招集有志治艺青年，研究国画，成才者数十人。

山水、花卉、仕女，不拘一格，尤工山水，时而俊秀，时而苍郁。画柳长条细叶，婀娜多姿，朋辈戏以郑杨柳呼之。余事诗词，清新可诵。他主张改进中国画学不能离开传统，他平生对黄公望、吴历特别崇拜，虚心向古人汲取营养，提倡"师古法而立我法""以己意轩轾之"，形成了自己独特的风格，其中成就最高的则是他的山水画。

著有《中国画学全史》（书成于1929）、《中国美术史》《石涛画语录释义》《中国壁画历史研究》《画余百绝》等。

《墨兰图》折扇（正面）

[清] 陈衡恪　　　绢本　水墨　纵17厘米　横51厘米

陈衡恪（1876—1923）：字师曾，又名衡恪，号朽道人、槐堂，江西义宁人（今江西省修水县），著名画家、艺术教育家。陈师曾出身书香门第，祖父是湖南巡抚陈宝箴，父亲是著名诗人陈三立。

师曾五岁，生母病卒，由祖母抚养。幼时家教良好，6岁随祖母游杭州西湖，见湖面荷花盛开，便情不自禁地用手指在轿板上画起来，回家即索笔砚，开始自学绘画。7至10岁，能作擘窠书，间作丹青与短章断句。14岁，在湖南长沙与著名书画家胡沁园、王湘绮相识，常以国画请教。19岁，随祖父至湖北，与范孝嫦结婚。从周大烈学文学，又从范镇霖学汉隶、魏碑及楷书，又从岳父范肯堂学行书。他聪颖机灵，刻苦好学，艺事日进，曾为妻兄作绢本丸扇《桃花竹笋图》，设色鲜丽，初露绘画才华。

师曾工篆刻、诗文和书法，长于绘画，是一位全才的艺术家。其山水画参合沈周、石涛笔法，喜作园林小景。写意花果取法陈道复、徐渭等，并结合写生，聚诸家之长而别具一格。常以"虚实相生"手法，大胆省略，以空衬实，画意开阔深远。

书法各体皆擅长，中年以后日趋苍老刚健，矩法森严，喜用狼毫颓颖，坚实沉美，于古朴之中饶有秀气。篆刻早期受蒋仁、黄易、奚风等诸家的影响，后上溯秦汉，融会赵之谦，师承吴昌硕，逐步形成自己苍劲秀逸、古拙浑厚的风格。他善于创造性地把诗书画印熔于一炉或将画与金石文字之情趣相融，以诗文衬托所画之物，褒贬鲜明，意趣昂扬。

画意：数簇兰花绽放，以书法线条描绘兰叶，俯仰自然，运笔流畅有力，交错却互不重叠。构图密而不塞，虚实相生，笔墨或浓或淡，颇具变化，呈现出清逸高雅的文人气息。兰花是他最为擅长的。他用笔婉转，多用水墨，特别善于表现兰花在风中摇曳的情态，极得石涛神韵。

近代绘画史论家俞剑华曾说："石涛的兰竹为清代画坛一绝，陈衡恪的兰竹则可称之为近代画坛一绝。"陈衡恪曾自述："平生所能，画为上，兰竹为尤，刻印次之，诗词又次之。"

题释：摘自吴昌硕的《题兰诗》后两句："中有离骚千古意，不须携去赛钱神。"全诗应是"临橅石鼓琅琊笔，戏为幽兰一写真。中有离骚千古意，不须携去赛钱神。"

款署：伯恒道兄雅赏。衡恪写于槐堂。

钤印：印迹不清。

附：

伯恒：即孙壮（1879—？）字伯恒，号雪园，祖籍浙江余姚，生于河北大兴。国子监学生，肄业同文馆、京师大学堂。后任北京商务印书馆经理，中国营造学社校理等职，为考古学社社员。

《自题诗》 行草折扇（背面）

[清] 陈师曾　　　　　纸本（洒金）　纵17厘米　横51厘米

陈师曾：见188页。

题释：城市归来独掩关，庭花未落且盘桓。乍晴湿雾经宵合，久雨深山入夏寒。一水抱田喧树外，数峰金日挂云端。人间不少清都乐，底事头皮断送官。往时冠盖早还家，相倚名园绕郭斜。登阁秋山明夕照，闭门花坞锁朝霞。百年蕉事山阳簏，一曲清然塞上筇。何意携节仙林畔，煮茶雨外对桑麻。一室冷冷秋气清，炉香篆尽梦难成。山蕉夜响知风起，草露斜明验月生。半世观空无住相，万方至德有殊情。鼍龙猿鹤真同感，不必黄州鼓角声。万壑看摇落，空庭晚菊亲。霜深方见艳，香冷不随人。抚镜簪华发，崔身漉湿中。岁寒难

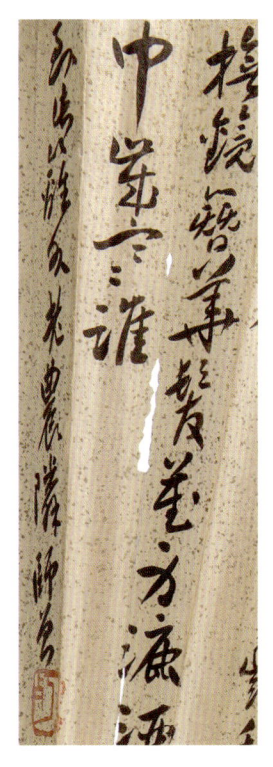

款署：到此篱外老农邻师曾。

钤印：印迹不清。

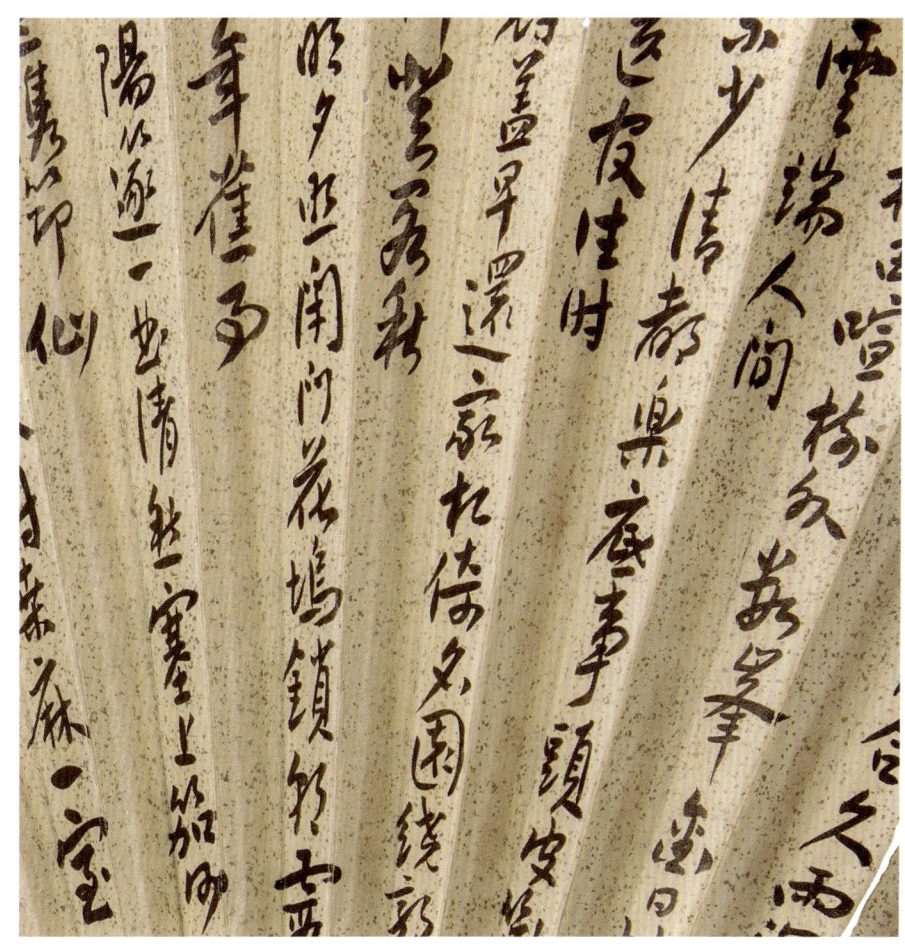

扇骨：扇骨材质为红檀，小骨为漆骨。扇骨长30厘米。扇肩在大骨的偏下方呈庙门肩。扇头为和尚圆头。在扇头两侧镶嵌骨质薄片，薄片上刻四只"福"。扇钉为牛角钉。扇骨为十六档。扇面上口以深紫色绫绢封裱。

大骨两面均刻有钟鼎文，是商周各礼器铭文及辅助文字。阴刻。

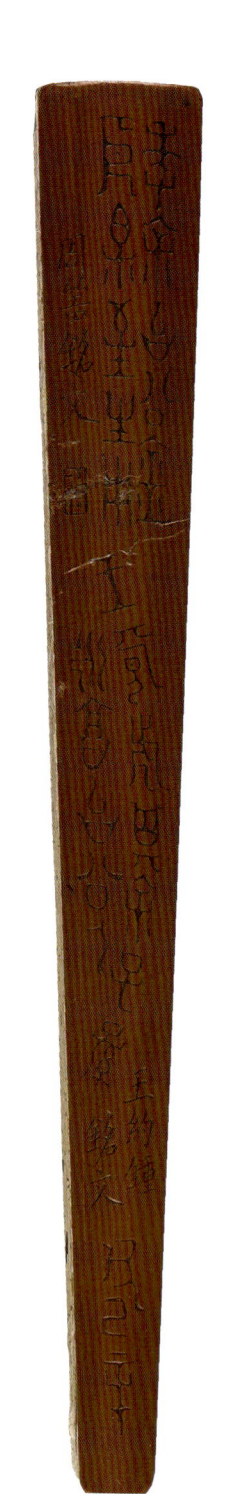

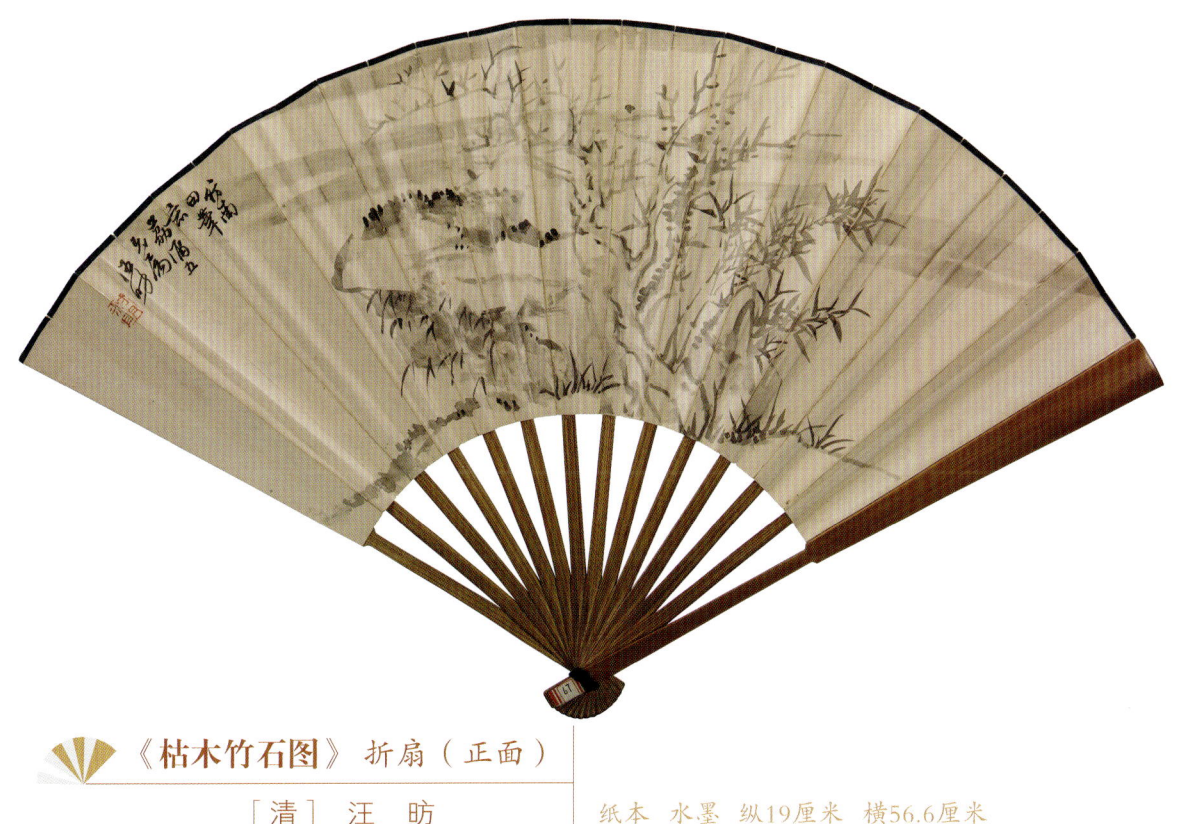

《枯木竹石图》 折扇（正面）

[清] 汪昉　　纸本　水墨　纵19厘米　横56.6厘米

汪昉（1799—1877）：字叔明，号菽民，又号啜菽老人。江苏阳湖（今江苏常州）人。道光二十四年（1844）考中举人，任山东莱州府同知。为人嗜酒而诙谐。喜出游，与当时名画家赵兰舟、费丹旭友善，朝夕聚谈论画。汪昉不仅擅长画山水，且善书。后人称赞其画作"笔意松秀，墨法淹润，颇具元人风范。中年所作丘壑浑成，林石苍润，颇臻妙境。惜晚年颓唐，顿失姿致"。评其书"书临赵孟頫，姿态秀逸"。间作分、隶，尤精鉴赏。常与庄浩合作，著有《梦衲贪集》。卒年七十九。

画意：图上所绘古木竹石，藏巧于拙。画枯树二株，近处一株粗干繁枝，虬曲多姿。另一株较为矮小。坡石平缓，杂草疏生，丛竹依稀。空中几缕淡云，使画面空间开阔深远。全图笔墨沉雄，布局匀整，意境萧疏淡远。怪石、古木、丛竹皆用清淡、空灵、松散之笔，似勾似擦，草草而成。虽笔墨不多，却有孤傲险怪之气。

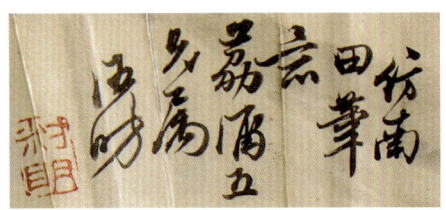

款署：仿南田笔意，荔浦五兄属。汪昉。

钤印：叔明（朱）。

《书谱》草书折扇（背面）
[清] 庄诰　　纸本　纵19厘米　横56.6厘米

庄诰（1802—1888）：字宣之，江苏毗陵（今江苏常州）人。候选同知加五级诰受资政大夫。工书，擅草书，尤精小草。庄诰为毗陵（常州旧名）庄氏望族第十六世。"大江以南，山川秀美，人文荟萃，毗陵庄氏家世尤盛。"其世泽之绵长，功名之显赫，学问之宏深，道德之崇尚，名人之辈出，府第之辉煌，六者集于一族，世所罕见。

题释：取自唐孙过庭的《书谱》，缺后两句。"假令众妙攸归，务存骨气；骨既存矣，而遒润加之。亦犹枝干扶疏，凌霜雪而弥劲；花叶鲜茂，与云日而相晖。如其骨力偏多，遒丽盖少，则若枯槎架险，巨石当路，虽妍媚云阙，而体质存焉。若遒丽居优，骨气将劣，譬夫芳林落蕊，空照灼而无依。"

款署：为荔浦五兄属，庄诰。

钤印：字白宣之（朱）。

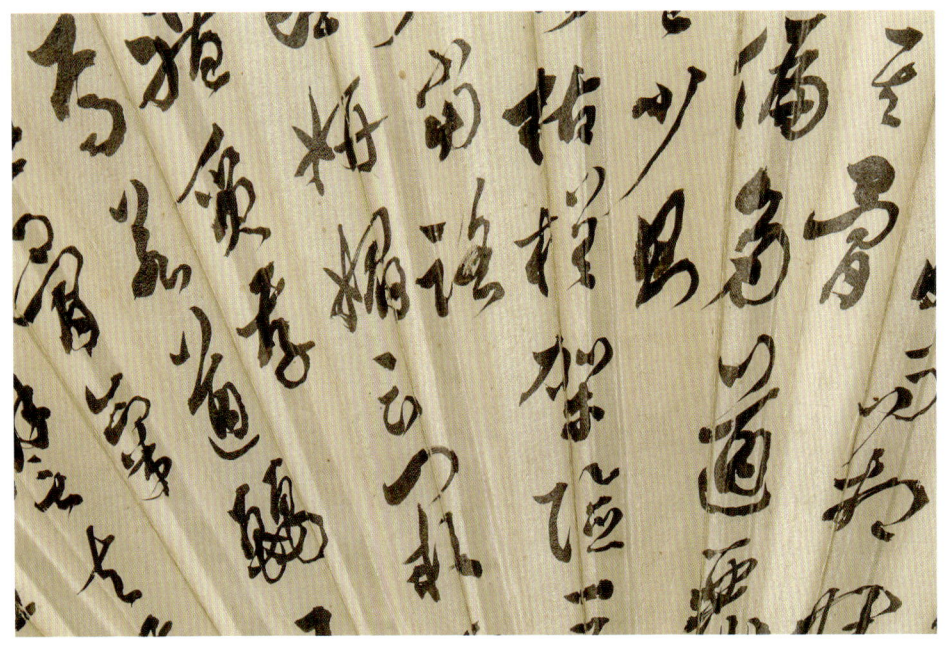

附：

孙过庭（646—691）：唐代书法家，书法理论家。名虔礼，以字行。吴郡富阳（今浙江富阳）人，一作陈留（今河南开封）人。曾任右卫胄参军、率府录事参军。胸怀大志，博雅好古。擅楷书、行书，尤长于草书，取法王羲之、王献之，笔势坚劲。著《书谱》二卷，已佚。今存《书谱序》，分溯源流、辨书体、评名迹、述笔法、诫学者、伤知音六部分，文思缜密，言简意深，在古代书法理论史上占有重要地位。其中许多论点，如学书三阶段、创作中的五乖五合等，意义深远。有墨迹《书谱》传世。

《书谱》：为论述历代书法和变迁之专著，本身亦具书法艺术价值，其文章更具理论价值，是我国关于书法理论之重要著作，它对书法欣赏、技巧等方面至今仍有重要的指导意义。《书谱》书于垂拱三年（687），自汉迄魏晋之草书诸大家均有详述。草书体浑朴流润，有绵里裹铁之妙，尤其起落笔之俊逸，字态笔姿之潇洒，既深入晋王堂奥，又得汉魏神髓，浓润圆熟，用笔破而愈完，纷而愈治，飘逸愈沉着，婀娜愈刚健。

扇骨：扇骨材质为玉竹。扇骨长34厘米，扇肩呈庙门肩，扇头为古方头。扇钉为牛角钉，扇骨档数为十四档，扇面上口封裱青蓝色绫绢。

大骨无刻。

《负柴归村图》 折扇（正面）

[清] 张 震　　　纸本 设色 纵18厘米 横50.2厘米 公元1908年

张震：生卒年不详。字伟卿，盐官（今浙江海宁）人。晚清民国时期活动于浙江上海。擅画人物、仕女和山水。远追宋、明吴门画派，近学文徵明笔路。寓上海鬻画，与张伯英（齐白石的老师）为同时代人。

画意：构图采用山石、苍松、溪水、远山及主体人物巧妙地组成一幅耐人寻味的山野生活画面。线条有疏有密，却与空间的景物浑然一体，非常有意境。图中苍松挺拔而多姿，人物以淡墨勾描衣纹，意韵洒脱，悠闲自在。山石以米点皴法之干笔皴染，层次丰富浑厚，使景物开阔、平静而凄迷。气势雄伟中透出幽静，节奏感甚强，颇得真实之美。色彩以青绿色为主，远山绵延，用淡墨写出，近浓远淡，富有深度。此画意境开阔，简洁凝练，势态端庄，天然平和。

题释：取自清末著名女诗人周婉如《吟秋山馆诗词钞》中一首农事诗，反映了乡村的田园生活。"野老携儿去打柴，白云满地衬芒鞋。山妻嘱付轻挑担，莫踏高冈与险涯。"

款署：戊申大伏，略仿华林岳画法，以应吉裳仁兄大人大雅之属。伟卿张震写于海上客次。
钤印：伟卿（白）。

附：

周婉如（1824—1864）：自号纫湘女史，吟秋山馆主人，清末贵州毕节县（今毕节市）人，是清末著名的女诗人、书画家。其父周凤冈为道光年间翰林，曾任四川绵州知州。周婉如随父寓居四川达十余年，深得父亲指点，通晓诗词音律，擅长书画，与四川文人墨客相互唱酬，获"贵州才女""不栉进士"的称誉。在毕节期间，又拜当时著名教育家、文艺家陈庚为师。清道光二十二年（1842），周婉如与黄育德结为伉俪，婚后夫唱妇随，或吟诗作文或以丹青应对索画者，并常与大定诗画界的名流陈枕云、外任章永康、姨任杨绂章等人切磋诗词书画，又设帐授传，故其女门人无不精通诗律书画，当时的大定府文风昌盛于贵州。

吉裳：即黄卓元（1853—？）字吉裳，贵州人。清同治八年（1869）举人，十三年（1874）进士，授翰林院编修、詹事府正詹士、内阁学士兼礼部侍郎、国史馆功臣纂修官、文渊阁校理。历充云南、四川乡试副考官、正考官、同考官。光绪廿年（1894）调任江西督学，廿四年（1898）休官原籍。后主讲贵山书院。他知识渊博，很受清政府赏识。衡情酌理而急公，权衡得失而好义，威望和名声两全其美。

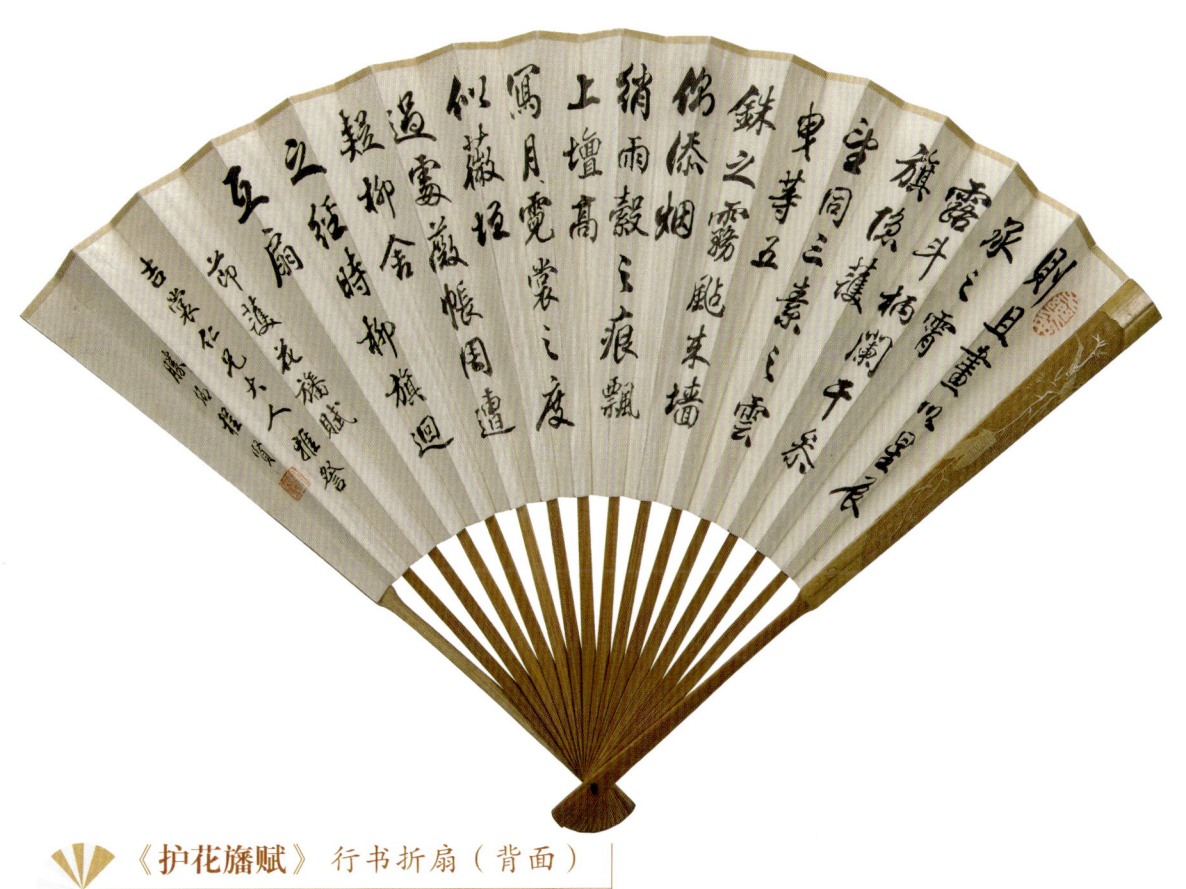

《护花幰赋》 行书折扇（背面）
[清] 程 贤　　　纸本 纵18厘米 横50.2厘米

程贤：生卒年不详。约生活在清末民国间，擅书法。

题释：摘自民国才女陈小翠的《护花幰》一段。"则且画以星辰承之，霄露斗柄阑干参，旗隐护望同三素之云，曳等五铢之雾，飐来墙偶，添烟绡雨縠之痕，飘上坛高，写月霓裳之度，似薇垣过处，薇帐周遭疑柳舍之经，时柳旗迥互扇。"

款署：节《护花幰》赋。吉裳仁兄大人雅詧。胜卿程贤。

钤印：胜卿（朱）、一乐也（白）。

附：

陈小翠（1902—1968）：名璻，又名玉翠、翠娜，别署翠候、翠吟楼主，斋名翠楼。女，浙江杭县（今杭州）人。主要以诗、画名世，13岁即能诗，有神童之称，后从杨士猷、冯超然学画。擅长工笔仕女和花卉，风格隽雅清丽，饶具风姿。擅书法，笔致清峭，挺拔俊秀。文、词、曲、小说等皆不容小觑，郑逸梅称"在近数十年来，称得上才媛的，陈小翠可首屈一指了"。写有《梦游月宫曲》《除夕祭诗》《黛玉葬花》《自由花》《护花旛》五部杂剧及《焚琴记》传奇。著有《翠楼吟草》十三卷等。

《护花旛》：其故事之源为唐代崔玄微的传说，在《博异志》、《酉阳杂俎》中皆有记载。但陈小翠对崔玄微的传说做了两处明显的改动，一是将受邀参加花神宴会的主人公由一名男性改为女子"谢惜红"，那么，剧作的主题由男性对女性的庇护变为情谊的叙写。第二，《护花旛》塑造了一位"鄙逢迎心清骨清"的小花仙形象，她在封十八姨大施淫威、叫嚣众姊妹的荣辱皆掌握在她手中时，鄙视众人的唯唯诺诺，敢于出言顶撞，表现出难能可贵的骨气和勇气。《护花旛》中隐含的清奇、刚烈的人格特征贯穿于陈小翠作品的始终。

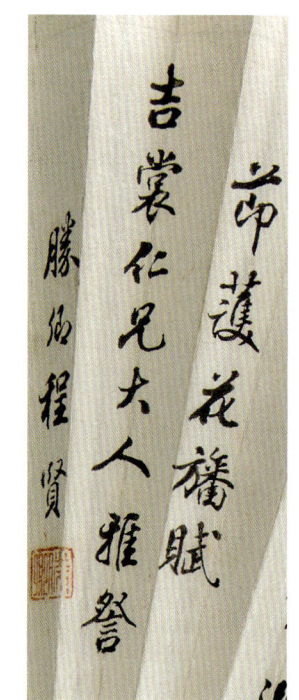

扇骨：扇骨材质为玉竹，长 31 厘米。扇肩呈庙门肩。扇头为古方头。扇钉为牛角钉。扇骨为十六档。扇面上口封裱米黄色绫绢。

大骨一面刻文字"江山之外，第见风帆、沙鸟、烟云、竹树而（已）"。摘自宋王禹偁的《黄冈竹楼记》中的一句，款"于照"；另一面刻《蝉鸣柳枝图》图，刻文字"晋□"，钤印"□"。均采用阳文浅浮雕的留青沙地技法，刀法细腻，韵味十足。尤其是《蝉鸣柳枝图》，一只秋蝉落于柳枝之上，十分生动形象。干枯而苍劲的树干更显古朴浑厚。

附：

王禹偁（954—1001）：北宋白体诗人、散文家。字元之，济州巨野（今山东巨野）人，晚年被贬于黄州，世称王黄州。太平兴国八年进士，历任右拾遗、左司谏、知制诰、翰林学士。敢于直言讽谏，因此屡受贬谪。真宗即位，召还，后迁蕲州病死。王禹偁为北宋诗文革新运动的先驱，文学韩愈、柳宗元，诗崇杜甫、白居易，多反映社会现实，风格清新平易。词仅存一首，反映了作者积极的政治抱负，格调清新旷远。著有《小畜集》30卷、《小畜外集》20卷。

《黄冈竹楼记》：以竹楼为核心，先记叙黄冈多竹，可以用来代替陶瓦，且价廉工省。继而描写在竹楼上可观山水、听急雨、赏密雪、鼓琴、咏诗、下棋、投壶，极尽人间之享乐。亦可手执书卷，焚香默坐，赏景、饮酒、品茶、送日、迎月，尽得谪居的胜概。藉齐云、落星、井干、丽谯各名楼反衬竹楼的诗韵，表明作者甘居清苦、鄙夷声色的高尚情怀。继而写奔走不暇、眷恋竹楼之意。

于照（1888—1959）：字非庵，别署非闇，又号闲人，山东蓬莱人，久居北京。清贡生，为华北名记者。工书，擅瘦金体。画花木禽鱼，从宋人勾勒入手，雕青嵌绿，富丽绚烂。白描兰、竹、水仙，尤为清逸。兼擅治印。曾在北京师范学校、华北大学、京华美术专科学校、北平艺术专科学校任教。1935年起专攻工笔花鸟画。1943年后任北平古物陈列所附设国画研究馆导师。中华人民共和国成立后任北京中国画院副院长，中国画研究院副会长。

著有《非闇漫墨》《都门钓鱼记》《都门艺菊记》《都门养鸽记》等。

《篱落菊艳图》 折扇（正面）
[清] 李汉青

纸本（洒金） 设色 纵18厘米 横51厘米 公元1905年

李汉青（1870—1944）：名庆霄，浙江山阴人，号咏霓，篆刻家，善绘事，花卉袭恽南田之风格，山水工稳，治印如秦汉之风，善鼓琴，且能修补琴。被称为海派花卉画的四大名旦之一的张大壮是他的学生。

李汉青的花鸟画脱胎于清代的恽南田，继承了其"没骨"写生的独特画风，重视形象写生。在用色上，十分新鲜干净、鲜润、明亮。画风则清新雅丽，别有韵味。其中"以花传神"，颇有"点花粉笔点脂，点后复以染笔足之"的体貌，形态各异，动静自如，灵秀活脱。

画意：图绘秋菊满幅，繁花似锦，生机勃勃，表现出秋菊傲霜的品格。此画清骨神秀，色泽典雅，笔致俊逸，意境幽美，一派明丽清新的感觉。菊花结构缜密，设色表现出菊花的娇艳，笔墨轻松流利，很有特色，充分体现出作者的高深功力。整个作品构图新颖，设色鲜艳，意态并佳。

题释：新霜彻晓侵篱落，移得秋光入袖中。

款署：乙巳重九，为吉裳仁兄大人雅属并正。山阴咏霓李汉青写于禾中。

钤印：咏霓（白）。

附：

禾中：浙江嘉兴之故称。秦置由拳县。三国时，吴黄龙三年（231）田生嘉禾，改由拳县为禾兴县。吴赤乌五年（242）立孙和为太子，为避太子讳，改禾兴县为嘉兴县。北宋时为嘉禾郡，时至明清文人仍将嘉兴称禾。明宣德四年（1429）大理寺卿胡概巡抚嘉兴府，因嘉兴地广赋繁，分郡城之西五福等乡为秀水县，作为附郭县。嘉兴称禾，秀水县在嘉兴府之中，故称秀水为"禾中"。

▼ 《秋声赋》 楷书折扇（背面）

[清] 顾 鹿　　　纸本（洒金）　纵18厘米　横51厘米　公元1906年

顾鹿（1873—1925）：字轶庭，浙江嘉兴人。历任上海商务印书馆、中华书局文牍员，工小楷，致力于《灵飞经》及四十三行诸帖。曾为上海广益书局出版的《康熙字典》《纫斋画胜》《箬烟吐叚》等题写书名，他的墨迹和章刻大多高价拍卖。

题释：摘自欧阳修《秋声赋》，部分字与原文不同。"欧阳子方夜读书，闻有声自西南来者，悚然而听之，曰：'异哉！'。初淅沥以萧飒，忽奔腾而砰湃；如波涛夜惊，风雨骤至。其触于物也，鏦鏦铮铮，金铁皆鸣；又如赴敌之兵，衔枚疾走，不闻号令，但闻人马之行声。予谓童子：'此何声也？汝出视之。'童子曰：'星月皎洁，明河在天，四无人声，声在树间。'予曰：'噫嘻悲哉！此秋声也。胡为乎来哉？盖夫秋之为状也，其色惨淡，烟霏云敛；其容清明，天高日晶；其气栗冽，砭人肌骨；其意萧条，山川寂寥。故其为声也，凄凄切切，呼号奋发。丰草绿缛而争茂，佳木葱茏而可悦。草拂之而色变，木遭之而叶脱。其所以摧败零落者，乃（其）一气之余烈。夫秋，刑官也，于时为阴；又兵象也，于行用金。是谓天地之义气，常以肃杀而为心。天之于物，春生秋实，故其在乐也，商声主西方之音，夷则为七月之律。商，伤也，物既老而悲伤；夷，戮也，物过盛而当杀。'

'嗟夫！草木无情，有时飘零。人为动物，惟物之灵。百忧感其心，万事劳其形，有动乎中，必摇其精。而况思其力之所不及，忧其智之所不能，宜其渥然丹者为槁木，黟然黑者为星星。奈何非金石之质，欲与草木而争荣？念谁为之戕贼，亦何恨乎秋声！'

童子莫对，垂头而睡。但闻四壁虫声唧唧，如助予之叹息。"

"《秋声赋》滁皆山也。其西南诸峰，林壑尤美，望之蔚然而深秀者，琅琊也。山行六七里，渐闻水声潺潺而泻出于两峰之间者，酿泉也。峰回路转，有亭翼然临于泉上者，醉翁亭也。作亭者谁？山之僧智仙也。名之者谁？太守自谓也。太守与客来饮于此，饮少辄醉，而年又最高，故自号曰醉翁也。醉翁之意不在酒，在乎山水之间也。山水之乐，得之心而寓之酒也。

若夫日出而林霏开，云归而岩穴暝，晦明变化者，山间之朝暮也。野芳发而幽香，佳木秀而繁阴，风霜高洁，水落而石出者，山间之四时也。"

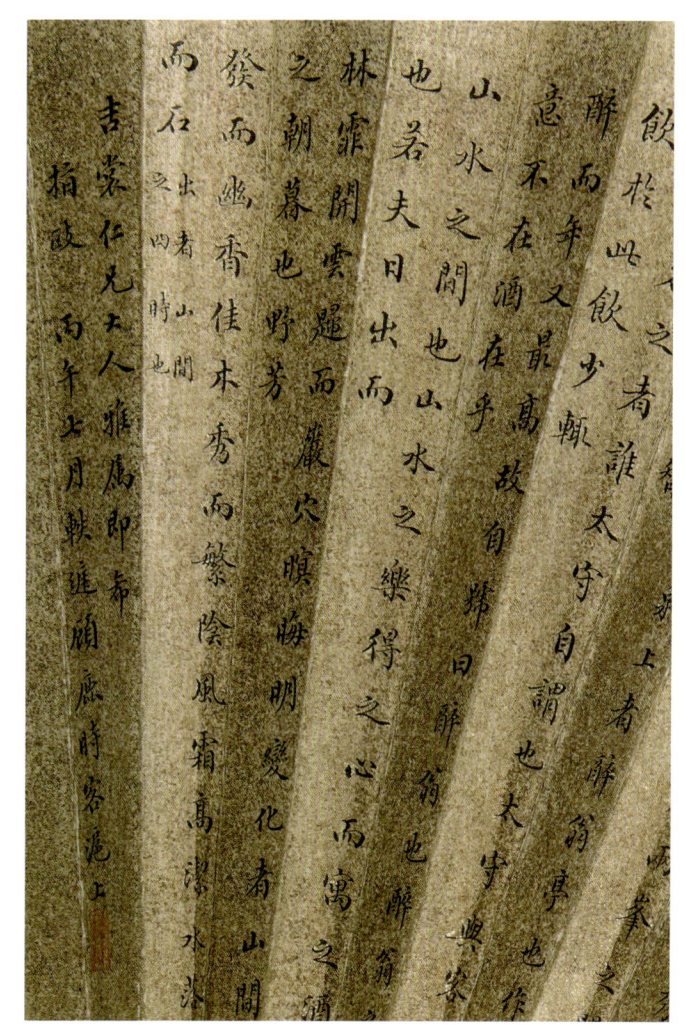

款署：吉裳仁兄大人雅属即希指政。丙午七月轶庭顾鹿时客沪上。

钤印：顾鹿（朱）。

附：

《灵飞经》：全名《灵飞六甲经》是道家的经书，主要阐述存思之法。是唐人小楷的最高峰，中国书法史上的小楷名作，唐开元二十六年（738），无书者名款，旧传为钟绍京所书。

此帖用笔灵动轻盈而不失厚重，结构侧媚多姿又不失端庄；既有写经书法常见之精练纯熟，又处处显现二王书风"明月入怀"之雅致。

《秋声赋》：欧阳修写于五十三岁，即宋仁宗嘉祐四年。欧阳修晚年虽身居高位，但回首往事，屡次遭贬，内心隐痛难消，面对朝廷内外的污浊、黑暗，改革无望。对政治社会时局人生感伤于怀，所以他对秋天特别敏感，《秋声赋》就是在这种背景下产生的。全文以"秋声"为引子，抒发草木被风摧折的悲凉，延及更容易被愁困所侵袭的人，感叹"百忧感其心，万事劳其形"。全文立意新颖，语言清丽，章法多变，熔写景、抒情、记事、议论为一炉，显示出文赋自由挥洒的韵致。

欧阳修（1007—1072）：字永叔，号醉翁，晚号"六一居士"。汉族，吉州永丰（今江西省永丰县）人，因吉州原属庐陵郡，以"庐陵欧阳修"自居。谥号文忠，世称欧阳文忠公。北宋政治家、文学家、史学家，与韩愈、柳宗元、王安石、苏洵、苏轼、苏辙、曾巩合称"唐宋八大家"。后人又将其与韩愈、柳宗元和苏轼合称"千古文章四大家"。

扇骨：扇骨材质为玉竹，长 31 厘米。扇肩呈庙门肩。扇头为大花瓶头，扇头两侧粘贴紫檀木薄片。扇钉为牛角钉。扇骨为十六档。扇面上口封裱黄色绫绢。

大骨刻联一幅，上联是"书卷莫教春色老"（一侧），下联为"柴门不为俗人开"（另一侧）。落款："丙戌作，子贞刊"，无钤印。刀法为平地留青，字体行楷留青。

附：

"书卷莫教春色老"：此联出自《乡党应酬》一书中的"山居联"。旧时有"教书易，应酬难之说，而《乡党应酬》一书，其楹联、月令、称呼、柬帖、疏稿等，词皆浅显，雅俗咸宜，无一事之不备，询之皆一时名士所作，而编辑者诚名下之无虚也。"

周代以 500 家为党，12500 家为乡，后世以"乡党"泛指乡里。《乡党应酬》是旧时家庭必备的应酬工具书。后增补了应酬例文和写作方法,名家书信,诉状类法律文书,合同类法律文书。本书由六部分组成,包括对联、月令丽句、名家书启、家信、帖式、酒令、赞词、稿式全集、文疏新集、词引辑略等。

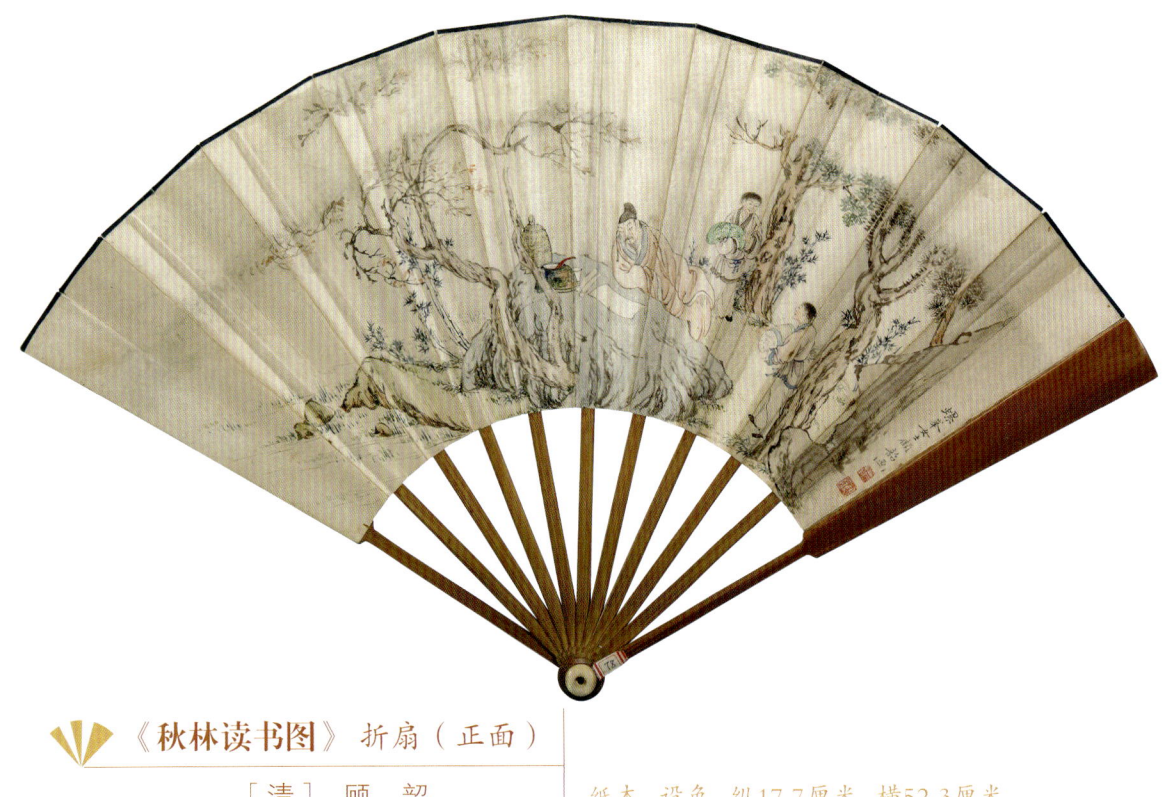

《秋林读书图》折扇（正面）

[清] 顾 韶　　　纸本　设色　纵17.7厘米　横52.3厘米

顾韶：生卒年不详。字螺峰，号螺峰女史、武林女史。钱塘（今杭州）人。顾韶幼承父训，世其家学。得父真传，人物、花卉臻妙。画史中说顾韶所画玫瑰逼真，有人将她的画在春天挂出，竟可招来蝴蝶翩跹起舞。顾韶的书画题款常用螺峰女史。

画意：画家以平稳的构图，描绘了一文官读书的情态，其人神情专注，两侍童分别怀抱书卷，手托衣服立于树下。树木间有竹丛，林间雾气缥缈。作品描绘秋天景色，红叶与青松对比用色，在寂静中增添了活力和情趣。人物安闲，充盈着空灵悠然的气韵。整幅画以水墨为底，在树干、竹丛、坡石及人物肤色等处以赭石色、青绿色、红色晕染，感觉冷静清艳，细致温婉。

款署：螺峰女士，顾韶画。

钤印：嬴峰（白）、□□之印（朱）。

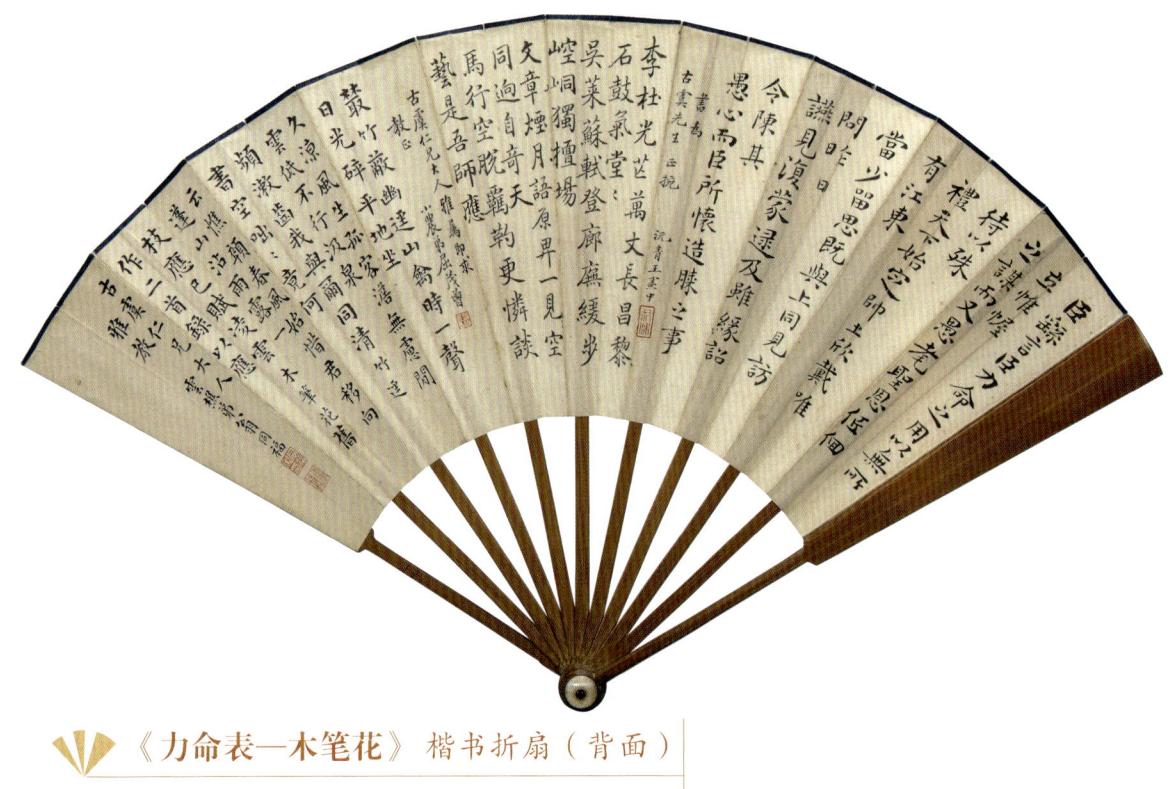

《力命表—木笔花》楷书折扇（背面）

[清] 翁同福等　　　　　　　　　纸本 纵17.7厘米 横52.3厘米

翁同福（1809—1862）：号云樵，常熟人。古文有义法，时文简淡，不徇流俗，以善书名于时。

题释：内容分三段。第一段是钟繇碑帖《力命表》中的一段："臣繇言：臣力命之用，以无所立，帷幄之谋，而又愚耄。圣恩低徊，待以殊礼。天下始定，帅土欣戴。唯有江东，当少留思。既与上（公），同见访问。昨日宴见，复蒙逮及。虽缘诏令，陈其愚心，而臣所怀造膝之事。"其中缺一字"公"。第二段摘自翁方纲《石洲诗话》中的两首诗，其一"李杜光芒万丈长，昌黎石鼓气堂堂，吴莱苏轼登廊庑，缓步崆峒独擅场。"其二"文章烟月语原卑，一见空同迥自奇。天马行空脱羁鞿，更怜谈艺是吾师。"第三段为翁同福《木笔花》诗两首，其一"丛竹蔽幽径，山禽时一声，日光碎平地，坐久凉风生，孤客澹无虑，闲云低不行，汲泉频漱齿，我与尔同清。竹径。"其二"书空咄咄竟何云，憔悴春风始惜君。移向蓬山沾玉露，一枝应已赋凌云。"翁同福《木笔花》诗两首应有缺句。

款署：书为古虞先生正捥，沅青王宪中。

应古虞仁兄大人雅属即求教正。小农弟屈茂曾。

木笔花旧作二首录以应，古虞仁兄大人雅教，云樵弟翁同福。

钤印：叔和（朱）。

小农（朱）。

同福和印（白）、云樵（朱）。

附：

钟繇（151—230）：字元常。颍川长社（今河南许昌长葛东）人。三国时期曹魏著名书法家、政治家。钟繇在书法方面颇有造诣，是楷书（小楷）的创始人，被后世尊为"楷书鼻祖"。王羲之等后世书法家都曾经潜心钻研学习钟繇书法。有"钟王"之称。南朝庾肩吾将钟繇的书法列为"上品之上"，唐张怀瓘在《书断》中则评其书法为"神品"。

《力命表》：三国魏小楷法帖。钟繇书。文凡八行。真迹久佚，仅有刻本传世。见于《伪星凤楼》《泼墨斋》等丛帖中。是著名小楷法帖之一。

翁方纲（1733—1818）：清诗人、书法家、金石学家。字正三，号覃溪，晚号苏斋。直隶大兴（今属北京）人。乾隆十七年（1752）进士，授翰林院编修，升司业，曾主持江西等地乡试，督广东、江西、山东学政，官至内阁学士。其诗多为"学问诗"，以经史、金石考据等入诗。精于金石谱录、书画，书法尤精。

《石洲诗话》：是清代诗话著作。乾隆时翁方纲撰，共八卷。以朝代为序，分人评述，一至五卷集中评论了唐、宋、金、元的诗歌。第六卷纠正王士禛对杜甫诗的评述，最后二卷附说元好问、王士禛的《论诗绝句》。《石洲诗话》与《谈龙录》被称为清代二大诗话集。

木笔（花）：原名紫玉兰，木兰科木兰属植物，落叶灌木，高达3米，常丛生，树皮灰褐色，小枝绿紫色或淡褐紫色。叶椭圆状倒卵形，色泽鲜艳，花蕾紧凑，鳞毛整齐，芳香浓郁。紫玉兰有散风寒的功效，用于治鼻炎、降血压，紫玉兰又是一种名贵的香料和化工原料，亦是一种观赏植物。

历代多位诗人以"木笔花"为诗词牌名。如唐卢肇的《木笔花》七言律诗；宋张朴的《木笔花》五言诗等。

王宪中：生卒年不详。字叔和，号沅青。常熟人。善书。

屈茂曾（？—1862）：字小农。常熟人。善书。"常熟四大书家"之一。

扇骨：

扇骨材质为玉竹，长 30.6 厘米。扇肩呈庙门肩。扇头为和尚头，扇头两侧镶贴螺钿圆形薄片，呈拱圆状，并以扇钉为中心刻有旋转辐射状线条纹，线条纹头部为山角纹。扇钉为牛角钉，钉面呈圆状，微拱。扇骨为十一档。扇面上口封裱蓝色绫绢。

大骨一面刻《桃叶渡青溪图》，款："筱山写又作"；另一面刻《春夜宴桃李园图》，均为阴文游丝刻，刻工细腻娴熟，人物形象细致。

《桃叶渡青溪图》：桃叶渡又名南浦渡，位于南京市秦淮区，是秦淮河上的一个古渡，地处秦淮河与古青溪水道合流处，南起贡院街东，北至建康路淮清桥西。桃叶渡是南京古名胜之一，金陵四十八景之一。从六朝到明清，桃叶渡地处繁华地段，河舫竞立，灯船箫鼓。

桃叶渡，传说东晋书法家王献之有个爱妾叫"桃叶"，她往来于秦淮两岸时，王献之放心不下，常常在渡口迎送，并作《桃叶歌》："桃叶复桃叶，渡江不用楫；但渡无所苦，我自迎接汝。"南浦渡便被称为桃叶渡了。

今桃叶渡临河有一石牌坊，横书"古桃叶渡"4 个大字，正面两侧楹联为："细柳夹岸生，桃花渡口红。"背面为："楫摇秦代水，枝带晋时风。"

南京秦淮河的桃叶渡与杭州西湖的断桥、扬州瘦西湖的二十四桥一样，具有浪漫色彩，由此演绎出了无数浪漫的传说和催人泪下的故事。如宋人曾极的《桃叶渡》："裙腰芳草拒长堤，南浦年年怨别离。水送横波山敛翠，一如桃叶渡江时。"清吴敬梓的五律《桃叶渡》："花霏白板桥，昔人送归妾。水照倾城面，柳舒含笑靥。邀笛久沉埋，麈扇空浩劫。世间重美人，古渡存桃叶。"

《春夜宴桃李园图》：为明代著名画家仇英所作。以李白《春夜宴桃李园》诗意为题材，描绘李白与四从弟春夜桃李园中斗酒赋诗的情景。在画幅中间偏下部位，大桌上杯盘佳肴，桌旁红烛纱灯，几上诗篇画卷。四位诗人围桌而坐。右边的两位，一个举杯，一个提箸，似乎正在对饮；左边的一位，正举目欣赏着桃花、夜色，或者诗已酿成，正在斟字酌句。而背向外者，低着头若有所思，正要举杯畅饮。诗人们深深地沉醉在春、酒、诗的怀抱中。因为李白深解"古人秉烛夜游"的兴味，所以要在此芳园"序天伦之乐事"，尽情地"高谈""咏歌""开琼筵以坐花，飞流觞而醉月"。

这里刻的《春夜宴桃李园图》与原画略有不同，主要是受限于竹骨面积小。不同处是：李白端酒邀月，侍童温酒。一上一下也有情趣。

附：

仇英（约 1509—1551）：明代杰出画家。字实父，号十洲。太仓（今属江苏）人。长期住苏州。初为漆工，后改学画，师周臣。以卖画为生，精于摹古，不拘

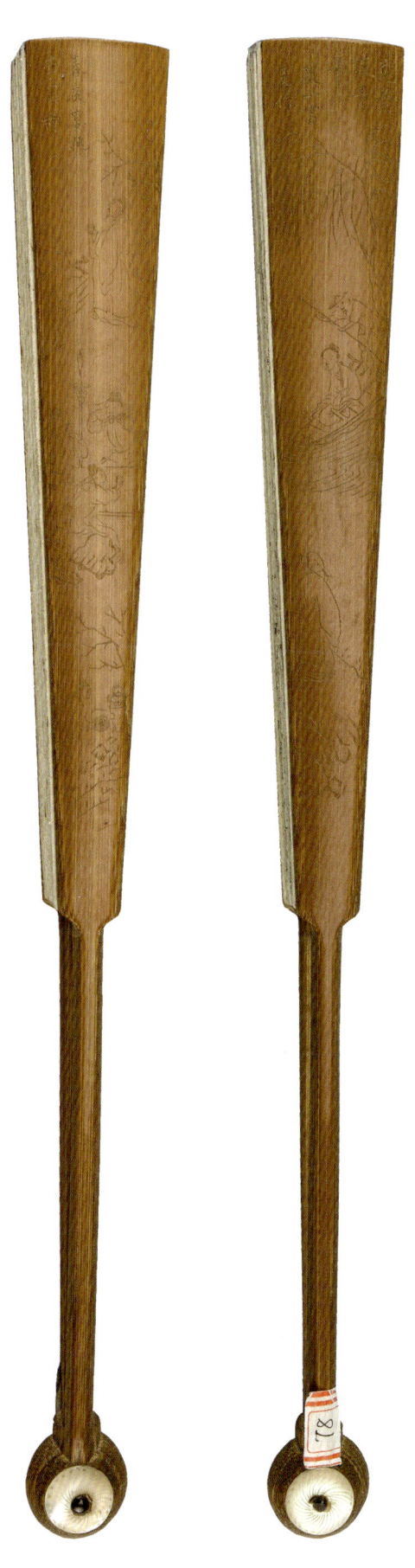

一家一派。粉图黄纸，落笔乱真。善画人物、鸟兽、山水、楼观、舟车等。他以广泛的题材，适应当时地主富商的需要。画风流利纤巧。画山水，喜设大青绿色，用笔萧疏，意境简远，工巧入神。他临摹的古画很多，对赵伯驹、赵松雪画用功颇深。作品有《金谷园图》《汉宫春晓图》《文姬归汉图》《桃村草堂图》《观瀑图》《梅石抚琴图》《秋江得渡图》《九歌图》《子虚止林二赋图》《赤壁赋图》《桃源仙境图》《陆羽煎茶图》《桐阴清话图》等。

《山水梅花图》 折扇（正面）

[清] 公 亮　　　纸本 设色 纵19.9厘米 横51.2厘米 公元1899年

公亮：生平不详。

画意：崇山叠岭，茅屋几间，近处梅花数株。笔法写意，用色浓重、大胆，古朴浑厚。

题释：吴梅花写意一种，浑古朴茂，偶一效之参以□色，奚翅霄壤，掷笔汗流。

款署：吉裳仁兄大人属，乙亥夏四月□瀛□客公亮。

钤印：公亮画印（白）。

附：

吉裳：即黄卓元（1853—?）字吉裳，贵州人。清同治八年（1869）举人，十三年（1874）进士，授翰林院编修、詹事府正詹士、内阁学士兼礼部侍郎、国史馆功臣纂修官、文渊阁校理。历充云南、四川乡试副考官、正考官、同考官。光绪廿年（1894）调任江西督学，廿四年（1898）休官原籍。后主讲贵山书院。他知识渊博，很受清政府赏识。衡情酌理而急公，权衡得失而好义，威望和名声两全其美。

《华山碑》隶书折扇（背面）

[清] 程洪钧　　纸本（洒金笺）　纵19.9厘米　横51.2厘米

程洪钧：生平不详。

题释："深达和民事神之义，精通诚至祫祭之福，乃案经传所载，原本所由，铭勒斯石，垂之于后，其辞曰：岩岩西岳，峻极穹苍，奄有河朔，遂荒華阳，触石兴云，雨我农桑，资粮品物，亦相瑶光，崇冠二州，古曰雒梁，冯于幽岐，文武克昌，天子展义，巡狩省方，玉帛之贽，礼与岱亢，六乐之变，舞以致康，在汉中叶，建设宇堂。"文字节录于《汉西岳华山庙碑》，简称《华山碑》。东汉延熹八年（165）四月刻。清代朱彝尊评此碑说："汉隶凡三种，一种方整，一种流丽，一种奇古。惟延熹《华岳碑》正变乖合，靡所不有，兼三者之长，当为汉隶第一品。"《华山碑》是汉碑隶书成熟时期的代表作之一。书风朴茂古拙又圆转流利；用笔丰满中和又波磔明显，为书家所推崇。

款署：吉裳仁兄大人雅属，可堂程洪钧。

钤印：庸谨信庸（朱文）。

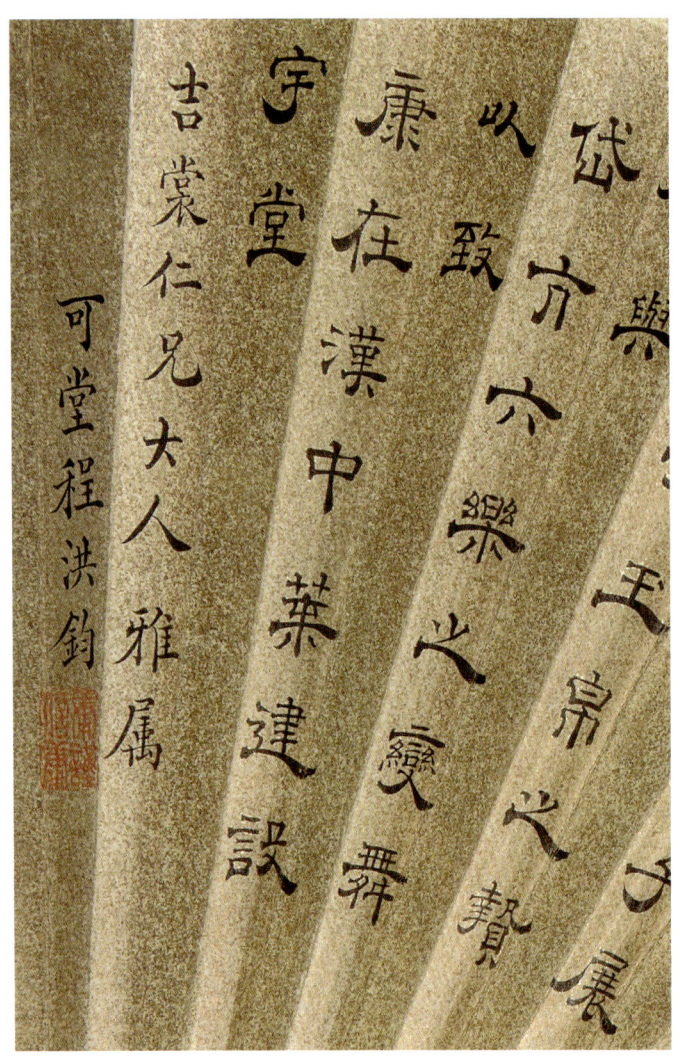

扇骨：扇骨为玉竹，长32厘米。扇肩在大骨的偏下方呈庙门肩。扇头为马牙琴式头。扇钉为牛角钉，钉面呈扁圆，拱面。扇骨为十六档。扇面上口封裱淡黄色绫绢。

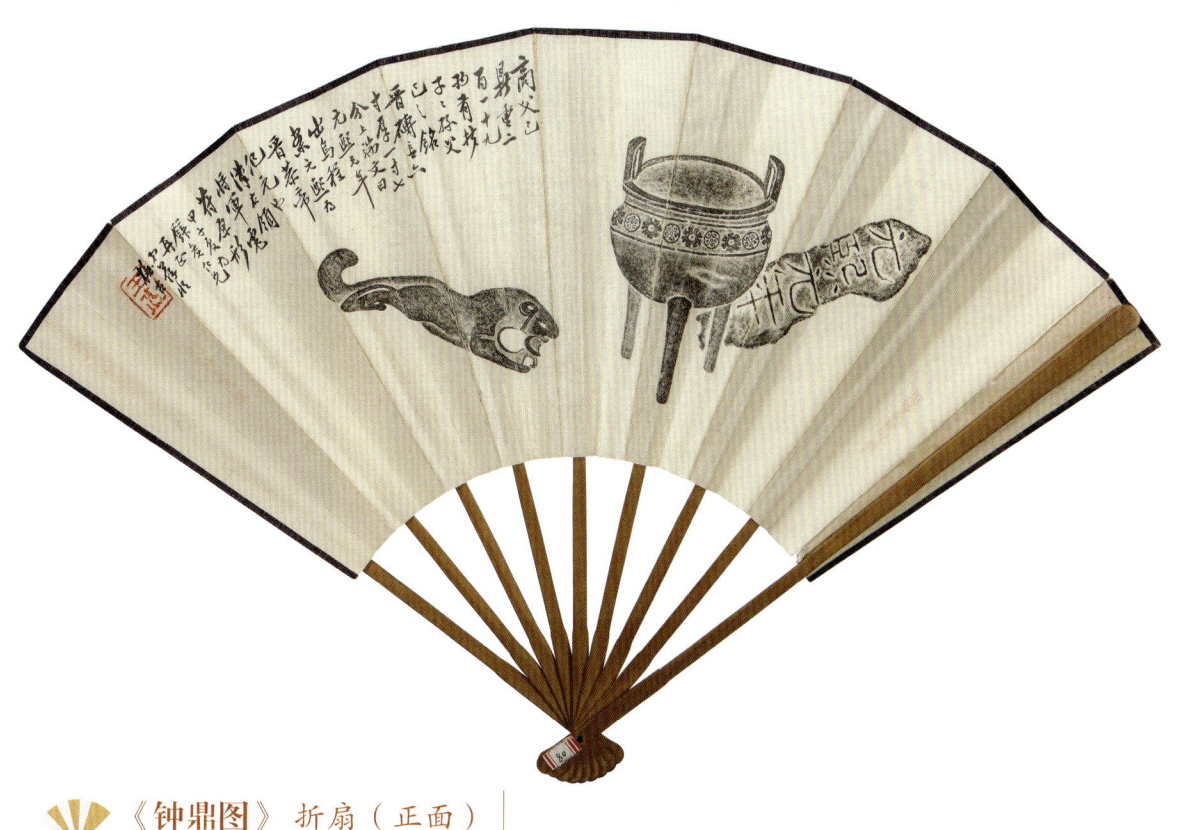

《钟鼎图》折扇（正面）

[清] 王葆恒　　纸本　水墨　纵17.9厘米　横50厘米　公元1924年

王葆恒：生卒年不详。字子久（紫玖），号墨庵，江苏丹徒（一说浙江绍兴）人。光绪六年（1880）仕于四川，光绪八年（1882）出任西藏拉里粮务，1887年前后卸任。1889年春，撰写《丹达山神记》，碑文保存至今（丹达山，今西藏昌都地区）。后久居北京，精于金石考据，熟谙掌故旧闻，擅长碑刻，收藏极富。常与画家合作作画，如与陈半丁合画《博古花卉》。

画意：构图为三个时代不同器物。分别为鼎、砖、虎符，代表了三种不同的文化。扇面所表现的是"钟鼎画"艺术，直接用笔墨创作古器物，将文人的儒雅情趣推入古朴典雅、思古幽情的境界。

题释：分别介绍三种器物。第一是鼎，"商父己鼎，重二百一十九，约有枝子子孙父己之铭"。第二是砖，"晋砖长六寸厚一寸七分，上端文曰：元熙元年，出乌程案，元熙为晋恭帝纪元也。"第三是虎符，"汉右领将军虎符原形。"

款署：甲子夏，为璧侯仁兄再正。弟葆恒抚古。

钤印：押印（朱）。

附：

"博古画"：典出汉张衡《西京赋》"雅好博古"。又名钟鼎画，杂画的一种，是摹写古代器物形状的绘画或用古器物图形装饰的工艺品。后人依照一些古器物将它们画下来，并在钟、鼎、炉、壶等器物上以花草、八仙、如意、琴棋书画等具有吉祥寓意的物件相伴，所以博古画多古朴典雅，历史气息浓郁。

"博古"一词兴起源于两个因素：一是强大的复古思潮意识使得宋人将目光关注于古代器物，北宋皇帝宋徽宗赵佶酷爱书画，雅好古玩。其二受到金石家的影响，金石文的研究工作与古器物紧密相关。宋代金石学家吕大临编修的《考古图》中，记录了当时宫廷及私家的古代青铜器藏品，并对每件器物摹绘图形、铭文，记录原尺寸、重量及容量。另有宋代王黼等奉宋徽宗敕命，集中宋代所藏青铜器的精华，编撰了《宣和博古图》，对每类器物都有总说、摹绘图、铭文拓本及释文，同时记有器物尺寸、重量与容量以及出土地点、颜色和收藏家姓名。成为宋代古器物图录中规模较大的一部著作。从此，这些器物有了"博古"这个总的名称。

博古画在古代主要是摹写器物形状，记录当朝文化，普及传统文化知识与博爱精神的意义。比较知名的海派博古画，大致是在古器物拓片上直接点染花卉，后来的孔门博古图更进了一步，不用拓片，而是直接创作古器物，将瓶罐鼎与折枝花卉用水墨勾勒而成，将文人的儒雅情趣以及"富贵寿考""吉祥长盛"的美好愿望，推入了更为自然的优美境界。

清代到民国年间，博古画盛行。清代女画家陈书76岁时所作的《岁朝丽景图》，数种花株植于瓷盆之中，伴有水仙、天竺，意为"天仙拱寿"，另搭百合、柿子、灵芝、苹果，预示着"百事如意""平安如意"。还有海派巨匠吴昌硕的《硕果清供图》，画中绘牡丹、石榴，寓意为富贵绵长、多子多福。清末民初从事博古画者，当推孔小瑜，他的画风受任伯年影响，与张善孖的虎、熊松泉的狮并称。他用笔温雅细腻，雍容大方，将高贵典雅、具有历史感的博古画推向巅峰。齐白石和福建画坛名宿郑乃珖等人，在博古画的继承和发展上，各有建树。正是这一代又一代画家的不断钻研，使博古画得到继承和发扬。

虎符：为中国古代调兵遣将之信物，由于功能特殊，工艺要求极为复杂精细。

虎符最早出现于春秋战国时期，当时采用铜制的虎形作为中央发给地方官或驻军首领的调兵凭证，称为虎符。虎符的背面刻有铭文，分为两半，右半存于朝廷，左半发给统兵将帅或地方长官，并且从来都是专符专用，一地一符，绝不可能用一个兵符同时调动两个地方的军队，调兵遣将时需要两半勘合验真，才能生效。"符合"一词，便出于此。

在历史上，虎符的形状、数量、刻铭以及尊卑也有较大的变化。汉朝至隋朝，虎符均为铜质，骑缝刻铭以右为尊。隋朝时改为麟符。唐朝因为讳虎，改用鱼符或兔符，后来又改用龟符。南宋时恢复使用虎符。元朝则用虎头牌，后世演变为铜牌。

押印：也称"押记""花押""署押"等，是指在公文、契约上的签字或画上某种记号，以作凭信。押印是一种独特的印章形式，不同于明清以后的文人流派印章。秦汉和明清时期入印文字主要是篆书。元代，除了以赵孟頫等人为代表的文人篆刻外，主要是采用通行的楷书文字入印。

押印大致可以分为以下五种类型：（一）楷书押印；（二）单花押印；（三）楷花押印；（四）八思巴文押印；（五）图形押印。

▽ 《西狭颂》 隶书折扇（背面）

［清］ 王葆恒　　　　纸本　纵17.9厘米　横50厘米

王葆恒：见上页。

题释：此题释是《西狭颂》中的一小段。"属县趋教，无对会之事；徼外来庭，面缚二千余人；年谷屡登，仓庚惟亿。"

款署：《西狭颂》，璧侯仁兄大雅法正。紫玖弟王葆恒。

钤印：墨庵抚汉（朱）。

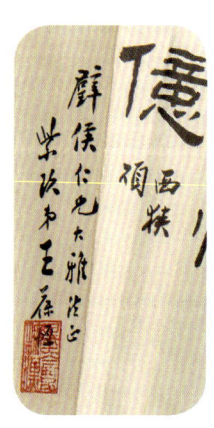

附：

《西狭颂》：全称《汉武都太守汉阳阿阳李翕西狭颂》，亦称《李翕颂》《黄龙碑》，别称《惠安西表》。在甘肃成县天井山。东汉建宁四年（171）六月刻。距今已有1800多年历史。

颂文主要记载了东汉武都太守李翕率众开天井道政绩。摩崖颂碑呈长方形，纵3.06米，横3.75米，由额、图、颂、题名四部分组成。上篆额"惠安西表"，额右下方为《五瑞图》，即黄龙、白鹿、嘉禾、木连理、甘露降及承露人，《五瑞图》是了解和研究汉代绘画雕刻艺术的宝贵遗迹。其左是正文，后面是题名。

艺术成就：《西狭颂》为著名的汉隶范本。结字亦多带长方形，不拘疏密，浑然天成。因是摩崖刻，字迹粗犷雄强，历代书家极为推崇。文隽所著《书法精论》说："结构严整，气象嵯峨，此汉碑中之高浑者也；结构曼妙，笔有余妍，汉碑中之秀丽者也；风回浪卷，英威别具，此汉碑中之雄强者也。"康有为说："疏宕""浑厚中极其飘逸"。梁启超在《碑帖跋》中称："雄迈而静穆，汉隶正则也。"上海古籍出版社在《西狭颂》简介中说："此碑书法方劲瑰丽、气势雄伟、为汉隶上品。"文物出版社《历代碑帖书法选》中说："是我国东汉隶书成熟时期的代表作品之一。"

《西峡颂》碑刻字体清晰，简洁古雅，结构美观，刀法有力，是书法艺术的瑰宝。碑文和书法均有很高的考古研究和临摹鉴赏价值，在国内及日本等国掀起了《西峡颂》研究热。它在我国金石学、文化史、书法史和交通史上均占有重要位置，是中华民族优秀传统文化的一颗璀璨明珠，享誉海内外，2001年6月被国务院公布为全国重点文物保护单位。

扇骨：扇骨材质为桧木，长31.6厘米，大骨为夹骨，末端呈弧形。扇肩为溜肩。扇头为马牙琴式头。扇钉为牛角钉。扇骨为九档。扇面上口及两侧边缘封裱紫色绫绢。

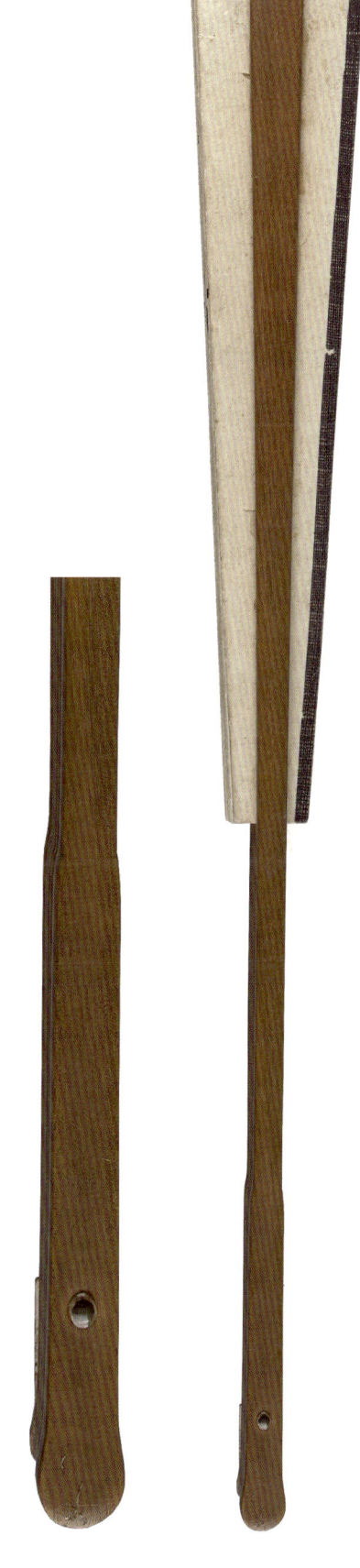

《溪山雨意图》 折扇（正面）

[清] 王舜田　　纸本　设色　纵17.8厘米　横49.9厘米　公元1908年

王舜田（1850—1910）：号蛟川，浙江镇海人。擅长画山水，间写墨兰。所绘山水，深得米芾精神，特别擅画雨景。当时萧山汪益寿等人评价王舜田的山水画"天然境界，活泼烟云，所谓淡妆浓抹，工妙入神，静而观之，如有千里之遥"。也擅长书法，学瘦金体，也学郑板桥体，妙在能合而为一。光绪年间，曾在宁波成立"善海诗画会"，任会长。

画意：《溪山雨意图》画的是江南景象。近景坡岸、疏密相间的不同树木。茅舍一间，屋中有隐士一人；小船一只停泊于岸边。中间大片空白是浩渺无边、平静无波的湖水。数只帆船、数间屋舍掩映树木之中，高耸的山峰威严独立，山泉从山涧而下，楼阁掩隐在山间，与近景相呼应。远处的山势自右至左延伸，远山逶迤，峰峦起伏；草木葱茏中山，麓平岸处房屋幢幢，更显空蒙，在云雾环绕间烘托出山雨欲来的感觉，构图精妙。

画法用线与墨相结合的泼墨山水，施用色彩也仅限于色墨结合的淡色晕染。山水多用水墨点染，不拘形色勾皴，自谓"信笔作之，多以烟云掩映树石，意似便已，"充分发挥了水墨融合，墨色晕染所形成的效果，形成了含蓄、空蒙的神韵。这就是"云山墨戏"的画法，也称"米点山水"又称"米氏云山"。

此作是王舜田晚年之作。

题释：溪山雨意。

款署：光绪戊申四月之画为吉裳仁兄大人正之。王舜田写。

钤印：王舜田印（白）。

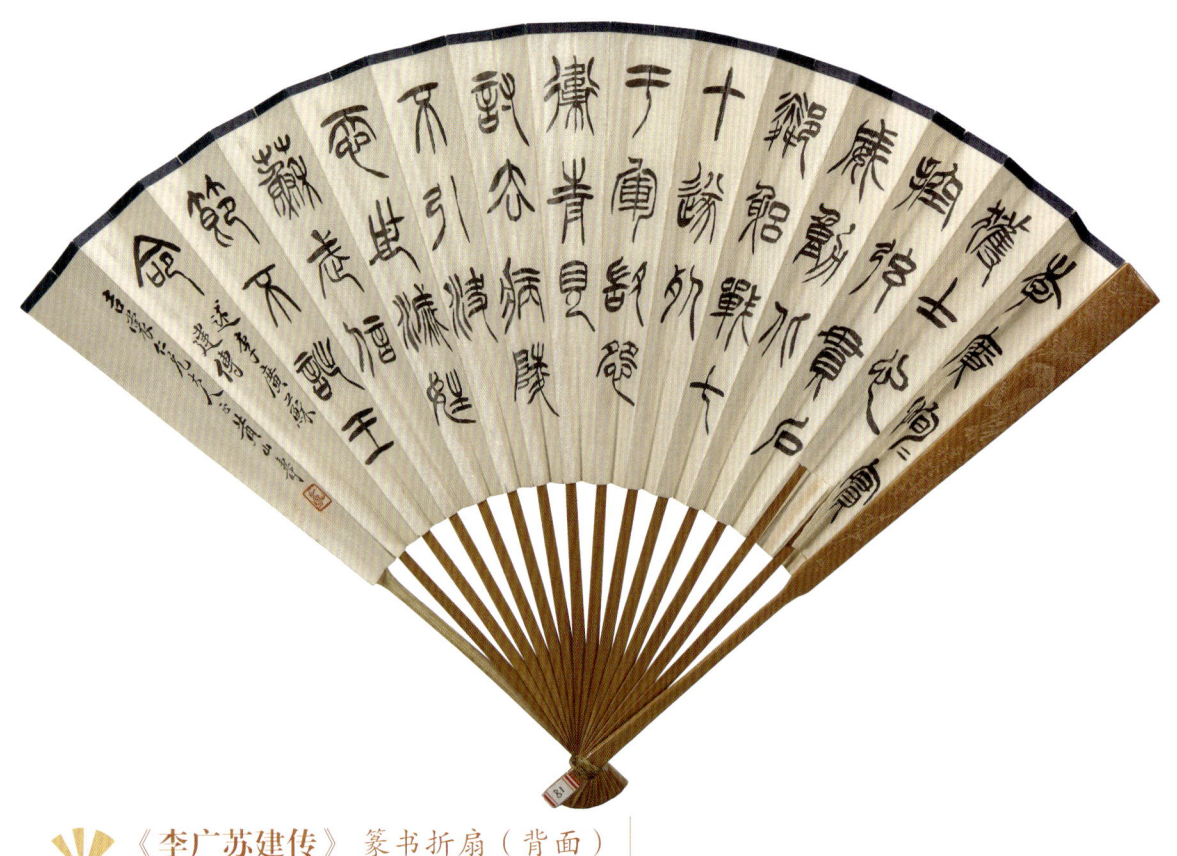

《李广苏建传》篆书折扇（背面）
[清] 黄山寿　　　　纸本　纵17.8厘米　横49.9厘米

黄山寿（1855—1919）：原名曜，字旭初，别字旭道人，晚号旭迟老人，又号丽生、鹤溪渔隐、裁烟阁主，江苏武进（今常州）人。幼年贫困，志于书画，官直隶同知。善画人物、山水、花卉、走兽，尤擅画墨龙。凡写人物仕女，喜用工笔重彩，隽雅娇秀，有改琦遗韵；山水以青绿为多，气韵古逸，亦见功力；双钩花鸟神态逼肖，笔力精劲；间作墨梅、竹石，挥洒自如，亦具韵致。书法工唐隶、北魏及郑燮、恽寿平，得其神韵。50岁后在上海卖画为生，甚少书篆。

传世作品有《秋山飞瀑图》《仿赵孟頫青绿山水图》《设色花卉图册》《梅花图》等。著有《中国书画家印鉴款识》《知鱼堂书画录》等。

题释："李广恂恂，实获士心。控弦贯石，威动北邻。躬战七十，遂死于军。敢怨卫青，见讨去病。陵不引决，忝世灭姓。苏武信节，不诎王命。"选自《汉书》卷五十四《李广苏建传》第二十四。

款署：述《李广苏建传》，吉裳仁兄大人正。黄山寿。

钤印：山寿（朱）。

扇骨：扇骨材质为玉竹，长30.9厘米。扇肩呈庙门肩。扇头为古方头。扇钉为牛角钉。扇骨为十六档。扇面上口封裱深青色绫绢。

大骨雕刻《鹰隼图》和《松鸟图》。一侧刻《鹰隼图》，上部刻古松、鹰隼，中部刻文字"苍松含古意，鹰隼出风尘"，下部刻翠竹一枝，另一侧刻《松鸟图》，上部刻松针团簇、鸟似飞翔，中部刻文字"四海神威力，能惊小鸟飞"，下部为古松树干及款署、钤印。款署"锡侯作"，钤印不识。大骨采用留青阴刻，刀法娴熟、简洁，富有古拙感。

附：

陈锡侯（1887—1958）：名汝蕃，字锡侯，号楚顽，又号仲衡，五十以后号息翁。江苏兴化人。前清秀才，扇骨多是阴刻，以画为主，用刀简洁。擅长书法，尤善草书。长期从事中、小学教育工作。后入中央文史馆任馆员。

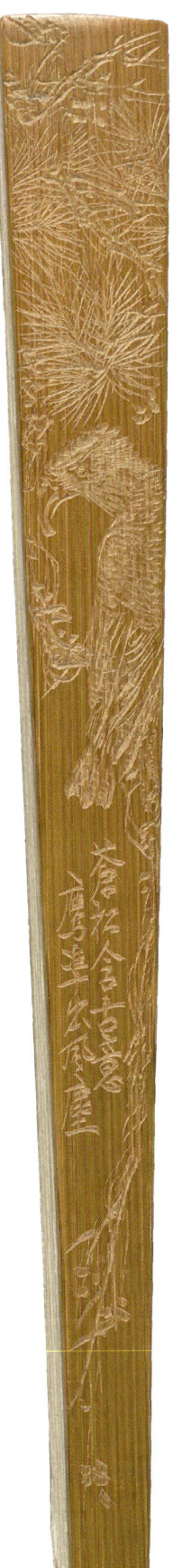

《扶桑蓝菊图》折扇（正面）

[清] 郑为章　　纸本　设色　纵19厘米　横51.3厘米　公元1902年

郑为章：生卒年不详。字倬云，号石竹居士。斋号福寿汉砖砚斋、西堂等。浙江嘉兴人。喜绘事，自以其意写动植物诸小品，亦点缀有生趣。后得元人百鸟图幅，用双钩法，自是作为花鸟草虫悉以双钩出之。设色绚烂，迥异凡手。诗笔亦韵秀可爱。

画意：画面写扶桑一枝，菊花四朵，秀石。画作采用双钩晕染，设色淡雅不失绚烂，秀石先勾勒后点苔，这是郑为章作画的风格。其擅写花鸟草虫小品，俊秀可爱，在当时十分受欢迎。

款署：壬寅长至日师宋元法，应吉裳仁兄大人雅属即正之。倬云郑为章写于西堂。

钤印：倬云（朱）。

《仿米画题》行书折扇（背面）
[清] 许应奎　　　　纸本（洒金）　纵19厘米　横51.3厘米

许应奎：生卒年不详。字星若，浙江嘉善人。曾撰有《贡举传记》，同治、光绪间曾刊印。

题释："米元章作画，一正画家谬习。观其高自标置，谓无一点吴生习气。又云王维之迹，殆如刻画，真乃可笑。盖唐人画法，至宋始畅，至米海岳又一变耳。思翁仿米画题跋。"题释摘自董其昌《画禅室随笔》中"仿米画题"的上半部分，其中有文字的增减，其意不变。下半部分为："余雅不学米画，恐流入率易，兹一戏仿之，犹不敢失董巨意。善学下惠，颇不能当也。"

款署：吉裳兄大人雅正。弟许应奎。

钤印：星若（朱）。

附：

《画禅室随笔》：明代书法、绘画理论著作，董其昌著。《画禅室随笔》共分十五门：论用笔、评书法、跋自书、评古帖、画诀、画源、题自画、评旧画、评诗、评文、纪事、纪游、杂言、楚中随笔、禅说。

该书主张巧用笔墨，强调结字，临帖重在领会其精神，提倡"以意背临"；论画以南北宗论为中心，提倡文人画。对于绘画的发展，推崇自唐而宋由"工"变"畅"，批评由宋入元某些画家的由"畅"而"佻"。主张画家要读万卷书，行万里路，以生、秀、真为艺术之高境界。

董其昌（1555—1636）：字玄宰，号思白、香光居士。松江华亭（今上海闵行区马桥）人，明代书画家。万历十七年进士，授翰林院编修，官至南京礼部尚书。其擅画山水，师法董源、巨然、黄公望、倪瓒，笔致清秀中和，恬静疏旷；用墨明洁隽朗，温敦淡荡；青绿设色，古朴典雅。以佛家禅宗喻画，倡"南北宗"论，为"华亭画派"杰出代表，兼有"颜骨赵姿"之美。其画及画论对明末清初画坛影响甚大。书法出入晋唐，自成一格，能诗文。

存世作品有《岩居图》《明董其昌秋兴八景图册》《昼锦堂图》《白居易〈琵琶行〉》《草书诗册》《烟江叠嶂图跋》等。著有《画禅室随笔》《容台文集》《戏鸿堂帖》（刻帖）等。卒后谥"文敏"。

扇骨：扇骨材质为玉竹，长31.2厘米。扇肩呈庙门肩。扇头为古方头。扇钉为牛角钉，钉面呈圆状且微拱。扇骨为十六档。扇面上口封裱浅黄色绫绢。

《春色桃花图》 折扇

[清] 武曾保　　纸本 设色 纵18.6厘米 横50.3厘米 公元1937年

武曾保（1867—1945）：字劼斋，号曾保、苦禅，别署老蕉山人，杭州人，久居淮上（今安徽蚌埠市），晚归杭州。清光绪间浙江乡闱副榜。善粗笔设色花卉，似吴昌硕，而别饶奇趣。八分书功力亦深。著有《姜丹书稿》及《工余谈艺》等。

画意：画中几枝桃枝穿插于画面，点点桃花与绿叶相间，桃花更显娇媚。不以勾填法作画，而用灵巧多变的笔墨，色墨结合，以色助墨，以墨显色，常直接以色彩表现对象的质感和层次，浓妆艳抹，冷暖色彩并存，使笔情墨趣完美地统一于画面。此画整体色彩对比协调，为画面增添韵律。

款署：丁丑三月老蕉山人，武曾保下与时年政七十。

钤印：劼斋（朱）。

扇骨：扇骨材质为玉竹，长31厘米。扇肩呈直肩，扇头为古方头。扇钉为牛角钉，扇骨为十六档。扇面上口封裱淡黄色绫绢。

大骨两面均刻有装饰纹样"双尾龙纹"，扇尾方向龙体略短，扇头方向龙体稍长。龙纹呈带状，体躯展开。这种纹饰盛行于商末周初。刀法阳刻、留青平地。有一种久远的历史感。

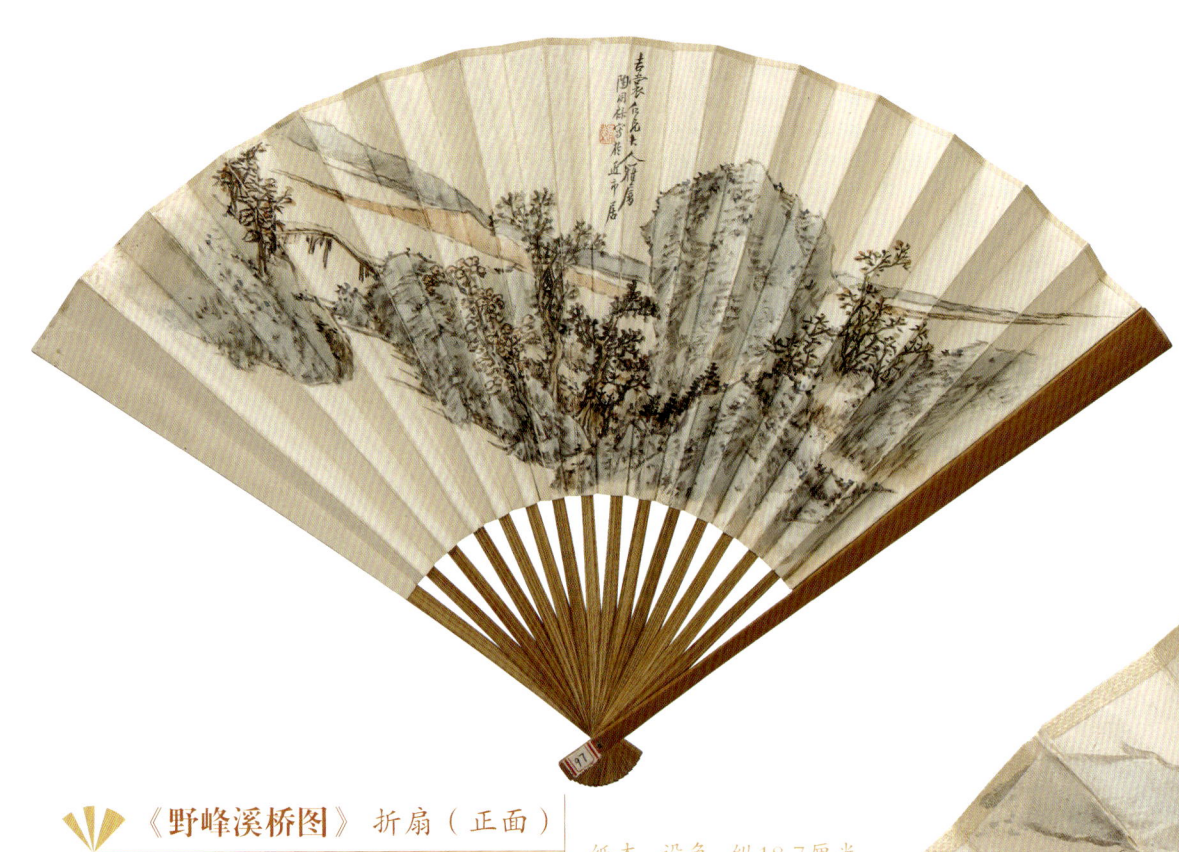

《野峰溪桥图》折扇（正面）

[清] 陶同禄

纸本 设色 纵18.7厘米 横51.2厘米

陶同禄：生卒年不详。陶焘次子，江苏昆山周庄人，斋号"近市居"。工画山水。

画意：近景秃峰、丛树，远景群山平缓，湖与溪连接了近远景致，木桥沟通了两岸。整个画面疏密相间，画风苍劲，用笔沉着。在笔法上山石皴法多以干笔积累，树木之间使用淡墨，干笔和皴擦相结合，笔意峭拔，皴法疏简，焦墨苍古，表现出了深远的意境和深厚的气韵。陶同禄承袭其父笔法，擅画山水。遵其教诲"作画不能拘泥于范本，须有创造精神，我画如是，尔临如是，脱我则死"。此语也成为流传后世的警语。

款署：吉裳仁兄大人雅属。陶同禄写于近市居。

钤印：有谷（朱）。

《南城咏古》 行书折扇（背面）

[清] 孙元成　　纸本（洒金）　纵18.7厘米　横51.2厘米

孙元成：生平不详。

题释：录自元代廼贤的《南城咏古十六首》诗第三首《寿安殿》："梦断朝元阁，来寻卖酒楼。野花迷辇路，落叶满宫沟。风雨青城暮，河山紫塞愁。老人头雪白，扶杖话幽州。"第四首《圣安寺》："兰若城幽处，联镳八月来。宝华幢盖合，衮冕画图开。断碣苍苔暗，空庭落叶堆。饥鸢不避客，攫食下生台。"第十三首《西华潭》："秋水清无底，凉风起绿波。锦帆非昨梦，玉树忆清歌。帝子吹笙绝，渔郎把钓多。矶头浣纱女，犹恐是宫娥。"

款署：吉裳仁兄大人雅属。希逸孙元成。

钤印：希逸（白）。

附：

廼贤（1309—1364）：又作纳新、纳延，字易之，别号河朔外史，元代西域人，属葛逻禄部落。世居金山（阿尔泰山）之西，后迁徙内地。少时随兄宦游江浙，卜居于鄞。游历齐鲁燕赵，再至京师。廼贤是元末名臣，曾官翰林编修。博学善歌诗，其词清润纤华，备受士大夫推许。清代王士禛在《池北偶谈》一书中，对这位深通中原文化的色目人评价极高，称其"事功节义文章，彬彬极盛，虽齐鲁、吴越衣冠士胄，何以过之"（王士禛《池北偶谈》卷七）。著有《金台集》《河朔访古记》等。

《南城咏古十六首》：有较多北京旧迹。悯忠阁、圣安寺与石刻博物馆辽代天宁寺石刻上记录可一一对应。

《南城咏古十六首并序》中写道："至正十一年八月既望，太史宇文公、太常危公，偕燕人梁处士九思、临川黄君殷士、四明道士王虚斋、新进士朱梦炎与余，凡七人，联辔出游燕城。览故宫之遗迹，凡其城中塔庙楼观台榭园亭，莫不徘徊瞻眺，拭其残碑断柱，为之一读。指废兴而论之，余七人者，以为人生出处聚散，不可常也。邂逅一日之乐，有足惜者，岂独感慨陈迹而已哉。各赋诗十有六首以纪其事，庶来者有所征焉。河朔外史廼贤序。"

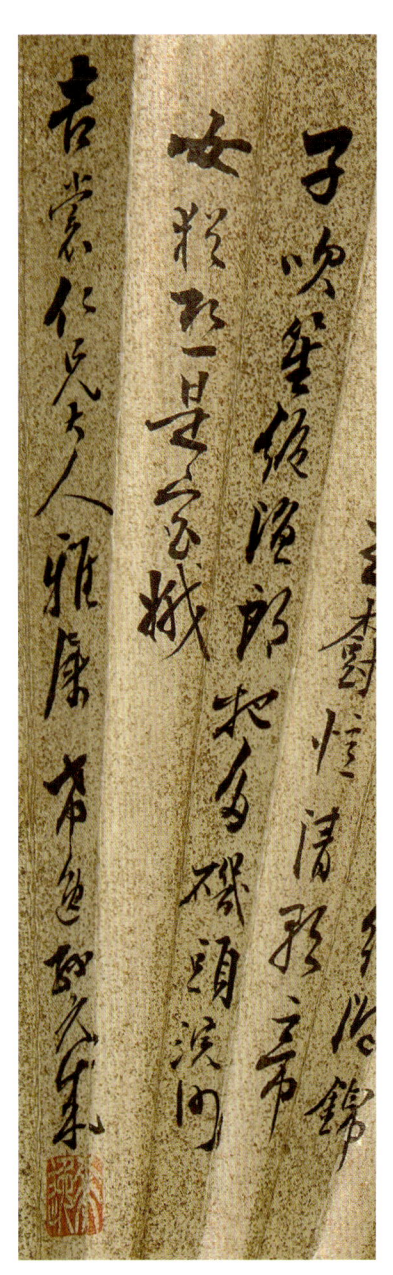

扇骨：扇骨材质为玉竹，长30.7厘米。扇肩呈溜肩。扇头为古方头。扇钉为牛角钉，钉面呈圆状，微拱。扇骨为十六档。扇面上口封裱浅黄色绫绢。

《远山秀岭图》折扇（正面）

[清] 张之万　　　纸本　水墨　纵17.5厘米　横53.3厘米

张之万（1811—1897年）：字子青，号銮坡，直隶南皮人，张之洞兄。道光二十七年进士，同治间，署河南巡抚，移督漕运，历江苏巡抚、闽浙总督。曾在上海巡视海塘工程，并与曾国藩接见日、英、法、美等八国领事。同曾国藩会奏，修宝山海塘。光绪八年，为兵部尚书，后调刑部。十年，入值军机处，兼署吏部尚书。后为协办大学士、体仁阁大学士、东阁大学士。二十二年(1896)年老致仕，赏食全俸。卒后赠太保，谥文达，入祀贤良祠。

张之万画承家学，山水用笔绵邈，骨秀神清，为士大夫画中逸品。戴熙讨论六法，交最相契，时称南戴北张。书精小楷，唐法晋韵，兼擅其胜，有《张文达公遗集》。

画意：画面远山缥缈，雾气蒸腾，层峦叠嶂，实景是写意疏树几株。画家以水墨晕染为主，积点成线，形成一种空蒙迷惘的景色，有"米氏云山"之感。弱化了大山、大水的写实因素，强调笔墨技巧，从自然再现升华为艺术表现，突出宁静、质朴的意境氛围。笔法的提按转折有别于董源、巨然。可谓似董、巨而去其繁，似二米而树其骨。他把"米家云山"的画法又向前推进了一步。

题释：仿高尚书意。

款署：继瞻二兄大人雅正，弟张之万。

钤印：之万（朱）。秋水山房藏扇（朱）。

附：

高尚书：即高克恭（1248—1310）字彦敬，号房山，大同（今山西大同）人，居燕京（今北京），祖籍西域（今新疆）。由京师贡补工部令史，选充行台掾，擢山东西道按察司经历，历河南道按察司判官，大中时官至刑部尚书。画山水初学二米，晚年糅合李成、董源、巨然等多家风格，笔法自成一家。专取写意气韵，尤以烟雨林峦的描绘最为精绝。亦擅长墨竹，与文湖州并驰，造诣精绝。时与赵孟頫、商琦、李衎并称"元四家"。

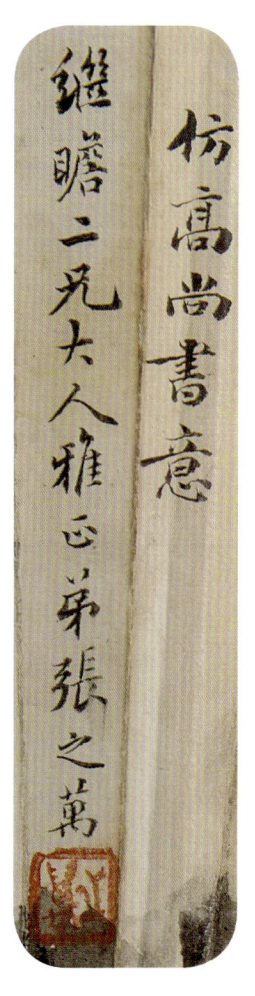

《眠食帖》行书折扇（背面）

[清] 李鸿藻　　纸本（泥金）　纵17.5厘米　横53.3厘米

李鸿藻（1820—1897）：字兰荪、寄云，号石孙、砚斋，河北保定人。同治、光绪年间的"清流领袖"，晚清主战派重臣之一。咸丰二年进士，选庶吉士，授编修，督河南学政。同治元年，擢侍讲，深受西太后信任，累迁内阁学士，署户部左侍郎。四年，擢都察院左都御史，加太子少保。光绪二年，命兼总理各国事务衙门，反对崇厚擅订《里瓦几亚条约》。历任礼部尚书、协办大学士，调吏部尚书。光绪二十三年以病乞假，旋卒，谥号"文正"，赠太子太傅，入祀贤良祠。李鸿藻虽为军机大臣，但持躬俭约。"其在枢府，独守正持大体，所荐引多端士。"

题释："右王右军《眠食帖》真迹。世之博古之家，所收王帖，仆亦略见之，如此帖章草，奇古雄强，精神逼人，指不可再屈也。至元丙戌十一月朔（大梁）赵孟頫为冲宾员外跋。"此帖收录于《宣和书谱》。《眠食帖》原为《豹奴帖》，元朝时，此帖前二行墨迹尚存，其中第二行有"眠食"二字，元人题为《眠食帖》。《二王帖评释》曰："是绢本、赵子昂、邓善之题为《眠食帖》。"《式古堂书画汇考》载有元人关于《眠食帖》诸题跋。

款署：緃瞻二兄大人雅属，李鸿藻。

铃印：两枚印迹不清。一白文，一朱文。

扇骨：扇骨材质为玉竹，长32.2厘米。扇肩在大骨的偏下方呈溜肩。扇头为大扁圆头。扇钉为牛角钉。扇骨为十六档。扇面上口封裱青色绫绢。

大扁圆头，在扇头的种类里是不多见的。尽管制作简单，但对材质的要求却很高，大骨、小骨扇钉的打眼技术性、准确性很强。

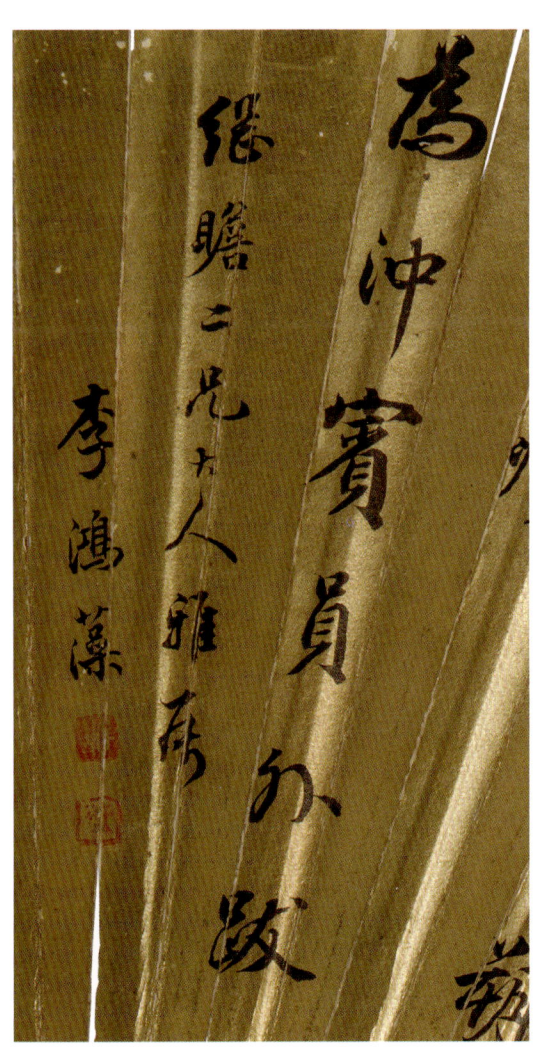

▼ 《隐逸访客图》 折扇（正面）

［清］ 洪汝源　　　纸本　水墨　纵16厘米　横51厘米

洪汝源：生卒年不详。字毅夫，号莲坞，湖南宁乡人，光绪八年（1882）举人，光绪十八年（1892）进士，入翰林，散馆授检讨，曾任四川绥定府知府，檄署保宁，辛亥革命后当选县议会议长。10岁能诗文，存《盘泉山馆诗钞》，山水仿三王，能作巨幅，不失古法。绘画作品存世不多，技法上延存文人画气息。

画意：远处山势绵长，近处疏树坡石，中景湖水平阔，小桥通岸，逸人持杖前行，空灵处茅屋数间。画面疏而有致，淡而不薄。远山用笔轻柔淡润，随意勾出山体轮廓，再略施渲染，以浓墨点苔。中近景用侧峰、渴笔、淡墨，写山石树干，浓墨点树叶，墨韵桀然，或浓或淡，疏密不显。寥寥几笔人物茅屋呈现画中，给人以空灵通透、隐居闲情之感。

款署：仙洲仁兄大人雅鉴，毅夫弟洪汝源。

钤印：毅夫（朱）。

▼ 《送程刘二侍御尊独孤判官》 行书折扇（背面）

[清] 瞿鸿禨

纸本（洒金）
纵16厘米 横51厘米

瞿鸿禨（1850—1918）：字子玖，号止庵，晚号西岩老人。湖南善化（今长沙）人。同治十年（1871）进士，授编修。光绪初年，大考名列第一，擢为侍讲学士。光绪二十三年（1897）升为内阁学士。先后出任福建、广西乡试考官，河南、浙江、四川、江苏四省学政。中日甲午战争时，曾上四路进兵之策。以后秉承慈禧太后懿旨，屡献求和之策，深得赏识，先后出任工部尚书、军机大臣、政务大臣、外务部尚书等职，授协办大学士。1906年参与策划预备立宪，任议政官制大臣。1907年因忤慈禧旨意，与奕劻发生矛盾，被罢斥回籍。著有《止庵诗文集》《汉书笺识》。

题释：摘自唐李白《送程刘二侍郎兼独孤判官赴安西幕府》诗。"'安西幕府多才雄，喧喧惟道三数公。绣衣貂裘明积雪，走书飞檄如飘风。朝辞明主出紫宫，银鞍送别金城空。天外飞书下沧海，火旗云马生光彩。胡塞清尘计日归，汉家草绿遥相待。'太白送程刘二侍御尊独孤判官。"扇面与原诗有所不同，如原诗"飞书走檄如飘风"，而瞿鸿禨书写为"走

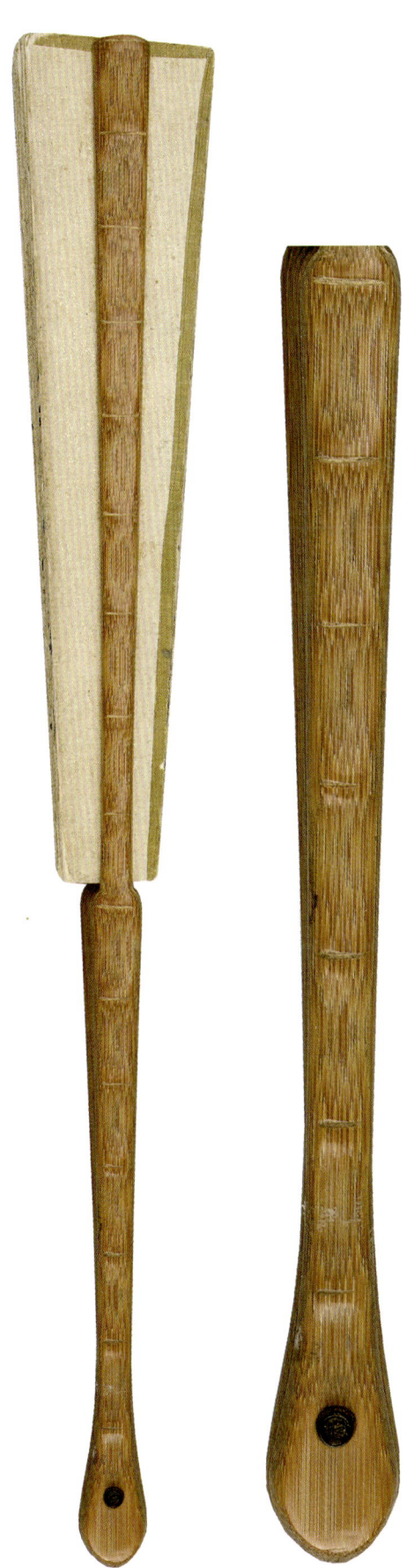

书飞檄如飘风";原诗"天外飞霜下葱海",瞿鸿禨书写为"天外飞书下沧海",不仅将"飞霜"写成"飞书",而且还多出一字"沧"。再如"几"写成"计"等。

款署:仙洲一兄大人雅正。止庵瞿鸿禨。

钤印:禨(朱)。

附:

《送程刘二侍郎兼独孤判官赴安西幕府》:是唐代诗人李白创作的一首送别诗。全诗共十句七十字,虽写送别,却不伤感,通篇为勉励与期望之语。

扇骨:扇骨材质为玉竹,长29厘米。大骨为夹骨,竹节式。小骨与扇肩的螳螂腿式相同。扇肩呈螳螂腿式。扇头为排茄头。扇钉为牛角钉。扇骨为九档。扇面上口及两侧边缘封裱金黄色绫绢。

《荆十三娘图》折扇（正面）

[清] 沈 梓　　纸本 设色 纵19.5厘米 横58厘米 公元1865年

沈梓（1833—1888）：又名沈涛子、沈芬弟。字桑与，号北山、梦蛟，晚号退庵居士，浙江秀水濮川（今桐乡濮院）人。咸丰十一年（1861）拔贡生。同治四年（1865）八旗官学教习，武英殿校录，授职内阁中书。后归故里，热心公益，造福桑梓，曾创建濮院镇"云翔书院""保元善堂"。擅楷法，工制艺，兼治诗。书室名"养拙轩"。著有《养拙轩诗文稿》《养拙轩笔记》《濮院镇志》，咸丰年间，沈梓留下《避寇日记》手稿六卷，现为嘉兴图书馆的镇馆之宝。

沈梓的故居因在井边有一棵百年红芍药，故名"红药山房"。

画意：以白描画法为主，清秀娴丽，线条粗细浓淡，构图稳重、灵动、自然，画面简洁精练，既有真实感，又有文人情趣。天际间的薄云及圆月以线条为主略染色彩。

题释：唐剑侠荆十三娘小景：余粗□不文，闲情偶寄，间弄丹青不过潦草数笔而已，略记尝有句云：吾画信埽无师法变化□任天功画成，得意固可喜，否则亦自快心胸。昔及坡老论弹棋有云，趣□兴同等语，鸦涂蚓抹可以概见矣，□□声必四兄□画并为余言，近日画家判然两派，一从谨饬怃古，一喜放纵翻新，虽见智见仁各执一是，然大匠之门必具绳□断不能逾规矩，不成方圆也，卓哉斯论度我金针，爰即改弦易辙，为访山阳居士水墨法就正，东邻丑妇颦效西家□□□，我率不禁愧汗雨下矣。

款署：时乙丑大暑客京师，红药山房雨窗并记入海寄鸥。

钤印：印迹不清。

附：

荆十三娘：出自五代孙光宪《北梦琐言》，宋《太平广记》、明《剑侠传》也有辑录，短篇文言武侠小说。讲述了荆十三娘得救的故事。

白描：是中国画技法名，指单用墨色线条勾描形象，不修饰与渲染烘托的画法。有单勾和复勾两种。以线一次勾成为单勾，有用一色墨，亦有根据不同对象用浓淡两种墨勾成。复勾则先以淡墨勾成，再根据情况复勾部分或全部，其线并非依原路刻板复选一次，其目的是为加重质感和浓淡变化，使物像更具神采。复勾线必须流畅自然，否则易呆板。物像之形、神、光、色、体积、质感等均以线条表现，难度很大。白描朴素简洁，概括明确，不施色彩。中国古代有许多白描大师，如吴道子、赵孟頫、顾恺之、李公麟等都取得了突出成就。白描多见于人物画和花鸟画。宋元间有画家采用白描手法来描绘花鸟，如北宋仲仁、南宋扬无咎、元代赵孟坚、张守正等。

《和陶移居》楷书折扇（背面）

[清] 王仁达　　　纸本（洒金）　纵19.5厘米　横58厘米

王仁达：生卒年不详。清末民国时著名书法家。尤擅楷书。

题释：宋代苏轼《和陶移居》诗两首；《和陶饮酒》诗二十首，取其第七首。《和陶移居》诗两首：其一"昔我初来时，水东有幽宅。晨与乌鹊朝，暮与牛羊夕。谁令迁近市，日有造请役。歌呼杂闾巷，鼓角鸣枕席。出门无所诣，乐事非夙昔。病瘦独弥年，束薪谁与析。"其二"洄潭转碕岸，我作江郊诗。今为一塵氓，此地乃得之。葺为无邪斋，思我无所思。古观废已久，白鹤归何时。我岂丁令威，千岁复还兹。江山朝福地，古人不吾欺。"《和陶饮酒》诗第七首："顷者大雪年，海派翻玉英。有士常痛饮，饥寒见真情。床头有败榼，孤坐时一倾。未能平体粟，且复浇肠鸣。脱衣裹冻酒，每醉念此生。"

款署：声如四兄方家正是，弟王仁达。

钤印：寿王（朱）。

附：

苏轼（1037—1101）：字子瞻，又字和仲，号东坡居士，世称苏东坡、苏仙。北宋眉州眉山（今四川眉山市）人，祖籍河北栾城，北宋著名文学家、书法家、画家。

嘉祐二年（1057）苏轼进士及第。宋神宗时曾在凤翔、杭州、密州、徐州、湖州等地任职。元丰三年（1080），因"乌台诗案"受诬陷被贬黄州任团练副使。宋哲宗即位后，曾任翰林学士、侍读学士、礼部尚书等职，晚年因新党执政被贬惠州、儋州。宋徽宗时获大赦北还，途中于常州病逝。宋高宗时追赠太师，谥号"文忠"。

苏轼是宋代文学最高成就的代表，并在诗、词、散文、书、画等方面取得了很高的成就。其诗题材广阔，清新豪健，善用夸张比喻，独具风格，与黄庭坚并称"苏黄"。与辛弃疾同是豪放派代表，并称"苏辛"。其散文著述宏富，豪放自如，与欧阳修并称"欧苏"，为"唐宋八大家"之一。苏轼亦善书，为"宋四家"之一。工于画，尤擅墨竹、怪石、枯木等。有《东坡七集》《东坡易传》《东坡乐府》等传世。

扇骨：扇骨材质为玉竹，长33.2厘米。扇肩呈溜肩。扇头为马牙头。扇钉为牛角钉，钉面呈圆状，微拱。扇骨为十六档。扇面上口封裱紫色绫绢，有经纬络。

《葡萄图》折扇

[清] 溥翰　　绢本（背面：纸本洒金）　设色　纵17.3厘米　横50厘米

溥翰：即爱新觉罗·溥翰，生卒年不详。咸丰七年（1857）封三等奉国将军，光绪四年（1878）袭辅国将军，光绪十二年（1886）告退。

皇十子爱新觉罗·溥翰，聪敏好学，勤勉有加，奉旨调查祥瑞诓骗之案，夜以继日，办案有功。乃皇嗣之典范。据《清史稿·皇阿哥列传·爱新觉罗·溥翰》载：爱新觉罗·溥翰，裕和皇帝爱新觉罗·仁恪之子，行十七，老十，已逝祺嫔杭锦式映梨所出，后过继给珍妃颜珠息分代为抚养。裕和元年十二月，依祖制居乾东五所敬翰轩。聪敏好学，孝悌有加，着领"贝子"爵，是为"十贝子"。裕和二年十二月，文武双全，孝悌有佳，上谕进"固山贝子"。裕和三年六月，加封"贝勒"衔，于城西兴建贝勒府。

画意：画面为设色葡萄一枝，两串果实倒挂枝头，一紫红一青色，鲜嫩欲滴，形象生动。茂盛的叶子以大块绿、浅绿点成，叶茎密细。紫红色葡萄为画面主体，两团叶子一高一低，风格疏放，表现了作者的风格。

款署：溥翰恭绘。

钤印：印迹不清（白）。

扇骨：扇骨为漆骨，材质为竹，长30.5厘米。扇肩呈庙门肩，扇头为马蹬方头。扇钉为牛角钉，扇骨为十六档，扇面上口封裱深紫色绫绢。

大骨为黑漆骨，雕刻山水图，深刻，是扇骨阴刻中重要的表现手法。大骨一侧刻有：最上层亭台楼阁、斗拱、祥云、山石、古松、水中木阁在第二层，第三层垂柳、琼楼、山石。大骨另一侧第一层刻有：古松、楼阁、山石、祥云，第二层垂柳、楼阁、山石，第三层山石、古松。扇骨刻画了山水景色，有远、中、近三层景色，曲槛匜台，景物间断处，悉作山石与水相连。两骨图案大致相同。刻法细腻，格调古雅。扇骨深刻山水图不多见。

漆骨雕刻技术始创于唐代的扬州地区。清末民国时得到进一步的发展。

253

《山水图》折扇（正面）

[清] 俞 云　　纸本 设色 纵18.3厘米 横51.2厘米 公元1928年

俞云（1864—1937）：字瘦石，号即佛，浙江绍兴（一说浙江山阴）人。精篆刻，画山水学娄东、虞山两派，尤注意气韵。傅大卣述其佚事云："每作画先运气，正襟危坐，凝神静气，动笔就顷刻而成。无论繁简，均有静穆之气。"瘦石多艺，能诗文，擅篆隶，精治印，亦能操古琴，驰名南北。尤以绘事最工，遗命以"山阴老画师"额碑。

瘦石一生潦倒，中年妻子尽丧，游食齐鲁燕赵之地，晚年定居京华，故其艺名虽萤声北地，江浙却罕知。据《俞瘦石先生传》云："瘦石幼即嗜丹青，后益深造，直入倪黄之室，尺幅寸缣，为世珍宝。旧都艺林交相推重，视为云林、青藤再世，群尊之曰老画师。"瘦石于民国廿六年（1937）五月六日卯时卒于北平同邑张氏的"补萝庵"。

瘦石篆刻多率意，借铁笔以抒发胸中块磊，章法颇奇崛，印格自高古。论印有云："执刀如执笔，顺往逆就，方无雕凿之病。"金潜庵评价瘦石篆刻"舍吴缶老外未肯多让"，虽属过誉，而瘦石之为雄奇体，能不受苦铁影响，技法或有可议，而较之一般平庸印人，为求雄奇状，捧心效颦，

瘦石之天然，转觉可爱。赞曰："苍迈缶翁天下晓，雄奇瘦石几人知。平生块垒托书印，潦倒山阴老画师。"

画意：此画为俞云64岁所作。画面遥山叠岭，林木葱郁，山间小路隐现，坡涧屋舍屹立，山下一片湖水，小桥荡舟。娄东、虞山两派的画风跃然笔端，蕴含着特有的气韵。

款署：仿樵道人笔，伯怪我哥再正。戊辰瘦石俞云。

钤印：俞云（白）。

附：

樵道人：即陆谷（明），初名樵，字懒渔，又字亦樵，后称樵道人，浙江平湖人。工山水。顺治六年（1649）卜居乍浦（今浙江乍浦）者二年，登龙湫与李潜夫为忘年交。一生游遍名山大川。著《夜鸿鸣集》。

《曹全碑》隶书折扇（背面）

[民国] 云 文　　纸本（洒金笺）　纵18.3厘米　横51.2厘米

云文：生平不详。

题释："及其从政，清拟夷齐，直慕史鱼，历郡右职，上计掾史，仍辟凉州。"此题释是《曹全碑》碑文中的一段。《曹全碑》全称《汉郃阳令曹全碑》，是中国东汉时期重要的碑刻，立于东汉中平二年（185）。碑高约1.7米，宽约0.86米，长方形，无额，石质坚细。碑身两面均刻有隶书铭文。碑阳20行，满行45字；碑阴分5列，每列行数字数均不等。明万历初年，该碑在陕西郃阳县旧城出土。明代末年，碑石断裂，人们通常见到的大多是断裂后的拓本。1956年移入陕西省西安博物馆碑林保存。曹全碑是汉代隶书的代表作品之一，是秀美一派的典型。其风格秀逸多姿、结体匀整，历代书家推崇备至。

款署：伯怪我哥法正，弟云文笔。

钤印：忘囗（朱）。

扇骨：扇骨材质为玉竹，长 30.6 厘米。扇肩在大骨的偏下方，呈庙门肩。扇头为和尚圆头。在扇头两侧镶嵌檀木薄片，然后烫钉。扇钉为牛角钉，钉面呈扁圆，拱面，中间有"鼠眼"，四周颜色浅淡透明。大骨面为阳刻（留青雕），其一：雕刻藤萝、洞石、翠鸟。落款"星如作元人法"，印"铨印"。其二：雕刻翠柳、飞燕。落款"李铨画于□都，李铨"，印"如"。设计自然。平地（底）。扇骨为十四档，扇面上口封裱淡黄色绫绢。

附：

李铨：生卒年不详，字星如，南京人。斋名：半舫轩。清代著名竹刻家，也擅画，工书。

《春望桃花图》折扇（正面）

[民国] 张寿龄　　　　纸本　设色　纵20.5厘米　横56厘米　公元1917年

张寿龄（1870—?）：字筱松，又小松，号澹如。室名小黄花馆。江苏武进人，清代同治九年生。曾赴日本留学。历任天津、吴桥知县，易州知州，奉天粮饷总办，军备处总办。辛亥革命时，任江苏都督府秘书长。1913年9月，任江苏国税筹备处处长，兼江苏财政司司长。1914年2月，任北京政府财政部次长。后任徐世昌总统府顾问。1919年1月，任全国烟酒事务署督办。1921年12月去职。1922年创立烟酒商业银行。后任中华懋业银行经理。

画意：图中是一枝盛开的桃花，运笔遒劲有力，老干新枝，蓓蕾竞绽，喧闹热烈的气氛，宣告春天来临的消息，动人心魄。构图疏密有致，枝条穿插，繁与简、直与曲富有韵味。设色浓淡参差，境界幽雅淡逸。画家采用没骨法将墨、色、水、笔巧妙结合融于一体，重在意蕴，依势行笔。

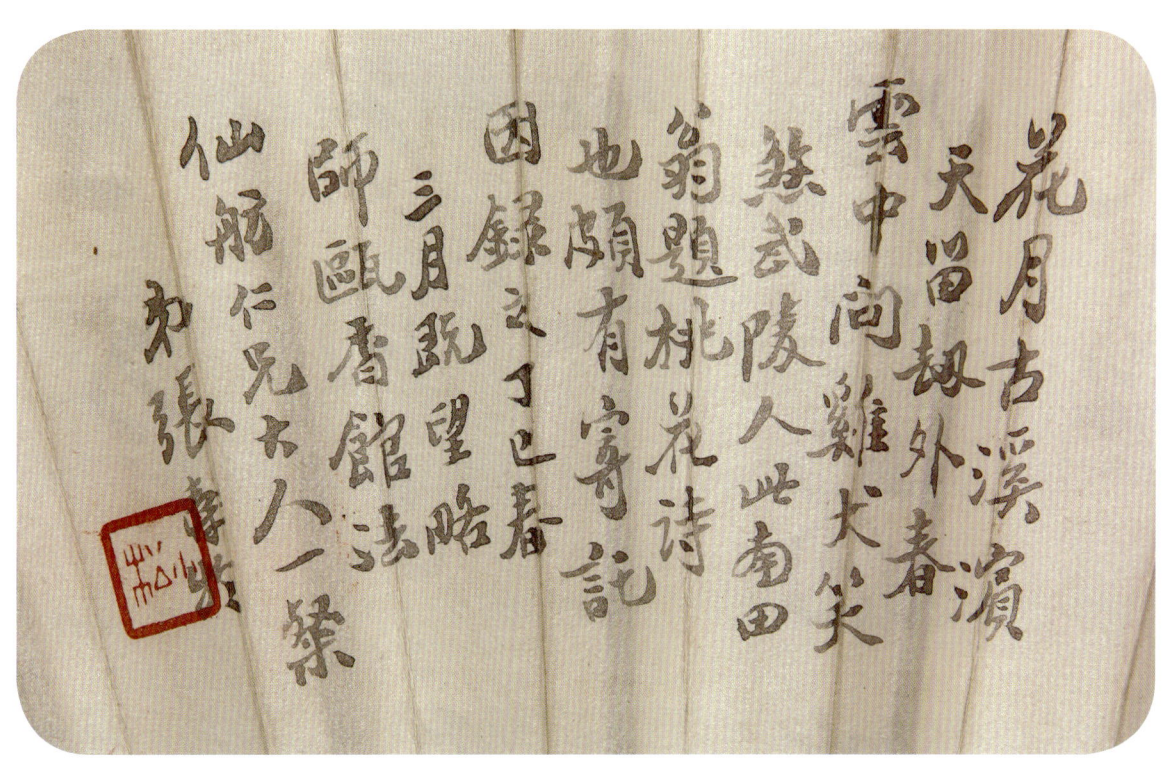

题释："'花月古溪滨，天留劫外春。云中问鸡犬，笑煞武陵人。'此南田翁题桃花诗也，颇有寄托，因录之。"摘自恽寿平《题桃花》诗。

款署：丁巳春三月既望，略师瓯香馆法。仙舫仁兄大人一粲，弟张寿龄。

钤印：小松（朱）。

附：

"南田翁"：即指恽寿平。恽寿平的诗歌受到陶渊明思想的影响，从其题画诗中流露出他对陶渊明精神境界的神往。

没骨法：中国画技法名。用彩色直接绘出形象，而不用墨色线条勾描的画法。由印度的染晕法脱画而来，受中国的佛像画影响。五代后，蜀黄筌画花勾勒较细，着色后几乎不见笔迹，有"没骨花枝"之称。北宋徐崇嗣效学黄筌，单以色彩作花卉，名"没骨图"，后人称这种画法为"没骨法"。另有用青、绿、朱、赭等色，染出丘壑树石的山水画，称"没骨山水"，也叫"没骨图"，相传为南朝梁张僧繇所创，唐杨升擅此画法。

《倪宽赞帖》行书折扇（背面）

[民国] 张寿龄　　纸本　纵20.5厘米　横56厘米　公元1917年

张寿龄：见258页。

题释："汉兴六十年，海内艾安，府库充实，而四夷未宾，制度多阙，上方欲用文武，求之如勿及，始以蒲轮迎枚生，见主父而叹息。群生向慕，异人并出。"此段文字取自褚遂良的《倪宽赞》帖，有些文字有删减或不同，其意不变。

款署：丁巳春三月既望，节临褚河南书奉，仙舫仁兄大人雅正。弟张寿龄。

钤印：小松（朱）。

附：

《倪宽赞》：又作《儿宽赞》，褚遂良楷书墨迹。素笺乌丝栏墨迹卷，纵24.6厘米，横170.1厘米。现藏台北故宫博物院。

古代学者多认为此帖是褚遂良晚年作品。近代学者则认为文中避讳用字习惯与唐代不符，用笔亦与褚书有出入，结构较似欧体，可能是宋代临写。

本帖笔画疏瘦，顿挫生姿，笔意翩翩自得，秀丽美妙。

"褚遂良"（596—659）：别名褚登善、褚河南，字登善，唐朝政治家、书法家，杭州钱塘人，祖籍阳翟（今河南禹州）。褚遂良博学多才，精通文史，隋末时跟随薛举为通事舍人，唐朝任谏议大夫、中书令等职，唐贞观二十三年（649）与长孙无忌受太宗遗诏辅政；他坚决反对武则天为后，遭贬潭州（长沙）都督，武后即位后，转桂州（桂林）都督，再贬爱州（今越南北境清化）刺史；褚遂良工书法，初学虞世南，后取法王羲之，与欧阳询、虞世南、薛稷并称"初唐四大家"；传世墨迹有《孟法师碑》《雁塔圣教序》等。

扇骨：扇骨材质为棕竹，长34厘米。扇肩呈庙门肩。扇头为古圆头。扇钉为牛角钉。扇骨为十四档。扇面上口封裱淡黄色绫绢。

大骨阴刻楷书"度白雪以方洁，干青云而直上。"字体圆润厚重。款："时在仲春之月，松亭作于白下。"无钤。

附：

"度白雪以方洁，干青云而直上。"：出自南朝齐孔稚圭《北山移文》。原文："钟山之英，草堂之灵，驰烟驿路，勒移山庭：夫以耿介拔俗之标，萧洒出尘之想，度白雪以方洁，干青云而直上，吾方知之矣……"

《北山移文》：是一篇创作于南北朝时期的讽刺性散文。旨在揭露和讽刺那些伪装隐居求取利禄的文人。作者孔稚珪（447—501），字德璋，会稽山阴（今浙江绍兴）人。少年时涉猎文学，曾中秀才。曾任南北朝时期，宋安成王车骑法曹行参军，官至太子詹事。

　　白下：南京的别称。

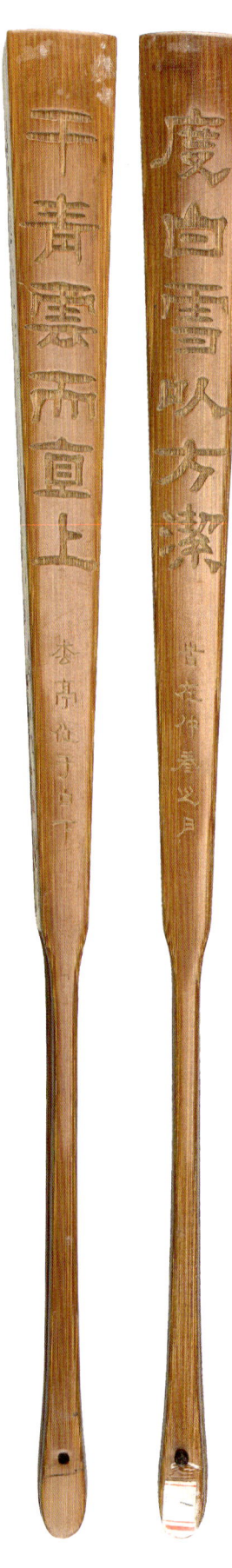

《花卉图》折扇（正面）

[民国] 杨葆益　　纸本　设色　纵20.2厘米　横54.5厘米　公元1924年

杨葆益：生卒年不详。字冠如，别号冠道人，天津人。工写生，文人花鸟画家，中国画学研究会成员及评议。

画意：画面绘海棠花一枝，形态自然。体现写意的画风，淡墨欹毫，自有疏斜历乱之致。技法灵活多样，笔墨酣畅，不拘泥于形，旨在追求神韵。似乎可以感受到画家内心的情感波动。

题释：拒霜独笑，水滨自得。

款署：甲子五月，冠道人葆益写。

钤印：冠如（朱）。

附：

中国画学研究会：徐世昌任名誉会长。金城为会长。设副会长、理事和评议等职。1927年以后的副会长为陈半丁、徐宗浩，理事一职是后来"延聘"的。评议最初由北京画界前辈担任，已知的早期评议有陈师曾、萧谦中、贺履之、陶宝如、徐宗浩、陈汉第、俞明、颜世清、陈半丁、杨冠如。后来还增加了胡佩衡、溥伒、张爰、溥儒、黄宾虹、马晋、吴熙曾、李上达、管平、李瑞龄、于照、汪溶、秦裕、孙诵昭、徐操、张启宗、赵恩熹、王雪涛、刘恩涵（凌沧嘆、周德明、吴显曾）吴熙曾的弟弟周仁、徐慧等人。

《论〈寒具〉说》行书折扇（背面）
[民国] 袁祚廙　　纸本　纵20.2厘米　横54.5厘米

袁祚廙（？—1929）：贵州修文人，官宦世家。清末曾入袁世凯幕府，清宣统三年（1911）做过营口道台，辛亥革命后避入天津租界。在北洋军阀时期，他亦官亦商，长袖善舞，全家搬到北京景山后街米粮库胡同一所很大的宅院里。1929年，死于脑溢血，从此家道中落，将大宅院转让给胡适。

北洋政府时曾任凤阳盐关的总监，后来又当上了山东枣庄中兴煤矿的董事长和北京（电）报（电）话局的局长，同时还在北京经营房地产和当铺，开了面粉厂和油坊。其女袁永熹嫁于叶公超，其子袁永熙娶陈布雷之女，袁家与当时的高官多有联姻。

题释：题释分四个部分，皆说寒具。其一是杨升庵（即杨慎，明代三才子之首）论及寒具："晋桓温喜陈书画，客有不濯手而执书帙者，偶浣之后，遂不设寒具。"其二是北魏的贾思勰"齐民要术并食经皆云：环饼，世疑馓子也。"其三是"东坡《寒具》诗：'纤手搓来玉数寻，碧油煎出嫩黄深。夜来春睡浓于酒，压褊佳人缠臂金。'殆以寒具为馓子也。"其四是《广雅》（我国最早的一部百科词典）："宋人小说以为寒食之具，即闽人所谓'煎䭔'。以糯粉和面，煎沃食之。"有些文字与原文有别。

款署：璧侯仁兄法家正，弟袁祚廙。

钤印：袁口（朱）、敬安（朱）。

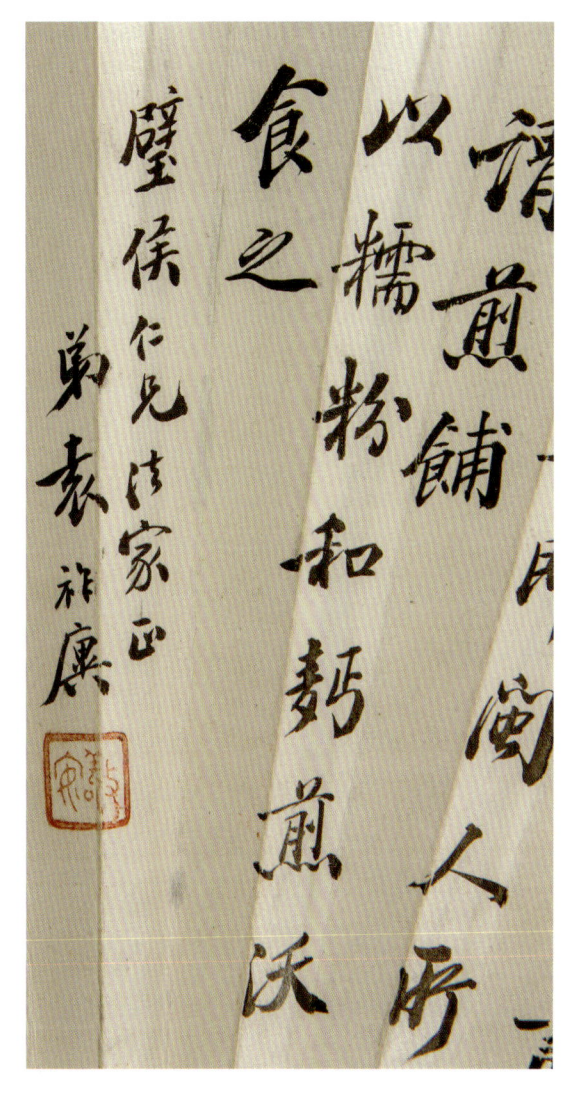

附：

寒具：亦称"馓""环饼"等。俗称"馓子"。古代食品名。据史书记载始于北朝，距今已有1400多年的历史。寒具用面粉、糯米粉加盐或蜜、糖，搓成细条，油煎而成。形状各别，或为麻花，或栅状。起于寒食节禁火，用以代餐，因称寒具。后成为一种平时的点心食品。

在西北地区都有吃馓子的习惯。一般汉族在腊月底制作，过年时招待客人，在正餐前食用。回族、撒拉族等一些少数民族的群众，在每年欢度传统节日"古尔邦节""尔德节""圣纪节"时，家家户户的餐桌上都有一盘黄澄澄的多层的圆柱形的油馓子。婚丧大事中，也把馓子作为待客的主要面食品。

扇骨：骨扇材质为棕竹，长34.2厘米。扇肩在大骨的偏下方，呈庙门肩。扇头为古圆头。扇钉为牛角钉，钉面呈扁圆，拱面。大骨雕刻梅花图，先素漆，后雕刻，称"雕刻漆骨"。雕刻为阴刻中的深刻，在树干部分"沙地留青"，此扇骨装饰性强。小骨未上漆。扇骨为十四档。扇面上口封裱浅黄色绫绢。

附：

十四档扇骨：较少见。主要流行于明末清初。

棕竹：为常绿丛生灌木，干细而坚韧。色深，皮与肉中都带有明显的深黄色条纹。棕竹骨均为素骨，简单清雅。在明代吴中，棕竹扇骨被视为"怀袖雅物"。棕竹常用于十八档以上的扇骨。三十档、四十档的黑纸扇几乎都用棕竹。棕竹较细，难寻大骨之材。

"沙地留青"：留青即在凸起部分保留竹皮。沙地是在铲除了竹皮的竹肌上用特殊刀具打上密密麻麻的小点。

《青山春柳图》折扇

[民国] 杨立阜　　纸本　设色　纵18.5厘米　横50厘米

杨立阜：生卒年不详。字次山，山西太原人，画家、文学家。

画意：作品采用点、线、晕染及侧锋的手法，描写出山峦、垂柳、小桥、屋舍、人物，通过色彩浓淡的变化，一片春意盎然之景跃然纸上。布局新而巧，山峦的宏伟气势与春柳曳曳下垂之态互为映衬，画面繁而不乱。

题释：溪上晴峦拥髻螺，村居高下依岩阿。吟怀正是江南好，暖霭和风着树多。

款署：砚溪仁兄法正。次山杨立阜。

钤印：次山（朱）。

溪上晴岚拥鬓螺村
屠寬下依崖
阿岭好懷百是
江南好暖露
和風着榭多
硯溪仁兄法正
次山楊主阜

扇骨：扇骨材质为玉竹，长 31.3 厘米。扇肩呈庙门肩。扇头为直口葫芦圆头。在扇头两侧镶嵌琥珀薄片，烫钉，扇钉为牛角钉。扇骨为十六档。扇面上口及两边封裱赭色绫绢。

《松梅图》折扇（正面）

[民国] 汤 涤　　纸本 水墨 纵19.3厘米 横54厘米 公元1927年

汤涤（1878—1948）：字定之，小字丁子，号乐孙，亦号太平湖客、琴隐后人，室名画梅楼、茗闲堂、云视楼。江苏武进（今江苏常州）人。为清代名画家汤贻汾之曾孙。长须飘拂，蔼然有仙者风，取《左传》中"于思于思，花甲复耒"之句，又号双于道人。

汤涤家境清贫，随母习学，年未弱冠而书画皆通。中年长居北京，与萧逊、王云同是民国年间北京画坛的重要画家。30岁起应聘广州、苏州、北京等地教习，声名鹊起，友朋劝其鬻画，笑而不允。数年后，画艺越精，与同时寓京之萧俊贤、萧谦中、陈半丁、美京华应蔡元培、庄蕴宽之聘，担任北京大学书画研究会导师及故宫博物院鉴定，又任北平艺术专科学校教授。性豪爽，喜交游，过往甚密者有庄蕴宽、杨景苏、萧俊贤、萧谦中、陈半丁、陈师曾、杨仲子、熊佛西、姚茫父、黄炎培、陈叔同等名士，余绍宋、程砚秋、梅兰芳则承其亲炙。

善相术，自谓："相法第一，诗第二，隶书第三，画第四。"书法初工北碑，凤根早慧，后攻汉隶，见重于时。

擅画山水、梅竹、松柏、人物。山水取法李流芳，上探梅花道人，俊爽流畅，气韵清幽。晚年多写松。1933年后寓居上海，沪上名士咸与之游，求画者户限为穿。晚年感染肺疾。

画意：以松枝、梅花构筑画面，右密左疏，松枝两枝，松针浓密；梅枝纵横，梅花绽放。笔法干笔湿笔并用，松枝、叶多用干笔；梅枝、花朵多用湿笔。松针长而稀是其风格，更显示出松针的坚贞。

趣闻：汤涤凡绘巨松，辄铺纸于地，蹲身悬腕，放笔直扫，气势宏大。平时作画极速，丈二巨幅，一气呵成，正所谓胸有丘壑，意在笔先，静极而动，岂得不快。画毕张诸壁间，手持水烟且观且吸，略有不爽即自撕去，不肯苟且，故传世之画无过弱之作。

款署：丁卯春，汤涤。

钤印：汤定之（白）。

《自题诗》行草折扇（背面）

[民国] 郑诵先　　纸本　纵19.3厘米　横54厘米　公元1957年

郑诵先（1892—1976）：原名世芬，字诵先，号研斋，别号勉堪，晚年以字行。四川富顺人。现代诗人、书法家。

幼承家学喜习书法，平生好读书，治学严谨。精研文史，工诗词及骈、散文，尤擅书法。各体俱能，以草书见长，晚年尤喜章草，呈自家风貌。20世纪50年代在北京与张伯驹等人组织"北京中国书法研究社"，任秘书长。又与张伯驹、傅增湘、章士钊、许宝蘅、商衍鎏、叶恭绰、郭风惠、陈云诰等数十位老先生结诗社，诗书唱和，过从甚密。晚年又将《爨宝子》《爨龙颜》等碑的用笔融汇到草书中，风格更加浑厚苍莽、潇洒飞动。

郑诵先为我国著名书法大师。书法著作和章草作品对后世影响颇大。章草规矩，用笔饱满，结体古拙厚重，风格朴茂古雅，浑厚苍莽，潇洒飞动。其章草集汉隶二爨于一体，"随手落笔，圆满天成"，独具特色，是北派章草的典型，有"章草王"的美称。时与郭风惠、陈云诰、沈尹默、陈半丁、溥雪斋等先生齐名，是20世纪最伟大的书法家之一。

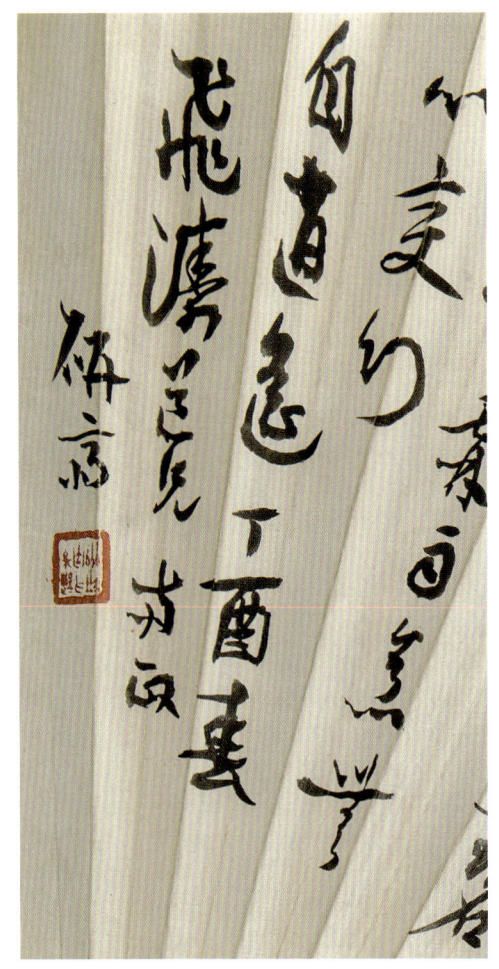

著有《怎样学书法》《各种书体源流浅说》等。荣宝斋出版《郑诵先书法集》。

题释： 卷地西风势未休，蹴将白浪与天浮。也知不是冯夷怒，只恐蛟龙去自由。长隄列炬出林阴，波底摇光散碎金。一队游鱼忽惊审，幽人独立感微吟。晴云一片起山腰，静卷随风上碧霄。出岫难为霖雨急，无心变幻自逍遥。

款署： 丁酉春，飞涛道兄两政。研斋。

钤印： 丁酉（朱）、钤印反印：诵先又字研斋（朱）。

扇骨： 扇骨材质为玉竹，长33.3厘米。扇肩呈庙门肩。扇头为古方头。扇钉为牛角钉。扇骨为十六档。扇面上口封裱淡黄色绫绢。

大骨一面刻金石铭文"二备玉二绍鼓一录"，阳刻平地；又刻隶书体"周齐侯女罍鼎"，阴刻；钤印"介亭"。大骨另一面刻金石铭文"齐侯既齐□孟姜"，阳刻平地；又刻行书体"丁丑四月朱耕年刻"，阴刻；钤印"朱"。

附：

周齐侯女罍鼎： 共有两件，藏于中国国家博物馆、上海博物馆。是金石界公认的吉金大器，尺寸、形制、纹饰皆同。仅铭文略有差异，两罍铭文字数不同，一为166字，一为142字，铭文藏罍腹。

《墨色梅花图》折扇（正面）

[民国] 吕咸　　纸本　水墨　纵19厘米　横51厘米　公元1940年

吕咸（1887—1960）：字箸青，著卿。直隶（今河北省）涿鹿人。燕京大学毕业。历任湖北省行政督察专员，河北省政府工商厅、民政厅长，江西省财政厅长，督办中俄事宜公署秘书长，中央银行国库局局长。后去台湾。工书画，与张大千、于非闇等名流交往甚密。

画意：扇面描绘老梅两株，树干苍老粗壮，新枝瘦劲，枝头繁花簇簇，一派生机。

题释："自是孤山第一枝，闲花相倚斗清奇。虽然冰雪宜同调，若问和羹却是谁。"此题释经常出现在梅花和水仙的书画作品上。

款署：药痴老兄法正，庚辰长夏写于渝州歌乐山，箸青弟吕咸。

钤印：吕（白）、著青（朱）。

自美孤山第一枝
問花和倚兩清
奇語并水雪
宜同調若問和
羹卻是誰

庚辰長夏書
於渝州歌樂山
菜癆光元作正
蘉書并正咸

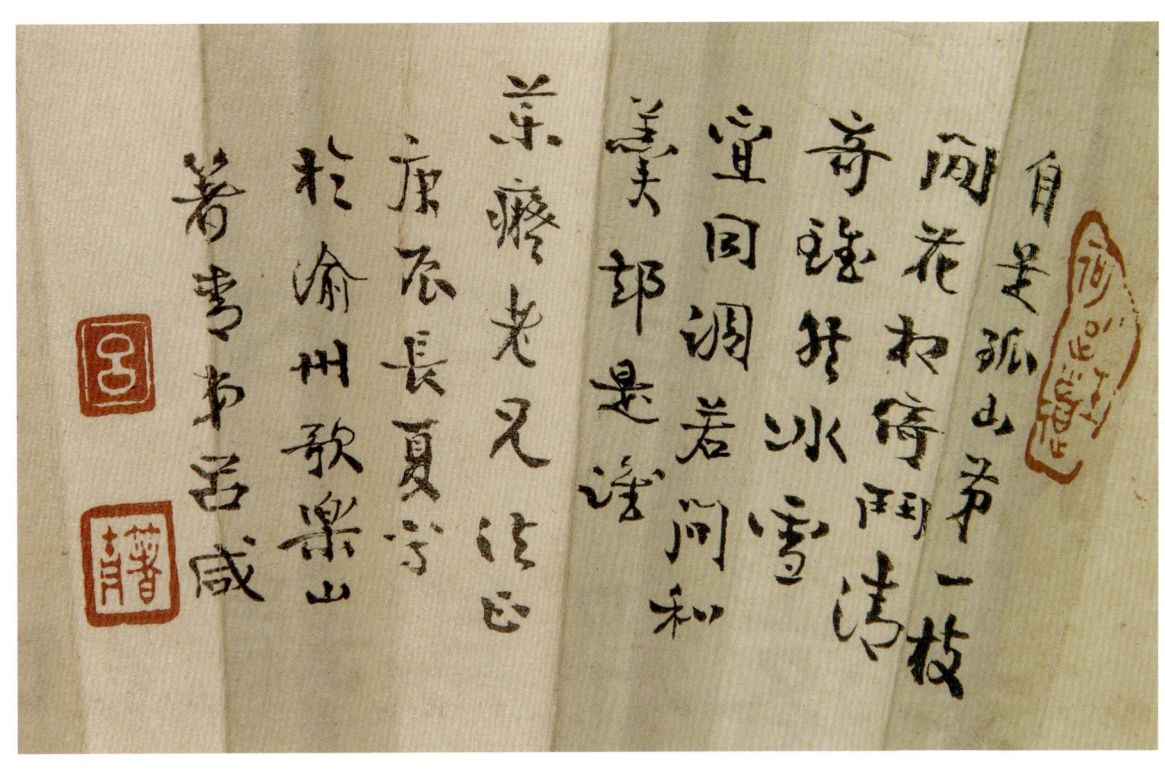

《张迁碑》隶书折扇（背面）
[民国] 吕 咸　　纸本 纵19厘米 横51厘米 公元1940年

吕咸：见278页。

题释："张是辅汉，世载其德。爰既且于君，盖其繵缠，缵戎鸿绪，牧守相系，不殒高问。孝弟于家，中謇于朝，治京氏《易》，聪丽权略，艺于从畋，少为郡吏，隐练职位，常在股肱，数为从事，声无细闻。徵拜（郎中），除谷城长，蚕月之务，不闭四门。腊正之祭，休囚归贺。八月算民，不烦（於）乡。随就虚落，存恤高年。"这一段文字取自《张迁碑》。个别字书写不同，如"中謇于朝"的"中"，有些写为"忠"；"艺于从畋"的"略"，有些写为"政"。另有3个字未写于括弧内。

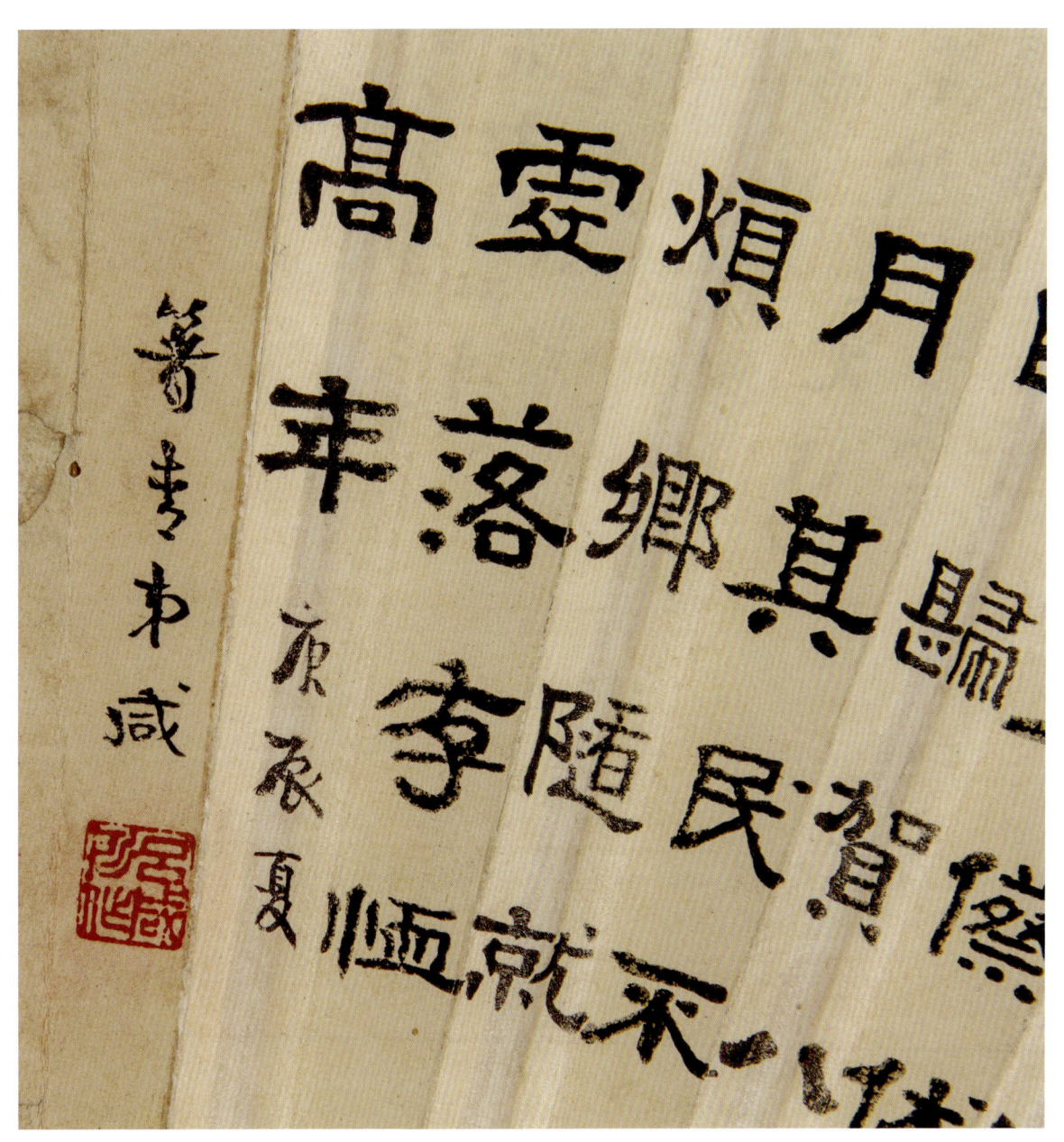

款署：药痴老兄教正，庚辰夏，箬青弟咸。

钤印：吕咸□作（朱）。

附：

《张迁碑》：全称为《汉故谷城长荡阴令张君表颂》，亦称《张迁表颂》，汉灵帝中平三年（186）立于山东东平县。现陈列于山东泰山岱庙碑廊。

张迁：字公方，陈留己吾（今河南宁陵境内）人，曾任城（今河南洛阳市西北）长，迁荡阴（今河南汤阴县）令。吏韦萌等为追念其功德，刊石立表以纪之。此碑自出土以来，为历代金石、书法家所推崇。词旨淳古，隶书朴茂，字体方整中多变化，朴厚中见媚劲，蚕不并头，雁不双设，外方内圆，内掖外拓，是雕刻、书法艺术的珍品。

碑文的内容具有浓厚的文学色彩，除歌功颂德之外，还可以反映出当时人们的社会价值观。

扇骨：扇骨材质为玉竹，长32厘米。扇肩在大骨的偏下方，呈庙门肩。扇头为古方头。扇钉为牛角钉。扇骨为十六档。扇面上口封裱淡青色绫绢。

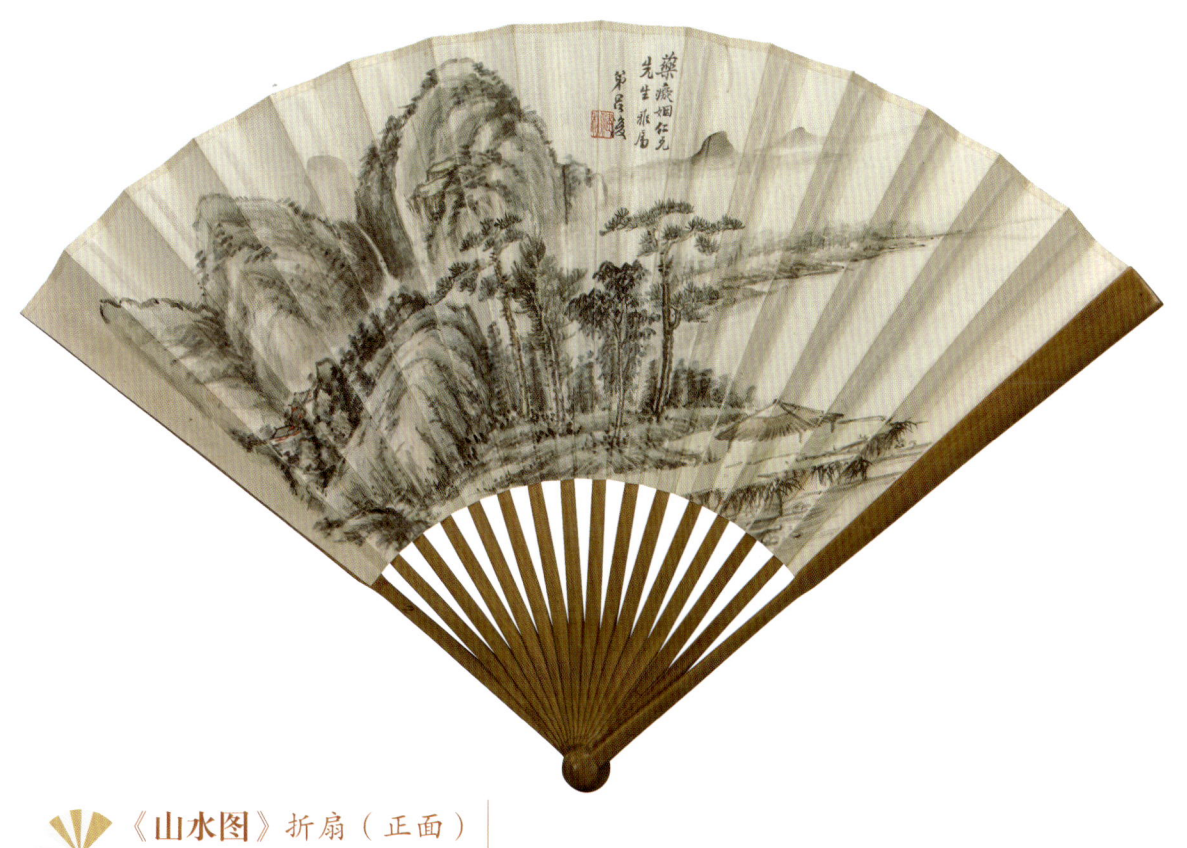

《山水图》折扇（正面）
[民国] 吕 复　　纸本 设色 纵18.4厘米 横49.5厘米

　　吕复（1882，一作1887—1951）：字健秋、渐秋，号剑秋，别号公侠。河北省涿鹿县人（一作宣化）。1903年考中举人，1905年赴日本留学，先在东京早稻田大学预科，后转入明治大学法科。从此与法学结下了不解之缘。1908年，在日本东京参加由孙中山领导的同盟会。1911年回国后当选为国会众议院议员。1925年任教育部次长，后任中山大学、燕京大学教授，河北省立法商学院院长，河北省政府委员兼教育厅长。抗战期间，在重庆任中央大学教授和立法委员。

　　吕复先生一生清廉朴实，刚正不阿，一心为国为民，在南京政府任职期间，年三十都没有一盘像样的菜肴，携夫人把薪俸全额捐给孤儿院。在几十年的教育生涯中，积累了丰富的教学经验，为国家培育了大量的法学人才，堪称法学家、教育家、社会活动家。工书善画。

画意：扇面构图高远，崇山峻岭中山泉泄流，山间杂木丛生，近处几株松柏高挺苍劲。山涧中庙宇红墙灰瓦，湖边茅亭一处。有董源、黄公望笔法。

款署：药痴姻仁兄先生雅属，弟吕复。

钤印：健秋（朱）。

《七律》行楷折扇（背面）
[民国] 章士钊　　　纸本　纵18.4厘米　横49.5厘米

章士钊（1881—1973）：字行严，笔名黄中黄、青桐、秋桐，湖南善化县（今长沙市）人。曾任中华民国北洋政府（段祺瑞政府）司法总长兼教育总长，中华民国国民政府国民参政会参政员，中华人民共和国全国人大常委会委员，全国政协常委，中央文史研究馆馆长。

清末任上海《苏报》主笔。1911年后，任同济大学教授，北京大学教授，北京农业学校校长，广东军政府秘书长，南北议和南方代表。中华人民共和国成立后为著名民主人士、学者、作家、教育家和政治活动家。历任中央文史研究馆副馆长、第二任馆长，第二、三届全国政协常委，第三届全国人大常委。

题释：半百仍存栗碌身，更凭何券复劳尘。圣邱学易年终假，高适为诗事亦新。筋力纵衰犹任谤，天恩不薄慨颁贫。到头有友还胡企，惭谢今宵满座春。

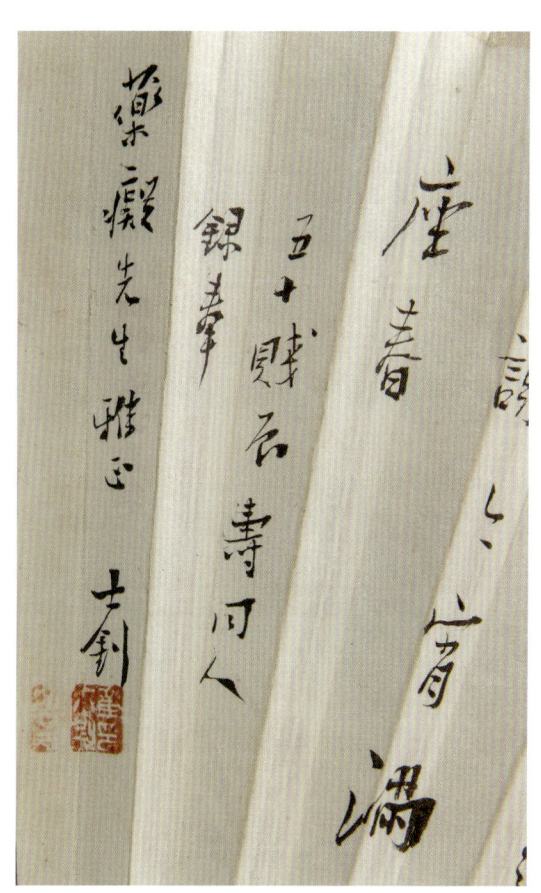

款署：五十贱辰寿同人录，奉药痴先生雅正。士钊。

钤印：印迹不清。

扇骨：扇骨材质为楠木，长30.7厘米。扇肩在大骨的偏下方，呈庙门肩。扇头为开肩茄圆头。扇钉内藏，扇头两侧镶嵌楠木薄片，将扇钉掩藏于内。扇骨为十六档。扇面上口封裱淡黄色绫绢。

《梅花图》折扇（正面）

[民国] 李 孺　　纸本　设色　纵18.8厘米　横50.5厘米　公元1929年

李孺（1862—?）：原名宝巽，字子申，号龠闇、龠庵，又号"五峰山人"，河北遵化人。汉军籍。光绪十一年（1885）举人，可谓少年得志。仕至湖北提学史，辛亥后易名李孺。工治印，自诩为学者之印，而不屑为印人之印。他在八旗中的名字叫宝巽，号苦李，常以清朝遗老自居，死于天津。他在书画治印上有所成就，擅花卉松梅，笔姿豪爽。

画意：老干梅花，枝干苍老，采用水墨晕染，花用单钩设色点成。枝疏花茂，颇有生趣。

款署：药痴仁兄雅教，己巳夏四月，李孺作于远山簃。

钤印：李孺之印（白）、子申（朱）。

注：

此折扇扇面一面为洒金，一面为素面白色，这样的扇面称之为"半冷"。

《非草书》行书折扇（背面）

[民国] 陈宝琛

纸本（洒金笺）　纵18.8厘米　横50.5厘米
公元1929年

陈宝琛（1848—1935）：字伯潜，号弢庵、陶庵。福建闽县（今福州市）螺洲人。晚清大臣、学者，官至正红旗汉军副都统、内阁弼德顾大臣，为毓庆宫宣统皇帝授读。

13岁成县学秀才，18岁中举，21岁登同治戊辰（1868）科进士，授翰林院庶吉士。3年后授编修，又3年，擢翰林院侍讲、内阁学士兼礼部侍郎。中法战争后因参与褒举唐炯、徐延失事，连降九级，从此偷闲家居25年。赋闲期间，热心家乡教育事业，1907年创办福建优级师范学堂，后发展成为福建省立师范专科学校，是今福建师范大学、三明学院的前身，也是福建省历史上第一所高等院校，开创了福建高等教育的先河。陈宝琛首倡福建女子教育，其妻王眉寿创办福建女子职业学堂，学校扩大后，改称福建女子师范学校，著名作家谢冰心曾就读于此。1909年奉召入京，任总理礼学馆总裁，辛亥革命期间出任山西巡抚，为"戊戌六君子"昭雪，溥仪之师，死后归葬福州。溥仪封谥号"文忠"、特谥"太师"觐赠。

他早年入翰林，直言敢谏，同张之洞、张佩纶、宝廷被誉称"枢廷四谏官"，甚得宠信。

陈宝琛精书法，酷似黄庭坚。又喜画松，能篆刻、治印。藏书印有"螺江陈氏赐书楼藏书""听水斋主""沧趣老人"等。陈宝琛去世后，后人尊其"书藏于私，不如藏于公"的理念，大部分藏书赠送给福建师大图书馆和福建省图书馆。

题释："夫草书之兴也，其于近古乎，上非天象所垂，下非河洛所吐，中非圣人所造。盖秦之末，刑峻纲密，官书繁冗，战功并作，军书交驰。羽檄分飞，故为隶草，趋急速耳。示简易之指，非圣人之业也。但贵囗（删）难省，烦损为草，务取易为易知。非常式也。"此文为赵壹《非草书》中的一段。

款署：己巳四月上日书，似药痴仁兄大雅正。陈宝琛。

钤印：印迹不清。

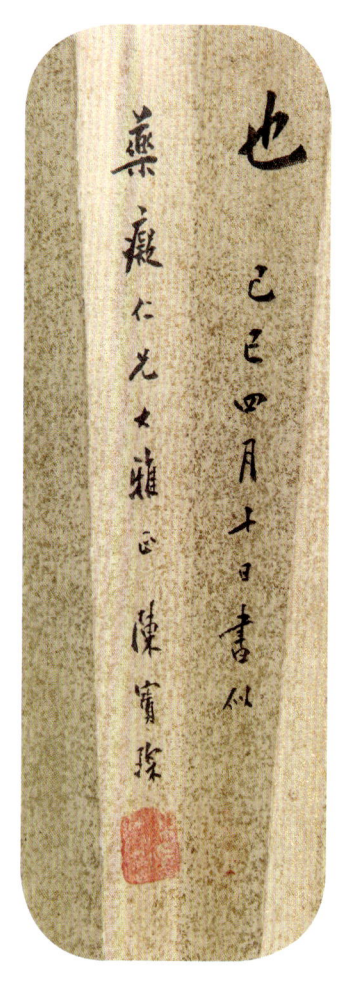

附：

赵壹：东汉光和（179—184）年间著名辞赋家、书法评论家，善写抒情小赋。字元叔，汉阳西县（今甘肃天水）人。《非草书》的出现，在中国书法批评史上，标志着儒学对书法进行全面渗透、融合的开端，对后世书法理论批评史的影响十分巨大。他将书法纳入儒学体系，强化了书法的文化性格，树立了儒家文化形象。

"药痴"：为孙奂仑的字，号庸斋。光绪十二年十二月二十九日（1887）生于直隶（河北省）玉田县。中华人民共和国成立前夕，国民党政府迁往台湾，孙赴台。1958年，孙奂仑病逝于台湾，终年71岁。孙奂仑颇善书法，曾摩学清代书法大家何绍基，又得到谭延闿的指点。他还求教于当时的著名书法家宝熙，书法水平不断提高，逐渐形成了雄浑古朴、秀润潇洒的风格。作品名满三晋。

扇骨：扇骨材质为玉竹，长31.2厘米。扇肩在大骨的偏下方，呈庙门肩。扇头为马牙头。扇钉为牛角钉，钉面扁圆，拱面，中间有"鼠眼"，四周颜色浅淡透明。大骨面为阳刻（留青雕），留青为纹饰。纹饰雕刻仕女、老梅、垂柳、篱笆。采用阴阳并蓄的刀法，层次丰富，形象逼真，有上色。款识："岁次丙寅（1926）冬，芸傑。"椭圆钤一枚："芸傑"。芸傑：生平不详。平地（底）。扇骨为十六档。扇面上口封裱淡浅黄色绫绢。

玉竹：与油竹均出自毛竹，且以陈竹为贵，特别是近根部质地细密者为上。带竹青的毛竹，经水磨打光等一系列加工程序，洁净呈青白色的称玉竹，呈褐色如旧竹的称油竹。

玉竹骨的使用最为普遍，如玉般晶莹剔透，尤为文人雅士所青睐。

庙门肩：顾名思义，就是像寺庙门口两堵八字墙，一般有一定的斜度，两边向中间斜过来的。这种肩型的折扇手感舒适，一般搭配的头型有古方头，花瓶头，水滴头，琵琶头，马牙头。

《竹石图》折扇（正面）

[民国] 陈汉第　　纸本　设色　纵19.4厘米　横55厘米　公元1939年

陈汉第（1874—1949）：字仲恕，仲书，号伏庐，浙江杭州人。清末翰林，早年留学日本，与孙中山等关系密切，辛亥革命后历任总统府秘书、国务院秘书长，参政院参政，清史馆编纂，故宫博物院委员等职。晚年寓居上海，潜心书画艺术创作和金石收藏。擅写花卉及枯木竹石，尤善画竹。笔墨严谨，生动有致。藏印颇富，有"伏庐印存"。

画意：扇面构图简洁，二株翠竹相伴，依附于怪石。竹子用朱砂描绘，怪石着以赭色。一竿修竹顶天而立，竹叶近而腴，远而细，交错纷杂有致，虚实、浓淡、高低、远近两相呼应，透出一股俊逸洒脱之气概。

款署：仿吾家老莲法，乙卯秋似，璧侯仁兄大雅属，伏庐陈汉第。

钤印：陈（白）、汉弟（朱）、伏庐四十以后作（朱）。

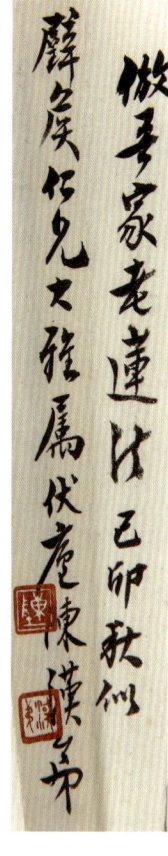

《小窗幽记》行书折扇（背面）

[民国] 项藻馨

纸本（洒金笺） 纵19.4厘米 横55厘米
公元1939年

项藻馨（1873—1957）：字兰生，浙江杭州人。清朝科举出身。早年肄业于上海格致书院。曾任大清银行书记官。1901年与林白水等创办《杭州白话报》。曾任杭州求是书院教员、安定中学监督、浙江高等学堂副理、监督等。后历任大清银行代理总办、中国银行上海分行行长、副总裁、浙江兴业银行汉口分行经理、浙江兴业银行总办事处书记长等职。中国银行总行成立后，任上海分行经理。民国二年，任中国银行副总裁，协助汤睿主持中国银行工作。后又任浙江兴业银行董事、常董、总办事处书记长。1947年与叶揆初、陈叔通等著名人士发表《十老上书》，谴责国民政府秘密杀害进步学生之罪状。1953年6月，任上海文史馆员。

题释一："陈眉公云：落红点苔，可当锦褥；草香花媚，可当娇姬。莫逆则山鹿溪鸥，鼓吹则松声鸟啭。和根野菜，不让侯鲭；带叶茅门，奚输甲第。"文字摘取于明朝名士陈继儒的《小窗幽记》第十二卷《倩集》。部分用字不同，并有一句话略去。原段文字为："落红点苔，可当锦褥；草香花媚，可当娇姬。莫逆则山鹿溪鸥，鼓吹则水声鸟啭。毛褐为纨绮，山云作主宾。和根野菜，不酿侯鲭；带叶柴门，奚输甲第。"

题释二："唐时，龚舍见蜘蛛萦网，有虫触之而毙，叹曰：仁宦，人之网罗也，不退与虫何异？即挂冠而归，人谓之'蜘蛛隐'。"这段文字取自清钱德苍的《解人颐·达识集》中的《咏田宅》，文字有所不同。原文为："汉时，龚舍见蜘蛛萦网，有虫触之而死，叹曰：'仕宦，人之罗网也，不退与虫何异。'即挂冠而归，时人谓之'蜘蛛隐'。"

附：

陈继儒（1558—1639）：字仲醇，号眉公，又号麋公，松江华亭人。诸生，隐居昆山之阳，后筑室东佘山，杜门着述。工诗能文，书法苏米，兼能绘事，名重一时。屡奉诏征用，皆以疾辞。其所作"或剌取琐言僻事，诠次成书，远近竞相购写"，今存。除《小窗幽记》外，尚有《见闻录》《六合同春》《陈眉公诗余》《虎荟》《眉公杂著》等。

《小窗幽记》：儒道通俗读物，一名《醉古堂剑扫》，12卷，汉族格言警句类小品文，受吕祖学派影响很大。全书始于醒，终于

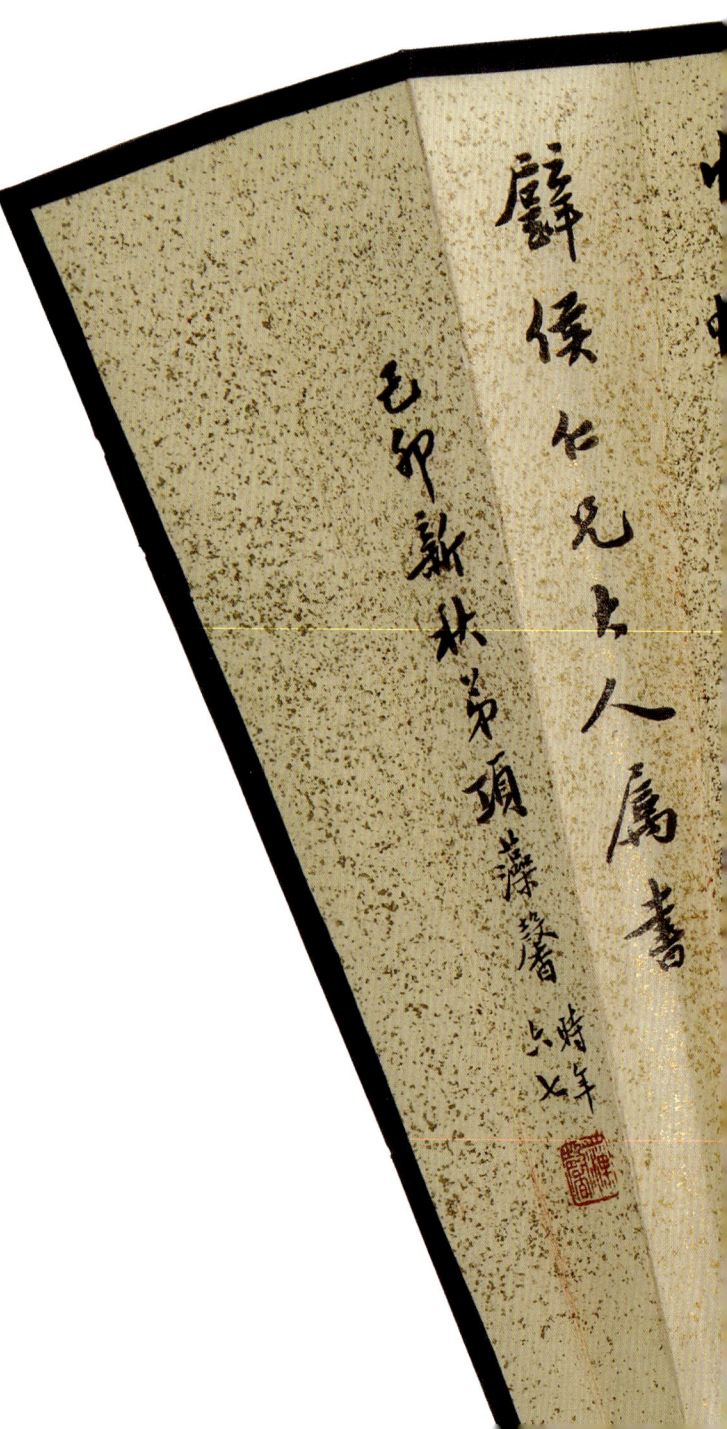

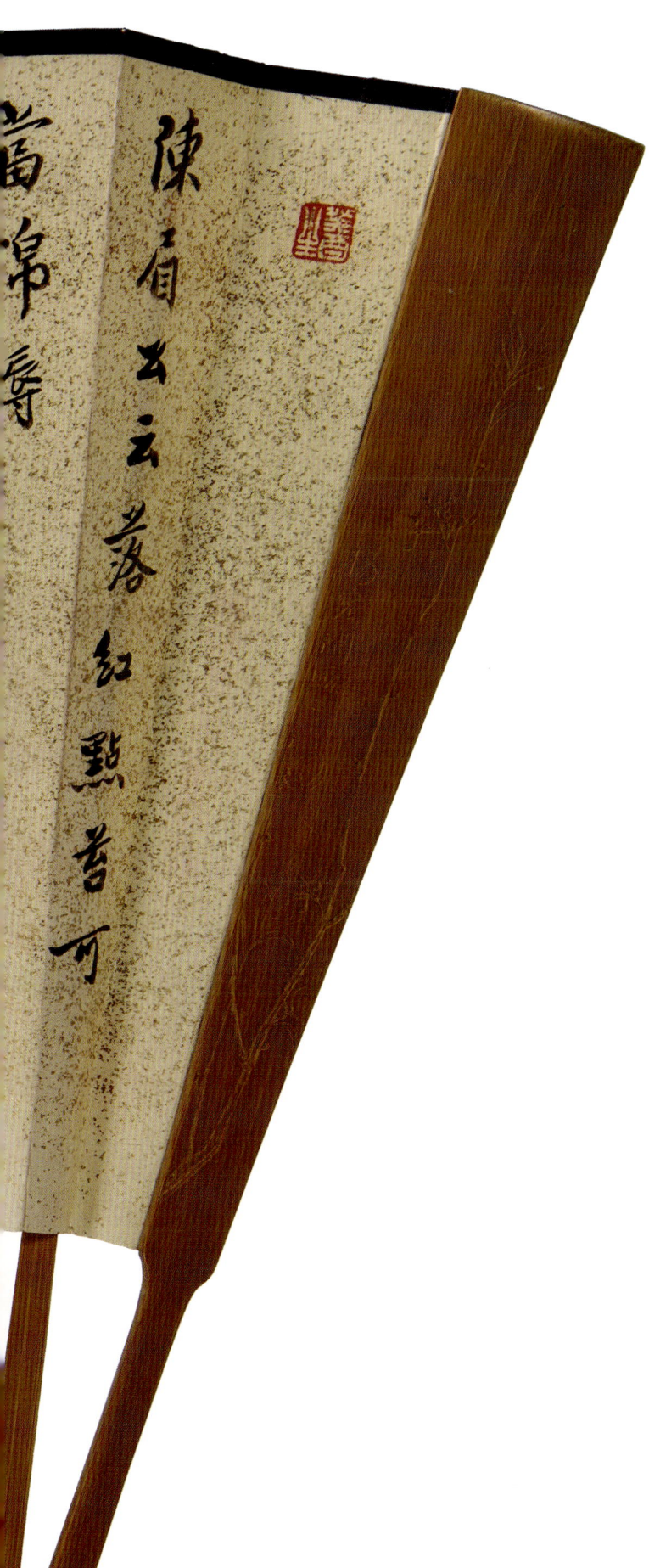

倩，虽混迹尘中，却高视物外；在对世风的批判中，透露出哲人式的冷隽，其格言，玲珑别透，短小精美，促人警省，益人心智。其内容，清新淡雅包罗万象，内容涉猎醒、情、峭、灵、素、景、韵、奇、绮、豪、法、倩等。其珍，字字犹如珍珠；其色，随手拈来，璀璨夺目；其声，犹如落于玉盘，叮咚之声不绝于耳。博大处，犹如百科全书。其一生虽与官绅周旋，但始终不入朋党之圈。他看透士人的矫揉造作，故作姿态，看破功名，悟透生死，透露出大士了悟之洒脱。

《小窗幽记》与王永彬的《围炉夜话》、洪应明的《菜根谭》、吕坤的《呻吟语》、张潮的《幽梦影》、周希陶的《增广贤文》并称为"中国人修身养性"的必读之书。

《解人颐》：共8卷24集，分为懿行集、嘉言集、远观集、陶情集、旷怀集、遣兴集、寄感集、萦思集、博趣集、涤烦集、消闷集、寓意集、达识集、高致集、敦伦集、惊奇集、树德集、博雅集、超群集、寄怀集、群蠹集、说言集、丽情集、游戏集。书中收录的都是箴言、格言、诗词、歌赋，也有少量的趣谈、谜语、笑话等，内容以治国齐家、修身养性、陶冶情操为主。

钱德苍：字沛恩，号慎斋，江苏常州人，生平不详。

款署：璧侯仁兄大人属书，己卯新秋，弟项藻馨时年六七。

钤印：项藻馨（朱）、兰生（白）。

扇骨：扇骨材质为玉竹，长33厘米。扇骨雕刻桃花和小菊花，雕刻手法为浅阴刻，部分枝叶采用了"沙地留青"的技法。明清时，浅刻竹骨盛行，民国初年颇受文人雅士的欢迎。扇肩在大骨的偏下方，为庙门肩。扇头为琵琶圆头。扇钉为牛角钉。扇骨为11档。11档扇在清末至民国年间十分流行，尤其受到文人的青睐。扇面上口封裱紫蓝色绫绢。

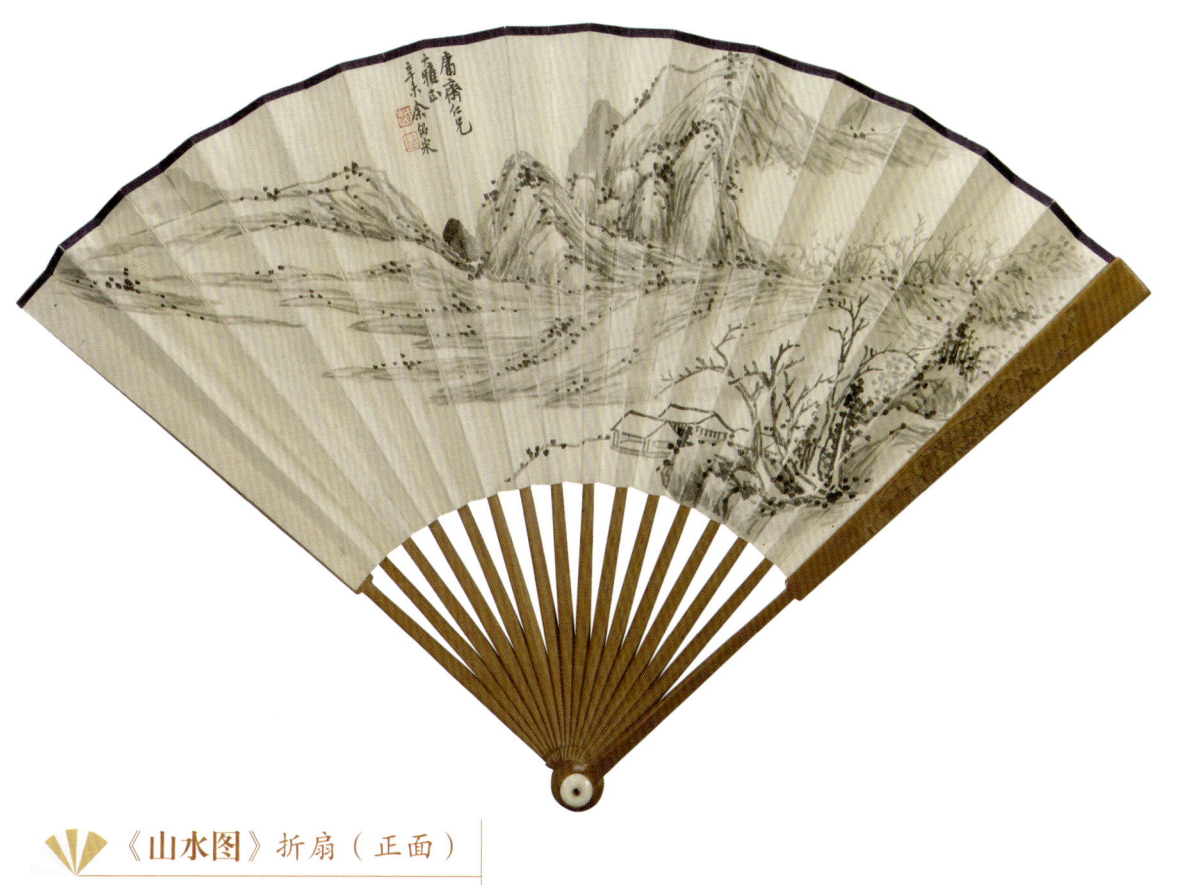

《山水图》折扇（正面）

[民国] 余绍宋　　纸本　水墨　纵18.3厘米　横50厘米　公元1931年

余绍宋（1882—1949）：字越园，早年曾用樾园、粤采、觉庵、觉道人、映碧主人等别名，49岁后更号寒柯。浙江龙游人，生于浙江衢州。1910年毕业于日本东京法政大学。民国元年任司法部参事、法律科举外务部主事、浙江公立法政专门学校教务主任兼教习。翌年赴北京，先后任众议院秘书、司法部参事、次长、代理总长、高等文官惩戒委员会委员、北京美术学校校长、北京师范大学、北京法政大学教授、司法储材馆教务长等职。平生志趣尽在金石书画、方志编纂，为近代著名史学家、鉴赏家、书画家和法学家。传世著述有《书画书录题解》《画法要录》《画法要录二编》《中国画学源流概况》《寒柯堂集》《续修四库全书艺术类提要》《龙游县志》《重修浙江省通志稿》等。

画意：群山峻岭，缓坡疏树茅屋。境界清幽、安静。山石采用披麻皴，淡墨勾写，浓墨点苔。

款署：庸斋仁兄大雅正，辛未，余绍宋。

钤印：越（白）、园（白）。

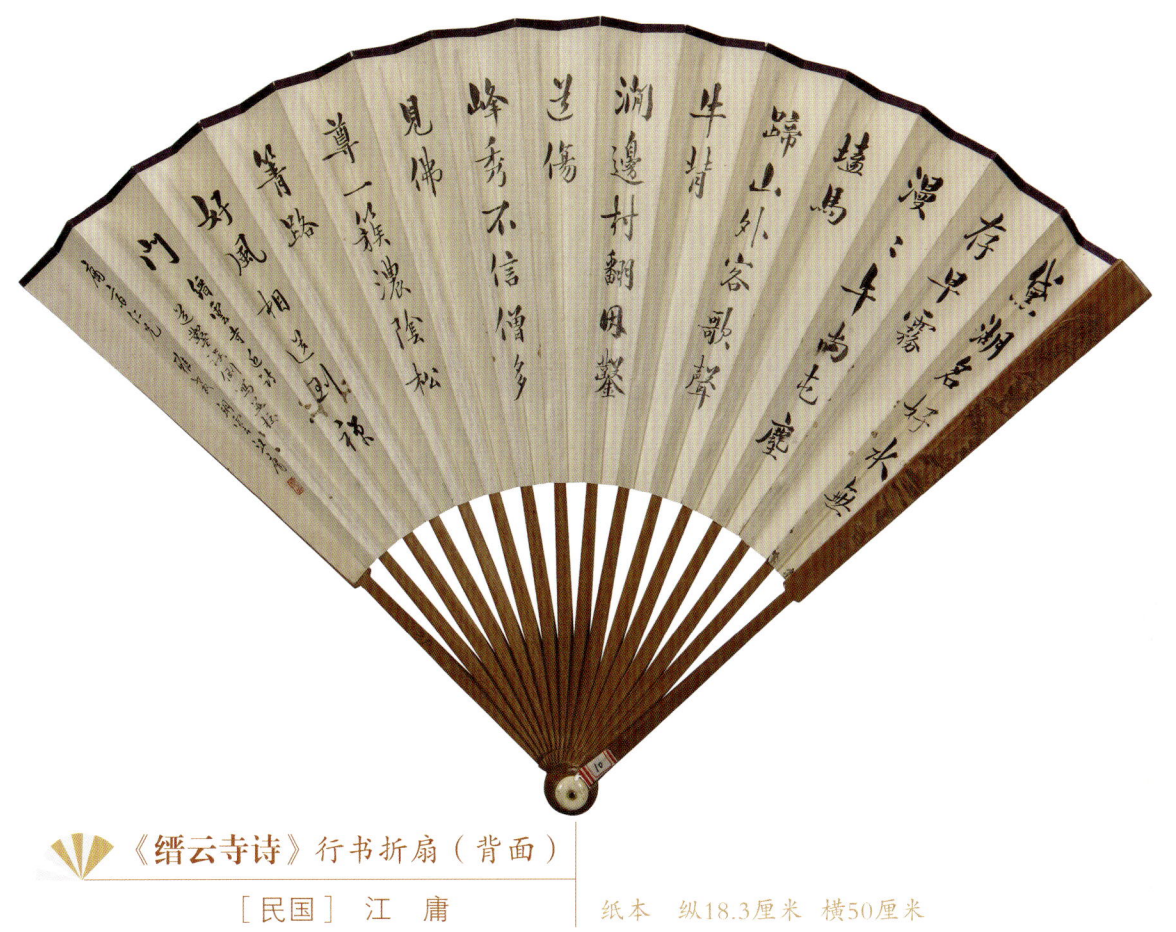

《缙云寺诗》行书折扇（背面）

[民国] 江 庸　　　　纸本　纵18.3厘米　横50厘米

江庸（1878—1960）：字翊云，晚号澹翁，出生在四川璧山（现重庆市璧山区），祖籍福建长汀。近代法学家（中国近代法律教育奠基人之一）、社会活动家、文化名人。曾任北洋政府司法总长、国立法政大学校长等职。

中华人民共和国成立后，江庸当选政务院政治法律委员会委员，第一、二届全国人民代表大会代表，华东军政委员会监察委员会委员，历任上海市文史馆副馆长、馆长。江庸平生不事蓄积，逝世后遗款3000元、公债2000元。在他逝世前，夫人徐琛请上海市文管会对家存文物进行鉴定，凡有价值者，全部捐赠国家，计122件。江庸生前著有诗集、游记和法学论著，如《南游杂诗》《台湾半月记》《趋庭随笔》《蜀游草》《澹荡阁诗集》《汗漫集》《攻错集》《旋沪集》《入蜀集》等。

题释：黛湖名好水无存，早雾漫漫午尚屯。尘壒马蹄山外客，歌声牛背涧边村。翻因凿道伤峰秀，不信僧多见佛尊。一簇浓阴松箐路，好风相送到禅门。

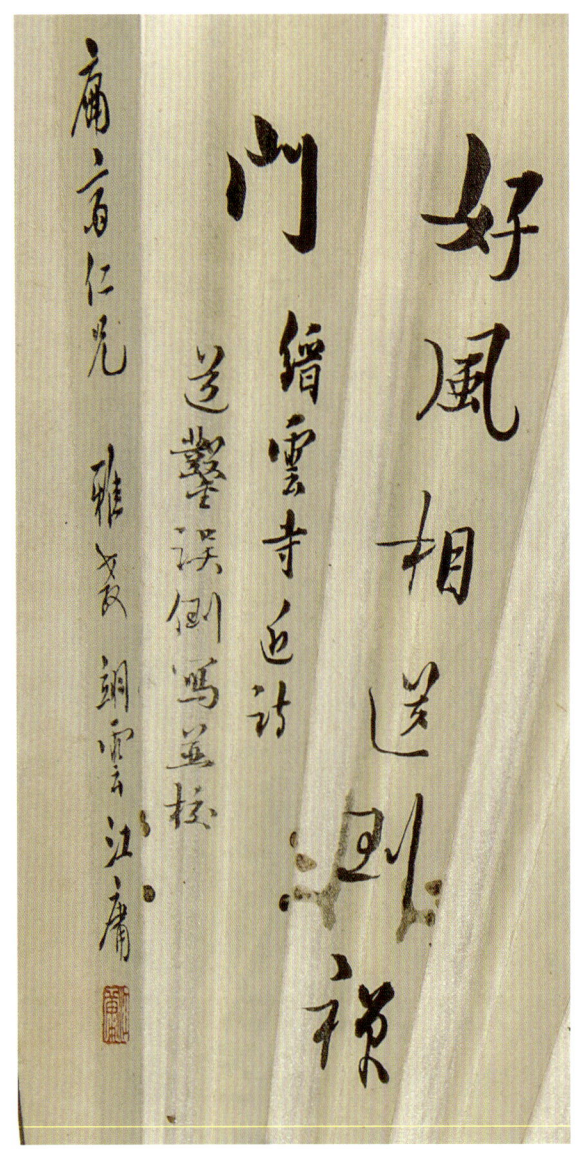

款署：缙云寺近诗，道凿误倒写并校，庸斋仁兄雅教，翙云江庸。

钤印：江庸（朱）。

附：

缙云寺：位于重庆市北碚区，坐落在具有1500多年历史的佛教圣地——缙云山中，始建于南朝刘宋景平元年（423），后曾称"相思寺""崇胜寺""崇教寺"，曾受到历代帝王封赐。缙云寺为国内唯一的迦叶古佛道场，寺中自古办学，名为"缙云书院"。

扇骨：扇骨材质为红桧，长31.4厘米。扇肩在大骨的偏下方约1/3处为直肩。扇头为菱角圆头。在扇头两侧镶嵌薄片的白玉，烫钉，并在钉梢上加帽钉（螺盖），扇钉为牛角钉。螺盖和镶嵌物相映成趣，或画龙点睛，或浑然一体。扇钉的点缀更讲究。扇骨为十六档。十六档扇尺寸适中，开度完美（展开后呈140度角），使用舒适，故在百余年间流行不衰。扇面上口封裱紫蓝色绫绢。

扇骨图案：一面为两个花瓶，分别插栽菊花、梅花；另一面垂柳下一老翁独钓（姜太公钓鱼）。图案均为阳刻。雕工精细，刀法到位，有透雕之感。有"宣生"款。

红桧木色淡而红，质地细而结实，内含许多油脂，略香而无辛味，不易腐朽。生长于山区海拔1700米至3000米间，是台湾特产，被誉为神木。桧木散发浪漫迷人的芳香气息，含有丰富的芬多精，百年不变。

桧木扇是表现风雅趣味的贵族用品。其制造工艺在日本已经达到了登峰造极的地步，精巧雅致，文人墨客或附庸风雅的贵族们在扇子上题诗作画，更使桧木扇变成了高雅情趣的代表。

《芸窗清供图》折扇（正面）

[民国] 汪承业　　　纸本　设色　纵18.7厘米　横50厘米　公元1925年

汪承业：生卒年不详。字继声，江苏丹徒人。前清附生，能饮能唱，诗文很好。师从蒋石渠。擅长花卉，善于调色，所绘花草争艳斗丽。仿新罗山人法，海派名家。

画意：画面构图繁而有序，水仙一头从右至左横斜，花叶嫩融，寓意着"富贵"。梅花两枝由下到上，花蕾朵朵，坚韧不拔，寓意"连祝富贵"。灵芝淡墨勾勒，寥寥几笔，有形而显苍老，寓意"长寿福禄、吉祥如意"。

题释：芸窗清供。

款署：璧侯先生法正。继声弟汪承业，时乙丑夏日。

钤印：继声赋头（白）。

附：

"芸窗清供"："芸窗"指书斋。"清供"，起源于祭祀、佛供，回溯魏晋时期的兰亭雅集：王羲之曾在会稽山阴之兰亭举行风雅集会，即"修禊"，这种古老的民俗，为的是洗去冬日尘埃，感受春意。清供的完整体系产生于汉唐以后，唐宋时期已成了生活的一部分。清供是在室内案头摆设供观赏的物品，主要包括各种盆景、插花、时令水果、奇石、工艺品、古玩、精美文具等等，可以为厅堂、书斋增添生活情趣。清供有两层意思，一指清雅的供品，如松、竹、梅、鲜花、香火和食物；二是指古器物、盆景等供玩赏的东西，如文房清供，书斋清供和案头清供。也分"有名之供"和"无名之供"。有名之供，可按节日分，如岁朝清供，瑞阳清供，中秋清供等。亦可按礼俗分，如寿诞清供，婚喜清供，成人清供等。无名之供，是在非节日之时随心地摆上几样物什，比如有朋自远方来，送了水果、盆栽，主人便找相配的果盘花案来"供奉"。

清供是中国画常见的题材，凡赏心悦目者皆可入画。不必贵重，但要雅致。其实，题材一经画者之手，大俗也可大雅。清供画不乏大幅，但须避堆金叠玉，多以小品为之，也是取其清淡简洁之意。清供画以有书卷气为佳，它表现的不仅是技巧，更是一种文化品位。

佛教传至日本后，也把"禅房供花"的佛供礼仪带去，成为古时家居里祭拜神佛的场所。

《秋月帖等》行书折扇（背面）
[民国] 袁希濂　　　纸本（洒金）　纵18.7厘米　横50厘米

袁希濂（1878—1950）：字仲濂，上海宝山人，海上名人、名律师，与其兄袁希洛、袁希涛号称"宝山三袁"。袁希濂曾与李叔同（弘一法师）、蔡小香、张少楼、许幼园结金兰之谊，为"天涯五友"，组织发起上海书画公会。1904年他东渡日本，留学于东京政法大学，1911年，回国担任天津法官。在李叔同的影响下，袁希濂恍然顿悟，在署中设立佛堂，每天清晨念佛，虔诚之至，成了一位佛教居士。袁希濂为人耿直，不慕名利，日军侵占上海后曾念其德望，请他出任上海市市长，但他坚拒不受，清风两袖，鬻字为生，虽饔飧不继，无所顾虑。1949年秋袁氏举家离沪，移居苏州新桥巷本宅，本想颐养天年，然而次年忽得风疾，卧床安详而逝。令人啧啧称奇的是，其遗体火化后，其遗骨色白如珂雪，头顶骨呈莲瓣状，见者无不惊讶。

其善书法，通佛理。

题释：有九帖。其一，唐代临本帖《秋月帖》。此帖和《都下帖》（又名《桓公当阳帖》）合为一卷，为王羲之行草书，六行，共五十字，今藏于台北故宫博物院。此帖经南宋高宗内府收

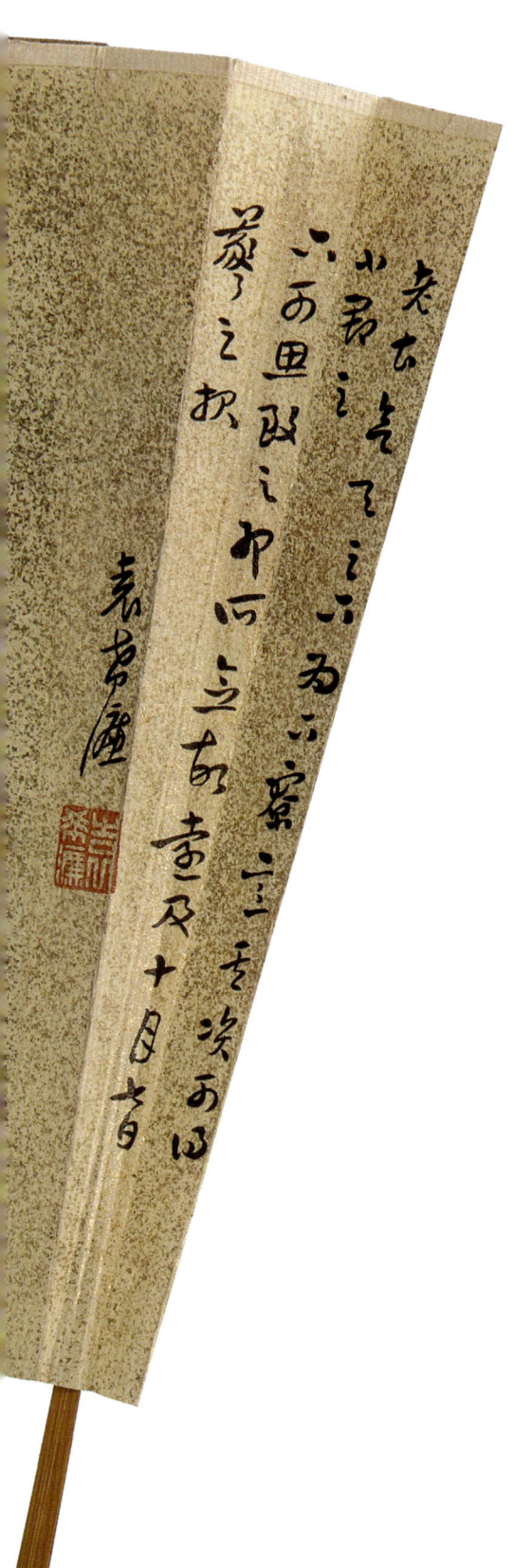

藏后，曾归金章宗。明时在民间，清时又收入内府。"七月一日羲之白：忽然秋月，但有感叹！信反，得去月七日书，知足下故羸疾问，触暑远涉，忧卿不可言。吾故羸乏，力不具，王羲之白。"其二，《寒切帖》，王羲之中晚年所书写。草书，五行，五十字，现藏于天津博物馆。"十一月廿七日羲之报：得十四、十八日二书，知问为慰。寒切，比各佳不？念忧劳，久悬情。吾食至少，劣劣！力因谢司马书，不具。羲之报。"其三，《逸民帖》四行，三十九字，草书。文意显见隐逸之志，字势转顾多姿。"吾前东粗足作佳观。吾为逸民之怀久矣，足下何以等复及此？似梦中语耶！无缘言面，为叹，书何能悉。"其四，《龙保帖》草书，三行，二十字。是王羲之与朋友互叙亲情的一封信札。"龙保等平安也，谢之。甚迟见卿舅，可耳，至为简隔也。"其五，《瞻近帖》，王羲之写给妻舅郗愔的一封信，信中对郗愔来会稽居住的消息感到高兴和期盼，并希望他能告知来期。"瞻近无缘省告，但有悲叹。足下小大悉平安也。云卿当来居此，喜迟不可言，想必果云告有期耳。亦度卿当不居京，此既避，又节气佳，是以欣卿来也。此信旨还具示问。"其六，《淳化阁帖》，王羲之草书。"云足下尚停数日，半百余里瞻望，不得一见卿，此何可言。"其七，《邛竹帖》又名《邛竹杖帖》，王羲之草书。四行，三十一字。"去夏得足下致邛竹杖，皆至此。士人多有尊老者，皆即分布，令知足下远虑之至。"其八，《都邑帖》，王羲之草书。《右军书记》著录此帖全文。"旦夕都邑动静清和，想足下使还，具时州将。桓公告慰情，至足下数使命也。谢无奕外任，无他。仁祖自往，言寻悲酸，如何可言。"其九，《虞安吉帖》，王羲之向益州刺史周抚推荐虞安吉做周抚下属的一封信函。这封信反映出王羲之晚年社会交往，为人处世的一个侧面。"虞安吉者，昔与共事，常念之。今为殿中将军。前过云：与足下中表，以年老，甚欲与足下为下寮。意其资可得小郡，足下可思致之耶？所念故远及。十月七日羲之报。"

款署：袁希濂。

钤印：袁希濂（白）。

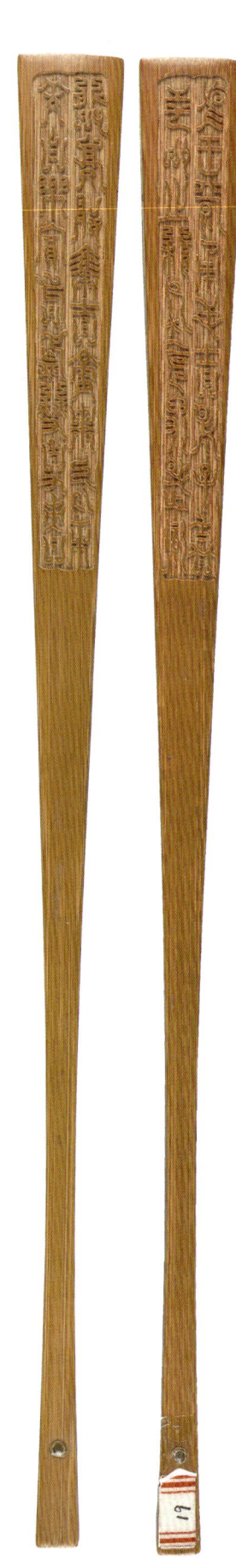

扇骨：扇骨材质为玉竹，长32厘米。大骨两侧有剔地阳刻鸟虫篆文，平底。扇肩呈溜肩。扇头为古方头。扇钉为牛角钉，钉面呈圆状，微拱。扇骨为十四档。扇面上口封裱淡黄色绫绢。

《山野垂钓图》折扇（正面）

[民国] 房续尧　　纸本　设色　纵18.4厘米　横51.3厘米

房续尧：生卒年不详。字德三，在天津南开读书时与周恩来是同学。后留学美国哈佛大学，毕业后归国在北大任教。1918年，北大修建新教学楼，因资金不济而停工。其父（房尚炯）听闻慨然，捐巨资助北大复工。教学楼告竣后，北大建"尚炯斋"以示纪念。1961年9月，周恩来总理到武安伯延镇视察时，曾打听房德三的下落，并对陪同人员讲："房家是开明绅士，曾为国家出过力，他们的庄园要保护好。"可惜房德三年仅44岁就英年早逝。

画意：画面展示了山川郊野深邃辽阔的壮丽景色。远处层峦叠嶂，近景楼阁茅舍，隐现于山间的丛林和云雾中，树木山石、溪水排列自然。溪江上一叶小舟，隐者静坐垂钓。画面高嶂巨壁，丘壑深远，笔墨健劲纯熟，设色古朴，皴、擦、点、染相结合，予人以心旷神怡之感。

款署：药痴仁兄方家政。弟德三作于北平。

钤印：德三长寿（白）。

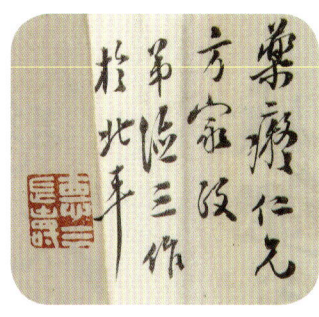

附：

孙奂仑（1885—1958）：字药痴，号庸斋，直隶（河北）玉田人，近代书法界的名人。1902年就读广平莲亭书院，1909年选中拔贡生，1911年辛亥革命推翻清政府，应国民政府直隶当局之召，负责天津北洋铁厂事务，并署乐亭县知县。1914年调山西洪洞县知县，1918年任山西阳曲县知县，1921年新任山西冀宁道道尹。1927年任第三集团军总部政务处处长，1928年任河北省民政厅厅长，1932年任太原绥靖公署参议官，1933年任山西省民政厅厅长，1937年任国民政府铨叙部参事。1949年中华人民共和国成立前夕去了台湾。逝世于台湾。

《和樊山冬兴》楷书折扇（背面）

[民国] 傅岳棻

纸本（洒金） 纵18.4厘米 横51.3厘米
公元1932年

傅岳棻（1878—1951）：字治乡（芗），号娟净，著名国文教授。张之洞门生，清光绪举人。湖北武昌（江夏县）人。师范毕业，曾任山西抚署文案，1904年任山西大学堂教务长及代理监督，京师学部总务司司长，普通司司长，民国后，任北京政府国务院铨叙局佥事、参事，教育部次长，代理部务；后任国立北平大学、私立中国学院、河北大学、郁文学院及北京师范大学教授。1947年任《湖北文征》编纂。

傅岳棻教授长期从事外国历史、国文课的教学和研究工作。著有《西洋史教科书》《遗芳室诗文集》等书。

傅岳棻教授在担任山西大学堂代理监督期间，正值山西争矿运动的高潮，傅监督大力支持学生争矿运动，开创了我国近代青年学生反帝反封建斗争的新纪元。

题释：《和樊山冬兴八首》诗中的两首，其一"凭枝留待雪花黏，素女青娥并成严。人海藏身容我老，乾坤冷眼□谁担。新收寒菜荠成瓮，旧种霜筠秒过檐。岁晚务闲应自适，忧端未许

并终南。"其二"南安书室作冬窝，短景消磨墨小螺。冰炭并时殊冷暖，酸咸与俗费调和。谁歌屈哭葱三斗。任搅秦婆面一锅。闲理蓁残为小录，它年安见锦蒙驼。"

款署：和樊山冬兴八首之二。壬申立秋前五日，炎歊犹厉，挥汗作此，眼眯手颤，拙劣可哂即希。药痴仁兄先生两正。清溉傅岳棻。

钤印：印迹不清。

扇骨：扇骨材质为玉竹，长31厘米。扇肩呈庙门肩。扇头为荸荠圆头，扇头两侧镶贴象牙薄片。扇钉为牛角钉。扇骨为十六档。扇面上口封裱深紫色绫绢。

大骨一侧刻《兰石图》，题"竹禅"二字。另一侧刻"竹图"，摹刻竹禅的画作，钤印两方，上刻"竹禅"；下刻"佛元"。阳刻留青平地，刻边框，古拙简约。

附：

竹禅（1824—1901）：清末著名画僧。本姓王，重庆梁平人。擅长书画、金石雕刻，绘画自成一家，与扬州八怪媲美，是晚清遐迩闻名的画坛怪杰。少年出家，削发于本县城北门报国寺，受戒于双桂堂，故常用"王子出家""报国削发"两方印章。竹禅40岁左右云游大江南北，"所至名山古刹，多有留墨，体格高超，轶唐迈宋，人是以珍重之"。以后，他又多次到北京，出入于王公巨卿间，与翁同龢等文人雅士相友善，一时名满天下。竹禅书法师宗怀素，精于狂草，练写新书体"九分禅字"。曾"住京师数载""朝山吴越，舛经三十余载。书画愈震中外。"晚年居南海普陀山白华庵，著有《画家三昧》《印谱》及《刻心经句印》

佛元：即余伯雨（生卒年不详），晚清民国时期刻骨大家，字佛元，号江东老龙，又号雕龙轩主，南京人。善单刀刻，尤擅阳刻。其章法井然，人物形态生动，线条遒劲有力，有轻重、粗细、缓急之变化。

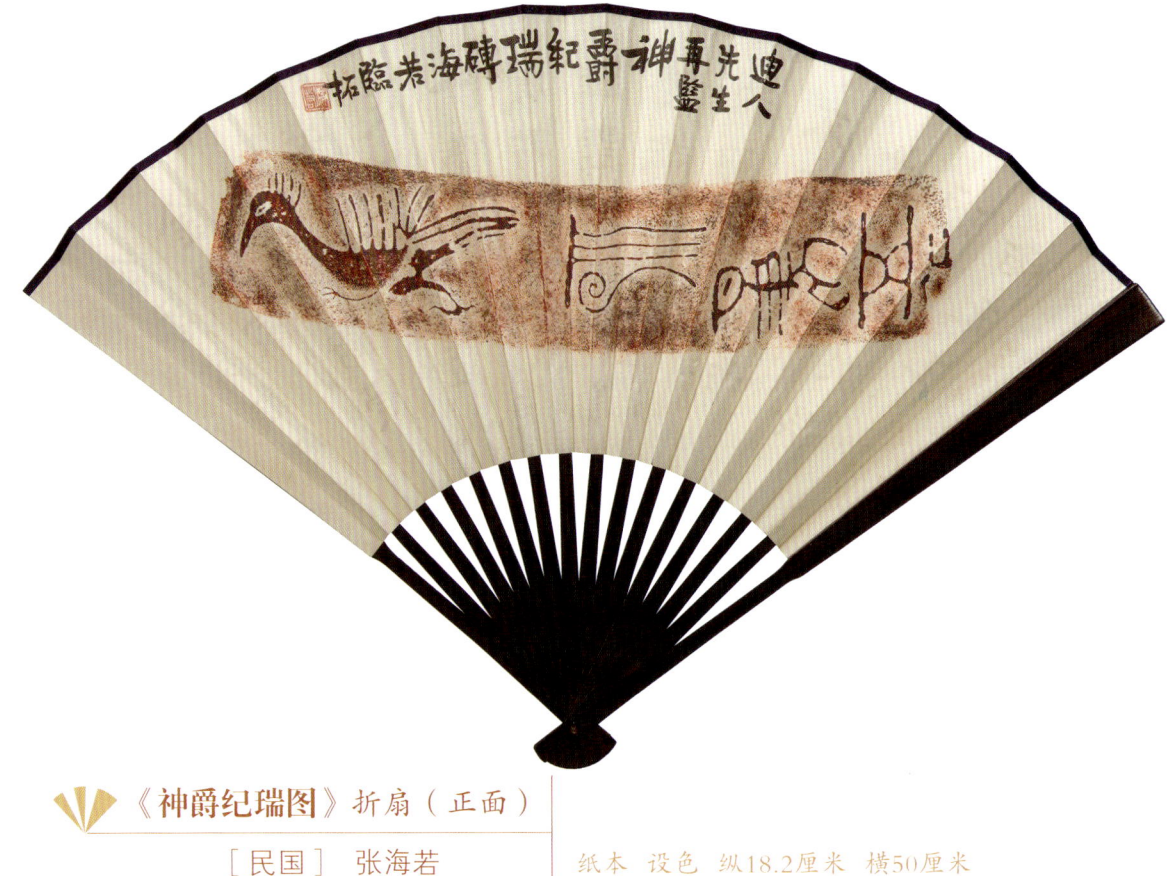

《神爵纪瑞图》折扇（正面）

[民国] 张海若　　纸本　设色　纵18.2厘米　横50厘米

张海若（1877—1943）：原名国溶、国蓉，号修丞、侑丞。湖北蒲圻人（湖北江陵人）。光绪三十年甲辰（1904）进士，书画篆刻精绝。书法以善汉隶闻名。间作人物画，颇见奇趣，擅颖拓，朱砂斑驳，取意碑版，观之与真拓无异。张海若先生曾任约法会会员，国务院参事。1928年以后居住北京，潜心书画和金石的研究。

张海若生前与陈云诰、郭则沄、陈师曾、齐白石、溥儒、寿石工、金息侯、张志立、傅曾湘、周肇祥、俞陛云、溥忻、徐鼒霖等金石书画名流来往密切，多次举办展览，作品远销海外。

画意：构图为汉画像砖。这种画像砖烧制于汉宣帝神爵年间（前61年三月至前58年），内容多为瑞鸟或象形鸟等动物图案。扇面所表现的是一种"颖拓"艺术，由张海若先生发扬光大，观之与真拓无异。

款署：迪人先生再监，神爵纪瑞砖。海若临拓。

钤印：海若（白）。

附：

"颖拓"：也叫笔拓，颖拓艺术是在民国初年由书画金石篆刻家姚茫父始创。姚茫父先生取"泰山二十九字"残碑作颖拓，郭沫若赞为："茫父颖拓实古今来别开生面之奇画也。"郑振铎称为："大胆的创造性的艺术劳动。"姚茫父先生博览多识，先生对碑、版、古青铜器、汉石碑、魏晋造像的研究都有着很深的造诣。他曾为陈师曾先生拟汉画像题词曰："师曾善为汉画像石刻而变化于己，能以不美为美，盖纳妍妙于高古之中"。茫父颖拓，惟妙惟肖，尽善尽美。较原作更鲜明更有精神。

张海若先生的"颖拓"则别具一格，他把要拓的原物放在一边，看着原物拿笔蘸墨在纸上画、抹、点、拓。作品与原物在似与不似之间，这种"颖拓"有着很高的艺术价值。

关于颖拓的美学意义和艺术价值，郭沫若说得最精辟。说："毡拓贵其真，颖拓贵其假。假则何足贵，君不见绘画。摄影术虽兴，画笔千金价。"他认为颖拓是一种绘画，是古今别开生面的奇画。它能传拓本之真，写拓本之照，犹如水中皓月，镜底名花。玄妙空灵，令人油然而生新之感。

颖拓也可以叫笔拓。

姚茫父：即姚华，字重光，号茫父，贵州省贵阳市人，生于清光绪二年（1876），卒于1930年，一生主要活动在北京，他在诗文、词、曲、碑、版、古器及考据和音韵方面都有很多的成就。书画造诣高深，并著述了一系列绘画理论，在近代美术史上做出了积极的贡献。

《梅村诗二首》隶书折扇（背面）
[民国] 张海若　　纸本　纵18.2厘米　横50厘米

张海若：见314页。

题释："含香词赋掷金声，家住元都对管城。万笏雅应推正直，一囊聊复贮纵横。藏虽黯澹终能守，用任欹邪自不平。磨耗年光心力短，只因耽误楮先生。"此题释出自清吴伟业《梅村诗集》卷十二，七律两首，题为《周栎园好墨，尝蓄墨万种，岁除以酒浇之，作祭墨诗。友人王紫崖话其事，漫赋二律》。原诗："含香词赋掷金声，家住玄都对管城。万笏雅应推正直，一囊聊复贮纵横。藏虽黯澹终能守，用任欹邪自不平。磨耗年光心力短，只因耽误楮先生。"个别字有所不同。

周栎园即周亮工，字元亮，一字减斋，号栎园，河南祥符（今开封）人，明万历四十年（1612）生，清康熙十一年（1672）卒，年61岁。崇祯十三年（1640）进士，任山东潍县令、浙江道试御史。明亡，南奔归福王。清兵下江南，又降清，官至福建布政使、户部侍郎。顺治十二年（1655）因嫌被劾入狱，十八年（1661）得释，再起为江安粮道，又因事拟绞，遇赦获免，旋卒。《清史

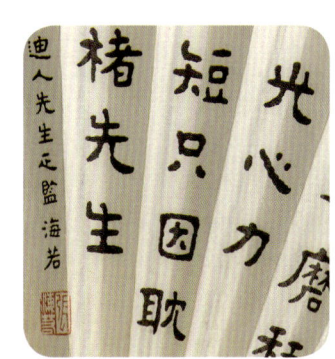

《列传》卷七九有传，姜宸英《湛国未定稿》卷六有墓志铭。

亮工学识渊博，放达跌宕。游遍大江南北，名重一时，人称为"栎园先生"。以人品道德论，人固不足取，其所以有名，盖由于热心著作和刻书。著有《赖古堂文集》《诗集》《印人传》《读画录》《书影》《闽小记》《同书》等十余种，还编选刻印过许多同时代名家的作品。

款署：迪人先生疋监，海若。

钤印：张海若（朱）。

注："疋"古通"雅"。

扇骨：扇骨材质为乌木，长31.3厘米。扇肩在大骨的偏下方，呈庙门肩。扇头为古方头。扇钉为牛角钉。扇骨为十六档。扇面上口封裱紫色绫绢。

乌木，木色乌黑，富有光泽，重硬细致，纹理几不可辨。是木质扇骨中最常用的材料，乌木骨有工有素，素者居多。

《梅花竹石图》折扇

[民国] 翟宣颖　　纸本　设色　纵18厘米　横50.7厘米　公元1938年

翟宣颖（1894—1973）：别名益锴，字兑之，简署兑，号铢庵，晚号蜕庵、蜕园。湖南善化（今长沙市）人。晚清军机大臣翟鸿禨之子，清末重臣曾国藩的外孙女婿。毕业于上海复旦大学。早年任北洋政府国务院秘书、国史编纂处处长、印铸局局长、湖北省政府秘书长等职。后在南开大学、燕京大学、清华大学、辅仁大学任教。中华人民共和国成立后任上海市政协委员。精诗词书画，尤擅文史掌故，是颇具国学功底的文学家和史学家。

著有《汉代风俗制度史前编》《中国社会史料丛钞》《同光间燕都掌故辑略》《秦汉史纂》《人物风俗制度丛谈》《骈文概论》《铢庵文存》《汪辉祖传记》等书籍。

画意：此画中部绘怪石，梅花树枝，花蕾繁茂；几株修竹挺立。构思布局与笔墨意趣略显零乱，但笔触古拙，轻盈潇洒又沉厚稳健，淡色点花，薄而润，富有色彩感。

款署：戊寅大暑节雨窗点笔。璧侯先生雅鉴，兑之翟宣颖。

钤印：景珠山民（朱）。

扇骨：扇骨材质为玉竹，长30.7厘米。小骨为素漆骨，有冰花纹。扇肩呈庙门肩。扇头为古方头。扇钉为牛角钉，钉面呈圆状，微拱。扇骨为十六档。扇面上口封裱淡黄色绫绢。

《溪山渔隐图》折扇（正面）

[民国] 郑遗孙　　　　纸本　水墨　纵18厘米　横49厘米　公元1931年

郑遗孙（1871—1931）：又名贻孙，字履微，号七松居士，杭州人。善山水、人物、走兽，鬻画上海。曾为平湖、葛昌楹师。

画意：群山坡石，疏树孤屋，一叶小舟泛波湖中垂钓。山涧泉水湍流，山岭松柏稠密。体现了人文领域里最为深邃的寄托。

山水画简称"山水"。以山川自然景观为主要描写对象。形成于魏晋南北朝时期，但尚未从人物画中完全分离。隋唐时开始独立；五代、北宋时趋于成熟，成为中国画的重要题材。按画法风格分为青绿山水、金碧山水、水墨山水、浅绛山水、小青绿山水、没骨山水等。

款署：溪山渔隐拟墨林布置，略参新意。似潜庵尊兄先生法家教正，辛未仲春元月五日，七松居士杨庵，郑遗孙并记。

钤印：印迹不清。

《鲁峻碑》隶书折扇（背面）

[民国] 高野侯　　　纸本（泥金笺）　纵18厘米　横49厘米

高野侯（1878—1952）：现代画家、鉴赏家。字时显，号欣木、野侯、可庵，室名梅王阁。浙江杭县（今余杭）人。清末光绪举人。官至内阁中书。精鉴定，富收藏，以古今名人梅花作品为多，有"五百本画梅精舍"之称。以书隶、画梅、治印著称。镇库之宝有王冕《梅花图》卷，因名其斋曰"梅王阁"。印中有"画到梅花不让人"1913年为中华书局创办人之一，任常务董事，美术部主任。陆续出版名人书画影印本数十种。西泠印社早期社员，主编西泠印社《金石家书画集》十八册。传世作品有《墨梅图》轴，图录于《当代名人画海》。与其兄时丰、时敷并称"高氏三杰"。

题释："拜司隶校尉，董督京军（辇），掌察群寮，蠲细举大，榷然疏发，不为小威，以济其仁。"此文出自《汉司隶校尉忠惠公鲁君碑》，又称《汉司隶校尉鲁峻碑》《鲁忠惠碑》。按段落分应为"延熹七年二月丁卯，拜司隶校尉，董督京辇，掌察群寮，蠲细举大，榷然疏发，不为小威，以济其仁。"是《鲁峻碑》中的一段。全碑歌颂了鲁峻的事迹，故而"门生故吏等三百二十人为之树碑颂德"。

鲁峻（111—172）：字仲严，山阳昌邑（今山东金乡县）人。其先祖是周文王（姬昌）的后代，周公（姬旦）是文王第四子，封于曲阜，国号为鲁。周公因辅佐王事，派长子伯禽代为就国，成为鲁国始祖。鲁峻自幼在父辈们的教育培养下，笃学至诚，勤勉有加。修温和善良之德，行品德高尚之操，认真学习研究《鲁诗》。精通《严氏春秋》。初举孝廉，任为郎中谒者、河内太守丞。后任东郡顿丘（今河南浚县北）县令、九江太守。除残酷之刑，行守法之道，统政数载，政治清明，社会安定，受到人们的称赞，把他比作西汉大臣黄霸（曾任颍川太守、御史大夫、丞相等职）、召信臣（西汉水利家）歌颂。后历任太尉长史、御史中丞。汉桓帝延熹七年（164）二月，担任司隶校尉。

他的门生汝南昭陵于商朝、马荫，沛国谯郡丁直等320人，追昔忆往，乃敬告神明，谥鲁峻"忠惠父"，并立石铭刻纪念之。

款署：潜庵仁世兄雅属，野候时显。

钤印：印迹不清。

扇骨：扇骨材质为鸡翅木，长31.5厘米。扇肩在大骨的偏下方呈庙门肩。扇头为古方头。扇钉为牛角钉。平地（底）。

扇骨为十六档。扇面上口封裱淡黄色绫绢。

鸡翅木，因有深浅交错，状似鸡翅的天然纹理而得名。常用做16档至20档书画扇。与之搭配使用的多为竹骨。

《春野草堂图》折扇（正面）

[民国] 萧愻　　纸本　设色　纵19厘米　横52.3厘米　公元1925年

萧愻（1883—1944）：原名萧逊，改愻，字谦中，号大龙山樵、龙樵。安徽安庆市人。早年师从姜筠学习山水画，成绩显著。后出游西南、东北名胜，行万里路，开阔艺术视野。1921年重返北京，广泛涉猎历代名家作品，深得传统艺术精华，尤醉心石涛、龚贤、梅清的作品。1920年与周肇祥、金城、陈师曾等人发起成立中国画学研究会。曾任教于北京美术专科学校。

萧愻初临"四王"山水，涉宋元诸家，后受明清黄山画派影响较大。38岁步入京城，得识众多画坛巨匠，如齐白石、溥心畬、陈半丁、胡佩衡等，相交甚笃，且常切磋技艺。所作山水往往山重水叠，构图饱满，层次分明，用墨及赋彩（包括浅绛、青绿）皆相当精致。出版有《萧龙樵山水精品二十四帧》《课徒画稿》。

画意：画面怪石嶙峋，杂木丛生，挺拔的古松，屋舍隐藏在杂木、竹丛中，小路中一隐者策杖而行，回目注视随行的仙鹤；远处的滩涂，平静的湖面都给人一种闲情、一种野趣。萧愻的山水画，墨色淋漓，密中见疏，风骨独具。树、石、屋、人、水贯通全画气脉，繁密疏旷，浑厚华滋，实为难得之佳作。

款署：乙丑春赠伯恒先生。萧愻。

钤印：愻（朱）。

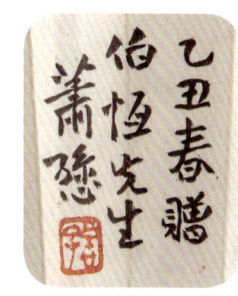

附：

伯恒：原名孙壮（1879—？）字伯恒，号雪园、高逸居士，斋名读雪斋、玉简草堂、澄秋馆、抱朴斋、埙室。北京大兴人（原籍浙江余姚）。国子监学生，肄业同文馆、京师大学堂。后任北京商务印书馆经理，河南省博物馆馆长，中国营造学社校理等职。为考古学社社员，对青铜器研究颇深。近世著名藏书家、书法家、学者。进士出身。孙伯恒家藏秦汉古印颇富，庚子兵燹尽毁，仅存拓本2/3，尝辑成《读雪斋印谱》影印刊行。亦能刻印，尝为寿石工治印若干。有《雪园藏印》等行世。

著有《永乐大典考》《版籍丛录》《集拓魏石经》《楚器图考》《北京风土记》《俗语古注》《玉简草堂藏玉图谱》《澄秋馆吉金图》《抱朴斋经眼录》《埙室题跋·藏陶考》等。

《陶征士诔（并序）》行书折扇（背面）
[民国] 丁佛言

纸本　设色　纵19厘米　横52.3厘米
公元1925年

丁佛言（1878—1931）：原名世峄，初字桐生、息斋、芙缘、松游，后字佛言，号迈钝，别号黄人、松游庵主、还仓室主。山东龙口人。近代著名的社会活动家、书法家、古文字学家。书法四体兼擅，尤精金文，为民国书坛代表人物之一。

光绪时贡生，留学日本。毕业归国后，创立保矿会，历任山东谘议局议员、北京临时参议院议员、《亚细亚日报》主编。黎元洪任总统时曾为总统府秘书长。嗜好古器研究，精鉴别，善篆籀，工篆刻。所写金文笔力沉厚、结构谨严，享有盛名。40岁书艺日臻成熟。时有"南吴（昌硕）北丁"之称。精于研究古文字的形、声、义。擅甲骨文、钟鼎文，曾任国民大学文字学教授。

1917年辞职回乡，精研文字学，篆、隶笔力雄厚，寓奇险平正，含端庄风韵，有"金刚杵"之誉。篆刻师法秦汉，能纳欹斜与规矩。晚年与友人结为"冰社"，著有《说文古籀谱》等。

题释：这是一篇由南朝宋文学家颜延之撰写的哀悼陶渊明的诔文，篇名《陶征士诔》。此段文字是文章第一段的一部分，个别字有出入。"夫璇玉致美，不为池隍之宝；桂椒信芳，而非园林之实；岂其深而好远哉，盖云殊性而已。故无足而至者，物之藉也；随踵而立者，人之薄也。若乃巢、高之抗行，夷、皓之峻节，故已父老尧、禹，锱铢周、汉，而绵世远，光灵不属。"

款署：伯恒先生正。佛言。

钤印：丁佛言（朱）。

附：

《陶征士诔》：陶渊明去世之后，他的好友颜延之所作《陶征士诔》，是研究陶渊明最早的文献。文中称颂陶氏具有"巢、高之抗行，夷、皓之峻节"，仰慕他不慕利禄富贵的风范。

《陶征士诔》是对陶渊明一生的总结和评价。虽然颜延之对陶渊明的认识，特别是对他的创作是有所保留的，但陶渊明那种自然的状态，"好读书，不求甚解，每有会意，便欣然忘食"的潇洒，则让他感慨万端，不能忘怀。通过《陶征士诔》可以了解颜延之的情感经历、仕宦生涯，同时代的文风、追求，洞见其精神与创作上的特点。

"读诔定谥"：诔这种文体，罗列死者的德行以为表彰，本是为确定谥号提供事实的依据。抒写哀悼之情，则为变体。作此文，既说明为陶渊明选定"靖节"之谥的缘由，又抒写了自己哀悼亡友的心情。在称颂陶渊明高尚品德的同时，对"天道无亲，常

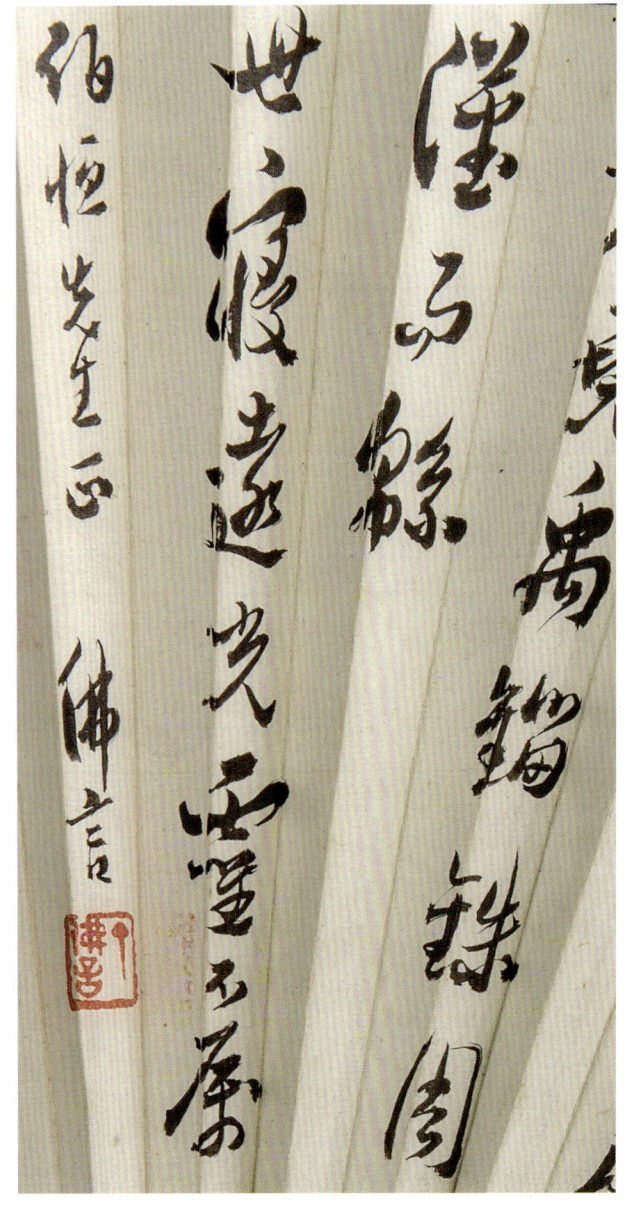

与善人"的古训提出质疑,表达了作者对轻德才、重门爵风尚的批评。

颜延之(384—456):字延年,南朝宋文学家。祖籍琅琊临沂(今山东临沂)。曾祖含,右光禄大夫。祖约,零陵太守。父显,护军司马。少孤贫,居陋室,好读书,无所不览,文章之美,冠绝当时,与谢灵运并称"颜谢"。嗜酒,年三十犹未婚娶。

颜延之和陶渊明私交甚笃。在颜延之任江州后军功曹时,二人过从甚密;其后,延之出任始安太守,路经浔阳时曾与陶渊明在一起饮酒,临行以两万钱相赠。陶渊明死后,他写了《陶征士诔》。

扇骨:扇骨材质为玉竹,长 30.5 厘米。扇肩呈庙门肩。扇头为茄式头。扇钉为牛角钉。扇骨为二十档。扇面上口封裱紫色绫绢,绢有经纬络。

《春暖戏鸭图》折扇（正面）

［民国］ 无 名　　　　纸本　设色　纵17厘米　横49.3厘米

画意：画面描绘了春天的景色，柳树下，鲜花旁，三只雏鸭戏水于湖中。画面色彩平淡，以绿色调为主。

《张迁碑》隶书折扇（背面）

[民国] 平国恩　　　纸本（泥金笺）　纵17厘米　横49.3厘米

平国恩：生卒年不详。民国初年曾任京师警察厅承审。

题释："爰既且于君，盖其缠绕。缵戎鸿绪，牧守相系，不殒高问。孝弟于家，中謇于朝。"取自《张迁碑》中的一段，但书写不完整，如"孝弟于家"缺"家"。

款署：静轩仁兄□隶，平国恩。

钤印：国恩（朱）。印鉴为贴印。

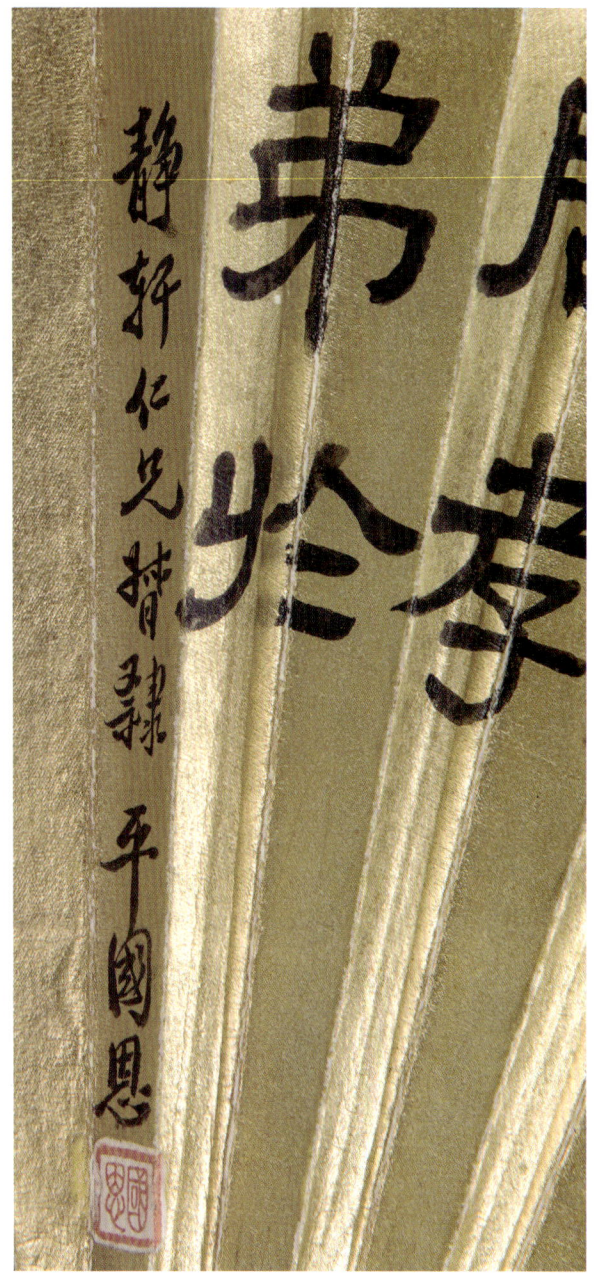
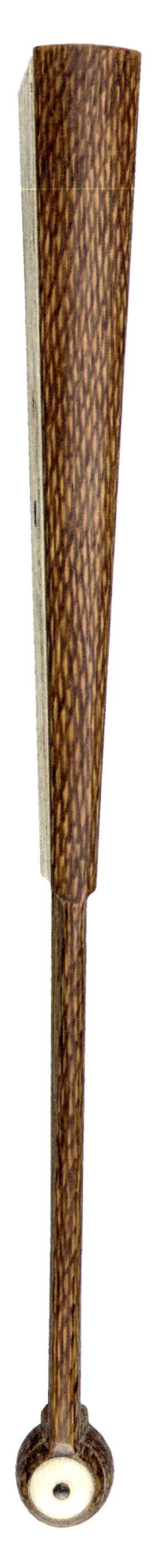

扇骨：扇骨材质为棕竹，长 30.4 厘米。扇肩在大骨的偏下方约 1/3 处为庙门肩。扇头为和尚圆头。在扇头两侧镶嵌白玉薄片，然后烫钉。扇钉为牛角钉。扇骨为十四档。扇面上口封裱浅黄色绫绢。

《菊花红叶图》折扇（正面）
[民国] 吴 煦　　　　纸本　设色　纵19.7厘米　横55厘米

吴煦（1861—1944）：字子和，号蠛庵，滇西（云南保山）人。光绪十六年（1890）进士。前清翰林花卉画家，工书画，善诗词。光绪十八年五月，散馆，授翰林院编修。历任山东道监察御史，京畿道监察御史，广东布政使。1914 年后，任北平政府平政院评事兼司法官惩戒委员会委员。1923 年 4 月离职。其书风有欧公与坡翁遗意，画风婉丽、遒媚，如簪花之美女。1940 年后，其作品日臻成熟。在清室被推翻后以卖画为生，养活近 20 口人的大家庭。

吴煦书画流传极少。此幅花卉扇面为吴煦顶峰时期为友人所作精品，弥足珍贵。

画意：此画绘三种不同的菊花，花开正浓，花团锦簇。着色的不同丰富了画面的色感。四枝圆润的红叶，恰好点缀了空白之处，显得画面构图紧凑又不烦琐。今色彩有氧化。

画菊是中国人感物喻志的象征，是文人画中最常见的题材，源于人们对审美境界的神往。其特点是自强不息，精华其外，淡泊其中，不作媚世之态。这种冲和恬淡的疏散气质，与画家经历了苦闷彷徨之后得到精神上的安详宁静相契合。

款署：璧侯先生雅正。子和吴煦。

铃印：吴煦（白）、子和（朱）。

《自题诗》楷书折扇（背面）

[民国] 王其康　　纸本　纵19.7厘米　横55厘米　公元1925年

王其康（1882—1929）：字慕庄，生于江苏淮安。从小就发奋读书，17岁中秀才，21岁中举人，诗写得很好；1905年废除科举，最终未能圆状元梦。25岁时离别妻儿独自来到天津谋生。民国以后，调任财政部佥事。以后步入仕途，做过津浦铁路局总办，继任河北省吴桥县知县、江苏灌云县盐运副使，1922年6月，任山东盐运使。1925年，任江苏政务厅长，财政厅厅长。后退出政坛，隐居天津。著有《中国财政简略》。

其子辛笛（王馨迪）是民国时期著名的诗人。

题释：白发每惊山鸟唤，新黄初上拒霜尖。相逢为记跳珠雨，玉斝非回降蜡添。乱飞莺燕梦犹惊，草长江南映雪翎。纵有金笼真放鸽，莫凭传会捡禽经。乌丝阑底袖围红，中酒残春又不同。拈与五云阁吏证，三生小杜落花风。浣花溪头两洗尘，玉局墨竹几经春。春雷翻石蛟龙起，大有峨眉相对人。鉴书博士鉴裁密，满橐晴虹贯夜眕。非□徐家得偃笔，似欹反正独□娟。后题又感邵庵翁，个个苏门学士风。五百年前佳纸在，尽收心事锦池中。谁从石刻觅精魂，吴下西村且未论。枉费华亭比王略,黍珠难聚墨边痕。何年姓篆灿瑶华,一笑吾宗对客夸。固合墨缘归我箧,阅人襄已似恒沙。

款署:乙丑春三月应,璧侯仁兄方家之属。弟其康。

钤印:王其康印(朱)。

扇骨:扇骨材质为玉竹,长33.6厘米。扇肩呈庙门肩。扇头为茄式头。扇钉为牛角钉。扇骨为十三档。扇面上口封裱浅黄色绫绢。

两侧大骨刻有相同纹饰,四朵菊花,从扇肩到扇尾菊花依次增大,满铺如意纹(或云纹)。其雕刻手法为阳刻,平地留青,浅刻。整个扇骨纹饰显得雍容华贵。

《远山松石图》折扇（正面）
[民国] 黄石斜   纸本　水墨　纵18.2厘米　横56.1厘米　公元1928年

黄石斜：生卒年不详。号郢人，湖北人。曾于1928年在太原释译傅山行草《昨日帖》。

画意：远山缥缈，古松萧疏，山泉流淌，旷远开阔，境界清幽。一老翁独坐松下，凝神远眺。画面构图严谨，笔墨浑厚，墨色清新淡雅。

款署：戊辰秋日为药痴先生画，郢人黄石斜时寓北平篱菊正已著花也。

钤印：黄石斜（白）。

《东方画赞》楷书折扇（背面）
[民国] 宝 熙　　纸本　纵18.2厘米　横56.1厘米　公元1923年

宝熙：即爱新觉罗·宝熙（1871—1942）清末官吏、学者。字瑞臣，号沉盦，室名独醒庵。河北宛平（今北京）人，隶属满洲正蓝旗。清朝宗室，清太祖努尔哈赤第十五子豫通亲王多铎九世孙，高祖父岳兴阿，曾祖父海兰泰，祖父受庆（道光二年进士），父奎润（同治二年进士），兄宝铭（光绪二十一年进士），子志林，孙华粹深、华君愈。光绪十八年进士。历任编修、侍读、国子监祭酒、内阁学士兼礼部侍郎、修订法律大臣、总理禁烟事务大臣、理度支部右侍郎等职。民国后，任总统府顾问，后任伪满州国内务处长等职。工书法，端庄肃穆，能诗。有《工余谈艺》。

题释："矫矫先生，肥遁居贞。退弗终否，进亦避荣。临世濯足，希古振缨。涅而（无）滓，既浊能清。无滓伊何，高明克柔。能清伊何，视污若浮。乐在必行，处俭罔忧。跨世凌时，远蹈独游。瞻望往代，爰想遐踪。邈邈先生，其道犹龙。染迹朝隐，和而不同。栖迟下位，聊以从容。"这段颂文摘自《东方朔画像赞》的前面一部分。《东方朔画像赞》由西晋夏侯湛撰文，传为王羲之书写，有拓本传世。

夏侯湛（约243—约291）：字孝若，沛国谯县（今安徽亳州）人，西晋文学家。祖父夏侯威，是曹魏名将夏侯渊第四子，官至兖州刺史。父亲夏侯庄，官至淮南太守。夏侯湛少为太尉掾。晋武帝泰始年间，举贤良，对策中第。后为中书侍郎、南阳相，不久升任太子仆，但他还未就职，晋武帝便去世了。晋惠帝时为散骑常侍。

东方朔：生卒年不详，本姓张，字曼倩，西汉平原郡厌次县（今山东省德州市陵县）人。西汉时期著名的文学家。汉武帝即位，征四方士人。东方朔上书自荐，诏拜为郎。后任常侍郎、太中大夫等职。他性格诙谐，言词敏捷，滑稽多智，常在武帝前谈笑取乐，他曾言政治得失、陈农战强国之计，但当时的皇帝始终把他当俳优看待，不以重用。东方朔一生著述甚丰，有《答客难》《非有先生论》等名篇。

款署：东方先生画赞，癸亥秋初，为要迟贤友临，宝熙。

钤印：□白宝熙（朱）。

扇骨：扇骨材质为竹材，长32厘米。扇肩在大骨的偏下方为庙门肩。扇头为琵琶圆头。扇钉为牛角钉。扇骨为十四档。十四档扇，流行于明末清初。扇面上口封裱淡黄色绫绢。

扇骨雕刻博古纹：香炉、花几、如意、瑞草、宝瓶、果盘、炉、盂、羽扇。一个宝瓶上栽插菊花，一个宝瓶上栽插梅花，寓意清雅高洁。纹饰采用先阳刻后阴刻的雕刻手法，平地上漆，留出骨边作为边框，留下竹青为纹，这就是"漆心玉边"。

博古纹源于文人雅士的慕古风尚和文化取

向，不论官宦富庶阶层，还是普通市民阶层，都喜好借助博古怡情，标榜高雅的文化符号来表露一种不流于庸俗的思想。所以，各阶层选择带有博古纹饰的器具，这种自然催生的需求，代表了古代文人的儒雅情怀，同时也推动了博古纹饰的发展。

《花卉鸡戏图》折扇（正面）

[民国] 侯汝承　　纸本　设色　纵19.1厘米　横56.3厘米　公元1931年

侯汝承（1859—1937）：字意园、怡园，别号桃陵老农、红蓼溪渔、鸣雁亭叟等。开封杞县人。少时天资颖慧，奋志笃学，以县、府、院三试案首（第一名）传为美谈。入仕后曾任直隶署布政司理问、行唐知县、晋州知县等职近30年，因奉法循理，方正廉洁，荐为太守，1911年奉调入都。民国初年曾任京师军政执法处发审官、陆军部监长等，政府南迁始解职。1934年回汴。

先生自幼受家庭熏陶，喜爱书画，山水、花鸟、兰竹无一不精，写意花鸟深得清初花鸟画大家恽南田笔意。1901年慈禧太后自西安回京途经保定时，在行宫见其所绘帏幔颇为赞赏，曾召见嘉勉，从此画名愈盛。1902年吴汝纶受命赴日考察学制时，他曾作《送行图》相赠，当时京城名流争相题咏，被喻为宋尚书都门送别图，一时传为佳话。侯汝承先生学养深厚，交友广博，于诗画外尤致力于金石文字研究，在大小篆、隶及金石篆刻上亦成就卓著。清末与军机大臣张之洞、陆军部尚书端方、国子监祭酒盛昱和王懿荣时常商榷金石之学，民国初年与梁启超、章太炎、杨惺吾、于右任、樊增祥、马积生、靳志等诸先生谈诗论画，交往甚密。著名诗人樊增祥（1846—1931）对其花鸟画尤为佩服，曾在其《花卉草虫册》的每一页上题诗赞赏。侯先生著有《意园诗勺》六卷《意园印勺》八卷、《意园印石录》二卷传世。

画意：构图的主题集中于画面右部，花卉、植物、立石，立石旁一只雌鸡携5只雏鸡游走于花草中。笔法以工笔与写意相结合，描绘了鸡的各种形态，花卉、植物采用有骨晕染，有恽南田笔意。

款署：辛未中秋拟宋人纨扇本似。砚溪仁兄先生正，高园侯家，时客北平年七十二。

钤印：侯汝承（白）、怡园（朱）。

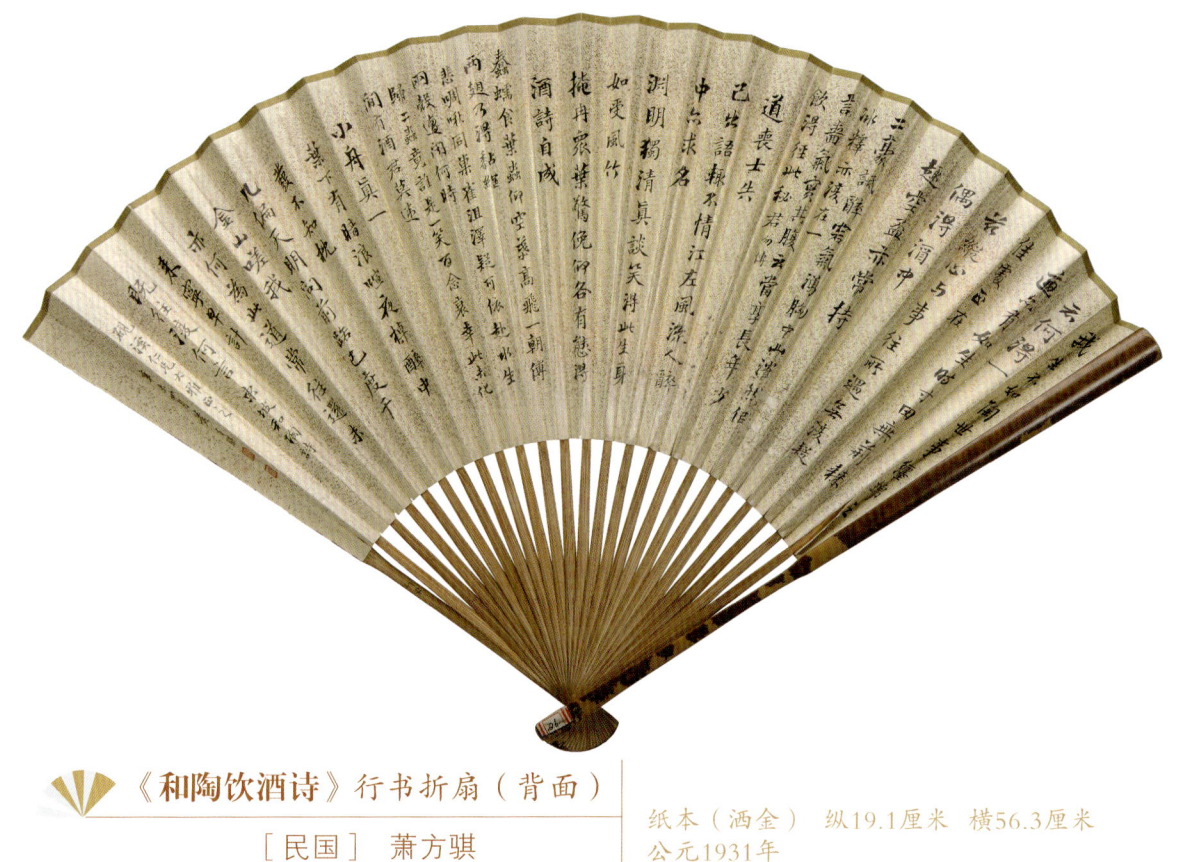

《和陶饮酒诗》行书折扇（背面）

[民国] 萧方骐

纸本（洒金）　纵19.1厘米　横56.3厘米
公元1931年

萧方骐：生卒年不详。字紫超、九园，晚号紫髯翁，四川三台人。清末举人，长期居北平。善书，体近苏黄，参北碑意。其诗摇曳醇真，与樊樊山、陈宝琛等相唱和于国风社诗坛，时称"同光后劲"，民国年间著名书法家。其兄萧方骏号息园老人，著名中医。

题释：苏轼《和陶饮酒二十首》诗中的前五首。其一"我生不如陶，世事缠绵之。云何得一适，亦有如生时。寸田无荆棘，佳处正在兹。纵心与事往，所遇无复疑。偶得酒中趣，空杯亦常持。"其二"二豪诋醉客，气涌胸中山。灌然似冰释，亦复在一言。嗇气实其腹，云当享长年。少饮得径，此秘君勿传。"第二首最后一句扇面中缺一字"少饮得径"，应为"少饮得径醉"。其三"道丧士失已，出语辄不情。江左风流人，醉中亦求名。渊明独清真，谈笑得此生。身如受风竹，掩冉众叶惊。俯仰各有态，得酒诗自成。"其四"蠢蠕食叶虫，仰空慕高飞。一朝传两翅，乃得黏网悲。啁啾同巢雀，沮泽疑可依。赴水生两壳，遭闭何时归。二虫竟谁是，一笑百念衰。幸此未化间，有酒君莫违。"其五"小舟真一叶，下有暗浪喧。夜棹醉中发，不知枕几偏。天明问前路，已度千重山。嗟我亦何为，此道常往还。未来宁早计，既往复何言。"东坡和陶诗。

款署：砚溪仁兄大雅正之，辛未四月萧方骐。

钤印：紫（白）、超（朱）。

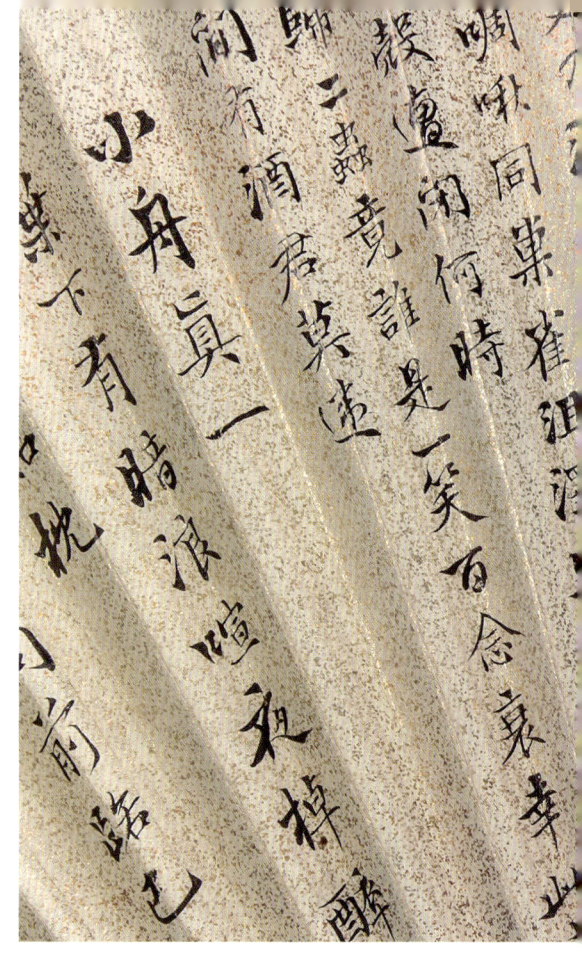

附：

《和陶饮酒二十首》：是宋代文学家苏轼的一组诗作。作于元祐七年（1092）七月，苏轼在龙图阁学士充淮南东路兵马铃辖知扬州事任上所写。

《和陶饮酒二十首》序曰："吾饮酒至少，常以把盏为乐。往往颓然坐睡，人见其醉，而吾中了然，盖莫能名其为醉为醒也。在扬州时，饮酒过午，辄罢。客去，解衣盘礴，终日欢不足而适有余。因和渊明《饮酒》二十首，庶以仿佛其不可名者，示舍弟子由、晁无咎学士。"说明苏轼写《和陶饮酒二十首》是应和陶渊明的《饮酒》二十首。

陶渊明：其人其诗在宋初以前并未跻身文化主流，经过苏轼的揄扬才被推崇到前所未有的地步。苏轼不仅追和陶渊明的诗，还仰慕并实践其人格，其后"和陶、拟陶、慕陶"才蔚然成风，成为中国文人文化心理的一个典型情结，奠定了陶渊明在中国文学史上的地位，并以"苏化的面目流传着"。这种"苏化的面目"，具有典型的宋代儒、释（禅）、道三家思想印痕，也有鲜明的个性特征，苏轼参用禅理对陶渊明"古今隐逸诗人之宗"的传统形象进行解构和重塑。《和陶饮酒二十首》阐明了禅宗的生命哲学和美学思想对苏轼"学陶、和陶"的影响，从而挖掘出其审美化人生和平淡美艺术风格的文化内涵和时代意义。通过《和陶饮酒二十首》，可以把握经禅理浸润后，苏轼在生命实践上呈现禅宗的人生智慧，在诗歌创作上呈现禅宗美学的平淡风格。从整个陶渊明一生来看，苏轼的"以禅解陶"无疑具有非常独特的个性特征，显现出别具一格的思想形态，这对于后世理解陶渊明有深远的启发意义。

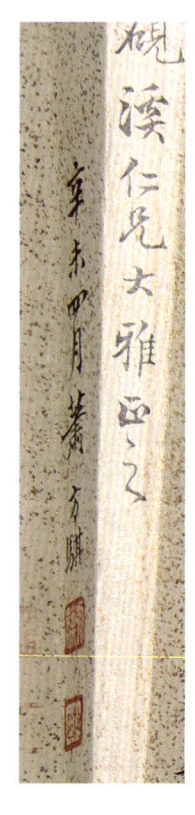

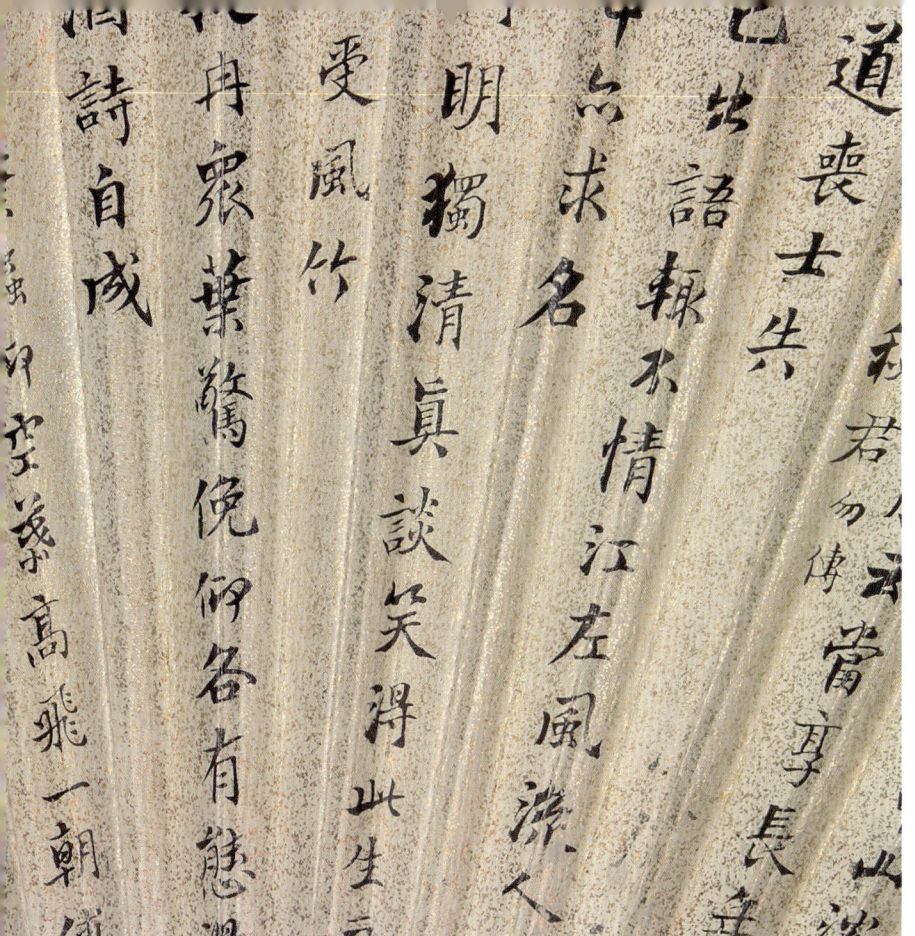

扇骨：扇骨材质为湘妃竹，长33厘米。大骨的湘妃花纹斑呈浅赭色（亦称"红妃"），斑纹的圆形、扁圆形外缘纹路较为模糊，不清晰。扇肩呈庙门肩与溜肩之间。扇头为古方头。扇钉为牛角钉，钉面呈圆状，微拱。扇骨为二十五档。扇面上口封裱黄色绫绢。

王新生 常原生 主编

雅物抒风
YA WU SHU FENG

晋祠博物馆馆藏扇面折扇研究

[下册]

山西出版传媒集团
山西人民出版社

《雅物抒风——晋祠博物馆馆藏扇面折扇研究》
编委会

主　编：王新生　常原生

副主编：连颖俊　阴世国　申军锋

编　委：连颖俊　郝教信　陈　风　崔助林

　　　　李星元　姚　远　李　娜　左正华

　　　　牛慧彪　王志强　谢　强　田立勤

　　　　李秀红　赵玉仙　田瑞媛　李明芳

　　　　魏　涛　苏　慧

摄　影：韩宏斌

001	《神驹饮泉图》团扇	王万选
003	《黄龙甘露碑》扇面	陈昌儁
006	《山水图》扇面	陈昌儁
008	《秊蟹图》扇面	宫沛霖
011	《梅花图》扇面	董揆
013	《山峦月松图》折扇（正面）	王光圻
015	《王安石诗》行书折扇（背面）	宝熙
018	《绿竹图》折扇（正面）	陈汉第
020	《苏轼诗》行书折扇（背面）	刘嘉琛
023	《山水、人物、花鸟》四格景折扇（正面）	李智超　周肇祥 黄　均　秦　裕
028	《山水、花鸟》四格景折扇（背面）	张印泉　张启宗 刘奉璋　杨渊如
033	《君宜侯王》瓦当折扇	张海若
037	《仿宋元写卉图》折扇（正面）	汪采白
040	《自题诗》行书折扇（背面）	道铭
043	《芭蕉坚果图》折扇（正面）	李上达
045	《蔡明远帖》行书折扇（背面）	宝熙
048	《山水图》折扇（正面）	宋伯鲁
050	《自题五首诗》行书折扇（背面）	傅增湘
053	《荷花水草图》折扇（正面）	吴煦
055	《翠楼吟》行书折扇（背面）	王揖章
058	《海棠采蜜图》折扇（正面）	齐白石

061	《游修觉寺》行书折扇（背面）	华世奎
065	《寒林暮鸦图》折扇	学 瑜
067	《秋江独眺图》折扇（正面）	周德明
069	《曾国藩日记》行书折扇（背面）	陈嘉祐
072	《松崖精舍图》折扇（正面）	张 恂
074	《历下笔谈》行楷折扇（背面）	朱 深
077	《松下骏马图》折扇（正面）	溥 儒
080	《十七帖》行草折扇（背面）	张伯英
083	《扶桑图》折扇	琴瑶君
085	《江山胜览图》折扇（正面）	袁励準
087	《游爱俪园感》行书折扇（背面）	陈三立
089	《稻菊双雀图》折扇	邵逸轩
093	《花卉、山水、书法》四格景折扇（正面）	孙诵昭　庄　芸
098	《花卉、书法》四格景折扇（背面）	杨徐桀　邢　生
		宋君方　庄曜孚
105	《琼蕤茶花图》折扇（正面）	宋君方
107	《赤虹赋》行书折扇（背面）	寿石工
109	《诗情晚霞图》折扇（正面）	张仕鎏
111	《纳兰性德词》行书折扇（背面）	张仕鎏
114	《讨赤诸军图》折扇（正面）	何 岢
116	《玉延秋馆登岱诗》行楷折扇（背面）	何 澄
119	《山居秋兴图》折扇（正面）	路朝銮
121	《自题诗》行楷折扇（背面）	路朝銮
124	《松竹瀑布图》折扇（正面）	陈宏铎
126	《携琴听泉图》折扇（背面）	秦 裕
129	《松石图》折扇	陈曾寿
132	《极目萧条图》折扇（正面）	于非闇
134	《王羲之传》行书折扇（背面）	张伯英
138	《水墨云龙图》折扇（正面）	焕 文
140	《鹧鸪天词》行书折扇（背面）	洛 望
143	《云山雨霁图》折扇（正面）	郭绶珊
146	《万生园赏菊赋呈节庵先生》行书折扇（背面）	杨千里
149	《丝瓜茄子图》折扇（正面）	齐白石
151	《岑参古诗》草书折扇（背面）	徐世章
154	《竹菊梧桐图》折扇（正面）	王 云
156	《唐宋诗》行书折扇（背面）	张 直
159	《林惭涧媿图》折扇（正面）	何 墨
162	《商伯克鼎铭》篆书折扇（背面）	黄少牧
164	《梅花竹石图》折扇（正面）	黄鬚民

166	《洛神赋》楷书折扇（背面）	孟履贤
169	《秋山萧寺图》折扇（正面）	秦　裕
171	《玉盘盂二首》楷书折扇（背面）	蒋式理
174	《高山流水图》折扇	胡佩衡
177	《春山叠嶂图》折扇（正面）	张　琮
180	《夏末野兴》行书折扇（背面）	狄平子
183	《江潮马奔图》折扇（正面）	赵鹤青
185	《清平乐》行书折扇（背面）	吴剑华
188	《牡丹图》折扇（正面）	吴　煦
190	《山中白云词》行书折扇（背面）	夏孙桐
192	《墨竹图》折扇（正面）	陈汉第
194	《游庐山旧句》行楷折扇（背面）	陈敬第
196	《绣球双雀图》折扇（正面）	徐名鸿
198	《黄庭坚梨花诗》楷书折扇（背面）	贾伯愚
202	《梅花图》折扇（正面）	丁辅之
204	《石赞清集唐人词》楷书折扇（背面）	邢　端
207	《经霜老树图》折扇（正面）	张　恬
209	《〈霝雨〉诗歌》石鼓文折扇（背面）	李　锜
212	《戴仲若游春图》折扇（正面）	祁埜云
214	《咏怀诗》行书折扇（背面）	培　新
216	《婴戏图》折扇（正面）	吴显曾
218	《蹋莎行和珠玉词》行书折扇（背面）	向迪琮
220	《池趣游虾图》折扇（正面）	熊佛西
222	《陆游〈巢山〉诗》行书折扇（背面）	曹任远
224	《十七帖》草书折扇（正面）	冯　恕
226	《五峰灵迹》草书折扇（背面）	叶恭绰
228	《墨竹图》折扇（正面）	许静安
230	《〈无垢净光宝塔颂〉等》行楷折扇（背面）	朱邦伟
235	《初夏山居图》折扇	陈封可
238	《花卉昆虫图》折扇（正面）	罗宗霨
240	《自题诗二首》行书折扇（背面）	金毓黻
242	《虬枝梅花图》折扇（正面）	蒋　艸
244	《黄帝阴符经》篆书折扇（背面）	冰　叟
247	《水仙图》折扇（正面）	江　采
249	《竹菊图》折扇（背面）	江　采
251	《古逸苍松图》折扇（正面）	佚　名
253	《游莲花山诗》折扇（背面）	周肇祥
256	《石溪双雀图》行书折扇（正面）	高□初
258	《落花四首》折扇（背面）	朱延昱

260	《秋山诗兴图》折扇（正面）	赵祉布　赵望云
262	《陆游入蜀记》行楷折扇（背面）	汪　东　沈尹默
266	《柳塘归隐图》折扇（正面）	庞元济
268	《北新水令·题画》行书折扇（背面）	溥　儒
271	《松壑寻幽图》折扇（正面）	钱达根
274	《自题诗》行楷折扇（背面）	钱达根
276	《青山竹林图》折扇（正面）	王春林
278	《为铜官感旧图题》行书折扇（背面）	赵椿年
280	《山野独居图》折扇（正面）	吴仲熊
282	《自题诗》行书折扇（背面）	但懋辛
285	《远岫水云图》折扇（正面）	马　晋
287	《深山隐居图》折扇（背面）	佚　名
290	《山水图》折扇（正面）	傅左车
292	《金刚经八品》金文折扇（背面）	马　晋
295	《山村垂钓图》折扇（正面）	吴熙曾
298	《石鼓文〈吾水〉》篆书折扇（背面）	徐德虹
300	《岩壑清秋图》折扇（正面）	冯　飞
302	《自题七言律诗二首》楷书折扇（背面）	曹经沅
305	《疏林捕鱼图》折扇（正面）	吴冷客
307	《录翁同龢书》行书折扇（背面）	陈瀚一
309	《松峰听泉图》折扇	冯超然
314	《骏马图》折扇（正面）	方　洺
317	《山水图》折扇（背面）	吴耀奎
321	《猫戏竹石图》折扇（正面）	孙菊生
324	《梅䂮诗话》行书折扇（背面）	罗惇曧
327	《树下雏鸡图》折扇（正面）	翟　埔
330	《婴戏图》折扇（背面）	李墨林
333	《仕女芭蕉图》折扇（正面）	樊　虚
336	《唐诗七律》楷书折扇（背面）	王志达
339	《行舟采菱图》折扇（正面）	管　平
342	《陆游诗五首》行书折扇（背面）	李　诜
344	《浣纱春意图》折扇	关　华
347	《婴戏图》折扇（正面）	启　湖
349	《庄子·天运》楷书折扇（背面）	刘春霖
352	《翠竹雀鸣图》折扇（正面）	李瑞龄
355	《宾退录节录》行书折扇（背面）	张文祁
358	黑纸折扇	佚　名
363	后记	

《神驹饮泉图》团扇

[民国] 王万选　　绢本　设色　纵24.5厘米　横26厘米　公元1938年

王万选：生卒年不详，字佩青，山东济南人，清代民国知名的书画家，擅画马。

画意：一株垂柳下，两匹骏马正在饮水。一农夫提木桶淘水，构图简洁而生活情趣浓厚。关于王万选擅画马有一则故事：他在"伊利中俄事务所"服役时，当地人送了一匹好马。可是不久马死了，他很伤心，便画了这匹马留作纪念。回到家乡后，72岁那年夏天，雨过天晴，他看了这幅画后心潮澎湃，提笔在上面写了一段跋，记录了这段历史。扇面中白色花斑的马正是以这匹马为原型所画。

题释：神驹并立绿杨前，讵肯随波饮盗泉。汲得新流清见底，不劳廉吏漫投钱。

款署：戊寅夏日写，为厚翁仁兄大人疋正，王万选。

钤印：佩青小印（白）、万选（朱）。

注："疋"（pi）古通"雅"。

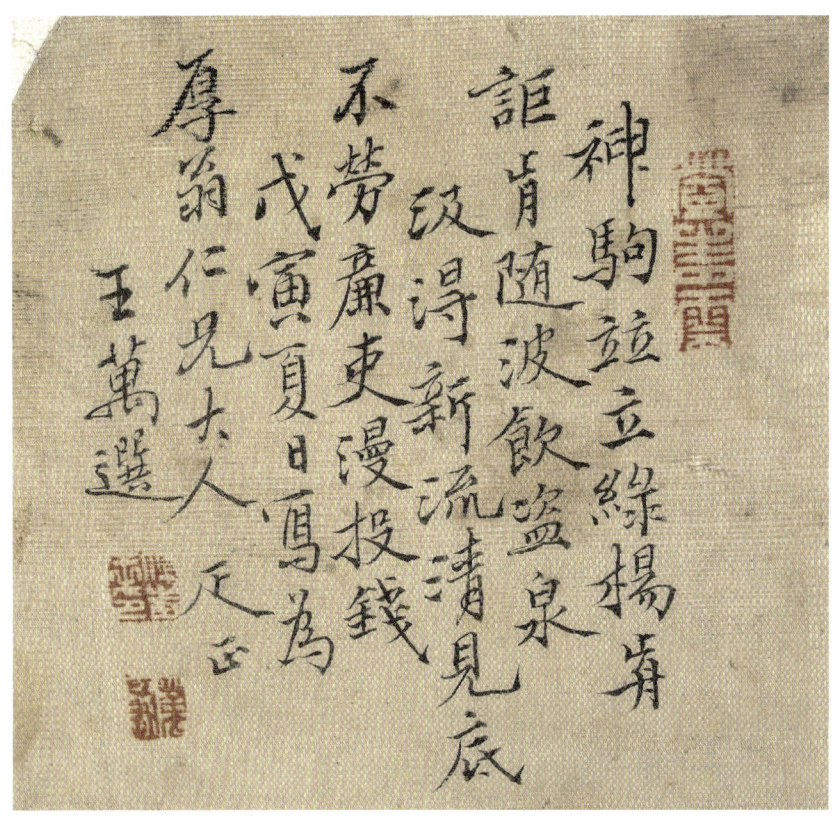

神駒竚立綠楊厓 詎肯隨波飲盜泉 級得新流清見底 不勞廉吏漫投錢 戊寅夏日寫為 厚翁仁兄大人疋正 王萬選

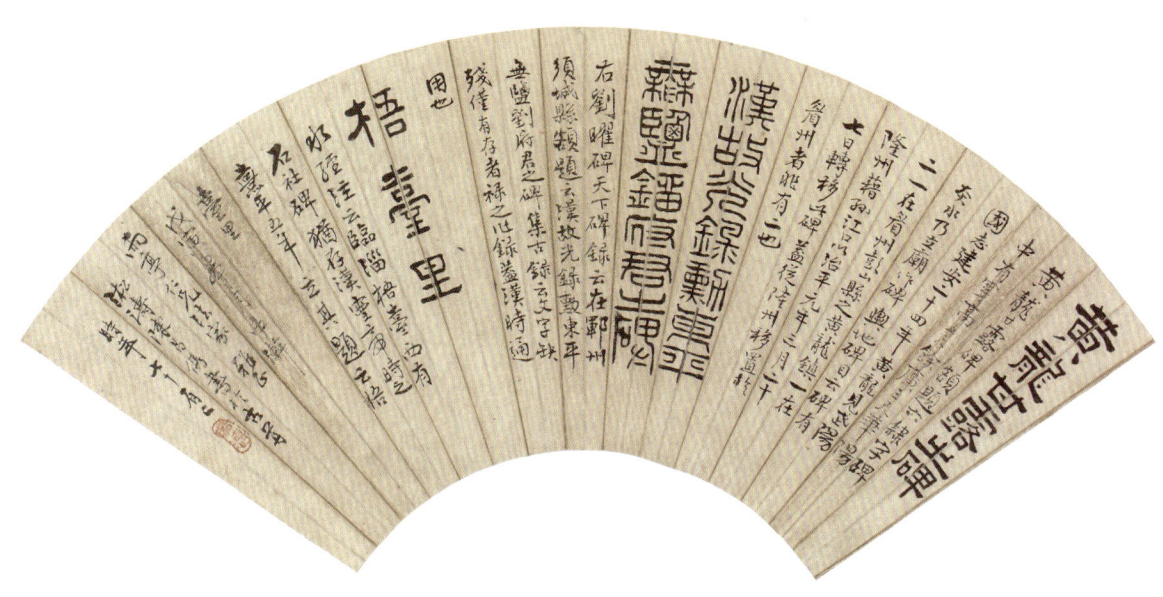

《黄龙甘露碑》扇面

[民国] 陈昌儁　　绢本　纵18.2厘米　横50.5厘米　公元1938年

陈昌儁：生卒年不详。号淞涛。清末民国知名画家。擅画花鸟、山水，山西大学（当时称山西大学堂）教授，同著名书画家柯璜、叶殿荣、常赞春、常旭春、郭象升、杨兰阶、田润霖等同时期任教于山西大学。

题释：扇面文字分三部分，前两部分说碑，后一部分说宫室遗址。第一部分"黄龙甘露之碑。黄龙甘露碑，额题六隶字。碑中有穿，高五尺余，广三尺。《华阳国志》建安二十四年，黄龙见武阳炎水乃立庙作碑。舆地碑目云：碑有二，一在眉州彭山县之黄龙镇；一在隆州籍孙江口，以治平元年三月二十七日转移此碑，盖从隆州移置于眉州者，非有二也。"第二部分"汉故光禄勋东平无盐刘府君之碑。右刘曜碑，《天下碑录》云，在郓州须城县。额题云：汉故光禄勋东平无盐刘府君之碑。《集古录》云，文字残缺，仅有存者，禄之非录，盖汉时通用也。"第三部分"梧台里。《水经注》云：临淄梧台西有《石社碑》犹存，汉灵帝时之熹平五年立，其题云：'梧台里'。"

款署：戊寅皋月中澣，雨亭仁兄法家雅正。淞涛陈昌儁书于古并，时年七十有二。

钤印：淞涛（朱）。

附：

《黄龙甘露碑》：《蜀志》载，次年曹丕既灭汉，太傅许靖、安汉将军糜竺等上言，武阳龙见，君之象也。与博士许慈、议郎孟光立礼仪、上尊号，至次年登坛即位。大碑之文十行，仅有数字可辨，群臣列名居石之二，上下四横，每横二十余人，可辨者侍中二人、司徒、尚书、五官中郎将、太中中散大夫、博士各一人、议郎四人、安汉镇东等将军二十余人。官之下皆称臣、姓名。碑侧题太守李严、并丞令二人姓名。此碑为李严所立。

李严（？—234年）：后改名李平，字正方，南阳人。三国时期蜀汉重臣，与诸葛亮同为刘备临终前的托孤之臣。公元231年，蜀军北伐时，李严押运粮草，因为下雨道路泥泞延误时日，为推卸责任怪罪到诸葛亮的北伐，使诸葛亮不得不退兵，李严因而获罪，被废为平民，迁徙到梓潼郡（今四川梓潼）。公元234年，诸葛亮病逝，李严得知这个消息后，认为再也不会有人起用自己了，因此心怀激愤而病死。

《汉故光禄勋东平无盐刘府君之碑》简称（后汉刘曜碑）：在今郓州界中，文字磨灭。仅有存字"讳曜，字季尼，年七十三"，其余爵里、官阀、卒葬岁月皆不可见。字为汉隶，亦不甚工。惟有其铭"天临大汉，锡以明哲"。碑首题《汉故光禄勋东平无盐刘府君之碑》，以此知为汉碑也。治平元年四月一日书。

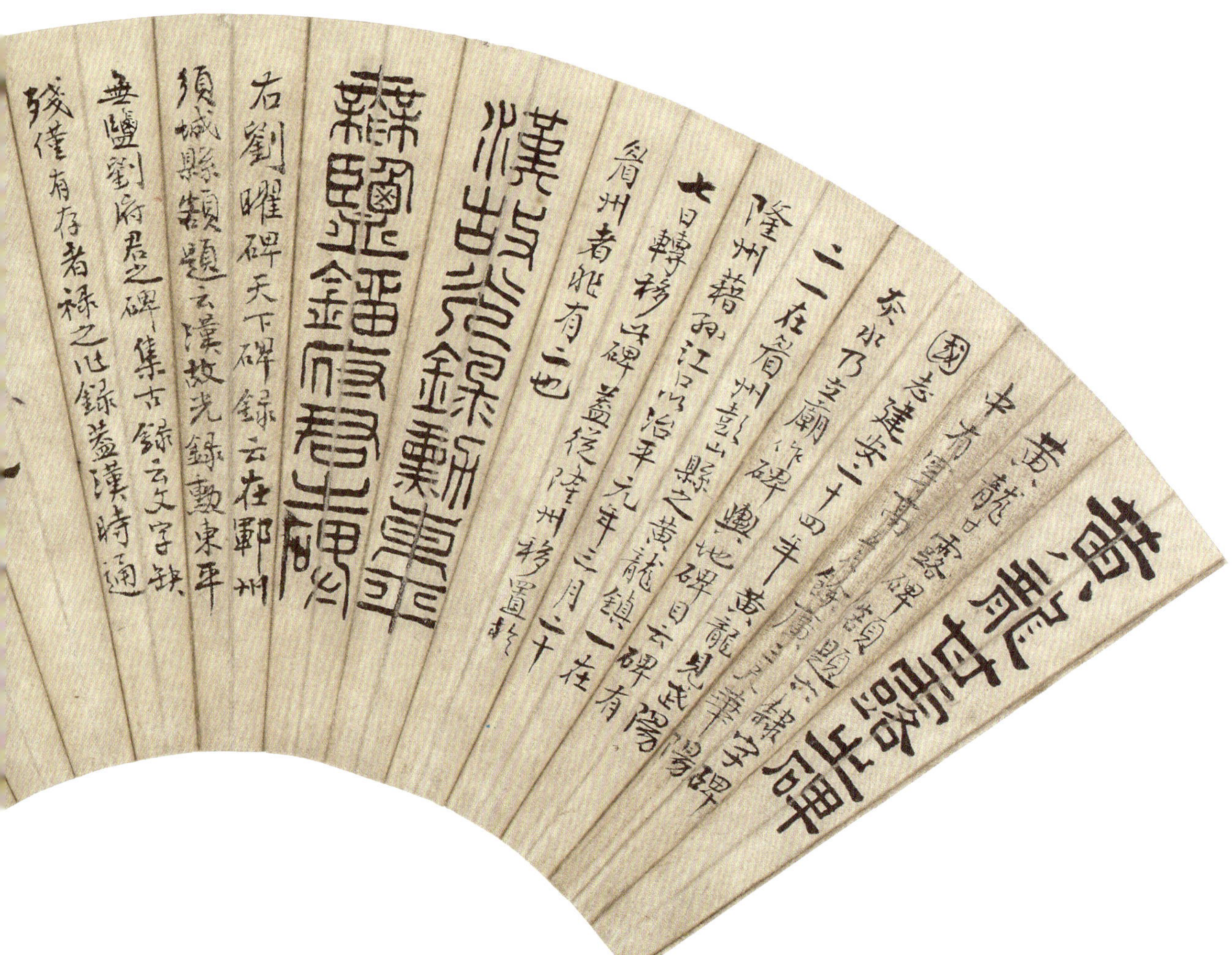

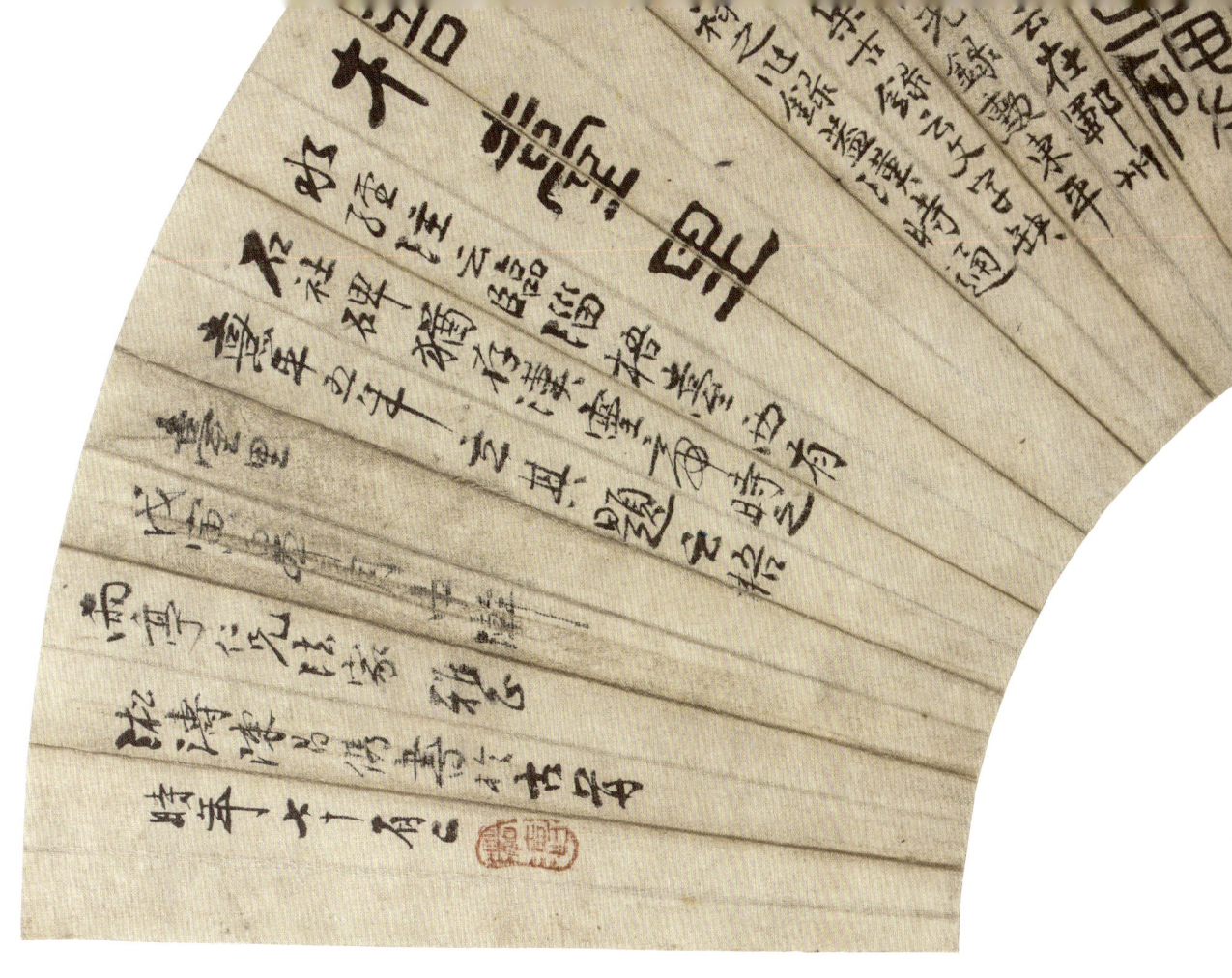

刘曜（？—329年）：匈奴人，字永明，新兴（今山西忻州市）人，是十六国时汉赵（又称前赵）的最后一位国君，汉赵光文帝刘渊族子。刘曜从赵建国开始就为国征战，参与了灭西晋的战争，西晋亡后，驻镇长安（今陕西西安市）。靳准之乱登上帝位，迁都长安。登位不久，将领石勒就自立，国家分裂。刘曜在位期间，多番出兵平定和招降西戎和西方的割据势力，如仇池和前凉等。在国内亦提倡汉学，设立学校。后大败后赵军，并围攻洛阳（今河南洛阳市），但终被石勒击败。公元329年刘曜被杀，死后不久前赵亦被后赵所灭。

"梧台里"：古称"层秀台""梧宫"，俗称"梧台山"，位于齐国故城临淄西北10公里处，即今临淄区凤凰镇梧台村北500米。经两千多年的自然侵蚀和烧窑、挖土破坏，台基、台高消缩1/3，现台高9.3米，周长220米，占地约16亩。此台与齐宫城毗邻，约修筑于春秋末期，系齐国宫室遗址最大的夯土台基之一。清杨守敬《水经注疏》卷二十六引《齐地记》，城北十五里有梧台，即梧宫，在今临淄县西北。台东即阙子所谓宋愚人得"燕石"处。台西首《石社碑》犹存，汉灵帝熹平五年立，其题云："梧台里。"

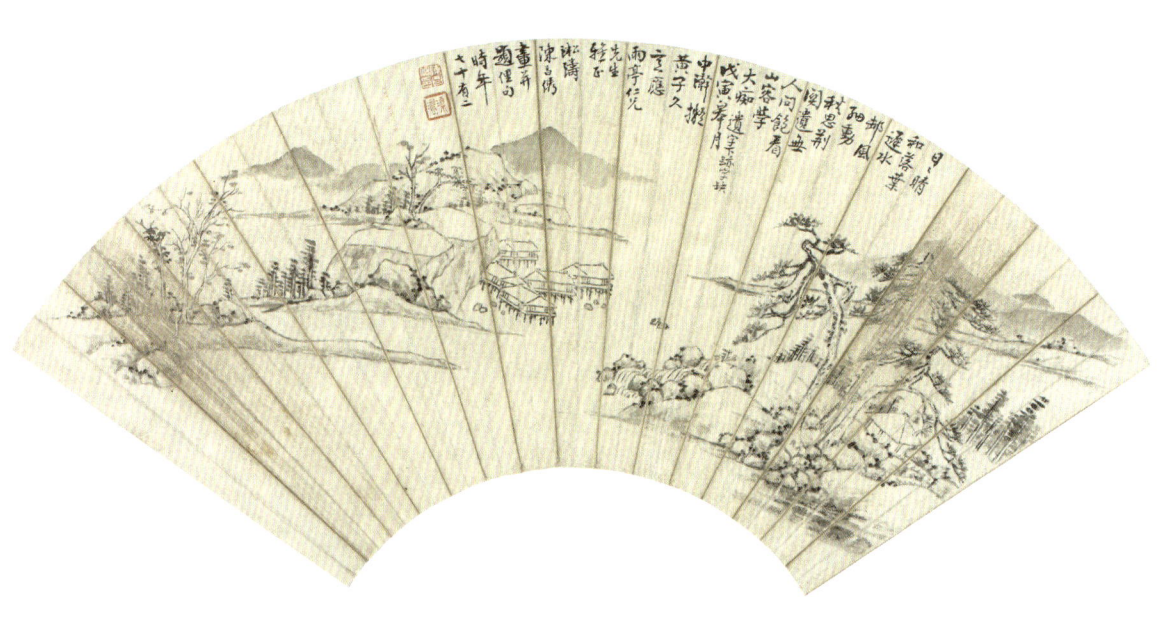

《山水图》扇面

[民国] 陈昌儁 | 纸本 水墨 纵18.2厘米 横50.7厘米 公元1938年

陈昌儁：见003页。

画意：此画岩壁流泉，苍松湖泊，数座茅屋立于湖岸，远山疏树赋予层次感，颇有古韵。

题释：日日晴和落叶迟，水陆风细动秋思。荆关遗（迹）无人问，饱看山容学大痴。（遗字下字缺迹）

款署：戊寅皋月中瀚，拟黄子之意，应雨亭仁兄先生雅正。松涛陈昌儁画并题俚句，时年七十有二。

钤印：陈昌儁印（白）、淞涛（朱）。

《黍蟹图》扇面

[民国] 宫沛霖　　纸本　设色　纵18.1厘米　横52.2厘米　公元1911年

宫沛霖：生卒年不详，字号瀚仙，神池县（今山西神池）人。《神池县志》载："清末城关人宫印月、宫沛霖、李捧霄等颇有造诣。"又载："清道光年间，城关人宫印月善画人物和花鸟。其子宫沛霖不仅擅长人物、花鸟，且变工笔为写意，善于用色，因右手颤抖，作画全用左手，父子齐名，人称'二宫'"。《神池宫氏族谱》载："宫印月道光乙酉拔贡"。"宫沛霖，印月长子，自幼喜爱绘画，擅长飞禽走兽，山水人物，其画惟妙惟肖，活灵活现，成为当地的名画家。"为神池宫氏族第二十一世。

画意：画面清新俊秀，黍施以色，蟹水墨浓痰。黍、蟹似真似动，动静相济，充满了生活的气息，彰显了作者的心境，实乃作者晚年佳作。

款署：辛亥春三月，以应雨亭仁兄大人雅属即正。瀚仙弟宫沛霖左腕画于并垣年三百四十二甲子也。

钤印：宫沛霖印（白）、瀚仙（朱）、梅花书屋（白）。

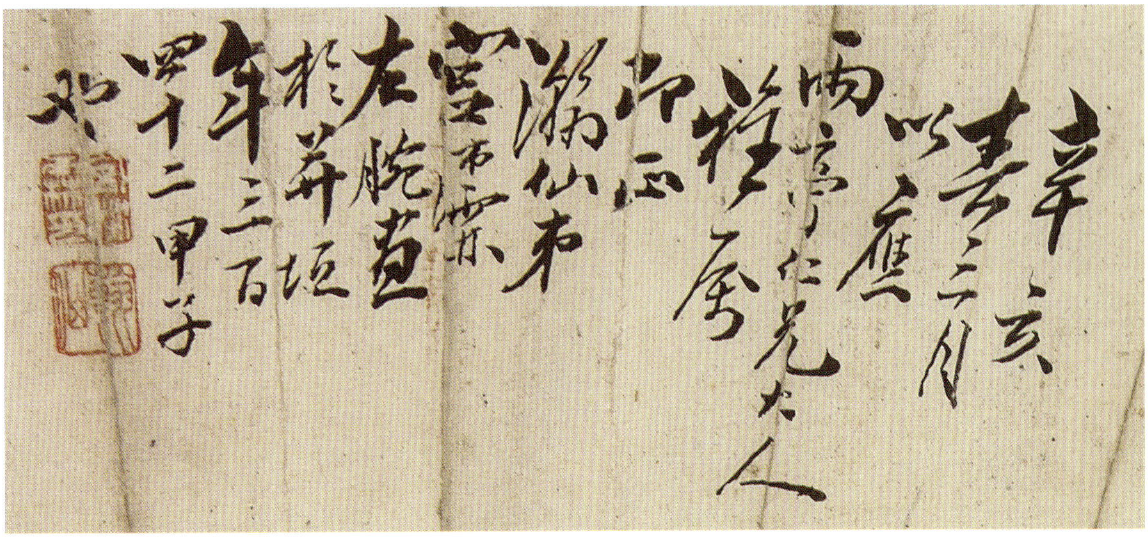
辛亥
春二月
以應
雨亭仁兄大人
雅屬
即正

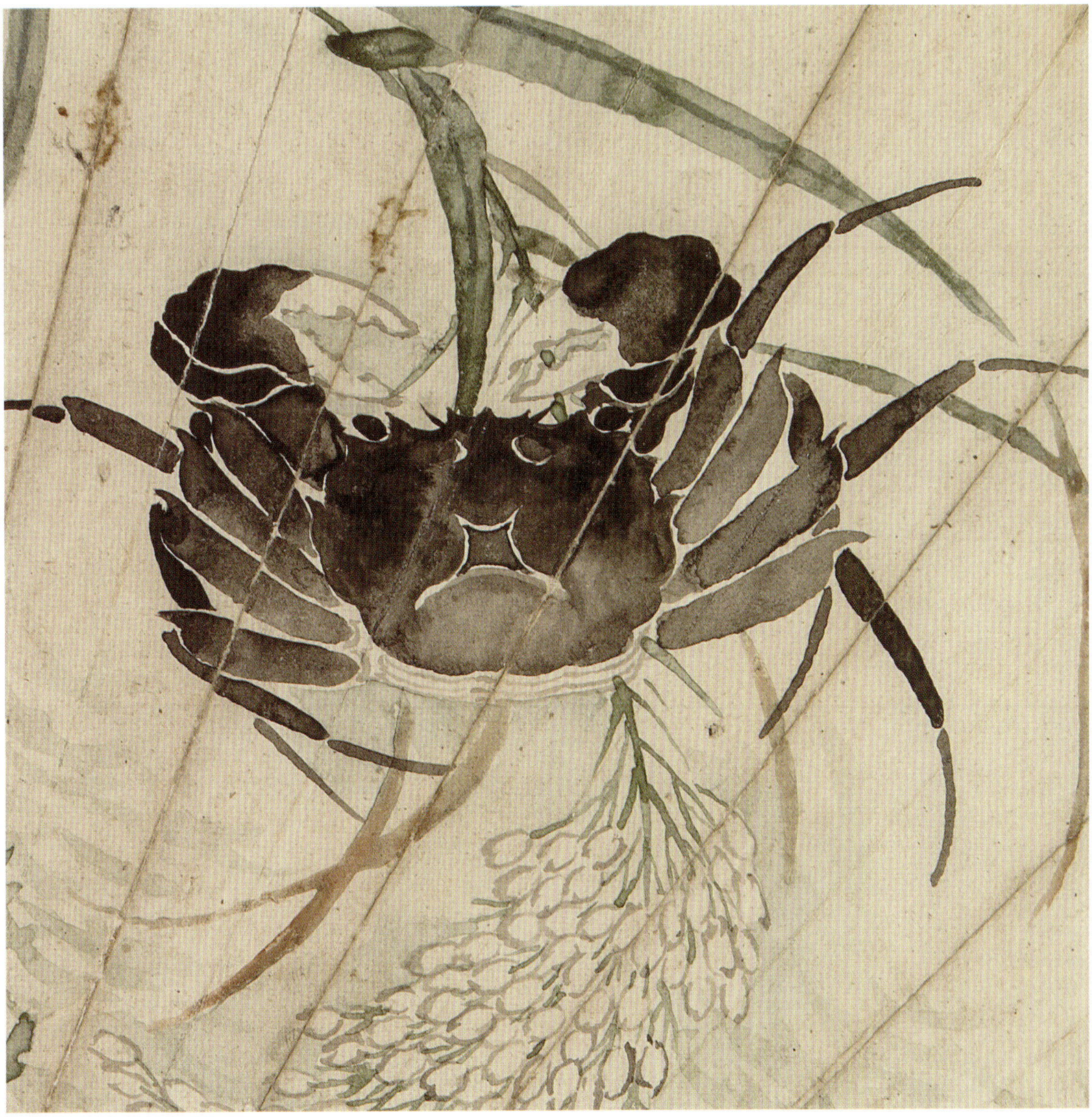

《梅花图》扇面

[民国] 董 揆 | 纸本 纵20.5厘米 横55.5厘米 公元1931年

董揆：即董寿平（1904—1997），近现代著名画家、书法家。原名揆，字谐伯，因仰慕清初花鸟画家恽寿平，而改名寿平，山西省临汾市洪洞县杜戍村人。早年毕业于天津南开大学和北京东方大学。以画松、竹、梅、兰著称，晚年以黄山为题材画山水，有"黄山巨擘"之称。亦善书法。曾为中国书法家协会顾问，中国美术家协会会员，北京荣宝斋顾问，全国政协书画室主任，北京中国画研究会名誉会长，山西省文物研究会名誉会长，中国人民对外友好协会理事，中日友协理事，北京对外友协副会长，全国第五、六届政协委员。

画意：梅花枝条清瘦、明晰，色彩和谐，或曲如游龙，或披靡而下，多变而有规律，呈现出很强的力度和韵律感。此扇面为董寿平二十七岁所作。

款署：用金冬心法写此，辛未春日，董揆。

钤印：平草（白）。

附：

金冬心：金农（1687—1763），清代书画家，扬州八怪之首。字寿门、司农、吉金，号冬心，又号稽留山民、曲江外史、昔耶居士等。别号很多，有：金牛、老丁、古泉、竹泉、稽梅主、莲身居士、龙梭仙客、耻春翁、寿道士、金吉金、苏伐罗吉苏伐罗（佛家经典上"苏伐罗"即汉文"金"，苏伐罗吉苏伐罗就是金吉金）、心廿六郎、仙坛扫花人、金牛湖上会议老、百二砚、田富翁等。钱塘（今浙江杭州）人，布衣终身。好游历。晚寓扬州，卖书画自给。金农博学多才，收金石文字千卷。精篆刻、鉴赏，善画竹、梅、鞍马、佛像、人物、山水。嗜奇好学，工诗文书法，精于鉴别，诗文古奥奇特。书法创扁笔书体，兼有楷、隶体势，时称"漆书"。53岁后工画。其画造型奇古，善用淡墨干笔作花卉小品。尤精墨梅。所作梅花，枝多花繁，生机勃发，古雅拙朴。由于学问渊博，浏览名迹众多，又有深厚书法功底，终成一代名家。

代表作有：《东萼吐华图》《空捍如洒图》《腊梅初绽图》《玉蝶清标图》《铁轩疏花图》《菩萨妙相图》《琼姿俟赏图》等。

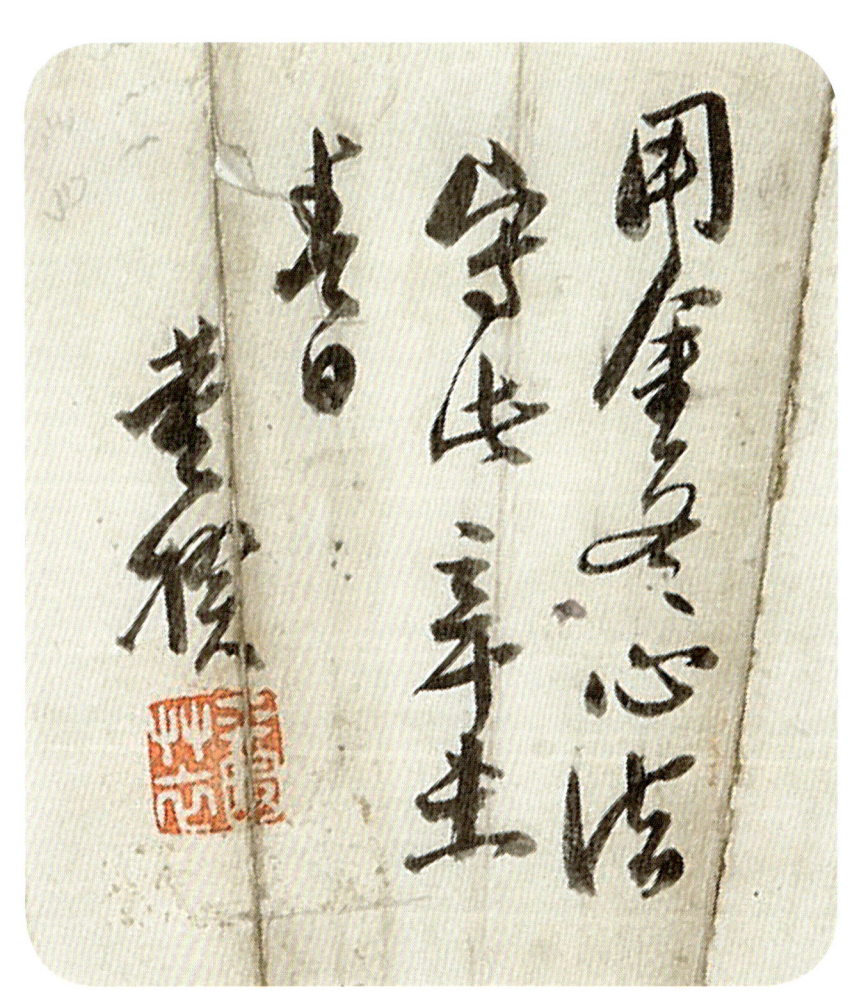

《山峦月松图》折扇（正面）

[民国] 王光圻　　　纸本　水墨　纵18.6厘米　横51厘米　公元1932年

王光圻：生卒年不详。字仲郊，号晚舒居士，民国画家，工山水。有文集留世。1933年王光圻三尺山水画售价与张大千相同。

画意：近山苍松，屋舍掩隐，一老者倚窗而坐，明月云中行。伪满洲国成立的当年长春所作。

题释："松月生夜凉，风泉满清听。"出自唐孟浩然的《宿业师山房期丁大不至》诗。原诗为："夕阳度西岭，群壑倏已暝。松月生夜凉，风泉满清听。樵人归欲尽，烟鸟栖初定。之子期宿来，孤琴候萝径。"

款署：大同元年五月五日，写于新京。□庐山民王光圻。

钤印：王光圻印（白）、仲郊（朱）。

附：

大同元年：即伪满时期，公元1932年。从1934年开始更改为伪满康德元年，康德年至1945年止，共12年。

新京：即长春，伪满洲国的首都。伪满洲国的政治、经济、军事中心，九一八事变后，东北沦陷，建立伪满洲国。1932年长春被定为伪满洲国首都并更名为"新京"。

"定都"后城市快速发展，一度成为亚洲第一大都市。伪满洲国灭亡后，"新京"复名长春。

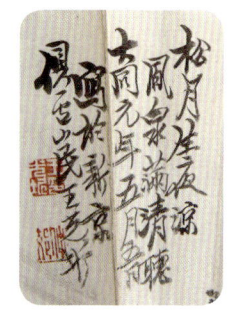

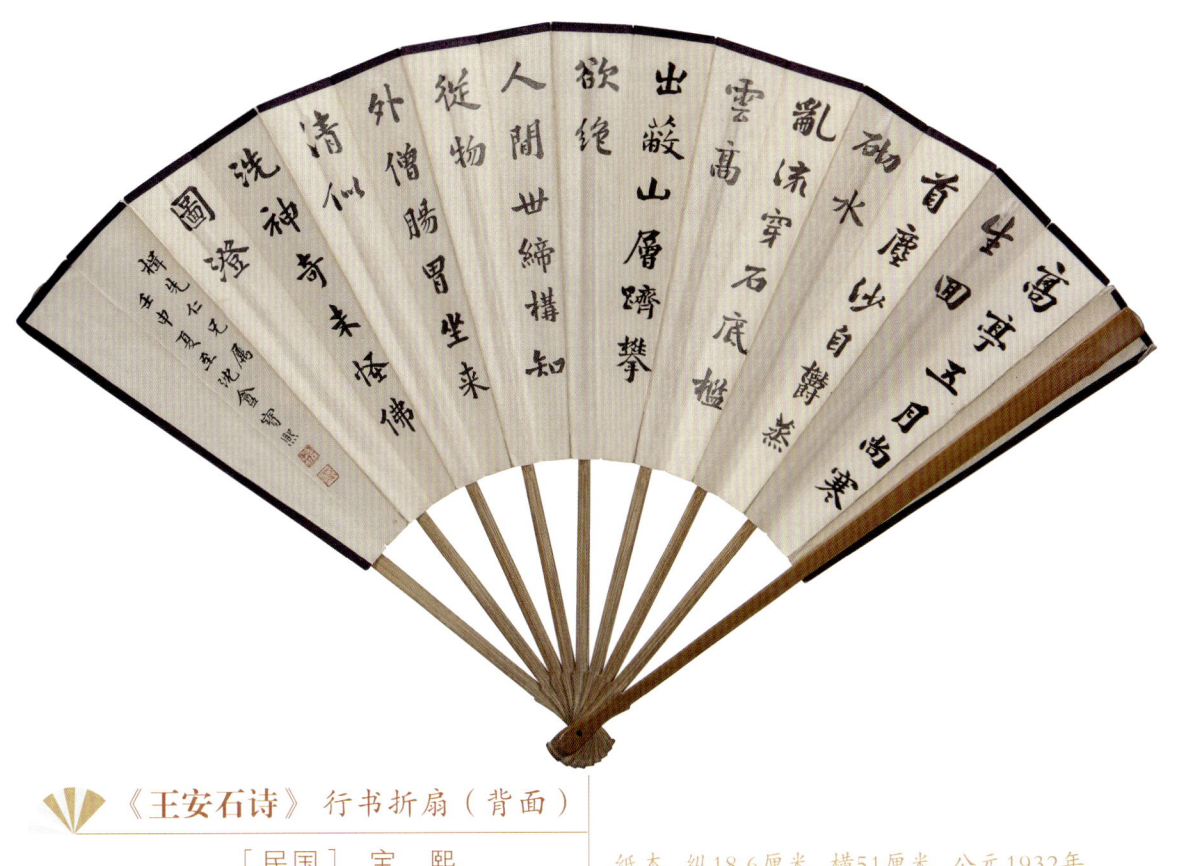

《王安石诗》行书折扇（背面）

[民国] 宝 熙　　纸本　纵18.6厘米　横51厘米　公元1932年

宝熙：即爱新觉罗·宝熙（1871—1942），清末官吏、学者。字瑞臣，号沉盦，室名独醒庵。河北宛平（今北京）人，隶属满洲正蓝旗。光绪十八年进士。历任编修、侍读、国子监祭酒、内阁学士兼礼部侍郎、修订法律大臣、总理禁烟事务大臣、理度支部右侍郎等职。入民国后，任总统府顾问，后曾任伪满洲国内务处长等职。宝熙诗文、书法皆有佳誉，善金石书画的收藏、鉴赏，很多优秀的拓本有他的题跋或者题签。钤印"宣统御览之宝""无逸斋精鉴玺""宣统鉴赏"。一生嗜好收藏，古籍充栋，其中不乏宋元刊本，如《青山集》，为海内孤本，《经进周昙咏史诗》《昌黎外集》《扬子法言》等均为宋本，明本亦有数十种。曾与陈宝琛、耆龄等往来密切，并和陈宝琛、耆龄、袁励準等人整理宫廷中收藏的古书和字画。其藏书印有"宝熙长寿""豫通王九世孙""沈盦平生珍赏""沈盦校藏靖抄善本"等。曾编撰有家藏书目。精于书法，行书极为流畅，并有古朴之气。著有《工余谈艺》。

题释："高亭五月尚寒生，回首尘沙自郁蒸。砌水乱流穿石底，槛云高出蔽出层。跻攀欲绝人间世，缔构知从物外僧。肠胃坐来清似洗，神奇未怪佛图澄。"此诗出自宋王安石《次韵吴季野题岳上人澄心亭》。

款署：楫先仁兄属。壬申夏至，沉盦宝熙。

钤印：宪殊宝熙（白）、沈闇（朱）。

附：

王安石（1021—1086）：字介甫，号半山，汉族，临川（今江西抚州）人，北宋著名的思想家、政治家、文学家、改革家。王安石潜心研究经学，著书立说，被誉为"通儒"，创"荆公新学"，促进了宋代疑经变古学风的形成。哲学上，用"五行说"阐述宇宙生成，丰富和发展了中国古代朴素唯物主义思想，其哲学命题"新故相除"，把中国古代辩证法推到一个新的高度。

王安石在文学中具有突出成就。其散文论点鲜明、逻辑严密，有很强的说服力，充分发挥了古文的功用；短文简洁峻切、短小精悍，名列"唐宋八大家"。其诗"学杜得其瘦硬"，擅长说理与修辞，晚年诗风含蓄深沉，深婉不迫，以丰神远韵的风格在北宋诗坛自成一家，世称"王荆公体"。有《王临川集》《临川集拾遗》等存世。绍圣元年（1094），获谥"文"，世称王文公。

扇骨：扇骨材质为玉竹，长32厘米。扇骨为夹纸扇骨，俗称夹骨。扇头为小花瓶头。扇肩为溜肩。扇钉为牛角钉。扇骨为九档，系日式扇。扇面上口及左右边口均封裱紫色绫绢。

夹纸扇骨：将扇骨上端劈成双层，夹在扇面外面，不过粘面十分困难，边缘易卷曲。

《绿竹图》折扇（正面）

[民国] 陈汉第　　纸本　设色　纵18.8厘米　横51厘米

陈汉第（1874—1949）：字仲恕、仲书，号伏庐，浙江杭州人，清末翰林，早年留学日本，与孙中山等关系密切，辛亥革命后历任总统府秘书、国务院秘书长、参政院参政、清史馆编纂、提调、故宫博物院委员等职，晚年寓居上海。潜心书画艺术创作，擅写花卉及枯木竹石，尤善画竹。笔墨谨严，格调淡雅，生动有致。

其作品有《赤松》《虬松》《劲松》《罗汉松》《朱竹》《墨竹》《菊竹》《凤尾竹》等。1936年画的《云栖翠竹》，犹如绿云压径，飘逸生动。其书法以行书见长，他画的扇面，书画合璧，亦显功力。

画意：此图写修篁三竿，满面布局。着色以石绿为主，竹竿、竹叶上仰，枝叶饱满。"没骨"画法，写竹竿、竹叶，以浓绿为面，淡绿为背，浓淡相宜，笔法谨严、潇洒。色彩上浓淡、深浅的变化，在空间上产生一种幽深的意境，使画面在艳丽中又趋向沉静、稳重。

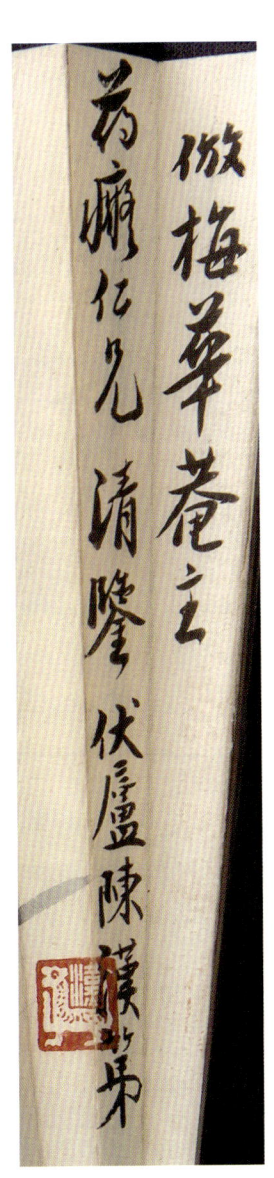

款署：仿梅华庵主，药痴仁兄清鉴，伏庐陈汉第。

钤印：汉（白）、虎纹（白）、伏庐五十后作（朱）。

附：

梅华庵主：恽寿平（1633—1690），初名格，字惟大，后以字行，改字正叔，号南田、寿道人、云溪外史、白云外史、园客、东园客、东园生、草衣生、抱瓮客、瓯香散人、南国余民、横山樵者、青蓑钓隐、东野道人、鉴湖泊者、天际真人、云衣居士、芙蓉小隐、雪衣居士、梅华庵主等。江苏武进人。后人将其与王时敏、王鉴、王翚、王原祁、吴历合称为"清六家"。作为明末清初著名的书画家，他开创了没骨花卉的独特画风，是常州画派的开山祖师。

《苏轼诗》行书折扇（背面）

[民国] 刘嘉琛   纸本（发笺） 纵18.8厘米 横51厘米

刘嘉琛（1861—1936）：字幼樵，号尽南。直隶天津人。二甲十二名进士。散馆授编修，历官湖南副考官、山西学政、四川提学使、清史馆编撰。晚年寓居乡里，鬻字授徒。工书，善诗。有《益州书画录补遗》。

题释："退翁守清约，霜菊有余馨。鼓笛方入破，朱弦微莫听。西南正春旱，废沼黏枯萍。翩然一麾去，想见灵雨零。我无谪仙句，待诏沉香亭。空骑内厩马，天仗随云骈。竟无丝毫补，眷焉谁汝令。"取自苏轼《次韵子由送家退翁知怀安军》诗中的第五句至第十一句，全诗共十二句。

款署：药痴仁兄厅长法正，弟刘嘉琛。

钤印：嘉琛（白）。

附：

"发笺"：古纸名。是一种有独特风格的艺术加工纸，手工生产。其制造原理是，在捞纸前向纸浆中添加少量有色的纤维状物质，再打槽捞纸，于是纸面呈纵横交织的有色纹理。这种纸是我国西晋时所发明，多用于写字。从现存古代实物观之，添加物常用绿色的水苔或黑色的发菜。水苔又名石发，因此用它来装饰的纸称"发笺"或"苔纸"。

（发笺纸）

我国从晋代开始，朝廷就从邻国接受贡纸，南越进贡的侧理纸是以海苔为原料制成的，纸面上纹路纵横交错，斜侧错落，故称侧理纸，又称苔纸、苔笺。南越，即古南越国，今天的岭南一带。历史上的越国（现浙江一带），有制作苔笺的历史。

清代京师版户部官票使用苔笺白纸。而外省主要使用高丽纸，与京票苔笺纸有别，高丽纸是贡纸，其纸质优良，印刷的官票清晰精美。而京师四版户部官票用纸一定要比高丽贡纸更高一筹。苔笺纸是抄纸时在纸浆中放入一种河中的藻丝（需要晒干），这种纸具有很强的抗拉、柔韧性。

陟厘，俗称水棉，也就是长在石上、水中、屋瓦、墙角、地上的苔衣类植物，有密厚如发长寸的，也有牵缠在一起如丝如棉的。侧理纸按照等级来排，上品一级者可以白金论价，还有市无货。

形似青苔并且显绿色花纹者谓之苔纸。"苔纸"（又名发笺），纸浆加入一种绿色苔纹或如黑色发菜一般的纤维物质，使纸面带有黑色或浅绿色的纹理。一种独特的艺术纸张。

陶隐居云：此即南人用作纸者，方家唯合断下药用之。唐本注云：此物乃水中苔，今取以为纸，名苔纸，青黄色，体涩。

实验证明，用水苔不能造出纸，有一种莎草科的苔虽可造纸，但不是水苔。因而这种纸可能仍以麻纤维为原料，在纸浆中掺入少量鲜水苔，呈青绿色纹理。如用发菜代替水苔，则纹理呈黑色，即所谓发笺。因此，所谓侧理纸或苔纸实际上是一种艺术加工纸，其由来久远。后来朝鲜李朝造高丽苔纸或发笺，即根据中国晋代时发展的这种技术制成。这种技术传到欧洲及日本，造出一系列艺术加工纸。

从以上分析，苔纸应该是麻纤维所做，在制作中加入了少量鲜水苔，造成纸后，表面呈纵横斜侧的青绿色纹理。这就是染色纸，或者叫艺术染色纸。

扇骨：材质为紫檀木。长31.7厘米。扇肩在大骨的偏下方呈庙门肩。扇头为古圆头。扇钉为牛角钉，钉面呈扁圆，拱面。扇骨为十六档。扇面上口封裱深紫色绫绢。

《山水、人物、花鸟》四格景折扇（正面）

[民国] 李智超、周肇祥、黄均、秦裕

纸本 设色 水墨 纵17.6厘米 横50.2厘米 公元1932—1933年

李智超（1900—1978）：原名喆吉，号白洋舟子，笔名白洋，河北安新人，中国山水画家、著名美术史评论家、中国古旧字画鉴赏家。早年毕业于国立北平艺术专科学校，曾任辅仁大学美术系讲师，中华人民共和国成立后任北京师范学校、北京教师进修学院教师，北京中国画院主办的《中国画》副主编，河北艺术师范学院副教授等职。擅长山水画，精于古书画鉴赏和中国画论画史的研究。早年从萧谦中、齐白石学画，工山水、竹石，有较深的传统功力。20世纪60年代深入河北及黄山等地写生，山水画面貌一新，笔墨劲爽，色调明快。著有《古旧字画鉴别法》。

画意：此画为水墨山水图。构图较繁密，大岭叠翠，高松小舍。山下小桥横卧，林木葱茏，一人策杖寻幽。用笔简劲洗练，笔法苍厚，着墨较浓。

款署：庸斋先生雅属。智超。

钤印：智（朱）。

周肇祥（1880—1954）：字嵩灵，号养庵、无畏，别号退翁，室名宝觚楼。浙江绍兴人。清末举人，曾肄业于京师大学堂、法政学校。

北洋政府官员，古物陈列所第四任所长。1910年起任奉天警务局总办、奉天劝业道、盐运史、警务局督办兼屯垦局局长。1912年，任北洋政府京师警察总监及山东盐运使。1915年，袁世凯称帝，授上大夫加少卿衔。1917年代理湖南省省长、湖南省财政厅厅长。1920年，任奉天葫芦岛商埠督办，后任清史馆提调。1925年，任临时参政院参政。

周肇祥工诗文，精鉴藏，通文史。晚年潜心金石书画，为京津画派领袖。与金城等著名画家创办中国画学研究会，自1926年起任中国画学研究会会长，出版会刊《艺林旬刊》和《艺林月刊》。周肇祥著述甚丰，著有《东游日记》《补正宋四家墨刻簿》《山游访碑目》《故都怀古诗》《鹿岩小记》《石刻汇目》《辽金元古德录》《寿安山志》《婆罗花树馆题记》《辽文拾》《辽金元官印考》《虚字分类疏证》《复辑录庄教馆金石目》《宝觚楼金石目》《宝觚楼杂记》《重修画史汇传》《画林劝鉴录》《退翁墨录》等，其中有的尚未出版。

画意：此画为水墨荷花图。写物形象生动，画面清秀，以没骨写叶。画荷叶、荷梗，任情挥洒，湿笔有韵。花与蕾湿笔勾勒，淡而不薄。芦苇叶以浓墨画出，与荷叶淡墨成对比，层次分明。画面意境俊朗。

款署：庸斋先生雅正。癸酉夏日，周肇祥。

钤印：印迹不清。

黄均：（1914—2011）号懋忱，祖籍台湾淡水，生于北京。工笔人物画家、美术教育家。

自幼酷爱绘画，1928年加入以金北楼为首的北京中国画学研究会学画。拜徐燕荪、陈少梅、刘凌沧学画，1930年，又拜溥心畬为师，学北宗山水画和书法。1934年中国画学研究会毕业后，被聘为助教。1938年进北平国立艺术专科学校，先后担任助教、讲师。抗战胜利后不久，徐悲鸿任该校校长，对黄均很器重，在同徐悲鸿相处8年中受益匪浅。中华人民共和国成立后，黄均先后担任中央美术学院讲师、副教授、教授。1987年2月，被聘任为中央文史研究馆馆员。他是中国美术家协会会员、北京古都书画研究院院长、北京工笔重彩画会副会长、中山书画社顾问、东方书画社顾问及中国口岸协会书画研究会顾问。

黄均从事绘画艺术和教学70余年。在继承和发扬我国工笔重彩的传统技法，描绘人们所熟悉的历史人物和传说故事方面，取得了卓越的成绩。他兼山水、花鸟和建筑画（用界尺画出）风格独特。

几十年来，黄均创作了大量年画及单幅画，著有《仕女画研究》《中国画技法》等。他也擅长古典诗词。

画意：画中描写一高僧席地盘膝而坐，作沉思状。人物神情刻画入微，衣纹体态平缓自然，用笔极简，线条流畅；奇石勾染皴斫，用笔粗简。背景不落一墨，大片空白烘托出一种虚空渺茫、寂寞无主的情绪，可谓简洁素净。主体鲜明突出，人物神态自若。整幅作品揭示出画中人的精神气质和内在性格，强调其超凡脱俗的品行和清静无为的志向。环境景物与人和谐统一，烘托了人物的精神世界。

款署：曾见阎次平有此本，写奉庸斋先生正之。黄均。

钤印：均（朱。）

附：

阎次平：河东（今山西永济）人。南宋画家。隆兴初（约1162）任画院祗候，授将仕郎。父仲，曾任宣和及绍兴画院待诏。继承家学，超过其父。擅绘山水、人物，尤工画牛，颇为生动。画法近李唐。存世作品有《牧牛图》等。

秦裕（1896—1974）：原名秦裕荣，字仲文，号柳湖，后又以秦裕为笔名，名裕，别署梁子河村人，画室名群峰扶翠之居。河北遵化人。山水画家，美术史家。

秦裕自幼喜欢绘画，1915年前后在北京大学读书时，参加蔡元培校长主办的中国画法研究会，从贺履之、陈师曾、汤定文等学画。1920年参加中国画学研究会，受教于金城等。20年代晚期以后，先后任教于北平大学艺术学院（即原北平艺专）、京华美术学院、国立北平艺专。中华人民共和国成立后历任北京画院画师、天津美术学院教授等职。性豪爽，能直言。

秦仲文是一位有深厚笔墨功力的画家。他还谙熟诗词，长于书法，留下了画史著述。他对传统绘画艺术理解深入。50岁以前，秦仲文的画主要是临摹古人，以后则融入写生，努力突破古人规范，创造自己的风格。50年代后期至60年代前期，他的作品最多，也更臻成熟。他以北方人的豪爽气质驾驭南派山水画的技巧，用笔坚挺有力，墨法精微，能在不大的画幅中表现阔大雄浑的气魄。他还善以行楷笔法画墨竹，风格清劲厚朴。

秦仲文擅画山水、墨竹，尤以水墨山水著称。其山水，综合王石谷、吴墨井，又上溯宋元，综合南北，喜以小斧劈皴，结景单纯，笔力坚凝，苍茫浑厚。秦仲文能诗文，长于美术史研究，1930年编著有《中国绘画学史》，是20世纪前半叶重要的美术史著之一。

著有《秦仲文作品选集》《秦仲文山水画集》《秦仲文画选》等。

画意：取全景式布局，远山以一尖顶缓坡的山峰为主体，其下方以一平顶直壁孤峰相扶助，形成对比，简洁大方。中景以密布的山石林木，数座房屋掩映其间。屋旁山泉急流从林中冲出。近景数株挺拔的大树立于坡石之中，小亭与岸边垂钓者一静一动对比鲜明。此幅画中山石勾出轮廓后以大小披麻皴画出阴阳，并以密点作苔，树木除近景丛树勾点叶形外，其余基本以横竖点法写出大意，后树石均施以赭石、花青等色。其笔法文秀沉实，墨彩温雅清淡。作品描绘的是山村景致，一派幽雅静穆的山野景象。整幅作品，横图繁复，行笔缜密，一丝不苟，水墨淋漓酣畅，生动地刻画出了山间林野的清润自然之气。

款署：庸斋先生有道之赏。壬申长夏，仿黄文痴笔。仲文秦裕。

钤印：仲（白）、文（朱）。

《山水、花鸟》四格景折扇（背面）

[民国] 张印泉　张启宗　刘奉璋　杨渊如

纸本　设色　水墨　纵17.6厘米
横50.2厘米　公元1932—1933年

张印泉：（1900—1971）河北丰润县人，毕业于北京国立政法大学经济系，曾任国民党政府财政部印刷局照相组技工、武昌行营摄影服务员。抗日战争时期，从事摄影理论的研究和摄影器材的研制工作。1944年后任北平师范大学教授。中华人民共和国成立后，历任新闻总署摄影局、新华通讯社摄影部研究员，中国文联第三届委员，中国摄影家协会第一、二届副主席。擅长风光、人物摄影，精通摄影科学。

张印泉自幼习中国画，熟知中国绘画画理，17岁已能独立起稿，也擅书法，工诗词。19岁开始迷上摄影，在摄影园地勤奋耕耘了50多年。

画意：此画怪石陂陀间秀竹数丛，摇曳多姿，枯松一株，横斜虬曲，藤蔓缠绕，与湖石相映成趣。竹子的枝、叶严谨工整，笔致劲健。枯松、怪石用圆笔皴擦，以水墨略染，外柔内刚。

款署：庸斋先生教之。壬申夏日，同里张印泉写。

无钤印。

张启宗：（1899—1958）字肖谦，号启湖。曾在辅仁大学美术系任教，中国画学研究会后期评议员（同期评议员有张大千、胡佩衡、王雪涛等）。曾拜师于早期评议员齐白石、陈半丁等画家。工花卉、山水、走兽，湖社成员，金城弟子。

画意：此画中一只虎站立在苍石之上，双眼炯炯有神，血口大张，露出锋利无比的牙齿。鼻子两旁的胡须向上翘起，似在嗅触着猎物的味道，让人望而生畏。写意的背景淡墨擦染，山石干笔勾勒，施以墨色，点苔其上。在用笔方面非常果断，笔墨厚实，威猛传神的虎与山石的虚实结合刻画得恰到好处。

款署：庸斋先生属正。癸酉五月，张启宗。

钤印：肖谦（朱）。

刘奉璋：生卒年不详。字荄山，江苏宾应人，光绪十五年二甲七十七名进士，散馆改主事，官至外务部郎中。

画意：此画构图简洁，仅有一枝一鸟。一鸟栖息于树枝上，羽翅蓬松，眼睛微闭，真切感人，给人一种寒气扑面的感觉。枝干以墨笔渲染，叶用淡青色侧峰点出，干湿配合协调和谐。鸟的羽毛用粗细的笔墨，施以赭色水墨。整幅画用色淡雅，用笔灵活，干湿浓淡相宜，富有生活情趣。

款署：庸斋先生正之。癸酉夏，刘奉璋写。

无钤印。

杨渊如：生卒年不详。清岁贡生，临时省议员，后寄居北京，与众多书画界师友合作作画。如萧愻、秦裕、汤涤、周肇祥、胡佩衡、吴镜汀、张万里等均有合作。钤印多用"渊如""雄州"。

画意：此画中，重峦叠嶂，丛树密林，山下树林间，屋舍人家掩映其中。近山空亭，渺无人迹。构图布置精心，境界幽旷，用笔恣意，墨色淡雅，画面显得空旷清幽，奔放苍健。画法笔墨枯劲，山石皆用披麻皴，树木或横笔或竖笔点苔，各得其韵。

款署：庸斋先生教之。癸酉夏，杨渊如写。

无钤印。

附：

庸斋：即孙奂仑（1887—1958），字药墀，号庸斋。直隶（今河北）玉田人。国民党要员。先后任乐亭、洪洞、阳曲县知事、冀宁道尹、河北省民政厅厅长、太原绥靖公署参议官、山西省民政厅厅长、国民南京政府铨叙部参事等职，有政绩。中华人民共和国成立前夕，随国民党政府迁往台湾。

孙奂仑颇善书法，他曾摩学清代书法大家何绍基，又得谭延闿的指点。他还求教于当时的著名书法家宝熙。书法水平不断提高，逐渐形成了雄浑古朴、秀润潇洒的风格，作品名满三晋，受到社会各界的喜爱，有的被刊印成册，有的被摹刻入石。

李智超、周肇祥、黄均、秦裕、张印泉、张启宗、刘奉璋、杨渊如：八位画家为孙奂仑合写双面山水、人物、花卉、鸟兽，诸家倾尽其能，所绘画面各异，观之颇富文人趣味。

格景扇：格景扇或集锦扇，是将扇面空间区隔成数段的特殊扇制。区别是：将利用外露的固定扇骨间隔者称为"格景扇"；以不同扇纸分别者称为"集锦扇"。它自晚清发展而来，在民国时期蔚为风尚，流行一时。以上海、京津两地最具代表性，炫耀身份者尤其讲究名家组合和内容搭配。

格景扇分全画面与一字一画相隔，单双数均有。少者四格，多者有数十格。书画者多是好友或名家赠予。以书画者的擅长而作，成扇为多，因其地位特别，所集作品均极精彩。

扇骨：扇骨材质为玉竹，长30.5厘米。扇肩呈溜肩。扇头为菱角圆头，扇头两则镶贴圆形薄片（丢失），呈拱圆状。扇钉为牛角钉。扇骨为九档。扇面上口及两侧边缘封裱紫色绫绢。

大骨（夹骨）一面刻文字，行书体。取自道生法师偈句："聚石为高第，谈经独了然。有时头共点，始信道同传。"阳刻平地。款"芷青书"。印"佛"。另一面刻《生公悟禅图》，一高僧端坐于蒲团，慈眉善目，一双鞋置于旁边，香炉中香烟袅袅上升。阳刻留青、平地。刀法娴熟，人物刻画细腻。落款"环中子书于金陵"，印"生公"。

附：

道生大师：一般称为生公，是晋宋间的义学高僧。本姓魏，钜鹿（今河北钜鹿）人，寓居彭城（今江苏徐州市）。

芷青：即徐克芳，西泠印社社员，篆刻名家。徐克芳（1906—1956）字芷青，浙江德清县新塘乡（后士林乡，现并入新市镇）人。民国时，毕业于湖州师范。抗战时避难到衢县，1941年任江西铅山县政府教育科长、县立初级中学校长。精书法篆刻绘画。1946年经友人篆刻名家韩登安介绍加入"西泠印社",与潘天寿、黄宾虹、余成天、钱君匋、吴待秋等交往甚密,黄宾虹曾为《芷青印存》题词。

环中子:即马骀,清末民国初中国著名画家、美术理论家、教育家。马骀(1886—1937)字企周,又字子骧,别号环中子,又号邛池渔父。四川西昌人,寓居上海。回族。曾任上海美专教授。尤工北派山水,布置严整,渲染深秀,作家气较重。著有《马骀画问》《马骀画宝》。

《君宜侯王》瓦当折扇

[民国] 张海若　　纸本　设色　纵18厘米　横55厘米　公元1938年

张海若（1877—1943）：原名国溶、国蓉，号修丞、侑丞。湖北蒲圻人（湖北江陵人）。光绪三十年（1904）进士，书画篆刻精绝。书法，善书汉隶。间作人物画，颇见奇趣。擅"颖拓"，朱砂斑驳，取意碑版，观之与真拓无异。曾任约法会会员，国务院参事。1928年以后居住北京，潜心书画和金石的研究。他所刻的印章文字是砖文八分，不作篆书。当时在京城，书法界称他为北京著名"八分书法家"。

张海若生前，与陈云诰、郭则沄、陈师曾、齐白石、溥儒、寿石工、金息侯、张志立、傅曾湘、周肇祥、俞陛云、溥忻、徐鼎霖等金石书画名流来往密切，多次举办展览，作品远销海外。

北京老字号"森泰茶庄"的匾额、"松筠阁"店铺匾额均出自其手，还为《旧都文物略》题写了书名，用的是真泥金。

画意：构图为汉瓦当。先生的"颖拓"则别具一格，他把要拓的原物放在一边，看着原物拿笔蘸墨在纸上画、抹、点、拓。作品与原物在似与不似之间，这种"颖拓"有着很高的艺术价值。

题释：君宜侯王富贵。

款署：戊寅初秋拓拟，璧侯先生雅监。海若。

钤印：张海若（白）。

附：

"君宜侯王"："在西汉，"君宜侯王"是吉语、祝福语。在当时铜镜铭文使用的较多，如"君宜高官"；"富且昌，乐未央，师命长，宜侯王。""君宜"的意思就是"适宜、应该、应当"，含有祝福的意思。

"颖拓"："颖拓"艺术是在民国初年由书画金石篆刻家姚茫父始创。姚华，字重光，号茫父，贵州省贵阳市人，生于清光绪二年（1876），卒于民国19年（1930），一生主要活动在北京，他在诗文、词、曲、碑、版、古器、考据和音韵方面都有很多的成就。

扇骨：扇骨材质为玉竹，长30.5厘米。扇肩呈庙门肩。扇头为菱角圆头。在扇头两侧镶嵌象牙薄片，然后烫钉，扇钉为牛角钉。扇骨为十一档。扇面上口封裱浅黄色绫绢。

大骨作线条阴刻，以盖帘左右对称而刻。纹饰为萱草纹（龙形的变形纹），纹饰简洁明快。

附：

盖帘，是在扇骨大骨外侧中心加一窄条，宽度合于里口以下的扇骨（小骨）。材料有竹子、乌木、鸡翅木、象牙、玳瑁等。此折扇"盖帘"与大骨材质相同。

《仿宋元写卉图》折扇（正面）

[民国] 汪采白

纸本 设色 纵19.8厘米 横55.2厘米
公元1927年

汪采白（1887—1940）：名孔祁，字采白，一字采伯，号澹庵，别号洗桐居士，歙县西溪人。生于徽州的名门望族，徽州素有"十姓九汪"之称。少承家学，5岁拜黄宾虹为师，习四书五经并丹青之法。21岁入两江师范学堂国画手工科，从叔父汪律本挚友李瑞清为师。毕业后，采白先生先后任武昌高等师范学校教授、北京师范学校教授、南京中央大学国画系主任、安徽省立第二中学校长、北平艺术专科学校教授。

日军占领华北期间，采白曾作《风柳鸣蝉图》以抒心意，画作展出后被法国公使订购。一日本商人也愿出巨金索要其画，被先生愤然拒绝，曰"我非机器也"。同窗好友陶行知称誉先生"行止有耻"。

画意：图中几竿新竹交柯而立，秀石旁菊花簇拥，老树杂乱的枝条屈曲上扬。构图疏朗清幽。以浓墨淡彩写出竹竿、竹叶，笔法细腻，清雅趣浓。菊花浓彩勾绘，花朵簇拥，生机勃勃。秀石以粗线折带笔法钩斫，少用皴点，却以变化的线条勾画纹理，形成独特的效果。菊、竹、树以浓淡墨色的变化随意写出，酣畅流利，运笔灵活，极富纵横宕逸的意韵。

题释：宋元人写卉小品，清逸隽秀，非食烟火者所能办。其心地恬淡，胸无渣滓，寄情于物亦借笔墨发洩。故一种天然之致流露纸上，令人玩之不能释手。

款署：兹为，厚庵先生拟之未识有获□一否？乙卯秋日采白。

钤印：汪孔祁印（白）。

附：

厚庵：吴朴堂（1922—1966）原名朴，字厚庵。浙江绍兴人。1947年时加入西泠印社，属早期年轻社员之一。少年居杭州。19岁时曾为阮性山治印。民国35年（1946），由王福庵推荐，任南京总统府印铸局技正，专门负责宫印之篆稿。如"总统之印"等皆出其手。中华人民共和国成立后，在上海博物馆工作，自称枯木逢春，精进不已。制印纯出传统，秀雅、整饬如其人，取前人闲法，却又不失独创。曾为毛泽东主席治印，为国内多家博物馆收藏。他对古玺较着意，尤其一种粗边细纹之小型古玺，历时两年，收集、遴选并临刻四百方，辑成《小玺汇存》四卷。梓行以后，颇得印学界赞誉。其摹刻之精，气韵之佳，置古谱中难辨真伪矣。

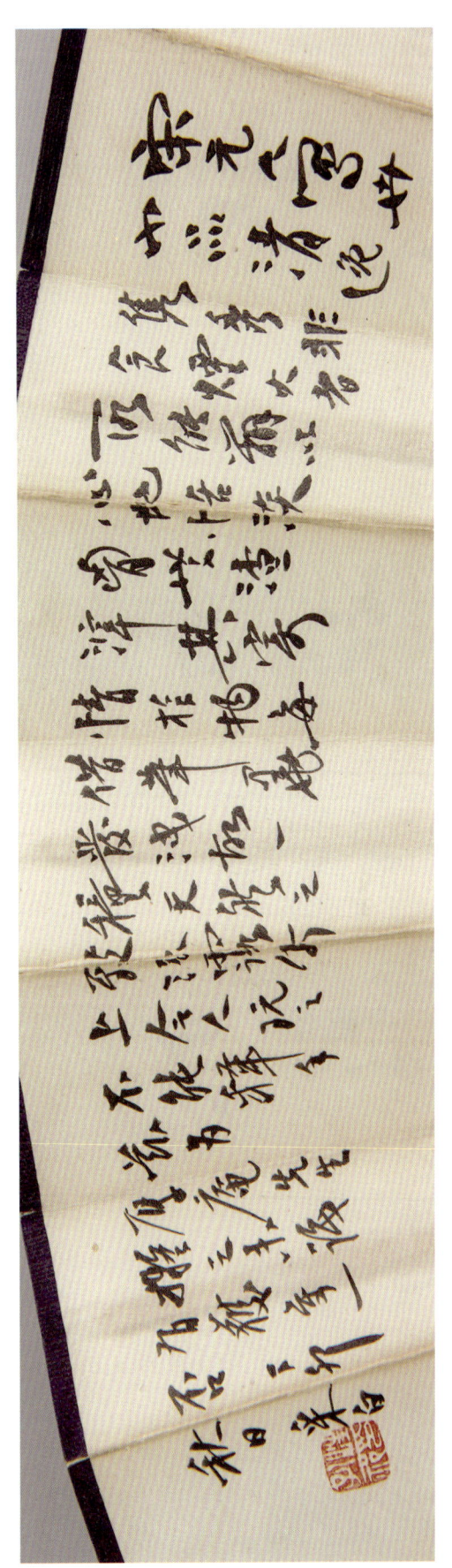

《自题诗》行书折扇（背面）
[民国] 道 铭　　纸本 纵19.8厘米 横55.2厘米

道铭：生平不详。

题释：清王文治作《焦山八首》诗"萧萧深林晚，团团海月生。酒边落帆影，床下走涛声。横笛潜蚪舞，高歌宿鸟惊。水晶宫万里，如掌谷纹平。贪坐浑忘寐，团浦欹隐囊。灯微摩诘室，香烬赞公房。钟鼓传空翠，鱼龙卧潆洄。道人春睡美，红日又东方。僧虽导幽径，曲折展游观。断案蛟龟没，阴崖栝柏寒。钩衣披草棘，眺远倚阑干。"

款署：厚庵仁兄教正，弟道铭。

钤印：锡五（朱）。

附：

王文治：(1730—1802)清代官吏、诗人、书法家。字禹卿，号梦楼，江苏丹徒(镇江)人。曾随翰林侍读全魁至琉球。乾隆二十五年进士，授编修，擢侍读，官至云南临安知府。罢归，工书法，以风韵胜。年未五十，即潜心佛学。有《梦楼诗集》《快雨堂题跋》。

焦山：系"镇江三山"(另两个是金山和北固山)之一，一向以山水天成、古朴幽雅闻名于世。碧波环抱，林木葱郁，绿草如茵，满山苍翠，宛然碧玉浮江，是万里长江中唯一四面环水的岛屿。与对岸象山夹江对峙，正所谓"万川东注，一岛中立"，有江南"水上公园"之喻，被誉为"江中浮玉"。山高70.7米，周长2000余米，因东汉焦光隐居山中而得名。身临其境，确有"砥柱中流"之感。

《焦山八首》诗：王文治66岁时，将自己的诗作编校成集，名《梦楼诗集》。此诗集六册二十四卷，各卷名依序为：《放下斋初存稿》《海天游草》《扬州集》《漱六山房集》《丁香馆集》(上、中、下)《南诏集》(初、二、三)《归人集》《柿叶山房集》《西湖长集》《洮河集》《快雨堂集》《无余阁集(上、下)》《楚游草》《小止观斋集》《后楚游草》《小止观斋二集》《小止观斋三集》《楚游三草》《江介沿缘集》《乙卯集》。最初一卷中诗文多作于乾隆十八年(1753)以前，最后一卷则成于乾隆六十年。集有"古今体诗"1888首。

扇骨：扇骨材质为玉竹，长33厘米。扇肩呈庙门肩。扇头为小扇圆头（水滴头）。扇钉为牛角钉，钉面呈圆状，微拱。扇骨为十一档。扇面上口封裱紫色绫绢。

大骨一面阴刻行书，因磨损字迹不清，无辨。另一面刻济公像，形象诙谐有趣。题："济公长老，摹新罗山人笔法作。"款及钤字迹不清。济公像下部为文字，无法辨别。

《芭蕉坚果图》折扇（正面）

[民国] 李上达　　纸本　设色　纵20.2厘米　横54.3厘米　公元1926年

李上达（1885—1949）：字达之，号五湖，辽宁人，长居北京。湖社、中国画学研究会成员，金城最得意的弟子之一。所作山水泽古功深，工稳渊雅。工山水，笔墨苍厚，设色雅丽，细笔层峦叠翠，妙到毫巅，为同门中翘楚。

画意：芭蕉叶若干附于画面的上部及左边，其间画坚果。笔法先勾骨后晕染，着色有浅绛、石绿、宝蓝，浓墨染之，设色雅丽，笔意苍厚。坚果三瓣着绛色。画面清新，疏密有间，有写意之风。

款署：砚溪先生雅鉴，丙寅九月，达之李上达。

钤印：五湖（朱）。

附：

砚溪即胡夒，清末年龄最大的绘瓷名家。《安徽画家汇编》载："胡夒，砚溪，寿泉，清道光，歙县人，工画山水及牛。作四时景，其仿倪高士，笪江上二幅，似韩铸一派，浅绛，石绿点苔，宝蓝填叶。安徽博物馆藏有着色山水册。

《蔡明远帖》行书折扇（背面）
[民国] 宝 熙

纸本（洒金） 纵20.2厘米 横54.3厘米
公元1926年

宝熙：即爱新觉罗·宝熙（1871—1942），字瑞臣，号沉盦，室名独醒庵。河北宛平（今北京）人，隶属满洲正蓝旗。光绪十八年进士。历任编修、侍读、国子监祭酒、内阁学士兼礼部侍郎、修订法律大臣、总理禁烟事务大臣、理度支部右侍郎等职。民国后，任总统府顾问，伪满洲国内务处长等职。其在清宗室中诗文、书法皆有佳誉，同时也是金石书画的收藏家、鉴赏家，很多优秀的拓本有他的题跋或者题签。溥仪在宫中时，与陈宝琛、耆龄、袁励准等人奉命整理、集中古书画，并来往密切。书画上钤"宣统御览之宝""无逸斋精鉴玺""宣统鉴赏"就是那个时期留下的痕迹。一生嗜好收藏，古籍充栋，其中不乏宋元刊本，如《青山集》为海内孤本，《经进周昙咏史诗》《昌黎外集》《扬子法言》等均为宋本，明本亦有数十种。其藏书印有"宝熙长寿""豫通王九世孙""沉盦平生珍赏""沉盦校藏靖抄善本"等。精于书法，端庄肃穆，行书极为流畅，并有古朴之气。著有《工余谈艺》。

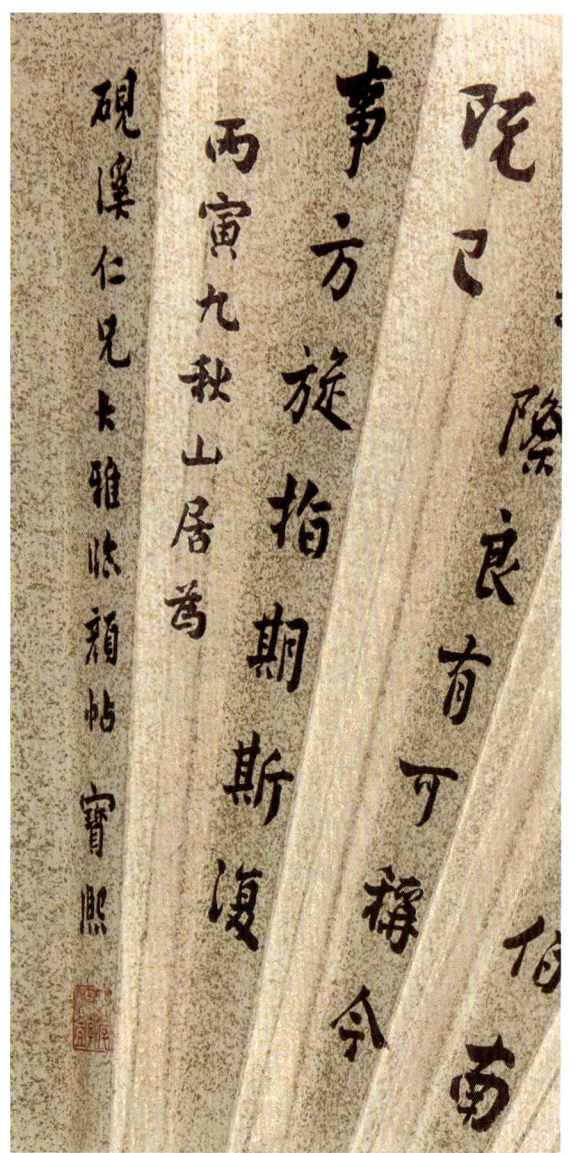

题释："蔡明远，鄱阳人。真卿昔刺饶州，即尝趋事。及来江右，无改厥勤，靖言此心有足嘉者。一昨缘受替归北，中止金陵，阖门百口，几至糊口。明远与夏镇不远数千里，冒涉江湖，连舸而来，不愆晷刻，竟达命于秦淮之上。又随我于邗沟之东，追攀不疲。以至邵伯南埭。始终之际，良有可称。今既已事方旋，指期斯复。"这是《蔡明远帖》中的大部分文字，缺最后一句："江路悠缅，风涛浩然，行李之间，深宜尚慎。不宣。真卿报。"

款署：丙寅九秋山居，为砚溪仁兄大雅临颜帖，宝熙。

钤印：默存又字沉庵（朱）。

附：

颜真卿（709—784）：别称颜鲁公、颜文忠、颜平原。字清臣，小名羡门子，别号应方，生于京兆万年（今陕西西安），祖籍琅玡临沂（今山东临沂），颜师古五世从孙、颜杲卿从弟，唐代名臣、杰出的书法家。

颜真卿书法精妙，擅长行、楷，创"颜体"楷书，与欧阳询、柳公权、赵孟頫并称为"楷书四大家"。又与柳公权并称"颜柳"，被称为"颜筋柳骨"。善诗文，著作甚富，有《韵海镜源》《礼乐集》《吴兴集》《庐陵集》《临川集》，均佚。宋人辑有《颜鲁公集》。

《蔡明远帖》：或称《报蔡明远帖》《与蔡明远书》，行书信札，计138字，书于乾元二年（759）。唐以后历代书法家都受颜鲁公影响，黄庭坚尤为敬服，曾云："笔意纵横，无一点尘埃气，可使徐浩服膺，沈传师北面。"

蔡明远：字用昭，兴宗十二世孙，今鄱阳古县渡镇人，曾任饶州州署校尉长。

唐乾元元年（758）贬颜真卿为饶州刺史。当时饶州一带盗贼猖狂，天灾人祸，民不聊生。颜真卿到任后，蔡明远作为州署校尉长跟随左右，协助颜真卿"智擒盗首，将其斩于闹市之中"。很快饶州四境肃然，治安良好。民众交口称赞："勤政爱民，公道直言，'治化大行'，饶人甚得之。"蔡明远敬重颜真卿的德行，常随颜真卿走乡串村，体恤民情，闲时两人吟诗作对，品茗对酒。

唐乾元二年（759），颜真卿奉诏调离饶州改任升州（今南京）刺史，兼浙西节度使。当时南京广大地区接连发生洪灾，农业凋零，大部分地区连续几年颗粒无收，米价暴涨，人民流离失所，饿殍遍地。而当政的贪官污吏，公然与群众抢购粮食，致使部分饥民揭竿而起，这使刚到任的颜真卿陷入困境之中。得知颜真卿"绝粮于江淮之中"的消息，蔡明远非常着急，他立即变卖家产，筹集资金，倾囊中所有购大批粮食，又竭尽全力调集船只，日夜兼程，亲自运到南京，为颜真卿解除了困粮之危。蔡明远考虑到颜真卿初来乍到，局面艰险，便主动要求留下，紧跟颜真卿身边，成为颜真卿的得力助手。对此，颜真卿非常感动，于是写下了著名的《报蔡明远帖》。

扇骨：扇骨材质为棕竹，长33.6厘米。扇肩呈庙门肩。扇头为和尚头，扇头两则镶贴象牙圆形薄片，呈拱圆状。扇钉为牛角钉，钉面呈圆状且微拱。扇骨为十四档。扇面上口封裱浅黄色绫绢。

大骨无刻。

《山水图》折扇（正面）

[民国] 宋伯鲁　　纸本　水墨　纵19.4厘米　横54.6厘米　公元1930年

宋伯鲁（1854—1932）：字芝栋、子钝、芝洞、子栋、芝钝，号芝田，晚年又号钝叟，笔名别号九嵕山樵、瓶园老人、心太平轩老人。陕西礼泉人。光绪十二年（1886）进士，入词林。与杨深秀、合疏弹、许应骙阻挠新政。戊戌变法（1898）后，遂回原籍，诗、书、画被誉为三绝，饮誉海内外，诗、画，山水专攻王时敏，苍润秀气。花卉具陈淳、徐渭风韵。书则参合柳公权、赵孟頫。年逾七十，犹能写蝇头小楷。书画作品为藏家所重。清末民初时，京地清秘阁、荣宝斋皆代售先生手迹。著《海棠仙馆集》《画人轶闻》《清画家诗史》。

画意：山势险峻、连绵，古松挺立于岩石之中，石板桥下河水急淌。形容连绵的山峰距离天不够一尺，枯松只能倒挂在绝壁上面生长。有王时敏神韵与笔意。

题释："连峰去天不盈尺，孤松倒挂倚绝壁。"取自李白在天宝初年，第一次到长安时所作《蜀道难》诗中的一句。原诗后半句为"枯松倒挂倚绝壁"，扇面题为"孤松"与原诗不同。

款署：太白句。庚午孟陬，雨水后二日夜似，药痴先生法鉴。黍十七翁宋伯鲁。

钤印：钝翁（朱）。

附：

李白（701—762）：字太白，号青莲居士，唐朝浪漫主义诗人，被后人誉为"诗仙"。祖籍陇西成纪（待考），出生于西域碎叶城，4岁随父迁至剑南道绵州。李白存世诗文千余篇，有《李太白集》。

孟陬：又称陬月、端月、孟春、孟陬是一年中的第一个月，农历正月的别称。

"柒"：通"七"。

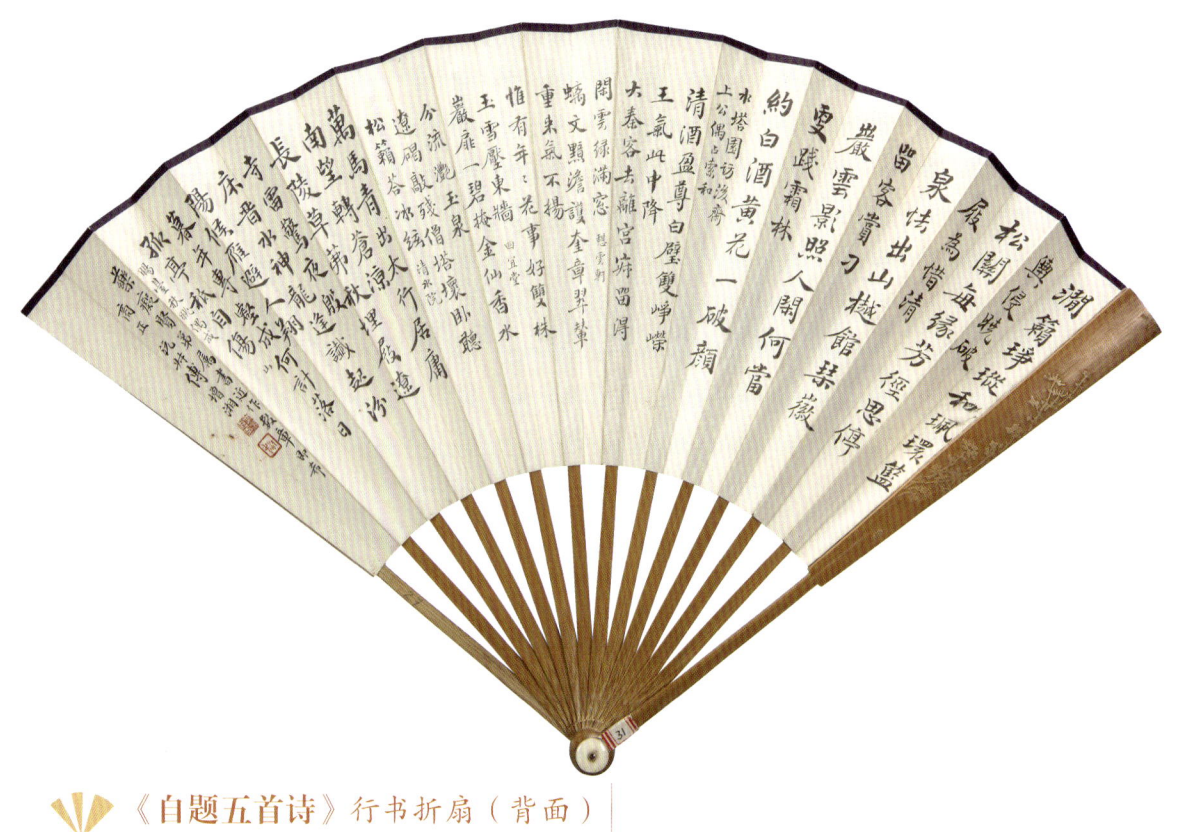

《自题五首诗》行书折扇（背面）
[民国] 傅增湘　　纸本 纵19.4厘米 横54.6厘米

傅增湘（1872—1949）：字叔和，号沅叔，别署双鉴楼主人、藏园居士、藏园老人、清泉逸叟、长春室主人等，著名藏书家。四川江安县（今宜宾）人。光绪二十四年（1898）进士，选入翰林院为庶吉士。1917年12月至五四运动前，曾入内阁任教育总长。一生藏宋金刻本150种，4600余卷；元刻本善本数十种，3700余卷；明清精刻本、抄本、校本更多，总数达20万卷以上，是晚清以来继陆心源皕宋楼、丁丙八千卷楼、杨氏海源阁、瞿氏铁琴铜剑楼之后的又一大家。他无论是在藏书、校书方面，还是目录学、版本学方面，堪称一代宗主。

其工书，善文，精鉴赏，富收藏。以藏书为大宗，世所闻名，历任贵州学政、教育总长、故宫博物院图书馆馆长等。著有《藏园瞥目》《藏园东游别录》《双鉴楼杂咏》等。

题释：分五首诗。第一首"涧籁琤瑽和佩环，篮舆侵晓破松关。每缘芳径思停屐，为惜清泉怯出山。樾馆琴徽留客赏，刁岩云影照人闲。何当更践霜林约，白酒黄花一破颜。"诗名《水

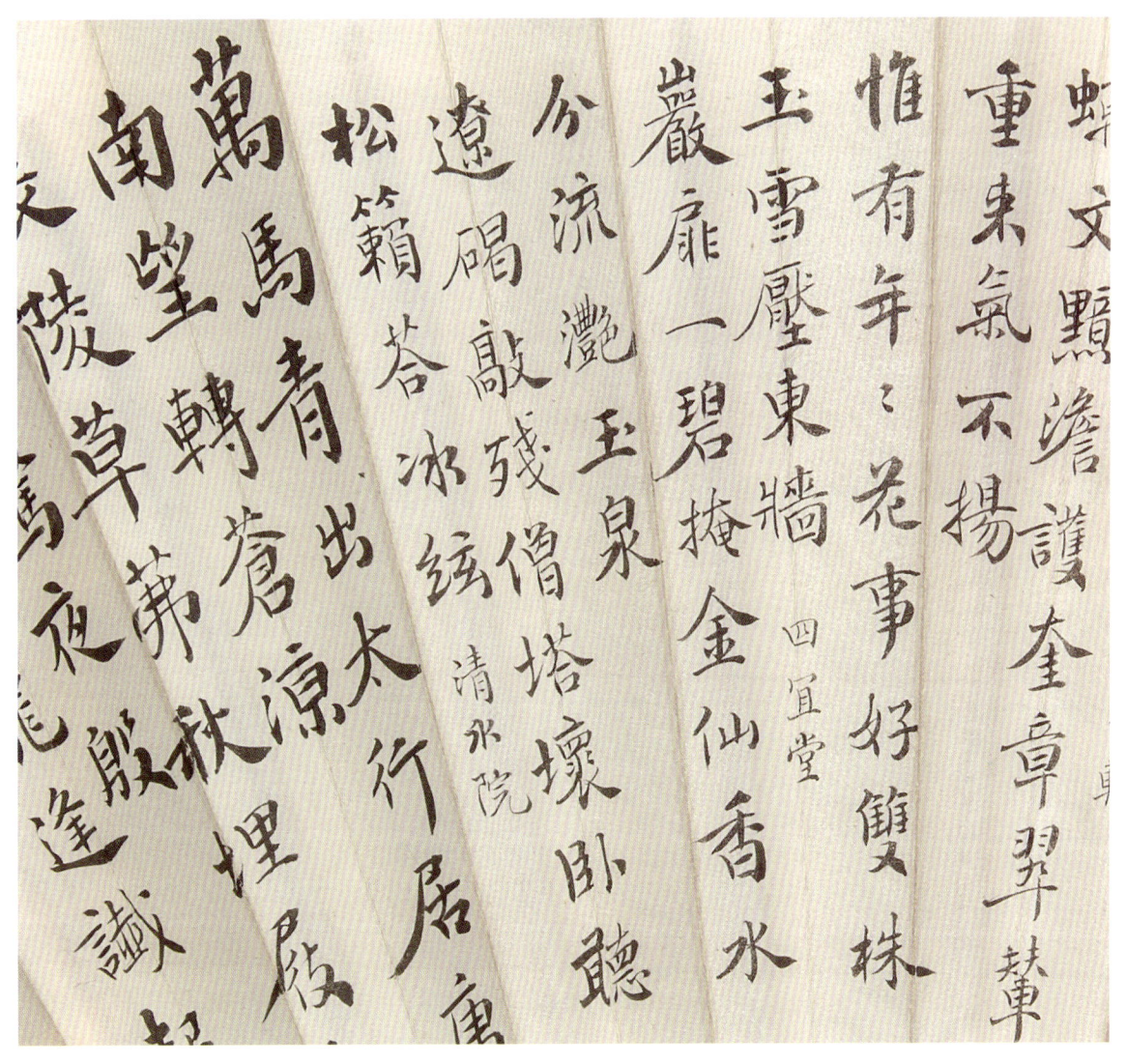

塔园访后斋上公偶占索和》。"第二首"清酒盈尊白璧双，峥嵘王气此中降。大秦客去离宫寂，留的闲云绿满窗。"诗名"《憩云轩》。"第三首"螭文黯淡护奎章，翠辇重来气不扬。惟有年年花事好，双株玉雪压东墙。"诗名"《四宜堂》。"第四首"岩扉一碧掩金仙，香水分流滟玉泉。辽碣敲残僧塔坏，卧听松籁答冰弦。"诗名"《清水院》。"第五首"万马青山出太行，居庸南望转苍凉。长陵草茀秋埋屐，辽寺雷惊夜殿床。晋水神龙逢谶起，汾阳候雁避人翔。暮年专壑成何计，落日孤亭只自伤。"诗名"《山阳台秋眺偶成》。"

款署：药痴贤弟属书近作数章，即希商正。沅叔傅增湘。

钤印：增湘私印（白）、沅叔（朱）。

扇骨：扇骨材质为玉竹，长32.6厘米。扇肩呈直肩。扇头为和尚头。扇头两侧镶贴象牙圆形薄片，呈拱圆状。扇钉为牛角钉，钉面呈圆状，微拱。扇骨为十四档。扇面上口封裱紫色绫绢。

大骨一侧阳刻留青，作《干枝梅图》，款"某生"，钤"李"。另一侧阳刻留青，刻菊花图，无款，钤"□印"。整个雕刻古拙厚重，简洁大气。

《荷花水草图》折扇（正面）

[民国] 吴 煦　　　　纸本 设色 纵18厘米 横51厘米

吴煦：（1861—1944）字子和，号蠖庵，滇西（云南保山）人。光绪十六年（1890）进士。前清翰林花卉画家，工书画，善诗词。光绪十八年五月，散馆，授翰林院编修。历任山东道监察御史，京畿道监察御史，广东布政使。1914年后，任北平政府平政院评事兼司法官惩戒委员会委员。1923年4月离职。其书风有欧公与坡翁遗意，画风婉丽、遒媚，如簪花之美女。1940年后，才艺日臻成熟，炉火纯青。在清室被推翻后以卖画为生，书画流传极少。

此幅花卉扇面为吴煦顶峰时期为友人所作，弥足珍贵。

画意：此画选择生动的物像局部特写，使艺术形象更加突出。一朵荷花、一片荷叶使人想到池中涟漪伴着荷塘月色的沁凉清香。用笔及笔墨老辣而奇拙，敷色以淡彩为主，亦用强烈对比色，风格冷峭新奇，隽雅鲜活，别具一格。吴煦以特写之景传达深邃之境，笔情恣肆，淋漓洒脱，不拘小处瑕疵。

款署：敉菴先生法家正之，子和弟吴煦。

钤印：吴子和（朱）。

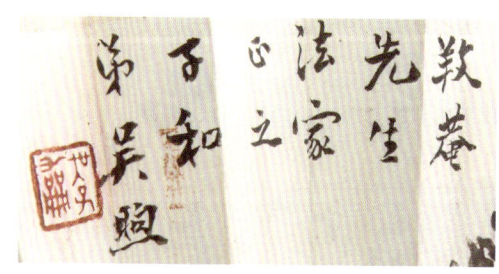

《翠楼吟》行书折扇（背面）

[民国] 王挹章 纸本 纵18厘米 横51厘米 公元1923年

王挹章：生平不详。

题释：这是一首《翠楼吟》的乐律词，类似今天的歌曲。首创是南宋的词人姜夔。"节领。方州荣披，古阁骈蕃，御书曾赐。蓬瀛天上，客拜宸翰，文林清吹。飞甍遥峙，笑曹圃围，苍祁□□。翠情瑰丽，领源操宿。月湖波细。福地宜尽，词官拥万篇千轴，海鸿游戏雷塘余韵，杳叹禾黍，悠悠臣里藏家风，味任简泣，蝉仙楼荒龙气行，看外缥细，谁主霞轮云霁。"

款署：题夏闰庵天一阁拾书图，用白石翠楼吟韵，闰庵时为宁波太守，写似。救庵先生正拍。癸亥夏章作于逻谷。

钤印：王挹章印（朱）。

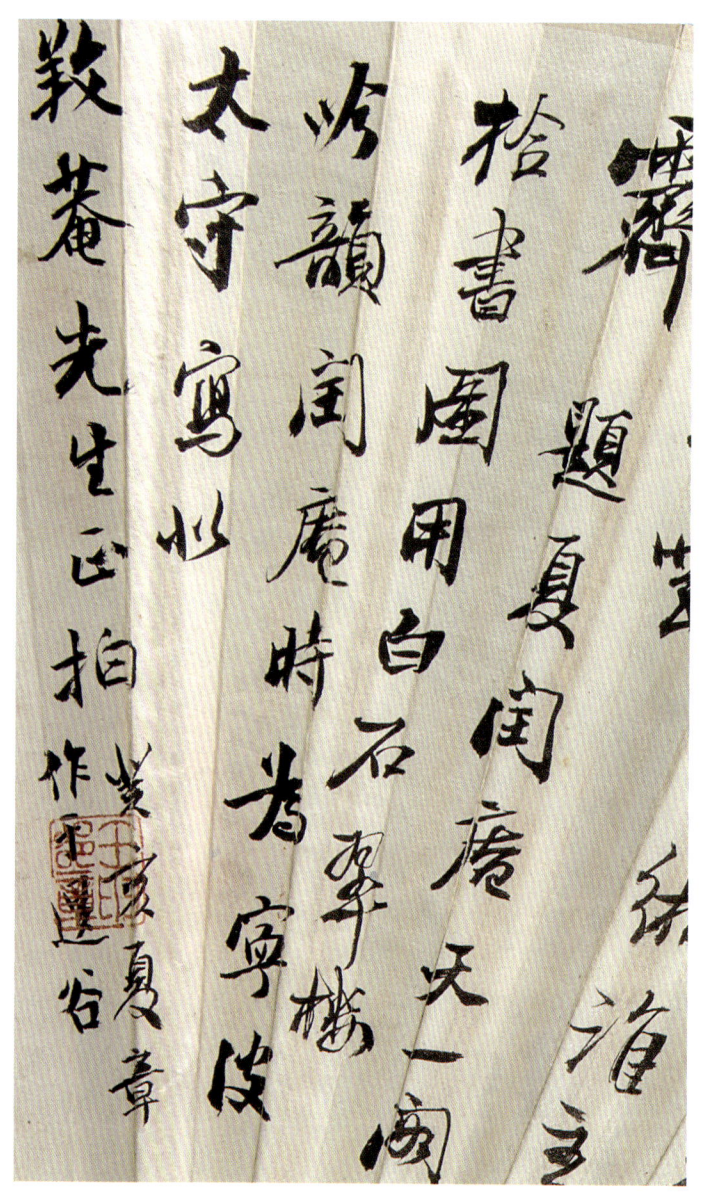

附:

夏闰庵:即夏孙桐(1857—1941)字闰枝,一字悔生,晚号闰庵。江苏江阴人。近现代文学家、词人、学者。光绪十八年壬辰(1892)进士,选庶吉士,授编修,历官湖州、宁波、杭州等地知府。民国初入清史馆,嘉、道、咸、同四朝《臣工列传》及《循吏》《艺术两汇传》,凡一百卷,并出其手。又佐徐世昌辑《晚晴簃诗汇》及《清儒学案》。工词,晚年多酬应之作,风格低回沉郁。亦能诗文。著有《观所尚斋文存》及《悔龛词》二卷。

天一阁:位于浙江宁波市区,是中国现存最早的私家藏书楼,也是亚洲现有最古老的图书馆和世界最早的三大家族图书馆之一。天一阁占地面积2.6万平方米,建于明朝中期,由当时退隐的兵部右侍郎范钦主持建造。

白石：即姜夔（1154—1208），南宋文学家，音乐家。字尧章，人称白石道人。饶州鄱阳（今江西鄱阳）人，终身布衣。往来鄂、赣、皖、苏、浙间，与诗人、词家杨万里、范成大、辛弃疾等交游。在他所处的时代，南宋王朝和金朝南北对峙，民族矛盾和阶级矛盾都十分尖锐复杂。战争的灾难和人民的痛苦使姜夔感到痛心，表现在他大部分文学和音乐创作里。庆元中，曾上书乞正太常雅乐，一生布衣，靠卖字和朋友接济为生。他多才多艺，擅长书法，精通音律，能自度曲，工诗格律严密，扬名声远。作品素以空灵含蓄著称，有《白石道人歌曲》等。

《翠楼吟》：词牌名，姜夔自度"双调"曲。其小序云："淳熙丙午冬，武昌安远楼成，与刘去非诸友落之，度曲见志。予去武昌十年，故人有泊舟鹦鹉洲者，闻小姬歌此词，问之，颇能道其事。还吴，为予言之。兴怀昔游，且伤今之离索也。"（见《白石道人歌曲》卷四）双片一百一字，前片六仄韵，后片七仄韵。前后片第七句第一字是领格，宜用去声。后片第二句是上一、下四句式。

扇骨：扇骨材质为玉竹，长31.1厘米。扇肩在大骨的偏下方，呈庙门肩。扇头为马牙琴式头。扇钉为牛角钉，钉面呈扁圆，拱面。平地无刻。扇骨为十六档。扇面上口封裱淡黄色绫绢。

《海棠采蜜图》折扇（正面）

[民国] 齐白石　　纸本　设色　纵18.7厘米　横45厘米

齐白石（1864—1957）：原名纯芝，小名阿芝，字渭清、兰亭，后改名璜，字濒生、萍生，号白石、白石翁、老白，又号白石山人、寄萍、寄萍老人、老萍、借山翁、借山馆主者、杏子坞老民、齐大、木居士、木人、三百石印富翁等。湖南湘潭人。20世纪中国最著名的艺术大师之一，画家、书法家、篆刻家、诗人。

齐白石家境贫困，15岁学雕花木工，人称"芝木匠"。27岁开始绘画生涯，先后从萧乡陔、文少可、胡沁园、谭溥等学画，从陈作埙读书，从王湘绮攻读诗文，曾任龙山诗社社长。1902年起，出游陕西、北京、江西、广东、广西，7年间"五出五归"，得见名山大川，画风由工转写，书法由何绍基体转学魏碑，篆刻由丁、黄一路改学赵之谦体。1917年二进北京，结识陈师曾、姚茫父等，次年返湖南。1919年定居北京，得陈师曾指点。1926年应林风眠聘，执教于国立北京艺术专门学校。1936年游四川。1937年自加两岁。抗战期间，北平沦陷，表示"画不卖与官家"。1946年重操卖画治印生涯，赴南京、上海举办个展，并应徐悲鸿聘，任北平艺专名誉教授。

1949年当选中国文联委员、中华全国美术工作者协会委员。1952年受聘为中央美术学院名誉教授、中国美术家协会主席、中央文史馆馆员、北京中国画研究会主席、北京中国画院名誉院长。曾当选第一届全国人大代表。1953年，中央文化部授予其"人民艺术家"称号。1957年，担任中国画院名誉院长。1963年，被世界和平理事会推举为世界文化名人之一。艺术上强调传统精髓和变法图新，主张"似与不似之间"的意境，精心观察生活，表现生活的崇高境界，为中国画艺术发展做出了杰出的贡献。

齐白石一生勤奋，留下数以万计的作品，草虫花鸟、山水、人物绘画，书法、篆刻，诗作无不精良。其画以文人画为根基，开掘民间传统，探讨雅俗结合，为传统花鸟画注入了蓬勃生机，风格刚健鲜活，诙谐幽默，其绘画技法对当代中国画创作产生了深远的影响。

画意：白石老人一生中以海棠为题材的作品很多。此幅作品画面布局宽闲随意，物体穿插自如，疏密交织独具匠心。乍看挥洒随意，气势布局却一丝不苟。海棠叶先渲染后勾勒，以勾勒叶筋的轻重浓淡来区分前后仰侧，海棠花也以其浓淡区分老嫩，可谓用笔、设色俱佳。最体现老人苦心的是两只栩栩如生的蜜蜂，为画面增添了无限生机，使构图更加丰满，起到了"以少胜多"的效果。

齐白石一生中画花鸟鱼虫涵盖了：蝴蝶、蜻蜓等蛾虫113种，牡丹、芙蓉等花卉18种，仙鹤、喜鹊等飞禽38羽；枇杷、莲蓬等蔬果28样，油灯、笔砚等器具11款；柳树、焦叶等木本十大类。还有鱼、虾、螃蟹穿插其间，完整地展现了齐白石一生的绘画面貌及成熟的绘画风格，表现了齐白石绘画形式的丰润多姿。

款署：健飞先生属，白石。

钤印：印迹不清。

《游修觉寺》行书折扇（背面）
[民国] 华世奎

纸本（洒金） 纵18.7厘米 横45厘米
公元1940年

华世奎（1863—1942）：字启臣，号璧臣、思闇。天津"八大家"之一。祖籍江苏无锡，是著名的书法家。书法走笔取颜字之骨，气魄雄伟，骨力开张，功力甚厚。书法作品小至蝇头小楷，大至径尺以上榜书，凝重舒放，苍劲挺拔。居近代天津四大书法家之首。"百日维新"后，以省亲为名弃官隐居天津，在意租界购置房产，以清朝遗老自居，自号"北海逸民"，终生不剪辫子，不用民国年号，不再入仕，不再参与政事，惟以诗文、书法自娱。华世奎的书法，真、草、隶、篆诸体皆精，最能代表其书法风格的是楷书作品。

华世奎经过长期的书法实践和探索，将苏东坡的巧结构和篆隶的笔法与颜的拙字相结合，形成了拙巧相间的"华体"，在理论上总结出了富于自己个性内涵的六种笔法，即"提、按、顿、挫、内颤、外颤"。著有《思闇诗集》。谥号"贞节"。

题释： "上尽苍崖百级梯，诗囊香椀手亲携。山从飞鸟行边出，天向平芜尽处低。花落忽惊春事晚，楼高剩觉客魂迷。兴来扫榻僧房卧，清梦还应到剡溪。"此诗为陆游《游修觉寺》。

款署： 庚辰春日，健飞仁兄大人雅属。华世奎时年七十有七。

钤印： 世奎之印（白）。

附：

陆游（1125—1210）：字务观，号放翁，汉族，越州山阴（今绍兴）人，南宋文学家、史学家、爱国诗人。

陆游一生笔耕不辍，诗词文俱有很高成就，其诗语言平易晓畅，章法整饬谨严，饱含爱国热情，对后世影响深远，兼具李白的雄奇奔放与杜甫的沉郁悲凉的风格，陆游亦有史才，他的《南唐书》，"简核有法"，史评色彩鲜明，具有很高的史料价值。

扇骨： 扇骨材质为玉竹，长31.5厘米。扇肩呈庙门肩。扇头为博古（也称蝉式头）头，扇头两侧镶贴玳瑁薄片。扇钉为牛角钉，钉面呈圆状，微拱。扇骨为十六档。扇面上口封裱黑紫色绫绢。

大骨一面刻：荷塘清趣，款："健飞仁兄正，己卯（1939）雪涛写"。另一面刻："喜鹊登梅"，款："竹隐刻"。

此扇骨为画家王雪涛提笔画，刀工犀利而简约，是金石家与画家文人合作制扇的典范。

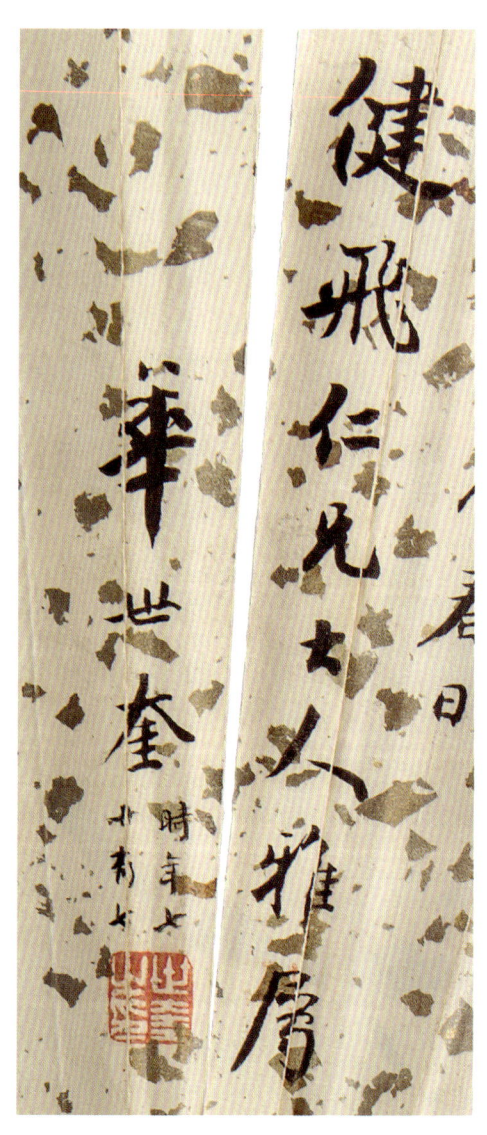

附：

王雪涛（1903—1982）：河北成安人。原名庭钧，字晓封，号迟园。自幼喜绘画，1918年入保定直隶高等师范手工图画科，毕业后到小学执教。1922年考入北平艺术专科学校西画系，后转国画系，受教于陈师曾、萧谦中、汤定之、王梦白等，受王梦白影响最大。1924年拜齐白石为师，奉师命改名雪涛。1926年毕业后留校任助教、讲师。抗日战争期间，北平沦陷，辞去教职，专事绘画创作，卖画为生。同时潜心传统，上追徐渭、陈淳，又得名师指点，画艺大进。1954年任中国画研究会常务理事，中央美术学院民族美术研究所副研究员。1955年参加筹备中国画院工作，1957年后任该院画师、院务委员会委员，1978年任北京画院院长。中国美术家协会理事，美协北京分会副主席，北京市第七届人大代表，北京市第五届政协常委，中国农工民主党中央联络委员会委员及北京市委委员。

王雪涛是现代中国卓有成就的花鸟画大师，对我国小写意花鸟绘画做出了突出贡献。他继承宋元以来的优秀传统，取长补短，创作题材广泛，构思精巧，形似神俏，清新秀丽，富有笔墨情趣。创作上主张"师法造化而抒己之情，物我一体，学先人为我所用，不断创新"。画法上工写结合，虚实结合。他善于描绘花鸟世界的丰富多彩和活泼自然，又精于表现画家的心灵感受和动人想象。他注重写生，尤善于描绘大自然中的小生命，如蝴蝶、螳螂、蝈蝈、天牛、青蛙、蜻蜓、马蜂等，栩栩如生，引人喜爱。他还善用灵巧多变的笔墨，色墨结合，以色助墨，以墨显色，在传统固有色中融入西洋画法。讲求色彩规律，求整体色彩对比协调，为画面增添韵律。他能准确地把握动态中的花鸟，并且能在情景交融中体现出转瞬即逝的情趣。因此他的花鸟虫鱼刻画得细致入微，鲜活多姿，生动可爱，情趣盎然。摆脱了明清花鸟画的僵化程式，创造了清新灵妙、雅俗共赏的鲜明风格。

著有《王雪涛画集》《王雪涛画辑》《王雪涛画谱》《王雪涛的花鸟画》等。

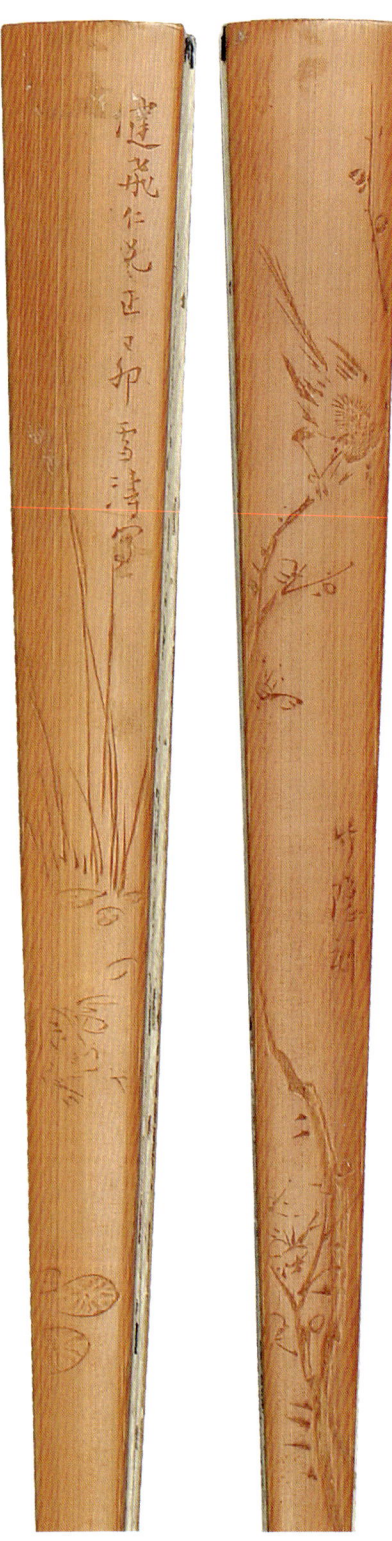

《寒林暮鸦图》折扇

[民国] 学 瑜　　纸本　设色　纵18.6厘米　横49.5厘米　公元1940年

学瑜：生平不详。

画意：仿李营邱平远寒林画法，近景绘杂树若干，山石陂陀，中景杂以枯枝，寒树排排，远处云雾缭绕，暮鸦归巢。近树树枝如蟹爪下垂，笔势雄健，水墨明洁，点苔为侧峰横点。山石画法为"卷云皴"（状如卷云的皴笔），点苔尖利。用淡墨晕染云雾，飞鸦施墨近浓远淡。色泽以墨色、绛色为主，只有两株树木施以重彩。画家以尖利的笔致画寒林枯木，显得景色清幽静谧，苍茫浑厚。

款署：仿营邱寒林暮鸦。庚辰夏日，学瑜。

钤印：瑜（朱）。

附：

营邱：即李成（919—967），字成熙，他的先辈是唐宗室，居长安，后迁居山东营邱，人称李营邱。他能诗，善琴、弈，更善山水画。初师荆浩、关仝，后常摹写真景而自成一家。多作平远寒林，画法简练，笔势锋利，好用淡墨，"惜墨如金"。他的《读碑窠石图》（宋人摹本）画了一位骑骡子的人，停在一座大石碑前，仰着头，观看石碑，石碑附近，有几株老树，表现了荒漠寒冷地区的特征。又常画白雪皑皑的山峰，十分开阔。所画山石好像有卷动之势，故后人称之为"卷云皴"。在五代、北宋时期，与关仝、范宽成为三个主要流派。

扇骨：扇骨材质为玉竹，长31.2厘米。扇肩呈庙门肩。扇头为古方头。扇钉为牛角钉。扇骨为十六档。扇面上口封裱紫色绫绢。

大骨为竹质，扇肩以下为漆骨，扇肩上部是原竹，未上漆。但有盖帘通至扇尾。

附：

盖帘：是在扇骨大边外面中心加一窄条，宽度合于里口以下的扇骨，材料有用乌木、鸡翅木等。盖帘的装饰古朴，历史感强。

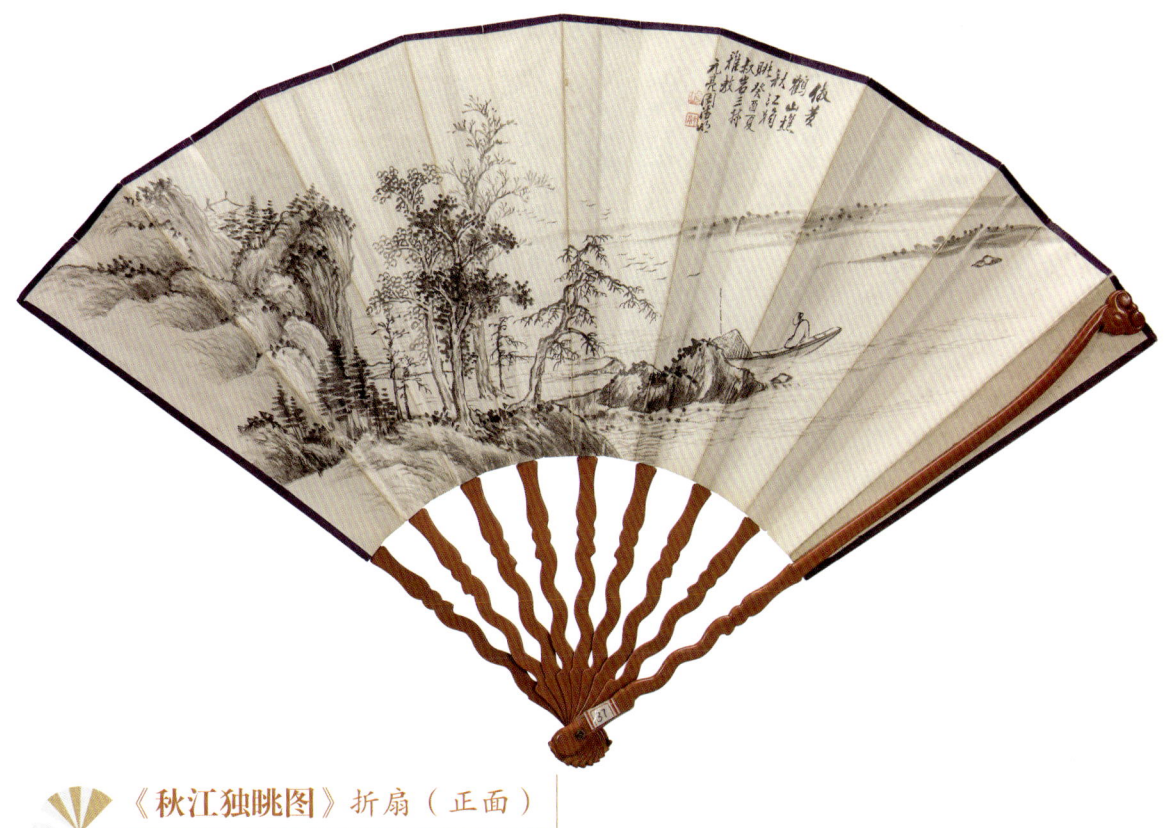

《秋江独眺图》折扇（正面）

[民国] 周德明　　　纸本　水墨　纵18.4厘米　横50.7厘米　公元1933年

周德明：又称周元亮（1903—1995）字容庵。号元亮、容庵居士。北京人。1920年考入北京中国画研究会，随陈师曾、汤定之、金北楼、萧谦中等学习中国画。曾为北京画院画师、中国画学研究会的成员。作品构图严谨，写景稠密，画风清雅脱俗，兼工花卉，所画梅、竹清新俊秀。

画意：画面虚实有致，近处叠山、树木、湖石、独舟，叠山上楼阁显露；远处是缥缈的湖岸，高飞的大雁，一幅秋天的江南水乡图。画家着力描写了画面中部的数株大树与荡漾于湖中的小舟，树干用笔苍劲，树叶点染结合，一派葱郁景象，似动非动的小舟设色清淡，笔法沉着稳健，笔致墨韵浑然天成。

题释：仿黄鹤山樵，秋江独眺。

款署：癸酉夏，叔岩三林雅教。元亮周德明。

钤印：德明（白）、元亮（朱）。

附：

黄鹤山樵：即王蒙（1308—1385），元代画家。字叔明，号黄鹤山樵。赵孟頫外孙。湖州（今浙江吴兴）人。山水画受赵孟頫影响，师法董源、巨然，集诸家之长，自创风格。作品以繁密见胜，重峦叠嶂，长松茂树，气势充沛，变化多端；喜用解索、牛毛皴，干湿互用，寄秀润清新于厚重浑穆之中；苔点多焦墨渴笔，顺势而下。兼攻人物、墨竹，擅行楷。与黄公望、吴镇、倪瓒合称"元四家"。存世作品有《青卞隐居图》《葛稚川移居图》《夏山高隐图》《丹山瀛海图》《太白山图》等。

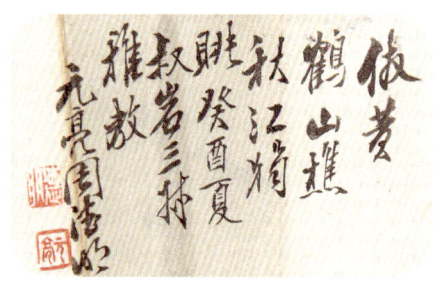

《曾国藩日记》行书折扇（背面）

[民国] 陈嘉祐

纸本（发笺） 纵18.4厘米 横50.7厘米
公元1930年

陈嘉祐（1881—1937）：字护黄，国民党陆军中将。清光绪七年（1881）出生于今湘阴界头铺镇。1903年就读于长沙明德学堂，加入黄兴组织的"华兴会"。1905年随黄兴赴日本，就读东京士官学校。毕业后，回国参加辛亥革命。1915年，任湘军旅长，翌年督师参加护法战役，后任"护字营"司令。1916年后，任"建国湘军"第五军军长兼讲武堂堂长，1924年，当选国民党中央执委、历任国民革命军第二军、第十三军（后改为十四军）军长。他任第二军军官学校校长时，毛泽东、陈延年应邀来校讲演。蒋介石制造"四·一二"反革命政变后，陈通电反蒋。蒋多方拉拢，仍不合作，被蒋视为眼中钉，迫其居地常迁。1935年陈嘉祐迁居香港，两年后病逝，妻儿遵嘱，将其葬湘阴南泉寺。

题释："近日，省察自己短处，每日怠玩时多，治事时少；看书作字治私事时多，察人看稿治公事时多。职分所在，虽日读古书，闳旷官废弛，与废于酒色游戏者一也。"此段文字摘抄于《曾国藩全集·日记之三》同治三年三月十四日日记。个别字有不同。如"察人看稿治公事时多"，原稿为"察人看稿治公事时少"，一"多"一"少"意义不同，显然写扇面时误将"少"写成了"多"。

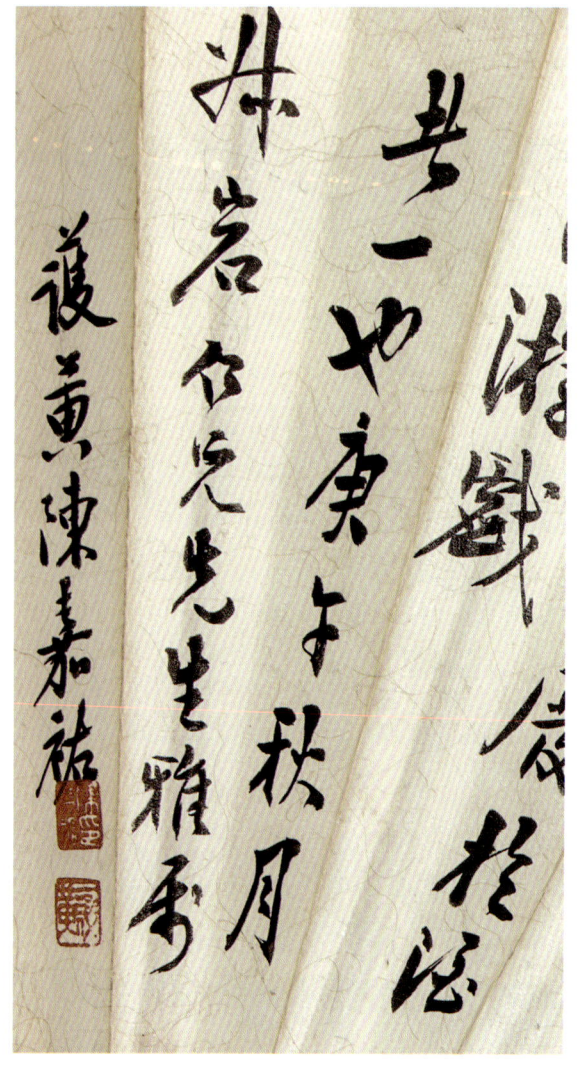

款署：庚午秋月，叔岩仁兄先生雅属，护黄陈嘉祐。

钤印：□□□（白）、护黄（朱）。

附：

曾国藩（1811—1872）：初名子城，字伯涵，号涤生，宗圣曾子七十世孙。中国近代政治家、战略家、理学家、文学家，湘军的创立者和统帅。与胡林翼并称曾胡，与李鸿章、左宗棠、张之洞并称"晚清四大名臣"。官至两江总督、直隶总督、武英殿大学士，封一等毅勇侯，谥曰文正。

曾国藩出生于晚清地主家庭，自幼勤奋好学，6岁入塾读书。8岁能读"四书"、诵"五经"，14岁能读《周礼》《史记》文选。道光十八年（1838）中进士，入翰林院，为军机大臣穆彰阿门生。累迁内阁学士，礼部侍郎，署兵、工、刑、吏部侍郎。与大学士倭仁、徽宁道何桂珍等为密友，以"实学"相砥砺。太平天国运动时，曾国藩组建湘军，力挽狂澜，经过多年鏖战后攻灭太平天国。

曾国藩一生奉行为政以耐烦为第一要义，主张凡事要勤俭廉洁，不可为官自傲。他修身律己，以德求官，礼治为先，以忠谋政，在官场上获得成功。

曾国藩的崛起，对清王朝的政治、军事、文化、经济等方面都产生了深远的影响。在曾国藩的倡议下，建造了中国第一艘轮船，建立了第一所兵工学堂，翻译印刷了第一批西方书籍，安排了第一批赴美留学生。可以说曾国藩是中国近代建设的开拓者。

叔岩：即余叔岩（1890—1943）京剧老生。湖北省罗田县人，生于北京。谱名第祺，字小云，官名叔巖，巖与岩通，巖字笔画太多，所以常用"岩"代替。余三胜之孙，余紫云之子。余叔岩在全面继承谭派（鑫培）艺术的基础上，以丰富的演唱技巧，成为"新谭派"的代表人物，世称"余派"。代表作有《搜孤救孤》《王佐断臂》《战太平》等。

扇骨：扇骨为素漆雕刻漆骨，长31.4厘米。扇肩在大骨的偏下方呈直肩。扇头为翻轮小花瓶头。扇钉为牛角钉，钉面呈扁圆，拱面。扇骨为九档。小骨为波折式。扇骨尾部雕刻如意头。扇面上口及边口封裱紫色绫绢。

九档扇为日式扇（讲究用紫檀、象牙等名贵材质制骨），在清末至民国年间十分流行，尤其受到文人的青睐。日式扇大、小骨粗细相仿，大骨最宽处为1至1.2厘米，最窄处为0.7厘米，长度在31至32厘米之间。其特点是大骨窄，小骨与之相仿。折叠后扇面侧面露于扇骨之外。

071

《松崖精舍图》折扇（正面）
[民国] 张恂　　　纸本 设色 纵17厘米 横50厘米

张恂：生卒年不详。滦阳（今河北唐山）人。斋号城西寓斋。应与溥忻、于非闇、溥佺、许静安、瞿宣颖、张宗祥、吴昌绶等为同时代人。

画意：此图描写一种清高淡雅、闲情逸致的境界。整幅图采用青绛设色，远山远水，近树亭屋，火红的枫叶点染出一派清秋景色，一老者端坐屋中凝神远眺。笔法有宋赵伯驹、元赵孟頫宗法，功力深厚。

款署：约持先生雅正，滦阳张恂写。

钤印：印迹不清。

《历下笔谈》行楷折扇（背面）
[民国] 朱 深　　　　纸本（洒金）　纵17厘米　横50厘米

朱深（1879—1943）：字博渊。河北霸县人，早年留学日本，民国成立后，历任大理院总检察长、内阁司法总长、京师警察总监等职，后退出政界。1937年后，任伪华北临时政府议政委员会常务委员、法制部部长，汪伪国民政府华北政务委员会委员长等。

题释："秦程邈作隶书，汉谓之今文，盖省隶之环曲以为易直。世所传秦、汉金石，凡笔近篆而体近真者，皆隶书也。及中郎变隶而作八分。八，背也。言其势左右分布相背然也。魏晋以来，皆传中郎之法，则又以八分入隶，始成今真书之形。是以六朝至唐，皆称真书为隶。第三行篆误作隶。"此段话取自清包世臣《艺舟双楫·历下笔谭》中的一段。

款署：约持仁兄方家正之。博渊弟朱深。

钤印：朱深（朱）。

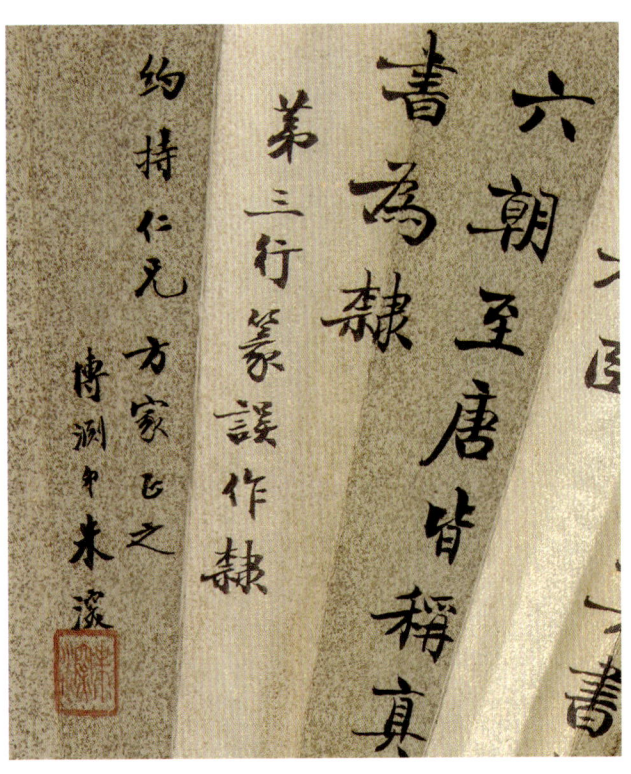

附：

包世臣（1775—1855）：清朝学者、书法家、书学理论家。字慎伯，号倦游，又号小倦游阁外史。安徽泾县人。泾县古名"安吴"，故多称其为"包安吴"。官新喻知县，关心时政，主张抗英。工书、师承邓石如，初学唐宋，后法北碑，对咸丰、同治年间的书风颇有影响。著有《安吴四种》《艺舟双楫》。

《艺舟双楫》：书法理论著作。《论文》四卷，多评析古文，亦录所作书序及碑版等。其中有书信、题词、书跋、诗序、行状等体裁，皆包氏文采之精华。《论书》二卷（别名《安吴论书》）阐述学书的方法。上卷分《述书》上、中、下等三篇，及《历下笔谈》《国朝书品》《答熙载九问》《答三子问》《自跋草书答十二问》《与吴熙载书》《记两笔工语》《记两棒师语》《论书绝句》等，下卷有《〈书谱〉辨误》《删定〈书谱〉》《〈十七帖〉疏证》《邓石如传》以及题跋杂论等。其中《述书》，上、中两篇叙述了"始于指法，终于行间"的学书经历，下篇论述了侧、勒、努等用笔之法。《历下笔谈》分析了书体的演变，指出："北朝隶书，虽率导源分、篆，然皆极意波发，力求跌宕。凡以中郎既往，钟、梁并起，各矜巧妙，门户益开，踵事增华，穷情尽致。""北碑体多旁出，《郑文公碑》字独真正，而篆势、分韵、草情，毕具。其中布白本《乙瑛》、措画本《石鼓》，与草同源，故自署曰：草篆，不言分者，体近易见也。"可见其崇尚碑学的书艺观点。《国朝书品》把清代书家分为神品、妙品、能品、逸品、佳品五类，而妙品以下，各分上下，共为九等。列"神品"一人，为邓石如的隶书和篆书，"妙品"上一人为邓石如的分书及真书，"妙品"下二人为刘墉小真书、姚鼐行草书，"能品"上、下共三十人，"逸品"上、下共三十一人，"佳品"上、下共三十二人，合计为九等，共"九十七人，重叠见者六人，实九十一人。"《答熙载九问》《答三子问》《自跋草书十二问》等文，则以问答的形式详细地阐述了关于真、草、隶、篆等问题，对中国近代书坛影响很大。作者论书一反清代书坛对赵孟頫、董其昌的偏爱，对改变清代书法风气具有重要影响。其书法理论的立足与方法，都与前人有所不同。

康有为（1858—1927）：增著《广艺舟双楫》（又名《书镜》），六卷。共分原书、尊碑、购碑、体变、分变、说分、本汉、传卫、宝南、备魏、取隋、卑唐、体系、导源、十家、十六宗、碑品、碑评、余论、执笔、缀法、学叙、述学、榜书、行草、干禄、论书绝句等27篇。分4个部分：一、介绍"以金石碑版自娱"著书的成因。二、论述此书继包氏之风的特点，借"著书销日月，忧国自江潭"，发挥以书法变革与政治革新相提并论的观点。三、指明贬帖卑唐之所见，虽有特色，但疏于考证，且言之过激。四、与包氏之书桴鼓相应，扶北抑南，更有过之。由此可见：康氏的观点与阮元、包世臣颇合，且更为系统化地推崇碑学，反对帖学。

扇骨：扇骨为夹纸骨，材质为棕竹，长29厘米。大骨与小骨粗细相当。大骨雕几何形镂雕，较厚，有弧感。扇肩呈溜肩。扇头为正圆头。扇钉为牛角钉，被圆薄的棕竹片镶嵌在内。扇骨为九档，日式扇。扇面上口及两侧边缘封裱金黄色绫绢。

《松下骏马图》折扇（正面）
[民国] 溥僩　　　纸本（泥金）设色　纵18.3厘米　横50厘米

溥僩：爱新觉罗·溥僩（1901—1966）字毅斋，号松邻，清朝皇族，现代画家。惇勤亲王爱新觉罗·奕誴（道光帝旻宁第五子）之孙、贝勒爱新觉罗·载瀛（爱新觉罗·奕誴第四子）第五子。袭固山贝子爵。自幼受父兄熏陶和影响，勤习书画，16岁即身手不凡。1925年，其兄溥伒与族人启功、关松房、祁井西等人组织"松风画会"，名誉鹊起，后以卖画为业。善绘花鸟、山水，尤以工笔花鸟见长，风格清新俊朗。

康德（伪满年号）三年九月（1936），溥僩被任命为东陵守护大臣，之后就在史籍中失去踪影。

画意：古松下、河岸边，两匹体格健壮、毛色不一、姿态各异、神气十足、驯养有素的骏马。骏马的骨骼、肌肉、皮毛、斑纹，流畅圆润，形象逼真。有宋人李公麟之风格。

款署：法宋人笔意，毅斋写。

钤印：毅斋（朱）、溥僩長寿（白）。

附：

爱新觉罗氏后裔：在艺坛享有盛名者为数不少。在书法方面，首推溥杰、启功、启骧、毓嶦、启源；在绘画方面有溥佐、溥佺、毓峨、毓岚、启儒；而年轻的一代有毓崧、崇嘉、文嘉、毓半云、毓峋、毓岳、毓震峰、毓紫薇、恒钛等。其中恒钛、载瀛一生专攻书画。其所绘鞍马和羽毛花卉颇具特色，自称一派。溥忻（雪斋）、溥僩（毅斋）、溥佺（松窗）、溥佐（庸斋）、毓峨均攻书画，各具风格，均为当代著名画家。溥儒（心畬）在书画艺术上与张大千齐名，有"南张北溥"之说。

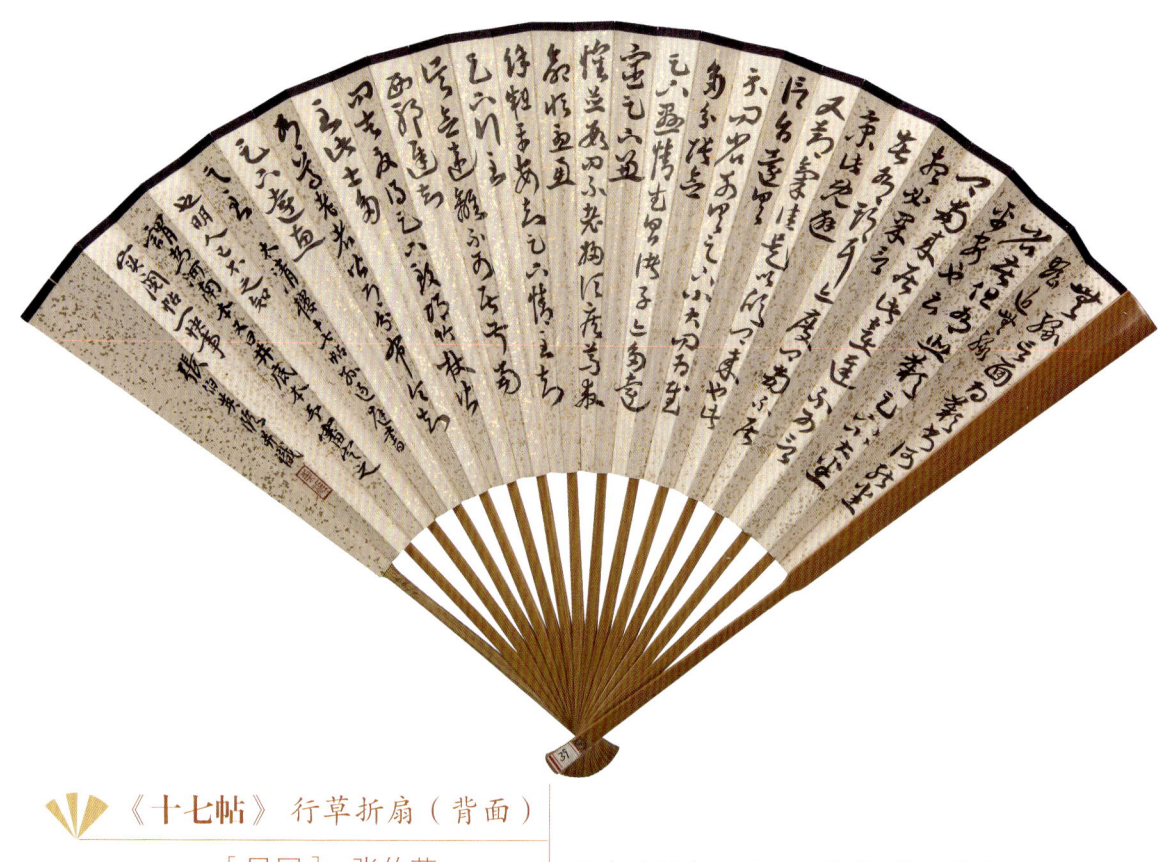

《十七帖》行草折扇（背面）

[民国] 张伯英　　　纸本（洒金）　纵18.3厘米　横50厘米

张伯英（1871—1949）：字勺圃、一字少溥，谱名启让，别署云龙山民、榆庄老农，晚号东涯老人、老勺、勺叟。室名远山楼，小来禽馆。徐州铜山三堡榆庄人，清光绪举人，少负异才。书法家、金石鉴赏家、诗人、学者。出生于徐州望族，兄弟四人（分别是张伯英、张仲警、张叔庚、张季遵）。著名画家齐白石的老师。

张伯英一生酷爱书法，早年从颜体入手，再学魏碑，卓然成家。以行楷最有成就，亦擅篆隶。楷书结构紧敛而不拘谨，字体规整端庄，方圆兼备，宽博紧凑。行楷朴实秀逸，古拙自然。张伯英用笔万毫齐力，圆满峻发，点画所到之处，极具朝揖相让之法。笔笔中实，字字气满，凝重含蓄，不泥于古，不媚于今。用笔能任情挥洒，富于创新精神。

先生一生正直，颇有节操。他不屑于和封建军阀同流合污，抛弃官位，卖字卖文为生。北平沦陷后，他隐居不出，与清末遗老康有为、梁启超、罗振玉、郑孝胥等过从甚密。他还与于右任先生、张学良将军等私交深厚。张伯英尤为奖掖后学，书画界人不少都曾受其教益。

题释：取自王羲之《十七帖》中的五帖。其一"无缘言面，为叹，书何能悉。"取《十七帖》第二通尺牍的《逸民帖》。其二"瞻近无缘省苦，但有悲叹。足下小大悉平安也。云卿当来居，此喜迟不可言，想必果言苦有期耳。亦度卿当不居京，此既避，又节气佳，是以欣卿来也。此信旨还具示问。"取《十七帖》第八通尺牍的《瞻近帖》。其三"省别具，足下小大问为慰。多分张，念足下悬情，武昌诸子亦多远宦。足下兼怀，并数问不？老妇顷疾笃，救命，恒忧虑。余粗平安。知足下情至。"取《十七帖》第十五通尺牍的《远宦帖》亦称《省别帖》。其四"知足下行至吴。念违离不可居，叔当西耶！迟知问。"取《十七帖》第七通尺牍的《知足下帖》。其五"去夏得足下致邛竹杖，皆至。此士人多有尊老者，皆即分布，令知足下远惠之至。"取《十七帖》第十二通尺牍的《邛竹杖帖》又名《邛竹帖》。"太清楼十七帖，孙过庭书也。明人已不之知，谓为河南本又曰井底本，予审定之实阅帖一快事。"

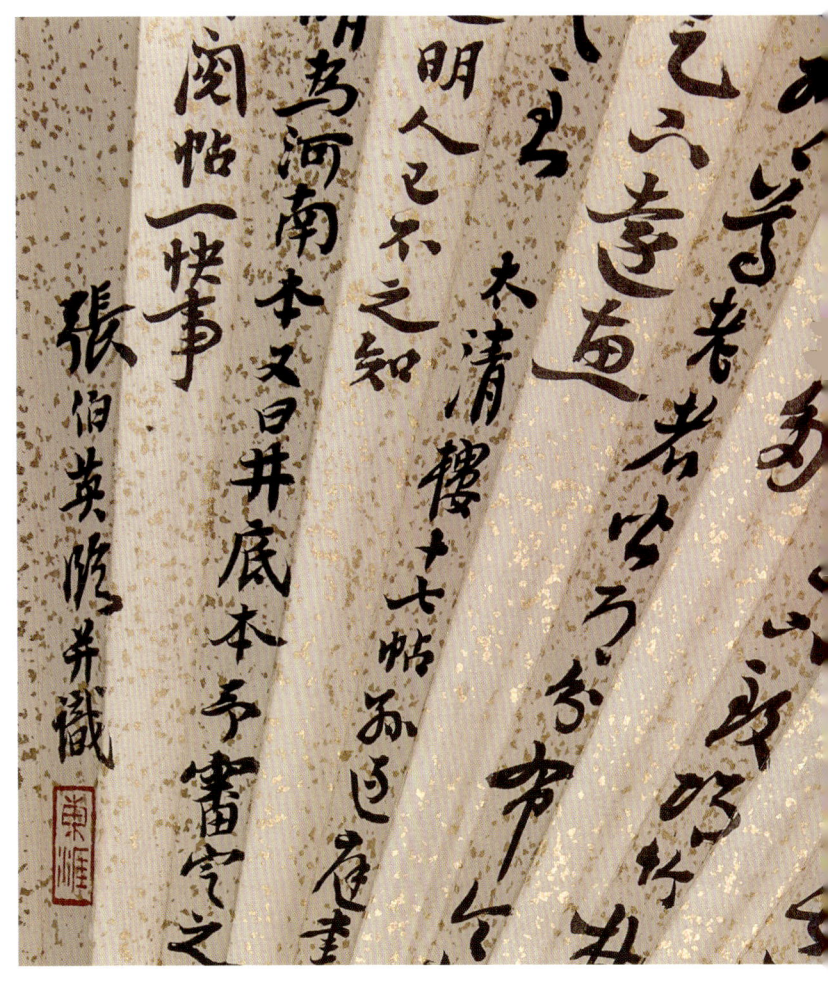

款署：张伯英临并识。

钤印：东涯（朱）。

附：

王羲之（321—379，一作303—361）：字逸少。东晋著名书法家。琅琊临沂（今山东临沂）人。初任秘书郎，后任宁远将军、江州刺史、右军将军、会稽内史等，世称王右军。后因与扬州刺史王述不和，辞官定居会稽山阴（今绍兴）。王羲之出身于建康乌衣巷显赫的王家，是王导之侄。曾与谢安共登冶城，"悠然遐想，有高世之志"。早年从卫夫人学书法，后来改变初学，草书学张芝，正书学钟繇。博采众长，备精诸体，一改汉魏以来质朴的书风，独创妍美流便的新体。王羲之的正书、行书为古今之冠，人赞其笔势"飘若浮云，矫若惊龙"。王羲之为历代学书法者所崇尚，被奉为"书圣"。其作品真迹无存，传世者均为后人摹本。行书以《兰亭序》为代表作，草书以《初月帖》《十七帖》，正书以《黄庭经》《乐毅论》最著名。

《十七帖》：是王羲之草书代表作品。因卷首由"十七"二字而得名。原墨迹早佚，现传世《十七帖》是刻本。在最早记录王羲之书法的唐张彦远《法书要录》卷十《右军书记》中，《十七帖》便列为第一帖，《十七帖》长一丈二尺，即贞观中内本也。一百七行，九百四十三字，是烜赫著名帖也。

《十七帖》内容多言蜀中风情人物，是王羲之写给益州刺史周抚的信札。周抚是东晋中兴名将击坊之字，在蜀中三十余年，王羲之尝有意游蜀登岷山而未果。在这些帖中，可见羲之对四川人物、历史的浓厚兴趣。书写时间从永和三年到升平五年（347—361），是研究王羲之生平和书法发展的重要资料。《十七帖》共二十九帖。《右军书记》录文共有二十三帖。

《十七帖》被历代奉为草书典范，有临习草书"不二法门"之称。

孙过庭（646—691）：唐代书法家，书法理论家。名虔礼，字过庭。吴郡富阳（今浙江富阳）人，一作陈留（今河南开封）人。曾任右卫胄参军、率府录事参军。胸怀大志，博雅好古。擅楷书、行书，尤长于草书，取法王羲之、王献之，笔势坚劲，直逼二王。著《书谱》二卷，已佚。今存《书谱序》，分溯源流、辨书体、评名迹、述笔法、诫学者、伤知音六部分，文思缜密，言简意深，在古代书法理论史上占有重要地位。其中许多论点，如学书三阶段、创作中的五乖五合等，至今仍有意义。有墨迹《书谱》传世。

"太清楼"：位于北宋皇宫崇政殿西北，迎阳门内后苑中。太清楼作为皇宫后苑最主要的藏书处所，"贮四库书，经、史、子、集、天文、图画"。图书来源主要是抄录三馆所藏之书。

《玉海》卷一六四"咸平太清楼"条谓："建隆三年（962）五月戊午，重修东京大内。崇政殿西北迎阳门内有后苑，苑有太清楼、走马楼，与延春、仪凤、翔鸾阁相接。"

扇骨：扇骨材质为玉竹，长31厘米。扇肩呈直肩。扇头为小马牙头。扇钉为白牛角钉，钉面呈圆状，微拱。扇骨为十六档。扇面上口封裱紫色绫绢。

《扶桑图》 折扇

[民国] 琴瑶君　　纸本 设色 纵17.4厘米 横49.5厘米

琴瑶君：生平不详。

画意：画扶桑一枝，有横枝斜出，两朵含苞待放，一朵灼灼盛开。采用"没骨法"，淡黄色晕染，花下衬以绿叶。用俯视特写的手法，描绘出扶桑花妩媚清新、含苞待放的韵味。花、叶姿态变化，生动有致。此画以没骨设色，笔法精工；直接用彩叠色渍染，再予勾画筋络轮廓，不见笔墨勾痕；用色鲜明纯净，设色清新淡雅，风格独创，是一精美的小品画作。

款署：璧侯先生方家法正。瑶君琴贤。

钤印：瑶君（朱）、琴（朱）。

附：

璧侯： 即郑锡光，字璧侯、德津、友其，号澹庵。福建闽县（今福建福州）人。清末翰林。

扇骨： 扇骨材质为桧木，长30.3厘米。扇肩呈庙门肩。扇头为小花瓶头。扇钉为牛角钉。扇骨为十六档。扇面上口封裱淡黄色绫绢。

《江山胜览图》 折扇（正面）

[民国] 袁励凖　　　纸本　设色　纵17.4厘米　横50厘米　公元1929年

袁励凖（1875—1938，一说1877—1935）：字珏生，号中州、中舟，别署恐高寒斋主，河北宛平人。光绪二十四年进士，二十九年又举经济科进士。翰林编修，会试同考官。曾任南书房行走，翰林院侍讲，京师大学堂提调，工业学堂监督，民国清史馆编修，辅仁大学教授。精鉴赏，富收藏，工书画，能诗。行楷宗米元章，篆习李阳冰，文静典雅，画学马远，藏墨名于世。曾为袁世凯书写新华门匾额。1913年3月19日，与徐世昌、陆润庠、陈宝琛一同参加了太和殿举行的隆裕太后"国民哀悼大会"。1925年，加入"松风画会"。著有《恐高寒斋诗集》《中舟墨绿》。

画意：扇面山壁陡峭，山中树木盘桓，楼阁隐约可见。画面着重用笔墨表现，整幅图青绿设色，大面晕染，粗简苍劲，十分大气。

题释： 临夏禹玉江山胜览一角，有濯江汉暴秋阳气氛。

款署： 己巳夏日，药痴仁兄大人正，弟袁励準。

钤印： 袁励準印（朱）、南斋侍从（朱）。

附：

夏禹玉： 即夏圭，生卒年不详。南宋画家。字禹玉，临安（今浙江杭州）人。早年画人物，后以山水著称。他与马远同时，称"马夏"。宁宗时任画院待诏，皇帝曾赐金带。他的山水画师法李唐，又吸取范宽、米芾、米友仁的长处。虽然与马远同属水墨苍劲派，但却喜用秃笔，下笔较重，因而更加苍老雄放。用墨善于调节水分，画面淋漓滋润。在山石的皴法上，先用水笔淡墨扫染，然后趁湿用浓墨皴擦，造成水墨浑融的特殊效果，被称作拖泥带水皴。传世作品有《溪山清远图》《西湖柳艇图》《雪堂客话图》等。

松风画会： 1925年，由溥雪斋（溥忻）、溥心畬、溥毅斋、关松房、惠孝同发起，每位会员均取一含"松"字的雅号，以劲松品格为精神和艺术宗旨。会员有陈宝琛、罗振玉、袁励準、宝熙、朱益藩、叶仰曦、溥松窗、溥佐、关和镛、祁崑、启功等人，与会者大多为宗室贵胄、逊清遗老。画会延续了清代宫廷画风，以传统为主题，以切磋笔墨功力为平台，倡导新知识，会员每周在溥雪斋寓所进行雅集，还经常举办小型画展。由于参与者身份的特殊，作品供不应求。在北京诸多金石书画社团中，松风画会是最具遗老特色的艺术创作群体。

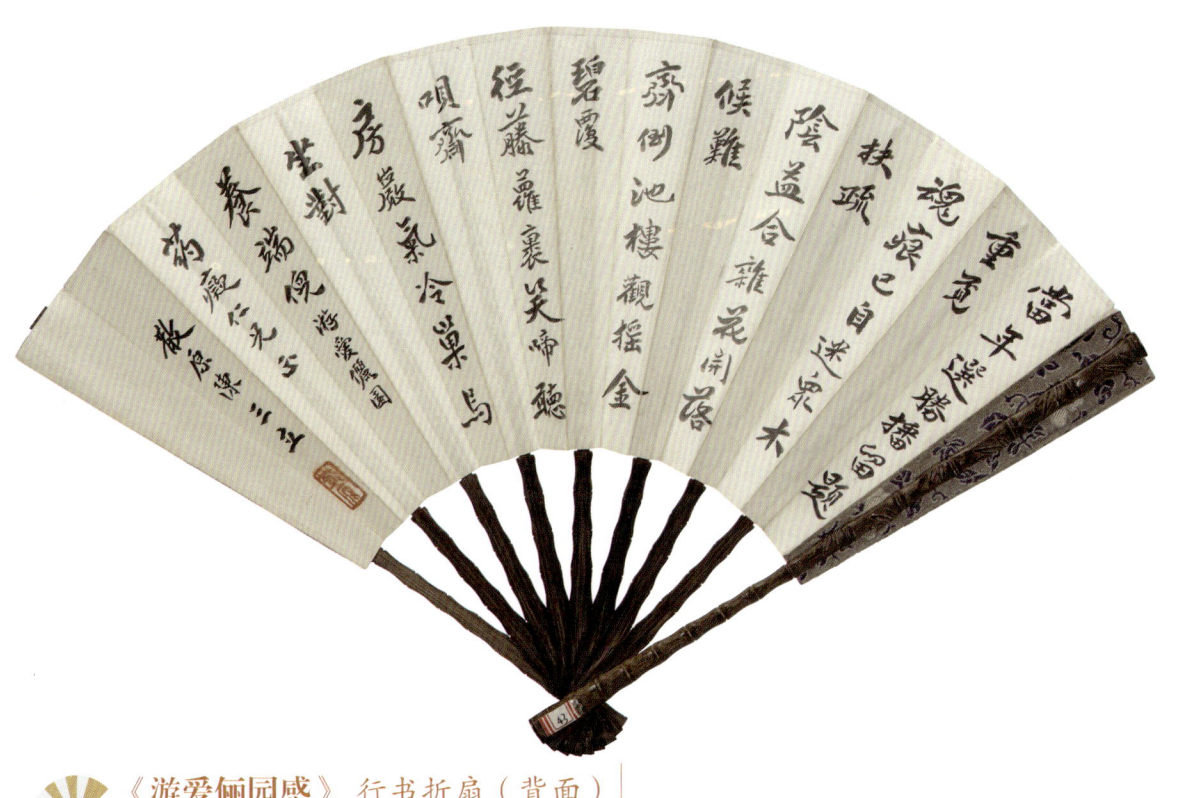

《游爱俪园感》 行书折扇（背面）
[民国] 陈三立　　　　纸本　纵17.4厘米　横50厘米

陈三立（1853—1937）：字伯严，号散原，江西义宁（今修水）人，近代同光体诗派重要代表人物。陈三立出身名门，晚清维新派名臣陈宝箴长子，国学大师、历史学家陈寅恪、著名画家陈衡恪之父。出身世家，当年与谭延闿、谭嗣同并称"湖湘三公子"，与谭嗣同、徐仁铸、陶菊存并称"维新四公子"，陈三立被誉为中国最后一位传统诗人。他于1892年（光绪八年）壬午乡试中举，历任吏部行走、主事。1898年戊戌政变后，与父亲陈宝箴一起被革职。1937年卢沟桥事变后，北平、天津相继沦陷，三立为表明立场绝食五日，忧愤而死。

陈三立生前曾刊行《散原精舍诗》《续集》《别集》，死后有《散原精舍文集》17卷出版。

题释："当年选胜播留题，重觅魂痕已自迷，众木扶疏阴益合，杂花开落候难齐。倒池楼观摇金碧。覆径藤萝裹笑啼。听呗斋房岩气冷，巢鸟坐对养端倪。游爱俪园。"此段文字为陈三立游"爱俪园"后的观感。

款署：药痴仁兄正，散原陈三立。

钤印：散原（朱）。

附：

爱俪园：（俗称"哈同花园"）上海在中华民国时期最大的私家花园，由犹太人富商哈同（1851—1931）及夫人罗迦陵（1864—1941）兴建。该园原址位于静安寺路（今南京西路）。

哈同花园内到处有景，其中最突出的有：天演界、飞流界、文海界（藏书楼）、海棠艇、驾鹤亭、引泉桥、候秋吟馆、西爽轩、听风亭、涵虚楼等，园中各景都有达官和名士留题或撰写的楹联。花园风光漪涟、辉煌雅致。设计手法中西糅合，不拘一格。例如"引泉桥"外形是中国式，而栏杆是西式铸铁花洛可可式，"候秋吟馆"是日本式建筑，但在居室四周却有阳台；"听风亭"屋顶是中国宫廷式，柱头却是古希腊科林斯式；"涵虚楼"仿江南园林中的楼阁形式，边上长廊有漏窗、美人蕉栏杆；"天演界"戏台则精雕细刻，仿中国传统厅堂形式。哈同诚聘名人雅士在园内兴办学校、收藏文物、出版书刊。他还在园内宴请军政工商各界，召开赈济救灾大会，为革命党人聚会提供一席之地，使这里又成为一个政治活动场所。当时冯国璋（1857—1919）是中华民国大总统，1917年9月，曾发给哈同一枚"四等嘉禾章"。徐世昌（1855—1939）任大总统期间，又给哈同颁发过一枚"三等文虎章"、二枚"二等嘉禾章"。

民国时期的一批遗老，如岑春煊、黎元洪、章太炎、章士钊、齐燮元等政客、名流，均前来观光。1912年6月，哈同在爱俪园内还宴请过孙中山、宋霭龄及孙中山的两位女儿。

扇骨：扇骨材质为棕竹，长30.3厘米。扇骨称为夹纸扇骨，俗称夹骨，半扁圆。小骨形状与大骨相同，平面。扇肩是左右两边装裱花卉图案的锦缎，呈现直角肩。扇头为平面竹节方头。扇钉为牛角钉，钉面呈扁圆、拱面。扇骨为九档，系日式扇。扇面上口封裱浅黄色绫绢。

《稻菊双雀图》 折扇

[民国] 邵逸轩　　纸本　纵18厘米　横49.5厘米　公元1932年

邵逸轩：（1885—1954）名锡濂、亦仙。浙江东阳人,工画,善花卉,民国时期著名花鸟画家。曾任国立北平艺术专科学校教授,傅抱石曾跟他学画。

邵逸轩也是北平名记者,与近代著名新闻记者、一代报人邵飘萍为堂兄弟。妹一萍,女幼轩、小逸均擅画。邵逸轩与齐白石、张大千私交也很好。其女儿邵幼轩是张大千的入室弟子。

画意：扇面以秋稻和小鸟为主题,构图右密左疏,疏密有致,稻叶穿插,兰菊盛开,富有韵味。图中两只小鸟神态各异,动静不一,取向不同,形象生动逼真。一只俯飞,一只低头俯视,形神毕肖,茸毛质感逼真。小鸟的形象自然,说明作者有敏锐的观察力和写实的功力。作品采用写意、"没骨法",用色清淡,繁而不乱,疏密有序。兰菊圈花点蕊,尽显劲峭冷香。画面严谨、柔和,色彩典雅和谐,有生机盎然的艺术效果。设色的浓淡使空间层次分明。

款署：寿芝道兄法正。壬申长夏,邵逸轩写。

钤印：印迹不清。

附：

"寿芝"：即孙德谦（1869—1935）字受之、寿芝、益庵。号龙鼎山人，晚号隘堪居士，江苏苏州吴县人。自幼"性好读书，与学则无不窥"，年十八，成诸生，初承清吴中学词章，通声韵训诂。后兼治子史《文史通义》，年未三十，声闻已著，前辈郑文焯、吴昌硕、朱祖谋等皆与交游。又与张采田为友，志同共学，赏心谈艺，意气相投，时称"两雄"，自言"生平意在立言，以期古之所谓不朽"，宣统三年。离苏赴沪，次年梁鼎芬、沈增植等创孔教会，发起征文，先生作《孔教大一统论》。日、德汉学研究者闻其名，先后航海来求教。日本人创办上海同文书院，聘其任教席，婉拒不受。历任东吴大学、大夏大学、交通大学、国立政治大学教授。

孙德谦精研经史，书法效苏轼，功力至深，但不轻为人作。

扇骨： 扇骨材质为湘妃竹，长30.6厘米。扇肩呈庙门肩。扇头为古方头。扇钉为牛角钉。扇骨为十六档。扇面上口封裱深紫色绫绢。

《花卉、山水、书法》四格景折扇（正面）

[民国] 孙诵昭　庄　芸

纸本　设色　纵18厘米　横50厘米
公元1930年

一、**孙诵昭（女）**（1878—1968）：字宋若，江苏无锡人。是一位中国传统式的文人画家，她能诗擅画，书法亦有成就。绘画长于花卉写生，早年的作品多为工笔，晚年兼工带写。曾任中央文史馆馆员，北京中国画院画师。

孙诵昭是齐白石的弟子，在齐门弟子中，年龄最大。孙诵昭出生在大户人家，祖父是清朝津浦路二品总督。她自幼随父亲学习书法、国画，也经常得到母亲的教诲，在国学、书画方面打下了良好的基础。1929年拜齐白石为师学画。著有《寒灰吟草》《养拙斋书画课》《书画随笔》等作品。

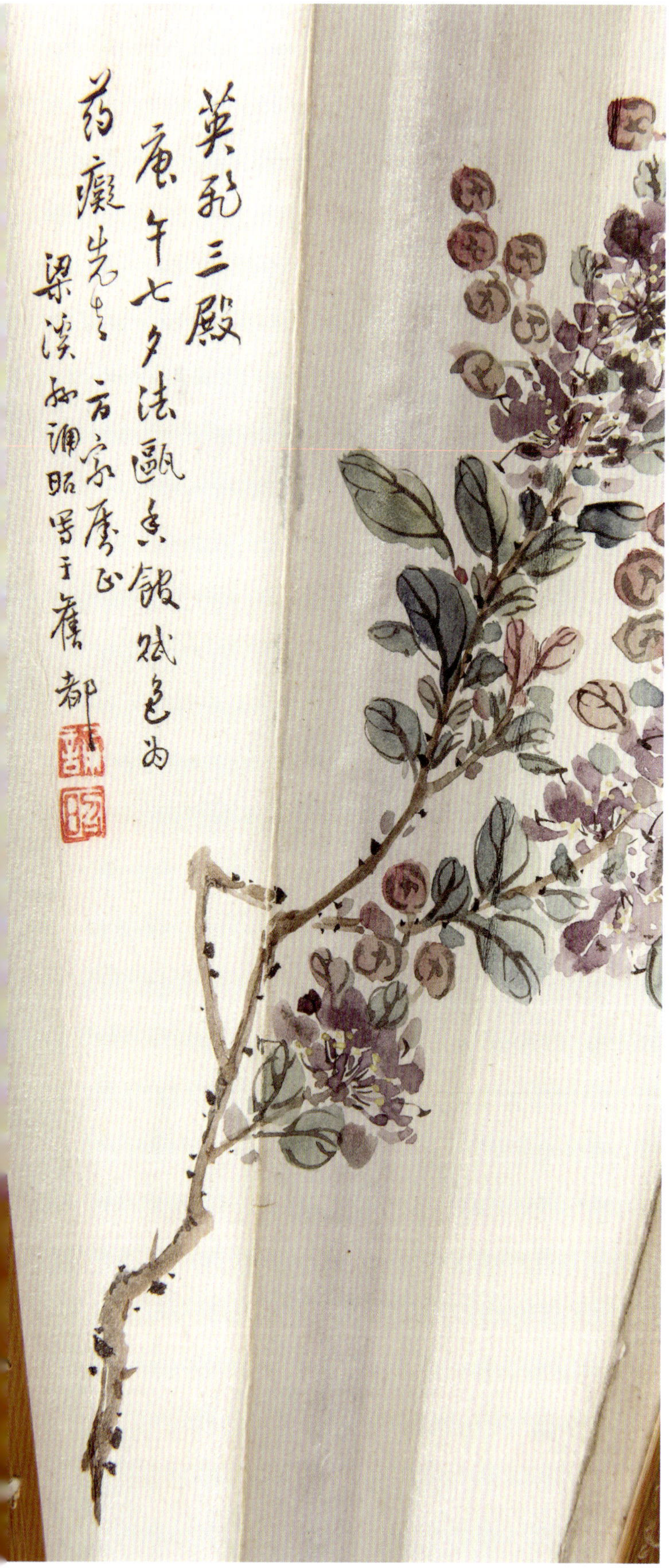

画意：画作有清供小品之趣，着笔清秀，设色浓淡相宜。应是其工笔转兼工带写时期的作品。

款署：英飞三殿。庚午七夕，法瓯香馆赋色为药痴先生方家属正。梁溪孙诵昭写于旧都。

钤印：诵（白）、昭（朱）。

附：

"梁溪"：水名，为流经无锡市的一条重要河流，源出于无锡惠山，北接运河，南入太湖。梁溪有两种说法，《无锡志》（元·王仁辅）里记载有"古溪极狭，南北朝时梁大同（535—545）重浚，故号梁溪，南北长三十里"。相传东汉时著名文人梁鸿偕其妻孟光曾隐居于此，故而得名。历史上梁溪为无锡之别称。

二、孙诵昭：见上。

题释：分三部分，均出自清王士禛的诗与书。第一出自《题顾茂伦雪滩钓叟图二首》。一、"垂虹秋色东南好，雨笠烟蓑送此生。今日三高祠下过，唯君不愧隐人名。"二、"仿佛桐江百尺台，傍人漫作客星猜。投竿一笑烟波外，阳鲛纷纷入钓来。"第二出自《渔洋诗话》两首，一、"林镫明暗雨模糊，雷电冥冥夜其孤。破壁长松欲飞去，晓来疑是坐龙图。"二、《史局漫兴》"茂陵风雨潇潇夜，爱尔哦诗四壁秋。多少长安苦吟客，瘦羊博士擅风流。"第三出自《龙山晚渡》诗"雪满龙山望五湖，渔舟沙晚招呼。凭谁唤起维摩诘，重写寒江雪渡图。"

款署：药痴先生雅属即正。孙诵昭。

钤印：孙诵昭（白）。

附：

王士祯（1634—1711）：原名王士禛，字子真、贻上，号阮亭，又号渔洋山人，人称王渔洋，谥文简。新城（今山东桓台县）人，常自称济南人，清初杰出诗人、学者、文学家。王士祯出生在一个世代官宦家庭，祖父王象晋，呼其小名为豫孙，为明朝布政使。五岁入家塾读书，六七岁时读《诗经》。顺治七年（1650），应童子试，连得县、府、道第一，与大哥王士禄、二哥王士禧、三哥王士祜皆有诗名。顺治十五年（1658）戊戌科进士，文名渐著，23岁游历济南，邀请济南的文坛名士，集会于大明湖，即景赋秋柳诗四首，大江南北一时和作者甚多，被文坛称为"秋柳诗社"。王士祯从此闻名天

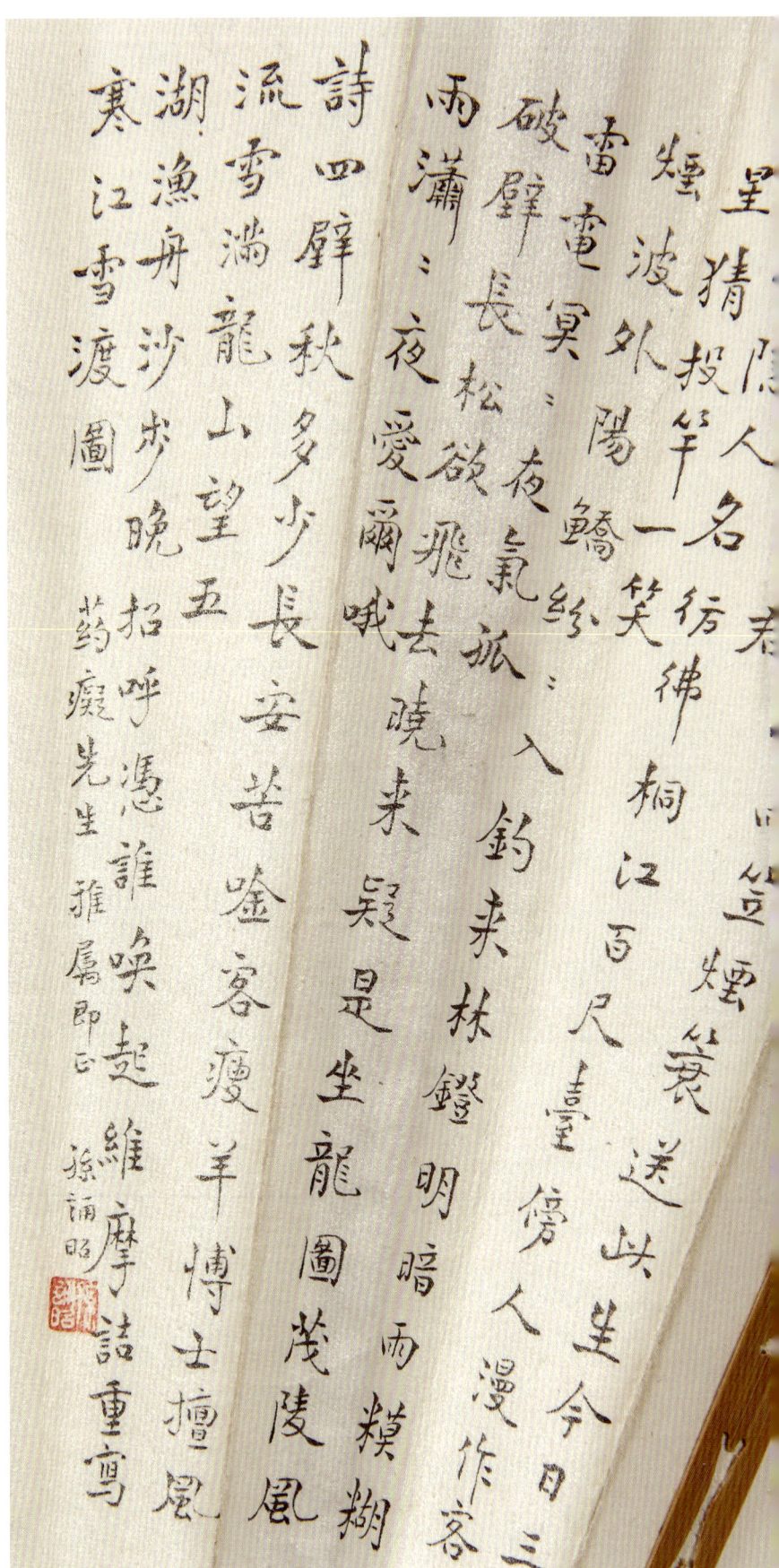

下，官位也不断迁升，直至刑部尚书，成为清初文坛公认的盟主。

著述达500余种，诗4000余首，主要有《渔洋山人精华录》《蚕尾集》《池北偶谈》《香祖笔记》《居易录》《渔洋文略》《渔洋诗集》《带经堂集》《感旧集》《五代诗话》。

庄芸（女）（1898—？）：30年代初，第一任上海市立图书馆馆长。其父庄蕴宽，清朝、民国政治人物、书画家，能诗擅联。曾任故宫博物院理事、故宫博物院图书馆馆长。受其父影响，工山水、书法，善于传统画法。其夫冯飞，字若飞，四川人。工山水。

画意：此图以山、树木为主，山下水面空阔，溪流蜿蜒；树、松苍老挺拔，透出一种无言的生命活力。技法以披麻皴和水墨渲染为主，画山形时先勾出轮廓，再用披麻皴，用墨不浓，如在烟雾里，显得缥缈幽清。

款署：药痴先生鉴正。庄芸。

钤印：庄（朱）。

四、庄芸：见上。

题释：摘自西汉著名辞赋家扬雄的《羽猎赋》。"丽哉神圣，处于玄宫，富既与地乎侔訾，贵正与天乎比崇。齐桓曾不足使扶毂，楚严未足以为骖乘；狭三王之陋僻，峤高举而大兴；历五帝之寥廓，涉三皇之登闳；建道德以为师，友仁义与为朋。"

款署：无。

钤印：庄□□（白）。

附：

扬雄（前53—18）：一作杨雄，字子云，西汉哲学家、文学家、语言学家，蜀郡成都（今四川成都郫县）人。

扬雄，本姓杨，自标新，易姓扬。扬雄少时好学，博览多识，酷好辞赋。不善言谈，而好深思。家贫，不慕富贵。40岁后，始游京师。大司马王音召为门下史，推荐为待诏。后经蜀人杨庄引荐，被喜爱辞赋的成帝召入宫廷，侍从祭祀游猎，任给事黄门郎。历成、哀、平"三世不徙官"。王莽称帝后，扬雄校书于天禄阁。后受他人牵累，即将被捕，坠阁自杀，未死。后召为大夫。《三字经》把他列为"五子"之一："五子者，有荀扬，文中子，及老庄。"

《花卉、书法》四格景折扇（背面）

[民国] 杨徐桀　邢　生　宋君方　庄曜孚

纸本　设色　纵18厘米　横50厘米
公元1930年

一、杨徐桀：生平不详。

题释：为明吴祭酒（吴伟业）的诗作《丁未三月廿四日从山后过湖，宿福源精舍》，全诗八句，扇面取六句"千林已暝色，一峰犹夕阳。拾级身渐高，樵径何微茫。回看断山口，树抄浮湖光。松子向前落，道人开石房。橘租养心性，取足须眉苍。清磬时一声，流水穿深篁。"后两句是"我生亦何幸，暂憩支公床。客梦入翠微，人事良可忘。"此诗收入沈瘦东所作《瓶粟斋诗话》中。

款署：药痴先生雅鉴，杨徐桀章书节录吴祭酒诗。

钤印：印迹不清（朱）。

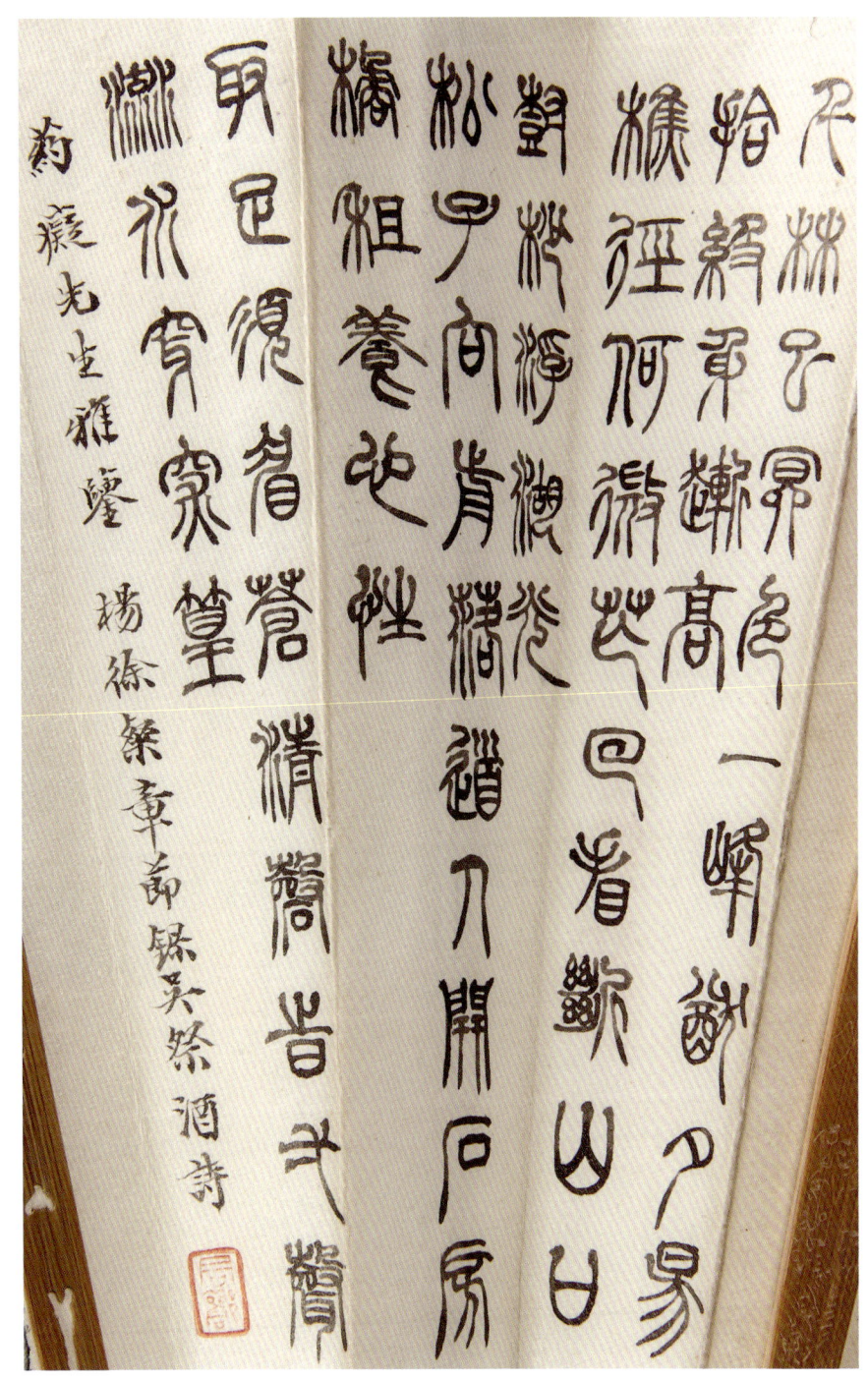

附：

吴祭酒：指吴伟业。诗人，明亡入清，康熙时为国子监祭酒。

沈瘦东（1888—1970）：原名其光，字瘦东，以字行，又字乐宾，晚年自号废翁、瓶翁、兰笋山人。原居赵巷崧泽南村，迁居青浦镇，50岁后定居西虹桥，题其室为"瓶粟斋"，取陶潜"瓶之储粟，可见穷士"之义。

沈瘦东11岁丧父，母延师课读，16岁开始作诗，常为名士传诵。18岁中秀才，后肄业于上海震旦大学。曾任县初级中学教员、民众教育馆馆员、救济院院长等职。1927开始，与金泳榴、戴禹修等人一起编纂《青浦县续志》。抗日战争爆发后，以教读蒙馆、卖文鬻字为生，过着清贫生活。中华人民共和国成立后，被举荐为江苏文史馆馆员，1958年转为上海市文史馆馆员，期间写了大量史料。1966年，"文化大革命"开始后，沈瘦东一生积累的诗稿、书籍、画卷被劫一空，是年11月续室病逝，孤苦伶仃，双目失明。

沈瘦东工诗文，擅书法，著有《瘦东诗钞》十卷、《瓶粟斋诗存》四卷、《瓶粟斋诗存续》一卷、《瓶粟斋诗话》十六卷、《瘦东诗四钞》二卷、《瘦东文拾》等。

二、邗生：生平不详。

画意：画作为玫瑰小品，没骨画法，花、蕾略有写意。花朵盛放，花瓣重重展开，层层叠叠，交代清晰。不见勾勒的痕迹，用色彩直接晕染。这样的描绘，最能表现花卉的娇嫩生动，没有僵滞迟涩之虞，色深而重，显得雍容艳丽。画家巧妙运用水粉等，将盛开或将要盛开的花朵表现得惟妙惟肖。整个画面明丽清新，色泽典雅，笔致俊逸，意境幽淡。画枝叶，繁茂旺盛，披离有致；画叶筋，笔力均匀，秀而不媚，柔中见挺，变化多姿。

款署：药痴先生正棣。

钤印：邗（朱）、生（朱）。

三、宋君方（女）（1900—1987）：字海叶，亦署吴丝，浙江嘉兴人，画家。著名画家寿石工先生的夫人，爱晚书画社副社长，中国书画研究社社长，文化部老干部书画学会会员，中国老年书画研究会会员。

1918年毕业于浙江嘉兴女子师范专修班。曾任国立女子师范学院国画讲师、北京师范大学附属女中美术教师兼北师大国文系讲师。中华人民共和国成立后，曾任中国戏曲研究院美术组组员。1985年被聘为北京市文史研究馆馆员。宋君方工书画，能小篆，所画山水疏隽有致。擅长花鸟，亦工诗词。

题释：摘自清龚自珍《梦中作四截句》诗，其一"抛却湖山一笛秋，人间无地署无愁。忽闻海水茫茫绿，自拜东南小子侯。"其二"黄金华发两飘飘，六九童心尚未消。叱起海红帘底月，四厢花影怒于潮。"其三"恩仇恩仇日若短，鲁戈如麻天不管。宾客漂流半死生，此公又筑忘忧馆。"个别字有不同。

款署：为药痴先生雅属即正。庚午九秋，君方琼蕤阁。

钤印：印迹不清。

附：

龚自珍（1792—1841）：字尔玉（璱人），后更名易简，字伯定；又更名巩祚，号定盦。浙江仁和（今杭州）人。出身于世代官宦学者家庭。祖父龚禔身，官至内阁中书军机处行走，著有《吟朦山房诗》。父龚丽正，官至江南苏松太兵备道，署江苏按察使，著有《国语注补》《三礼图考》《两汉书质疑》《楚辞名物考》等书。母段驯，著名经学家段玉裁之女，著有《绿华吟榭诗草》。

龚自珍自幼天资颖慧，才华横溢，有敏锐的观察力，又受过系统的汉学教育和良好的文学熏陶。27岁为举人。道光元年（1821）官内阁中书，任国史馆校对官。九年，始成进士。官

至礼部主事。十九年,弃官南归。晚年居住昆山羽琌山馆,又号羽琌山民。清代思想家、诗人、文学家和改良主义的先驱。

他主张革除弊政,抵制外国侵略,曾支持林则徐禁除鸦片。他的诗文主张"更法""改图",揭露清统治者的腐朽,洋溢着爱国热情,被柳亚子誉为"三百年来第一流"。著有《定庵文集》,留存文章300余篇,诗词近800首,今人辑为《龚自珍全集》。著名诗作《己亥杂诗》共300多首。多咏怀和讽喻之作。

九秋:指秋天或九月深秋。如唐杜甫《月》诗:"斟酌姮娥寡,天寒奈九秋。"再如唐李商隐《代应二首》其一:"沟水分流西复东,九秋霜月五更风。"

四、庄曜孚(女)(1870—1938):也称庄闲姊,字莅史,号六梅室主人,江苏武进(今常州)人。陈韬妻。

清末民初著名画家和书法家,得恽寿平(南田)画派真传,与吴昌硕、齐白石齐名,以没骨花卉见长,所作扇面曾被北京荣宝斋订购,赴日本和法国参展。1904年,随夫在四川乐至任上,兴办女子师范学堂,亲自讲课,开四川妇女解放运动之先河。陈、庄伉俪常妇画夫题,庄画花卉,陈题诗句或款识。

画意:构图为一折枝海棠,花、蕾、叶采用没骨法,用笔疏简,简而不空;用墨清淡,淡却丰腴。特点是以潇洒秀逸的用笔直接点蘸颜色敷染成画,讲究形似,但又不以形似为满足,有文人画的情调、韵味。

款署:药痴先生正之。庄曜孚。

钤印:莅史(白)。

附:

陈韬:字季略,祖籍湖南衡山,生于江苏阳湖(今常州)。陈钟英三子,国学生,历任四川乐山、郫县、奉节知县和崇庆知府,精于诗书画,精鉴赏,收藏较丰。其女陈衡哲是中国近代史上第一位女教授、第一位白话文女作家。女婿任鸿隽担任过孙中山总统府秘书、四川大学校长,创办了中国最早的科学杂志,创建并领导了中国最早的科学组织——中国科学社。

扇骨:

扇骨材质为玉竹,扇骨长30厘米。扇肩呈溜肩。扇头为梅花头,扇头两则镶贴檀木圆

形薄片，呈拱圆状。扇钉为牛角钉，钉面呈圆状，微拱。扇骨为九档。扇面上口及两侧边缘封裱紫色绫绢。

大骨（夹骨）一面刻古松、明月、山石、流水，恰如题释"明月松间照，清泉石上流"。阴刻，刀法娴熟。落款"摹石谷子笔意"。另一面刻枯木、湖石、丛竹、小亭，可谓"枯木石竹"图。阴刻，刀法简洁。款署"锡侯刊于首都"。两面均无钤印。

附：

石谷子：即王翚（1632—1717），字石谷，号象文、臞樵、乌目山人、耕烟散人、耕烟外史、清晖主人、清晖老人、剑门樵客、耕烟野老、耕烟老人、天放闲人、雪笠道人、海虞山樵等。江苏常熟人。一代山水大家，开创"虞山画派"，有"画圣"之誉。与王时敏、王鉴、王原祁并称"四王"。合吴历、恽寿平,世称"清六家"。其画在清代极负盛名,为"虞山派"之首。

王翚出生于绘画世家,很早便表现出非凡的绘画才能,早年随同乡画家张珂学画,后辗转师从王鉴、王时敏,得到"二王"赏识和提携,声誉渐高。其画笔墨功底深厚,长于摹古,几可乱真,但又能不为成法所囿,部分作品富有写生意趣,构图多变,勾勒皴擦渲染得法,格调明快。与王时敏、王鉴、王原祁称清初四位著名画家。

锡侯:即陈汝蕃(1887—1958)字锡侯,号楚顽、仲衡,五十以后号息翁。江苏兴化人,前清秀才,咸丰进士,光绪年间任麻城知县,精书法,善草书。后入中央文史馆任馆员。所刻扇骨多是阴刻,以画为主,以远山、高树、小人为多,用刀简洁。室斋名"赤石轩",晚清江苏兴化名家。

《琼蕤茶花图》折扇（正面）

[民国] 宋君方

纸本 设色 纵13.5厘米 横39.5厘米 公元1948年

宋君方（1900—1987）：女，字海叶，亦署吴丝，浙江嘉兴人，画家，室名琼蕤阁。著名书画篆刻家寿石工先生的夫人，爱晚书画社副社长，中国书画研究社社长，文化部老干部书画学会会员，中国老年书画研究会会员。宋君方1918年毕业于浙江嘉兴女子师范专修班。任国立女子师范学院国画讲师、北京师范大学附属女中美术教师兼北师大国文系讲师。中华人民共和国成立后，曾任中国戏曲研究院美术组组员。1985年被聘为北京市文史研究馆馆员。1987年5月，在北京逝世。

据《湖社月刊》介绍，宋君方工书、画，能小篆，所画山水疏隽有致。宋君方擅长花鸟，在国画界有一定的影响，亦工诗词。

画意：构图别致，用笔简略洒脱，气韵充沛，隽雅绮丽，画法细致写实，赋彩艳而不俗，洋溢着富丽与清新的视觉美感。笔墨清润，以墨画枝、叶茎，浓淡相晕；写意绿叶与枝干，行笔流畅，深浅交融；茶花以白描法勾画，倍觉清雅。这份韵致在扇面花卉画中并不多见。

款署：戊子六月，秀水宋君方写于旧京琼蕤阁。

钤印：阿方（朱）、寿宋（白）。

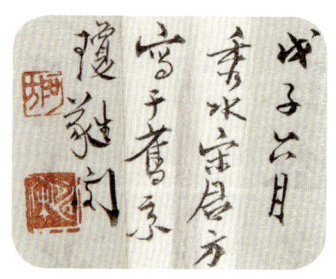

《赤虹赋》行书折扇（背面）

[民国] 寿石工　　纸本　纵13.5厘米　横39.5厘米　公元1948年

寿石工：（1885—1950）名鉨（玺），字石工、石公，号印匃、印丐、印侯、园丁、会稽山顽石等，室名容庼、铸梦庐、冷荷亭、绿天精舍等，浙江绍兴人。篆刻家。工书能词，喜藏古墨，著《墨史》《重玄琐记》，又著有《治印琐谈》《珏庵印存》。亦善词，有《珏庵词》行世。久居北京，自称"越人燕客"。著有《铸梦庐藏印》四册。妻宋君方，亦善篆刻。

题释：江淹《赤虹赋》开首的一段话，"东南峤外，爰有九石之山，乃红壁千里，青萼百仞，苔滑临水，石险带溪，自非巫咸采药，群帝上下者，皆敛意焉。于时夏莲始舒，春荪未歇，肃舲波渚，缓拽汀潭。正逢岩崖相照，雨云烂色，俄而雄虹赫然，晕光曜水，偃蹇山顶，焉奕江湄。迫而察之，实雨日阴阳之气，信可观也。"

款署：戊子寿鉨。

钤印：鉨鉨（白）。

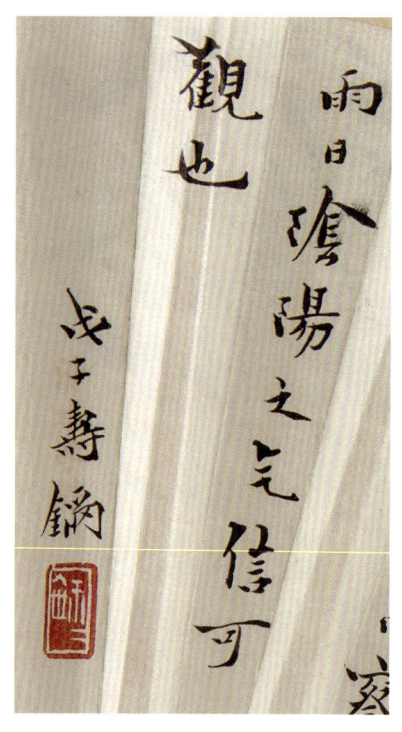

附:

江淹(444—505):字文通,南朝著名政治家、文学家,历仕三朝,宋州济阳考城(今河南省商丘民权县)人。少时孤贫好学,6岁能诗。文章华著,13岁丧父。20岁在新安王刘子鸾幕下任职,开始政治生涯,齐高帝闻其才,召授尚书驾部郎,骠骑参军事;明帝时为御史中丞,先后弹劾中书令谢朏等人;武帝时任骠骑将军兼尚书左丞,历仕南朝宋、齐、梁三代。

卒后谥号"宪伯",武帝为之穿孝举哀,葬于民权县程庄镇江墓店(今李堂南岳庄村)。

扇骨: 扇骨材质为湘妃竹,长23.7厘米。大骨为夹骨,扇肩呈溜肩。扇头为直茄头,扇钉为牛角钉。扇骨为十三档。扇面上口及两侧边缘封裱浅黄色绫绢。

《诗情晚霞图》 折扇（正面）

[民国] 张仕鋆　　纸本　设色　纵19.6厘米　横52厘米　公元1921年

张仕鋆（1878—1961）：字仲青，号石侪，江苏常州市武进县人，善书，书学米，擅山水，得清初四王遗韵，工山水松石。画家马万里之舅父，一度在国民党内任蒋中正文牍秘书。提携后进，帮助乡里，乐善好施，故从者众。

画意：图绘远山近树，屋舍隐藏于远山树丛之中，一老者挂杖凝神远眺。笔墨取元人笔法，略有马远、夏圭笔意。此画为张仕鋆中年所作。

题释：江上诗情为晚霞。

款署：辛酉六月，同仁老兄哂正。弟仕鋆。

钤印：张氏石侪（朱）、清河（白）。

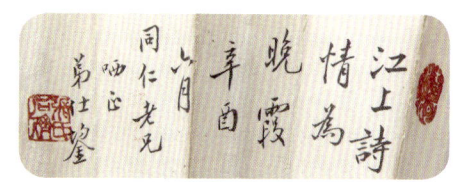

《纳兰性德词》行书折扇（背面）

[民国] 张仕銎　　　纸本　纵19.6厘米　横52厘米　公元1921年

张仕銎：见109页。

题释：文字是两首词，其一"问我何心？却构此、三楹茅屋。可学得、海鸥无事，闲飞闲宿。百感都随流水去，一身还被浮名束。误东风、迟日杏花天，红牙曲。尘土梦，蕉中鹿。翻覆手，看棋局。且耽闲媵酒，消他薄福。雪后谁遮檐角翠，雨余好种墙阴绿。有些些、欲说向寒宵，西窗烛。"摘取清代纳兰性德《满江红·茅屋新成·却赋》。其二"风丝鸟，水浸碧天清晓。一镜湿云青未了，雨晴春草草。梦里轻螺谁扫，帘外落花红小。独睡起来情悄悄，寄愁何处好？"取自纳兰性德《谒金门·风丝裊》："纳兰容若词"。

款署：同仁老兄法家再正，弟銎。

钤印：印迹不清。

附：

纳兰性德（1655—1685）：叶赫那拉氏，字容若，满洲正黄旗籍。原名成德，避太子保成讳改名为性德，一年后太子更名胤礽，于是纳兰又恢复本名纳兰成德。号楞伽山人，清朝著名词人。大学士纳兰明珠长子。生性聪敏，少好读书，博通经史。康熙十五年（1676）进士，主持编纂《通志堂经解》得帝恩宠，官一等侍卫。喜结交朝野文士，与徐乾学、姜宸英、严绳孙、陈维崧、秦松龄等交游契厚。能诗文，尤以词为佳，长于小令。词多写护驾出巡之感及夫妻离情别绪，善用白描，不事雕琢，情真意挚，自然超逸。况周颐《蕙风词话》推为"国初第一词人"。著有《通志堂集》《纳兰词》（又名《饮水词》），《渌水亭杂识》四卷，其中包含历史、地理、天文、历算、佛学、音乐、文学、考证等知识，表现出广博的学识。

纳兰性德于康熙二十四年（1685）暮春，抱病与好友相聚，一醉一咏三叹，一病不起。七日后，溘然而逝，年仅30岁。

《谒金门》：本是唐教坊曲，后用为词牌名。敦煌曲子辞中有"得谒金门朝帝廷"。

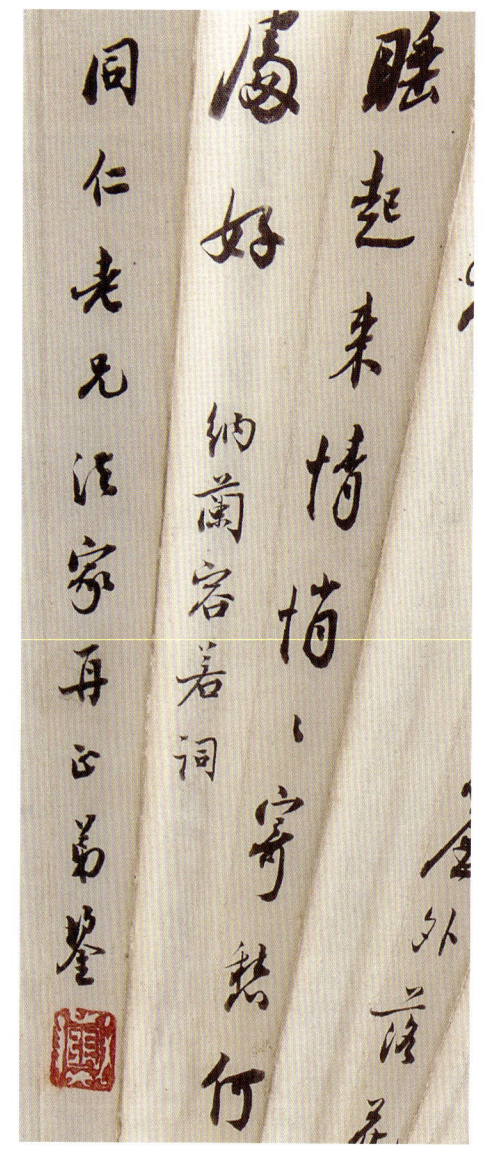

扇骨：扇骨材质为棕竹，长33.5厘米。扇肩在大骨的偏下方呈庙门肩。扇头为茄式头。扇钉为牛角钉，钉面呈扁圆拱面。扇骨为十四档。扇面上口封裱浅黄色绫绢。

大骨有阴刻文字，一侧刻："熊掌豹胎，食之至珍贵者也，生吞活剥，不如一蔬一笋矣。牡丹芍药，花之富丽者也。"另一侧刻："剪彩为之，不如野蓼山葵矣。是故，味欲其真，趣欲其鲜。"款："同仁大兄雅属，吉安作。"钤印："吉安所作。"扇骨两侧文字取自清袁枚《随园诗话》，最后一句有别，原文为："熊掌豹胎，食之至珍贵者也，生吞活剥，不如一蔬一笋矣。牡丹芍药，花之富丽者也，剪彩为之，不如野蓼山葵矣。味欲其鲜，趣欲其真，人必知此，而后可与论诗。"

附：

《随园诗话》：清代袁枚的诗歌美学和诗歌理论著作。从诗人的先天资质，到后天的品德修养、读书学习及社会实践，从写景、言情到咏物、咏史，从立意构思到谋篇炼句，从辞采、韵律到比兴、寄托、自然、空灵、曲折等各种表现手法和艺术风格，到诗的修改、鉴赏、编选、诗话的撰写，凡与诗相关的，可谓无所不包。

袁　枚（1716—1797年）：清代诗人、诗论家。字子才，号简斋，晚年自号苍山居士，钱塘（今浙江杭州）人。乾隆、嘉庆时期代表诗人之一，与赵翼、蒋士铨合称为"乾隆三大家"。与赵翼、张问陶合称为"性灵派三大家"。著有《小仓山房文集》《随园诗话》十六卷，散文代表作《祭妹文》等。

《讨赤诸军图》 折扇（正面）
[民国] 何峕　　纸本　设色　纵19.5厘米　横54厘米　公元1926年

何峕：生平不详。

画意：构图为一湖两山，近处滩涂中树木葱郁，军帐安扎，旌旗随风而动。远处崇山中古松、杂木随势而生，民舍、幡旗掩隐在山间林木中。山石、岸滩采用平铺设色，素而清淡；树木采用点画法。

题释：余三十年前，从征辽沈多居野幕，风霜冰雪，艰苦备尝。近闻讨赤诸军，有久居民舍者，或今昔之异制，念人生之多难。闻写此图，柳以一慨。

款署：呈伯威大兄正。丙寅五月，弟何峕。

钤印：何（白）、峕（朱）。

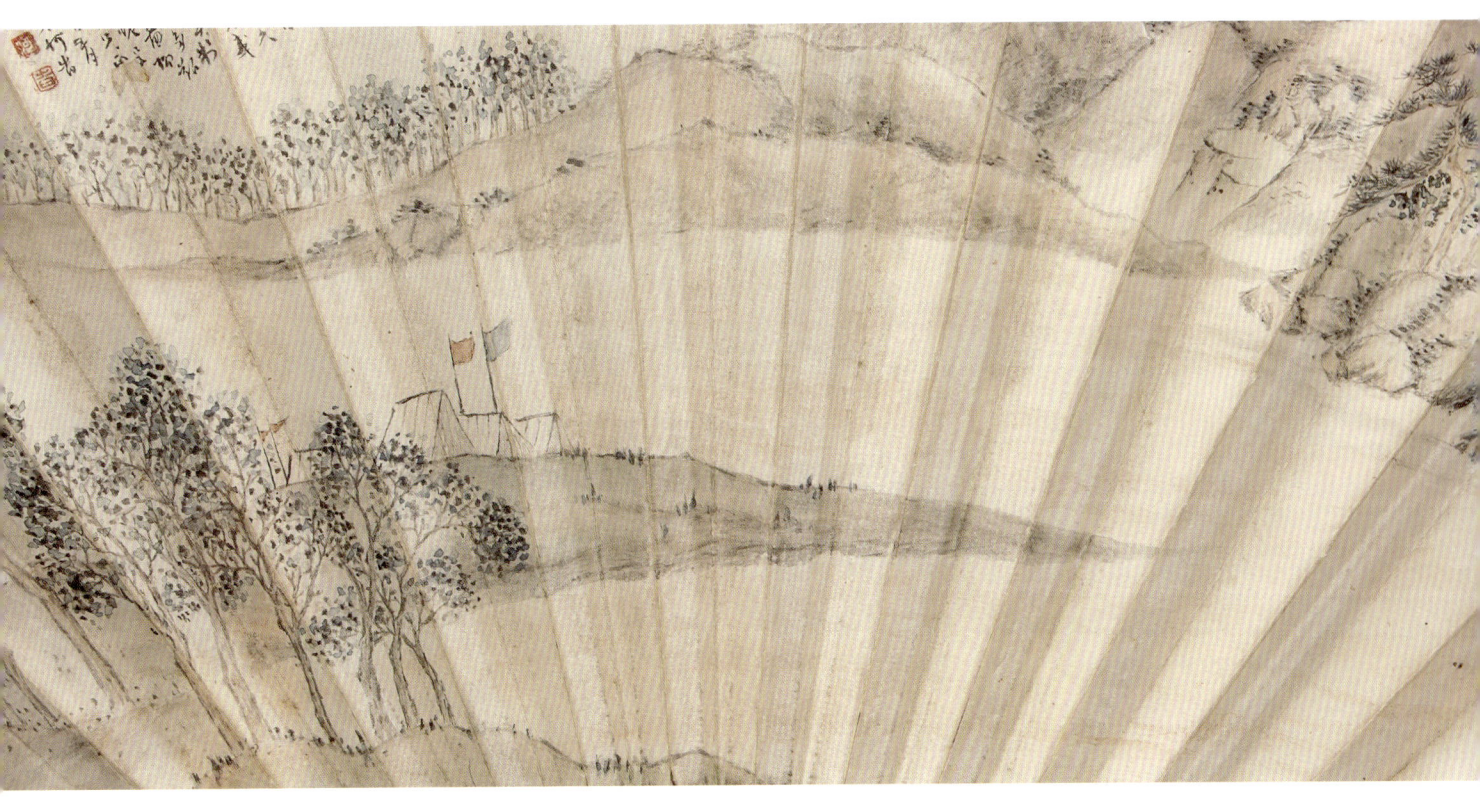

《玉延秋馆登岱诗》 行楷折扇（背面）
[民国] 何 澄　　纸本　纵19.5厘米　横54厘米　公元1925年

何澄（1880—1946）：原名何厚俶，字亚农，先号"两渡村人"，后号"灌木楼主人"、"真山""真山老人"，闻名南北的清代科考世族，山西灵石两渡何家第十五世孙。幼读私塾，1897年，就读于北方学术重镇直隶莲池书院东文学堂。1902年6月，何澄随莲池书院山长、桐城派古文学家吴汝纶前往日本，入学日本振武学校、陆军士官学校，山西自费留学日本第一人，山西第一位剪断辫子者。赴日之后，何澄参与了晚清新知识分子群体的一系列活动，此后终生追随孙中山先生，是山西人在日本第一位结识孙中山的先觉者。1905年加入同盟会。1907年，回国任保定陆军速成学堂教员。1911年在上海响应辛亥起义，任沪军都督陈其美部第二十三师参谋长。民国初年加入国民党，追随孙中山反袁，北伐时任国民革命军总司令部高级顾问。后任沧石铁路局局长，国民政府监察院监察委员，华北政务委员会顾问。

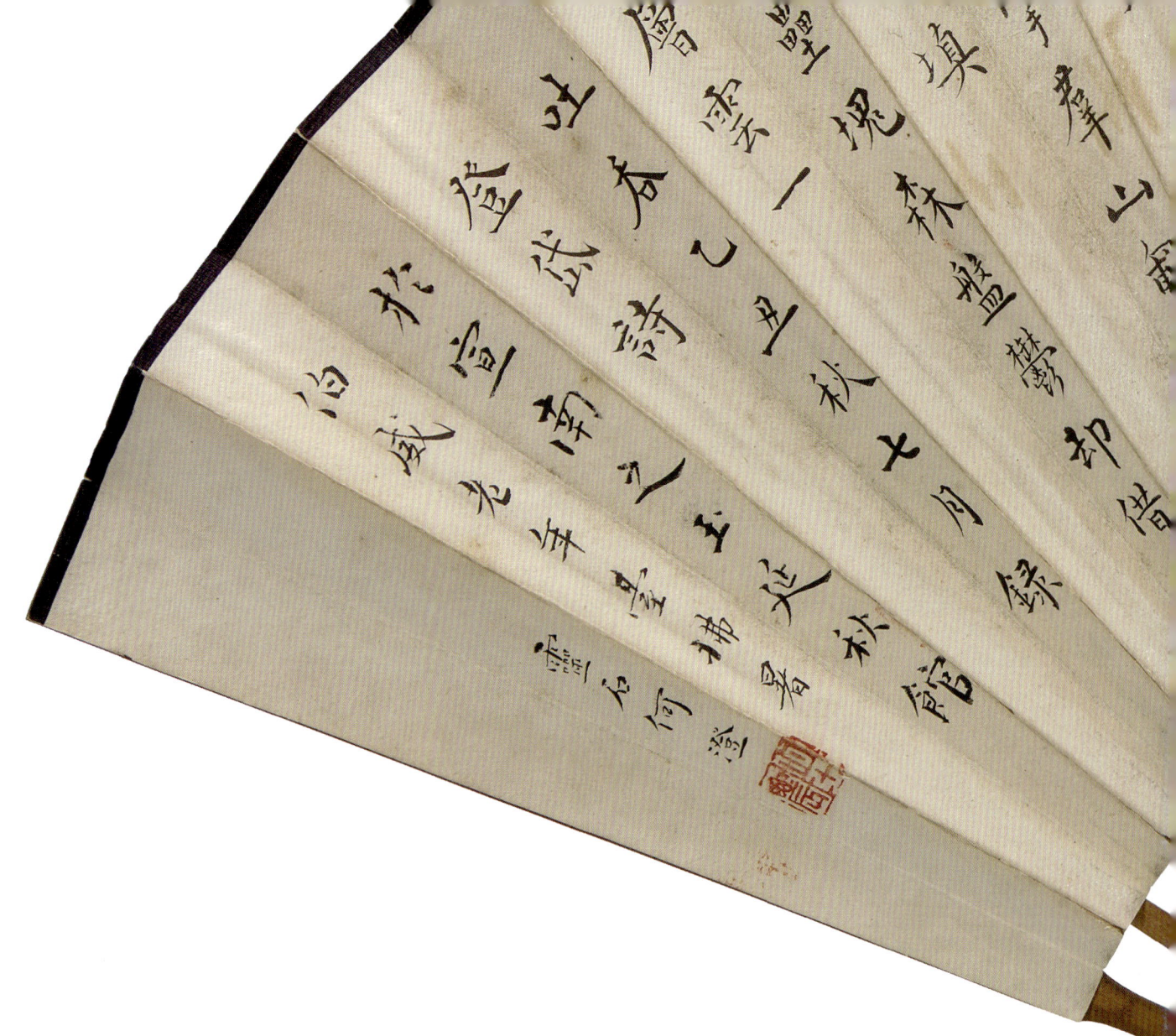

何澄受孙中山民生主义平均地权思想影响很深。他在苏州热心扶植地方教育，曾任苏州振华女子中学（现苏州十中故址）的校董。晚年，购得苏州名园——网师园，经营修缮，添植花木，以房租生活。

抗战期间，何澄拒绝出任伪职。他素来崇敬山西乡贤傅山的气节，因此，取别号为"真山"。1945年夏，何澄离苏州经山西抵北平时，日本宣布投降，乃寄居好友张大千的养云轩。

1946年5月11日，何澄突患脑血栓症，病逝于北平东交民巷法国医院。

题释：两首诗均为登泰山时所作。收录在《何乃莹稿本》中，第一首为"盘纡石磴迥凌空，直上飘然俨御风。瀑练争飞深涧曲，松涛爽泻乱云中。坪过御帐千峰合，径指天门一线通。到此心魂俱肃穆，维东谁不凛专雄。"第二首为"到顶方知托体尊，举头直欲九天扪。神威赫赫奔黔首，气象岩岩压厚坤。大野苍茫归指掌，群山匍匐总儿孙。填胸垒块森盘郁，却借层云一吐吞。"

款署：乙丑秋七月，录登岱诗，于宣南之玉延秋馆。伯威老年台拂暑，灵石何澄。

钤印：何亚农（朱白印）。

附：

何乃莹（1856—1912）：字润夫、梅叟，号鲁孙，山西灵石县两渡镇人。光绪六年庚辰科翰林。授工部营缮司琉璃窑监督，累擢营膳司员外郎，内阁侍读学士，京察一等，掌山东道监察御史，奉天府丞兼学政，旋升顺天府府尹，都察院左副都御史。有一子五女。长女何兆英，精于绘画，慈禧太后的代笔女官之一。何乃莹宦场出入，常带何兆英陪侍帮衬。1902年1月初，慈禧太后率两宫从西安返回北京，1月13日下旨将何乃莹以逢迎附和拳匪罪革职，永不叙用。著有《灵樵仙馆诗草》。

《何乃莹稿本》：何乃莹府第在北京宣武门教子胡同东头38号。教子胡同北起广安门内大街，南至南横西街，长约六七百米。这个胡同除了何乃莹的"养园"外，还有一名园"寄园"，清时著名的御制诗人沈德潜，诗人、金石学家王昶，曾在寄园寓居。此稿本纸捻装订、馆阁体书写共十五册。行草书写五册。诗文内容收录作者与祁世长、彭刚直、汪鸣銮、何福堃等人往来诗词。

扇骨：扇骨材质为檀木，长33.5厘米。扇肩呈庙门肩。扇头为马牙琴式头。扇钉为牛角钉，钉面呈圆状，微拱。扇骨为十四档。扇面上口封裱紫色绫绢，有经纬络。

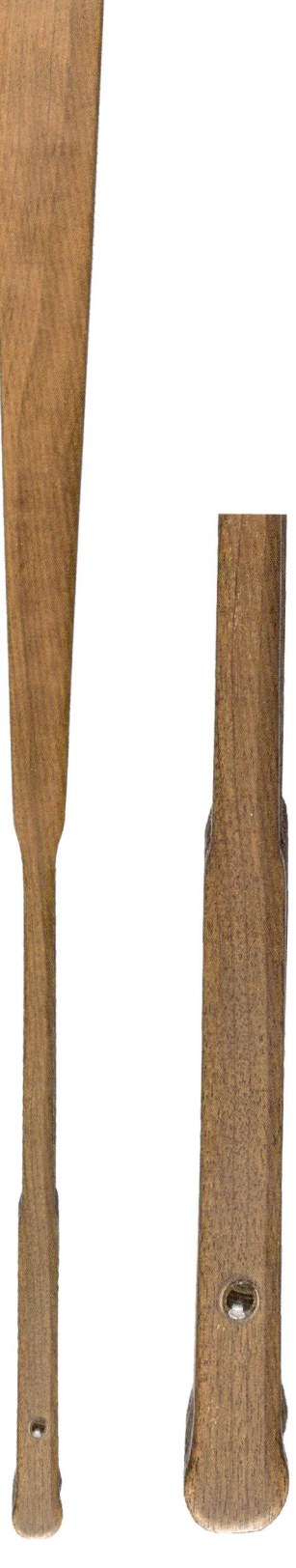

《山居秋兴图》 折扇（正面）

[民国] 路朝銮　　　纸本　设色　纵19.5厘米　横55厘米　公元1925年

路朝銮（1880—1954）：别名金波，号瓠庵，贵州省毕节人，光绪年间举人，官四川候补知州。著名国画家、书法家、诗人。1913年曾任北京教育部秘书，1927年北伐胜利后，离开北京去奉天（沈阳）同泽中学任教，1930年任青岛市政府秘书。1937年八一三事变后，在四川大学任教，并任四川通志馆副总纂，后又任东北大学教授。1953年6月，上海市市长陈毅亲签聘书，成为上海文史馆最早的36名馆员之一。

路朝銮与徐世昌、梁启超、江庸、吴湖帆等关系密切，著有《瓠盦先生诗抄》。他的字体端庄秀丽，小楷尤为工整，多题扇面。行书则笔墨酣畅，潇洒自如，布局匀称。他还非常喜欢音乐，尤其喜欢箫、笛和用古琴弹奏昆曲。

画意：画为浅绛山水，层峦叠嶂，杂木苍松。山头圆厚，中部青松挺拔而立，山腰房舍隐现，一片幽静疏旷的境界。山涧中荆扉村舍若隐若现，溪水曲折，板桥连岸，烟林掩映，淡墨轻岚，空灵清逸。坡石用长披麻皴，辅以点苔。树干双勾，树叶随类而点。构图繁而用笔简，得秋天清旷情趣，气势雄浑。

题释：山居秋兴。

款署：乙丑伏日，写似逖非先生精鉴。路朝銮时居锦里。

钤印：师古（朱）、瓠翁七十后作（朱）。

附：

锦里：即锦官城。晋常璩《华阳国志·蜀志》："州夺郡文学为州学……有女墙，其道西城，故锦宫也。锦工织锦，濯其中则鲜明，他江则不好，故命曰锦里也。"后以锦里为成都代称。

传说中锦里曾是西蜀历史上最古老、最具有商业气息的街道之一，早在秦汉、三国时期便闻名全国。现在的锦里仿明末清初川西民居风格，集三国文化、成都民俗文化、旅游购物、休闲娱乐为一体。

《自题诗》 行楷折扇（背面）
[民国] 路朝銮　　纸本（发笺）纵19.5厘米 横55厘米 公元1925年

路朝銮：见119页。

题释：路朝銮是位诗人，他常和友人唱和，抒发自己的心志。历史人物，时局变化，会饮晏游，山光水色，风土人情，无不激起他的情思，欣赏友人画作，也会在他心里掀起波澜。扇面上的七言、五言诗就是他在南游（江浙）时所作。"蓬莱清浅非寓言，世间万变真桑海。不见当时浮玉峰，中流屹立今安在。森然起陆成坡陀，衡山旧画千顷波。（寺藏文待诏金山图卷，晃山犹在江中。）江天一览莽空阔，樯帆如织长风多。今我驱车昔理楫，遐想髯仙留带日。柏根络石尚紫青，枫叶经霜初染赤。老僧共吊国殇魄，似□昆池劫灰黑。（寺僧霜亭言丁丑日寇侵镇江时，焦山当战区，炮毁殊甚，兹山文物幸获保存无失）忽观周鼎双眼明，山灵呵护魑魅惊。雷文云璟世莫识，饱阅兴亡输此物。支笻快赏吴中山，老夫腰脚差健顽。壮怀郁勃□能已，目送长江东逝水。（偕锐新子厚游金山寺，用东坡诗韵感赋）午霁气微暄策杖。登陵陆高阁，延清晖疏林。散寒馥花开，喜占先客来。惊□速茗椀，甘含津苔柯。艳垂玉披襟，结幽赏凭轩。

《纵遐瞩》仰挹吴山青，俯瞰剑池绿。清言忘朝饥，烟景看来足。鸣禽自嬉春，南枝暖相逐。"

款署：虎丘冷香阁观梅茗坐录奉，遐非先生两正。朝銮南游近作。乙丑夏日。

钤印：朝銮所作（朱）。

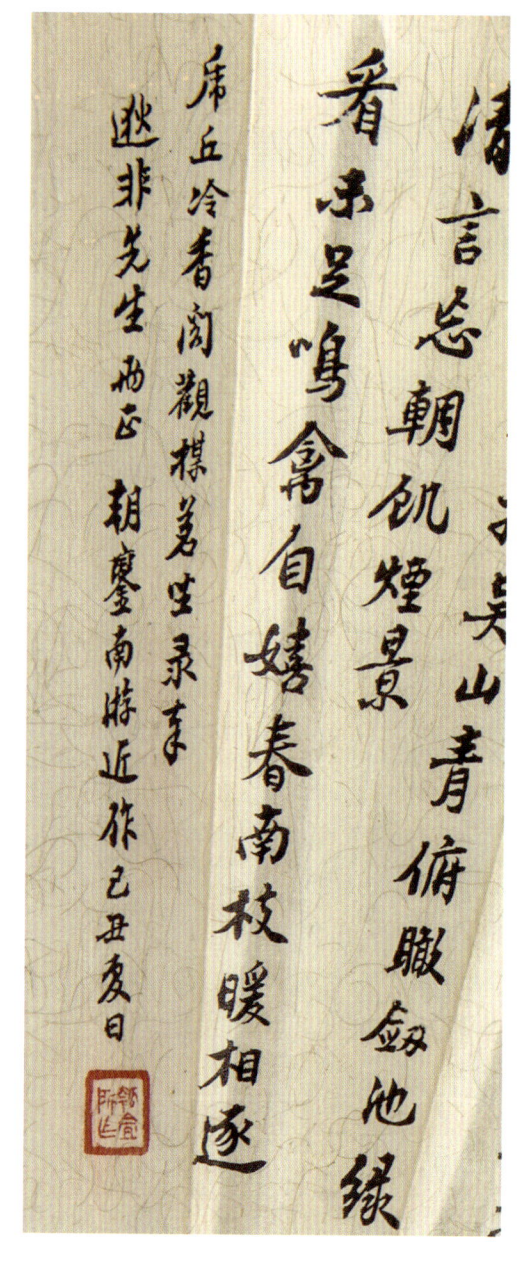

扇骨：扇骨材质为油竹，长32.5厘米。扇肩呈庙门肩。扇头为大圆头，扇头两侧镶贴玳瑁薄片。扇钉为牛角钉。扇骨为十一档。扇面上口封裱深紫色绫绢。

大骨阴刻行草体。一侧为"菉竹欲无影，澄波别有天。谁知人"；另一侧为"外境，结此静中缘。放生河亭坐月。"落款"王文治"。钤印"文""治"。雕刻技法娴熟，古拙质朴。

附：

大骨文字：是王文治《梦楼诗集》卷二十《秋日放生河亭与如长老高青士坐月》诗中的两句，"菉竹欲无影"只是第二句"何期人"改为"谁知人"。全诗如下："旷野秋千里，空亭月独悬。坐深疑判夜，望古不知年。菉竹欲无影，澄波别有天。何期人外境，结此静中缘。"

《梦楼诗集》：清乾隆六十年（1795）食旧堂刻本。卷前有乾隆四十二年姚鼐序，乾隆六十年王文治自序，另附刻袁枚、陈奉兹等人书札六通。食旧堂为王氏舍内堂号，当为自刻自印之本。全书二十四卷，第一卷诗文多作于乾隆十八年前，最后一卷成于乾隆六十年，共收诗近1900首。

王文治：（1730—1802）清代官吏、诗人、书法家。字禹卿，号梦楼，江苏丹徒人。曾随翰林侍读全魁至琉球。乾隆二十五年进士，授编修，擢侍读，官至云南临安知府。罢归，自此无意仕进。工书法，以风韵胜。年未五十，即潜心佛学。有《梦楼诗集》《快雨堂题跋》。

123

《松竹瀑布图》 折扇（正面）

[民国] 陈宏铎　　　　纸本　水墨　纵20.3厘米　横58.3厘米

陈宏铎：生卒年不详。号春湖，福建人。金城弟子，中国画学研究会成员和湖社画会社员。

画意：扇面山涧瀑布飞流直下，云雾飘渺。苍老的松树古拙凝重，青翠的山竹点缀其间。笔墨远近虚实、淡浓有致，构成一幅自然的山中景色。

款署：潜庵大兄属正，古闽陈宏铎。

钤印：宏铎（白）。

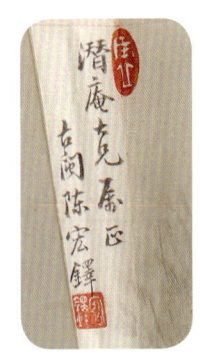

《携琴听泉图》折扇（背面）

[民国] 秦 裕　　　　纸本　设色　纵20.3厘米　横58.3厘米　公元1923年

秦裕（1895—1974）：字仲文，号柳湖。河北遵化人。现代著名山水画家。1915年前后在北京大学读书时，参加蔡元培倡组的中国画法研究会，从贺履之、陈师曾、汤定文等学画。后专攻山水，参加金北楼创办的中国画学研究会，临摹古本，打下了深厚的基础。曾在北平大学艺术学院、京华美术学院、北平国立艺术专科学校任教。1949年后，任北京画院画师及院委。其山水画宗法清初四王，上溯元代四家。擅墨竹，精书法。有《中国绘画学史》《秦仲文作品选集》等。

画意：画面山石间瀑布随山势而下，三棵古松挺立于小径边，山下老者听泉，侍者抱琴，一种闲淡幽雅的景致。画家以峭劲圆润的笔墨写出山川雄峻的气势。山与树晕染一体，繁简适宜。笔墨采用皴笔法，设色明净，格调清雅，是新画风的标志。

题释：身在松风流水间，携琴心与碧云闲。大谷忽看岚雾起，半天遮断隔溪山。李晞古携琴听泉图，南田翁曾有抚本。

款署：癸亥四月一日，漫追其意。奉潜庵大兄雅正，燕山秦裕。

钤印：仲文（朱）、裕（朱）。

附：

李晞古（1066—1150）：名李唐，字晞古。河阳三城（今河南孟县）人。南宋初画家，精于山水画和人物画。初以卖画为生，宋徽宗赵佶朝（1100—1125）补入画院。南宋四大书家之首。

1127年金兵攻陷汴京，高宗南渡，李唐颠沛流离，逃往临安（今杭州），以卖画度日。南宋恢复画院后，李唐进入画院，以成忠郎衔任画院待诏，时年近八十。擅画山水，变荆浩、范宽之法，用峭劲的笔墨写出山川雄峻的气势。晚年去繁就简，创"大斧劈"皴，画面立体感强。是南宋山水新画风的标志。兼工人物，并以画牛著称。初似李公麟，后衣褶变为方折，显得劲硬。李唐的画风师法刘松年、马远、夏圭、萧照等，在南宋传流很广，对后世影响很大。

扇骨：扇骨材质为玉竹，长34厘米。扇肩在大骨的偏下方，呈庙门肩。扇头为茄式头。扇钉为牛角钉，钉面呈扁圆，拱面。扇骨为十四档。扇面上口封裱浅黄色绫绢。扇骨，其一刻《柳春图》款"翟墉写柳"，其二刻《松枝图》款"奉南画"。刻骨刀法采用阴刻，雕刻手法为阴文浅刻。整个构图完美简约。这种竹刻技法以刀痕表现书画之笔墨情趣。

附：

翟 墉（1915—1982）：名翟奉南，别名翟墉、翟墨，北京人。中国美术家协会会员。擅长中国画。1927年开始学习中国画、书法，1932年参加湖社画会，1957年后历任北京中国画院画师、北京工艺美术工厂专业画家。国画以写意花卉背景下的工笔蝉鸟见长，书法以临米芾行书见长。翟奉南全家治印，其妻李墨琳，善工笔仕女。翟墉1950年家居北京钱粮胡同，50年代迁往西单达智营。其多幅作品被美术馆、博物馆收藏。

《松石图》折扇
[民国] 陈曾寿

纸本　水墨　纵17厘米　横49厘米　公元1931年

陈曾寿：（1878—1949）晚清官员、诗人。字仁先，又字苍虬、耐寂、复志、焦庵，蕲水县（今湖北浠水县）人。光绪丁甲选拔贡，壬寅乡试中举，癸卯会试取进士，任刑部主事。湖广总督张之洞聘为幕僚，襄赞新政。后由学部主事累迁员外郎、郎中。

1911年升广东监察御史。辛亥革命后，于杭州西湖买地购屋，以遗老自居。宦囊告罄，出售宋徽宗《晴麓横云》山水画、元吴镇《苍虬图》及自作字画维持生活。1930年应溥仪聘赴天津，任婉容教师，并任清室驻津办事处顾问。溥仪潜赴东北，陈受命送婉容前往。1932年任满洲国"执政秘书"，后任"内廷局长"。1934年溥仪就任傀儡皇帝后，陈任近侍处长。1937年，拒绝日本人被罢"官"，迁居北京。1948年移家上海。书学苏东坡，画学宋元人。其诗工写景，能自造境界，是近代宋派诗的后起名家，与陈三立、陈衍齐名，时称海内"三陈"。著有《苍虬阁诗集》十卷及续集二卷、《旧月籍词》一卷。

画意：笔墨苍老，松石怪异，意境荒寒。陈曾寿五十三岁所作。

款署：辛未三月初五夜，为树岩老友作，苍虬陈曾寿。

钤印：曾寿（朱、白）。

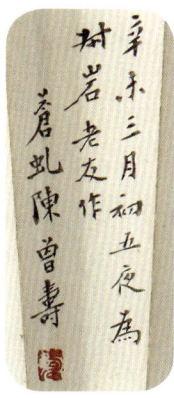

扇骨：扇骨质材为玉竹，长29.5厘米。扇肩在大骨的偏下方呈庙门肩。扇头为圆头（俗称和尚头），在其两侧扇钉（扇轴）处加镶乌木。扇钉为牛角钉，钉面呈扁圆，拱面，中间有"老鼠眼"（俗称"一粒椒"），四周颜色浅淡透明。大骨面为阳刻（留青雕），留青为纹。纹饰长条留青至扇肩，底部雕饰如意纹，长条两侧雕饰龙纹。平地（底）。扇骨为十六档。扇面上口裱以土黄色绫绢。

此扇骨是清代至民国年间最为流行的。尺寸适中，开度完美（展开后呈140度角），使用舒适，百余年间流行不衰。

《极目萧条图》 折扇（正面）

[民国] 于非闇

纸本　设色　纵19.7厘米　横53.3厘米　公元1935年

于非闇（1889—1959）：原名照，曾用名非闇、闲人、老非，山东蓬莱人。出生于北京，早年在家读私塾，清末贡生，民国时期曾任教于私立师范学校、私立华北美术系等，兼任古物陈列所附设国画研究馆导师。

46岁后开始攻工笔花鸟画，起步虽晚，但大器晚成，20世纪40年代与张大千齐名。中华人民共和国成立后，任北京中国画研究会副会长、北京中国画院副院长。擅长绘画、治印、书法，绘画以工笔花鸟闻名于世，从陈洪绶入手，上溯唐、宋，勾勒、造型逼真，用色鲜艳，富丽典雅，特别是能再现一草一叶瞬间的动态。喜画牡丹、鸽子、白描兰、竹、水仙亦见清逸。代表作品有《玉兰黄鹂》《丹柿图》等，书法学宋徽宗，工瘦金体。

画意：作品清淡空旷的笔墨描绘文人的隐逸生活，通过古松、巉岩、人物、屋舍、苇草、湖中小船的描绘，展现了一幅寂寥、冷清、沉静的图画。整个画面的结构颇具匠心，上下两部分的山石遥相呼应。古松下一人立于石台之上，昂首远望。形象高古，超凡脱俗，为此画点睛之笔。上下古松与屋舍、人物及岩石的主要轮廓线，与自右向左的山间小路，在相接未接之间。中空处题款，达到画面的均衡。构图大胆奇崛，给人一种"今夜月明人尽望，不知秋思在谁家"的沉静之感，更抒发了隐逸之趣。

款署：乙亥重九前拟渐江僧笔似，益轩仁兄方家正。非闇。

钤印：印迹不清。

《王羲之传》 行书折扇（背面）

[民国] 张伯英　　　纸本 纵19.7厘米 横53.3厘米 公元1934年

张伯英：见080页。

题释：摘自《晋书·王羲之传》其中一段，个别字有不同"古之辞世者或被发狂歌，或漆身秽迹，可谓艰矣。今仆坐而或获，遂其夙心，其为幸庆，岂非天赐！违天不祥。顷东游还，修治桑果，今盛敷荣，率诸子抱孙，游观其间，有一味之甘，割而分之，以娱目前。虽植德无殊邈，犹欲教养子孙以敦厚退让。或有轻薄，庶令举策数马，仿佛万石之风。君谓此何如？遇重熙去当与安石东游山海，并乘田尽地利，颐养闲暇。衣食之余，欲与私亲时共欢宴，虽不能兴言咏衔杯饮满。"原文为"古之辞世者或被发阳狂，或污身秽迹，可谓艰矣。今仆坐而获逸，遂其宿心，其为庆幸，岂非天赐！违天不祥。顷东游还，修植桑果，今盛敷荣，率诸子，抱弱孙，游观其间，有一味之甘，割而分之，以娱目前。虽植德无殊邈，犹欲教养子孙以敦厚退让。或以轻薄，庶令举策数马，仿佛万石之风。君谓此何如？比当与安石东游山海，并行田视地利，颐养闲暇。衣食之余，欲与亲知时共欢宴，虽不能兴言高咏，衔杯引满。"

款署：甲戌暮春，张伯英。

钤印：张勺圃（朱）。

扇骨：扇骨材质为玉竹，长32.6厘米。扇肩呈庙门肩。扇头为菱角圆头。在扇头两侧镶嵌绿玛瑙薄片，烫钉，扇钉为牛角钉，钉面呈圆状，微拱。扇骨为十四档。扇面上口封裱紫色绫绢。

大骨刻文字，字体行楷，阳刻，平地留青（留青阳刻）。一侧刻唐代岑参的《梁园》诗："梁园日暮乱飞鸦，极目萧条三两家。庭树不知人去尽，春来还发旧时花。"款署："陸润庠"。钤印："陆氏""张家秀刊"两方。另一侧刻唐代王建《十五夜望月寄杜郎中》诗："中庭地白树栖鸦，冷露无声湿桂花。今夜月明人尽望，不知秋思在谁家。"款署："刘春霖"。钤印："春霖""张家秀刊"两方。

扇骨雕刻刀法细劲、张弛有度，布局巧妙。

附：

岑参（约715—770）：唐代边塞诗人，南阳人，太宗时功臣岑文本的重孙，后徙居江陵。岑参早岁孤贫，从兄就读，遍览史籍。唐玄宗天宝三年（744）进士，初为率府兵曹参军。后两次从军边塞，先在安西节度使高仙芝幕府掌书记；天宝末年，常清为安西北庭节度使时，为其幕府判官。代宗时，曾官嘉州刺史（今四川乐山），世称"岑嘉州"。

岑参长于七言歌行，代表作是《白雪歌送武判官归京》。现存诗360首。对边塞风光、军旅生活以及少数民族的文化风俗有深切的感受，故其边塞诗尤多佳作。风格与高适相近，后人并称"高岑"。

《梁园》：是一处始建于汉代的汉族古典园林。

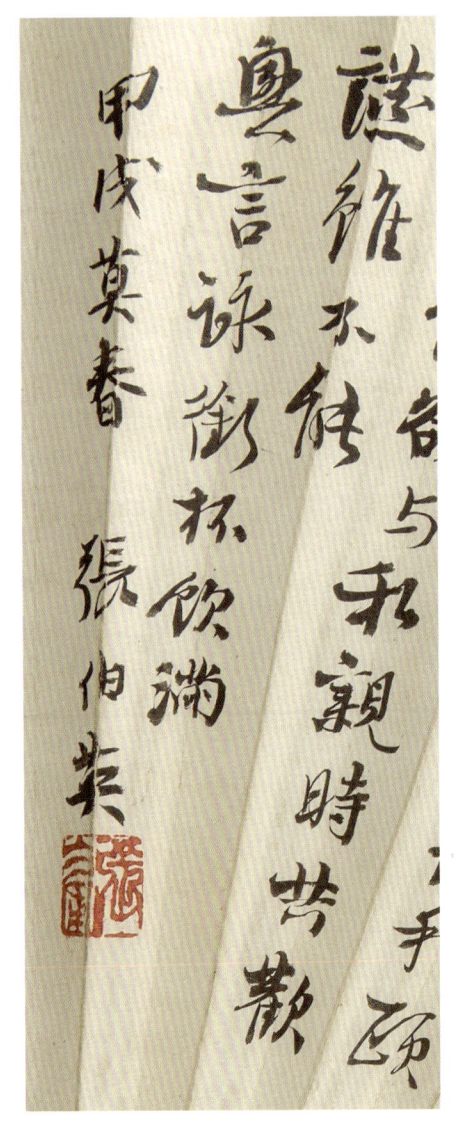

西汉梁国都城睢阳（今河南省商丘市睢阳区）城内的梁园，为梁孝王刘武营造。西起睢阳城东北（今商丘古城东南），东至商丘古城东北7.5公里的平台集（今商丘经济开发区平台街道）。《史记》"筑东苑，方三百里，广睢阳城七十里，大治宫室，为复道，自宫连属平台三十里。"《水经注疏》曰"筑城三十里"。梁苑集离宫、亭台、山水、奇花异草、珍禽异兽、陵园为一体，是供帝王游猎、娱乐的苑囿。

梁园是以邹阳、严忌、枚乘、司马相如、公孙诡、羊胜等为代表的西汉文学主阵地。后世谢惠连、李白、杜甫、高适、王昌龄、岑参、李商隐、王勃、李贺、秦观等都曾慕名前来。李白曾居住十年之久，《梁园吟》成为千古名诗。现存梁园遗址有：梁苑遗址、睢阳城旧址、朱台寺遗址、清凉寺、三陵台、平台遗址等。

陆润庠（1841—1915）：字凤石，号云洒、固叟，元和（今江苏苏州）人。同治十三年（1874）状元，历任国子监祭酒、山东学政。以母疾归苏州，总办苏州商务。光绪庚子（1900）八国联军入侵，慈禧太后西行途中，代言草制。后任工部尚书、吏部尚书，太保、东阁大学士、体仁阁大学士。宣统三年（1911）皇族内阁成立时，任弼德院院长。辛亥后，留清宫，任溥仪老师。卒后赠太子太傅，谥文端。其书法清秀朗润，意近欧、虞。然馆阁气稍重。

慈禧太后作画，常命陆润庠和同治元年状元徐郙、探花李文田、进士陆宝忠题词。

王建：唐代诗人。字仲初，颍川（今河南省许昌市人）。出身寒微。大历（唐代宗年号，公元766—779年）进士。晚年为陕州司马，又从军塞上。擅长乐府诗，与张籍齐名，世称"张王"。其以田家、蚕妇、织女、水夫等为题材的诗篇，是社会现实的反映。《宫词》一百首颇有名。有《王司马集》。

《十五夜望月寄杜郎中》：全诗4句28字，每两句一层意思，分别写中秋月色和望月怀人的心情，展现了一幅寂寥、冷清、沉静的中秋之夜的画面。此诗以写景起，以抒情结，想象丰美，韵味无穷。

刘春霖（1872—1944）：字润琴，号石云。中国晚清直隶省河间府肃宁县人，德宗光绪三十年（1904）甲辰科状元，是中国历史上最后一名状元。刘春霖善书法，小楷笔力清秀刚劲，深得世人推崇。时有"大楷学颜（颜真卿），小楷学刘（刘春霖）"之誉。出版有《大唐三藏圣教序》《兰亭序》等小楷字帖和大字法帖。刘春霖的名字已载入香港书谱出版社和广东人民出版社出版的大型辞书《中国书法大辞典》。刘春霖患有心脏病，经受日伪打击后，病情逐渐加重，逝世于北京。

张家秀：生卒年不详。北京人，民国早期与张志鱼齐名的北派刻骨大师。民国时期声誉最高的金陵竹刻艺人。20世纪40年代起在北京琉璃厂专事扇骨雕刻。擅长书法及竹雕人物。书法多留青阳文，体例多样，字体清秀俊美。表现人物题材浅、深并用，阴刻刀法流畅，起伏有致，须眉唇眼毕肖，有大家风度。传世作品较多，门生有赵德桢等。

梁園日暮亂飛鴉 極目蕭條三兩家 庭樹不知人去盡 春來還發舊時花
陸潤庠

中庭地白樹棲鴉 冷露無聲濕桂花 今夜月明人盡望 不知秋思在誰家
劉春霖

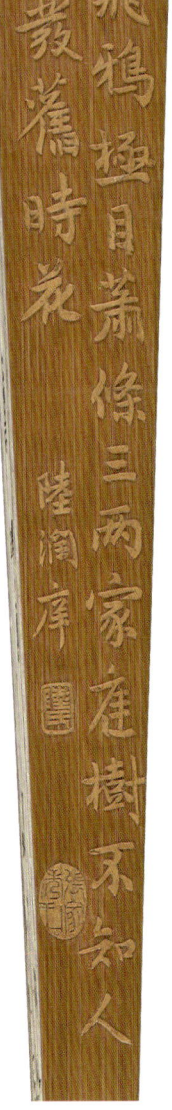

《水墨云龙图》 折扇（正面）

[民国] 焕 文　　纸本　水墨　纵18.7厘米　横50.6厘米　公元1916年

焕文：生卒年不详，浙江秀水人，善画墨龙。

画意：画面为一墨龙，笔势精微，鳞爪毕现，龙足之下云雾暗涌，鳞甲身躯半隐半露，描绘神龙拨开云雾升腾变化的意象，有黄山寿之风。

题释：丙辰龙似黄山寿笔法。

款署：鸳湖秀水，古稀八叟，焕文写于平江。

钤印：焕文（朱）、李海亭印（朱）。

附：

黄山寿（1855—1919）：原名曜，字旭初，别字旭道人，晚号旭迟老人，又号丽生、鹤溪渔隐、裁烟阁主，江苏武进人。官直隶同知。幼年贫困，一生致力于书画，书工唐隶、北魏及郑燮、

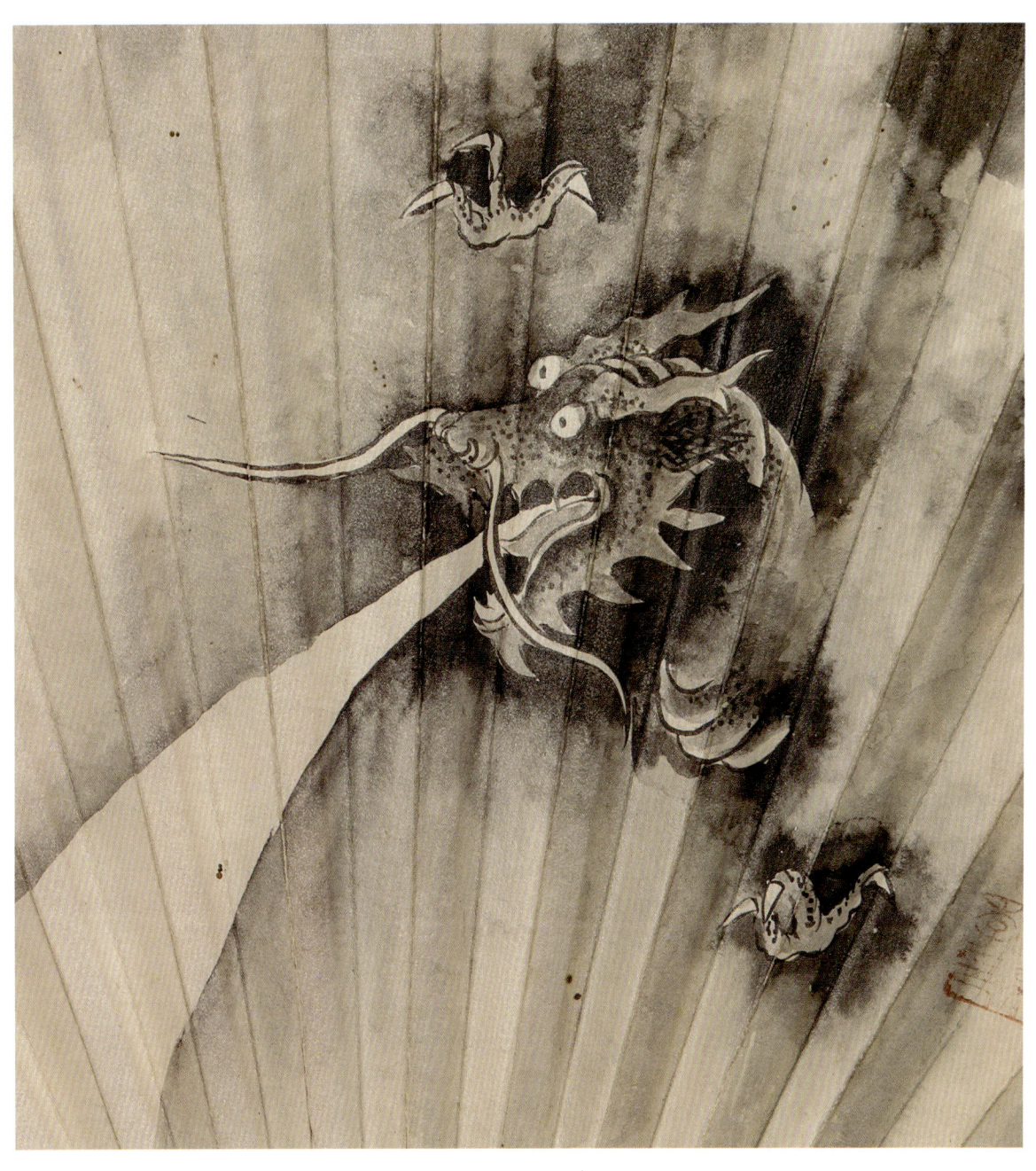

恽寿平,得其神韵。善画人物、山水、花卉、走兽,尤擅画墨龙。凡写人物仕女,喜用工笔重彩,隽雅妍秀,有改琦遗韵;山水以青绿为多,气韵古逸,亦见功力;双钩花鸟神态逼肖,笔力精劲;间作墨梅、竹石,挥洒自如,亦具韵致。五十后,鬻画上海。

他从十几岁到二十岁时的作品,努力学古,专攻水墨渲淡,在笔墨设色上,恪遵古法,以淡雅为宗,绝无浓丽艳俗之病。墨龙,无不洁净含蓄,墨色焕发。

鸳湖:一名鸳鸯湖,在浙江嘉兴旧府城西南,城南是滮湖,两湖一般总称为南湖。

平江:隶属于湖南岳阳市,是湘楚文化源头之一,有"中华诗词之乡"的美誉。

《鹧鸪天词》行书折扇（背面）

[民国] 洛 望　　纸本　纵18.7厘米　横50.6厘米　公元1915年

洛望：生平不详。

题释："欲上高楼去避愁，愁还随我上高楼。经行几处江山改，多少亲朋尽白头。归休去，去归休。不成人总要封侯？浮云出处元无定，得似浮云也自由。鹧鸪天，辛稼轩词。"《鹧鸪天·欲上高楼去避愁》是南宋词人辛弃疾的词作。

款署：弟七十八，旂蒙作，洛望四月小满前二日写。

钤印：无。

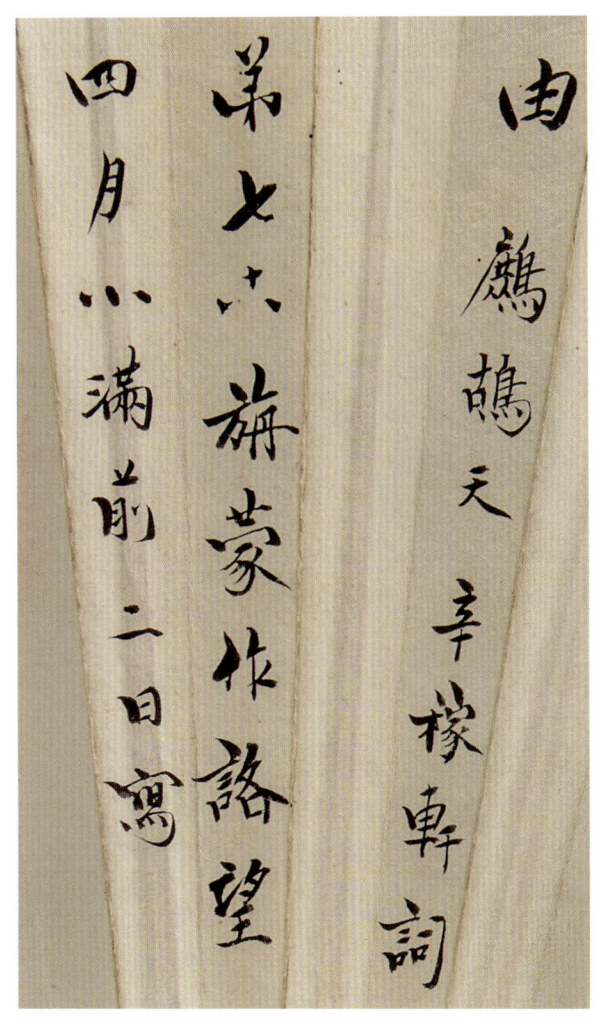

附：

辛稼轩：即辛弃疾（1140—1207），字幼安，号稼轩，山东济南府历城县（今济南市历城区）人，中国南宋豪放派词人，人称词中之龙，与苏轼合称"苏辛"，与李清照并称"济南二安"。这首词抒发了词人壮志难酬的无限愁绪，情真意切，感人肺腑。上片写难以排遣的愁苦。这种愁是由于江山易改、亲朋老去所致，寄托的是作者报国无路、知音难求的悲愤。下阕写自己意欲归耕，努力摆脱这种愁苦而不再想功名之事，寄托了词人追求自由理想的生活的情感。

旃蒙：为"太岁纪年"的岁阳，是天干的"乙"。旃蒙与之相配的是"单阏"即地支的"卯"。"旃蒙·单阏"是太岁纪年的第二年，与天干地支相对应的是"乙卯"年。

扇骨：扇骨为梅鹿竹，长 31.5 厘米。扇肩为溜肩。扇头为马蹬方头。扇钉为牛角钉，钉面呈扁圆，拱面。扇骨为十六档。扇面上口封裱紫色绫绢。

梅鹿竹：又叫"梅箓"，民间又称"眉禄"，取"眉寿福禄"之意，因其色状与梅花鹿身上的斑点颇为相似，所以称之为"梅鹿竹"。

梅鹿竹为斑竹的一种，斑纹似繁花盛放，疏密自然，相映成趣，梅鹿竹的斑点与竹地结合部模糊不清晰，交织在一起，竹地有的发青灰色，上有兽皮斑状的斑痕，梅鹿竹的斑通常高或平于竹地。上好的梅鹿竹较为稀少，以兽斑大且清晰者为贵。

梅鹿竹、湘妃竹、凤眼竹都属于斑竹（花斑竹）。湘妃竹最好，它的收藏价值是这三类斑竹中最高的。斑竹上面的花斑都是由真菌腐蚀形成的，无论湘妃、梅鹿、还是凤眼，他们的花斑不同，主要由于不同的真菌腐蚀和生长方式不同。我们看到的花斑就是真菌在竹子上的病理反映，原本很普通的竹子，正是得了这种富贵病，使它身价倍增。

地理分布：据生物学家考证，九嶷山区原有一条斑竹林带，分布于宁远、道县、江华、蓝山 4 县的山区，东西长约 200 华里，南北宽近 100 华里。近世以来，由于人为破坏，斑竹日见衰微。从 1981 年开始，在这里建立了自然保护区。性喜温暖、耐高温，生命力强。喜温、喜阳、喜肥、喜湿、怕风不耐寒，静水及水流缓慢的水域中均可生长，适宜在 20 厘米以下的浅水中生长，适宜温度 15℃至 30℃，越冬温度不宜低于 5℃，斑竹生长迅速，繁殖能力强。

《云山雨霁图》折扇（正面）

[民国] 郭绥珊　　纸本　设色　纵19厘米　横51.5厘米　公元1936年

郭绥珊：大约生于1901年，民国时期画家。号毅庵，又号九如居士，寒梅别馆主人，室名"寒梅别馆"。东北辽西人。毕业于陆军大学，履身军政界，余暇好丹青，擅画山水，20世纪三四十年代活跃于北京画坛，曾参加中国画学研究会、湖社画会初期活动。与齐白石、于非闇、溥心畬、徐操等名家友善。嗜收藏，屡见京津画家题赠作品，尤以成扇为多，作品精彩。中华人民共和国成立后参加了北京中国画研究会和北京中国画院。擅长诗文，专攻山水，有黄公望、文徵明、恽南田之遗韵。画古茂秀逸。代表作品有《西山送爽》《斜阳渔舟图》《水利到深山》《山径寻诗》《松壑幽居图》等。

画意：画面虬松古树，阁榭茅屋，小桥高士，中景白云飘渺，峰峦叠翠，潺潺溪水，远景幽岫透迤。人物于山水之间闲庭信步，整个画面表现了雨后山川的洁净和幽寂。技法上，山石用皴法，横直交错，灵秀坚实，密集的破笔苔点，使山势更显苍莽，墨色干湿浓淡恰到好处。设色以淡赭为主调，略施花青，平中见奇，清雅有趣。

此画笔墨苍润,结构繁简相宜。体现了石谿(髡残)在平淡中求奇险的艺术追求,重山复水,开合有序,繁密而不迫塞,结构严密,稳妥又富于变化,创造出一种幽深、引人入胜之境,生动地传达出江南山川空灵茂密、浑厚华滋的情调。

题释:云山雨霁。

款署:丙子初秋,拟石谿老人笔法,以为筠彦先生法家正之。郭绥珊并记。

钤印:九如居士(朱)。

附:

石谿:即髡残(1612—1692),中国明末清初画家。清初四僧之一。俗姓刘,武陵(今湖南省常德市)人,居南京。幼年丧母,遂出家为僧。法名髡残,字石溪,一字介丘,号白秃,一号残道者、电住道人、石道人。他削发后云游各地,43岁时定居南京大报恩寺,后迁居牛首山幽栖寺,度过后半生。

其性寡默,身染痼疾,潜心艺事,与程正揆(号青溪道人)交善,时称二谿,艺术上与石涛并称二石。善画山水,亦工人物、花卉。山水画主要继承元四家传统,尤其得力于王蒙、黄公望。他还远宗五代董源、巨然,近习明代董其昌、文徵明等,兼收并蓄,博采众长。在学习传统基础上,重视师法自然,自谓"论画精髓者,必多览书史。登山寡源,方能造意"。一生中大部分时间都在山水中度过,经常驻足于名山大川,流连忘返。他喜用渴笔、秃毫,苍劲凝重,干而不枯,并以浓淡墨色渲染,笔墨交融,酣畅淋漓,营造出雄浑壮阔、纵横蓬勃的气势。

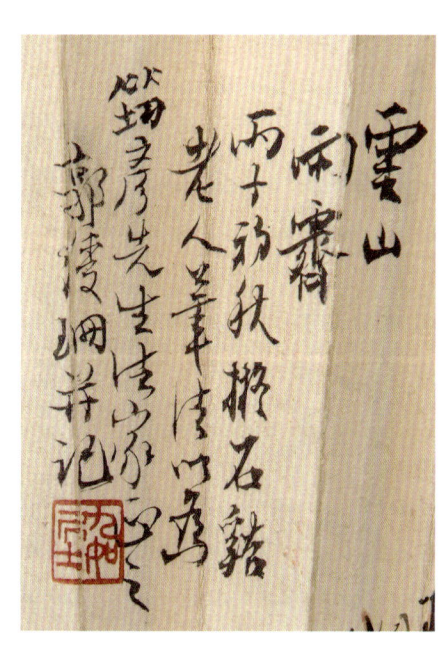

《万生园赏菊赋呈节庵先生》 行书折扇（背面）

[民国] 杨千里

纸本（发笺） 纵19厘米 横51.5厘米

杨千里（1880—1958）：原名锡骥，改天骥，字骏公，号千里，别署茧庐、天马、东方、闻道等。江苏吴县人。家学渊源，自幼精习楷法，于秦篆汉隶、章草、魏晋诸家，无不窥其堂奥。晚年精益求精，挥洒自如，于秀丽中饶有金石气。所作诗词，清新飘逸，别有意趣。兼工治印。历任龙门师范学堂、中国公学、复旦公学教员、行政院交通部秘书、教育部视学、监察院秘书、无锡、吴江等县县长。

中华人民共和国成立后，由柳亚子介绍加入民革，任上海华东文物管理委员会特约顾问、徐汇区政协委员。著作有《茧庐吟草》《茧庐长短句》《茧庐印痕》《茧庐长短句》《茧庐治印存稿》，与其父杨粹卿合著《满夷猾夏始末记》。

题释：为两首诗，均出自黄晦闻诗。第一首《万生园赏菊赋呈节庵先生》诗是"及秋来共赏花尊，已过重阳菊始繁。草木自荣霜后气，泽陂能纳国中喧。坐娱光景宜吟醉，暂绝风埃得晤言。不似昔年诗社日，追陪重辟抗风轩。"第二首《得秋枚书作答》诗是"寥落重阳得子书，可怜生事似秋蔬。十年自秽王高士，一较东方已不如。"

款署：黄晦闻诗，筠彦先生正书。千里。

钤印：杨千里（白）。

附：

黄节（1873—1935）：原名晦闻，字玉昆，号纯熙，别署晦翁、佩文、黄史氏、蒹葭楼主等，广东顺德甘竹右滩人。因鄙夷同宗黄士俊的变节行为，易名"节"，取号"甘竹滩洗石人"。黄节为我国进步报业的开创人之一，也是著名的教育学者，生平擅长诗文和书法，其诗人称"唐面宋骨"。与梁鼎芬、罗瘿公、曾习经称"岭南近代四大家"。著有《蒹葭楼诗》《汉魏乐府风笺》《诗旨纂辞》等。

节庵先生：即梁鼎芬（1859—1919），晚清学者、藏书家，广东番禺人。字星海，一字心海，又字伯烈，号节庵，别号不回山民、孤庵、病翁、浪游词客、葵霜、藏山、藏叟等；室名有耻堂、葵霜阁、栖凤楼、抗愤堂等。

光绪六年进士，授编修。历任知府、按察使、布政使，曾因弹劾李鸿章，名震朝野。后应张之洞聘，前往广东广雅书院和江苏钟山书院，为《昌言报》主笔。辛亥革命前有反帝主战思想。后任溥仪的毓庆宫行走。诗词多慷慨愤世之作，为"岭南近代四家"之一。

《万生园赏菊赋呈节庵先生》：创作背景：清末，番禺梁鼎芬因弹劾奕劻、袁世凯而被斥逐回粤，与姚筠、李启隆、沈泽棠、吴道镕、汪兆铨、温肃、黄节等8人，于辛亥闰六月十七日，聚于抗风轩,重开"后南园诗社",振兴广东诗学。与会者百数十人,姚筠、李启隆作画,梁鼎芬、汪兆诠、黄节等赋诗。几个月后,辛亥革命爆发,诗社的活动也停止了。

梁鼎芬诗云:"十子芳型尚可镌,三忠祠屋旧相连。儒生怀抱关天下,时事消沉过百年。老柳疏疏人照水,山亭隐隐竹成烟。闲来风物当谁赋,长忆陈黎一辈贤。"

黄节对"南园诗社"重开之事,一直念念不忘。民国六年(1917),在北京,他做了一首名为《万生园赏菊赋呈节庵先生》的诗,诗的最后两句这样写:"不似昔年诗社日,追陪重辟抗风轩。"梁鼎芬答诗也有"话别南园泪已深"之语。梁氏卒后,黄节作《梁节庵先生挽诗》,颈联云:"直道不回天下变,南园思绪百年风。"

黄节在民国二十二年(1933)作《南国诸子送黎美周北上诗卷》中重提此事:"忆辛亥七月,梁节庵先生重开南园诗社,与会者八人,予以齿最居后,今亦老矣。"

扇骨:扇骨材质为棕竹,长32.5厘米。扇肩呈溜肩。扇头为古方头。扇钉为牛角钉。扇骨为十六档。扇面上口封裱深紫色绫绢。

《丝瓜茄子图》 折扇（正面）

[民国] 齐白石　　　纸本　设色　纵19.7厘米　横53.6厘米

齐白石（1864—1957）：祖籍安徽宿州砀山，生于湖南长沙湘潭。原名纯芝，字渭青，号兰亭。后改名璜，字濒生，号白石、白石山翁、老萍、饿叟、借山吟馆主者、寄萍堂上老人、三百石印富翁等。是近现代中国绘画大师，世界文化名人。早年曾为木工，后以卖画为生，57岁后定居北京。擅画花鸟、虫鱼、山水、人物，笔墨雄浑滋润，色彩浓艳明快，造型简练生动，意境淳厚朴实。所作鱼虾虫蟹，妙趣横生。

齐白石书工篆隶，取法于秦汉碑版，行书饶有古拙之趣，篆刻自成一家，善写诗文。曾任中央美术学院名誉教授、中国美术家协会主席等职。代表作有《蛙声十里出山泉》《墨虾》等。著有《白石诗草》《白石老人自述》等。

画意：白石老人对茄子有独特的理解，二个茄子均为紫黑色、卵圆形的矮茄，通过每只茄子不规则的形状显其变化。齐白石曾说过："小鱼煮丝瓜，只有农家能谙此风味。"画作选择的是瓜熟蒂落的三个丝瓜，两个平放，一个呈自然扭曲之态，表面粗糙并有数条墨绿色的纵沟。整幅以没骨法为之，率意草草，色彩简单，极见其憨态和情趣，可见老人对茄子、丝瓜的观察和描绘十分细致精心，画中流露的愉悦情调也折射出作者对生活的挚爱。

款署：白石老人八十二岁画。

钤印：白石老人（白）。

《岑参古诗》草书折扇（背面）

[民国] 徐世章　　　纸本　纵19.7厘米　横53.6厘米　公元1944年

徐世章（1889—1954）：天津人，著名的文物鉴赏家，中华民国总统徐世昌的堂弟。早年留学比利时列日大学商学院，获经济管理学学士学位。

1911年赴意大利担任万国博览会审查委员。继赴英、法、德等国考察商业及铁路行政。1912年学成回国，先后任交通部路政司属官和京汉铁路管理局副局长、津浦铁路管理局局长。1920年起任交通部次长、全国铁路督办和交通银行副总裁、中国国际运输局局长、币制局局长等职。1922年寓居天津，任工商学院董事长、天和医院董事长等闲职。徐世章一生热心文物收藏，偏爱玉器。作为津门房地产开发的先驱，他精通建筑学，具有经济头脑，又极富远见，为家族奠定了雄厚基业。他购置房产，兴办教育、医务、实业，乐善好施，热心公益事业，所以在当时寓居天津的开明绅士中有较高威望。中华人民共和国成立后，徐世章积极投身抗美援朝和新中国的建设事业。晚年，将自己极为钟爱的近3000件文物无偿捐献给国家。收藏于天津市艺术博物馆。其中古玉和古砚两类，构成了该博物馆的主要藏品。1999年，在徐世章先生诞生110周年之际，天津艺术博物馆出版了画册，全国政协主席李瑞环为其题词："珍宝无价，

爱国情深。"

题释：分二段，均为唐代诗人岑参的古诗。第一首《东归留题太常徐卿草堂》诗："不谢古名将，吾知徐太常。年才三十馀，勇冠西南方。顷曾策匹马，独出持两枪。虏骑无数来，见君不敢当。汉将小卫霍，蜀将凌关张。卿月益清澄，将星转光芒。复居少城北，遥对岷山阳。车马日盈门，宾客常满堂。曲池荫高树，小径穿丛篁。江鸟飞入帘，山云来到床。题诗芭蕉滑，对酒棕花香。诸将射猎时，君在翰墨场。圣主赏勋业，边城最辉光。与我情绸缪，相知久芬芳。忽作万里别，东归三峡长。"第二首《过王判官西津所居》诗，截取了前三句，"胜迹不在远，爱君池馆幽。素怀岩中诺，宛得尘外游。何必到清谿，忽来见沧洲。"

款署：甲申孟夏□□居士徐世章，书于长春书屋。

钤印：世（白）、章（白）。

附：

岑参（约715—770）：原籍南阳（今属河南新野），迁居江陵（今属湖北），是唐代著名的边塞诗人。早岁孤贫，从兄就读，遍览史籍。唐玄宗天宝三载（744）进士，初为率府兵曹参军。后两次从军边塞，在安西节度使高仙芝幕府掌书记。天宝末年，常清为安西北庭节度使时，为其幕府判官。代宗时，曾任嘉州刺史（今四川乐山），世称"岑嘉州"。卒于成都。

其诗歌富有浪漫主义的特色，气势雄伟，想象丰富，色彩瑰丽，热情奔放。对边塞风光、军旅生活，以及少数民族的文化风俗有亲切的感受，风格与高适相近，后人多并称"高岑"。尤其擅长七言歌行。现存诗403首，70多首边塞诗。有《岑参集》十卷，已佚，《岑嘉州集》七卷（或八卷）行世，《全唐诗》编诗四卷。

扇骨：扇骨材质为玉竹，长33.5厘米。扇肩呈庙门肩。扇头为掌扇圆头（又称博古头）。在扇头两侧镶嵌象牙薄片，然后烫钉，扇钉为牛角钉。扇骨为十四档。扇面上口封裱金黄色绫绢。

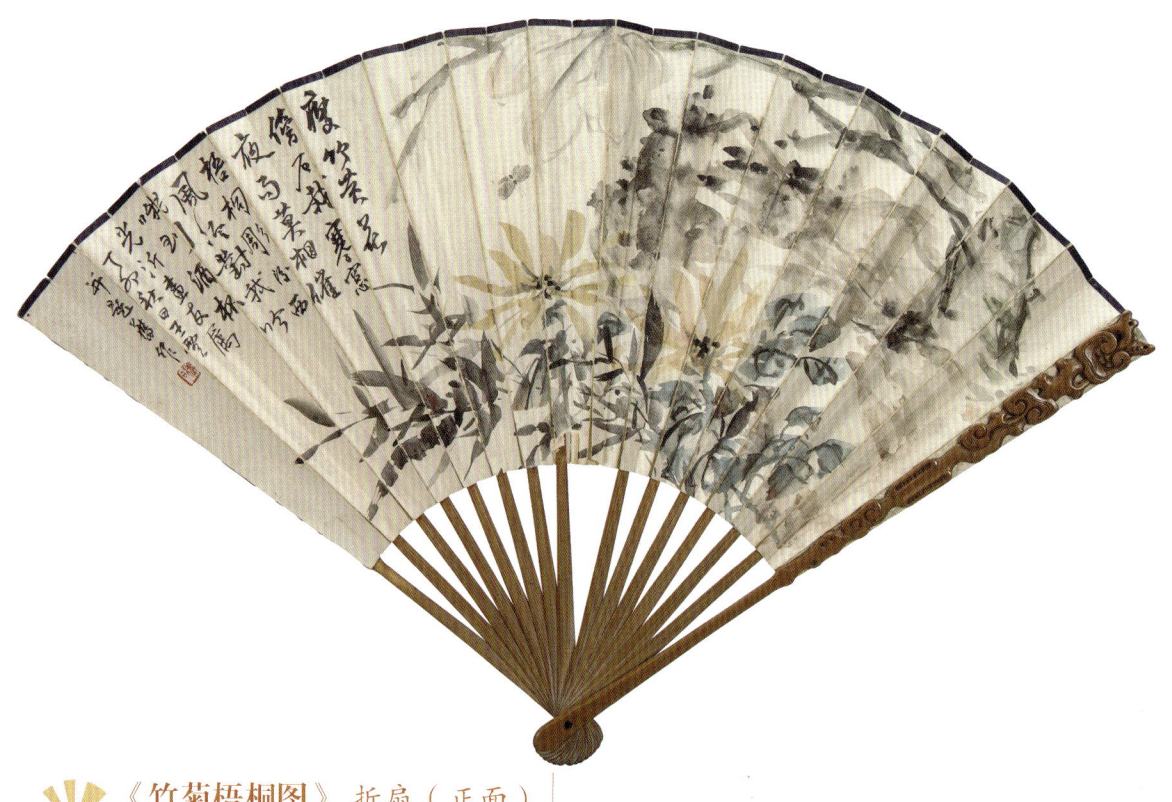

《竹菊梧桐图》 折扇（正面）

[民国] 王 云　　纸本 设色 纵18.4厘米 横48.7厘米 公元1927年

王云（1887—1938）：近代画家。字梦白，号破斋主人、乡道人，江西丰城人。长身修髯。初在上海钱庄当学徒，余暇作画，宗法任伯年，得吴昌硕、陈师曾指导。继赴北平司法部任录事。曾游日本。陈师曾极力为其揄扬，劝其改学李华嵒，画艺大进，为陈氏补绘翎毛。两人亦师亦友，并由陈氏引荐任北京美术专科学校教授。喜作动物写生，常看有关动物影片，细致观察走兽动态并运用于创作，对动物画有突出成就。尤以绘猴、猫著称。间作山水画，有逸趣。作小诗亦清新，兼治印。著有《乡道人诗稿》。1959年人民美术出版社出版有《王梦白画集》影印本。

画意：画竹、菊采用墨笔直写法，前浓后浅无骨法描写。斜石与梧桐则用写意手法。

题释：瘦竹黄花傍石栽，寒窗夜雨莫相催。梧桐凋后西风冷，对我吟哦到酒杯。

款署：光沂画友属，丁卯秋日王云并题旧作。

钤印：秋日（朱）。

附：

光沂：即倪光沂，生卒年不详。字思中，浙江绍兴人。画山水宗董其昌，亦精鉴赏。

《唐宋诗》行书折扇（背面）

[民国] 张 直

纸本（发笺） 纵18.4厘米 横48.7厘米
公元1938年

张直：生平不详。

题释：一、"朱雀桥边野草花，乌衣巷口夕阳斜。旧时王谢堂前燕，飞入寻常百姓家。"唐代刘禹锡《乌衣巷》；二、"炀帝行宫汴水滨，数株残柳不胜春。晚来风起花如雪，飞入宫墙不见人。"唐代刘禹锡《杨柳枝》；三、"洛阳城里见秋风，欲作家书意万重。复恐匆匆说不尽，行人临发又开封。"唐代张籍《秋思》；四、"吴王旧国水烟空，香径无人兰叶红。春色似怜歌舞地，年年先发馆娃宫。"宋代陈羽《吴城览古》。

款署：戊寅四月写唐人诗，为济国先生正。弟张直。

钤印：印迹不清。

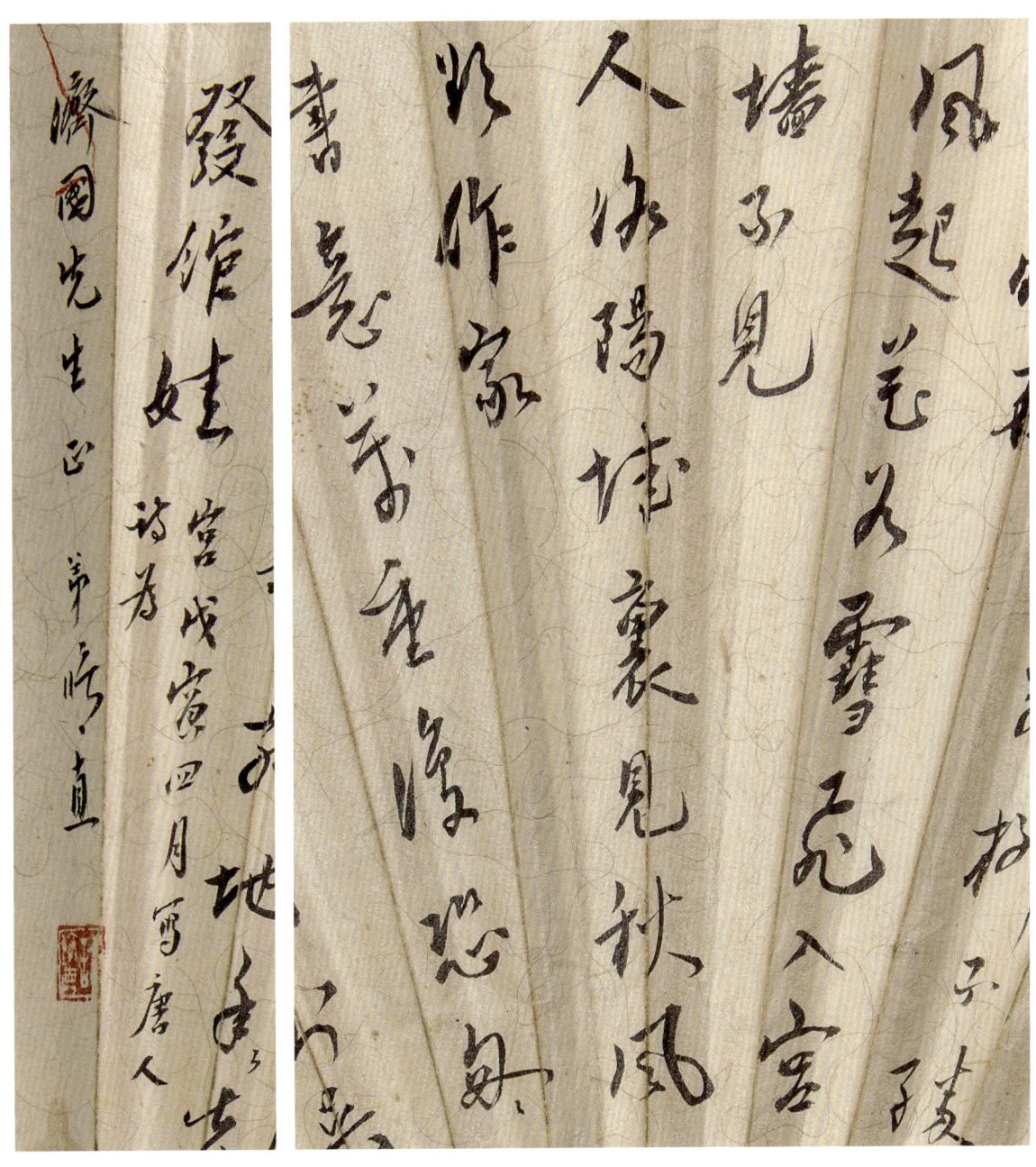

附：

济国：即郑济国，生卒年不详，字乔生，安徽宿松县人，民国时期毕业于宿松中学，从私塾先生到中华人民共和国成立后的公办教师，一生从事教育工作。他酷爱古诗词，善吟诗作对，他一生虽历尽坎坷磨难，对教育事业却是一直呕心沥血，默默奉献。他有着正直、忠厚、淡然的品质，满腹经纶，文采横溢。

扇骨：扇骨为竹木，长31厘米。扇肩为庙门肩。扇头为茄式头。扇钉为牛角钉，钉面呈扁圆，拱面。扇骨为十六档（缺失一档）。扇面上口封裱紫色绫绢。

扇骨雕刻兽纹，部分为镂空，以深刻与阴刻为主，兼阳刻、留青。边缘和镂空处采用弧形刀法，更显圆润。

《林惭涧愧图》 折扇（正面）

[民国] 何 墨　　纸本 水墨 纵18厘米 横51.2厘米

何墨（1895—？）：民国书画家。字秋江，江苏镇江人，寄居上海，幼年从父在北京，游于吴观岱、宣愚公、陈衡恪、姚华、丁佛言诸人之门，文艺大进。工山水，擅篆刻，书法间写花卉，别具风格。

画意：构图表现了平淡的山村田园生活，山水景物蔚然深秀、空旷邈远、深厚苍茫，颇有绝世出尘之趣。有一种平淡天真、质朴秀美之感，采用水墨勾斫及晕染。除远山是晕染外，其他均以平铺的形式表现，用墨浓厚，多用渴笔和侧锋。造型率意自然，营造意境巧趣朦胧。山石用笔多用中锋皴法，树木、房舍皆用线勾、点苔，用线的粗细、轻重和深浅，由近及远，愈见轻淡。

款署：灯下写成，奉慎生道长教正。何墨。

钤印：秋江（白）、林惭涧愧（朱）。

附:

慎生(1896—1972):名汪溶,字慎生,号满川村人,祖籍安徽歙县。早年在浙江兰溪当学徒,后于上海以炭画谋生。1934年起于京华美术专科学校、北京辅仁大学美术系、北京师范大学任教。1954年任中央美术学院民族美术研究所副研究员。1957年任北京中国画院画师、院委。中国美术家协会会员。擅长写意花鸟画,师法华新罗。早年于京、津等地多次举办个人画展。与张大千交厚。民国时期同陈半丁、王雪涛等画家齐名。入室弟子有张其翼、孙其峰、曹国鉴、潘素等。著有《汪慎生画辑》《中国书画》《黄山雁荡记游册》。

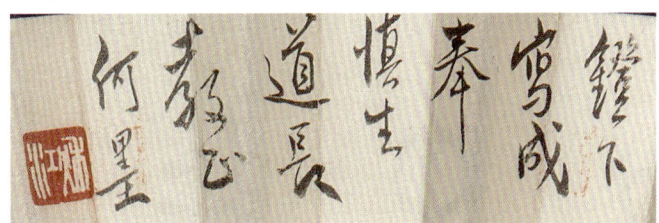

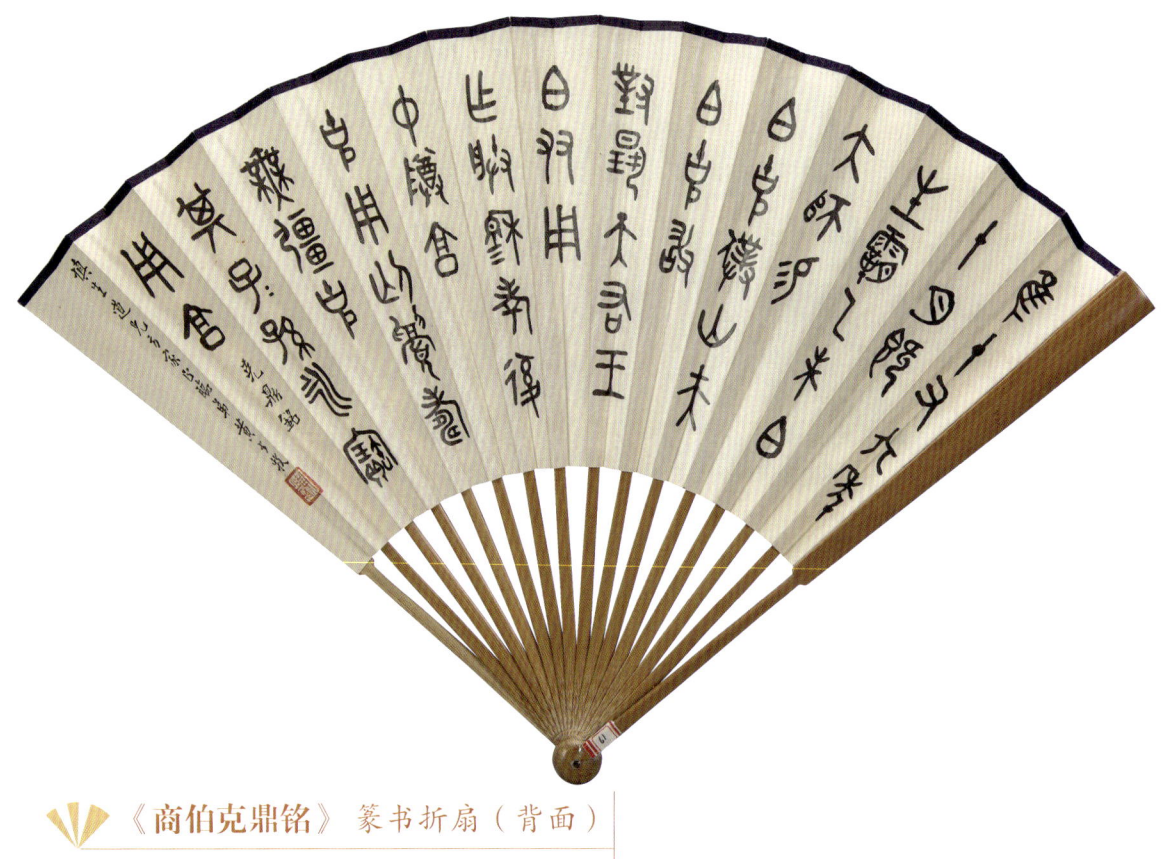

《商伯克鼎铭》篆书折扇（背面）
[民国] 黄少牧　　纸本　纵18厘米　横51.2厘米

黄少牧（1879—1953）：名荣廷，一名石，字行，小名多闻，号问经、黄山。安徽黟县人。民国时期书法篆刻家，印坛巨擘，清末篆刻四大家之一。"黟山派"篆刻开宗大师黄士陵牧甫先生长子。少牧作印，遵守父法，形神略具，挺劲逊之。曾任江西长丰县县长、陈树人秘书等职，除精书法篆刻外，亦擅文工诗。

题释：在《钟鼎款识》中有此铭文，但与扇面文字略有不同。"隹（唯）十又（有）六年十月，既生霸。乙未，伯大师锡伯克仆山夫，伯克敢对扬天君王伯休，用作朕穆考后中尊享，克用匄眉寿无疆，克其子，子孙永宝用享。克鼎铭。"

款署：慎生道兄方家正临。弟黄少牧。

钤印：黄少牧（朱）。

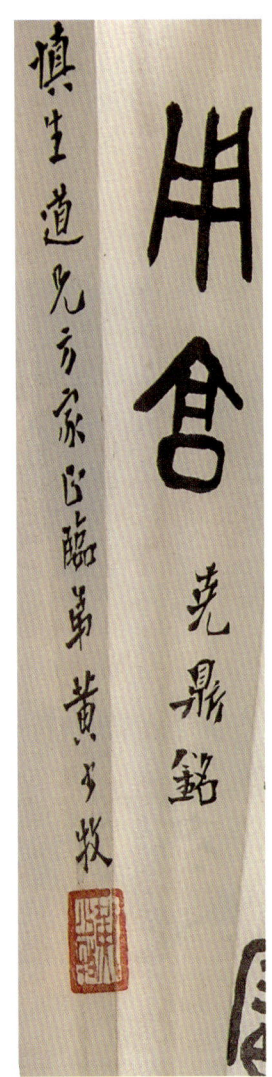

扇骨：扇骨材质为玉竹，长31厘米。扇肩呈庙门肩。扇头为菱角圆头。扇钉为牛角钉。扇骨为十六档。扇面上口封裱深紫色绫绢。

大骨平地（底）。

《梅花竹石图》 折扇（正面）

[民国] 黄髯民　　　纸本　水墨　纵18厘米　横52厘米　公元1932年

黄髯民：生平不详。

画意：此图绘梅、竹、石，称为冷香、竹弟、石兄。扇面画一太湖石，石头的两边各有一株墨竹，一株曲梅。画面简洁、古朴，画风素雅、端庄。画法写意。石头的轮廓用侧锋勾出，石头的正面用淡墨刷染，造型生动，立体感强。竹叶色重而饱满润泽，与淡淡的梅花形成鲜明对比，在整个画面中显得尤为突出。梅干用淡墨勾、点，色泽淡，清雅宜人。

款署：宪周仁兄雅正。壬申七月弟□□时□瀛台。

钤印：黄髯民（白）。

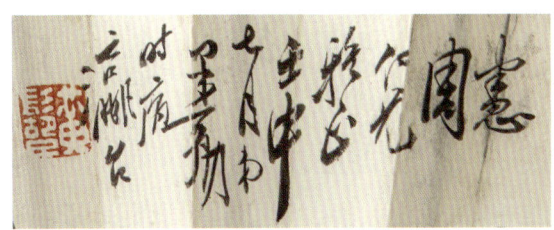

《洛神赋》楷书折扇（背面）

[民国] 孟履贤　　纸本　纵18厘米　横52厘米　公元1942年

孟履贤：生平不详。

题释：为《洛神赋》的一部分，"余从京城，言归东藩。背伊阙，越轘辕，经通谷，陵景山。日既西倾，车殆马烦。尔乃税驾乎蘅皋，秣驷乎芝田，容与乎阳林，流眄乎洛川。于是精移神骇，忽焉思散。俯则来察，仰以殊观，睹一丽人，于岩之畔。乃援御者而告之曰：尔有觌于彼者乎？彼何人斯，若此之艳也！御者对曰：臣闻河洛之神，名曰宓妃。然则君王之所见，无乃是乎？其状若何？臣愿闻之。余告之曰：其形也，翩若惊鸿，婉若游龙，荣曜秋菊，华茂春松。仿佛兮轻云之蔽月，飘飖兮若流风之回雪。远而望之，皎若太阳升朝霞。"

款署：壬午夏节临洛神赋以应，宪周仁兄方家雅嘱，弟孟履贤。

钤印：履贤（白）、树庐（朱）。

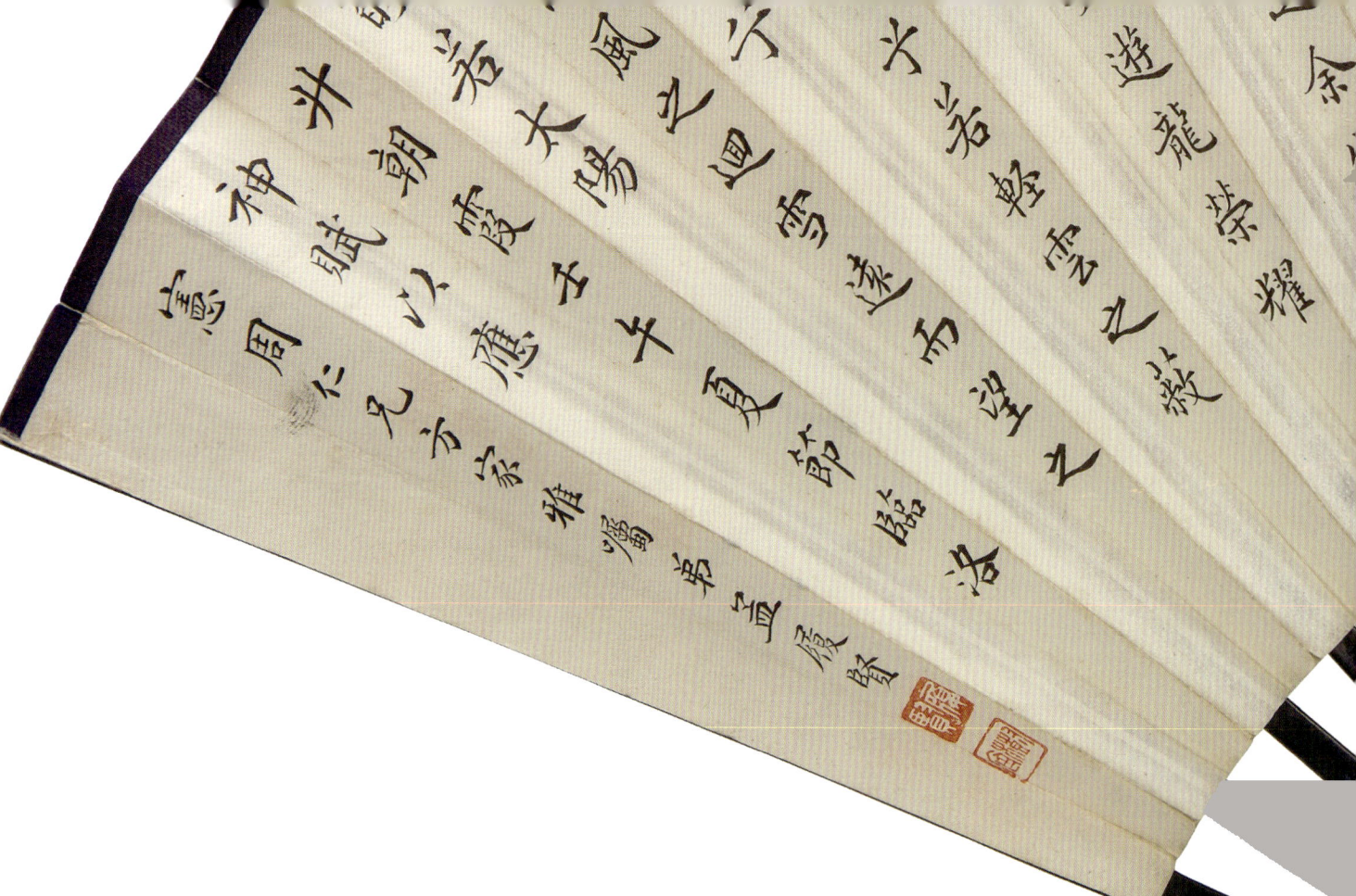

附：

《洛神赋》：是三国时期曹魏文学家曹植创作的辞赋名篇。曹植模仿战国时期楚国宋玉的《神女赋》通过对巫山神女的描写，叙述自己在洛水边与洛神相遇的故事，在故事情节、人物形象描写上借鉴《神女赋》。

曹植在诗歌和辞赋创作方面有杰出成就，继承两汉以来抒情小赋的传统，又吸收《楚辞》的浪漫主义精神，为辞赋的发展开辟了一个新的境界。《洛神赋》为曹植辞赋的代表作。以浪漫主义的手法，通过梦幻的境界，描写人神之间的真挚爱情，但终因"人神殊道"无从结合而惆怅分离。

此赋的主要特点有三：一、想象丰富。二、辞藻华丽而不浮躁，清新之气四溢，令人神爽。讲究排偶，对仗，音律，语言整饬、凝练、生动、优美。三、传神的描写刻画，比喻、烘托共用，错综变化，巧妙得宜，给人一种浩而不烦、美而不惊之感，仿佛欣赏一幅绝妙丹青，个中人物有血有肉。

《洛神赋》与屈原的《九歌》和宋玉的《神女》诸赋一样为世人称颂。既有《湘君》《湘夫人》浓厚的抒情成分，又具有宋玉诸赋对女性美的精妙刻画。《洛神赋》情节完整，手法多变，形式隽永，艺术成就超过了前人。

扇骨：扇骨为素漆骨，材质为竹，长30.5厘米。扇肩呈庙门肩。扇头为荸荠圆头。在扇头两侧镶嵌象牙薄片，烫钉，扇钉为牛角钉。扇骨为十六档。扇面上口封裱深紫色绫绢。

大骨、小骨材质为竹质黑漆骨。有盖帘从扇头通至扇尾，盖帘是湘妃竹。扇肩到扇尾在盖帘两侧刻有金石文,刀法为陷地阳刻、平地。在陷地阳刻金石文之间刻"音元寿子,又二八月三□。丙且父宝字,□丁干耳。"与"案□属,又未(木)用氏□。宝寿弓年,丙且辛子正。"线条阴刻小字。

附:

此扇是剔(陷)地阳刻古金文扇骨,辅以阴文小字说明,古朴拙雅,包浆润厚,工整圆润。再配有湘妃竹盖帘,特色鲜明。

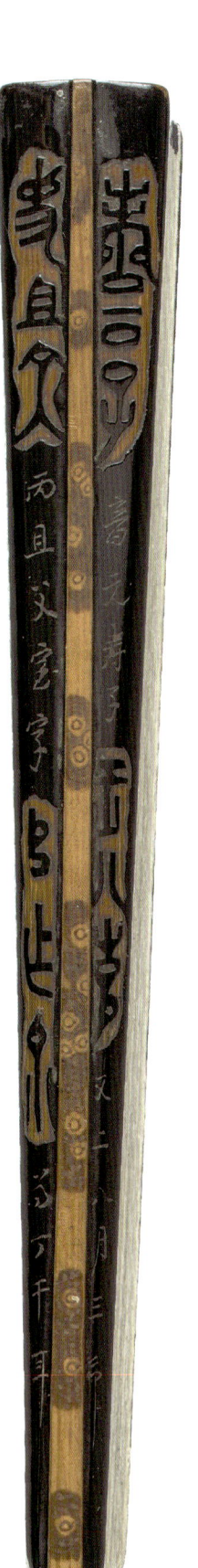

《秋山萧寺图》折扇（正面）

[民国] 秦 裕

纸本（发笺） 水墨 纵19.5厘米 横55厘米
公元1930年

秦裕（1896—1974）：原名秦裕荣，号仲文，后以秦裕为笔名，别署梁子河村人，画室名群峰扶翠之居。河北省遵化县人，近现代中国画家、美术史论家、美术教育家。自幼喜欢绘画，初临摹《芥子园画传》《纫斋画》《古今名人画稿》。1915年入北京大学法政系。书画师从章浩如先生，得贺履之、陈师曾、汤定之、金城诸前辈指点。1918年参加蔡元培校长主办的中国画法研究会，1920年参加中国画学研究会，担任研究员。其山水画初学晚清奚冈、黄谷原、戴醇士诸家。后研习清初龚贤、查士标等人作品。因此，先生在书画史论和书画艺术上都打下了深厚的基础。他的画作浓郁沉厚，简洁宁静，从技法到意蕴均富文气。成名早于齐白石、徐悲鸿等人。我国传统北派的重要代表画家之一；1921年北京大学毕业后，先后任教于北平大学艺术学院（即原北平艺专）、京华美术学院、国立北平艺专。中华人民共和国成立后历任北京画院画师、院委、天津美术学院教授。中国美术家协会会员，性豪爽，能直言。1947年，在北平艺专任教（原国立北京艺专）时，与寿石工、李智超一起，因对艺专中国画教学与徐悲鸿不同而发生激烈争论，反对徐悲鸿在中国画教学和创作中生吞活剥照搬西画画法的"以素描为中国画造型基础"的教学法，三人被徐悲鸿解聘。这就是轰动其时的"三教授事件"，从此，在政治上遭受冷落。50年代中期，又著文与王逊进行中国画问题的论争，极力维护传统画法与特点。"文化大革命"期间受迫害，于1974年秋去世。1978年秦仲文先生和其他"黑画家"在政治上得到彻底平反。山水画宗法清初"四王"，上溯元代四家，兼擅墨竹，亦精书法。

画意：崇山峻岭，山涧树木中，一座庙宇显露其间。湖边、石旁古木苍老，涟漪泛波。笔墨疏秀，浓淡相宜，颇得元人笔意，也不失清初"四王"风格。

题释：秋山萧寺。

款署：庚午四月画为庸斋先生，仲文秦裕。

钤印：秦裕（白）。

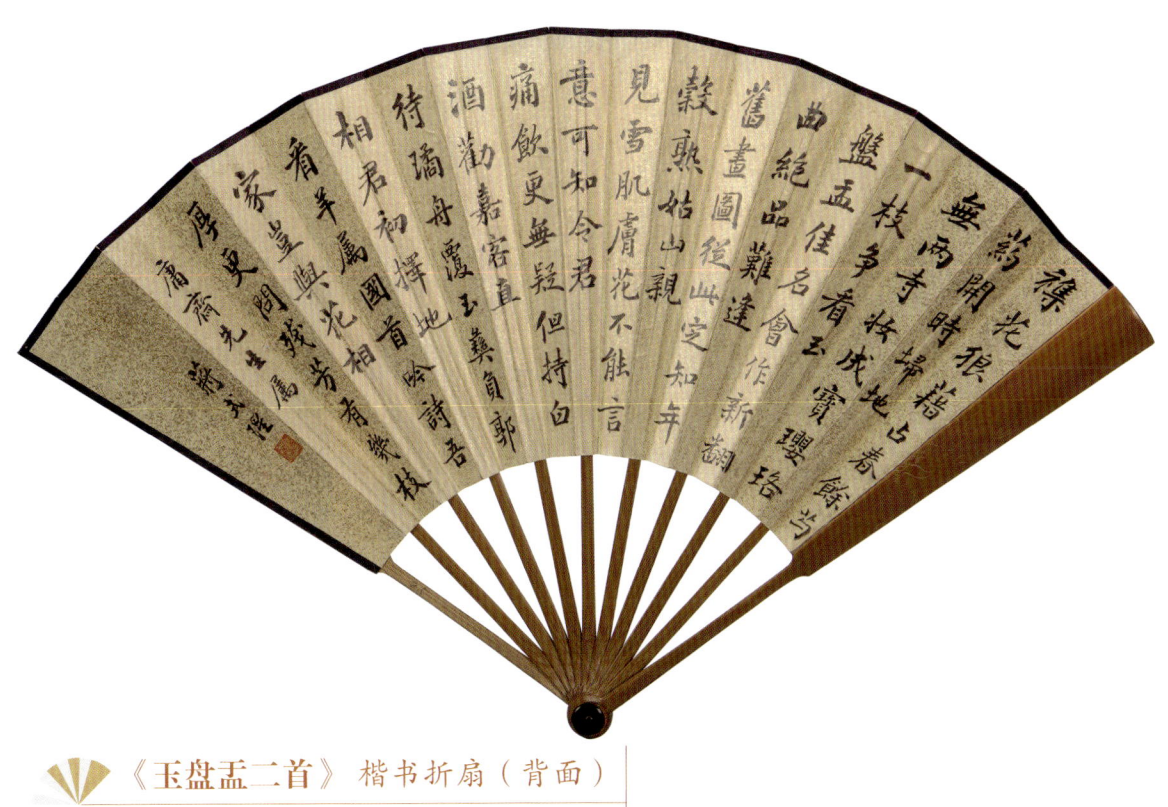

《玉盘盂二首》楷书折扇（背面）

[民国] 蒋式瑆　　　纸本（洒金）纵19.5厘米·横55厘米

蒋式瑆（1866—1932）：字性甫，祖籍直隶（河北）玉田县。官宦门第，家境殷实，祖孙三代进士出身，在北京和玉田县均有产业。光绪十八年（1892）进士，入翰林院庶吉士，二十年授翰林院检讨，官居京都南城监察御史，是中国提出设立国家银行第一人。光绪二十九年（1903）因弹劾庆亲王奕劻名声大振，被罢官和申饬。后热心实业，曾办过电厂、洋灰厂等。1906年10月10日其创办的电厂正式发电。也就是从这一天起，古老的北京城结束了无电的历史。

题释：取自苏轼《玉盘盂二首》，其一"杂花狼藉占春余，芍药开时扫地无。两寺妆成宝缨络，一枝争看玉盘盂。佳名会作新翻曲，绝品难逢旧画图。从此定知年谷熟，姑山亲见雪肌肤。"其二"花不能言意可知，令君痛饮更无疑。但持白酒劝嘉客，直待璃（琼）舟覆玉彝。负郭相君初择地，看羊属国首吟诗。吾家岂与花相厚，更问残芳有几枝。"

款署：庸斋先生属，蒋式瑆。
钤印：印迹不清。

附：

"玉盘盂"：（1）白芍药的别名。（2）指白牡丹。（3）喻美貌。

苏轼（1037—1101）：字子瞻，号东坡居士，眉州眉山（今四川眉山）人。父苏洵、弟苏辙都是著名的散文家。他是宋仁宗嘉祐二年（1057）的进士，官至翰林学士、知制诰、礼部尚书。曾上书王安石新法之弊，后因作诗反对新法下御史狱，遭贬，卒后追谥文忠。北宋中期的文坛领袖，文学巨匠，唐宋八大家之一。其文纵横恣肆，其诗题材广阔，清新豪健，善用夸张、比喻，与辛弃疾并称"苏辛"，有《东坡全集》《东坡乐府》。

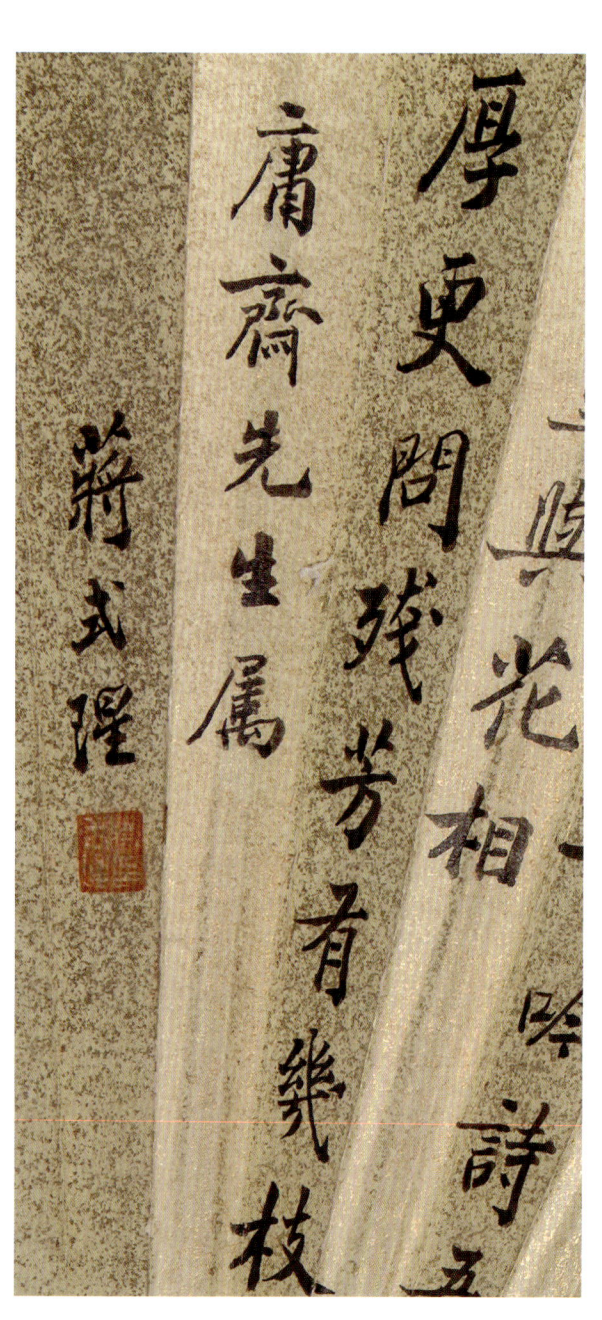

扇骨：扇骨材质为玉竹，长 32.5 厘米，扇肩呈庙门肩，扇头为和尚头，扇头两则镶贴黑牛角圆形薄片，呈拱圆状。扇钉为牛角钉，钉面呈圆状，微拱。扇骨为十一档，日式扇。扇面上口及两侧边缘封裱紫色绫绢。

大骨刻仕女图，阴刻（游丝刻），刀法娴熟。无款、钤。仕女图雕刻细致，衣褶、发髻、形象，以致树木、枝叶都显示出功力、刀法的娴熟。

173

《高山流水图》 折扇
[民国] 胡佩衡　　纸本　设色　纵20厘米　横55厘米　公元1924年

胡佩衡（1892—1965）：谱名锡铨，又名衡，字佩衡，号冷庵，外号胡涂克图，蒙古族，原籍河北省涿县，因祖辈做粮商，迁居北京。先后在北平师范、私立华北大学、北平师范大学、北平艺专任教，主办过"中国山水画函授学社"，又在北京琉璃厂创办"豹文斋"书画店。历任中国画学研究会和湖社画会评议，华北大学教授，北京师范大学讲师，北平艺术专科学校教授。中华人民共和国成立后，先后任北京中国画研究会常务理事、北京画院画师兼院务委员。

胡佩衡博识多能，精鉴赏，擅诗文，多著述，在美术教育和编辑出版领域卓有贡献。著作有《山水入门》《王石谷画法抉微》《中国山水画布置法》《中国山水画点苔法》《绘画随笔》《胡佩衡画筌丛谈》《临古刍言》《冷庵画诣》《我怎样画山水画》《山水画技法研究》《齐白石画法与欣赏》《王石谷》等。

画意：构图以崇山峻岭为主，点缀人物、板桥、城楼、瀑布、苍松，结构繁复，勾皴细密，采用披麻皴、点苔、晕染等手法表现山的远近，以线条呈现形象。此画纤细俊秀，用笔轻柔流畅，敷色清雅、细腻，流溢着纵逸奔放的气质。这幅画是胡佩衡20世纪50年代以前的作品，50年代后的作品构图简洁，喜取近景特写，不再有山重水复、重峦叠嶂的景象。

题释：手杖孤藤童抱琴，四围苍翠染衣襟。高山流水随时弄，到处忘机称野心。

款署：甲子八月画，奉璧侯仁兄大人雅鉴。弟佩衡。

钤印：胡（白）、佩衡（朱）。

附：

璧侯：即郑锡光，福建闽县人。字璧侯、德津、友其，号淡庵。住杨桥巷，父郑瑞麟，母王氏，7岁而孤，有士行，课之严，为学刻励。清光绪十一年（1885）拔贡，光绪十六年（1890）庚寅恩科二甲60名进士，散馆授翰林院编修，声名籍甚。惟以母亲年高，妻病重，淡于仕进，遂归里。掌教福州鳌峰书院、凤池书院数年。废科举、兴新学后，历任法政、商业、师范等学堂监督，又任福州教育会副会长。辛亥年九月，中风病卒，年52岁，门人私谥"诚悫先生"。

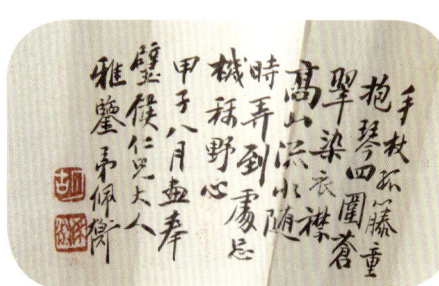

扇骨：扇骨材质为玉竹，长34.3厘米。扇肩呈庙门肩，扇头为茄式圆头。扇钉为牛角钉，扇骨为十一档，扇面上口无绫绢封裱。

大骨扇肩以上满面刻"寿"字纹与回纹，刀法阳刻留青，古拙厚重。

《春山叠嶂图》 折扇（正面）

[民国] 张 琮　　纸本 水墨 纵18.5厘米 横51厘米 公元1928年

张琮：生卒年不详。字戏桓，也称紫垣，号湛湖。天津人。湖社高足，北楼（金绍城）先生之传人也，山水人物具臻上乘。尤善于摹古。誉为湖社画会"十大湖"之一。昔周叔迦先生邀集名家绘制历代佛像，湛湖先生为华北居士林上宾。拟王廉州笔意，真精绝也。

画意：此画重峦叠嶂，连绵起伏，悬崖峭壁。近处湖面平旷，小桥连岸，井田平整，屋舍院落，树木葱郁。亭内老者遥望远方。作品线条古拙，遒劲有力。皴擦点染，交相辉映，更显山体的质朴浑厚感。简淡的线条错落有致，浓淡相宜。画面幽深奥妙，郁勃之气坦荡其间。雄奇而不失蕴藉，散淡而不显枯寂，幽深复有畅旷，险峻也带秀丽。有金绍城宗法。

题释：春山叠嶂图。

款署：戊辰秋日，张琮。

钤印：张琮之印（白）。

春山疊嶂圖 戊辰日稽 張琛

《夏末野兴》行书折扇（背面）
[民国] 狄平子　　　　纸本　纵18.5厘米　横51厘米

狄平子（1873—1941）：初名葆贤、又名狄平子，字楚青、楚卿，号平子、平等阁主人。别署平等阁主、慈石、狄平、雅、高平子、六根清静人。江苏溧阳人。擅诗文、书、画。家富收藏，精鉴别。

早年中举人，后留学日本，康有为唯一的江南弟子。清光绪二十六年（1900）参加唐才常的张园国会活动，参加自立军勤王之役，担任捐募款及购置军火工作，事败避居日本。他工诗能文，信仰佛学，在《清议报》和《新民丛报》发表诗词多首。光绪三十年（1904）夏，由康有为、梁启超集资，在沪创办《时报》，锐意革新报纸业务，辛亥革命后独资经营，曾在北京发刊京津版《时报》与上海《民报》，不到两年即停。著作有《平等阁诗话》《平等阁笔记》等。

题释："半世天涯倦远游，还乡不减旅人愁。数声相应鸠呼雨，一片初飞叶报秋。山坞风烟僧院落，河梁灯火酒家楼。绝知雪鬓宜蓑笠，分传貂裘与黑首。"此诗出自南宋陆游的《夏末野兴》，描写的是夏季景色。

款署：荫湖仁兄大法家，狄平子。

钤印：印迹不清。

附：

陆游（1125—1210）：字务观，号放翁，南宋越州山阴（今浙江绍兴）人。著名爱国诗人，陆游自幼好学不倦，20岁时与唐琬结婚，后被其母强行拆散。感情的伤痛伴其一生，留下《钗头凤》《沈园》等名作。29岁时，赴南宋首都临安（今杭州）应试，名列第一。后得夔州（今四川奉节）通判和蜀州、嘉州、荣州代理通判、知州等职。淳熙二年（1175），范成大镇蜀，邀陆游至其幕中任参议官。淳熙五年，陆游诗名日盛，受到孝宗召见，但并未真正得到重用，孝宗只派他到福州、江西去做了两任提举常平茶盐公事。在江西任上，当地发生水灾，他"草行露宿"，亲到灾区视察，并"奏拨义仓赈济，檄诸郡发粟以予民"，竟以"擅权"罪名罢职还乡。陆游在家闲居6年后，又被起用为严州（今浙江建德）知州。淳熙十五年，陆游在严州任满，卸职还乡。不久，被召赴临安任军器少监。次年，光宗即位，改任朝议大夫礼部郎中，他连上奏章，谏劝朝廷减轻赋税，反遭弹劾，以"嘲咏风月"的罪名再度罢官。此后，陆游长期蛰居农村。

"荫湖"：即金开藩（1895—1946）字潜庵，号荫湖，浙江吴兴人，居北京。工书画，能承家学，1926年9月金城去世。3个多月后，在陈缘督（梅湖）的提议下，由金城长子金开藩继承父志，在金北楼故居钱粮胡同14号组织画会，金潜庵任总干事，陈缘督、惠孝同任副总干事。因金北楼生前为其入室弟子都取"湖"字为号，故以"湖社"称之。当年湖社的董事会设在中山公园水榭，会员定期聚会，切磋画艺。

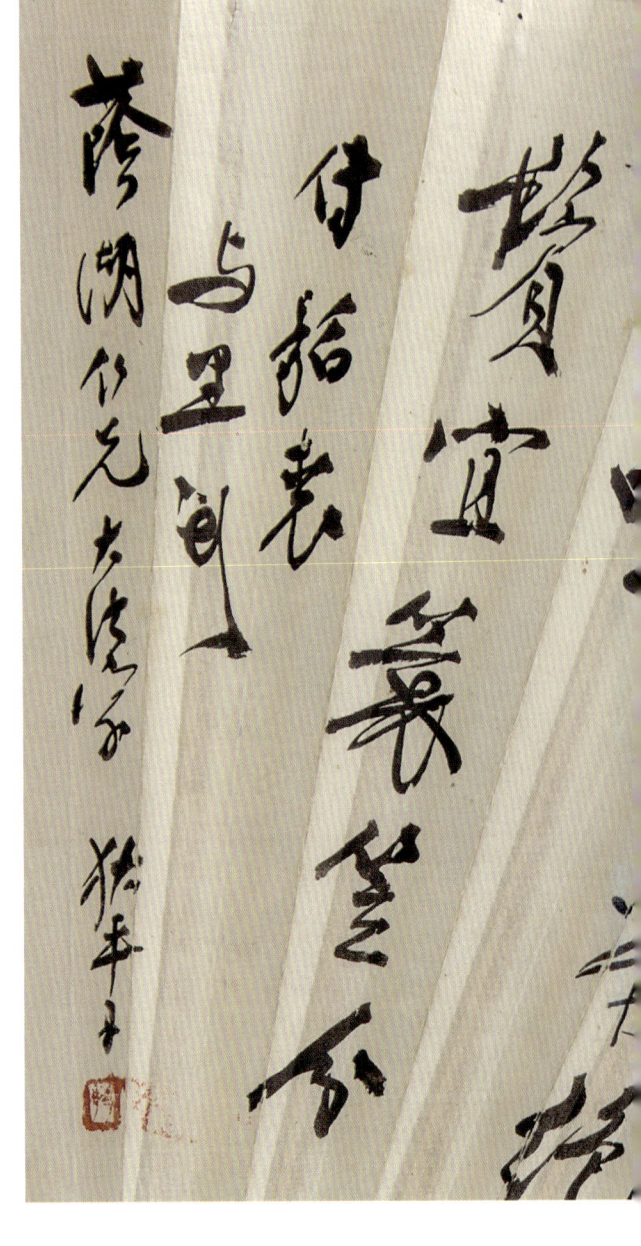

扇骨：扇骨材质为玉竹，长 32.2 厘米。扇肩呈庙门肩。扇头为古方头。扇钉为牛角钉。扇骨为十六档。扇面上口封裱淡黄色绫绢。

大骨一面刻《菊花图》，款"半丁写"，钤："陈"。一面刻宋代诗人雷震的《村晚》"草满池塘水满陂，山衔落日浸寒漪。牧童归去横牛背，短笛无腔信口吹。"

款：王□英书并刻。钤：王。

《菊花图》为两枝，一枝绽放，一枝半开。诗文采用阴刻。枝条、花瓣采用阴刻圆雕；菊叶用留沙地表现。画面清新淡雅，颇有文人气质。

附：

陈半丁（1876—1970）：即陈年，画家。浙江山阴（今绍兴）人。家境贫寒，自幼学习诗文书画。拜吴昌硕为师。40岁后到北京，初就职于北京图书馆，后任教于北平艺术专科学校。擅长花卉、山水，兼及书法、篆刻。曾任中国美术家协会理事、北京画院副院长、中国画研究会会长。代表作品有《卢橘夏熟》《高枝带雨压雕栏》《惟有黄花是故人》《赤壁夜游图》《莫负此生》等。1956年在北京举办个人作品展览。有《陈半丁画集》《陈半丁花卉画谱》《当代中国画全集·陈半丁》行世。

雷震：宋朝，生平不详。其诗见《宋诗纪事》卷七十四。

《村晚》释义：水草长满了池塘，池水漫上了塘岸，山像是衔着落日似的倒映在波光荡漾的水面上。牧童回村，横坐在牛背上，手拿短笛，悠闲地随意吹曲，谁也听不出是什么曲调。

《江潮马奔图》 折扇（正面）

[民国] 赵鹤青

纸本（发笺） 设色 纵18厘米 横51厘米
公元1938年

赵鹤青：生卒年不详。字翀，河北清苑人。20年代在北京辅仁大学读书时拜胡佩衡先生为师，参加北京的湖社，从事中国山水画的研究和创作。30年代赴天津协助刘子久先生从事中国画的普及与推广，作出了一定的贡献。1958年，赵鹤青先生由铁道部文工团下放到兰州铁路局文化宫。

画意：此画构图具有强烈的艺术表现个性，突破陈法，脱尽窠臼，创造出了沉雄奇崛、苍古高华的画面效果。画中右下角山石、古树、隐者、茅屋苍茫厚重，枯湿浓淡中均显笔力。用色古艳脱俗，不以自然色相为囿。画面大部分表现江水横流，波涛汹涌的景象，江水从天际而来，又挟势而去，激越之气溢满全纸。表现特点概括简约，用笔精练果断，雄健凝练，恰有一种信马脱缰的气势。几只海鸥临江而飞，别有一番意境。画面追求不平凡的表现，尚气势，重整体，有魄力，章法结构严谨，有力量感。

题释：江上潮来天地昏，形容无过雨当轩。奇观独数龙山顶，一片银涛白马奔。

款署：戊寅秋日写似，筠彦先生雅属。赵鹤青时客凤城。

钤印：鹤青（白）。

《清平乐》行书折扇（背面）

[民国] 吴剑华　　纸本（洒金）　纵18厘米　横51厘米　公元1938年

吴剑华：生卒年不详。浙江平江人，名清聘，工书画，精金石。

题释：清纳兰性德《清平乐》词三首。第一首《清平乐·烟轻雨小》"烟轻雨小，望里青难了。一缕断虹垂树杪，又是乱山残照。凭高目断征途，暮云千里平芜，日夜河流东下。锦书应托双鱼。"第二首《清平乐·将愁不去》"将愁不去，秋色行难住。六曲屏山深院宇。日日风风雨雨。雨晴篱菊初香，人言此日重阳。回首凉云暮叶，黄昏无限思量。"第三首《清平乐·凄凄切切》"凄凄切切，惨淡黄花节。梦里砧声浑未歇，那更乱蛩悲咽。尘生燕子空楼，抛残弦索床头。一样晓风残月，而今触绪添愁。"

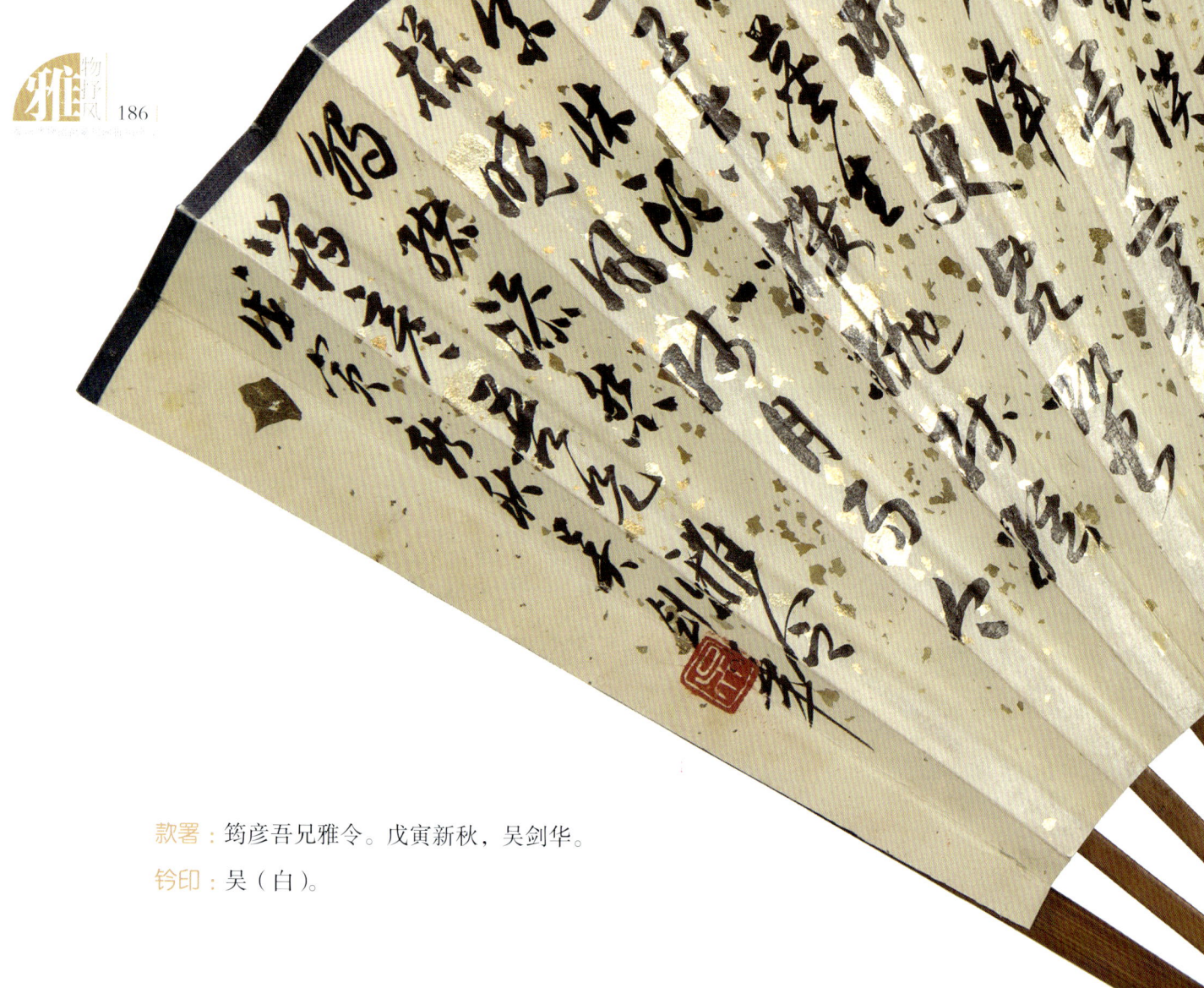

款署：筠彦吾兄雅令。戊寅新秋，吴剑华。

钤印：吴（白）。

附：

纳兰性德（1655—1685）：叶赫那拉氏，字容若，满洲正黄旗人，原名成德，避太子保成讳改名为性德，太子更名胤礽后恢复本名纳兰成德。纳兰性德号楞伽山人，清朝著名词人，父亲是康熙朝武英殿大学士、一代权臣纳兰明珠，母亲爱新觉罗氏是英亲王阿济格第五女，一品诰命夫人。纳兰性德自幼饱读诗书，文武兼修。十七岁入国子监，被祭酒徐文元赏识，推荐给内阁学士徐乾学；十八岁参加顺天府乡试，考中举人；十九岁参加会试中第，成为贡士；康熙十二年因病错过殿试，康熙十五年补殿试，考中第二甲第七名，赐进士出身。纳兰性德著有《通志堂集》《侧帽集》《饮水词》等，康熙二十四年（1685）暮春抱病与好友相聚，一醉一咏三叹，一病不起，于康熙二十四年五月三十日（1685年7月）病逝。

扇骨：扇骨为油竹素漆骨（大骨），长 32.5 厘米。扇肩为溜肩。扇头为挑蹬方头。扇钉为牛角钉。扇骨为十六档。扇面上口封裱深紫色绫绢。

大骨作素（黑色）漆骨，小骨为油竹本色。大骨两侧漆面刻钱币纹，形式不一。技法为线条阴刻,简洁明快,黑底白线,对比分明。两侧各刻四字,分别为"公甫仿古"与"景韩清玩"。

"公甫"为复姓,也写作"公父",指某人。"景韩":陈景韩(1878—1965),民国时期著名新闻工作者。

《牡丹图》折扇（正面）

[民国] 吴 煦

纸本 设色 纵19.5厘米 横54.5厘米 公元1935年

吴煦（1861—1944）：字子和，号蠖盦（盦同"庵"），云南保山人。光绪十六年（1890）庚寅科进士，清朝的翰林画家。工书画，善诗词。光绪十八年五月，散馆，授翰林院编修。历任山东道监察御史，京畿道监察御史，广东布政使。1914年后，任北平政府平政院评事兼司法官惩戒委员会委员。1923年4月离职。参与溥忻创办的"松风画会"。

题释：种花十年如种树，画工永使花颜驻。姚黄魏紫太纷纷，何如富贵行吾素。

画意：以设色写意法呈现了不同颜色、不同种类的牡丹。有天香飘远近、国色逞风流之感。是其晚年精品之作之一。

款署：乙亥新秋，伯威先生雅正。七十五老叟蠖盦吴煦。

钤印：吴煦之印（白）。

附：

"伯威"：即钱小山，字任远，号乌木山人、从桂留人。江苏武进人。工诗、善书。

《山中白云词》行书折扇（背面）

[民国] 夏孙桐

纸本 纵19.5厘米 横54.5厘米
公元1937年（或1936年）

夏孙桐（1856—1941）：字闰枝（后作润枝）、悔生，晚号闰庵。江苏江阴人。光绪十八年（1892）进士，授编修。历任广东考官，浙江湖州、宁坡、杭州知府。民国初入清史馆，负责编撰嘉、道、咸、同四朝臣工、循吏、艺术诸传。续修《四库提要》之医家类。工书，擅词。

题释：扇面题释内容分为三部分，其一取自宋代张炎（1248—1320）《山中白云词》（又名《玉田词》）中一段。清代郑文焯《词源斠律》载："玉田《词源》言，杨守斋有《圈法美成词》，盖取（其）词中字句，融入声谱，一一点定，如《白石歌曲》之旁谱，特于其拍顿加一（以）墨围，故云圈法耳。"

张炎，字叔夏，号玉田，又号乐笑翁。张炎所著《词源》是一部有影响的词论专著，分为音谱、拍眼、制曲、句法、字面、虚字、清空、意趣、用事、咏物、节序、赋情、离情、令曲、杂论，五要十六部分。上卷是音乐论，下卷为创作论。

其二取自清代毛开《樵隐笔录》："绍兴初，都下盛行周清真咏柳《兰陵王慢》，西楼南瓦皆歌之，"谓之《渭城三叠》。

其三最后一句是夏孙桐所说："玉田词叙亦两记之。"

款署：伯威仁兄大人正，夏孙桐年八十。

钤印：悔生（朱）。

扇骨：扇骨材质为玉竹，长32.2厘米。扇肩在大骨的偏下方呈近似直角肩。扇头为菱角圆头。扇钉为牛角钉，钉面呈扁圆，拱面，有"鼠眼"，牛角薄片贴菱角圆头两侧。大骨中间开槽镶嵌紫檀，扇头处紫檀木条渐宽，与牛角薄片相连。

扇骨为十一档。扇面上口封裱深紫色绫绢。日式扇，清末至民国年间十分流行，尤其受到文人的青睐。

《墨竹图》折扇（正面）

[民国] 陈汉第　　纸本　水墨　纵18厘米　横50厘米　公元1933年

陈汉第：（1874—1949）字仲恕、仲书，号伏庐，浙江杭州人，清末翰林，早年留学日本，与孙中山关系密切，辛亥革命后历任总统府秘书、国务院秘书长、参政院参政、清史馆编纂。晚年寓居上海，潜心书画艺术创作和金石收藏。陈汉第善写花卉，也画山水人物。在他笔下，枯木竹石无不精神。作品《赤松》《虬松》《劲松》《罗汉松》；《朱竹》《墨竹》《菊竹》《凤尾竹》等，生动有致，格调淡雅。1936年画的《云栖翠竹》，犹如绿云压径，飘逸生动。其书法以行书见长，他画的扇面，书画合璧，亦显功力。藏印颇富，有伏庐印存。

画意：以墨笔画竹二株，嫩竹两株，竿梢挺然，枝叶飘摇，有潇洒出尘之致；枝干润泽，叶尖微垂，颇有含雨带露之态。画面出竿、伸枝、布叶，笔笔有法而又不拘于法。以圆劲之笔画竿，以秀挺之笔画枝，竹叶笔触宽窄直曲，发挥了书法特长，随手自然撇出，以体现叶之正侧向背，顾盼俯仰。以墨之干湿浓淡和笔触之大小疏密表现竹丛之空间感和立体感。运笔熟练简洁，造型生动逼真，清爽之神韵跃然笔端。

款署：拟李东阳墨法似，伯恒先生方家教之。癸酉中秋前二日，伏庐陈汉第。

钤印：陈汉第（白）、伏庐六十以后作（朱）。

附：

李东阳（1447—1516）：字宾之，号西涯，谥文正，明朝中叶重臣，文学家，书法家，茶陵诗派的核心人物。湖广长沙府茶陵州（今湖南茶陵）人，寄籍京师（今北京市）。天顺八年进士，授编修，累迁侍讲学士，充东宫讲官，弘治八年以礼部侍郎兼文渊阁大学士，直内阁，预机务。立朝五十年，柄国十八载，清节不渝。文章典雅流丽，工篆隶书。有《怀麓堂集》《怀麓堂诗话》《燕对录》等。

伯恒：即孙壮（1879—？）直隶（今河北）大兴人（原籍浙江余姚）。字伯恒，号雪园，室名读雪斋、玉简草堂、澄秋馆、抱朴斋、塙室。前清进士，著名书法家，收藏家，对青铜器研究颇深，国子监学生，肄业于同文馆、京师大学堂。后任北京商务印书馆经理、中国营造学社校理等职。考古学社社员。

著有《永乐大典考》《版籍丛录》《集拓魏石经》《楚器图考》《北京风土记》《俗语古注》《雪园藏吉语印谱》《读雪斋藏吉印》《玉简草堂藏玉图谱》《澄秋馆吉金图》《抱朴斋经眼录》《塙室题跋·藏陶考》等。

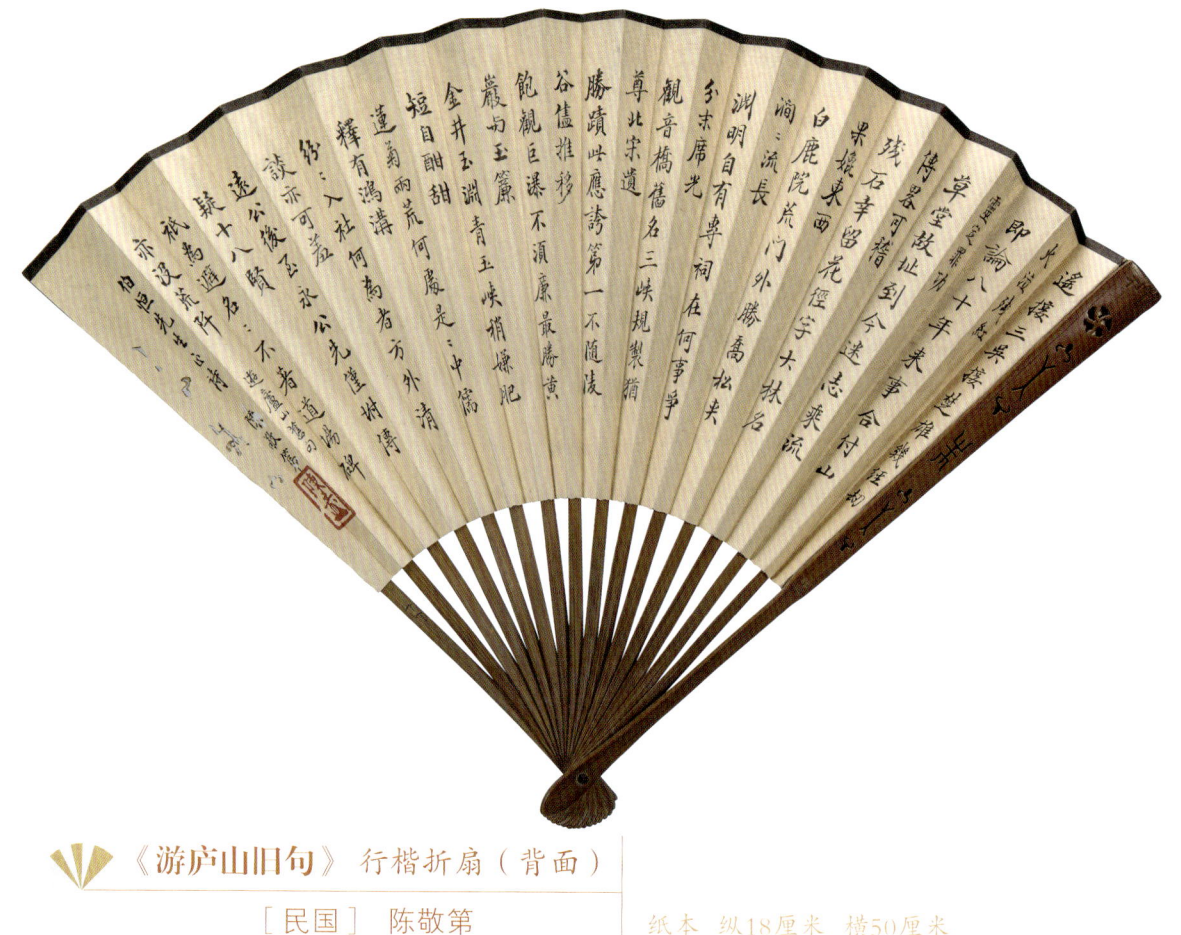

《游庐山旧句》 行楷折扇（背面）
[民国] 陈敬第　　　　　　纸本　纵18厘米　横50厘米

陈敬第（1876—1966）：字叔通，号云麋，浙江杭州人。光绪二十九年进士，散馆授编修、清末翰林。中国政治活动家，爱国民主人士。甲午战争后留学日本，曾参加戊戌维新运动。1906年，任宪政调查局会办、资政院民选议员。1911年后，当选中华民国第一届国会众议院议员。曾参加反对袁世凯的斗争。先后任浙江都督府秘书长，大总统秘书，国务院秘书长。1915年，任商务印书馆董事。1927年后，任浙江兴业银行董事兼总经理办公室主任。抗日战争期间参加抗日救亡活动。抗战胜利前夕，筹组上海市各界人民团体联合会。1949年9月，出席中国人民政治协商会议第一届全体会议。中华人民共和国成立后，任中央人民政府委员。1953年，任中国人民保卫世界和平委员会副主席。

题释："遥接三吴接楚雄，几经劫火泣残红。即论八十年来事，合付山灵定罪功。草堂故址到今迷，志乘流传略可稽。残石幸留花径字，大林名果媲东西。白鹿院荒门外胜，乔松夹涧涧流长。渊明自有专祠在，何事争分末席光。观音桥旧名三峡，规制犹尊北宋遗。胜迹此应夸第一，不随陵谷尽推移。饱观巨瀑不须廉,最胜黄岩与玉帘。金井玉渊青玉峡,稍嫌肥短自酣甜。莲菊两荒何处是,是中儒释有鸿沟。纷纷入社何为者,方外清谈亦可羞。远公后至永公先,仅附传疑十八贤。只为避名名不著,道场碑亦没荒阡。"此诗是陈敬第游历庐山时所作。

款署：游庐山旧句,伯恒先生正诗,陈敬第。

钤印：陈□（朱）。

扇骨：扇骨材质为棕竹,长30.5厘米。扇肩呈庙门肩。扇头为古圆头。扇钉为牛角钉,钉面呈圆状,微拱。扇骨为十六档。扇面上口封裱黑色绫绢。

大骨雕镂空几何纹,造型别致。纹饰以线条式镂空,两两相对,中间刻一"寿"字。

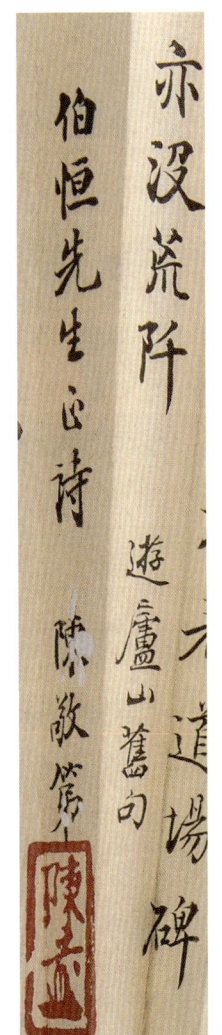

附：

"寿"字纹是古代传统纹饰之一。属于文字纹的一种。"寿"字寓意"福寿绵长、寿与天齐、有福有寿、福寿安康"。

文字纹装饰,第一种方式是将文字书写错落有致,犹如花纹；第二种方式是将文字图案化,成为装饰画面的组成部分。常见的单字文字纹除寿字纹外,还有万字纹、福字纹、双喜纹等。

《绣球双雀图》 折扇（正面）

[民国] 徐名鸿　　纸本　设色　纵19厘米　横51厘米　公元1932年

徐名鸿（1897—1934）：字羽仪，广东丰顺人，出生书香之家。1919年8月毕业于北京高师国文系。他思想敏锐，追求进步，失志探索救国的道路，参加进步社团"工学会"，参加了五四爱国运动，主办平民教育社社刊《平民教育》。曾作为国家代表赴菲律宾参加远东运动会。毕业后，在师大附中任教，兼国文系助教。

画意：画面上截取绣球花及枝干的局部，以折枝画法表现了绣球花的艳丽，并以水墨烘染浓淡，略施色染。画中双雀栖息枝梢，色彩柔和，与主体绣球花并列，很有表现力。在技法上绣球花用笔苍劲，枝叶笔力坚挺，整体画面显示出刚柔相济、动静结合的艺术效果。

款署：庸斋年伯海正。壬申新秋羽仪。

钤印：羽仪（朱）。

附：

在中国画中，以花卉、花鸟、鱼虫等为描绘对象的画，称之为花鸟画。花鸟画的画法有"工笔""写意""兼工带写"三种。工笔花鸟画用浓、淡墨勾勒对象，再深浅分层次着色；写意花鸟画用简练概括的手法绘写对象；介于工笔和写意之间的就称为兼工带写，形态逼真。

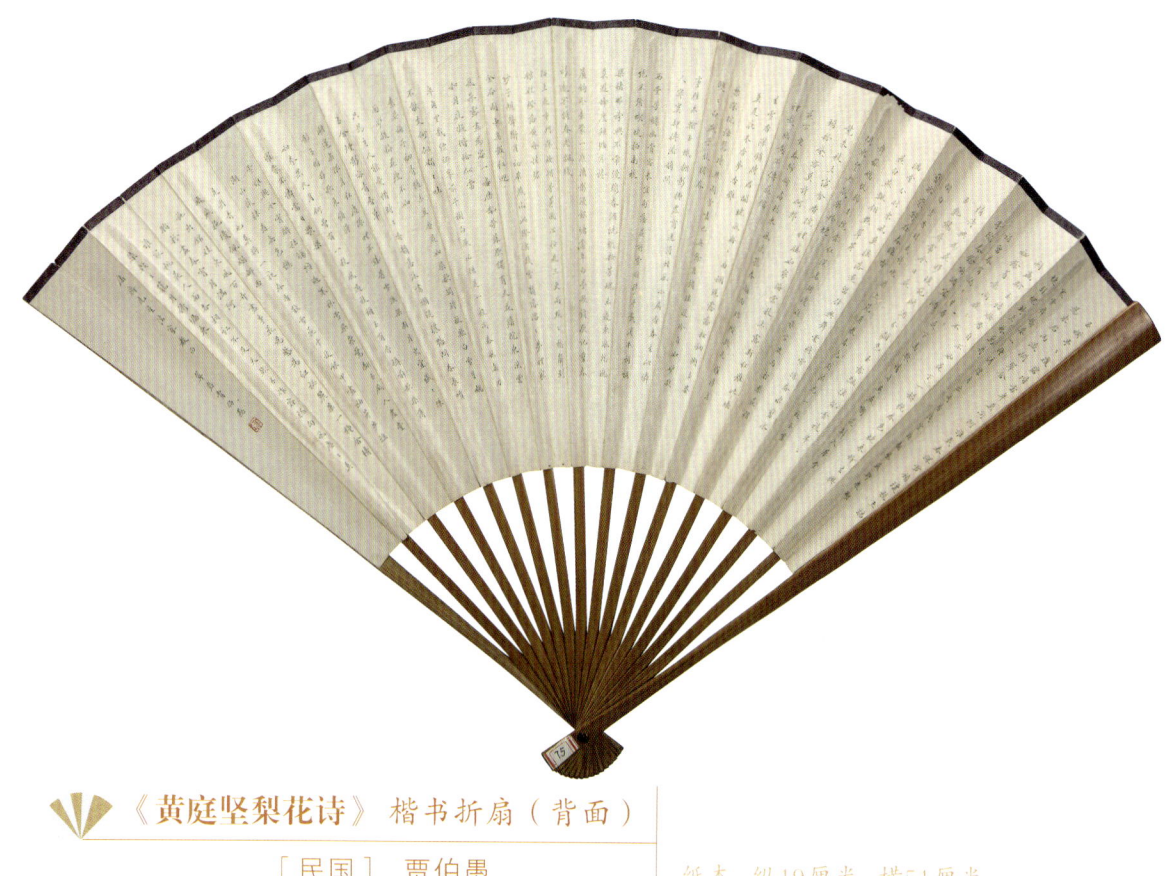

《黄庭坚梨花诗》楷书折扇（背面）

[民国] 贾伯愚 纸本 纵19厘米 横51厘米

贾伯愚：生平不详。

题释：前十首是黄庭坚《梨花诗》，"玉树亭亭覆碧阶，当年莫问阿谁栽。春深雪锁琼枝上，端为东君雨后开。""翠含寒雪舞娇姿，一种清标自出奇。香浅定庭翻紫燕，却教蝴蝶引魂时。""上林万卉斗赢输，玉洁娇香自不如。花下一樽挽春色，蝶来蜂去兴初余。""着意问花花不语，留春有酒酒生香。花下高歌情自爽，燕衔花瓣入华堂。""亭院春余唤酒宜，酒情诗兴为花移。琼葩映酒分颜色，玉露飘摇乱雪枝。""年年玉乳态寻常，今日花开白雪香。引我诗魂游上苑，莫教春色别流光。""一枝玉剪剪冰裳，寄在春条香满堂。分付东风莫摇落，还留佳兴舞云将。""雪消春水剪冰花，白燕飘翎点翠芽。舞罢娇枝归别院，乱红深处问琼娃。""谁言夜雨打梨花，借问东皇老岁华。粉蝶竟来枝上宿，含香殿里胜如家。""海棠枝上露新红，难比墙头粉黛容。莫许何郎花下坐，春归何处怨东风。"其后是黄庭坚《次韵秦少游》十首，"淡笼春韵向晴阶，疑是罗浮月里栽。幽意不传花信去，雪香深锁待君开。""晓风冉冉曲栏迟，露落妆钿懒玉姿。莫

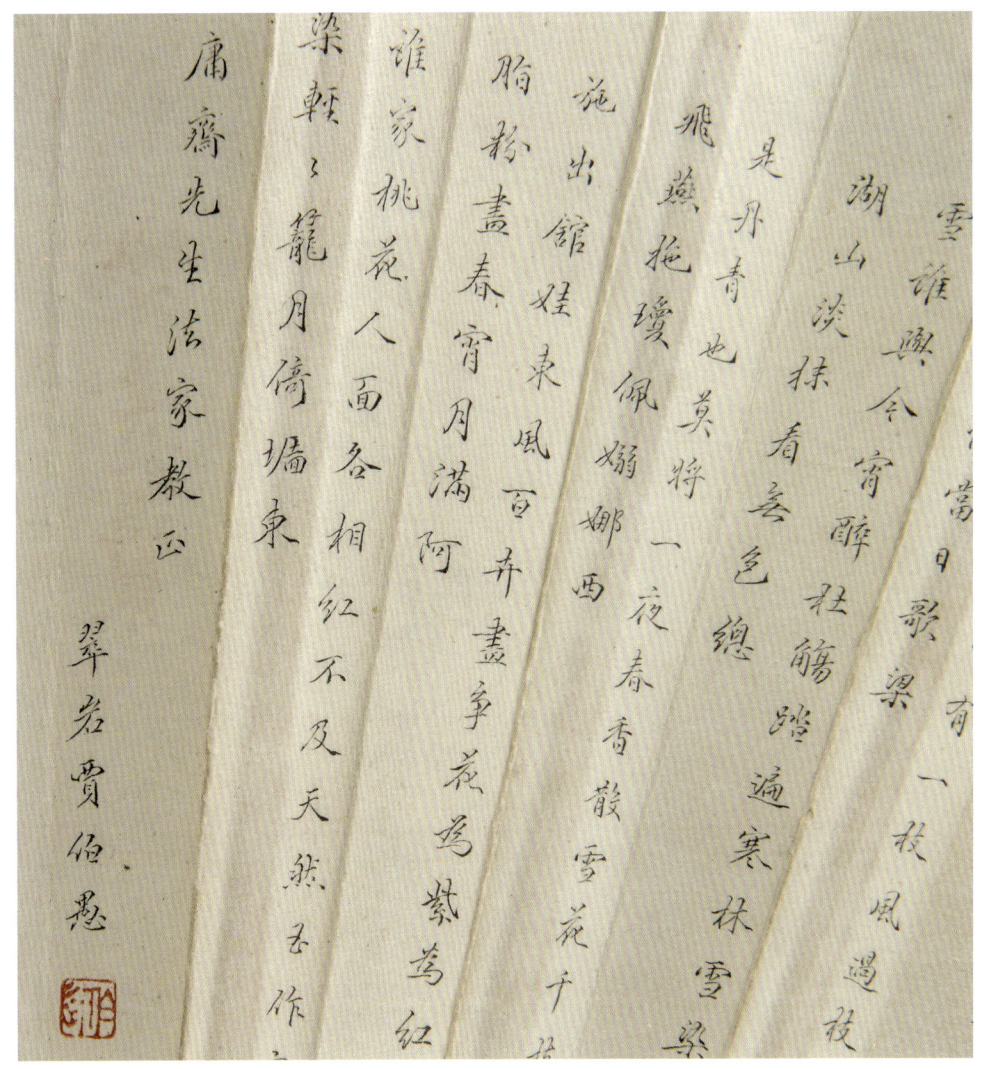

是夜来香梦杳，难禁深院语莺时。""梁园雪尽已无余，月锁瑶枝冷自如。妒杀双双白燕子，故将春事往来输。""玉蛾翻影拂虚窗，逗得轻风小扇香。春去似怜人寂寞，却传清韵问西堂。""芳樽幽赏客来宜，句落花前雪羽移。千载清平词调绝，不须蝴蝶拍南枝。""梁绪那夸兴不常，漫携春酒洗明妆。芳魂未逐东风怨，遮莫游蜂度短墙。""月卷帘钩冷素裳，一庭清影浸银塘。当年百苎歌销歇，记剪春衫远寄将。""春老飘残陌上花，重门深掩惜芳芽。关心怕是三更雨，点点愁声到馆娃。""灯落黄昏怯碧纱，子规声断月初华。燕山此际无残雪，韵落溶溶梦里家。""金谷园中无数红，迎风承露尽为容。一番历乱芳菲歇，独有天花澹院东。"后十首原载于师亮采《秦邮帖》，后收入《宋黄文节公全集·续集》卷十，其中，前七首清人王敬之《小言集·枕善居诗剩》为其"概能效涪翁笔意者"之所伪托。最后三首是黄庭坚《又次韵梨花》诗三首。"淡云和风夜凝阶，恰似当年甪里栽。缥缈峰前千树白，燕山犹是一般开。""春风无力不能支，何似娟娟吐素姿。梅子初青犹未豆，杏花如染欲开时。""故欺白雪呈娇面，妒杀梅花瘦不如。只为主人能爱惜，时时香韵落床书。""懒从浓艳问春长，喷玉含烟影亦青。香草湖边无限月，红尘队里不胜芳。""雪后梁园月更宜，纤纤疏影玉阶移。秋来结得如拳果，九月何曾有一枝。""风过枝头玉有香，樽前欲染薄罗裳。不怜当日歌梁雪，谁与今宵醉杜觞。""踏遍寒林雪染裳，惊翻玉燕入虚堂。湖山淡抹看无色，总是丹青也莫将。""一夜春香散雪花，千枝银甲尽抽芽。步摇飞燕拖琼佩，袅娜西施出馆娃。""东风百卉尽争花，为紫为红总丽华。一种含情脂粉尽，春宵月满阿谁家。""桃花人面各相红，不及天然玉作容。总向风尘尘莫染，轻轻笼月倚墙东。"

款署：庸斋先生法家教正。翠岩贾伯愚。

钤印：伯愚（朱）。

附：

《梨花诗》：共三十首，原体为行书。其中十首是他收到岳父孙莘老的梨花诗后作的唱和诗。黄庭坚自从被点名放还后，在空闲的日子里，常常苦思真情从哪里而来？虽然这样，当他抚触景物，感伤时遇，情不能自已的时候，随着孙莘老所押的韵脚，写下了吟咏梨花的诗句。另外十首是黄庭坚次韵秦少游的梨花唱和诗。诗后有跋文曰：黄涪翁与秦少游梨花唱和诗，尝见闽刻，有三十首，与此大同小异。然山谷，淮海两集俱不载，未经收入耶？得此可补其缺。

可见《秦邮帖》中的《梨花诗》可以补足《山谷诗》《淮海集》中的缺漏，是很有价值的。

"**文游台**"、《秦邮帖》：北宋元丰七年（1084）十月，苏轼途经高邮，会见了寓居高邮的挚友王巩（字定国，北宋著名诗人、画家）、高邮人孙觉（字莘老，黄庭坚的岳父）和青年才俊秦观（字少游，号淮海居士，"苏门四学士"之一）。四位文贤雅聚东岳庙（即泰山庙）后的土山（又名东山）上，品酒论文、吟诗作赋。时广陵郡太守欣然题写"文游台"。

清嘉庆乙亥年（1815），师亮采在秦邮（今江苏省高邮市）任知州时，嘱咐钱泳汇聚苏轼、黄庭坚、米芾、秦观、秦觏、赵孟頫、董其昌诸名家墨迹，刻于文游台的石壁之上，名为《秦邮帖》。师亮采，原名兆龙，字承祖，号禹门，陕西韩城人，为人孝廉方正。著有《禹门文钞》。钱泳（1759—1844），字立群，一字梅溪，号梅华溪居士，金匮（今江苏无锡）人，清代著名学者、金石学家。师亮采题跋记述镌刻《秦邮帖》经过曰：嘉庆甲戌七月余摄篆秦邮，暇时登文游台谒四贤祠，意谓苏文忠与孙莘老、王定国、秦淮海辈尝游是台，而无诸彦遗墨为阙典，乃嘱金匮钱梅溪先生聚诸名迹刻石壁间，命曰秦邮帖，可增艺林中一段佳话也。次年秋八月韩城师亮采书。

师亮采后来又在"文游台"增祀黄庭坚、孙览（孙觉的弟弟）、孙洙（字巨源，苏轼的至交文友）、秦靓（字少章，秦观的弟弟）、秦觏（字少仪，秦观的弟弟）、陈唐卿（南宋高邮人，著名文学家）六君子牌位。

黄庭坚《梨花诗》：帖字体点画精妙细致，秀丽洒脱，静中有动。诗序中，黄庭坚以反诘的语气道出了诗的成因:"夫诗生于情,不情而何以诗。"此帖收录黄庭坚与秦观唱和的梨花诗二十首,诗由情生,以诗言情,以诗言志,赞美梨花的洁白和不被风尘所染的高尚纯洁。后十首未在帖中呈现。

黄庭坚(1045—1105):字鲁直,自号山谷道人,晚号涪翁,又称黄豫章,洪州分宁(今江西修水)人。北宋诗人、词人、书法家,为盛极一时的江西诗派开山之祖。英宗治平四年(1067)进士。历官叶县尉、北京国子监教授、校书郎、著作佐郎、秘书丞、涪州别驾、黔州安置等。哲宗立,召为校书郎、《神宗实录》检讨官。后擢起居舍人。宋英宗治平四年进士,绍圣初以校书郎坐修《神宗实录》失实被贬职,后来新党执政,屡遭贬,死于宜州贬所。

擅文章、诗词,尤工书法。诗风奇崛瘦硬,力摈轻俗之习,开一代风气。与张耒、晁补之、秦观并称"苏门四学士"。诗与苏轼并称"苏黄",有《豫章黄先生文集》。词与秦观齐名,有《山谷琴趣外篇》、龙榆生《豫章黄先生词》。晁补之云:"鲁直间作小词固高妙,然不是当行家语,自是著腔子唱好诗。"(见《诗人玉屑》)。有《山谷词》又名《山谷琴趣外篇》。主要墨迹有《松风阁诗》《华严疏》《经伏波神祠》《诸上座》《李白忆旧游诗》(现晋祠有清道光二十八年张穆书《黄庭坚书李白忆旧游诗》于翰香馆)等。书论有《论近进书》《论书》《清河书画舫》《式古堂书画汇考》等。诗风奇崛瘦硬,力摈轻俗之习。书法精妙,与苏、米、蔡并称"宋四家"。词风疏宕,深于感慨,豪放秀逸,时有高妙。

扇骨:扇骨材质为玉竹,长32厘米。扇肩呈溜肩。扇头为古方头。扇钉为牛角钉,钉面呈圆状,微拱。扇骨为十六档。扇面上口封裱深紫色绫绢。

《梅花图》折扇（正面）

[民国] 丁辅之　　纸本　设色　纵18.2厘米　横50.3厘米　公元1936年

丁辅之（1879—1949）：近代篆刻家、书画家。原名仁友，后改名仁，字辅之，号鹤庐，守寒巢主，后以字行。浙江杭州人，晚清著名藏书家"八千卷楼主人"丁松生曾孙。嗜甲骨文，喜篆刻，名印金石，代有收藏，西泠八家印居多。擅画花卉瓜果、梅花。幼承家学。一度同王禔供职于沪杭铁路局，公余之暇探讨金石书画。

1904年，与王禔、吴隐、厉良玉、叶舟等发起创办西泠印社。社址即设于丁氏幼年读书处。寓居上海后，经常与吴昌硕、王一亭、童大年、黄葆戊等相聚于海上题襟馆金石书画会。工书，长于甲骨篆文，结字停匀，用笔疏朗瘦劲，书风恣意、天然、古朴、工整。著有《西泠八家印谱》三十四卷、《丁氏八家印选》《杭郡印辑》《丁氏秦汉印谱》《鹤庐诗词稿》《鹤庐题画集》等。

画意：图绘老梅新枝，蓓蕾竞绽，造型生动，梅干、梅枝疏影横斜，采用其一贯的画梅技法，境界幽雅淡逸。

以浓淡墨作梅树枝干，浓墨点苔，用胭脂作没骨梅，浓墨点蕊，用笔洗练、疏朗秀挺、冷艳雅致。画家以劲健、飞白的笔触皴写粗干，用疏与密、繁与简、直与曲等对比手法布局，墨色浓淡参差，是丁辅之晚年的杰作之一。

题释：霜晨月夕多风格，雪地冰天老岁华。

款署：丙子冬十月，集商卜文字诗，为药痴先生方家雅属。鹤庐丁辅之并题于海上守寒巢。

钤印：鹤（白）、丁辅之（朱）。

《石赞清集唐人词》楷书折扇（背面）
[民国] 邢 端

纸本 纵18.2厘米 横50.3厘米
公元1937年

邢端（1883—1959）：字冕之，号蛰人，笔名新亭野史，贵州贵阳人。1901年辛丑科举人，1904年甲辰科进士。毕业于日本大阪高等工业预备学校及东京法政大学。历任翰林院检讨、奉天八旗工厂总办、天津工业学堂监督、北洋政府工商部佥事、图书馆主任、农商部技监。1917年起历任农商部矿政司司长、工商司司长、普通文官惩戒会委员、善后会议代表、井陉矿务局总办。1928年后赋闲。1951年被聘任为中央文史研究馆馆员。

邢端长于山志掌故，精书法，工楷、行书。著有《黄山游记》《齐鲁访碑记》《于钟岳别传》《黔人馆选题名》《读南北史割记》《续魏书宗室传补》《山游日记》《贵州方志提要》等。他在日军占据北平时，很有民族气节，不与敌伪往来，经常赋诗明志。1960年他的家属将遗稿厘为诗、文、游记三类，《蛰庐丛稿》线装出版面世。

题释：摘自《钉豆词》集。"年年柳色（李白《忆秦娥》）惹相思（欧阳炯《三字令》），正是销魂时节（毛熙震《清平乐》）。惆怅不堪，回首望（邵谒没后降玉诗）。忽忆去年离别（冯延巳《喜迁莺》)。灞岸分筵(徐坚《送武员外》),云歌晓啭(褚亮雍和),疾眼两行血(白居易《和元诗》),燕儿来也(无名氏《撷芳词》)。青鸟不来愁绝(昭宗《巫山一段云》),无言独上西楼(李后主《相见欢》),翠帘慵卷(鹿虔扆《临江仙》),门外山重叠(皇甫曾赠沛师)。风里落花谁是主(李璟《浣溪沙》),桥下水流呜咽(温庭筠《清平乐》),春日如年(花蕊夫人《采桑子》),愁肠欲断(孙光宪《清平乐》),满室虫丝结(刘长卿《宿双峰寺》)。莺啼残月(韦庄《清平乐》),有恨欲凭谁说(魏承班《谒金门》)。画角数声呜咽(牛峤《定西番》),蝉鬓美人愁绝(温庭筠《更漏子》),划袜下香阶(李后主《菩萨蛮》),万顷金波重叠(孙光宪《渔歌子》)。明月明月(戴叔伦《调笑令》),偏照悬悬离别(李白《清平乐》)。"

款署:丁丑元夕,写石赞清侍郎集唐人词两阕。以奉药痴先生法家正谬。蛰人弟邢端。

钤印:蛰人□□(白)、思适斋主(朱)。

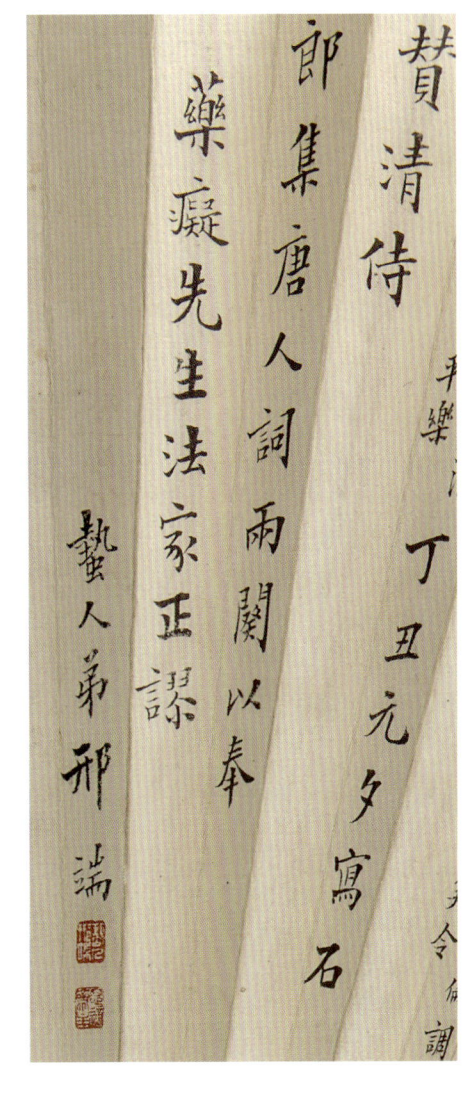

附:

石赞清(1805—1869):字次枭、襄臣,清朝贵州省黄平县旧州镇石牛寨勇村人。清道光十五年(1835)举人,十八年(1838)进士。补阜城知县,署献县知县,调正定、卢龙知县,升芦台抚民通判,署永定河北岸同知,升顺天府治中,署通永道、霸昌道。咸丰六年(1856)五月补天津知府。咸丰十年十一月,擢顺天府尹,同治元年(1862)以府尹兼署刑部右侍郎,九月补授直隶布政使。二年(1863)调湖南布政使,次年曾奉旨祭告南岳。后又护理湖南巡抚。五年(1866),招入为太常寺卿、稽察左翼觉罗学、转宗人府府丞。六年(1867)补授都察院左副都御史,再补工部右侍郎。八年(1869)病逝于京师,葬之于贵阳宅吉坝。

石赞清为官政绩卓著,诗书画三绝,在文学上也很有造诣,擅长集句诗的创作。他喜读唐宋元明历代名家名作,凡游览名山大川,赠朋答友,咏物言志,抒发感慨,常利用前人诗句巧妙工合,成为一首新诗,读来别致清新,毫无抄录之嫌。他集有《豆丁吟》十二卷1045首、《紫荃山馆赋帖诗》393首。

扇骨：扇骨材质为玉竹，长32厘米。扇肩呈溜肩。扇头为挑蹬方头。扇钉为牛角钉。扇骨为十六档。扇面上口封裱淡黄色绫绢。

大骨刻钟鼎文，文字说明。一侧刻"育尽国元年八月之健效，右宝林首案癸未灵昌寿延年。反四字阮氏古泉父，丁亥文耳，益□古氏本。"另一侧刻"育宝□伯申作止效凡四字八月之健，之于男无死穴十斗，案正元昌宝寿延年，仿阮氏之本耳。"

《经霜老树图》 折扇（正面）

[民国] 张 恬　　纸本 设色 纵18.4厘米 横51.5厘米 公元1931年

张恬：生卒年不详。字研农，砚农、彦农，号淳菁阁主，北京通县人，为大画家陈师曾门人，善画花卉。

张恬与当时京城著名书画家陈师曾、齐白石、溥心畲（溥儒）、丁佛言、张寿丞等，均有深厚的交往，也与民国政要有来往。

画意：该画绘远山、怪石、屋舍及三株老树。老树枝干挺拔，古藤萦绕，体态龙钟，树叶有的线勾，有的墨点，浓淡互衬。映衬了杜甫诗句编成的名联："野云低渡水，老树饱经霜。"

题释：老树饱经霜。

款识：杜少陵句画似，声如四兄教正。辛未伏日，张恬。

钤印：印迹不清。

附：

淳菁阁：在1915年至1920年期间，淳菁阁在琉璃厂西街成立，斜对门是北京同古堂、松古斋、商务印书馆等，主要业务为销售书画以及印章、笺纸、墨盒等文房用具，也出版一些书籍。

在书画方面，淳菁阁与北京知名书画家、篆刻家保持着非常紧密的合作关系，合作过的书画家包括齐白石、陈师曾、姚茫父、溥心畲、丁佛言、马晋、赵拙存、李桢、金城、杨天骥、夏寿田、杨令茀、冯臼、王福庵、陶溶等。

笺纸是淳菁阁的一大特色，特别是陈师曾所作的诗笺，虽寥寥数笔，但潇洒不俗。淳菁阁用木版水印法制作的花果笺、唐画壁砖笺收录于鲁迅与郑振铎的《北平笺谱》一书。当时北京琉璃厂出售彩笺品种最多的当属清秘阁、荣宝斋、宝晋斋、淳菁阁等南纸店。淳菁阁的木板刻工人皆称之为张老西，住厂西门，其技能为一时之最，名气最大的为张启和。

淳菁阁不专门从事墨盒制作，接受客户委托定制，阁主张恬与北京同古堂张寿丞友善，张寿丞当时为淳菁阁刻制了很多精品墨盒。

淳菁阁在刻铜中占有重要地位，次于同古堂、荣宝斋、两明斋、清秘阁等。

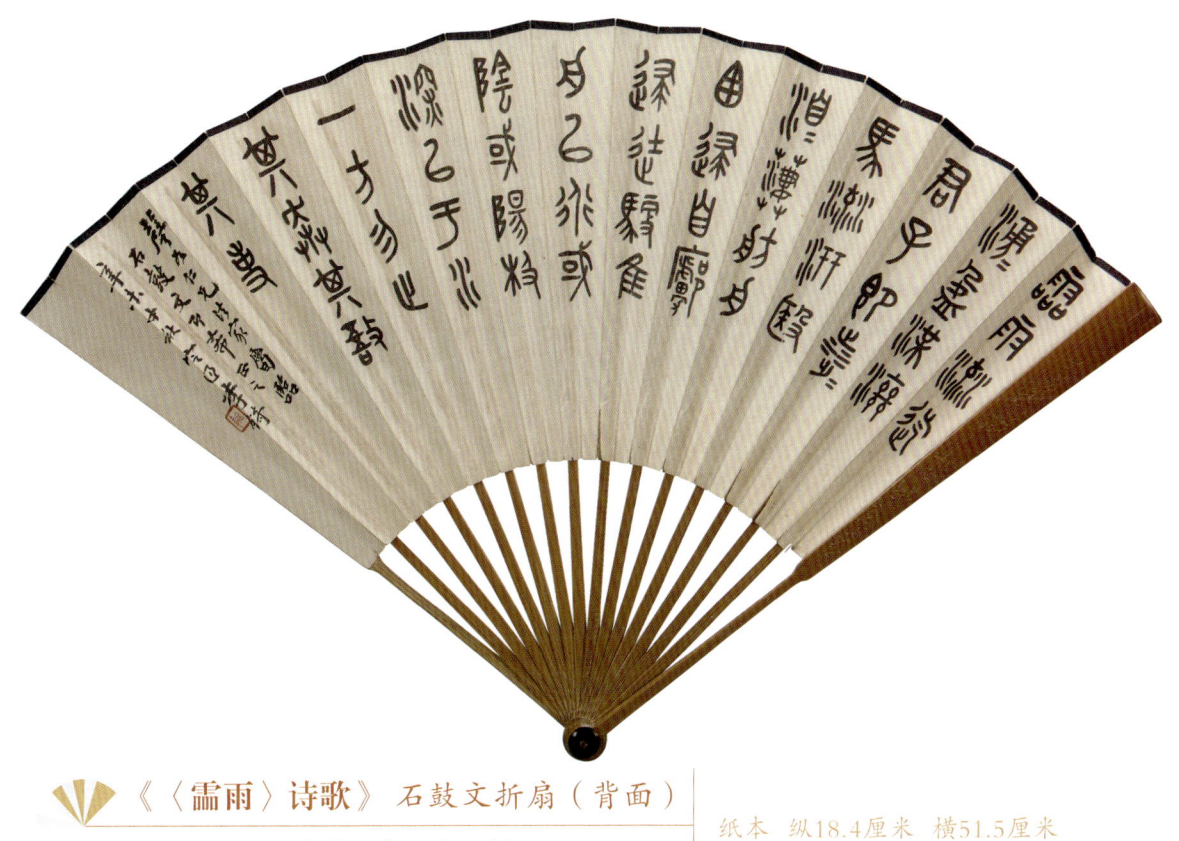

《〈霝雨〉诗歌》石鼓文折扇（背面）
[民国] 李锜

纸本 纵18.4厘米 横51.5厘米
公元1931年

李锜：生卒年不详。秣陵（今江苏南京）人，清末民国著名印人。字鼎彝、鼎宜、鼎匜、定夷、定颐，号雪斋、緘盦。善书画，喜金石文字考订与收藏。唐醉石（原名源邺）为其刻印不少。

20世纪中期中国印坛出现过几位名人，他们是叶鸿翰、李锜、唐醉石（原名源邺）、王福盦。他们相交约半个世纪，亦师亦友，在艺术上相互切磋、相互探讨，留下了一份印坛上不可多得的《印汇》。

题释：书写《石鼓文》第三首（或第六首）《霝雨》诗。其内容是记秦文公三年东猎（伐戎）迁汧之事。石鼓诗歌是《秦颂》，中心思想是"颂秦德"。据载《霝雨》刻石，高二尺一寸，围六尺八寸。刻石文字为"霝雨，流迄涌涌，盈谋济，君子即涉，涉马流，汧殹泊泊，凄，舫舟囵逮，自廊，逮徒驭，佳舟以行（道），或阴或阳，极深以，于水一方，勿止，其奔其敌，其事。"因文字多残，未能组成四字一句，故录历史记载，摘录如下："霝雨□□。流迄涌涌，盈谋济济。君子即涉，涉马□流。汧殹泊泊，萋萋□□。舫舟囵逮，□□自廊。徒驭汤汤，佳舟以行（道）。

或阴或阳，极深以□。于水一方，勿□□止。其奔其敔，□□其事。"

款署：声如仁兄法家雅属，临石鼓文即希正之。辛未中秋定夷李锜。

钤印：定夷（朱）。

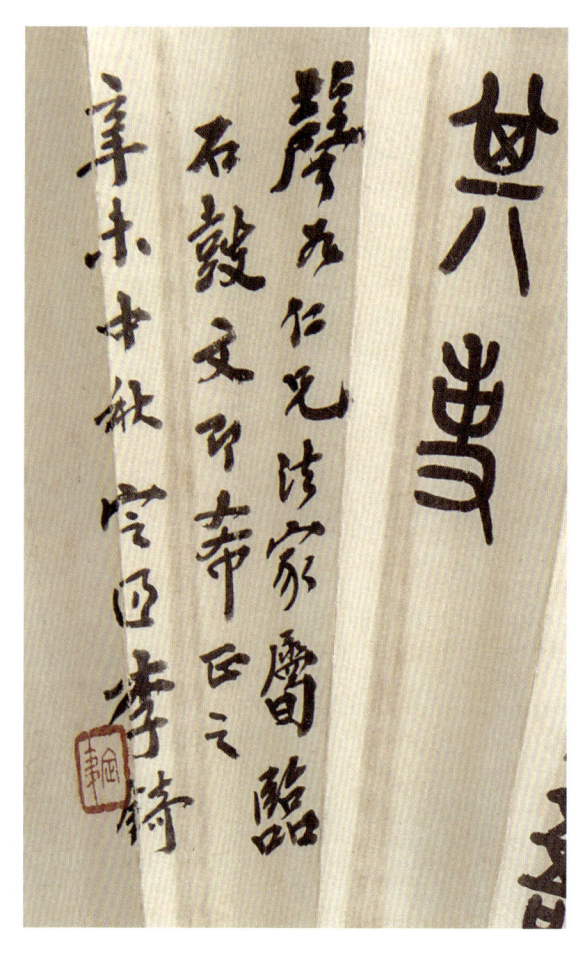

附：

石鼓文：秦刻石文字，是我国现存最早的石刻文字。也是古今书法家最为敬重的"圆笔书"圣典。因其刻石外形似鼓而得名。发现于唐初，共10枚，高约3尺，径约2尺，刻有大篆四言诗一首，共10首，计718字。内容最早被认为是记叙周宣王出猎的场面，故又称"猎碣"。宋代郑樵《石鼓音序》之后"石鼓秦物论"开始盛行，清末震钧断石鼓为秦文公时物，民国马衡断为秦穆公时物，郭沫若断为秦襄公时物，今人刘星、刘牧则考证石鼓为秦始皇时代作品。石鼓刻石文字多残，北宋欧阳修录时存465字，明代范氏天一阁藏本仅462字，而今之"马荐"鼓已一字无存。原石现藏故宫博物院石鼓馆。

扇骨：扇骨材质为玉竹，长31厘米。扇肩呈庙门肩。扇头为菱角圆头。在扇头两侧镶嵌琥珀薄片，然后烫钉，扇钉为牛角钉。扇骨为十六档。扇面上口封裱深紫色绫绢。

大骨雕刻山水人物图。一侧刻：近景山崖、树木、两个人物，一个人似有邀月之举，为邀月图。远景远山、明月。采用留青阴刻。另一侧刻山崖，树木葱郁，两个人物，一个似读书，为读书图。采用留青阴刻。刀刻娴熟，刀法简洁，富有含义。

211

《戴仲若游春图》 折扇（正面）

[民国] 祁埜云

纸本 设色 纵18.4厘米 横51.2厘米
公元1937年

祁埜云：生平不详。北京近代画家。

画意：扇面老柳新枝，随风摇曳，两只黄鹂叽喳而鸣。戴仲若拄杖前行，侍童一手提挂篮，篮中有酒有菜；一手提双柑，紧跟戴仲若，但两人都侧脸抬头仰望黄鹂，神情自如。仿佛想早点见到把酒言欢的老友，畅聊心中情怀。作品用笔遒劲，垂柳苍老有力，坡石线条分明，章法别致，有装饰味，构图严谨，人物刻画细腻，明暗变化得当，立体感强。

题释：戴仲若，春日携双柑斗酒，人问何之曰："性德黄鹂声耳。"

款署：丁丑槐夏既暮，筠彦仁兄清政，祁埜云。

钤印：埜云（白）。

附：

戴颙（377—441）：字仲若，谯郡铚县（今安徽濉溪）人。戴逵之子，曾拒为王门伶人，为世人所称道。戴颙还以孝行著称，据《宋书·隐逸传》记载："颙年十六，遭父忧，几于毁灭，因此长抱羸患，以父不仕，复修其业，父善琴书，颙并传之。"戴颙继承父业，在传统的基础上加以发展，推陈出新。

《戴仲若游春图》：讲述了东晋戴仲若往听黄鹂声的故事。故事出自《世说新语》："戴颙春携双柑、斗酒，人问何之，曰：'往听鹂声。此俗耳针砭，诗肠鼓吹，汝知之乎？'"后遂用为春日雅游的典故。

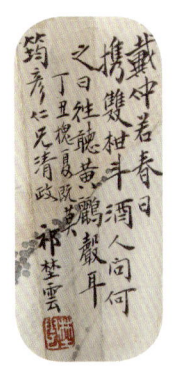

《咏怀诗》行书折扇（背面）

[民国] 培 新　　　　纸本（洒金）　纵18.4厘米　横51.2厘米

培新：生平不详。

题释：三国时期阮籍的《咏怀诗》八十二首诗中的三首。一是"昔年十四五，志尚好诗书。被褐怀珠玉，颜闵相与期。开轩临四野，登高望所思。丘墓蔽山冈，万代同一时。千秋万岁后，荣名安所之。乃悟羡门子，噭噭令自嗤。"《咏怀诗》第十五首。二是"徘徊蓬池上，还顾望大梁。绿水扬洪波，旷野莽茫茫。走兽交横驰，飞鸟相随翔。是时鹑火中，日月正相望。朔风厉严寒，阴气下微霜。羁旅无俦匹，俛仰怀哀伤。小人计其功，君子道其常。岂惜终憔悴，咏言着斯章。"《咏怀诗》第十六首。三是"河上有丈人，纬萧弃明珠。甘彼藜藿食，乐是蓬蒿庐。岂效缤纷子，良马骋轻舆。朝生衢路旁，夕瘗横术隅。欢笑不终宴，俛仰复欷歔。鉴兹二三者，愤懑从此舒。"《咏怀诗》第五十九首。

款署：培新。

钤印：□（朱）、培新（白）。

附：

阮籍（210—263）：三国时期魏国人。字嗣宗。陈留（今属河南）尉氏人。竹林七贤之一，是建安七子之一阮瑀的儿子。曾任步兵校尉，世称阮步兵。崇奉老庄之学，政治上采取谨慎避祸的态度。与嵇康、刘伶等七人为友，常集于竹林之下肆意酣畅，世称竹林七贤。阮籍是"正始之音"的代表，其中以《咏怀》82首最为著名。阮籍藉古讽今，寄寓情怀，形成悲愤哀怨，隐晦曲折的诗风。著有《咏怀》《大人先生传》等，其著作收录在《阮籍集》中。

《咏怀诗》：吟咏抒发诗人情志，表现了诗人对于现实世界的体悟，对于生命存在的思考，对个体生命的把握，对未来人生的追求。

扇骨：扇骨材质为棕竹，长31.5厘米。扇肩呈溜肩。扇头为挑蹬方头，扇钉为牛角钉。扇骨为十六档。扇面上口封裱淡黄色绫绢。

《婴戏图》折扇（正面）

[民国] 吴显曾　　纸本　设色　纵18厘米　横50.5厘米　公元1938年

吴显曾（1908—1970）：字光宇，原名显曾，以字行。浙江绍兴人。生于北京。幼喜绘画，受伯父吴镜汀影响，习山水画。后转攻人物画，师从徐燕孙。1926年参加中国画学研究会，为助教。曾执教于北平国立艺术专科学校京华美术学院。1949年后入北京画院从事专业创作。1957年聘为北京画院画师。曾为中国美协会员。擅工笔人物画，取法宋元，以工笔重彩见长，多取历史题材、神话传说及古装人物入画，笔法娴熟，设色古雅，形象生动。亦擅长连环画。

画意：整幅画面空旷清新，以9个顽童为主体，配以湖石、丛竹，场面设计概括性强，抓取的瞬间凝练、集中，充分表现出儿童玩耍的神态、神韵。画中略去背景，突出主体人物。笔墨工笔重彩，笔法顺畅，用笔精湛、细腻、潇洒，色彩典雅、清新，形象生动，衣着准确。在衣褶描绘上借鉴了古代壁画的传统，尤其是色彩调配艳而不俗，磊落大方。湖石以写意晕染，丛竹用墨浓淡有致，部分用浅色晕染，干净利索。

款署：仲元道兄雅教。戊寅七月，光宇吴显曾。

钤印：光宇画印（朱）。

《踏莎行和珠玉词》行书折扇（背面）

[民国] 向迪琮

纸本 纵18厘米 横50.5厘米
公元1938年

向迪琮（1889—1969）：字仲坚，双流（成都）城关镇人，同盟会员，大学教授。清末，向迪琮在成都四川铁道学堂读书，学土木工程。毕业后，入唐山路矿学堂（后称唐山交大）。21岁时加入中国同盟会。辛亥四川保路运动领导人。民国元年（1912）起，先后任北京内务部土木司水利科科长，扬子江技术委员会书记长，北平永定河堵口工程处秘书、处长，电车公司常务董事，行政院参议，天津海河工程局局长。1949年任四川省政府高级顾问，四川大学文学院中文系教授，四川大学工学院土木工程系教授、系主任。1954年以后，任上海市人民政府文史研究馆研究员。

向迪琮知识渊博，除自然科学外，文史和医学均有涉猎，是近代中国词坛上有影响的人物。喜收藏书画金石，藏有宋代蔡君谟端砚一方，辛稼轩手札及名画多幅。

著有《柳溪词话》《云烟回忆录》《玄墨室知见墨录》《国医经脉图介及其主要用药概况学》；辑录的有《历代名贤画粹》《玄墨室画集》《中医文献》等。

题释：自作词三首，其一"衰草黏天，仙茎倾露，临高莫近钱易处。江山依旧昔游非，园林好在芳时去。□炬慵烧，兽炉虚炷，愁心夜夜屏山路，当初不共彩云情，而今悔傍寒潮住。踏莎行和珠玉。"其二"风物秋来举目非，园林那复旧生机，凉月满天霜满地，无寐，鼓鼙声急羽书飞。终古筹边无好计，悽异，千家野哭路人移。燕子重来知甚册，憔悴兰成日暮费禁持。"其三"虚费明珠买笑歌，经年欢少恨偏多，猨鹤故山应合我。尘浼，烦襟衰帽苦蹉跎。避地管宁嗟计左，无那，天涯何处着行窝，刻意攻愁愁不破，真个，未秋双鬓已先皤。"

款署：《定风波》词北宋人如东坡、子野、山谷皆屡为之顾，于平仄韵俱不同，叶兹依片玉体成二解亦特例也，即写就。仲元仁兄诊正。戊寅新秋，向迪琮。

钤印：向迪琮（白）、仲坚（朱）。

扇骨：扇骨材质为湘妃竹，骨长 29.5 厘米。扇肩呈直肩。扇头为菱角圆头。扇钉为牛角钉。扇骨为十六档。扇面上口封裱深紫色绫绢。

大骨湘妃竹是黑湘妃，纹路清晰，一处两朵，拟似蝴蝶，十分难得。

《池趣游虾图》 折扇（正面）

［民国］ 熊佛西

纸本 水墨 纵18.5厘米 横50.5厘米 公元1948年

熊佛西：（1900—1965）戏剧教育家，剧作家。原名福禧，谱名金润，字化侬，笔名戏子，有时署名向君，江西省丰城市张巷镇瑾山村人。他一生创作了27部多幕剧和16部独幕剧，有7种戏剧集出版，撰写了《写剧原理》《戏剧大众化的实验》等理论专著。是中国话剧的拓荒者和奠基人之一。他主张"教育民主""学术自由"，坚持"戏剧教学不能拘束于课堂，必须通过舞台实践"。他提倡聘用教师要"有真才实学，而不问其来自何处，有何思想倾向"。

1946年任上海市立实验戏剧学校校长。中华人民共和国成立后，历任上海戏剧专科学校校长、中央戏剧学院华东分院院长、上海戏剧学院院长、中国文联常委委员、中国剧务常务理事、上海剧协主席、影协主席。全国人民代表大会第一、二、三届代表，政协全国委员会委员，上海市人民委员会委员。

画意：五只墨虾游向同一方向，每只虾灵动活泼，栩栩如生，神韵充盈。构图高明，用水墨的浓淡变化，使画面富于层次感。用淡墨掷笔，绘成躯体，浸润之色，更显虾体晶莹剔透。

以浓墨小点为睛。细笔写须、爪、大螯,刚柔并济。虾在水中浮游的动势,艺术造型的"形""质""动"三个要素,用简练的笔墨完美地表现出来。

款署:涤非先生雅嘱。卅七年夏,佛西于海上。

钤印:熊佛西印(白)。

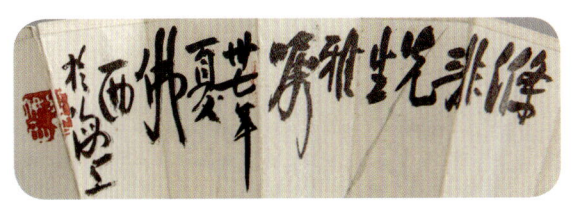

附:

萧涤非(1906—1991):江西临川人。1930年清华大学毕业,1933年山东大学任教。抗日战争时期历任西南联大中文系主任、教授,硕士、博士研究生导师,培养了项怀诚等一大批国之栋梁。萧先生在耄耋之年,仍致力于中青年学者和研究生的培养,我国古典文学专业的首批5名硕士和两名博士都是他的学生。著有《杜甫全集校注》等。

《陆游〈巢山〉诗》 行书折扇（背面）

[民国] 曹任远　　　　纸本（洒金）　纵18.5厘米　横50.5厘米

曹任远（1893—1991）：字四勿，曾用名曹利用、曹炯，威士康星大学硕士学位。四川省自贡市人。少年时先后在自流井的师塾学堂、树人学堂、富顺县中读书，后考入成都高矿实验学堂。16岁时进入日本东京农业大学学习。1910年，在东京参加了孙中山领导的中国同盟会。1911年，转入名古屋高等工业学校染色科专业，致力于化学基础与应用化学的研究。1917年，赴美国密歇根大学、芝加哥大学、威士康星大学攻读化学专业，获硕士学位。1919年，赴欧洲到德国留学。1924年，取得博士学位，取道法国巴黎，经马赛、印度回到祖国。回国后，先后应聘北京大学、成都大学、南京中央大学、广东大学等校，任化学教授。1951年任北京工业学院（今北京理工大学）教授。著有《现代有机化学》《定性分析化学》《染料化学》等专著。

题释：巢山避世纷，身隐万重云。半谷传樵响，中林过鹿群。虫镂叶成篆，风蹙水生纹。不踏溪桥路，仙凡自此分。

款署：涤非先生法家正之，录放翁绝句，曹任远。

钤印：曹任远（朱）。

附：

巢山：（今称象山），在巢湖市西南50公里。历史悠久。人类始祖巢氏及巢父栖居之地，是人类文明史之源。

陆游（1125—1210）：字务观，号放翁。汉族，越州山阴（今浙江绍兴）人。南宋诗人。少年时受家庭爱国思想熏陶，高宗时应礼部试，为秦桧所黜。孝宗时赐进士出身。中年入蜀，投身军旅生活，官至宝章阁待制。晚年退居家乡，但收复中原信念始终不渝。创作诗词很多，今存9000多首，内容极为丰富。风格雄浑豪放，抒发政治抱负，反映人民疾苦，抒写日常生活，贯穿了爱国主义精神。杨慎谓其词纤丽处似秦观，雄慨处似苏轼。著有《剑南诗稿》《渭南文集》《南唐书》《老学庵笔记》。

扇骨：扇骨为素漆骨，有线状纹饰，材质为竹，长31厘米。扇肩为溜肩。扇头为古圆头。扇钉缺失。扇骨为九档。扇面上口及两侧封裱浅黄色绫绢。

《十七帖》草书折扇（正面）
[民国] 冯 恕 纸本 纵21.3厘米 横56.5厘米 公元1920年

冯恕（1867—1948）：字公度，号华农，原籍浙江慈溪人，后寄籍河北大兴。清光绪进士，晚清翰林，晚年定居北京。曾任海军部参事、海军部军枢司司长、海军协都统等职。曾随载洵赴英、美、法等八国考察。民国后，任华商电灯公司的总办。书法，善颜体，擅长楷书和行楷。琉璃厂商店北平商号的牌匾多出其手笔，当时北京市民曾有"有匾皆有恕，无腔不学程"（程砚秋）的口头禅。冯恕是民国间藏书家、文物收藏家、书法家。藏书室名为"蕴真堂"，收藏古籍多珍善之本。去世后，将所藏古玉、石屏、金文砚等全部捐献给国家。参与编写刊刻《金石宿模砚谱》。

题释：共分三帖，取自《十七帖》。"天鼠膏治耳聋有验不？有验者乃是要药。"此段为《天鼠膏帖》。"今往丝布单衣财一端，（示）致意。"此句为《丝布衣帖》。"适得书。知足下问。吾欲中治。甚愦愦。向宅上静佳眠。都不知足下来门。甚无意。恨不暂面。王羲之。"此段为《适得书帖》又称《知足下帖》。

款署：庚申夏临大观线本。芝田先生，公度冯恕。

钤印：公度（朱）。

《五峰灵迹》草书折扇（背面）
[民国] 叶恭绰　　纸本　纵21.3厘米　横56.5厘米

叶恭绰（1881—1968）：字裕甫（玉甫、玉虎、玉父），又字誉虎，号遐庵，晚年别署矩园，室名"宣室"。祖籍浙江余姚，生于广东番禺，书香门第。祖父叶衍兰（兰台）金石、书画闻名于世。父叶佩玱诗、书、文俱佳。叶恭绰早年毕业于京师大学堂仕学馆；后留学日本，加入孙中山领导的同盟会。曾任北洋政府交通总长、孙中山广州国民政府财政部部长、南京国民政府铁道部部长。1927年出任北京大学国学馆馆长。中华人民共和国成立后，曾任中央文史馆副馆长，第二届全国政协常委。

中年以后，诗文、考古、书画、鉴赏无不精湛。收藏历代文物，品类丰富，为保存国宝不遗余力。文献古籍，经其整理，保存者尤多。文字改革，尽心尽力。书法用笔运腕，独有心得，精楷、行、草体，尤擅大字榜书，雄健豪放，绰约多姿，融会碑帖，自成一家。画则松石梅兰，尤喜画竹，多取元人神韵，直写胸臆。年登八秩，先后将所藏书画、典籍、文物重器尽数捐献于北京、上海、广州、苏州、成都等有关机构，以垂永远，令人敬佩。其著作甚丰，主要

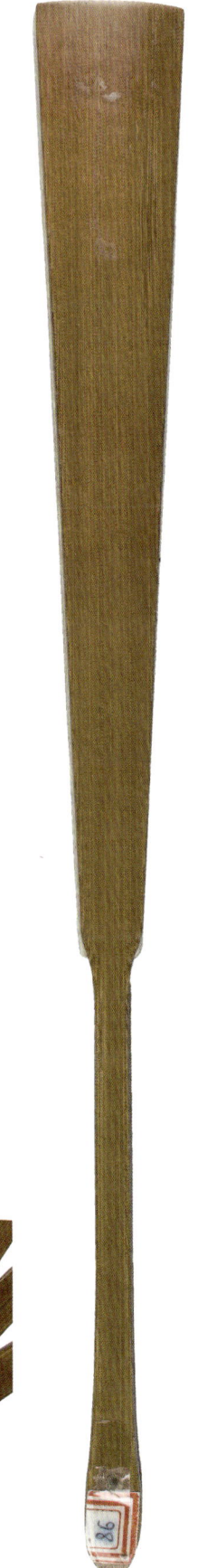

有《遐庵诗稿》《遐庵清秘录》《遐庵词》《遐庵谈艺录》《遐庵汇稿》《矩园馀墨》《历代藏经考略》《梁代陵墓考》《交通救国论》《叶恭绰书画选集》《叶恭绰画集》等。

题释：摘自《清凉山志》八卷之一"五峰灵迹"。载"五台亦名五峰。台言高平，峰言耸峭。所以有五者，观国师云：'表我大圣，五智已圆，五眼已靖，总五部之真秘，洞五阴之性源。故首戴五佛之冠，顶分五方之髻，逢五乘之要，清五浊之灾矣。'其东西南北四台，皆发脉中台。唯南台特秀。"题释与原文有个别字不同，有删减。

款署：芝田先生属。叶恭绰。

钤印：叶恭绰（白）。

附：

《清凉山志》：五台山高僧镇澄法师修撰，共八卷，内容分为："总标化宇""五峰灵迹""诸寺名迹""帝王崇建""历代高僧""名工题咏"等，可资卧游怀古。在五台山9部志书中，《清凉山志》流行最广。

扇骨：扇骨材质为玉竹，长35厘米。扇肩呈庙门肩。扇头为古圆头。扇钉为牛角钉。扇骨为十一档。扇面上口封裱淡黄色绫绢。

《墨竹图》 折扇（正面）

[民国] 许静安　　纸本（洒金）　水墨　纵17厘米　横49.5厘米　公元1938年

许静安：生卒年不详。民国时期活跃于书画界，曾与张大千合画扇面。

画意：构图一枝竹竿弯曲，竹节生出新篁数竿，瘦削挺拔，竹叶密实饱满，不求全面，表现了竹子的坚韧挺拔。此图用水墨画竹枝、竹叶，独创深墨画叶、淡墨画竿，浓淡相宜，笔墨细腻，灵气顿显。笔法谨严有致，潇洒自如。竹叶采用"没骨"画法，布局疏密有致，结构安排严谨。用笔遒劲中出姿媚，纵横处见洒脱，尤其叶梢部分，如神来之笔将竹的潇洒婆娑、楚楚动人之韵尽现纸上。

此图也是许静安作品中少见的晴竹。

款署：戊寅秋，拟元人雨株法。即奉璧侯吾兄法家正之。静安。

钤印：泉唐许氏（朱）、□□（朱）。

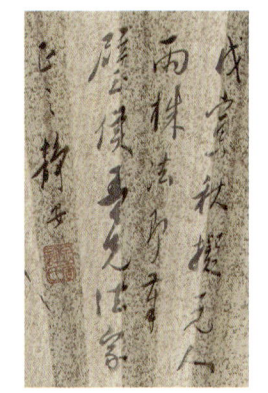

《〈无垢净光宝塔颂〉等》 行楷折扇（背面）

[民国] 朱邦伟

纸本 纵17厘米 横49.5厘米

朱邦伟（1876—1956）：字亦奇，号定叟，江苏淮安人。清末举人，曾任内阁中书、记名军机章京。以后又历任大清银行理事、中国银行清江浦分行文书主任、金城银行总经理处秘书兼北京总行文书主任、大陆银行总经理处秘书。擅长蝇头小楷、双钩临帖、旧体诗词。1952年被聘为北京市文史研究馆馆员。

题释：由四部不同时期的帖文组成，取其中段落文字。第一部为《无垢净光宝塔颂》取其一段"观其扪重扃，披藻井，鸿蒙异状，窈咤灵影，霞驳云蔚，阳舒阴静，游三界而须臾，视一劫而俄顷。示大方便，开大法境，莲花吐日，香炉抱云。"第二部取自《书谱》"暨乎崔杜以来，萧羊已往，代祀绵远，名氏滋繁。或籍甚不渝，人亡业显；或凭附增价，身谢道衰。加以糜蠹不传，搜秘将尽。"第三部为《兰亭十三跋》中的第八跋"廿九日至济州，遇周景远新除行台监察御史，自都下来，酌酒于驿亭。人以纸素，求书于景远者甚众，而乞余书者至集。"第四部为《大唐三藏圣教序》中的一段"譬夫桂生高岺，云露方得泫其花。莲出渌波，飞尘不能汙其叶，非莲性自洁。而桂质本贞，良由所附者高，所凭者净。"第二与第四段是双钩文字，这在扇面书法上是少见的。

款署：璧侯仁兄法家教正。弟朱邦伟。

钤印：亦奇一字知止（朱）。

附：

《无垢净光宝塔颂》碑：碑高 1.20 米，宽 0.73 米。全文为"御史大夫史思明奉为大唐光天大圣文武孝感皇帝敬无垢净光宝塔颂"。我国古代的碑文，都是从右至左书写，而此碑却是从左至右的，仅此一例。唐至德二年张不矜撰、苏灵芝书。内容是史思明为安禄山歌功颂德。

苏灵芝：生卒年不详。陕西武功人，玄宗天宝年间（约 750）曾任登仕郎前行易州（今河北省易县）录事参军。著名书法家。其笔力遒劲端庄，与同时代书法大师北海李邕和平原太守颜真卿相比美。后来，评论家说，苏灵芝书法"视北海（李邕）则加庄，视太师（颜真卿）又多隽"。其书写的易州《铁像颂》《梦真容敕》和易州刺史《田仁琬德政碑》《悯忠寺宝塔颂》《无垢净光宝塔颂》等被称为精品。

《书谱》：孙过庭所著，为论述历代书法和论书法变迁的专著，本身亦具书法艺术价值，其文章更具理论价值，是我国关于书法理论的重要著作，它对书法欣赏、技巧等方面至今仍有重要现实意义。

孙过庭（646—691）：唐代书法家、书法理论家。名虔礼，以字行。吴郡富阳（今浙江富阳）人，一作陈留（今河南开封）人。曾任右卫胄参军、率府录事参军。胸怀大志，博雅好古。擅楷书、行书，尤长于草书，取法王羲之、王献之，笔势坚劲，直逼二王。

著《书谱》二卷，已佚。今存《书谱序》，分溯源流、辨书体、评名迹、述笔法、诫学者、伤知音六部分，文思缜密，言简意深，在古代书法理论史上占有重要地位。其中许多论点，如学书三阶段、创作中的五乖五合等，至今仍有意义。

有墨迹《书谱》传世。

《兰亭十三跋》：是《兰亭序帖》后的跋文，共十三跋。赵孟頫五十七岁时所写。题跋内容很多，其中，"书法以用笔为上，而结字亦须用工，盖结字因时相传，用笔千古不易"乃赵孟頫论书名言。《兰亭帖十三跋》是小行书，因多次写成，故字形大小不一，但书风统一，基本接近王羲之《兰亭序》，用笔含蓄，骨肉匀净，结体严谨。

赵孟頫（1254—1322）：字子昂，号松雪道人，水晶宫道人、鸥波，中年曾署孟俯。浙江吴兴（今浙江湖州）人。南宋末至元初著名书法家、画家、诗人，宋太祖赵匡胤十一世孙、秦王赵德芳嫡系子孙；其父赵与訔曾任南宋户部侍郎兼临安府浙西安抚使。

赵孟頫博学多才，能诗善文，懂经济，工书法，精绘艺，擅金石，通律吕，解鉴赏。特别是书法和绘画成就最高，开创元代新画风，被称为"元人冠冕"。他亦善篆、隶、真、行、草书，尤以楷、行著称于世。其书风遒媚、秀逸，结体严整，笔法圆熟，创"赵体"书，与欧阳询、颜真卿、柳公权并称"楷书四大家"。著有《松雪斋文集》等。

《大唐三藏圣教序》：简称《圣教序》。碑通高3.5厘米，宽1米，行书，30行，字数不一，额刻七佛像。原在西安弘福寺，现在西安碑林。由来：唐代僧人玄奘法师西行取经，历尽千辛万苦，到达印度。在他取经回归长安时，举国为之震动，太宗非常感动，谓"胜朝盛事"，于贞观十九年二月六日敕命玄奘在长安弘福寺中，专门翻译梵经《瑜伽师地论》，写下了《圣教序》。

《圣教序》成文以后，为了永垂后世，昭示天下，筹备刻碑石流传，因太宗皇帝深爱羲之书法，请弘福寺沙门怀仁担任集字拼文工作。太宗为了方便怀仁的集字工作，特地准许将宫中收藏的王羲之书法供给钩摹缀集。

《圣教序》全文共1904字，其中包括唐太宗的序文、高宗李治的一篇记和玄奘本人所译的一首经《三藏经》三个部分，怀仁经过24年的收集和拼凑，终成此碑。《圣教序》广采王羲之书法之众长，非常注重变化和衔接，摹刻亦颇为精致，可以说，"圣帖"是从王羲之书迹中经过挑选合成的，代表了王羲之书法的精华。此碑开集字碑之先河，故在书法史上有重要地位与价值。

扇骨：扇骨材质为玉竹，长31厘米。扇肩呈直肩。扇头为菱角圆头。在扇头两侧镶嵌牛角薄片，然后烫钉，形成"鼠眼"。扇钉为牛角钉。扇骨为十六档。扇面上口封裱浅黄色绫绢。

大骨一面刻古松一棵，以阳刻留青平地为主，间有阴刻补充细微处。苍老的松皮与新生的松针刻画得谨严有致，古朴浑厚。有钤印"竹溪"。另一面以阴刻为主，以线条刻画了一位持杖漫步竹林中的老者。形态逼真，栩栩如生。

《初夏山居图》 折扇
[民国] 陈封可　　纸本　设色　纵18厘米　横50.7厘米　公元1924年

陈封可（1895—1971）：陈衡恪（师曾）长子。字夷简，江西修水人。幼承家学，工书画，擅长山水人物。与齐白石、黄宾虹、徐悲鸿均熟稔，家富藏品。曾留学日本和德国，长期担任德语教员和翻译。归国后加入中国书画研究会。历任京华美术专科学校，北京外贸学院教授。《郑孝胥日记》1929年载"封可，伯严之孙，师曾之子。亦能画，在京画会"。

画意：此画山坡，秃石，茅屋院落，山间溪水，杂树葱郁，远山朦胧，尤其是立于平台之上的老者，策杖远望，显得秀雅脱俗。在技巧方面，多用干笔，墨色由淡向浓，由密向疏，用披麻皴、勾勒点苔，干湿并用，浑然一体。笔墨简洁，风格古秀，清淡圆润。整幅构图秀逸、古朴，气韵动人。

款署：甲子初夏，拟麓台司农笔。璧侯学长雅正。封可。

钤印：陈（朱）。

附：

"麓台司农"：即王原祁（1642—1715）字茂京，号麓台、石师道人，江苏太仓人，王时敏孙。康熙九年（1670）进士，官至户部侍郎，人称王司农。

以画供奉内廷，康熙四十四年奉旨与孙岳颁、宋骏业等编《佩文斋书画谱》，康熙五十六年主持绘《万寿盛典图》，为康熙帝祝寿。擅画山水，继承家法，学元四家，以黄公望为宗，喜用干笔焦墨，层层皴擦，用笔沉着，自称笔端有金刚杵。主张好画当在不生不熟之间，自出心裁，不受古法拘束，熟不甜，生不涩，淡而厚，实而清，书卷之气盎然纸墨间。原祁承董其昌及时敏之学，山水格局，影响后世，弟子颇多，形成娄东派，与王时敏、王鉴、王翚合称"四王"，加上吴历、恽寿平又称"清六家"。

扇骨： 扇骨材质为玉竹，长30.7厘米。扇肩呈溜肩。扇头为扁圆头。扇钉为牛角钉，钉面呈圆状，微拱。扇骨为九档。扇面上口封裱浅黄色绫绢。

扇骨为夹纸骨。扇骨一侧刻篆文"万年骨君"，文字有"万年眉□，吉羊长□""吉羊"，款署"子安刊于申江"。另一面刻金石文"长乐示康"，文字有"仿古金石文之古本""□文"，款署"甲子仲春之月"。

钟鼎文、金石文扇骨，是民国风靡一时的流行风格，为众多扇庄所效仿。

附：

于子安：名士俊，清江苏吴县人，光绪年间到北京，以竹刻为业，擅长书法，自书自刻，其竹刻作品以行楷为多，字迹娟秀，品种有扇骨、臂搁等。今传世作品有《琴形竹剑匣》等。

《花卉昆虫图》折扇（正面）

[民国] 罗宗霨　　纸本 设色 纵18.1厘米 横50.2厘米 公元1939年

罗宗霨：生平不详。

画意：竹枝斜横于画面，蓝色的牵牛花缠绕在竹枝上，一只螳螂追逐蜜蜂。竹枝、竹叶以水墨双钩绘出，牵牛花与藤条设色晕染。螳螂、蜜蜂为工笔或兼工带写。构图自然生动，写实准确。画面有清新活泼、文静抒情的意趣。洋溢着自然界生机勃勃的气息。

款署：钟尧学长雅属正之。己卯，罗宗霨。

钤印：绿影书巢（朱）。

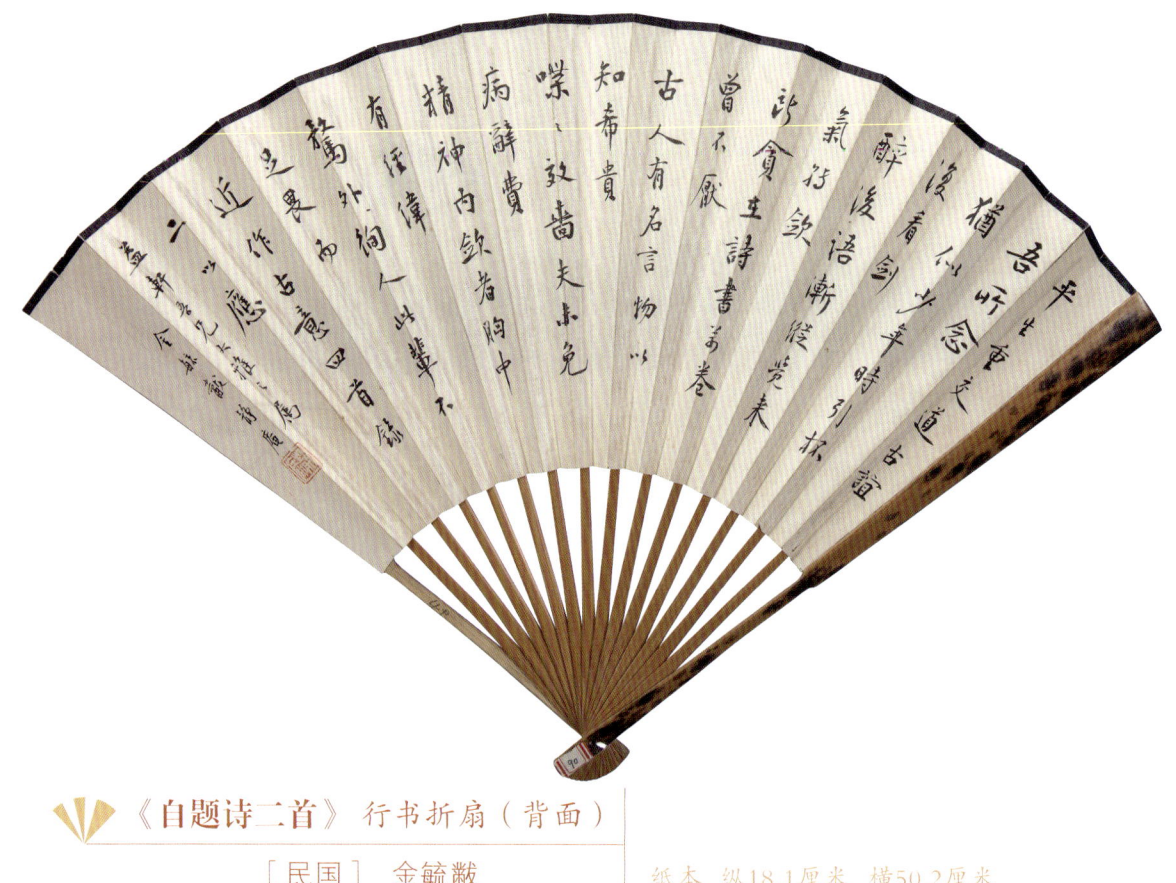

《自题诗二首》 行书折扇（背面）
[民国] 金毓黻　　纸本　纵18.1厘米　横50.2厘米

金毓黻（1887—1962）：又名毓绂，号静庵，斋名静晤室、千华山馆，汉军正红旗，辽宁辽阳人。1913年考入北京大学文科。1929年任国民政府东北政务委员会秘书。1930年任辽宁省政府秘书长。1931年任辽宁省政府委员兼教育厅厅长，受聘沈阳东北大学大学委员会委员。1932年任伪满奉天公署参事官，后改任伪满奉天图书馆副馆长。凭蔡元培介绍，任南京中央大学史学系教授，兼任行政院参议。1937年任安徽省政府委员兼秘书长。11月辞职赴重庆。1943年与李济、傅斯年发起组织中国史学会。1944年任中央大学文学院院长。1946年随东北视察团前往东北。1947年任沈阳博物馆筹备委员会主任、国史馆北平办事处主任，兼沈阳东北大学史学系教授。1949年国史馆驻北平办事处并入北京大学，任北大文科研究所教授，兼课于辅仁大学。1952年调任中国科学院历史研究所第三所研究员。

主要著作有：《渤海国志长编》《辽海丛书总目提要》《东北古印钩沉》《辽会要作法》《东北通史》《中国史学史》《明清内阁大库史料》。

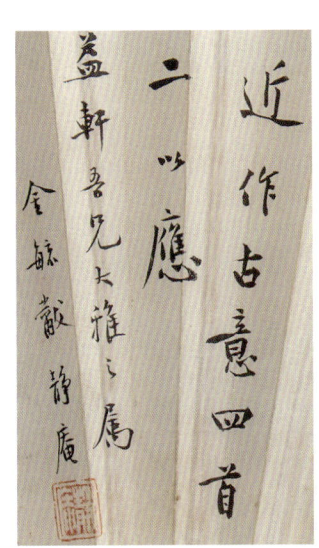

题释：第一首"平生重交道，古谊吾所念。犹似少年时，引杯复看剑。醉后语渐纵，觉来气转敛，所贪在诗书，万卷曾不厌。"第二首"古人有名言，物以知希贵。喋喋效菁夫，未免病辞费。精神内敛者，胸中有经纬。骛外徇人此，辈不足畏而。"

款署：近作古意四首录二以应，益轩吾兄大雅之属。金毓黻静庵。

钤印：静庵（白）。

扇骨：扇骨材质为湘妃竹，长31厘米。扇肩呈庙门肩。扇头为古方头。扇钉为牛角钉，钉面呈圆状，微拱。扇骨为十六档。扇面上口封裱黑紫色绫绢。

大骨的斑纹呈现黑色（又称"黑妃"）。斑纹的椭圆形、扁圆形外缘较为模糊，纹路也较凌乱。

《虬枝梅花图》折扇（正面）

[民国] 蒋艸

纸本 设色 纵19厘米
横50.5厘米 公元1931年

蒋艸：生平不详。

画意：此图运笔遒劲有力，构图疏密有致。树干纵横，健如蟠龙。枝条穿插，枝梢俏丽，嫩枝横直延伸，上下呼应。繁花散于嫩枝之间，富有韵味。树干以墨笔皴写，湿笔中又呈飞白，笔锋豪纵。花瓣晕染，圈花点蕊，千斛万蕊，用笔劲辣，似冷艳寒香扑面而来，尽显梅花凌霜傲寒之姿。

此画造型生动，一梅枝疏影横斜，将视觉引向右角的款识题字，使书画有机地结合起来。

题释：梅花含白玉，别是有丹葩。莫道冰霜异，东风总一家。

款署：抚马扶羲本。时辛未首夏，蒋艸。

钤印：乐安□子（白）。

附：

马扶羲：即马元驭（1669—1722）字扶羲，号栖霞，又号天虞山人，江苏常熟人。清代画家。擅长花卉写生。画传家法，气韵超逸。赋性落拓，纵酒豪放。写生得恽寿平亲传，常与蒋廷锡讨论六法，故没骨画益工，神韵飞动，不拘陈迹。元驭自以为得沈周、陆治遗意，其超纵处诚有陆氏风规，而老健远逊石田，盖能品也。兴至之作，逸笔尤佳，多用水墨。亦工诗，书亦隽雅。传世作品有《南溪春晓图》《鹰粟图》《秋塘清兴图》。

《黄帝阴符经》篆书折扇（背面）

[民国] 冰叟　　纸本　纵19厘米　横50.5厘米　公元1931年

冰叟：生平不详。

题释：摘自《阴符经》上篇开首句"观天之道，执天之行，尽矣。天有五贼，见之者昌。五贼在心，施行于天。宇宙在乎手，万化生乎身。天性，人也。人心，机也。立天之道，以定人也。"

款署：辛未清和月，临阴符经。冰叟。

钤印：华间四时（朱）。

附：

《阴符经》：全称《黄帝阴符经》或《轩辕黄帝阴符经》，也称《黄帝天机经》，总共只有300多字。《阴符经》是唐朝著名道士李筌在河南省境内的登封嵩山少室虎口岩石壁中发现的，此后才传抄流行于世。根据李筌的解释著作《黄帝阴符经疏》，可以把它的内容概括为两个部分：首先讲述观察自然界及其发展变化的客观规律，所以，天性运行为自然规律，人心则顺应自然规律；其次阐明了天、地、人生杀的变化情况，人的生杀之气应与自然同步，才能把握好事物成功的机遇。然后，阐明人后天禀性巧拙的生成和耳目口鼻的正确运用，主要效法自然五行相生原则，修炼自身。

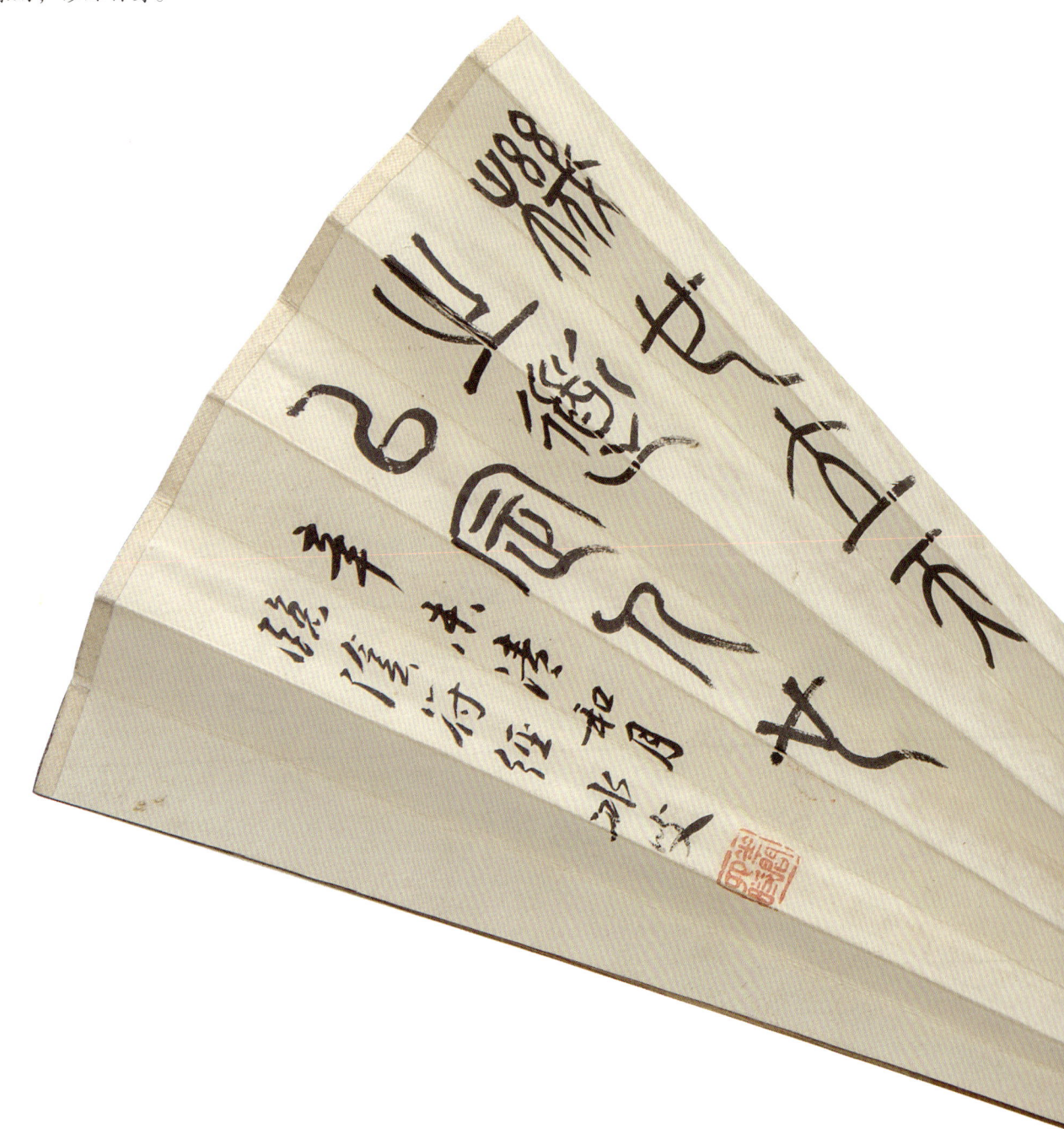

扇骨：扇骨材质为玉竹，长31.8厘米。扇肩呈溜肩。扇头为挑蹚方头。扇钉为牛角钉。扇骨为十六档。扇面上口封裱淡黄色绫绢。

大骨一侧刻《秋灯课女图》，阴刻。另一侧刻清骆绮兰《秋灯》诗，"四壁蛩声不断鸣，阑干倚遍下阶行。桐阴满地无人赏，偏是今宵月倍明。"款署"鞏伯宗仁兄大人大雅之属，壬辰（1892）夏四月，述庐主人骏并刊"，阴刻。

附：

骆绮兰（1756—？）：清代嘉庆间女诗人、画家。字佩香，号秋亭，别号句曲女史，又号无波阁女史，上元（今南京）人，一作江苏句容人。骆宾王后裔。少通典籍，能吟咏，诗书皆有天趣，以清节称。江宁诸生龚世治妻。早寡，移居镇江，家有听秋轩、无波阁等建筑。袁枚、王文治女弟子。工写生，所作芍药三朵花图卷，宗师恽寿平。尤喜画兰，以寄孤清之致。自绘《佩兰图》等。字格清秀，惜少骨干，清逸尘俗，都极可诵。著有《听秋轩诗集》六卷（共收诗歌577首）、《赠言》一卷、《闺中同人集》一卷。

《水仙图》折扇（正面）
[民国] 江 采　　纸本 水墨 纵18.8厘米 横49.5厘米 公元1924年

江采：（1901—1986）女，字南萍，别署藻韵阁主。浙江杭州人。幼承家学，喜欢书画，师从陈半丁、陈师曾学画。曾在中国画学研究会任助教。1931年参加何香凝创办的女子书画会，1954年2月进上海博物馆，复制古代绘画。1965年退休。1981年入文史研究馆。

江南萍精通琴棋书画，善丹青、工花卉，擅长墨梅和月季。1925年，她的《黄月季》赴东京参加"中日绘画联合展览"，被日方收藏，并印成明信片，在日本发行。1930年，她的作品又参加比利时举行的"莱奇万国博览会"，获得奖项。此外，她还为鲁迅、郑振铎编著的《北平笺谱》创作10幅花卉作品。

江南萍从事古画复制，擅长临摹，为上海博物馆临摹复制了宋徽宗赵佶《柳鸦芦雁图》、宋王铣《烟江叠嶂图》、明文徵明《春深高树图》等许多名家佳作。1958年，她还将珍藏的陈师曾《墨竹》捐赠上海博物馆。

画意：扇面画水仙一簇，一朵盛开，两个花蕾，生机盎然。水仙花姿态高古，与嫩叶形成

鲜明对比，各得其所。笔法采用无骨法与墨笔直写法，寥寥数笔，不乏文雅。

题释：勺水微澜，翩何珊珊。洞房香闷，重帘夜寒。于是含胎已研。顾影自倩，凌波不尘，虽素益绚，初垂垂而弄姿，倏亭亭而立箭，彩衣可怜，瑶簪忽偏，幽□避月，□将成烟，俯世界之冰雪，忘壶□之方圆，堕□凡而谁赏，断蹇修于穷年。诗曰一笑，初□流儿生方换骨，水佩风裳，总弃捐，只有微情寄罗袜。许海秋水仙赋。

款署：甲子五月写于藻韵轩，钱塘江采。

钤印：印迹不清。

《竹菊图》折扇（背面）

[民国] 江 采　　　　纸本 水墨 纵18.8厘米 横49.5厘米 公元1924年

江采：见247页。

画意：画面上竹一枝，菊花四朵，构图简洁。作品采用双勾法。画竹空勾不着色，以空为实，竹叶用笔挺拔爽健。菊花先勾花头，再以淡墨点拓叶片，略作勾勒。画面淡雅古朴、风骨不俗，是画家从容、闲适、野逸、旷达心境的折射。

题释：一、"赞曰：美哉白乐天之言曰此君有贤人之概四焉，其本固固以树德，其性直直以立身，其心空空以体道，其节贞贞以励志。夫岂溢美之辞哉？尝闻斯人深造理窟或叩击之默其妙诗曰，言念君子温其如玉，宜其有为之执鞭而忻慕者矣。"白居易《养竹记》中的一段，叙述了竹子的四德品质。二、"神农书，以菊为养性上药，能轻身延年。则菊固仙品无疑也。晚得陶元亮亟加赏重，非以其老圃秋容，茂于风霜，摇落之秋而与有道者同其臭味哉。"第一句话取自宋范成大《范村菊谱》。

款署：一、甲子夏五月，江采写于藻韵轩。

二、甲子五月廿又一日补菊并书，奉璧侯先生教。江采。

钤印：江采（白）、采（朱）、南萍（白）。一枚不清。

扇骨：扇骨为玉竹，小骨为素漆骨，长21.7厘米。扇肩为庙门肩。扇头为小扇圆头。扇钉为牛角钉，钉面呈扁圆，拱面。扇骨为十六档。扇面上口封裱淡黄色绫绢。

漆骨：给普通竹骨涂上色泽艳丽的漆。漆骨的装饰性很强，有素漆骨、绘画漆骨和雕刻漆骨。

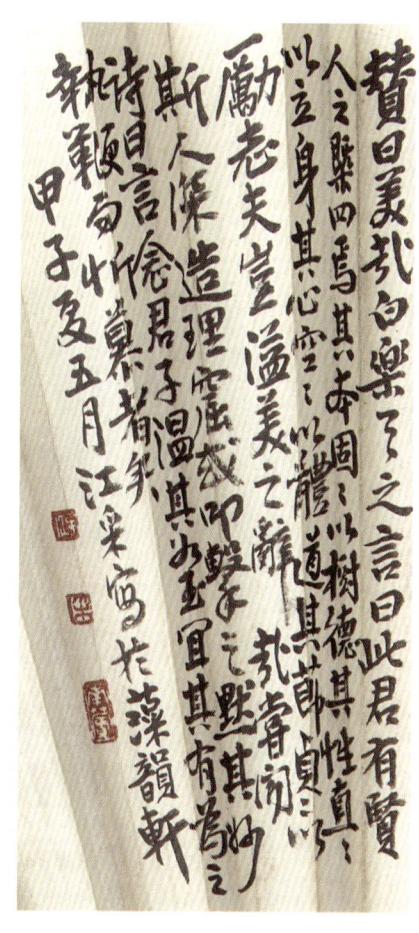

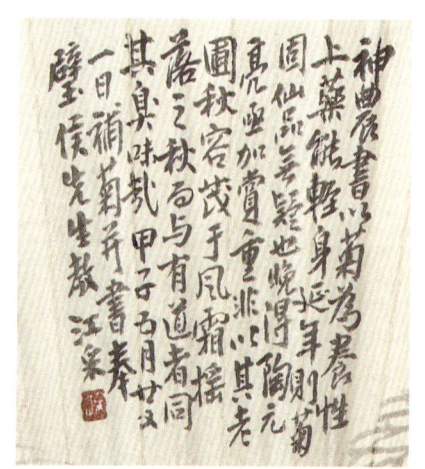

《古逸苍松图》 折扇（正面）
[民国] 佚　名　　纸本　水墨　纵18厘米　横51.5厘米

画意：苍松之中部似黄山松。笔法用干笔、枯笔蘸焦墨皴擦出画面，很少用线条勾勒。格调松秀枯淡，墨色苍浑，构境空疏，近元人的格调。意境空疏高旷、意趣高逸。

题释：戴鹰阿不以松名，山水间时着一二株，别绕古逸□花之□，偶尔写此，疑有合也。

钤印：养安（朱）。

附：

戴鹰阿：即戴本孝（1621—1693）明末清初画家，字务旃，号前休子，终生不仕，以布衣隐居鹰阿山，故号鹰阿山樵，别号黄水湖渔父、太华石屋叟等，和州（今安徽省和县）人，一作休宁人。性喜交游，与画家、诗人渐江、龚贤、石涛等友善。善画山水，创作上主张学古人而不拘泥于古人，强调要"以天地为真本"和"我用我法"。作品多卷册小景，风格学元代倪瓒、

王蒙、黄公望等。善用干笔焦墨，构图疏秀，意境清远枯淡。其笔下的山石多用枯笔蘸焦墨皴擦而出，很少用线条勾勒山石结构，也较少点苔。在构图上属元人意境，但并不专仿元人笔墨。他重视"师法自然"，笔下的山川丘壑变化多端。内容多借山水抒发自己幽寂的心境和对社会变迁的感触。画史将其列入清初"新安派"。其生性放达，遍游名山大川，广交朋友，作诗绘画，创作出诸多精品。戴本孝的画作精品多以黄山为素材，亦工书法及诗，著有《前生诗稿》《余生诗稿》等。

《游莲花山诗》 行书折扇（背面）

[民国] 周肇祥　　　纸本　纵18厘米　横51.5厘米　公元1930年

周肇祥（1880—1954）：字嵩灵，号养庵，别号退翁，室名宝觚楼，为绍兴周氏后裔。清末举人，肄业京师大学堂、法政学校。其为书画家、鉴赏收藏家。民国时，任四川补用道、奉天劝业道、署理鉴运使、临时参政院参政、葫芦岛商埠督办。曾任湖南省长、北京清史馆提调、北京古物陈列所所长（第四任）。先生美须髯，人称"周大胡子"。晚年任团城国学书院副院长，以金石书画授诸生。潜心金石书画，为京津画派领袖。先生工诗文，精鉴藏，通文史。书法有晋唐人意，所作山水、花鸟，继承传统，直追明人。著有《东游日记》《宝觚楼金石目》《宝觚楼杂记》《重修画史汇传》《画林劝鉴录》《退翁墨录》等。

题释：为周肇祥所作《游莲花山》诗一首。"刘王宫馆早摧残，苦执图经问大安。炼药藏泉成底事，空留碧血雁门寒。南峰奇宕北峰雄，岩洞春深草木花。自是灵山多道气，百年几见鹿皮翁。"

款署：庚午伏暑，写游莲花山诗。庸斋仁兄两政，周肇祥。

钤印：肇祥长寿（白）。

扇骨：扇骨材质为毛竹，长31厘米。扇肩呈庙门肩。扇头为古方头。扇钉为牛角钉，钉

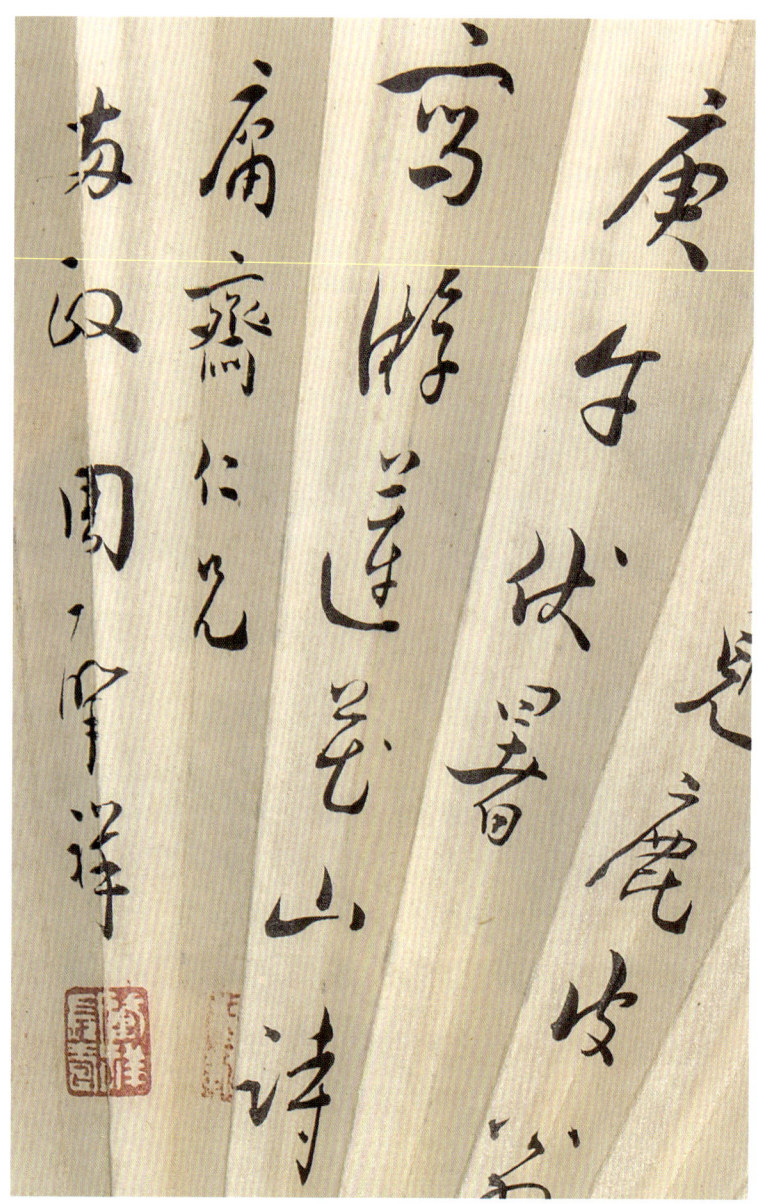

面呈圆状，微拱。扇骨为十六档。扇面上口封裱浅黄色绫绢。

大骨以"浅刻留青""沙地阳刻"的游丝刻刀法，刻出了刘禹锡的《陋室铭》："山不在高，有仙则名。水不在深，有龙则灵。斯是陋室，惟吾德馨。苔痕上阶绿，草色入帘青。谈笑有鸿儒，往来无白丁。可以调素琴，阅金经。无丝竹之乱耳，无案牍之劳形。南阳诸葛庐，西蜀子云亭。孔子云：何陋之有？"款："陋室铭一篇，友石刻"，钤："张石"。

附：

《陋室铭》：为唐代诗人刘禹锡所作。集描写、抒情、议论于一体。通过具体描写"陋室"恬静、雅致的环境和主人高雅的风度来表述自己两袖清风的情怀。文章运用了对比、白描、隐喻、用典等手法，韵律感强，读来金石掷地又自然流畅，一曲既终，犹余音绕梁，让人回味无穷。文章表现了作者不与世俗同流合污，洁身自好、不慕名利的生活态度。

刘禹锡（772—842）：唐代文学家、哲学家，字梦得，洛阳人，自称"家本荥上，籍占洛阳"，又自言系出中山。其先祖为中山靖王刘胜。有"诗豪"之称。刘禹锡诗文俱佳，涉猎题材广泛，与柳宗元并称"刘柳"，与韦应物、白居易合称"三杰"，并与白居易合称"刘白"，有《陋室铭》《竹枝词》《杨柳枝词》《乌衣巷》等名篇。哲学著作《天论》三篇，论述天的物质性，分析"天命论"产生的根源，具有唯物主义思想。有《刘梦得文集》《刘宾客集》。卒后，赠户部尚书。

友石：即张友石，生卒年不详。清末民国初书画家、著名竹刻家，无锡人。其弟子杨云康，擅阴刻，风格古雅，属清客一派。是民国时期竹刻艺术的代表人物之一。

浅刻：是用刀来表现书画艺术的一种雕刻语言。

"游丝刻"：是清后期扇刻的主流刻艺，流行于江南。其线若游丝，如行云流水，景致人物造型准确，神态生动。因竹丝粗硬，横向切割需有极高超技艺，折钩处更是不易。游丝似有似无，若隐若现，似断非断，若即若离，奇妙无比。细刻书法是游丝刻的一种，"沙地阳刻"是晚清竹刻的创新之作。随着碑版的兴旺，阳刻金文、石鼓文盛行于晚清民国。

《石溪双雀图》 折扇（正面）

[民国] 高□初　　纸本　设色　纵20厘米　横56.5厘米

高□初：生卒年不详。

画意：构图中善于运用对比，注重平衡、节奏、统调，晕色时巧妙地运用积水撞色法，形成斑驳的色彩。山石、丛草及白色的溪流相互映衬，点缀两只红色鸟雀，使画面生动活泼、丰富多彩。两只鸟雀的描绘精细入微，形态生动，特别是羽毛的洗染，一丝不苟，达到了极高的境界。线描简洁有力，流畅生动，笔意纵恣，奇拔奔放。色彩明洁清丽，写实恬静。山石中延伸出的两根双勾枝条，劲挺有力，与鸟雀翎毛的柔细形成了强烈对比。画面右边的空白，给鸟雀留下了飞翔的空间，令人心旷神怡。

款署：芝田仁兄大雅之属。春轩高□初作于燕邺。

钤印：春轩小印（朱）。

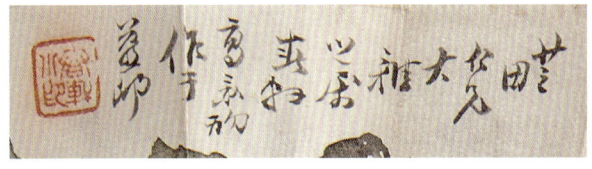

《落花四首》 楷书折扇（背面）

[民国] 朱延昱　　　纸本　纵20厘米　横56.5厘米

朱延昱（1885—？）：字耀东，江苏宝应人，1885年生。清副贡生。历任户部主事，清理财政处湘鄂科坐办，北京政府财政部佥事，财政部会计司司长，盐务署参事、署长、代财政部次长。

题释：为陈曾寿《落花四首》中的前两首，其一"海竭天荒有别离，义山肠断未曾知。关心娇宠都成梦，立望偏反尚可疑。万里阴浓愁未暮，三山事息忆成痴。几回雨后似相见，一尔风前便永期。"其二"一片俄惊万点新，更劳车马碾成尘。费声林际催归鸟，负手栏杆独立人。愿以虚空为息壤，偶回庭坳聚残春。"第二首缺最后一句"青天淡薄难充纸，欲写芳惊迹已陈。"

款署：应芝田先生雅正。朱延昱。

钤印：公仰（朱）。

附：

陈曾寿（1878—1949）：晚清官员、诗人。字仁先，号耐寂、复志、焦庵，家藏元代吴镇的《苍虬图》，因以名阁，自称苍虬居士，湖北蕲水县人，状元陈沆曾孙。光绪二十九年进士，官至都察院广东监察御史。入民国，筑室杭州小南湖，以遗老自居，曾参与张勋复辟、伪满组织等。书学苏东坡，画学宋元人。其诗工写景，能自造境界，是近代宋派诗的后起名家，与陈三立、陈衍齐名，时称"海内三陈"。

扇骨：扇骨材质为玉竹，长34厘米。扇肩呈溜肩。扇头为琴式方头。扇钉为牛角钉，钉面呈圆状，微拱。扇骨为十一档。扇面上口封裱浅黄色绫绢。

《秋山诗兴图》 折扇（正面）

[民国] 赵祉布 赵望云　　纸本 设色 纵18.6厘米 横50.5厘米 公元1941年

赵祉布：生卒年不详。赵祉布多临摹前辈的画、款、印。如临摹黄小松（黄易）的作品。

赵望云（1906—1977）：河北束鹿人。早年与王森然、李苦禅等组织吼虹艺术社，1937年创办《抗战画刊》。擅山水、人物，创作面向生活，画风质朴厚重，尤长于表现陕北山水和人民生活，为长安画派的开创者。曾任西北军政委员会文化部文物处处长、中国美术家协会常务理事、陕西省美术家协会首任主席、人大代表、政协委员、文化局副局长等职。主要作品有：《西北旅行画集》《赵望云画集》等。

画意：湖面上远山红树，云雾飘渺，有隐者坐于山石之上，侍者拄杖而立。远山渲染，近处树石用笔率意，画面意境深远。整幅赭青设色，火红的红叶及落叶的柳条点染出一派清秋景色。笔法简练，墨色畅快，前景山石及远山采用各种皴法和淡墨渲染相结合，画面更为秀润。此画为二人合作。

题释：秋山诗兴。

款署：民国辛巳初秋，与赵君望云同客川西灌口公创合作此图。敬呈药痴大哥教正。弟赵祉布谨绘。望云画山峰。

钤印：祉布（朱）、望云（朱）。

《陆游入蜀记》 行楷折扇（背面）

[民国] 汪 东 沈尹默　　纸本（洒金）　纵18.6厘米　横50.5厘米

汪东：（1890—1963）著名文学家、书法家。原名东宝，字旭初，号寄庵，别号寄生、梦秋。书房名曰"寄庵"。江苏吴县人。早年就读于上海震旦大学，1904年东渡日本，入早稻田大学预科，毕业后入哲学馆（后改为"东洋大学"）学习。同时结识孙中山，参加同盟会。参加过辛亥革命。曾任《大共和日报》总编辑、中央大学文学院院长等职。中华人民共和国成立后，任苏州市政协常委、副主席、江苏省政协常委等职。汪东为章太炎弟子，凡经史百家，无不研习，涉及音韵学、训诂学、文字学等。

汪东擅书画，与沈尹默等交厚。书法初习董其昌，继而出入颜、米，饶有古法。亦能山水，画梅尤得同行称赞。著作有《论支那立宪必先以革命》《法国革命史论》《〈法言疏证〉别录》等。

沈尹默：（1883—1971）原名君默，字中、秋明，号君墨，别号鬼谷子，浙江吴兴（一说浙江湖州）人。著名的学者、诗人、书法家、教育家。早年留学日本，后任北京大学教授和校长、辅仁大学教授。1949年后历任中央文史馆副馆长，上海市人民委员会委员，第三届全国

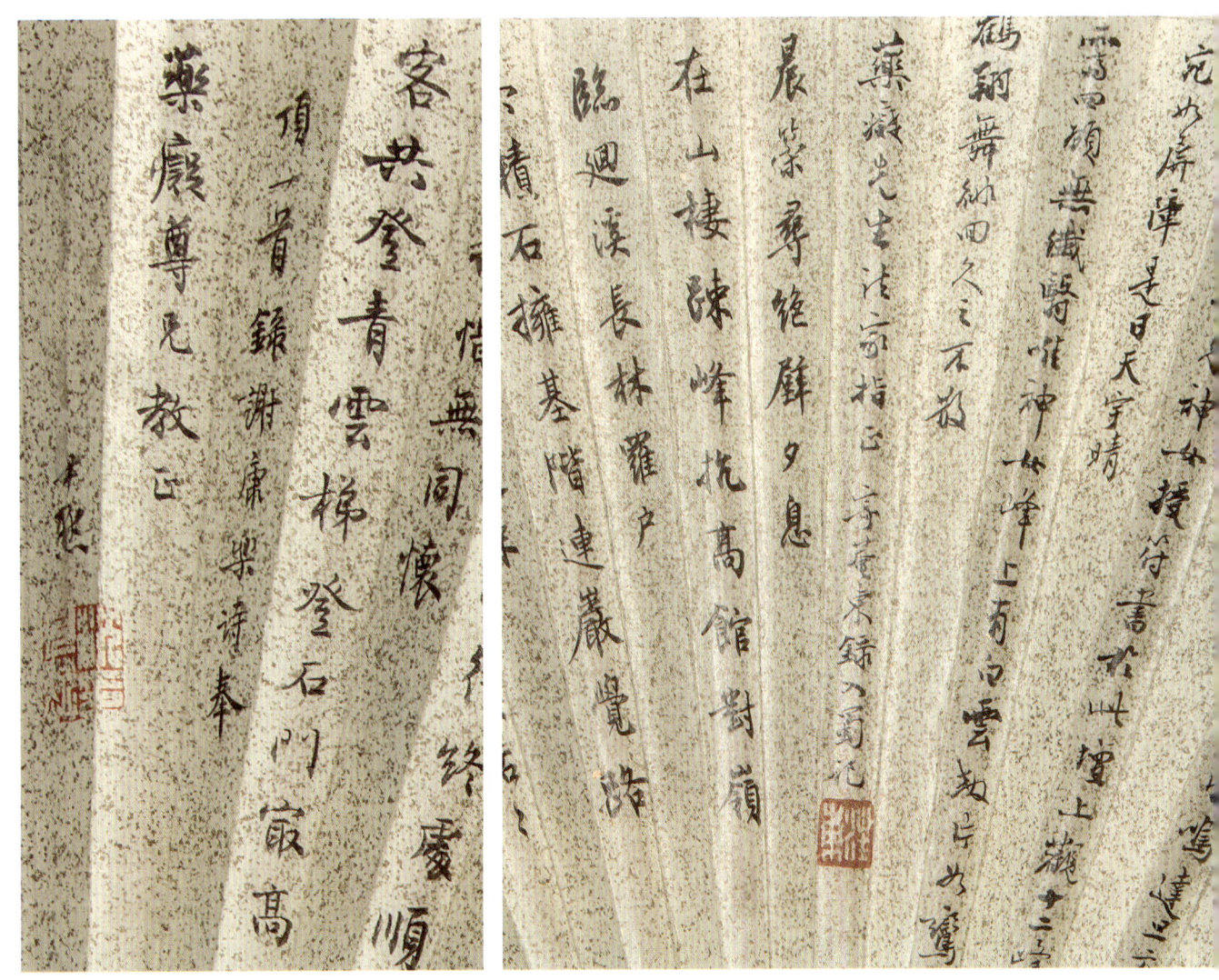

人大代表等。沈尹默以书法闻名,民国初年,书坛就有"南沈北于(右任)"之称。20世纪40年代书坛有"南沈北吴(吴玉如)"之说。著名文学家徐平羽先生,谓沈老之书法"超越元、明、清,直入宋四家而无愧"。已故全国文物鉴定小组组长谢稚柳教授认为:"数百年来,书家林立,盖无人出其右者。"已故台北师大教授、国文研究所所长林尹先生赞沈老书法"米元章以下"。抗战后辞职居上海,以鬻字为生,自甘清贫。著作有《谈书法》《书法论》和《二王法书管窥》等。

题释:分两部分,第一部分是南宋陆游撰写的《入蜀记》第六卷中一段:"二十三日,过巫山凝真观,谒妙用真人祠。真人即世所谓巫山神女也。祠正对巫山,峰峦上入霄汉,山脚直插江中,议者谓太华、衡、庐,皆无此奇。然十二峰者不可悉见,所谓八九峰,惟神女峰最为纤丽奇峭,宜为仙真所托。祝史云:"每八月十五夜月明时,有丝竹之音,往来峰顶,山猿皆鸣,达旦方渐止。"庙后,山半有石坛,平旷。传云:"夏禹见神女,授符书于此。"坛上观十二峰,宛如屏障。是日,天宇晴霁,四顾无纤翳,惟神女峰上有白云数片,如鸾鹤翔舞徘徊,久之不散,亦可异也。"汪东书写。第二部分是晋宋间诗人谢灵运的《登石门最高顶》诗："晨策寻绝壁，夕息在山栖。疏峰抚高馆，对岭临回溪。长林罗户穴，积石拥基阶。连岩觉路塞，密竹使径迷。来人忘新术，长子惑故蹊。活活夕流驶，激激夜援啼。沉冥岂别理，守道自不携。心契九秋干，目玩三春荑。居常以待终，处顺故安排。惜无同怀客，共登青云梯。"沈尹默书写。

款署：第一部分落款，"药痴先生法家指正。寄庵东录入蜀记。"第二部分落款，"登石门最高顶一首，录谢康乐诗，奉药痴尊兄教正。尹默。"

钤印：汪东（白），沈尹默印（白）。

附：

《入蜀记》：是南宋陆游入蜀途中的日记，共六卷，是中国第一部长篇游记。《入蜀记》将日常旅行生活、自然人文景观、世情风俗、军事政治、诗文掌故、文史考辨、旅游审美、沿革兴废错综成篇，评古论今，夹叙夹议，卓见迭出，寄慨遥深。

南宋孝宗乾道五年（1170）末，陆游由山阴（今浙江绍兴）赴任夔州（今重庆奉节一带）通判（知州的佐理官）。闰五月十八日晚起程，乘船由运河、长江水路前往，历时160天，经浙、苏、皖、赣、鄂、渝六省市，于十月二十七日早晨到达夔州任所。路上写每日经历，记一天经过什么地方，游历或舟中所见，会见什么人等。多的是写景物，写观感，间或考证古闻旧事。《入蜀记》是中国第一部长篇游记。中国游记虽多，但多为短篇。

《登石门最高顶》：诗分三个层次。前二句点题，写晨登夕栖。"疏峰"以下十句，写宿山之所见、所闻。"沈冥"以下八句：即景抒情。诗中隐含因仕途失利而生的愤懑不平，所谓安命云云，带有自我排遣的意味。诗的佳处是融情造景的精致与结构布局上的顺逆疏密，二者相合使全诗森然傲兀。

谢康乐：即谢灵运。（385—433）晋宋间诗人。原籍陈郡阳夏（今河南太康），生于会稽始宁（今浙江上虞）。东晋名将谢玄之孙，袭爵封康乐公，世称"谢康乐"。出身名门，兼负才华，但仕途坎坷。为了摆脱政治烦恼，常常放浪山水，探奇览胜。诗歌大部分描绘了他所到之处的山水景物。其中有不少自然清新的佳句，给人以美的享受。他的诗文大都是一半写景，一半谈玄，丰富和开拓了诗的境界，使山水的描写从玄言诗中独立了出来，成为中国诗歌发展史上的一个流派，成为山水诗派的创始人。元嘉十年（433）被宋文帝（刘义隆）以"叛逆"罪名杀害。有《谢康乐集》。

扇骨：扇骨材质为玉竹，长30.5厘米。扇肩呈溜肩。扇头为挑蹬方头。扇钉为牛角钉。

扇骨为十六档。扇面上口封裱浅黄色绫绢。

大骨一侧刻《牧牛图》，阴刻，人物、牧牛、草木栩栩如生。题释为"牛背常吹笛，随蹄可踏犁。野色桃林外，春深牧笛中。拟为求趋牧，怎教适寝讹。笛吹茅店北，绳系石栏西。洗耳常临水，牵绳欲过溪。齐野歌声壮，逐关紫气新。喘须他日问，趋合此时求。郭外方充牺，风前或降阿。"此诗录自《诗韵合璧》。另一侧刻《长江横渡图》，阴刻。小舟载人随江而下，人物刻画细腻。题释为《前赤壁赋》："壬戌之秋，七月既望，苏子与客泛舟游于赤壁之下。清风徐来，水波不兴。举酒属客，诵明月之诗，歌窈窕之章。少焉，月出于东山之上，徘徊于斗牛之间。"落款、钤印不清。

附：

《赤壁赋》：是北宋文学家苏轼的散文，分为《前赤壁赋》和《后赤壁赋》。其中《前赤壁赋》是中国古代文学史上的名篇，以景贯穿全文，"风"和"月"为主，"山"和"水"辅之，全文紧扣风、月来展开描写与议论。表现了作者的心灵由矛盾、悲伤获得超越、升华的复杂过程。

《诗韵合璧》：是清代极为流行的韵书。收词丰富，排列精当。书中还辑入《诗腋》《词林典腋》二书。

《柳塘归隐图》折扇（正面）

[民国] 庞元济

纸本 设色 纵18.9厘米 横52厘米 公元1931年

庞元济（1864—1949）：字莱臣，号虚斋，斋号退修庵。浙江吴兴南浔人。父庞云鏳为南浔镇巨富，"南浔四象"之一。早年好字画碑帖，常临摹乾隆、嘉庆时名人字画，后从事字画买卖。被誉为"全世界最负盛名"的中国书画收藏家。

庞元济于清光绪六年（1880）补博士弟子，援例为刑部江西司郎中。因助赈10万元，特赐举人，加四品京堂。从光绪二十一年（1895）起，与人合资先后在杭州拱宸桥、德清塘栖（今余杭塘栖）开设世经、大纶缫丝厂和通益公纱厂。光绪三十年秋，在上海与人合资创办龙章机器造纸有限公司，任总经理。此外，在南浔、绍兴、苏州、杭州等地开设米行、酱园、酒坊、中药店、当铺、钱庄等大小企业，拥有大量田产和房地产。抗战爆发后，年迈寓居上海。

庞元济既拥有财力，又精于鉴赏，收藏有铜器、瓷器、书画、玉器等文物，尤以书画最精，为全国著名书画收藏家之一。与于右任、张大千、吴昌硕等人均有交往。山水画法近倪云林，远宋董源、巨然，花卉则以恽南田为宗。著有《虚斋名画录》十六卷、《续虚斋名画录》四卷及《中华历代名画志》。

画意：构图采用三段平远构图，即近坡柳树数株，远景云山一抹，中隔湖水一汪，用疏简的笔法描绘疏林、浅滩、远山，营造出平淡清旷的山水境界，使画面具有辽阔旷远的艺术效果。

画面近处画一面小坡，其上两株垂柳，隔水两道山丘；茅草屋中坐一人，目视一叶小舟或来或去；一小桥连接两岸，只见一岸；全画分近、中、远三景，中景是一片湖光，其实一笔未画，远景和近景墨色一致，没有近浓远淡的分别，但令人称道的是远近的效果却很强烈。

笔法远山淡色皴抹，树干枝条干湿笔复加而成；山坡、湖石用长线条勾出轮廓，然后干擦几笔，施以淡色晕染；茅屋、人物、小桥几笔勾出，用笔极简。以简淡之笔，写幽秀之景，逸气充盈，奇趣横生。多作水墨，间施淡色。运笔高古，在枯笔中求润。给人一种与世隔绝、荒寒萧疏的感觉。

款署：仿松园幽秀之笔。辛未夏，潜庵姻世兄属。元济。

钤印：元济书画（白）、虚斋的笔（朱）。

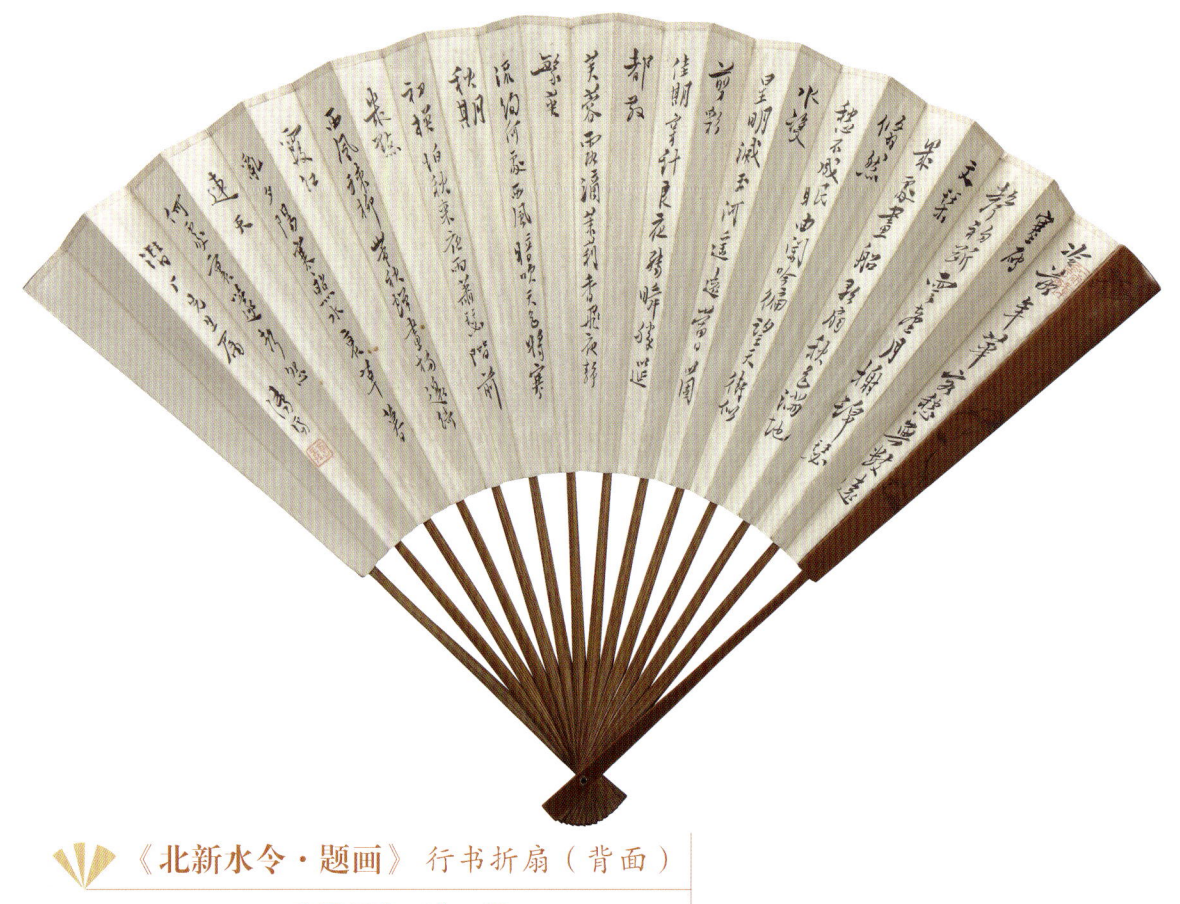

《北新水令·题画》行书折扇（背面）

[民国] 溥　儒　　　　　　　　　纸本　纵18.9厘米　横52厘米

溥儒：即溥心畬（1896—1963）原名爱新觉罗·溥儒，初字仲衡，改字心畬，自号羲皇上人、西山逸士。北京人，满族，为清恭亲王奕䜣之孙。曾留学德国，笃嗜诗文、书画，皆有成就。画工山水、兼擅人物、花卉及书法，与张大千有"南张北溥"之誉，又与吴湖帆并称"南吴北溥"。

溥心畬得传统正脉，受马远、夏圭的影响较深。他的传统山水画法度严谨，灵活变通，创造出新，开创自家风范。皇室后裔的特殊身份使他悟到荣华富贵之后的平淡人生，因而他在画中营造的空灵超逸的境界令人叹服。画宗马夏，直逼宋苑，题咏尤美。

行草学二王、米芾，飘逸酣畅，他主张树立骨力，强调书小字必先习大字，心经笔法，意存体势，如此书法方能刚健遒美，秀逸有致。其小楷作品《金刚经》用笔意境高古，气韵生动，堪称绝妙。溥心畬不仅书画好，且从小即通诗词及典籍，晚年常对弟子说，称他画家，不如称他为书家，称他为书家，不如称他为诗人。

题释：取自溥儒诗词多首，最后一首是《北新水令·题画》。"冷落年华，寄愁无数，远塞

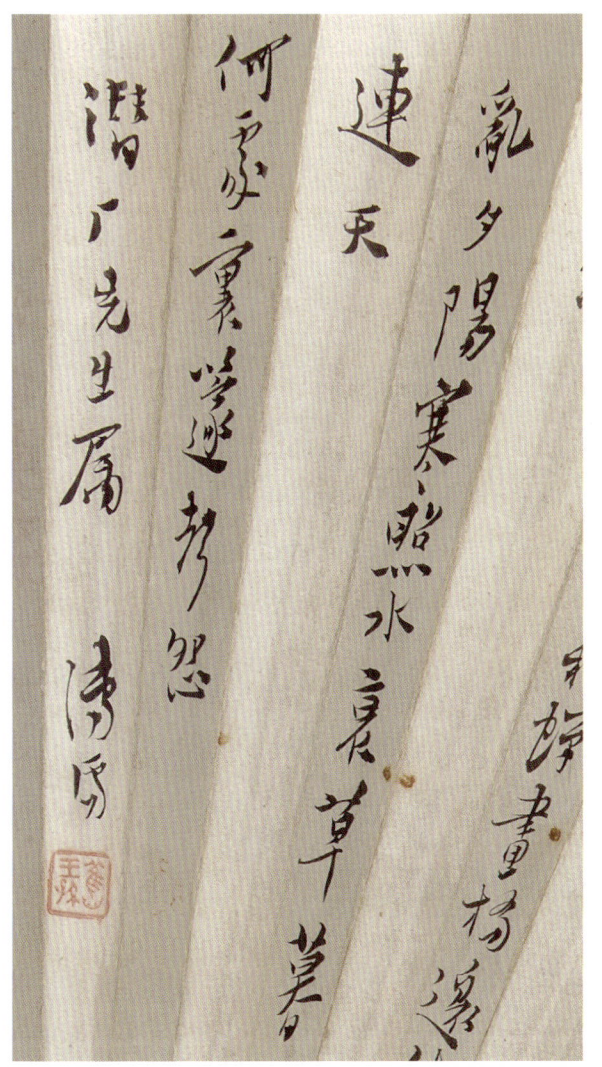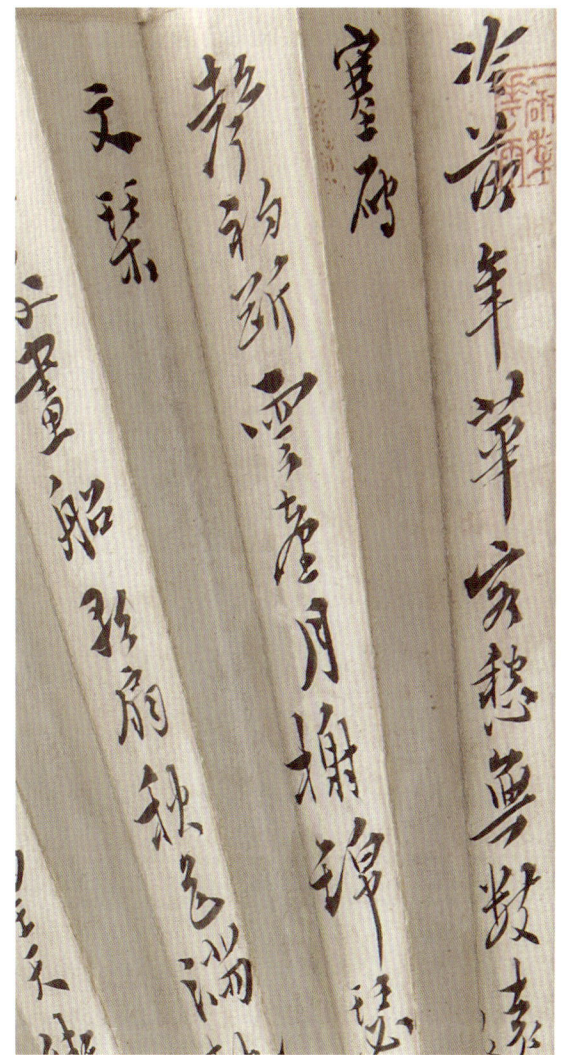

雁声初断。云台月榭，锦瑟文琴，几处画船歌扇。秋色满地翛然，愁不成眠，曲阑吟偏，望天街似水，双星明灭，玉河遥远。当日以固剪彩，佳期穿针良夜，转瞬胜筵都散。芙蓉露滴，茉莉香飞，夜静繁英流绚，何处西风暗吹。天色将寒，秋期初换，怕秋来夜雨萧瑟，阶前几点。"后为《题画》词"西风疏柳带秋蝉，画桥边。绮霞红乱夕阳寒，照水衰草暮连天。何处里，笛声怨？"

款署：潜庵先生属。溥儒。

钤印：旧王孙（朱）。

扇骨：扇骨材质为玉竹，长33厘米。扇肩呈直肩。扇头为挑蹚方头。扇钉为牛角钉。扇骨为十四档。扇面上口封裱淡黄色绫绢。

大骨一侧刻《隐士望鹤图》，阴刻。刻工简洁，线条娴熟，刻画人物到位。另一侧刻《钟馗搢笏图》，阴刻。落款"丙寅七月，潜庵大兄雅正。弟张礼培刻。"钤印"树之"。另有款"搢笏图，益眇画。"

附：

《隐士望鹤图》：鹤是清高、长寿、善舞的动物，鹤象征正直、淡泊，鹤是隐士的伴侣。传说中鹤能翩翩于仙凡之间，不受任何拘束。修道之人可以化而为鹤。所以鹤是超然物外，随缘任化的道家精神的象征。形容与世无争的隐士生活。

《钟馗搢笏图》：古代君臣朝见时均执笏，用以记事备忘，不用时插于腰带上。古代官员的官服，没有口袋，将笏直接插在腰带上，叫"搢笏"。

《松壑寻幽图》 折扇（正面）

[民国] 钱达根

纸本 设色 纵18厘米 横50.5厘米 公元1933年

钱达根（1894—？）：浙江杭州人。号杭人，室名冬雨庵、寒雨庵。与寿石工、钱伯年、金禹民交善，与张大千、向迪琮、寿石工等题写书名多部，与陈年、陈半丁、朱葆慈、汪鸾祥、陈蕃诰等人有交往。

钱达根是民国著名教育家，书画家，篆刻家，诗人。善画山水，精书法、篆刻、治印，通考据之学。

画意：构图紧凑，近景古松、横桥，老者持杖行走于桥上。中景山涧，瀑布激流；远景山峰朦胧。天际间题款，填补空白。画作仿王翚山水，不拘于一家，创造出一种气势勃发的山水画风格。技法采用干笔、湿笔并用，多以细笔皴擦，画面效果繁密，设色青绿加绛色，有清幽灵动之感。

款署：乌目山人松壑寻幽□子。再为慎生仁兄摹之即请方家指正。癸酉大雪，杭人达根又记于冬雨庵（盦）。

钤印：大根（朱）。

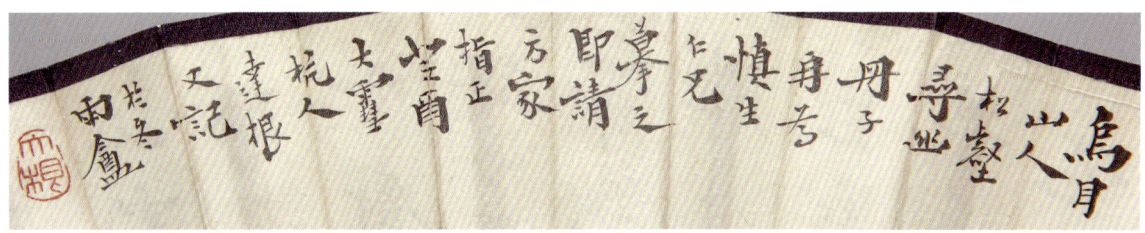

附：

乌目山人：即王翚（1632—1717）字石谷，号耕烟散人、剑门樵客、乌目山人、清晖老人等。江苏常熟人。清代著名画家，被称为"清初画圣"。与王鉴、王时敏、王原祁合称山水画家"四王"，论画主张"以元人笔墨，运宋人丘壑，而泽以唐人气韵"。

慎生：即汪溶（1896—1972）字慎生，号满川村人，祖籍安徽歙县。早年在浙江兰溪当学徒，后于上海画炭画谋生。1934年起于京华美术专科学校、北京辅仁大学美术系、北京师范大学任教。1954年任中央美术学院民族美术研究所副研究员。1957年任北京中国画院画师、院委。中国美术家协会会员。擅长写意花鸟画，师法华新罗。在京津等地多次举办个人画展。与张大千交厚，大千数度至北平皆住在汪宅。民国时期同陈半丁、王雪涛等画家齐名。入室弟子有张其翼、孙其峰、曹国鉴、潘素等。

著有《汪慎生画辑》《中国书画》《黄山雁荡记游册》。

《自题诗》 行楷折扇（背面）
[民国] 钱达根　　　　纸本　纵18厘米　横50.5厘米

钱达根：见271页。

题释：汉阴丈人甘遁迹，笔札奇奥躯夒魖。被责菖蒲洗烦恼，三层楼上注虫鱼。数来武林作词客，市上独倾浊酒杯。观者围场顿挢舌，硬弓力挽颠如雷。桫椤阴蔽菩萨泉，壁挂镜子空厨烟。记得山中秋雨歇，大家来翰兜罗绵。宋来雕本积万卷，夫子著书游禁庭。近不得意但高卧，秋风吹老古槐厅。平生沈九严十六，雕句炼格超篱樊。昨赋宫体更新变，对君端欲把降旛。玉练槌□天气晴，秋来曾访长官清。蘋花百日快烟水，柔舻一枝摇进城。

款署：慎生道兄雅教。杭人弟钱达根。

钤印：印迹不清。

扇骨：扇骨材质为玉竹，长 30.7 厘米。扇肩呈庙门肩。扇头为琴式方头。扇钉为牛角钉。扇骨为十四档。扇面上口封裱深紫色绫绢。

大骨面无刻，平地（底）。

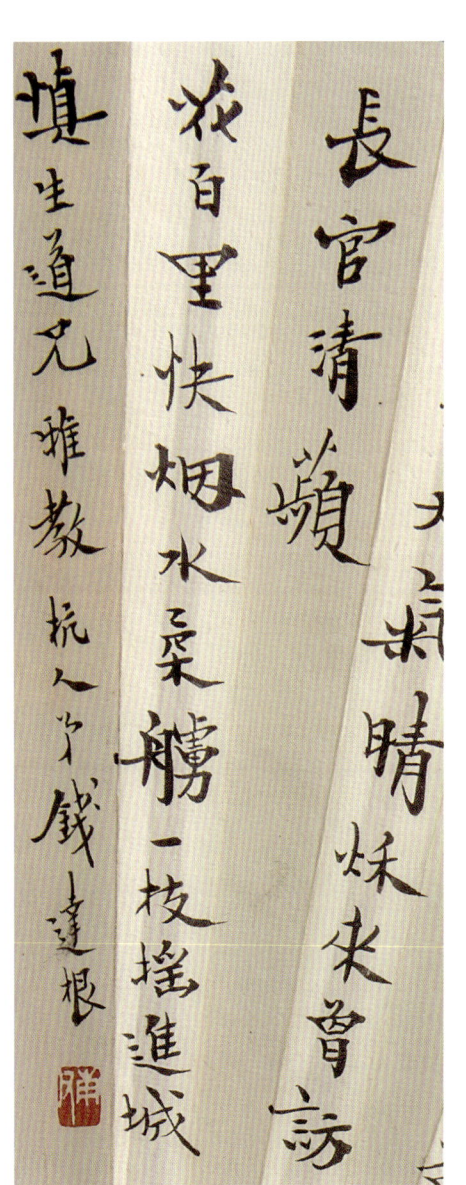

《青山竹林图》 折扇（正面）
[民国] 王春林

纸本 设色 纵20厘米 横54.4厘米
公元1930年

王春林：生卒年不详。清代雕塑家。江苏无锡人。以捏塑泥人驰名。《梵天庐丛录》二十八载：高宗南巡至无锡惠泉山，闻山下有王春林，善作精美之泥孩儿，技巧万端，便命作泥孩五盘，饰以锦绣、金叶。迨进御，称旨，赐金帛甚厚。

画意：幽幽青山延伸至湖中，竹林由近而远布满山间，一叶小舟荡漾于湖上，山涧的瀑布湍急而下，远处的湖岸边几座屋舍隐现。画家以没骨法，用石绿写出翠碧的山峦幽谷与竹林，近浓远浅有层次感，再用点皴法点出山间植物，用赭蓝勾勒屋舍，使整个作品幽绿而有生机。

款署：庚午六月，为药痴仁兄雅正。弟王春林。

钤印：蔚囗（朱）。

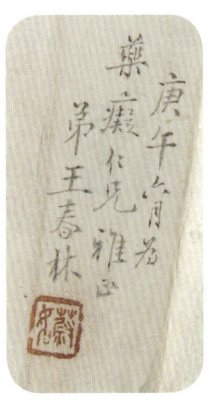

《为铜官感旧图题》行书折扇（背面）
[民国] 赵椿年　　　　　纸本　纵20厘米　横54.4厘米

赵椿年（1869—1942）：字剑秋，晚署坡邻，江苏武进人。清光绪进士。宣统元年（1909）资政院议员。民国建立后，任农商部参事。1915年任袁世凯总统府财政顾问，支持袁称帝，授为上卿。次年5月升财政部长，帝制失败后辞职。1917年张勋复辟，任农工部侍郎、审计院副院长，1928年后辞职。工书，能诗。著有"覃研斋石鼓"十种、"考释"一卷、《课余琐谈》。

题释：两首律诗，第一首"沧桑一棹小经过，十里铜官水不波。虞坂车踪悲马力，吕梁篆眼认蜂巢。元勋旧著语溪颂，壮士今无曳落河。太息酬恩诸将帅，几人曾念病维摩。"第二首"手援天下青春日，身在江湖白发翁。知己不羞三战北，孤忱终挟百川东。渑池自奋回鹢翅，邻酒谁论曲突功。回首可怜征战地，英雄多少浪花中。"

款署：咸丰四年，曾文正靖港之败，自投于水，长沙章价人太守援之以出。太守后作铜官感旧图，藏于家。为题二律录请药痴仁兄两政，弟赵椿年。

钤印：赵椿年印（白）。

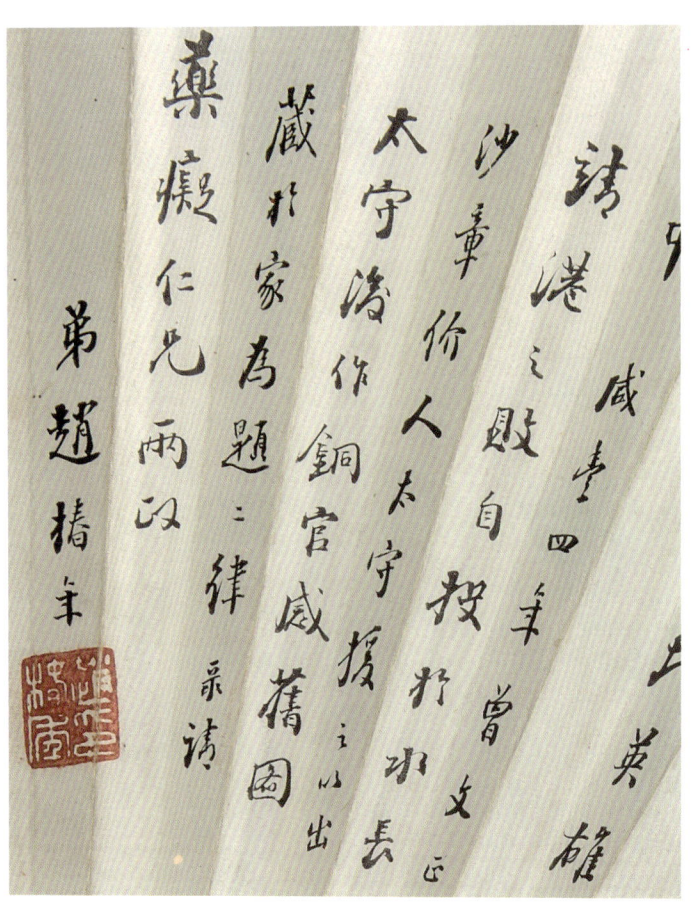

附：

曾文正：即曾国藩（1811—1872）初名子城，字伯涵，号涤生，宗圣曾子七十世孙。中国近代政治家、战略家、理学家、文学家，湘军的创立者和统帅。与胡林翼并称曾胡，与李鸿章、左宗棠、张之洞并称"晚清四大名臣"。官至两江总督、直隶总督、武英殿大学士，封一等毅勇侯，谥曰文正。

"靖港之败"：《湘军记》记载：四月初二日靖港之败时提道："（曾国藩）亲率战艇四十，陆勇八百，水急风驶，须臾追贼垒。战不利，水师骤返，为贼乘。陆军与团丁亦溃，夺浮桥走。国藩不能止，发愤投水，左右负之出，乃回省城整兵。"

章价人：即章寿麟（1833—1887）曾国藩府中幕客。史称"少孤贫"，民国名士章士钊族兄，是曾国藩靖港败役投水的救命之人。

《铜官感旧图》：章寿麟于光绪三年（1877）告老还乡途中，经过靖港对面的铜官时所画。

扇骨：扇骨材质为玉竹，长33.8厘米。扇肩呈庙门肩。扇头为马牙头。扇钉为牛角钉。扇骨为十六档。扇面上口封裱浅黄色绫绢。扇骨无刻平地。

《山野独居图》折扇（正面）

[民国] 吴仲熊　　　纸本　设色　纵18厘米　横50.7厘米　公元1930年

吴仲熊（1899—？）：室名芳菲之室，浙江吴兴人，幼嗜艺术，传家法于任雨华、任堇等。后师从吴昌硕学习大写意画及篆刻。中年后回归本门家法。弱冠闻名艺苑，所作山水，澹远有致，兼写花鸟，精妙入神，有任伯年遗韵。题画诗句清新俊逸，书法娟秀可爱。早年参加西泠印社与豫园书画善会，海上书画联合会，题襟馆书画会等组织，颇为顾西津、吴昌硕器重，与黄宾虹、王福庵、徐悲鸿等交往甚密。其继祖母为任伯年之女任丽华。

画意：此画高岭临溪，树木丰茂，远山如影，画面景色秀润，风格清新，层次分明。用色彩的浓淡来拉开景物的空间距离。作品以高山大岭为主体，周围群山环护。山涧之中，屋舍掩映，杂树蔽荫。笔法娟秀，写物具体。构景繁复而集中，布置有序，层次井然，显现出温厚而博大的气象。

款署：庚午□夏似潜厂大兄法正。吴仲熊。

钤印：中熊（朱）。

附：

潜厂：即潜庵，"厂"为"庵"的小篆书体。潜庵即金北楼（1878—1926）名金绍城（金城），字巩伯，一字拱北，号北楼，又号藕湖，浙江吴兴人。先生博学多才，书画篆刻金石六艺无所不精。山水承继马、夏，人物楷模唐、仇，花卉袭恽南田之没骨画法。对传统绘画技法及理论极有研究，并在前人基础上有所创新，为清末民初画坛巨星。

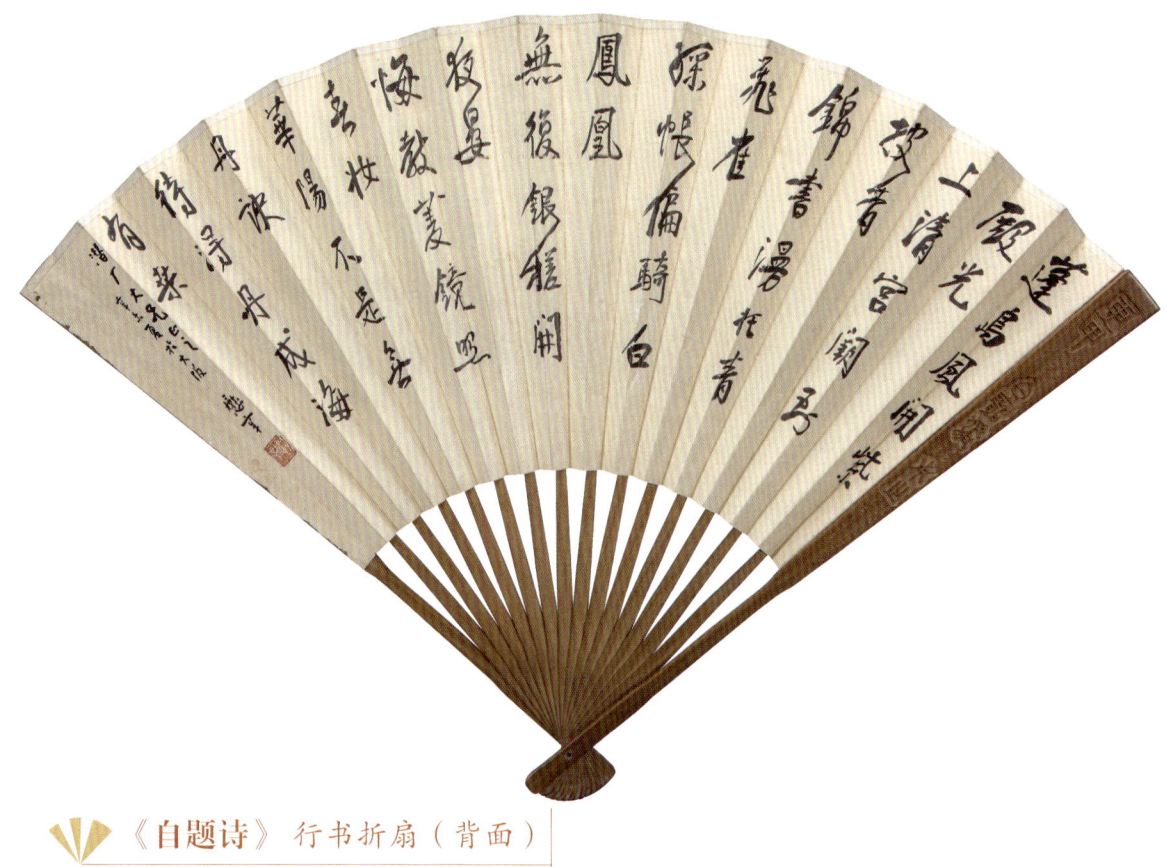

《自题诗》 行书折扇（背面）

[民国] 但懋辛　　纸本　纵18厘米　横50.7厘米　公元1931年

但懋辛（1885—1965）：字怒刚，四川荣县人，当代书法家。同盟会员，曾留学日本。国民党陆军上将。他追随孙中山，辛亥革命刺杀摄政王，参加广州起义，在护国护法斗争中，讨伐袁世凯、北洋军阀，参加了一次又一次艰苦卓绝的战斗；在第一次国共合作中，他拥护联俄、联共、扶助农工的三大政策，支持孙中山改组国民党；在抗日战争、解放战争中，他坚持与中国共产党合作，为中国人民的解放事业做出了贡献。成都解放前夕，参与熊克武、刘文辉、邓锡侯等起义。1950年7月，中央人民政府正式任命但懋辛为西南军政委员会委员。1953年9月，又任命他为西南行政委员会委员兼司法部部长。后任民革中央常委，全国人大代表，四川政协副主席，民革四川主席。但懋辛平生爱好书法，常有人慕名登门求字，他总是一一答应。

题释：蓬岛风开紫殿光，上清宫阙到披香。锦书漫托青飞雀，彩帐偏骑白凤凰。无复银搓开夜宴，悔教菱镜照春装。华阳不是无丹诀，待得丹成海有桑。

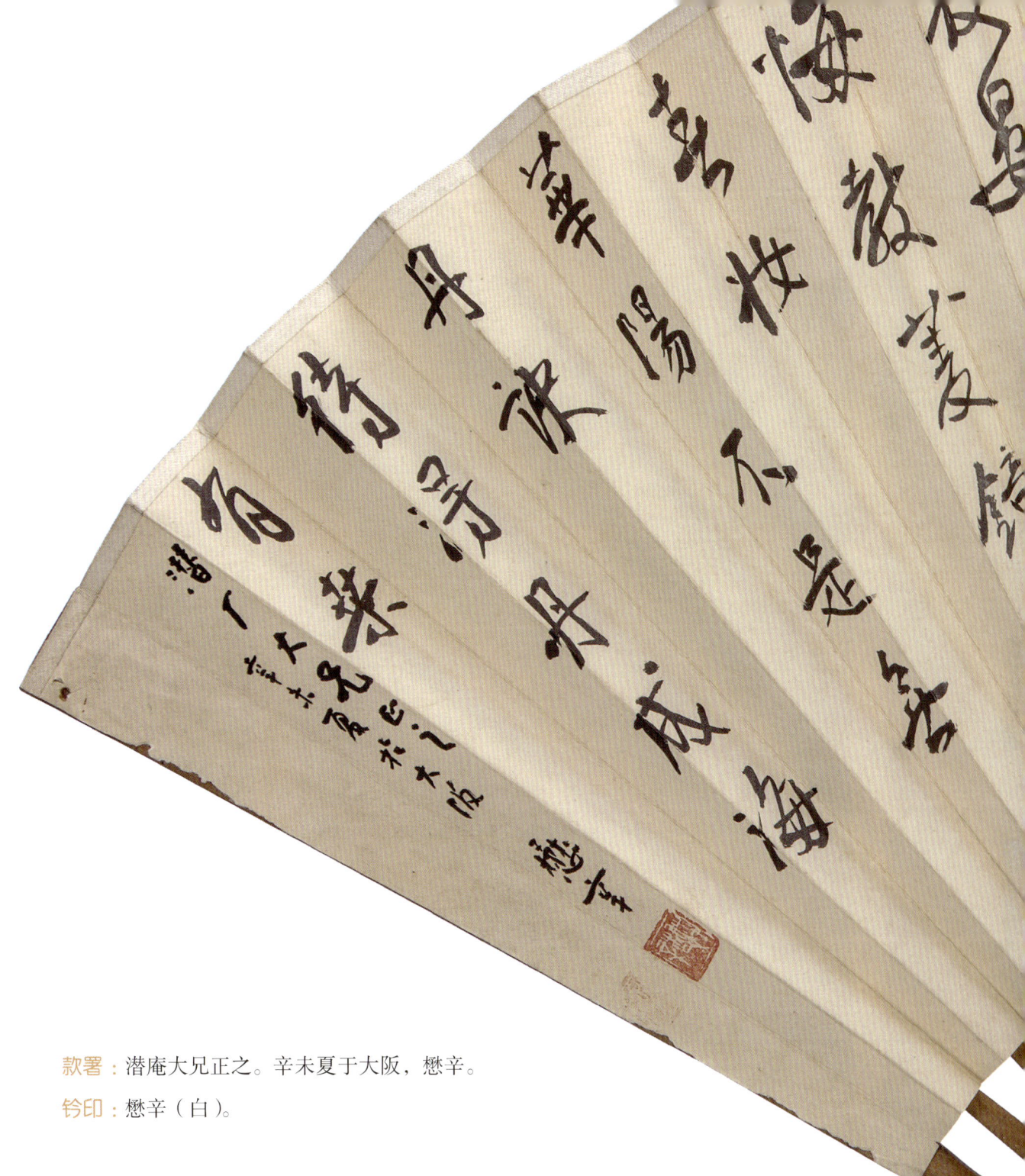

款署：潜庵大兄正之。辛未夏于大阪，懋辛。

钤印：懋辛（白）。

扇骨：扇骨材质为黄杨木，长31.5厘米。扇肩呈庙门肩。扇头为马牙式头。扇钉为牛角钉，钉面呈圆状，微拱。扇骨为十六档。扇面上口封裱淡青色绫绢。

大骨为剔地阳刻古金石文，辅以阴文小字说明，古朴拙雅。一侧上部刻剔地阳刻古金石文六字，阴文小字为"伯幽作，古文本"；下部刻剔地阳刻古金石文二字，阴文小字为"汉'用準'二字文金石古文本"，款："子安刊"。另一侧上部刻剔地阳刻古金石文二字，阴文小字为"汉'更田'二字文古本"；中部刻剔地阳刻古金石文三字，阴文小字为"□□三字"；下部刻剔地阳刻古金石文二字，阴文小字为"汉'用止'二字文金石古文本"，款："吴仓"。

附：

黄杨木：常绿灌木或小乔木，高1～3米，是一种贵重木材，生长于平地峻岭或者悬崖陡壁，生长慢缓，木质坚韧，纹理精致细腻，色调深黄。年代长远者色彩由浅变深，色泽冷静高雅，多用于雕刻案上摆件和手中把玩件。黄杨的木质极其细腻，肉眼看不到棕眼（毛孔）。香气雅致而不俗艳，可以驱蚊。数百年来，黄杨木雕以小、精、美的造型反映现实生涯的文明外延。

子安、吴仓：即吴子安，也称吴仓。字仲庚，子庵，吴门人，清代著名刻骨名家，亦绘山水，偶作篆刻，尤善制博古、金石扇骨，运刀稳健，名噪江南。

《远岫水云图》折扇（正面）

[民国] 马　晋　　纸本　水墨　纵20.6厘米　横54.7厘米　公元1923年

马晋（1900—1970）：字伯逸，号湛如，又号云湖，别名伯远，早年曾用名马锡麟，室名湛花馆，北京大兴人。1922年从金北楼学画，加入中国画学研究会，先后任助教、评议，后入"湖社"，成为职业画家。1922年开始，取法郎世宁，以画马闻名，齐白石在题马晋画马诗中写道："金家门下多能事，晋也尤能画骨工。追电逐风千里足，无羁时节好行空。"兼擅花鸟画，又工书法、刻印。马晋在风筝制作上也有相当高的造诣。中华人民共和国成立前一直以卖画为生，成立后任北京画院画师。

马晋是北京画坛传统派里融合中西的画马名家。他取法郎世宁步入画坛之际，正是康有为主张"合中西而成大家者、当以郎世宁为太祖"之时。但马晋在金城、陈师曾引导下，不仅广泛学习古代院体画、文人画传统，而且博涉书法篆刻，以写生矫正临摹。工笔写实作品，富于体感和质感，工而不拘，细而不碎，干净漂亮，雅俗共赏，与郎世宁的"甚谨甚细而外露巧密"拉开了距离。小写意作品，简洁生动，有笔有墨，写中带工。作品有《猎熊的孩子》《阿洛夫医生》两书的插图等。30年代初的一幅作品，曾获巴拿马万国博览会荣誉奖状。

出版有《中国近现代名家画集·马晋》《马晋画选》等。

画意：一山泉从天际中随山势而下，山腰似云似雾弥漫于庙宇殿堂之上，佛塔隐约可见。此画是马晋30岁前作品，以后专攻画马。

款署：癸亥长夏，画似潜庵先生雅属，马晋。

钤印：无。

《深山隐居图》 折扇（背面）

[民国] 佚 名　　纸本　设色　纵20.6厘米　横54.7厘米

画意：画面崇山峻岭，山间林木丛生，山泉流淌，茅舍隐藏于湖岸、山脚。此画笔墨严谨精深，章法变化丰富，有王翚的笔韵及风格。画面左下有一印，"陈"（朱文）。

扇骨：扇骨材质为玉竹，长34.4厘米。扇头为挑蹬方头。扇肩为溜肩。扇钉为牛角钉。扇骨为十六档，大骨内侧及小骨均为漆骨（黑色）。扇面上口封裱淡黄色绫绢。

大骨两侧均刻梅花图，阴刻。一侧题："大涤子□作此图，偶尔效颦。愧不能似耳。竹溪。"钤印不清。另一侧刻："道光辛丑二月，竹溪仿梅花馆本，于睡馀书宝。"钤印"竹溪"。

《山水图》折扇（正面）

[民国] 傅左车　　纸本 设色 纵18.3厘米 横50厘米 公元1925年

傅左车：生卒年不详。号松湖。民国初年入中国画学研究会，后入金城的"湖社"（因门生以"湖"字为号，故称湖社）。宗旨是"精研古法，博择新知"。初为研究员（即学员、初级会员），1927年升助教，与马晋为同期。画学研究会、"湖社"的骨干力量。

画意：主题在画面的中下部，山岩树林跃然纸上。山顶的茅屋，湖边坡下的屋舍，湖中的小船，远处的山峰，山下的矶石，连成统一的整体。近、中、远三个空间层次表现得自然得体。笔墨清润，构图深远，呈现了可行、可望、可居、可游的理想景色。树木、屋亭、小船等，相互配合，生动而有变化。传统皴、擦、点、染相结合，山与水多用淡墨轻松画出，传统的披麻皴、斧劈皴显得山体疏朗灵秀。树木则是运用浓浓淡淡的墨笔，勾勾点点，画得生动活脱，笔墨简远逸迈，风格高旷，气势雄秀。设色以青、绿、绛色为主调，温润淡雅，表现出画家所追求的平淡与天真。

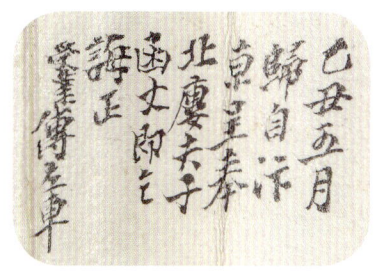

款署：乙丑五月归，自汴京呈奉北溇夫子函丈即乞诲正。受业傅左车。

钤印：无。

《金刚经八品》 金文折扇（背面）

[民国] 马 晋　　纸本 纵18.3厘米 横50厘米 公元1925年

马晋：见285页。

题释：《金刚经》第八品"依法出生分"。"须菩提。于意云何？若人满三千大千世界七宝，以用布施。是人所得福德。宁为多否。须菩提言。甚多，世尊！何以故？是福德，即非福德性。是故如来说福德多。若复有人，于此经中，受持乃至四句偈等，为他人说，其福胜彼。何以故？须菩提，一切诸佛，及诸佛阿耨多罗三藐三菩提法，皆从此经出。须菩提，所谓佛法者，即非佛法。"

款署：用三代古金文字写，金刚经依法出生分，第八。奉北廮夫子大人雅命。乙丑夏五月受业，马晋。

钤印：马晋之印（白）。

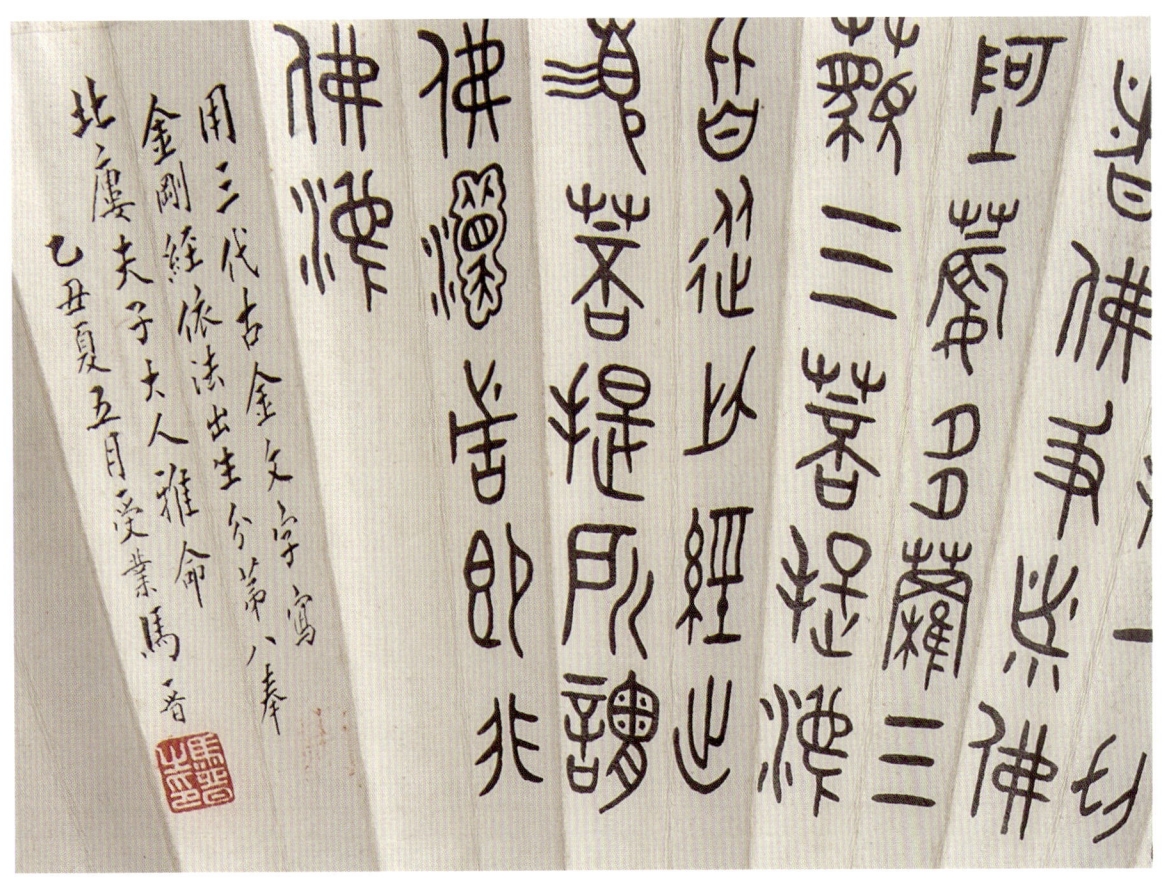

附：

《金刚经》：又称《金刚般若波罗蜜经》，是大乘佛教的重要经典。全称《能断金刚般若波罗蜜多经》内容分：一、全经纲领，度尽一切众生之大心。二、观照实相，凡所有相，皆是虚妄。实相，是世界的真实，事物的本来面目。三、实践宗要，应无所住而生其心。唯有不住相、不偏执，才能把握实相。四、中道方法，性空与幻有的辩证统一。

《金刚经》是彻底解放心灵奴役的大智慧，对中国的历史和文化产生了深远影响。但由于该经文字艰涩、思想深奥。因此，历史上佛教各派祖师多作注讲解，流传最为普及的是禅宗惠能的《六祖坛经》。

《第八品依法出生分》：传播佛法真谛的重要性，生发智慧就是"依法出生"。通常意义上的捐钱捐物是指"财布施"，传播佛法真谛，则是"法布施"，在佛教的价值观中，法布施的意义要胜过财布施。

扇骨：扇骨材质为玉竹，长32.3厘米。扇肩呈溜肩。扇头为挑蹚方头。扇钉为牛角钉。扇骨为十六档。扇面上口封裱浅黄色绫绢。

大骨一侧刻《仕女春燕图》，一仕女双手卷帘，目视双飞的春燕，形象生动，富有情趣。题释文字"卷帘贪看燕双飞"点出主题。另一侧刻《渔翁垂钓图》，山边有湖岸、小桥，湖边两翁钓得一鱼，"知他相问答，今日利如何？"反映了现实生活状态。落款："芸生作"。

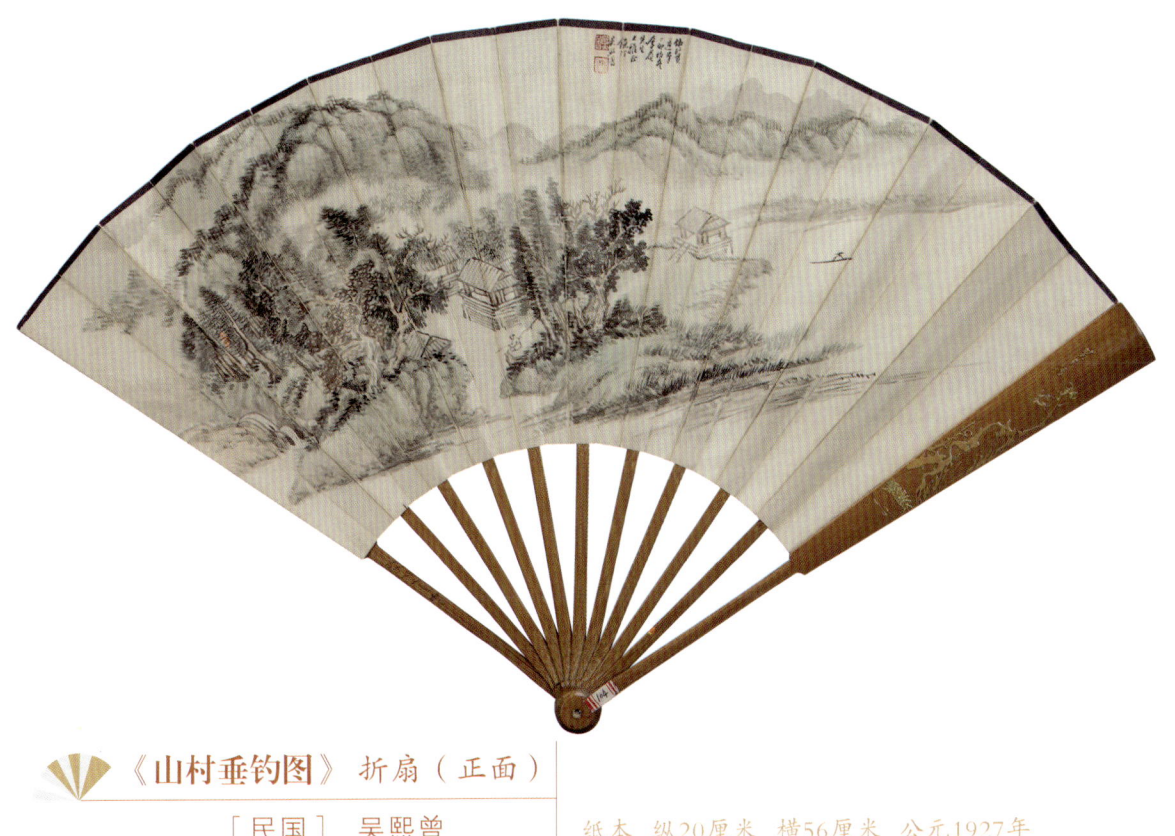

《山村垂钓图》 折扇（正面）

[民国] 吴熙曾　　纸本　纵20厘米　横56厘米　公元1927年

吴熙曾（1904—1972）：又名镜汀，号镜湖，祖籍浙江绍兴，生于北京。启功的恩师，京津画派的杰出代表。擅长山水画，学画从"四王"入手，追宋元画风。50年代后，游遍名山大川，面向生活，推陈出新。曾当选第三届全国人大代表。代表作品有《巴船出峡》《峨嵋积雪》《黄山日出》等。

画意：画面构图偏中间和左面，群山连绵，树木杂植，苇草、竹林中掩隐着民舍。右边平静的湖面，一叶小舟游荡在湖边。湖水穿越民舍，一老者垂钓于礁石之上，风格俊秀，遒劲有力。笔墨苍润，气韵秀美，着色绚丽，作品反映了"得之于心，以心状物"的国画艺术精神。其作品多表现生趣盎然、清幽灵动的江南小景，前人的用笔与构图完美地结合起来，创造出华滋浑厚、气势勃发的山水画风格。

整幅作品采用平远构图，内容可分为三段，远景山峰耸立，主从分明，干笔、湿笔并用，多以细笔皴擦，浓墨点苔其上。中景垂钓者点缀湖面礁石上。汀滩渚石，芦葭苍苍，间以茅屋

篱笆；近景低缓山坡，皴擦点染并用，几株松树、几竿杂木间生其上，笔法俊俏，设色清润，画风清丽工秀，画面彰显出宋人立意之法及元人笔墨意蕴。

款署：仿江贯道笔，丁卯初冬，厚庵先生大雅正。镜汀吴熙曾。

钤印：熙曾（白）、镜汀（朱）。

附：

江贯道：即江参（南宋时期，生卒年不详），字贯道，南徐（今江苏镇江）人，居霅川（今浙江湖州），形貌清癯，平生特嗜香茶，和当时叶梦得（1077—1148年）等众多文人学者关系甚密，终生漂泊。创"泥里拔钉皴"，自成一家。有《泉石图》五幅传于后世。主要作品有《画史会要》《图绘宝鉴》《画继》《后邨题跋》。

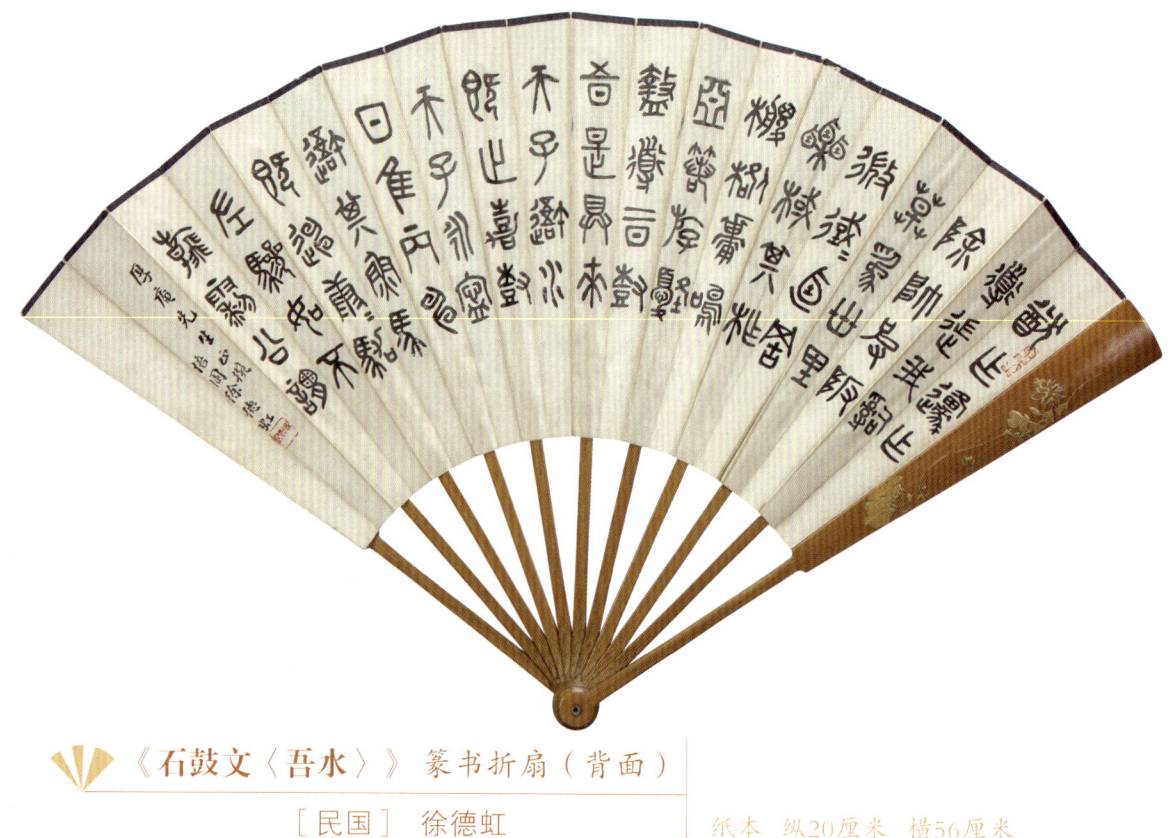

《石鼓文〈吾水〉》篆书折扇（背面）
[民国] 徐德虹　　　　纸本　纵20厘米　横56厘米

徐德虹：生卒年不详。安徽安庆人。工书，尤善篆书。多次为友人前辈撰写"篆盖"。如为天津实业家周学熙父母周馥、吴氏作画《周悫慎公百龄追庆纪念图咏》和《周母吴太夫人百龄追庆纪念图咏》，撰写跋及"篆盖"。

题释：猷作原作，导徒我司，除帅彼陂，暮为世里，微□逌罟 栗域其柞，楼□庸鸣，亚箬存□，螯导二日，树五是□来，天子吾水，既止嘉树，天子永宁，日维丙申，吾其鱼马，既——康康驭，左骖如不，翰雾公谓。

款署：厚庵先生正挽，悟园徐德虹。

钤印：悟园（朱）。

附：

篆盖：碑刻术语。唐代的墓志铭，通常有石盖，因盖上文字多用篆体，故名。篆盖与篆额内容相仿，形制不同，但《金石综例》称："篆盖，即篆额。"

扇骨：扇骨材质为玉竹，长33.5厘米。扇肩呈庙门肩。扇头为菱角扁圆头。扇钉为牛角钉，钉面呈圆状，微拱。扇骨为十一档。扇面上口封裱紫色绫绢。

大骨刻花卉图。一面刻《荷花图》，另一面刻《梅石图》。阳刻，留青平地，设色。刀法娴熟老道，古拙干练。

款署：某□写。

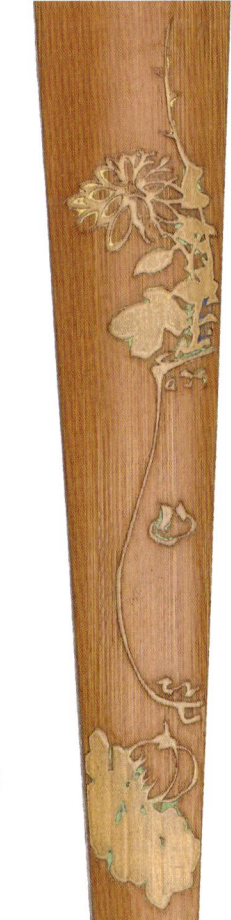

《岩壑清秋图》 折扇（正面）

[民国] 冯 飞　　纸本　设色　纵18.3厘米　横50厘米　公元1938年

冯飞：生卒年不详。字若飞，四川人，善绘山水，墨法深厚，意境旷远，得元人黄鹤山樵遗法。

画意：构图新颖，主题集中于右下部，岩壑间曲径无迹，一老者持杖前行，目视远方。几株古松挺立于岩石间，红叶点缀其间，显示出秋天的景色。大面积留白，深厚的墨法，旷远的意境，是其心目中的理想仙境。宗法元王蒙，又有五代"四大家"董源和巨然的气势，明董其昌所提倡的书卷之气亦迷漫于清疏秀逸的意境中。表现出作者成熟期的山水画风貌和深厚的传统笔墨功底。

款署：药痴先生教，戊寅闰秋，冯飞。

钤印：飞（朱）。

藥痴先生教
戊寅閏秋馮飛

《自题七言律诗二首》楷书折扇（背面）

[民国] 曹经沅　　　纸本　纵18.3厘米　横50厘米

曹经沅（1891—1946）：原字宝融，后字纕蘅，四川绵竹人。幼年从家读。12岁补邑廪生。后赴成都，毕业于四川法政专门学校。18岁乙酉科拔贡。入京朝考，分发礼部，任主事。民国成立后，复就读于中华大学，获法学学士学位。历任北京政府内科部科长、秘书。1925年任临时执政府秘书、安徽省政务厅厅长。1927年任内务部参事。1932年任安徽省政府秘书长。1933年任国民政府军事委员会委员长、南昌行营参议、行政院简任秘书。1943年改任行政院参事、蒙藏委员会总务处处长。1935年任贵州省政府委员兼民政厅厅长。1039年任内政部禁委员会委员。1942年任立法院常务委员。曾主持国民大会代表联谊会，主编《国大周刊》，主持《国闻周报》之"采风录",刊登南北各省古典诗词,卢冀野称他为"近代诗坛的维系者"。

曹经沅工书法、诗词,其书法可谓在苏、黄之间,他的弟子曾学孔抄录其一千余首,由他的次子希祖编印成书《借槐庐诗集》。

题释:自题七律二首。其一写于1935年岁末,"涉冬霜霰满严城,天为徂年特地晴。要使疲氓苏喘息,微从闹市验春声。餪饁喜见千家醉,七邕期无四野惊。知否画堂心似水,巡檐随分报诗成。"款"乙亥岁晏喜晴感赋"。其二写于1936年年末,"鹊语晴檐已报春,更凭瑞雪压兵尘。放衙吏牍仍难扫,拈笔诗篇固有神,万户篝车天所劳,百年蓝荜事方新。蹉跎拙政曾何补,愧尔青郊待泽人。"跋"丙子筑垣元日大雪,鱼鸟端应笑我玩锋车触热又催还丈夫壁立。曾何畏为有填胸万仞山黔北归途口号"。

款署:药痴道兄同年两教,经沅。

钤印:纕蘅(白)。

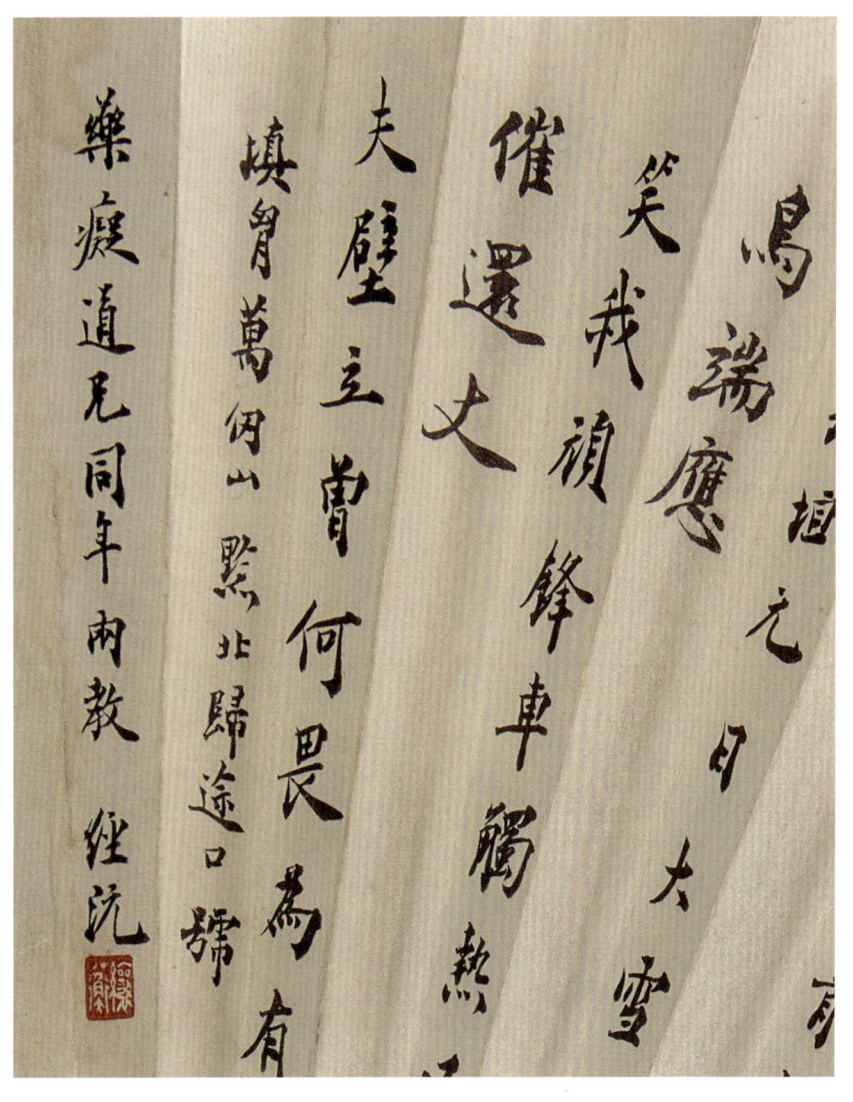

扇骨：扇骨材质为玉竹，长30.5厘米。扇肩呈溜肩。扇头为古方头。扇钉为牛角钉。扇骨为十六档。扇面上口封裱青绿色绫绢。

大骨一侧刻《晚渡回归图》，一侍者走下渡船，行走在山巅寺庙的归途中。另一侧刻《隐居抚琴图》，老者抱琴走在桥中，小童前面引路，曲径中通向远处的屋舍。阳刻，部分有留青。山石、树木、人物、小桥、流水、庙宇屋舍等，刀法娴熟，功底深厚。

《疏林捕鱼图》折扇（正面）

[民国] 吴冷客　　　纸本　水墨　纵18.8厘米　横51厘米

吴公亮：生卒年不详。字冷客。清时大臣，曾任靖国军军扶饷监，主管军需。攻书法，与于右任来往甚密。

画意：天际之间隐约可见远山起伏，大雁低飞。近处疏树立于礁石之间。江渚旁，气象萧疏，山林空旷，渔夫划桨捕鱼。讲究笔墨的皴、擦、点、染。法度严谨，意境清远高旷。展现了清旷的水天与幽渺的远山。

款署：拟云林大意，为声如仁兄写。冷客吴公亮时客天津。

钤印：冷客（朱）。

《录翁同龢书》 行书折扇（背面）

[民国] 陈灉一

纸本（洒金） 纵18.8厘米 横51厘米
公元1939年

陈灉一（1892—1953）：一作甘簃，字藻青，号颍川生，别署睇向斋主、听天由命生、旁观客、淡所欲、淡斋主人等。晚号半翁。江西新城（今黎川）人。青年时在天津为各大报纸撰写政论文章，与杨士琦为表亲，得其援引，入袁世凯幕中办文案。1925年被张学良重用，参与机要。1932年赴沪创办《青鹤》半月刊。抗战时隐居北平教书，1948年迁居台湾。1998年《甘簃随笔》出版。著有《睇向斋秘录》《睇向斋逞臆谈》《睇向斋谈往》《辛亥和议之秘史》。

题释：皮陇以来，民气大和，年谷丰熟，一洗浮夸之习，几众口一辙。

款署：乙卯立秋后七日，录松禅书，声如仁兄教。陈灉一。

钤印：陈（朱）。

《录翁同龢书》 行书折扇（背面）

[民国] 陈灨一

纸本（洒金） 纵18.8厘米 横51厘米
公元1939年

陈灨一（1892—1953）：一作甘簃，字藻青，号颍川生，别署睇向斋主、听天由命生、旁观客、淡所欲、淡斋主人等。晚号半翁。江西新城（今黎川）人。青年时在天津为各大报纸撰写政论文章，与杨士琦为表亲，得其援引，入袁世凯幕中办文案。1925年被张学良重用，参与机要。1932年赴沪创办《青鹤》半月刊。抗战时隐居北平教书，1948年迁居台湾。1998年《甘簃随笔》出版。著有《睇向斋秘录》《睇向斋逞臆谈》《睇向斋谈往》《辛亥和议之秘史》。

题释：皮陇以来，民气大和，年谷丰熟，一洗浮夸之习，几众口一辙。

款署：乙卯立秋后七日，录松禅书，声如仁兄教。陈灨一。

钤印：陈（朱）。

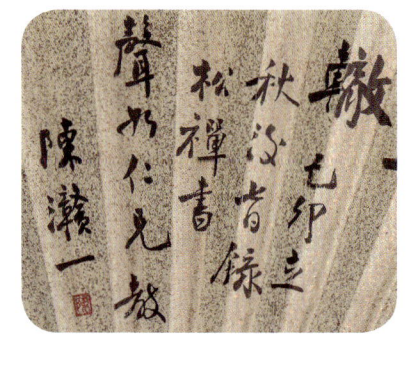

附：

翁同龢：（1830—1904）字叔平、瓶生，号声甫，晚号松禅、瓶庵居士，江苏常熟人。咸丰六年（1856）一甲一名进士，历任户部侍郎、都察院左都御史、刑部、工部、户部尚书、军机大臣兼总理各国事务衙门大臣，是当时著名的清流领袖。光绪戊戌政变，罢官归里。卒后追谥文恭。

翁同龢工诗、间作画，尤以书法名世，幼学欧、褚，初学董其昌、米芾，中年后由钱沣上追颜真卿，又不受颜字束缚，结体宽博开张，笔画刚劲有力，风格苍浑遒劲，朴茂雍容。从而形成了翁字的独特书风，成为晚清颇具影响的书法家。著有《瓶庐之诗文稿》《翁文恭公日记》等。

扇骨： 扇骨材质为玉竹，长31.2厘米。扇肩呈庙门肩。扇头为梅花头。梅花头，将大骨头部切割成梅花状，用黑牛角薄片刻成梅花形状，附粘于大骨头部，再用白牛角薄片压边，上牛角钉固定。扇钉为牛角钉，钉面呈圆状，微拱。扇骨为十六档。扇面上口封裱浅青色绫绢。

《松峰听泉图》 折扇

[民国] 冯超然　　纸本　水墨　纵18.3厘米　横50.5厘米　公元1940年

冯超然（1882—1954）：名迥，字超然，以字行，号涤舸，别署嵩山居士，晚号慎得，江苏常州人。辛亥革命后，寓居上海，署其居室为"嵩山草堂"。

自幼酷爱绘画，十三四岁卖画已有所收入。早年精仕女，以唐寅、仇英为法，笔墨淳雅；晚年专攻山水，饶有文徵明秀逸之气。好吟咏，工行草篆隶，均骨力神韵并具；偶刻印。好交友，与吴昌硕、吴湖帆、顾鹤逸、陆廉夫多往还。对己作颇自矜贵，三四十年代，与吴湖帆、吴待秋、吴子深在上海画坛有"三吴一冯"之称。一生卖画为生。沦陷时期，为避免敌伪人士求画，故意抬高润笔费。有一汉奸不惜重金，纠缠不已，无奈，草率挥毫，题绝句，"不是不归归未得，家山虽好虎狼多"，把敌伪譬作虎狼。

画意：作品采取部分式构图，陡峭处，山石壁立，奇石突兀；山岚层叠，丘壑玲珑；飞瀑直泻，湖光粼粼；古松横枝，遒劲粗壮；平缓处，两高士席地而坐，赏美景，听泉声，追求悄然绝尘的意境。整幅作品气势酣畅雄伟，笔墨浑然天成。笔法超然，笔势纵横，墨色淡雅，清丽潇洒，表现出一种壮美的气势。

题释：宵窗点笔，意在文唐。

款署：璧侯先生雅鉴。庚辰冬初，晋陵冯超然。

钤印：超然（朱）、嵩山居士（朱）。

扇骨：扇骨材质为玉竹，长31.5厘米。扇肩呈庙门肩。扇头为古方头。扇钉为牛角钉。扇骨为十六档，小骨为黑色漆骨。扇面上口封裱淡豆青色绫绢。

大骨一面刻南宋词人姜夔的《暗香·旧时月色》和《疏影·苔枝缀玉》。其一《暗香·旧时月色》"旧时月色，算几番照我，梅边吹笛？唤起玉人，不管清寒与攀摘。何逊而今渐老，都忘却春风词笔。但怪得竹外疏花，香冷入瑶席。江国，正寂寂，叹寄与路遥，夜雪初积。翠尊易泣，红萼无言耿相忆。长记曾携手处，千树压、西湖寒碧。又片片、吹尽也，几时见得？"其二是《疏影·苔枝缀玉》"苔枝缀玉，有翠禽小小，枝上同宿。客里相逢，篱角黄昏，无言自倚修竹。昭君不惯胡沙远，但暗忆、江南江北。想佩环、月夜归来，化作此花幽独。犹记深宫旧事，那人正睡里，飞近蛾绿。莫似春风，不管盈盈，早与安排金屋。还教一片随波去，又却怨、

玉龙哀曲。等恁时、重觅幽香,已入小窗横幅。"款署"璧侯二兄先生教正。筱庄□□刻姜白石暗香疏影词。"阴刻。

大骨另一面刻南宋词人姜夔的《雪中六解》诗六首《萧山》诗一首《戊午春帖子》诗一首。《雪中六解》第一首:"塞草汀云护玉鞍,连天花落路漫漫。如今却忆当时健,下马题诗不怕寒。"第二首:"黄鹤矶边晚渡时,柳花风急片帆飞。一声长笛鱼龙舞,白浪如山不肯归。"第三首:"万马行空转屋檐,高寒屡索酒杯添。故人家住吴山上,借得西湖自卷帘。"第四首:"曾泛扁舟访石湖,恍然坐我范宽图。天寒远挂一行雁,三十六峰生玉壶。"第五首"万壑千岩一样寒,城中别有玉龙蟠。旧人乘兴扁舟处,今日诗仙戴笠看。"第六首"沉香火里笙箫合,暖玉鞍边雉兔空。办得煎茶有骄色,先生只合作诗穷。"《萧山》诗一首"归心已逐晚云轻,又见越中长短亭。十里水边山下路,桃花无数麦青青。"《戊午春帖子》诗一首"晴窗日日拟凋虫,惆怅明时不易逢。二十五弦人不识,澹黄杨柳舞春风。"款署:"筱庄作于宝南"。阴刻。

附:

《暗香·旧时月色》:南宋姜夔的作品。作品无句非梅,同时又借梅喻人。起句写旧时豪情,以月色、梅花连接过去和现在,唤起与玉人月下摘梅的回忆;随即以"而今"转到当前,"长记"二字追忆赏梅雅事;末句又回到当下,惋惜片片落梅,暗含故人不知何日重逢之意。全词不断在过去和现在之间往复摇曳,结构空灵精致,意境清虚骚雅。

《疏影·苔枝缀玉》与《暗香·旧时月色》:这两首词是咏梅的姊妹篇,表现梅的高洁、幽独,咏叹作者的身世。上篇先绘出梅花的不同凡俗、孤芳自赏的清姿和高洁情怀,再用杜甫、王建诗意,把远嫁异域的王昭君故事神化,以梅喻王昭君,赞美其绝代姿容,哀叹其客死异域的不幸;将春恋故国的昭君之魂和寒梅的幽独之魂合而为一,带有极深的悲剧意味,境界又极凄美;下篇则由眼前梅花盛开推想其飘落之时,春风吹落梅花,欲重觅幽香,为时已晚。用寿阳公主及陈阿娇典故,借笛里梅花哀怨的乐曲,加深怅惋的情感。末二句写到梅花凋尽,唯余空枝幻影映上小窗,语意沉痛。全词用事虽多,但熔铸绝妙,变化虚实,十分自如。篇中善用虚字,曲折动荡,摇曳多姿。张炎《词源》称道:"前无古人,后无来者,自立新意,真为绝唱。"周济《介存斋论词杂著》评曰:"寄意题外,包蕴无穷。"

姜夔:(1155—1221)南宋词人,音乐家。字尧章,号白石道人,白埠,饶州鄱阳(今江西鄱阳)人。在他所处的时代,南宋和金南北对峙,民族矛盾和阶级矛盾十分尖锐复杂。战争的灾难和人民的痛苦使姜夔感到痛心,但由于他幕僚清客生涯的局限,凄凉的心情体现在他一生的文学和音乐创作里。庆元中,曾上书乞正太常雅乐。一生布衣,靠卖字和朋友接济为生。他多才多艺,精通音律,自度词曲,格律严谨。其作品素以空灵含蓄著称,有《白石道人歌曲》《四库全书评》他:

"夔诗格高秀，为杨万里等所推，词亦精深华妙，尤善自度新腔，故音节文采，并冠一时。"

筱庄：即沈逵。清末微雕大师。字筱庄，江苏泰州人。工篆刻，尤擅刻牙扇骨。虽二十方能别十行以外细字，如兰亭序、五柳先生传全文。书法之精，俨如碑帖，一丝不苟。清末供职北京印铸局，与于硕、吴南愚并称"江东三杰"。晚年隐居苏州（吴县），名播中外，求者盈门。

李叔同在其所著《心与禅》中说："沈筱庄之雕刻象牙扇骨，于三四分宽、四寸长之物，刻字八行，每行百二十字左右，细入毫芒，而笔意直逼米老，精妙绝伦。谓之魔术中之雕刻家，非过誉也。"

《骏马图》 折扇（正面）
[民国] 方 洺　　纸本 水墨 纵23.2厘米 横69.3厘米 公元1923年

方洺：生卒年不详。字子易，别署餐菊庐主人，安徽桐城人。生于光绪八年（1882）。精通诗及古文学，尤工书画。民国成立后，历任知事、警务高等顾问等职。方苞七世孙，方仲勋子，台湾基隆同知方祖荫之侄。因排行第八，自称"龙眠八郎"。光绪十六年（1890）赴台，居于大稻埕千秋街。竹石花卉苍劲简洁，近吴昌硕，山水韶秀可爱，颇得横云老人雅境。侨居日本期间，卖画自给。1926年，《餐菊庐画集》在日本出版。

画意：构思简单，以马为中心，突出主题。轮廓用淡墨线描，跨线略加染晕，草用写意点画。题释起到点明主题的作用。场景布置疏密得当。

马，在中国古代一直是民族生命力的代表和强盛富有的象征。古代神话传说中有很多关于千里马、神马、天马的记载和传说。新石器时代晚期，人类的生产水平大为提高，先民们用套马杆拢住了奔腾不羁的野马，并进行驯养，从此沟通了人与马的关系，马成为人类的千年知己。千百年来人们在马的体态、习性中发现了种种美感。古往今来，不仅帝王将帅爱马、文人咏马，

历代画家也喜欢画马,马成了人类永恒的艺术主题。我国绘画史上以画马闻名的名家,或注意实际观察,将马的种种形态精确地描绘出来;或不满足于形似,力求画出马的精神,以达到以马抒怀、以马寄情的目的。

题释:冀北有良马,追风复逐电。奋鬣一声嘶,群骑皆栗战。谓彼性不驯,那堪施鞍鞯,不如驽与骀,驾驭随吾便。吁嗟,呼伯乐不逢,九皋死马平平胡为顾此栈豆而复恋。

款署：癸亥三月抄，潜厂老兄指正，子易方洺写于餐菊庐。

钤印：洺印（朱）、□□子易（朱）。

附：

"潜厂"：即杨昭儁（1881—？），字奉贻，号潜盦（潜庵、倬盦），署潜叟、潜居士、阿潜，室名净乐宜、环碧草堂，湖南湘潭人。生于清光绪七年(1881)。精鉴别，富收藏。入民国时久居北京，与陈师曾、齐白石、杨守敬友善，书法善篆隶，楷书学六朝。民国书法家，著名金石学家。收藏重善本而不重珍本，书入其手多批校。民国初年曾任总统府秘书。

《山水图》折扇（背面）

[民国] 吴耀奎　　纸本　水墨　纵23.2厘米　横69.3厘米　公元1923年

吴耀奎：生卒年不详。岁贡。兰翎五品衔，官广东县丞，代理东莞缺秩，镇清远县，后调回岐亭巡检。在民国时期与余绍宋、唐作沛、劳泰来三人时称龙游"四画家"。

画意：此画崇山峻岭，构图高远，山间杂木丛生，瀑泉鸣溅。山头圆厚，中部树木挺拔，山腰房舍显现，幽静疏旷，笔法近黄公望。

款署：癸亥三月，潜厂先生正之。龙游吴耀奎。

钤印：耀奎（白）。

扇骨：扇骨为竹骨，长39.3厘米。扇肩在大骨的偏下方，呈庙门肩。扇头为茄式头。扇钉为牛角钉，钉面呈扁圆拱面。扇骨为十六档。扇面上口封裱淡青色绫绢。

大骨上平地阴刻行书小字。清代钱泳《履园丛话·书学》（梅溪丛话）中一段："思翁于宋四家中独推服米元章一人，谓自唐以后未有过之。此所谓僧赞僧也。盖思翁天分高绝，赵吴兴尚不在眼底，况文征仲、祝希哲辈耶？元章出笔实在苏、黄之上，惟思翁堪与作敌。然二公者皆能纵而不能伏，能大而不能小，能行而不能楷者，何也？余谓皆坐天分过高之病，天分高则易于轻视古人，笔笔皆自运而出，故所书如天马行空，不受羁束，全以天分用事者也。"款识：梅溪丛话，潜厂先生雅属。壬午五月，鸳湖杜晦若书。钤印：杜□。

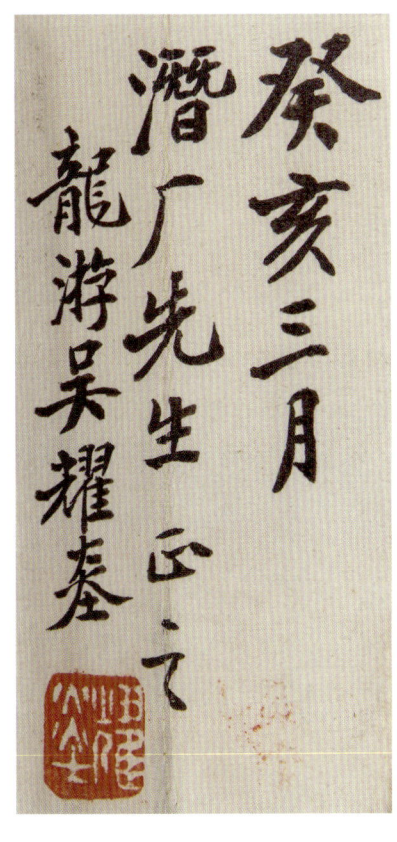

附：

钱泳（1759—1844）：原名钱鹤，字立群，号台仙、梅溪，清代江苏金匮（今无锡）人。长期做幕客，足迹遍及大江南北。工诗词、篆、隶，精镌碑版，善于书画，作印得三桥，亦步风格。有缩临小汉碑，集各种小唐碑石刻。著有《履园丛话》《履园谭诗》《兰林集》《梅溪诗钞》等。《书学》对篆隶书体、六朝与唐人的书法阐述了自己的看法，赞同阮元"书分南北宗"的见解，影响到晚清一代书风。

《履园丛话》：共二十四卷，一门为一卷。计有旧闻、阅古、考索、水学、景贤、耆旧、臆论、谈诗、碑帖、收藏、书（学）画（学）、艺能、科第、祥异、鬼神、精怪、报应、古迹、陵墓、园林、笑柄、梦幻、杂记（上下）等。书中所记多为作者亲身经历，即使得诸传闻，也必指出来源，具有较大的参考价值。

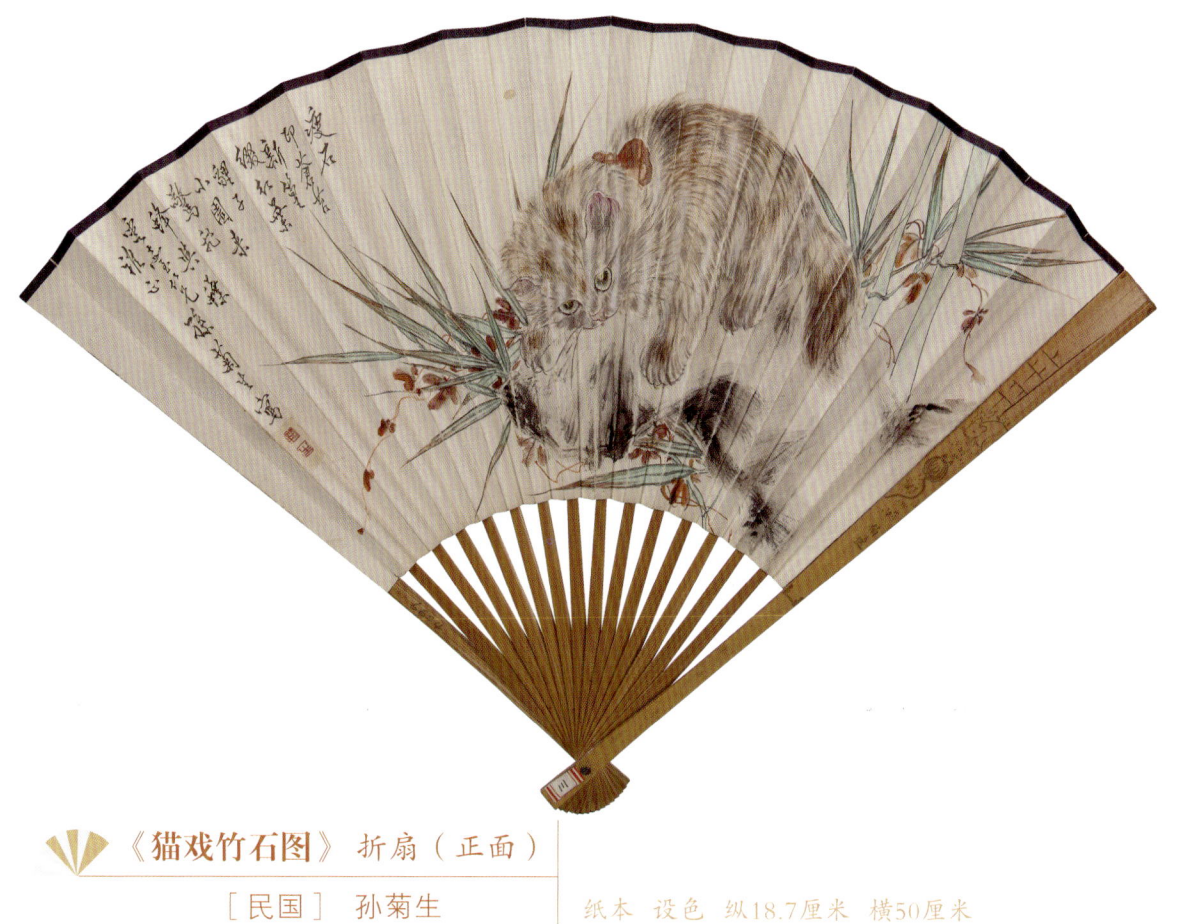

《猫戏竹石图》折扇（正面）

[民国] 孙菊生　　　　纸本　设色　纵18.7厘米　横50厘米

孙菊生：（1913—2011）字晓湖，别号雪乡翁。祖籍浙江省余姚。中国书画名家。是国内画猫流派的重要代表人物。有"猫王"之称。

先生出身于书香世家。7岁在北平入私塾识字。1934年考入辅仁大学物理系，研究生毕业。1942年起先后在北平大学工学院、河北农学院、中国大学从事物理教学，35岁时任副教授。中华人民共和国成立后曾在北京13中、28中兼课，后又任北京建工学院副教授和湖北建工学院、武汉工业大学教授。

先生在诗词、书画方面具有很深的造诣。幼从母习画，10岁参加北平艺社，有"神童"美称，弱冠时期曾从西泠画家沈子长学画花鸟。20岁开始画猫，笔法介于曹克家兄弟的工笔猫与刘奎龄、刘继卣父子的写意猫之间，生动活泼，意趣盎然，呼之欲出。经过几十年的潜心研究，形成了独特的风格。1973年退休回京。养猫数只，观其动静，伺机速写。孙菊生的画真实、美观、活泼，强调形与神的统一，主张质感、美感和动感，强调形与神的互补关系，提出"寄

神于形,形随神逸""以少总多,情貌并备"。在创作实践中,"望今制奇,参古定法",他的画总是画中有诗,诗中有画,诗情画意,相得益彰。出版《千猫图》画册。

画意:一只猫蹲卧于石,双眼凝视,伸爪扑蝶(蜂)。两株翠竹,竹叶坚挺。红叶缠绕于竹叶之间。猫与竹叶采用工笔,红叶与石写意画之。整个画面生动活泼,形神兼备,意趣盎然。

题释:瘦石印苍苔,新篁缀红叶。狸子小园来,惊飞蜂与蝶。

款署:云台仁兄雅正。孙菊生写。

钤印:鞠、生(朱)。

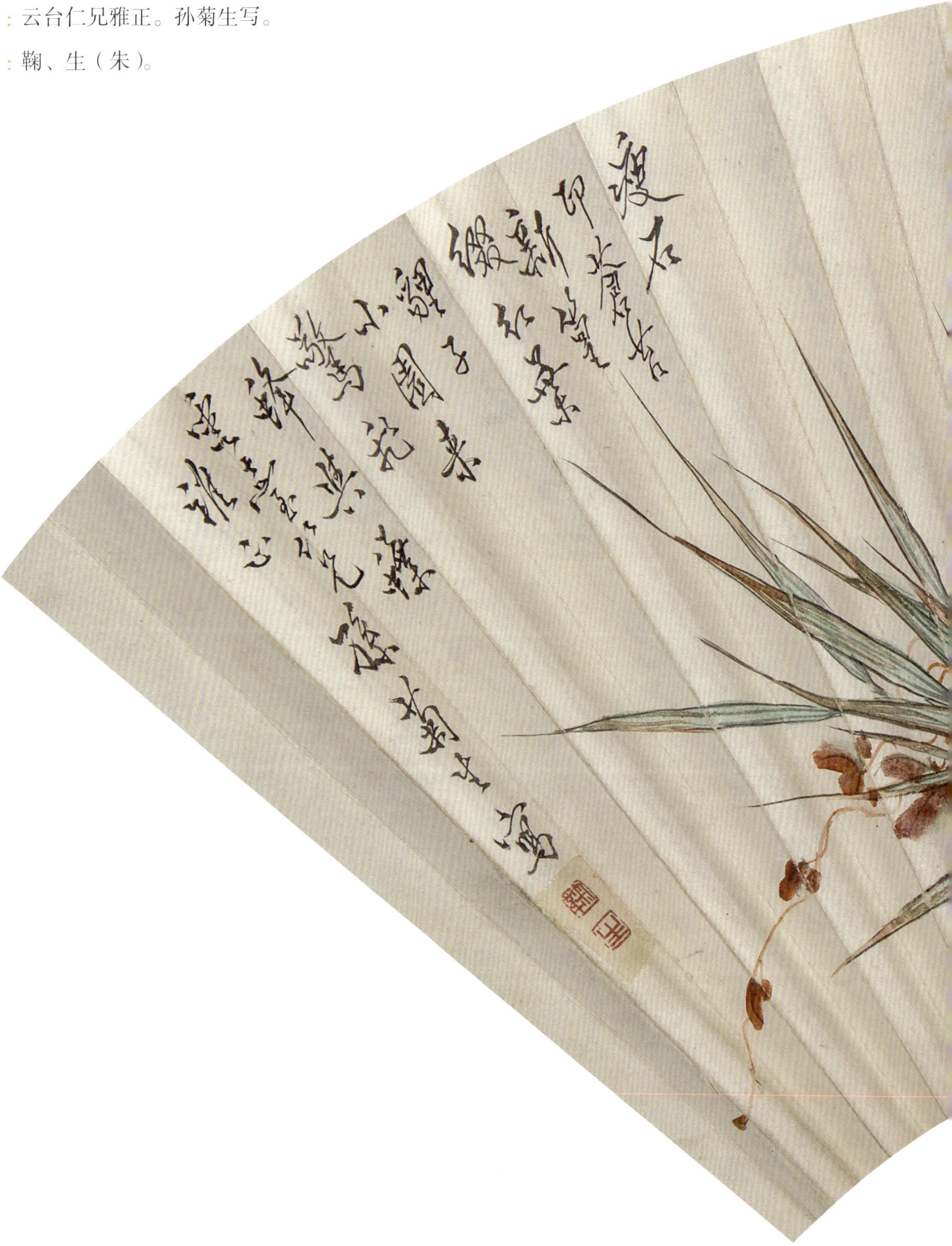

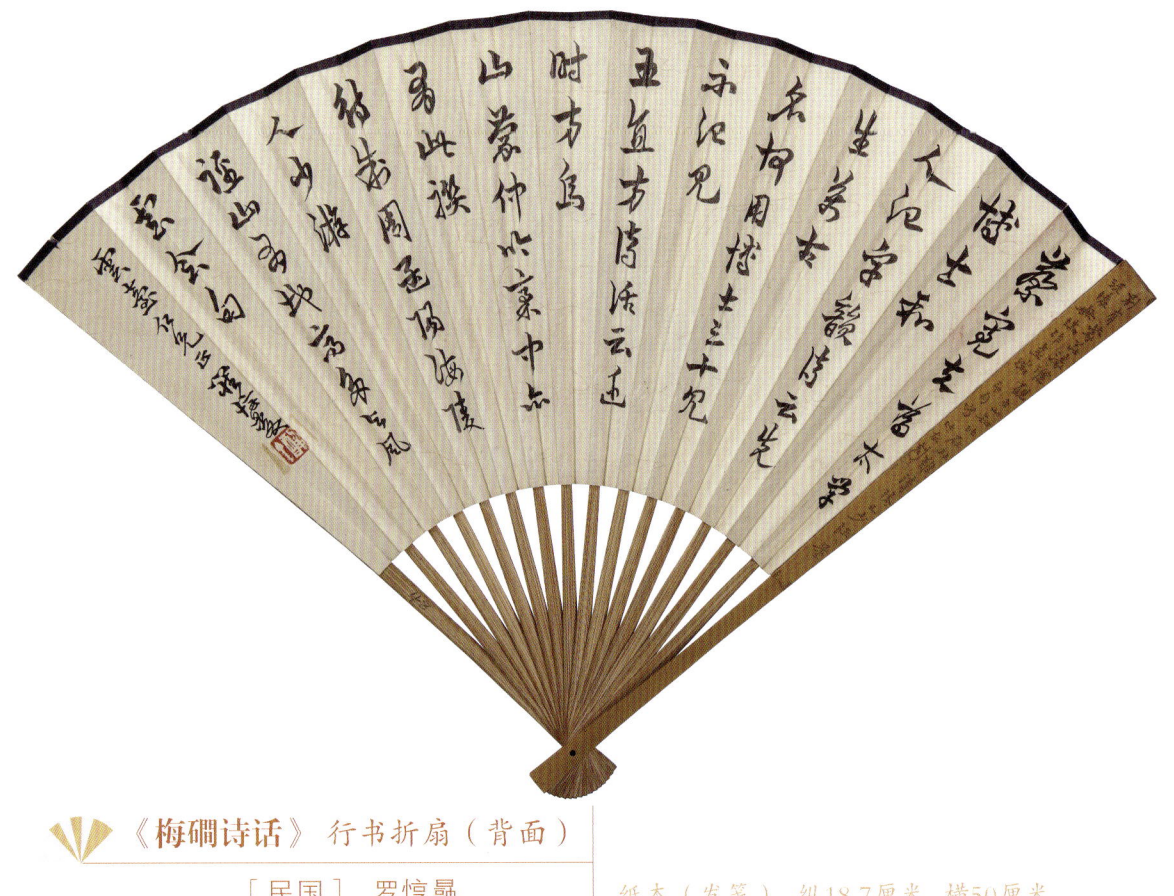

《梅磵诗话》行书折扇（背面）
[民国] 罗惇曧　　　　纸本（发笺）　纵18.7厘米　横50厘米

罗惇曧（1872—1924）：字孝遹，号以行、瘿庵，晚号瘿公。广东顺德人。晚清名士，与梁鼎芬等并称"粤东四家"。

早年就读于广雅书院，康有为在广州万木草堂讲学时与陈千秋、梁启超并称高弟。光绪二十九年（1903）副贡。宣统三年（1911）与樊增祥、林纾等集为诗社，民国任总统府秘书、参议、顾问、国务秘书等职。袁世凯称帝，拒不受禄。纵情诗酒，流连剧场，与王瑶青、梅兰芳和程砚秋相交甚密，与陈三立、樊增祥、易顺鼎相交友善，文酒之会恒年不衰。晚年女死妻狂，困窘而卒。

罗惇曧能诗善书。工书法，擅楷、行、草。草书参以章草笔意，风神秀逸，独具一格。楷书由唐人溯北碑，格调高古，迥异时流。其诗多摅愤抒情之作，悲郁苍凉，有《瘿庵诗集》传世。

题释："蔡宽夫为太学博士，和人'治'字韵诗云：'先生万古名何用，博士三十冗不治'。见《王直方诗话云》。近时方乌山《蒙仲吟稿》中亦有此联。待制周孟阳，海陵人，少游径山，

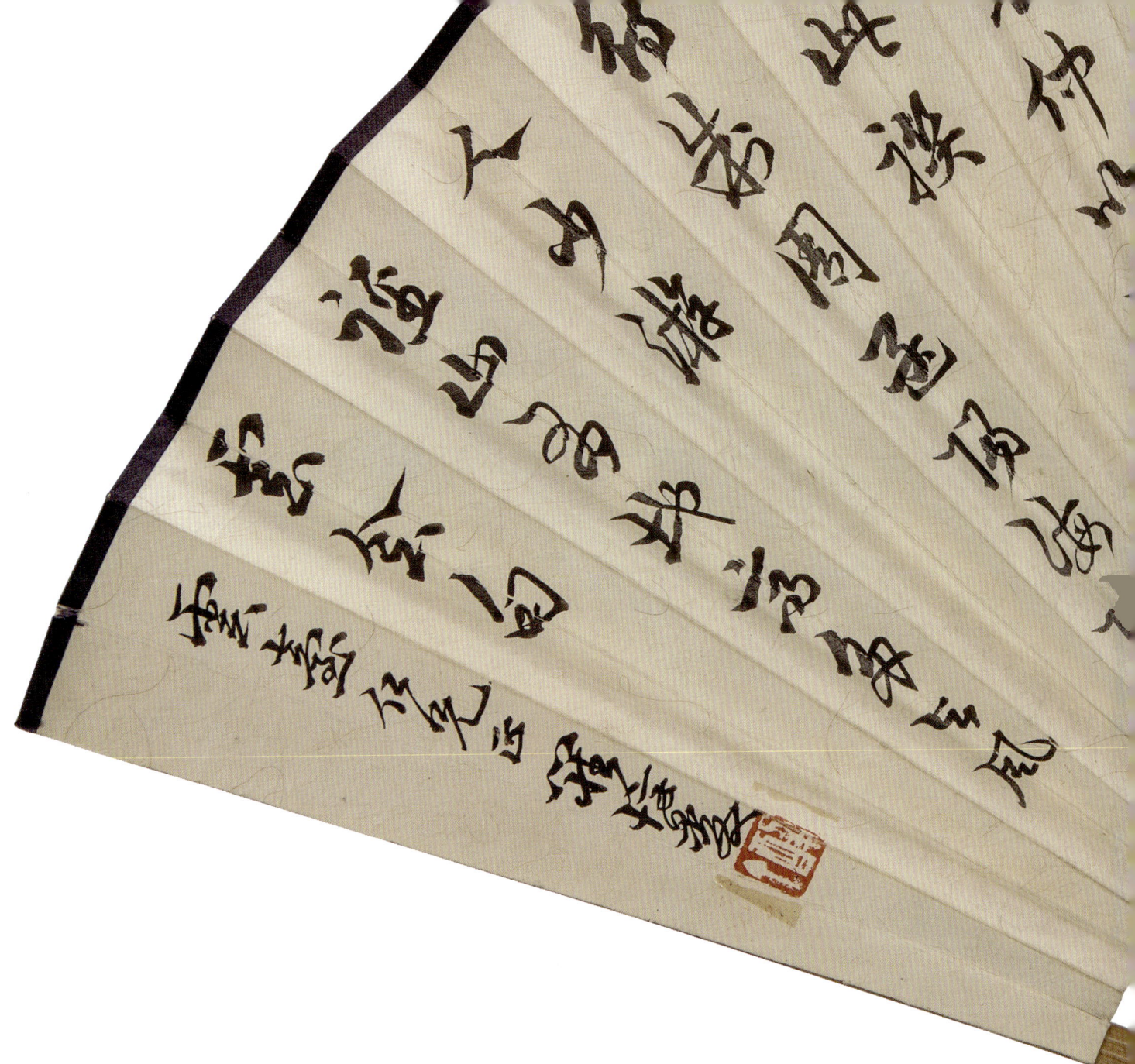

有'地高多与风云会,天近常为日月邻之'句。"此文取自韦居安《梅磵诗话》,文字有增减或句子不完整。如最后一句应为"待制周孟阳,海陵人。少游径山,赋诗有'地高多与风云会,天近常为日月邻'之句,人以为遭遇英宗符。"

款署:云台仁兄正。罗惇曧。

钤印:印迹不清。

附:

韦居安:号梅雕,宋朝诗人,吴兴(今浙江湖州)人。咸淳四年(1268)进士。景炎元年(1276)司纠三衢。为官期间,广施仁政,减少纳税,深受百姓爱戴。著有古代诗歌理论集《梅磵诗话》。

扇骨：扇骨材质为玉竹，长31.5厘米。扇肩呈溜肩。扇头为挑蹬方头。扇钉为牛角钉。扇骨为十六档。扇面上口封裱紫色绫绢。

大骨一侧刻《双鼠图》，阴刻。款"伯逸"。另一侧刻诗文，阴刻。"别有蒙庄濠濮观，出山知比在山难。清□已少汪汪量，沉□无端作急湍。"款"印□写，竹友刻"。

附：

"伯逸"：即马晋（1899—1970）原名锡麟，字伯逸，号湛如居士，又号云湖，北京大兴人。幼爱画马，从清末宫廷画家赵书村学习，自学郎世宁画法。青年时代于私立法文学校学习，短期任北平司法讲习所录事。后拜金城为师，加入中国画学研究会，先后任助教、评议，转湖社，成为职业画家。1951年加入北京中国画研究会，为常务理事。1956年任北京国画社主任。1958年任北京中国画院画师，中国美术家协会会员。

《树下雏鸡图》折扇（正面）

[民国] 翟 墉　　纸本 设色 纵19厘米 横53.3厘米 公元1942年

翟墉：翟奉南（1915—1982）别名翟墉、翟墨，北京人。中国美术家协会会员。擅长中国画。1927年开始学画、书法，1932年参加湖社画会，1957年后历任北京中国画院画师、北京工艺美术工厂专业画家。国画以写意花卉背景下的工笔蝉鸟见长，书法以临米芾行书见长。多幅作品被美术馆、博物馆收藏。翟奉南全家治印，其妻李墨琳，善工笔仕女，生前在首师大生物系任生物画师。1950年家居北京钱粮胡同，后迁往西单达智营。

画意：树下两只雏鸡，描绘得惟妙惟肖，一仰头，一远眺，动态十足。寥寥数笔描绘了树的枝条，用点晕染画出了树叶。画面简单，主题突出。

款署：潜厂老伯嘱写即希正之。壬午夏日，奉南翟墉画于燕京。

钤印：翟墉（朱）。

附：

1926年9月，金城去世，其入室弟子陈缘督（梅湖）的提议下，由金城长子金开藩继承父志，会同惠孝同（拓湖）、赵梦朱（明湖）、陈少梅（升湖）、李五湖等在金北楼故居钱粮胡同14号组织画会，金潜庵任总干事，陈缘督、惠孝同任副总干事。并亲自讲学，人才称一时之盛。因金北楼生前为其入室弟子都取"湖"字为号，故以"湖社"称之。

《湖社月刊》：1926年9月，湖社的董事会设在中山公园水榭，会员定期聚会，切磋画艺。1927年创办了我国第一本专业美术杂志《湖社月刊》，金开藩任总编，胡佩衡、惠孝同任副总编。《湖社月刊》刊登古今名家作品及书法、篆刻、画评、画论、诗词、轶闻等照片和文字。其发行量很大，行销日本、美国、加拿大、古巴及东南亚等十几个国家和地区。1927年至1937年《湖社月刊》总共发行100期，每期都有一个名人题字，其中有于右任、徐世昌、张学良、曹汝霖、何丰林、齐白石、吕公望、汤定之、谭延闿、张善孖、吴湖帆等。"湖社"成立之后，在金开藩的领导下，许多著名画家如齐白石、王雪涛、方药雨、汤定之、贺良朴、吴镜汀、胡佩衡、汪慎生等相继参加，人数最多时达400余人。社会上各界名流也慕名而至，如著名画家张大千、陈半丁，京剧艺术家梅兰芳、言菊朋等。

湖社会员继承了金藕湖的艺术风格，以"出古人之行，立国梓之上"为宗旨，注重国画的表现力，强调画家的功力，尤其对没骨画、干骨画更有研究。1946金开藩因病去世。他创办的"湖社"、《湖社月刊》，对中国绘画事业的继承、创新和发展做出了不可磨灭的贡献。

《婴戏图》折扇（背面）

[民国] 李墨林　　纸本　设色　纵19厘米　横53.3厘米　公元1942年

李墨林：生平不详。

画意：在绿荫的庇护下，六个儿童在草地上嬉戏。儿童衣纹清晰，眉清目秀，动作天真烂漫，惹人喜爱。孩童采用工笔技法，树石采用点绘晕染法。通过描绘儿童玩耍、活动场景，来表达人们对子孙满堂的美好生活的向往。

款署：潜厂先生雅教。壬午六月，李墨林作。

钤印：墨林（朱）。

附：

婴戏图：是中国人物画的一种。因为以小孩为主要绘画对象，画面丰富，形态有趣。中国很早已有画婴孩的传统，到了唐宋时期技巧渐趋成熟，宋代更是婴戏图的黄金时期。明清是婴戏图的鼎盛期，从简单的一两个幼童形象发展到百多个。婴戏图的流行，反映了当时的民众心理。象征着多子多福，生活美满。

扇骨：

扇骨材质为玉竹，长 33.3 厘米。扇肩呈直肩。扇头为挑蹬方头。扇钉为牛角钉，钉面呈圆状，微拱。扇骨为十四档。扇面上口封裱浅青色绫绢。

扇骨阴刻文字，金石铭文采用"沙地留青"，古拙浑厚。其一：金石铭文为"□父辛"。释为"兕形父辛爵。古兕字作□与□相类。乙丑浴佛日，李上达刻。"钤"五湖"。父辛爵：西周穆王时期温饮酒器。父辛为人名，爵为器名。兕形：一种姓氏的标志。其二：金石铭文为"雀父癸。"释为"双雀形，父癸爵。器为陈簠斋所藏。乙丑四月之朔。五湖橅刻。"钤"五湖"。"父"：手里举着棍棒教子女守规矩的人，是家长。"癸"：天干之一，殷贵族亡人，以十干为庙谥。"父癸"：器物基本上都是晚商文化的继承，青铜器拥有者或做器者可能都是殷遗民，其署名风格也是商式的。

附：

李上达（1885—1949）：字达之，号五湖，辽宁人，长居北京。湖社、中国画学研究会成员，金城最得意的弟子之一。所作山水泽古功深，工稳渊雅。工山水，笔墨苍厚，设色雅丽，细笔

层峦叠翠，妙到毫巅，为同门中翘楚。

陈介祺：（1813—1884）中国清代金石学家。字寿卿，号簠斋，晚号海滨病史、齐东陶父。山东潍县（今山东潍坊）人。道光二十五年（1845）进士，官至翰林院编修。居京时广泛涉猎各种文化典籍，对于经史、义理、训诂、辞章、音韵等学问。无不深入研究，酷爱金石文字的搜集与考证。曾向当时著名学者阮元求教，与何绍基、吴式芬、李方亦等许多金石学者互相切磋。他不惜巨资搜集文物，仅三代、秦汉古印一项就有7000余方。咸丰四年（1854年）回到潍县后，专心致志从事金石研究，到处购求文物，每得一器一物，必察其渊源，考其价值，解奇释疑，一丝不苟。著有《簠斋传古别录》《簠斋藏古目》《簠斋藏古册目并题记》《簠斋藏镜全目钞本》《簠斋吉金录》《十钟山房印举》《簠斋藏古玉印谱》《封泥考略》（与吴式芬合辑）等。

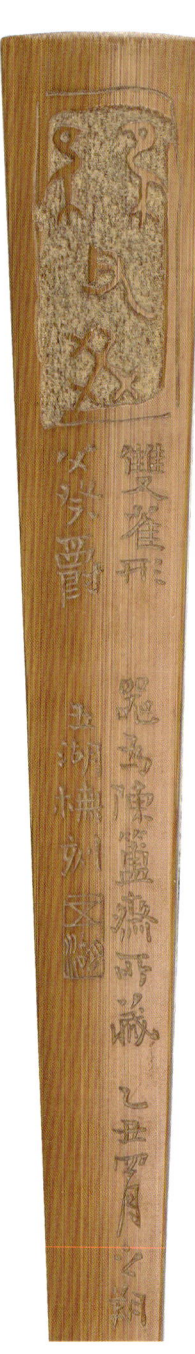

《仕女芭蕉图》折扇（正面）

[民国] 樊　虚　　　　　纸本　设色　纵20厘米　横58.3厘米　公元1930年

樊虚：生卒年不详。字与恬、语恬，号妙庵居士、与恬居士，浙江山阴（今绍兴）人。工书，善画人物，笔调简洁，色从墨态，浑然一体，运笔细劲流畅，笔调高朗严谨。40年代与山水画家吴琴木、徐绍青、吴孟欧，并称"上海画坛四公子"。出身于"满门风雅"的艺术世家，其父樊少云（1885—1962）与20世纪三四十年代苏州吴湖帆、吴子深、吴待秋并称"吴门四杰"。

画意：美人靠窗而坐，遥望院中的芭蕉，神情娴静而略带忧伤。案桌上摆放着一本书，似乎是一位雅秀的才女。桂花树、秀石衬托出人物的"情不知所起，一往而深"的心境。工笔与写意相结合。

款署：庚午五月画，奉厚庵先生雅属，樊虚。

钤印：与恬（朱）。

附：

仕女画：是指以美女为主要描绘题材的人物画。最早始于战国。《历代名画记》记载：汉元帝时的宫女都被画工画过，以备皇帝召见之用。至唐尤甚，肖像、乐舞、嬉戏、织补、宫怨、愁思等内容皆备，在补景和情节上均有发展，仕女画中还出现了婴儿和戏童。张萱、周盼为中国古代仕女画代表。仕女画反映一定时期统治阶级的审美趣味，随着宋代木板年画的发展，仕女画逐渐扩展到民间，俗称"美女画"。

康午五月書奉厚菴先生雅屬 樊虛

《唐诗七律》楷书折扇（背面）

[民国] 王志达　　纸本 纵20厘米 横58.3厘米

王志达：生平不详。

题释：共有七位唐代诗人诗句。其一，唐李涉《过襄阳上于司空頔》："方城汉水旧城池，陵谷依然世自移。歇马独来寻故事，逢人惟说岘山碑。"其二，唐杨巨源《和练秀才杨柳》："水边杨柳绿烟丝，立马烦君折一枝。惟有春风最相惜，殷勤更向手中吹。"其三，唐张继《枫桥夜泊》："月落乌啼霜满天，江枫渔火对愁眠。姑苏城外寒山寺，夜半钟声到客船。"其四，唐杜牧《赤壁》："折戟沉沙铁未销，自将磨洗认前朝。东风不与周郎便，铜雀春深锁二乔。"其五，唐贾至《初至巴陵与李十二白、裴九同泛洞庭湖》："枫岸纷纷落叶多，洞庭秋水晚来波。乘兴轻舟无近远，白云明月吊湘娥。"其六，唐李白《黄鹤楼送孟浩然之广陵》："故人西辞黄鹤楼，烟花三月下扬州。孤帆远影碧空尽，惟见长江天际流。"其七，唐王之涣《凉州词》："黄河远上白云间，一片孤城万仞山。羌笛何须怨杨柳，春风不度玉门关。"

款署：厚庵先生雅正，王志达。

钤印：志印（朱）。

扇骨：扇骨材质为玉竹，长34厘米。扇肩呈庙门肩。扇头为古方头。扇钉为牛角钉。扇骨为十六档。扇面上口封裱紫色绫绢。

大骨一面刻郑燮《小廊》诗："小廊茶熟已无烟，折取寒花瘦可怜。寂寂柴门秋水阔，乱鸦揉碎夕阳天。"另一面刻郑燮《咏梧桐》诗："高梧百尺夜苍苍，乱扫秋星落晓霜。如何不向西州植，倒挂绿毛幺凤皇。"均为阴刻。款："唐驼"，钤："曲人"。

附：

郑板桥（1693—1765）：名燮，字克柔，汉族，江苏兴化人。清代官吏、书画家、文学家。一生主要客居扬州，以卖画为生。"扬州八怪"之一。其诗、书、画均旷世独立，世称"三绝"，擅画兰、竹、石、松、菊等，其中画竹五十余年，成就最突出。

《咏梧桐》：郑板桥创作的一首七言律诗。借物喻人。以"扫落秋星"的梧桐无凤凰来栖，比喻有才之士所生非时，无所成就。从诗中可以明显看出诗人对于自己或友人不平遭遇的愤慨。

唐驼（1871—1938）：原名成烈，字孜权，号曲人。因写字坐姿不正而成驼背，改名唐驼。江苏武进人。我国近代印刷业的开拓者。其书法秀美遒劲，含蓄朴茂，时称唐体，与沈尹默、马公遇、天台山人并称题匾额四大圣手。代表作有《武进唐驼习字帖》《孝悌祠记》《育合堂记》等。

《行舟采菱图》 折扇（正面）
[民国] 管 平　　纸本 设色 纵16厘米 横43.3厘米 公元1935年

管平（1897—1967）：名平，字吉庵、仲康，号平湖，自称门外汉。中国著名古琴演奏家、画家。祖籍江苏苏州，生于北京艺术世家。清代名画家管念慈之子，从小随父学习绘画、弹琴。幼年丧父后，广泛求艺，拜杨宗稷为师，师从画家金绍城学花卉、人物，擅长工笔，笔法秀丽新颖，不为成法所拘，为"湖社"画会主要成员之一。后任教于北平京华美术专科学校。

管先生琴艺精湛，曾得"九嶷派"杨宗稷、"武夷派"悟澄老人及"川派"秦鹤鸣等真传，他能博取三派之长，并从民间音乐中汲取营养，融会贯通，自成一家，形成近代中国琴坛"管派"。他的演奏风格浑朴、刚健，音乐表现细腻，形象鲜明，颇具神韵。

画意：湖边柳树成荫，山石嶙峋，美人乘舟采菱。景物、人物与陆游的诗"落日愁思把钓钩，南邻借得采菱舟"相吻合。人物的姿态悠闲自然，衣褶用浓墨勾勒，笔势流畅，设色淡雅。山石锋棱多姿，墨色富有层次。柳叶与人物采用工笔画法，而山石、菱叶为写意，用笔较为粗放，别具一格。

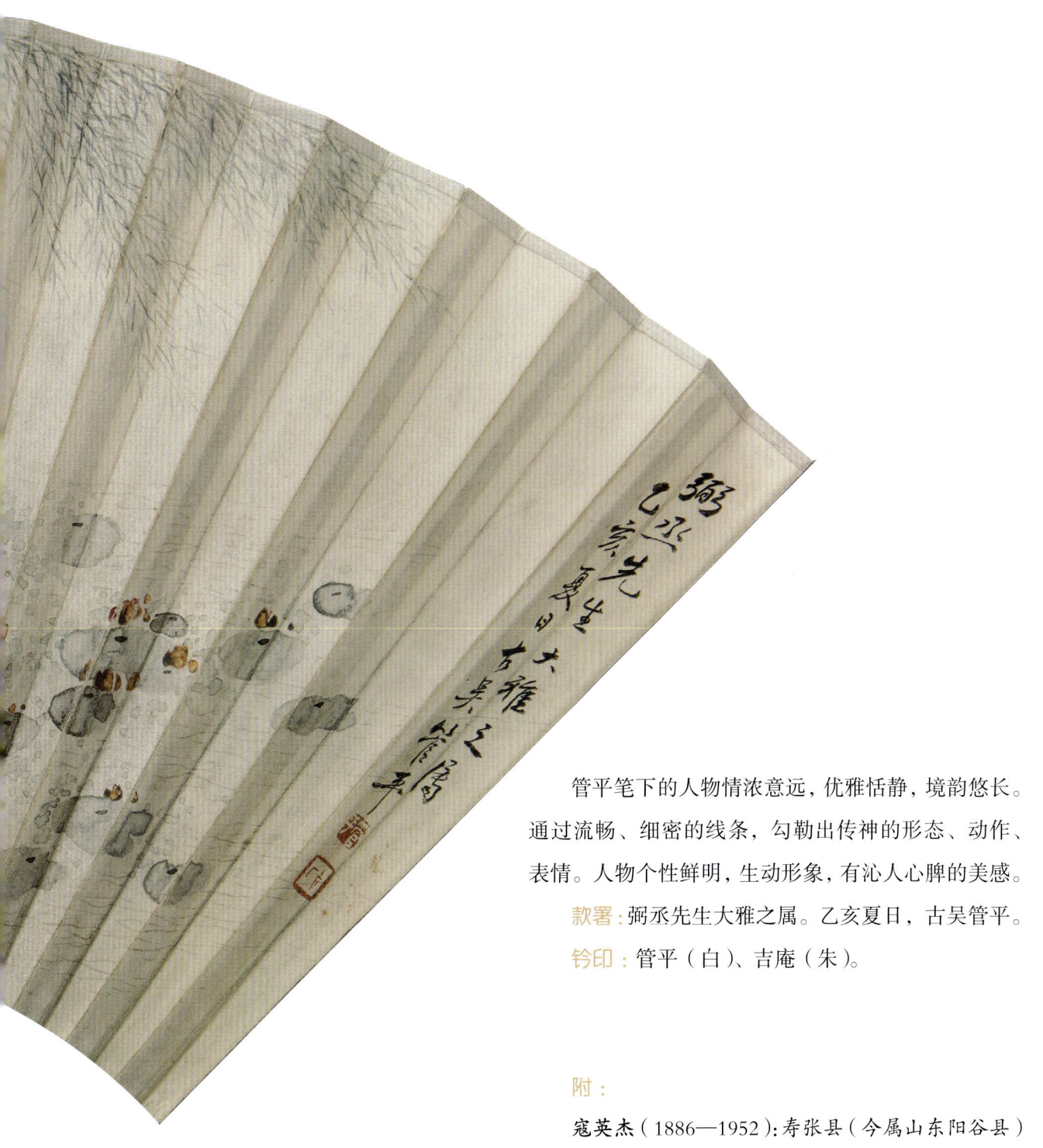

管平笔下的人物情浓意远,优雅恬静,境韵悠长。通过流畅、细密的线条,勾勒出传神的形态、动作、表情。人物个性鲜明,生动形象,有沁人心脾的美感。

款署:弼丞先生大雅之属。乙亥夏日,古吴管平。

钤印:管平(白)、吉庵(朱)。

附:

寇英杰(1886—1952):寿张县(今属山东阳谷县)人,字弼丞。出生在一个贫苦农民家庭里。为了改变命运,决然投身行伍,在豫军中先后任连长、营长、团长,在鄂军第二师任团长。后投靠吴佩孚,任第二混成旅旅长。1927年底,寇英杰部战败溃逃,在邯郸被俘,获释后隐居天津日本租界小白楼,从此一蹶不振。

《陆游诗五首》 行书折扇（背面）

[民国] 李 诜

纸本 设色 纵16厘米 横43.3厘米
公元1935年

李诜：生卒年不详。字思本，民国年间活跃于北京。与樊浩霖、陈半丁等合作作画。与湖社社员有往来。

题释：宋朝诗人陆游的五首诗。第一首《新辟小园》："东轩嫩日上疏棂，吹尽浮云作意晴。林暖墙头双鹊语，水清池面小鱼行。畦添药品谁能别？架引藤阴忽已成。倚杖怡然便终日，老夫那复不平鸣。"第二首《园中小饮》："此老胸中万顷宽，小园幽径日追欢。宁教酒欠寻常债，耻就人求本分官。高柳阴浓烟欲暝，丛花红湿露初浓。要知泽国年光晚，已过清明尚浅寒。"第三首《西窗》："西窗偏爱夕阳明，好事能来慰此情。看画客无寒具手，论书僧有折钗评。姜宜山茗留闲啜，豉下湖莼喜共烹。酒炙朱门非我事，诸君小住听松（泉）声。"第四首《月夜泛小舟湖中三更乃归》："落日愁思把钓钩，南邻借得采菱舟。湖心月上明如昼，树杪风生冷逼秋。壮岁功名惭汗马，暮年心事许沙鸥。桐江一叶真奇策，莫为儿曹作滞留。"第五首《峡州东山》："十年不踏东山路，今日重为放浪行。老矣判无黄鹄举，归哉惟有白鸥盟。新秧刺水农家乐，修竹环溪客眼明。已驾巾车仍小驻，绿萝亭下听莺声。"

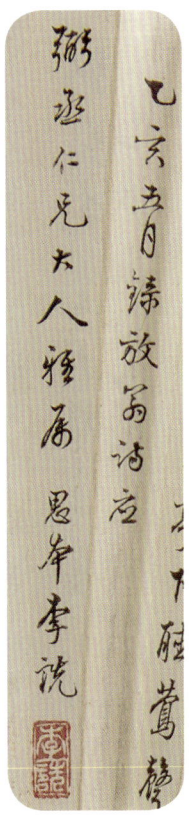

款署：乙亥五月录放翁诗，应弼丞仁兄大人雅属。思本李诜。

钤印：李诜。

附：

陆游（1125—121）：字务观，号放翁，汉族，越州山阴（今浙江绍兴）人，南宋文学家、史学家、爱国诗人。

扇骨：扇骨材质为湘妃（红湘妃）竹，长 28.3 厘米。扇肩呈溜肩。扇头为排茄头。扇钉为牛角钉，光洁饱满，是规矩的"鼠眼"。扇骨为十八档。扇面上口封裱乳白色绫绢。

大骨与小骨（棕竹）均为螳螂腿（蚂蚱腿）式。螳螂腿扇骨最大的特点是轻便适手。

《浣纱春意图》折扇

[民国] 关 华　　纸本　设色　纵18.7厘米　横51厘米　公元1939年

关华：生卒年不详。

画意：画面绘一妙龄少妇，坐于池塘之边，双手浣纱。女子面若桃花，鼻梁高挺，檀口微开，细眉入鬓，媚眼如波，双目注视手中衣物，妩媚动人。春波荡漾的池塘边，有湖石、纤草，几株垂柳，随风轻摇，可谓动静结合，虚实相生。

浣纱女衣纹线条，轮廓分明，裙裾线条柔和如水，上下衣裙均为素色，反衬出头上花簪与头巾的艳丽华贵。整体着墨清淡，用色雅静；以线条、设色和写实为主，秀润明爽。用康德的一句话说："线条比色彩更具审美性质。"

款署：璧侯先生雅令。乙卯夏五，关华。

钤印：关（白）、华（朱）。

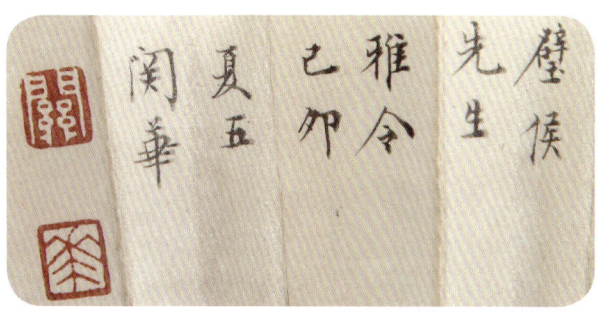

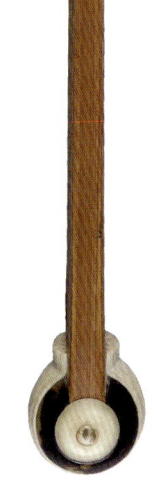

附：

"夏五"：一、指三伏天。夏至后，阴历逢五为伏，其三伏，叫做"夏五"。如明袁宏道诗歌，有"夏五雨不止"句。二、比喻文字有残缺、脱漏。

扇骨：扇骨材质为玉竹，长 31.3 厘米。扇肩呈直肩。扇头为大圆头，扇头两侧镶贴象牙（内侧）、玳瑁（外侧）薄片，烫钉，钉梢上加帽钉（螺盖），扇钉为牛角钉。扇骨为十六档。扇面上口封裱赭色绫绢。

《婴戏图》折扇（正面）

[民国] 启 湖 　纸本 设色 纵18厘米 横50.5厘米 公元1931年

启湖（1912—1999）：陈启湖，又名陈林斋。1929年入金北楼文湖社，是湖社早期会员。著名人物画家，精于工笔人物，尤擅古装仕女及婴戏人物。

画意：构图右密左疏、远虚近实。岩石苍松下8个孩童嬉戏，生动活泼，稚拙可爱，让人心生怜爱，感受童稚世界的无忧无虑。婴戏图象征多子多福，生活美满。

我国很早就有画婴孩的传统，到唐宋时期技巧渐趋成熟，宋代更是婴戏图的黄金时期。因为以小孩为描绘对象，所以画面丰富，形态有趣。

款署：庸斋先生雅鉴，辛未夏日启湖作。

钤印：林斋（朱）。

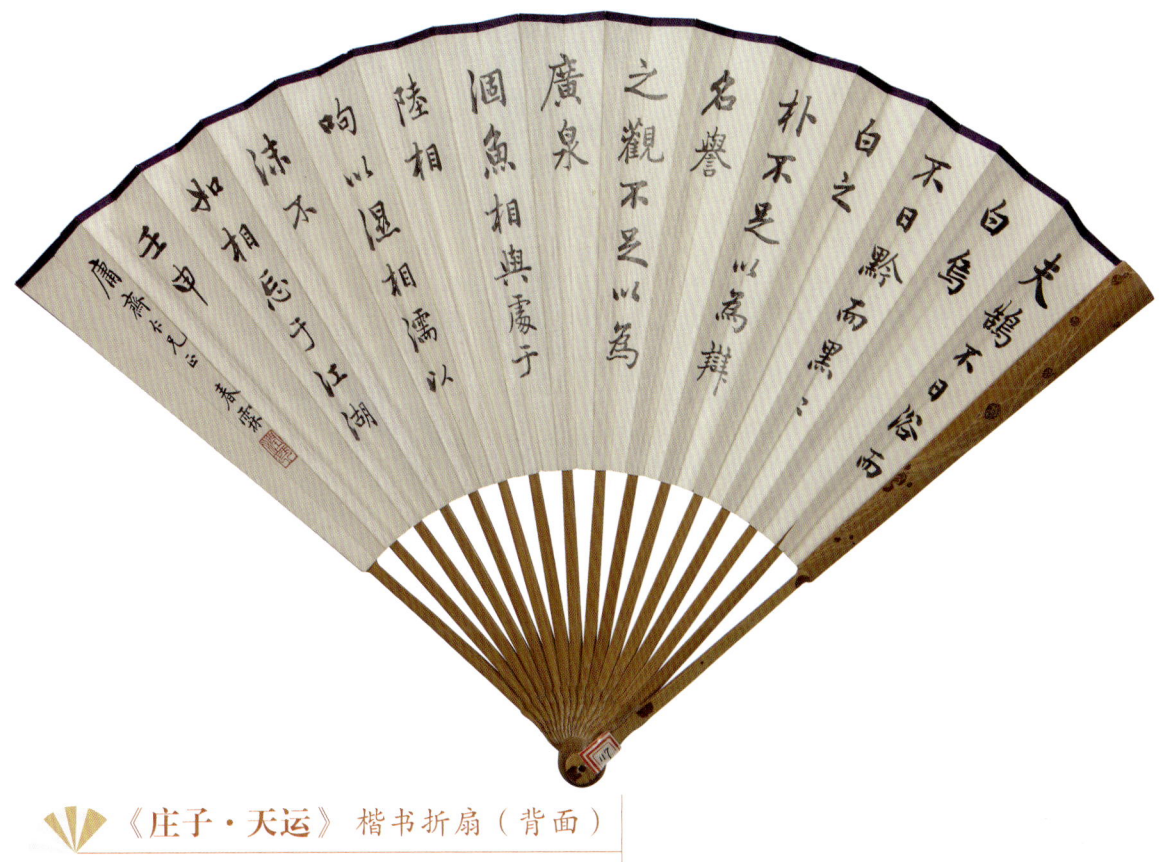

《庄子·天运》 楷书折扇（背面）

[民国] 刘春霖　　　　纸本　纵18厘米　横50.5厘米　公元1932年

刘春霖（1872—1944）：字润琴，号石云。中国晚清直隶（今河北）省河间府（今沧州）肃宁县人，德宗光绪三十年（1904）甲辰科状元，中国历史上最后一名状元，所谓"第一人中最后人"。近代书画家，善书法。小楷笔力清秀刚劲，深得世人推崇。时有"大楷学颜（颜真卿），小楷学刘（刘春霖）"之誉。状元及第后，授翰林院修撰，入东京法政大学深造。光绪三十三年（1907）回国，历任咨政院议员、记名福建提学使、直隶法政学校提调、北洋师范学校监督等职。

辛亥革命后出任袁世凯大总统府内史，1917年12月，任中央农事试验场场长。在徐世昌、曹锟当大总统期间，被授予总统府秘书帮办兼秘书厅厅长、直隶省教育厅厅长、直隶自治筹备处处长等。曾两次代表徐世昌到山东曲阜主持孔子大成节典礼。1928年辞官，在上海、北京以诗书自慰。九一八事变日本人请他出任"满洲国教育部长""北平市市长"等伪职，坚持不就。为此日伪当局将其收藏的书画珍宝洗劫一空。刘春霖"群玉山房"中，收藏各类书籍

1万余册，古籍以明清刻本居多，藏书印有"刘春霖印""石云鉴藏之章""石云收藏""润琴刘春霖"等。

题释： 夫鹄不日浴而白，乌不日黔而黑。黑白之朴，不足以为辩，名誉之观，不足以为广。泉涸、鱼相与处于陆，相呴以湿，相濡以沫，不如相忘于江湖。

款署： 壬申，庸斋仁兄正，春霖。

钤印： 润琴（朱）。

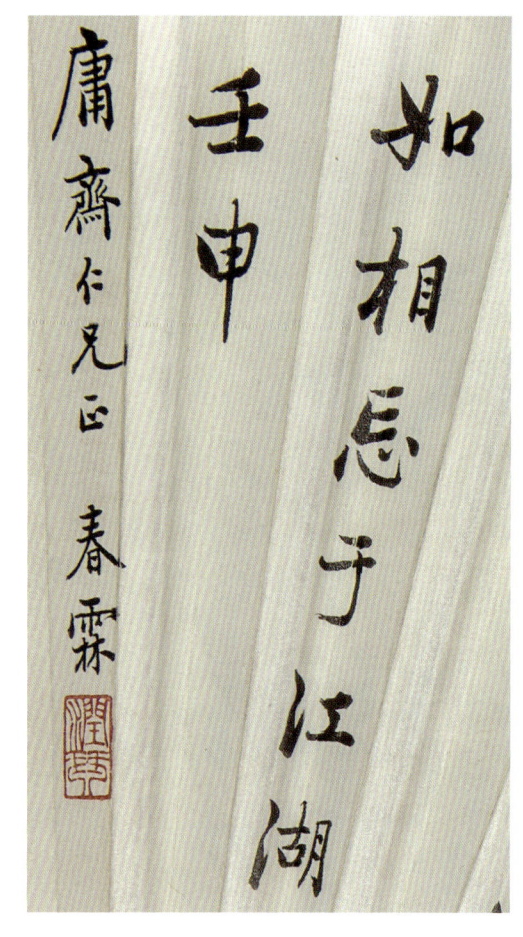

注：

"庸斋"为孙奂仑的号。

扇骨： 此扇骨材质为湘妃竹，长30.7厘米。扇肩在大骨的偏下方呈庙门肩。扇头为葫芦圆头。扇钉为牛角钉，钉面呈扁圆，拱面，中间有"鼠眼"，四周颜色浅淡透明。大骨面为阳刻（留青雕），以红紫色圆形花斑和蜡黄竹地为基础，留青刻梅花枝干，自身的斑花巧妙构思成梅花或花朵，沙地皮雕。枝干随花斑构图，设计自然，反差效果明显。款识：（正面）"李铨画"钤印："如"。（背面）"星如画于石城"钤印："如"。平地（底）。扇骨为十六档。扇面上口封裱紫色绫绢。

附：

湘妃竹： 陈鼎《竹谱》称为"潇湘竹""泪痕竹"。湘妃竹做扇骨，贵在湘妃竹上自身的花斑，这是自然的装饰。湘妃竹扇骨中以清中期之前的"紫花蜡底"为极品，取料以红紫色圆形花斑和蜡黄竹地为基础，反差明显，是高官贵族把玩的上品。"紫花蜡底"扇骨做工极其考究，明代风靡，清晚期就取材乏术。湘妃竹布满豆大的雨点状褐色斑点，犹如泪滴，有诗云："斑竹一枝千滴泪"形象地写出这种竹子的形态和神韵。暗黄色为底，对比明显，自然天成，是湘妃竹中的极品。

李铨： 清代著名竹刻家。

《翠竹雀鸣图》折扇（正面）

[民国] 李瑞龄　　　　　纸本（洒金）　设色　纵18厘米　横50厘米

李瑞龄（1891—1974）：名瑞龄，字鹤筹，号枕湖，原籍山东德州，后迁居河北河间。1920年加入中国画学研究会，与刘子久、吴镜汀、马晋等同为金城学生。1926年至1930年，历任北京燕京大学、北京师范大学、北平美术学院、天津河北省立女子师范大学的国画系讲师、主任、教授。中华人民共和国成立后任北京中国画研究会的专职画家。1956年在荣宝斋研制国画石色。1958年调入天津河北师范学院绘画系任副教授兼国画教研室主任。1966年退休回京。曾任中国美协会员、北京市政协委员、湖社社员等。

他以花鸟画名世，早年临张和庵，长于小写意，成熟期笔墨在陈白阳、华新罗之间，尤擅没骨，生纸熟绢，全以笔墨点染而成，风格工秀文雅。

画意：画中两只鸟伫立枝头，一只低头俯视，一只昂首鸣叫，造型生动。几簇竹叶青翠纵逸，交叠错落。树枝弯曲横曳，柔软飘拂，几片红叶点缀画面，勾染利落。画面笔墨清爽，设色典雅，浓淡适宜，独具一格。

画家以水墨描写枝干、红叶，笔法遒劲自如，竹叶与鸟工笔中融入色彩，韵味无穷。

款署：药畦先生大雅之属。枕湖李瑞龄。

钤印：李瑞龄（白）、□□（朱）。

附：

药畦：即孙奂仑（1887—1958）字药畦，号庸斋。直隶（河北省）玉田县人。国民党要员。先后任乐亭、洪洞、阳曲县知事、冀宁道尹、河北省民政厅厅长、太原绥靖公署参议官、山西省民政厅厅长、国民南京政府铨叙部参事等职，有政绩，善书法，名满三晋。遗作有《洪洞县志》《庸斋诗集》等。

中华人民共和国成立前夕，孙奂仑随国民党政府迁往台湾。

孙奂仑颇善书法，他曾摩学清代书法大家何绍基，又得谭延闿宝熙的指点。由于他广为学习，书法水平不断提高，逐渐形成了雄浑古朴、秀润潇洒的风格，作品有的被刊印成册，有的被摹刻入石。

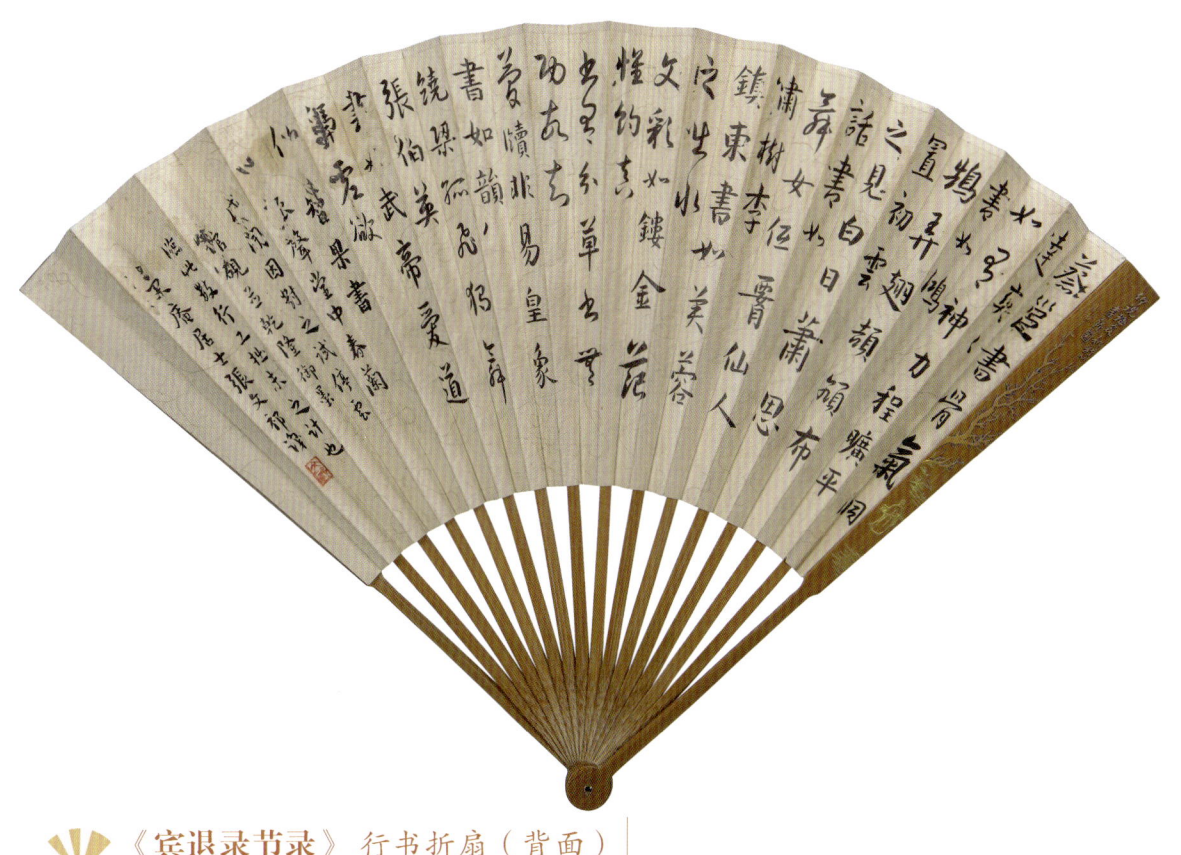

▼ **《宾退录节录》 行书折扇（背面）**
　　[民国] 张文祁　　　　　纸本（发笺）　纵18厘米　横50厘米

张文祁（1894—?）：字仲郊，号宋庵、宋庵居士。直隶（河北）通州人。清末民国初著名收藏家。自幼在家庭熏陶之下，精于鉴赏研究金石书画，尤其擅长书法，临名家法书可乱真。

民国十九年临苏东坡《黄州寒食帖》，由章钰、章梫、傅增湘、徐沅等题跋，其妻兄宝熙题引首，韩振华题签。

张文祁父张翼（1846—1913），字燕谋，清光绪年间内阁学士，工部右侍郎、开平矿务局总办、直隶热河两省矿务督办。弟张叔诚（1898—1995），名文孚，为著名文物收藏家。

题释：摘自宋赵与时《宾退录》中的部分段落。"蔡邕书骨气洞达，爽爽如有神力。程旷平书如鸿鹄弄翅，颉颃布置，初云之见白日。萧思话书如舞女低腰，仙人啸树。李镇东书如芙蓉之出水，文采如镂。金。范怀约真书有分草书，无功，故知简牍非易。皇象书如余音绕梁，孤飞独舞。张伯英书如武帝爱道，凭虚欲仙。"需要指出的是在"金"后是"桓元书如快马八陈，随人屈曲，岂须文谱。"

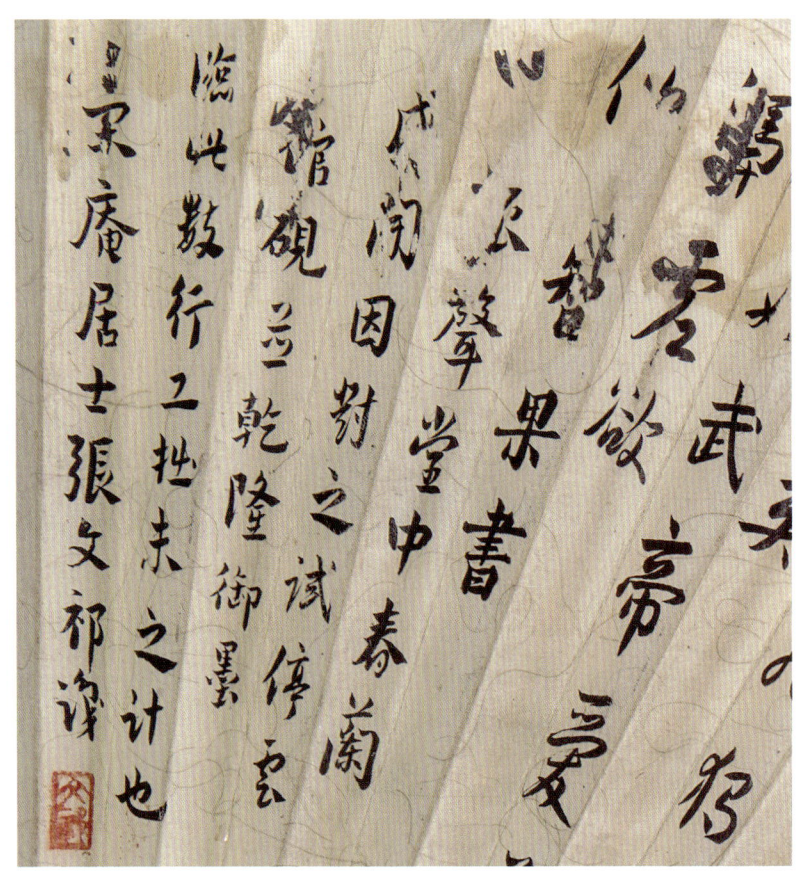

款署：智果书□□声堂中春兰盛开，因对之试，停云馆砚，并乾隆御墨，临此数行工拙未之计也。宋庵居士张文祁识。

钤印：文祁（朱）。

附：

《宾退录》：汇集平日见闻，与宾客交谈笔录。书中考证经史，辨析典故，大半精核，所记两宋人物掌故亦多翔实可信。书成于嘉定十七年（1224）。南宋杭州书棚刻版，共十卷。民国初年出现于北京琉璃厂，为傅增湘收藏。后转让蒋汝藻，入商务印书馆涵芬楼。中华人民共和国建立之初，涵芬楼藏书捐献国家，今藏北京图书馆。

赵与时（1174—1231）：字行之，《宋史》记载中为宗室世系，为太祖七世孙。赵孟坚《彝斋文编》中有《从伯故丽水丞赵公墓铭》，得知其大概：为人幼敏悟，方弱冠，已荐取应举。宁宗时补官右选，先后任婺、泰、衢三州笺库，又监御前军器所，司行在草料场。三十年间一直为杂员。理宗即位后，赵与时靠"积阶至忠翊"，并按皇室宗亲换阶惯例改换文职，为丽水丞，不久即病逝于丽水，葬于"安吉州归安县乡山之原"。

扇骨：扇骨材质为玉竹，长30.5厘米。扇肩呈庙门肩。扇头为扁圆头。扇钉为牛角钉。扇骨为十六档。扇面上口封裱浅黄色绫绢。

大骨一面刻《垂柳湖岸》图，"垂杨无语只底源"文，款"星如"；另一面刻《落梅知心图》，"仰视梅花知我心"文，落款"李铨"，钤印"如"。均采用阳文浅浮雕的留青平地技法，刀法细腻。

黑纸折扇

纸本（黑纸扇） 纵16.5厘米 横51厘米 泥金画

黑纸扇：来自于民间，人称"武夫扇"（年代、绘画者、画面内容不详）。清代学者王廷鼎在《杖扇新录》记载："此扇本为仆隶庸人所执，嘉道（嘉庆、道光）间士商尚不入手，同光（同治、光绪）后忽行于士大夫家，近则王公大臣争用之矣。"在光绪年间曾多次作为杭州特产进贡朝廷，故又称为"贡扇"，是杭扇中最具代表性的精品。

黑纸扇，选用浙江的桑皮纸做扇面，在上面反复涂抹一种柿漆，经过晾晒之后呈现黑色，不怕风吹雨淋，有一把扇子半把伞的说法。由此可以看出，黑纸扇面从选材到加工都和常见的宣纸扇面不同，并非只是宣纸扇面染色而成的，这也是黑纸扇面为什么比宣纸扇面贵的一个主要原因。

黑纸扇由王星斋清光绪元年（1875）开始制作。制作、装饰极为考究，雅俗共赏。书法、绘画独具特色，是中国传统工艺重要组成部分。

王星斋：萧山临浦人（时属绍兴府）。生于三代扇业工匠之家，自幼随父学艺，年轻时已

成为杭州扇业中制作黑纸扇的砂磨能手,曾在三圣桥钱部记扇坊作砂磨工,与制扇贴花能手陈益斋长女陈英结婚。陈英亦擅长制作真金回泥花色黑扇,清光绪十九年(1893)在上海城隍庙开设小扇庄。他们制作的高级花扇不仅远销各地,而且成为宫廷用品和回赠外国使节的珍贵礼品,被称为贡扇。王星斋名声远扬,清光绪二十七年(1901)在北京杨梅竹斜桥开设王星斋扇庄,尔后在天津、济南、成都等地相继开设分庄。杭州的作坊搬到祖庙巷,由陈英掌管,雇工逐渐增至60余人。当时杭州城有张子元、舒莲记和王星斋三大扇庄,竞争激烈。舒莲记老板舒青莲于清光绪三十年(1904)捐银千两买了一个道台官衔,垄断官府。王星斋便改变经营方针,撇开高级花扇,面向市民,生产经久耐用、浸水不走样的黑纸扇,打开了销路。这种黑纸扇后来成了王星斋传统名扇。清宣统元年(1909),王星斋病故于北京。其子王子清继承父业,于民国18年(1929)春在杭州太平坊正式开设王星记扇庄。

桑皮纸,以桑树皮为原料,古时又称"汉皮纸",起源于汉代。古皖国(今安徽)及新疆等地出产。最大特点是柔嫩、防虫、拉力强、不褪色、吸水力强,主要用于书画、装裱、包扎、纸币、制伞、制鞭炮和文化工艺品。

柿漆,用非食用的原生柿子的青果子,榨取汁水,经发酵后制成的一种天然黏合剂,是制作黑纸扇的重要黏合材料。黑纸扇两面要涂刷几层柿漆,使黑纸扇具有雨淋不透、日晒不翘、经久耐用的特点,既可消暑纳凉,又能遮阳避雨。

一把黑纸扇的整套工艺多达86道流程,其牢固性、实用性、美观性、传统性是白纸扇无法比拟的。黑纸扇扇面除了素面黑色外,还有泥金面、泥银面、双回泥面、贴金剪纸(细纹刻纸)等。

扇骨：扇骨材质为黄杨木（小骨为棕竹），长 18.8 厘米。扇肩以螳螂腿式呈现。扇头为菱角圆头。在扇头两侧镶嵌象牙薄片，刻梅花，以线相连。然后烫钉，扇钉为牛角钉。扇骨为十八档，扇面上口无封裱。

大骨刻《百寿图》，扇尾三字较大，其余大小相似，十排三字，十排两字。每排之间深刻，相间浅刻。

后记
HOU JI

  研究和传承祖国优秀传统文化，心情激动，职责所在。2014年元月，我调到晋祠博物馆工作，有幸接触到馆藏文物。晋祠博物馆馆藏文物丰富，包括书法绘画、陶器、瓷器、青铜器、木器、玉器、刺绣、钱币等，馆藏折扇扇面在书画作品中占有重要的地位。

  近年来，晋祠博物馆加强了对馆藏文物的分类研究，2014年12月，馆藏铜镜研究成果出版。从2015年7月起，在全国第一次可移动文物普查的基础上，我负责组织相关人员对馆藏折扇扇面开展系统研究。王新生、常原生先生倾注了大量的心血。

  首先从对折扇扇面的基本认知开始。折扇扇面是文人墨客手中的儒雅之物，其中的内涵非常丰富，信息量特别大，既包含书法、绘画、金石、木刻，又有纸张、竹木等材料工艺，还有书法家、画家的生平经历，开展这方面的研究是一个系统工程。

  其次，拍摄高清影像照片。一则是为出版使用，二则便于研究中查阅，以减少对扇面原件的磨损。拍摄过程中对扇面、成扇、扇骨和局部特写，都要逐一调取、编号、记录、拍摄、整理。

  第三，释读扇面、扇骨文字。古代书法、绘画、诗词、金石、木刻文字的释文，需要有书法、绘画、文学等理论基础。在研究过程中，我们学习和查阅了《中国书法大辞典》《民国人物大辞典》《中国画谱》《清代人物传》《山西名人传记》等20多部典籍、资料，对每一件作品进行了文字释读、书画鉴赏、扇骨描述。

第四，解读每一位书法家、画家的主要信息，反复核对，反复补充，反复勘误。2018年8月，再次对书稿补充校对后送交出版社。

在三年多的研究和编撰过程中，得到了山西大学书法研究所研究员李星元先生的无私帮助，2016年冬天，李老师常常白天在冷清的文物库房查对扇面原件，晚上回学校大量翻阅有关资料，认真辨识与核对扇面上的题字与印章内容。李老师的敬业精神、对工作认真负责的态度深深感染了我们；晋祠研究所姚远、李娜奔波于山西大学和晋祠之间，帮助传递稿件、校对文稿；信息网络部韩宏斌拍摄并整理了所有图版；保管部左正华、田立勤、赵玉仙、李秀红、李明芳、魏涛等参与了基础资料的调取、整理和记录。初稿完成后，山西大学国学研究院院长刘毓庆先生欣然撰写了序言，在此对各位老师的积极支持和付出的努力表示诚挚的谢意！

晋祠博物馆馆藏折扇扇面研究共800多页，分上下册，原计划上册为清代藏品，下册为民国至建国初期藏品，但因部分折扇正面、背面书作和画作的时间不一、页码不均、厚薄悬殊等原因，经与出版社协商，将按时代序列排列，自然分为厚薄均匀的两册出版。

书中释误难免，有些扇面文字和印章因保存时间长已难以辨认，特别是对人物和书画的分析与把握定有许多不准确、不全面的地方，请专家和同行批评指正。

连颖俊

2019年5月于晋祠